凯恩斯文集

第 6 卷

货币论

（上卷）

货币的纯理论

何瑞英　译

商务印书馆
The Commercial Press
创于1897

John Maynard Keynes

A TREATISE ON MONEY

VOLUME 1

The Pure Theory of Money

Macmillan &. Co., London 1933

本书根据英国伦敦麦克米伦出版公司 1933 年版译出

中译本序言

约翰·梅纳德·凯恩斯(John Maynard Keynes,1883—1946)是当代西方经济学界具有深远影响的英国资产阶级经济学家。他的兴趣和活动是多方面的,但就其主导方面来说,他是一个以传统的货币学家起家,然后转而以建立非传统的就业、产量一般理论为主攻方向的经济学家,是一个最初信奉萨伊定律、歌颂自由放任的自由资本主义,然后转而倡导政府干预的国家垄断资本主义的经济学家。他的三部主要经济著作,1923年出版的《货币改革论》、1930年出版的《货币论》和1936年出版的《就业、利息和货币通论》(以下简称《通论》),在理论体系和政策主张方面,前后差异很大。可以说,它们是他的经济学说不断演变、发展的总过程的三部曲:一方面,这三部著作,彼此有着巨大的变化和差异,可以独立成书;另一方面,它们却有着前后继承关系,可以找出凯恩斯经济学说从《货币改革论》、《货币论》到《通论》的发展线索。

《货币论》一书在凯恩斯的上述三部曲中,是一部过渡性的重要著作,在凯恩斯《通论》的形成进程中,有它的独特地位。这里只就有关此书的下列几个问题简要地加以介述:

第一,关于凯恩斯经济学说的不断演变和发展,特别是《货币论》的时代背景问题;

第二,关于凯恩斯的治学风格,以及《货币论》一书的主要特点;

第三,关于上述"三部曲"中,《货币论》这部著作的主要内容;《货币论》这部著作的过渡性,以及它为《通论》作准备的发展线索。

一、时代背景:坎坷多艰、江河日下的英国经济

维多利亚女王 1837—1901 年临朝的六十四年是大英殖民帝国经济的极盛时代。直到第一次世界大战爆发,英国经济还是活跃的、有起色的,这时市场机制的运行还算比较灵便,自由放任的经济体制还算大体上能够正常运行。

凯恩斯生于 1883 年 6 月,终于 1946 年 4 月。从他的出生到 1914 年第一次世界大战爆发,1915 年应召到战时财政部工作,这 32 年约占他一生的一半岁月。这是凯恩斯的前半生,包括他的童年时代,在剑桥受教育的青年时代,以及 1908—1915 年在剑桥大学担任经济学讲师的他的学术生涯早年时代,这些都是在这个"黄金时代"度过的。尽管这时英国已届"黄金时代"的尾声,它的处境已经内外交困,各种矛盾正在酝酿和发展,但大体上说,大英帝国仍然算得国势昌盛,经济繁荣,英国资产阶级对资本主义制度和英国经济的前途仍然充满信心。凯恩斯终生拥护资本主义制度,并且相信只要有"正确的"经济理论和经济政策,资本主义的各种弊端都可以得到改善。他的这种基本态度同其前半生的上述时代背景有密切关系。

第一次世界大战是大英帝国由强盛趋向衰败的转折点：受战争的沉重打击，英国由债权国变成了债务国，海外许多传统市场被美、日等国夺走，航运和国际贸易受到重大削弱。英国是这次战争的胜利者，又是这次战争的失败者。它赢得了战争，但输掉了帝国。从此，帝国瓦解初露端倪，再也不能按照以往的那种传统办法继续统治下去了。英国在前一阶段资本主义发展过程中所积存的各种矛盾，到大战胜利结束之际，都通通暴露出来，并且日益尖锐。

英国战后及整个 20 世纪 20 年代面临的重大经济问题主要有三：一、巴黎和约与战债；二、通货紧缩政策；三、恢复金本位制。这三个问题在某些方面是互相关联的，后两者彼此之间的关系尤其密切。凯恩斯认为，它们的严重后果集中表现为英国整个 20 年代独特的长期慢性萧条。现举当时主要资本主义国家 1913—1929 年加工工业生产指数如下表，作为考察当时英国经济状况的具体材料：

1913—1929 年主要资本主义国家加工工业生产指数

国　　别	1913 年	1929 年
美　　国	100	180.0
英　　国	100	100.3
法　　国	100	142.7
意 大 利	100	181.0
日　　本	100	324.0
德　　国	100	117.3

资料来源：《工业化和对外贸易》，日内瓦 1946 年版，第 134 页。

从上表数字可以看出，英国 20 年代的长期慢性萧条，同其他国家相对照，具有十分明显的独特性。20 年代的美、日、法、意等国的工业都有相当大的增长，而英国在整个 20 年代却是停滞不前的;到 1929 年,英国的工业生产才勉强达到 1913 年的水平,这在英国经济发展史中确实是空前严重的。

第一次世界大战前英国统治阶级普遍具有满足于维持现状的保守思想,即使在战后经济困难的年代里,英国正统思想界占统治地位的仍然是对 1914 年以前兴盛优势的留恋。他们认为,战前有着经济发展的常态和均衡。为了重新回到那种"幸福世界",原来的经济体制和政策都应该恢复。在这种恋旧情调的支配下,英国各届政府在战后和 20 年代主要采取如下几项重大的经济政策和措施:

(一)坚持健全财政原则(财政部观点):平衡预算,紧缩政府开支,坚持自由放任政策,同时厉行通货紧缩政策。英国在大战期间,战费开支浩大,入不敷出,于是国债大大增加,同时货币供应量也有所增加,引起通货膨胀,物价上涨。这是战时经济的必然结果。战争结束后,进行财政与金融的整理,回到平时经济的轨道,这是所有交战国在战后初期必须实行的共同原则,不仅仅是英国如此。这里值得特别注意的是,英国战后希求"回到 1914 年"这种怀旧幽灵,强烈地表现为支配着英国战后经济政策的独特格调。其他如美、法、日等国却没有战前"黄金时代"的历史包袱,它们的经济政策,特别是货币金融政策,都是适应经济发展的要求,适当扩大信用;特别在经济衰退的年份,不仅不追求预算平衡,而且不惜举债去应付困难。在这种适度扩张政策的影响下,这些国家的经济在 20 年代都有相当大的发展。而英国呢,不论在 20 年代初期的经济危机中,还是在随后的长期慢性萧条期间,都是在传统经济理论的指导下,始终贯彻着财政金融紧缩政策。

历届政府推行这种紧缩政策,在于希图借此来为市场经济提供一个健全的环境,使其便于充分自动调节,回复到 1914 年以前的经济繁荣局面。但是,结果却适得其反,使英国经济长期陷于慢性萧条的困窘境地。凯恩斯则坚决反对这种通货紧缩政策,围绕着"通货膨胀还是通货紧缩"这种关键性的重要经济政策问题,在整个 20 年代以至 30 年代前半期,长期地、经常地、越来越强烈而深入地,同传统经济学教义展开针锋相对的论争。他对通货膨胀和通货紧缩的经济影响进行了比较细致的分析,认为两者都会导致物价水平的波动(上升或下降),引起财富重新分配,而使一些阶级得益,另一些阶级受损。他认为,通货膨胀有欠公平,而通货紧缩则必然会造成经济衰退和失业增加,危害很大。权衡利害得失,在两者中宁取前者(假若比较温和的话),而反对后者。

(二)恢复金本位制,而且回到战前平价。第一次大战期间,交战国家乃至中立国家暂时脱离了金本位制。英国停止了银行券的兑现,实际上等于结束了传统的金本位制。

英国战时和战后初期通货膨胀是严重的,物价普遍上涨。战后英国朝野人士怀恋战前物价水平的稳定,寄希望于恢复金本位制,控制通货数量的增大,遏制通货膨胀,此其一。英国战后输出贸易处境困难。大战期间许多传统的国际市场被别国夺去了;同时,英国出口商品因价格昂贵,在国际市场中竞争能力低落,战后输出总值只及战前的 2/3。而英国出口贸易在国际经济中素占很大比重,输出锐减使英国战后国民经济遭到很大困难。英国统治阶级希望恢复金本位制,能够提供一个市场自动调节的机制,消除或减轻英国国际贸易大量逆差的失调病态,此其二。战后英国在国际金融领域中的地位大为降低,英镑的国际信誉大受损害;世界黄金储备的 40％被美国掌握,纽约一跃而成为国际金融中心。英国政府决定恢复金本位制,寄希望于提高英镑汇率,使英镑价值固定在黄金上,从而达到提高英国在国际金融中的信誉,巩固伦敦作为世界金融中心的地位等目标,此其三。

英国《麦克米伦报告书》指出:恢复黄金的昔日地位,作为国际的标准价值,是战后六七年来通货政策的正常目标。经过战后几年的筹划和酝酿,终于 1925 年 4 月由当时财政大臣温·丘吉尔决定:恢复金本位制,并且回复到战前的金平价,即提高英镑外汇价格的10％。这一重大措施的后果,完全事与愿违,使英国输出商品价格昂贵,进口商品价格低廉,从而使英国对外贸易逆差变本加厉。

凯恩斯对恢复金本位制一向坚持反对态度,尤其反对使英镑汇率回到战前金平价。他早就指出,这种措施会使输出更加困难,国际贸易和国际收支更趋恶化。这种论断没有得到英国政府的重视和采纳。但是,他这种预言后来却得到证实,英国不得不于1931 年 9 月放弃金本位制,实行英镑贬值。

(三)工人运动高涨。战争使国内阶级矛盾大大地尖锐化。强行降低工资激起了空前的全国总罢工。战后英国工人运动的蓬勃发展,也受到了俄国十月革命的巨大鼓舞。当英国及其他各国资产阶级联合进攻苏维埃社会主义俄国时,英国工人阶级坚决反对干涉苏俄,成立了"不许干涉俄国"全英委员会及地方委员会,进行了各种富有意义的活动。1920 年英国共产党成立,标志着英国工人阶级革命运动进入了一个新的阶段。

英国 20 年代的长期慢性萧条,使工人失业率达到 10％以上,问题十分严重。资产阶级谋求复苏工业,解决失业问题。英国剑桥学派经济学家认为:失业是工资过高造成的;只要工人肯降低工资,资本家就能降低成本,增加利润,从而增雇工人。英国统治阶级早就着眼于通过降低工资来改善对外贸易的不利困境。经过几年策划,1926 年 4 月底煤矿业主宣布降低工资,延长工时,并以大批解雇来威胁工人。英国工人阶级于 5 月 4 日开始全国性总罢工,除矿工而外,铁路、运输、机械、建筑、印刷业、电力等行业的工人都参加了罢工,全国交通断绝,整个国民经济瘫痪。这次总罢工历时 9 天,但煤矿工人罢工则持续了大约半年。它显示了工人阶级团结斗争的巨大力量。

凯恩斯反对用强行降低工资的办法谋求输出贸易的好转,他早就预言并警告过:强行降低工资势将引起劳资纠纷。他的论断没有受到重视和采纳。结果,在英国历史上空前的全国总罢工爆发了。目睹当时整个国民经济陷于瘫痪的那种危殆局势,他从维护英国资本主义制度的立场出发,对政府当局及传统工资理论进行了指责。

《货币论》这部专著就是凯恩斯以英国这种长期慢性萧条,特别是 20 年代后半期的危困局势为时代背景所提出来的病情诊断和治疗处方。

二、凯恩斯的治学风格

凯恩斯生逢大英帝国由鼎盛转趋衰败,坎坷多艰,江河日下的危困时期，又是资本主义已经发展到新的历史阶段——帝国主义阶段的时期。他的资产阶级立场驱使他对英国经济发展进程中的障碍究竟何在，以及如何解救这一中心问题，不断进行探索、探索、再探索。这就是凯恩斯为了救治英国资本主义病症，不断规划诊治方案的三部曲：

第一步"探索"：是他的《货币改革论》；

第二步"探索"：是他的《货币论》；

最后一步的"再探索"：是他的《就业、利息和货币通论》。

凯恩斯在这种不断探索、寻求救治方案的过程中，表现出他如下的治学风格：

（一）首先注重经济现实。凯恩斯是一个以货币学家起家的经济学家。货币金融这个领域，相对于经济学的基本原理来说，是更接近于经济现实的。凯恩斯所从事的经济研究，大都针对当时英国及国际上的重大的经济现实问题。他的上述主要著作"三部曲"如此，即使他早期出版的第一部专业著作《印度的货币与金融》，战后初期出版的《和约的经济后果》，以及第二次世界大战后期所发表的战后国际金融方案等等，也无一不如此。

二是对问题采取比较现实的态度。他承认经济发展中出现了严重问题，战后情况改变了，过去的老办法行不通了，必须改弦更张。因此，他对解救问题的办法采取自由派的开明态度，反对全盘回复到战前的旧体制和旧办法。这样，他在当时的经济学界处于"异端者"的地位。

三是为维护资本主义制度而出谋划策的立场始终如一。他认为，只要采取正确的经济政策，病症就可以得到救治，英国经济就能保持兴旺。他在重视经济政策的同时，还重视对经济"病症"的"诊断"。在上述"三部曲"中，每一著作都是既有政策建议，又有理论诊断。

（二）多产与善变。凯恩斯的著作既有通俗性的论文和小册子，又有学术性的专著；此外，还有大量书讯和演讲词。英国皇家经济学会把他的全部作品编辑成《凯恩斯选集》，计30大卷。

凯恩斯的上述专业著作"三部曲"，前后差异很大：《货币论》与《货币改革论》相比，《通论》同《货币论》相比，理论观点和政策建议都是各成体系，成为独立的专业著作。在不到20年的岁月里，理论体系和政策主张发生了三次划阶段性的变化，每次变化如此之快，如此之大，可以说前后判若三人。

（三）凯恩斯的整个学术生涯贯彻着激烈的论争。争辩的矛头指向当时执政当局所推行的政策和传统的经济学教义。以20年代的长期慢性萧条而论，论争就十分激烈。

例如，战后初期英国经济严重失调，处于慢性萧条的困境，英国统治阶级力图从这种困境中摆脱出来。《货币改革论》主要是适应这种需要而出世的。在此书中，一来反对当局采取的通货紧缩政策，认为这一政策使物价水平不断下跌，招致产业萧条；主张容许温和的通货膨胀，试图用这种货币政策去解救经济衰退。二来反对英国朝野提出的恢复金本位，并回到战前金平价的政策，主张改采管理本位的货币制度。

例如，1925年4月英国保守党内阁财政大臣丘吉尔作出恢复金本位制的决定后，凯恩斯很快就写了《丘吉尔先生政策的经济后果》一文进行争辩，指责丘吉尔"是在故意扩大失业"。

又如,英国整个 20 年代的失业率,除 1924 年外,从未低于
10%。这是长期慢性萧条期间最令人困扰的病症。1929 年 5 月
英国普选,凯恩斯代自由党撰写大选宣言——《关于扩张计划》,阐
述了劳合·乔治提出的每年由政府支出一亿英镑,使 50 万失业工
人获得就业机会的扩张计划。劳合·乔治为了采用公共工程政策
作为失业的治疗剂,四处游说。凯恩斯和汉德森合写了《劳合·乔
治能做得到吗?》的一本小册子,对劳合·乔治所作的努力表示支
持。他认为通过政府财政支出,举办公共工程,能够对救济失业产
生积极的效应。在关于救治失业对策问题的这次论争中,凯恩斯
首次跳出了货币调节的传统领域,进入财政政策领域;同时,在讨
论财政政策的效应时,他还粗略地提出了储蓄对投资的关系等理
论。这些理论可以说是日后《通论》中有关重要论点的萌芽。

论争,这是凯恩斯贯穿于他的许多论著中的理论特点。

可以说,《货币改革论》是 20 年代初期大论争的总结,《货币
论》是 20 年代中期和晚期大论争的总结,《通论》是 30 年代前半期
大论争的总结。

三、《货币论》的主要内容及其同
《通论》中就业理论的联系

(一)《货币论》中货币调节方案的基本内容

1. 从《货币改革论》中的货币调节方案到《货币论》中的货币调
节方案的转化

英国在两次世界大战之间的长期萧条病症大体上可以分为三

个阶段：从 1920 年经济危机爆发到恢复金本位制前夕为病症初发、有时略见好转的早期阶段；从 1925 年恢复金本位制到 1929 年世界经济大危机爆发为病症加剧而空前持久的中期阶段；1929—1933 年经济大危机及随后的特种萧条为病势垂危的晚期阶段。

《货币改革论》中的货币调节方案是凯恩斯救治上述早期萧条病症的理论诊断和政策处方。他撰写《货币改革论》的岁月，病症尚在初期，他以为以传统的货币数量论为理论依据，主要依靠市场机制的作用，并辅以英格兰银行货币政策的温和调节，就可以稳定物价、克服萧条、恢复英国经济的均衡和繁荣。但是，事与愿违，这一套救治方案并未被英国当局采纳；而且，英国经济病情继续恶化，即使方案付诸实施，也未必能有明显"疗效"。特别是 1925 年按战前平价恢复金本位制后，英国输出贸易更加困难；随后，政府和垄断资本家强行削减工资、延长劳动工时，激起 1926 年英国历史上空前的全国总罢工和煤矿工人的长期罢工，局势严重恶化。凯恩斯面对英国历史上最严重而漫长的萧条困境，深感救治这种痼疾的迫切性大大提高，而《货币改革论》中提出的货币调节方案，忽略了应该考虑的一些复杂因素，对日益严重的慢性萧条痼疾解释得不够深透，必须进行修正。

于是，《货币改革论》出版不久，凯恩斯就着手撰写《货币论》，编制"新"型的货币调节方案。他把传统的货币数量论改换成"物价水平基本方程式"，将原来被忽略了的因素增补进去，从而使以此为基础而推导出来的货币调节政策在内容上、格调上都相应地扩大化、复杂化了。

例如，原来偏于笼统的货币总量，此刻进行了各种货币的明细分类；原属单一的银行存款，此刻分解为收入存款、企业存款和储蓄存款了。

原来偏于笼统的货物总量，此刻分解为消费品货物和投资品货物；相应地，原属统一的支出，此刻分解为消费支出和投资支出了。

原属统一的物价水平，此刻分解为消费品物价水平和投资品物价水平了。

原属利润的范畴，此刻分解为企业家的正常收入和意外利润了；原属单一的利率范畴，此刻分解为自然利率和市场利率了。

原来只在《货币改革论》序言中简要地提到"储蓄—投资"关联问题，此刻把储蓄和投资两者的均衡和矛盾问题，着力加以发挥，构成"新"型货币调节理论中十分重要的组成部分了。

这样，两种类型的货币调节方案，既有着共同的实质和战略目标，显示其前后的连续性，也有不同的具体格调和表述方式。

2.《货币论》中的货币调节方案的基本纲要和总体结构

《货币论》的中心内容是：将《货币改革论》中的货币数量论加以修订，增加一些被认为忽略了的因素，扩展成为"货币价值的基本方程式"；并以此作为理论基础，论述物价水平的稳定和经济的均衡。

他认为，物价是否稳定与经济是否均衡，取决于投资与储蓄是否相等；而投资与储蓄是否相等，又取决于市场利率是否与自然利率相一致。

他提出，如果放弃金本位制，改采货币管理本位制，由中央银行采取适当的货币调节措施，使市场利率与自然利率相一致，从而使投资与储蓄相等,则物价水平就可以稳定于生产费,使经济趋于均衡。

《货币论》的全部目的在于,考察如何维持物价水平的稳定和经济的均衡,如何维持投资与储蓄之间的相等,如何促使市场利率与自然利率相一致。具体建议是实行银行体系的货币金融管理,操纵并调节利率去影响投资率,使投资与储蓄相等,并保持稳定,从而达到价格稳定与经济均衡的战略目的。罗宾逊夫人论断说:凯恩斯在此书中"关心的只是严格地限于一般物价水平"。我们可以说,《货币论》是一部物价决定理论:以物价稳定为轴心,对影响物价波动之各种因素进行理论上和政策上的探索和分析。

《货币论》中的货币调节方案所包罗的因素颇为复杂,可以概括为如下要点:

第一,战略目标:物价稳定与经济均衡,解救英国当时的经济困境。

第二,理论结构:(1)一些奇特而怪诞的经济概念;(2)根本理论——(a)十足的名目主义货币本质观,(b)以货币购买力为具体内容的货币价值论;(3)核心理论——从以传统货币数量论为基调转化而成的"货币价值基本方程式";(4)中介理论——(a)利率理论——市场利率与自然利率两者间的矛盾与相等;(b)投资理论——储蓄与投资两者间的背离与一致。

第三,政策方略:(1)基本方针——市场调节为主,辅之以货币金融领域的调节,促使物价稳定、经济均衡;(2)货币调节的主脑和操纵者——中央银行;(3)货币调节的杠杆——利率。中央银行指挥整个银行系统操纵市场利率,使之与自然利率相一致。

(4)货币调节的对象——投资。凯恩斯的诊断是:病症在于投资与储蓄的差距;救治对策在于促使储蓄转化为投资,做到"储蓄＝投资"。投资(固定资本、营运资本和流动资本)因素及其波动的分析。(5)货币因素及其波动的分析。货币因素的管理,特别着重对银行货币的管理,对收入存款、企业存款和储蓄存款及其各自的流通速度的管理。(6)货币管理的运用——国内金融管理与国际金融管理的结合,利率政策(贴现政策)与公开市场政策配合使用。

以上是"《货币论》中的货币调节方案"的基本纲要和总体结构:第二项是《货币论》第一卷的主要内容,第三项是第二卷的主要内容。

3. 基本经济概念和经济理论,经济均衡的各项条件以及物价水平的基本方程式

凯恩斯《货币论》中的货币调节方案有其奇特而怪诞的一系列经济概念、经济理论以及繁杂的"货币价值基本方程式",不易理解,现简要地加以介述。

(1)货币本质观与货币价值论

凯恩斯的货币本质观是十足的名目主义。他认为货币理论的基本概念是"计算货币"(Money of Account)。他在《货币论》第一章开宗明义地说:"计算货币,即债务、价格、一般购买力所赖以表现的计算货币,是货币理论的基本概念。"①他又说,通过货币的交付而使债务契约与价格契约得以清偿,并以货币形态去储存一般购买力,这种货币本身的性质乃由其对计算单位的关系而派生出

---

① 凯恩斯:《货币论》,上卷,第1章,第1段。

来。由此可见,凯恩斯不是从商品经济的矛盾、不是从价值形态的发展去引出货币,而从货币计算单位去引出货币;也就是不从货币本体去引出货币符号,而从货币符号去引出货币本体。这是对货币发展历史的严重歪曲。

关于货币的形态和分类,显得十分复杂。总的说来,从"计算货币"这个概念导致两种货币形态:一种是用计算货币所表现的契约与债务凭证,随着时代的发展,债务凭证逐渐用于结算交易而成为货币本体的代用物,后来成为"银行货币"。另一种是相应于计算货币,通过其交付而用以履行契约或债务的货币,成为"国家货币"的货币本体。两种货币相辅而行。在英美两国,银行货币占"通货"总量的绝大比例。银行货币的数量及其流通速度成为货币调节的主要目标。

关于货币价值问题,凯恩斯认为人们保存货币不是为了货币本身,而在于它的购买力。它的购买力是由货币所能购买的"综合商品"的价格来量度的。这就形成价格水平,其变动用物价指数表示。凯恩斯对货币购买力、物价水平、物价指数等问题十分重视,在全书的整个第二篇中作了细致的考察与分析。

(2)收入、生产费与"意外利润"

凯恩斯承袭了马歇尔的生产四要素(劳动、土地、资本和管理才能)说,把社会的货币收入、各生产要素的收入和生产费三者说成同一含义。他把收入分为四类,即工资和薪水、地租、利息和企业家的报酬。

企业家把这些金额付给各生产要素,即企业家的生产费,同时构成各生产要素的个人收入。他们又以消费者的身份支出其收入的一部分,向企业家购买消费品。收入的其余部分,由他们加以储蓄,存入银行,或购买有价证券和不动产,或用以清偿原来的债务。

最奇特的是,凯恩斯把一般经济学中的利润这个范畴,区分为企业家的正常报酬和"利润"两部分,把正常报酬当做生产费和收入的一部分,把利润称为"意外利润",是常年产量生产费与实际销货收益两者间的差额,不算是生产费,也就不算是社会收入的一部分。

所谓"企业家的正常报酬"即企业家获得当时通行的报酬率,使其生产规模处于均衡、稳定的状态,既无扩大营业规模的动机,也无缩小营业规模的意向。若企业家所取得的实际报酬超过其正常报酬,即意外利润为"正",则企业将扩大其营业规模;若实际报酬小于正常报酬,即意外利润为"负",则企业将缩小其营业规模。因此,企业家获取利润不是必然的而是"意外的",因而称之为"意外利润"。

凯恩斯认为,利润是现行经济制度下经济波动的主要原因。"正"的意外利润将引起一种促使就业率和经济扩张的倾向;反之,则反是。若产品的价格等于生产费,即"意外利润"为零,则经济处于静态的均衡状态,既不扩张,也不紧缩。因此,他提出的第一个均衡条件就是要消除利润,使利润为零。

(3)储蓄与投资的背离与均衡

在凯恩斯主要经济专业著作的"三部曲"中,关于储蓄与投资二者间的关系问题,论点不断有所发展。他在《货币改革论》中没有正式接触这个问题。当他着手撰写此书时,还是服膺着"储蓄全部自动转化为投资"、"储蓄＝投资"这个新古典学派论点。到此书撰写完毕而写"序言"时,他才开始意识到储蓄与投资两者未必相等的问题,凯恩斯关于储蓄与投资两者间关系问题的探索,在此已经初露端倪。

在《货币论》中,凯恩斯把储蓄与投资两者间的背离与矛盾看成是英国当时经济萧条的病根。按照他的定义,储蓄是人们的货币收入与其常年消费支出的差额;利润不是收入的组成部分,它不用于常年消费,也不组成储蓄的一部分。投资是在一定时间内社会资本的新增价值。由于他在《货币论》中将收入限于工资、企业家的正常报酬、利息和地租,而不包括"意外利润",故储蓄与投资必不相等。

凯恩斯认定,投资成为货币调节的对象,只要通过中央银行对利率的调节,使储蓄等于投资,经济均衡就可达到并保持了。因此,"储蓄＝投资"便是物价稳定、经济均衡的第二个条件。

(4)利率理论:自然利率与市场利率的背离与一致

凯恩斯在《货币论》中的利率理论只不过是阐述维克塞尔的理论。自然利率与市场利率等术语,两种利率的背离导致经济波动、两种利率相等则导致经济均衡等论点,都是从维克塞尔的利率理论袭用而来的。

他认为,自然利率是使储蓄与投资价值完全相等的利率,从而也是总产品的价格水平与各生产要素的收入完全相等的利率。市场利率围绕着自然利率而上下波动,使储蓄与投资两者不能相等,物价不能稳定,经济失去均衡。他认定,"意外利润"决定于市场利率与自然利率之间的差额。如自然利率高于市场利率,则利润为"正",经济趋于扩张。如自然利率低于市场利率,则利润为"负",

经济就会趋于紧缩。如自然利率等于市场利率,则利润为"零",经济保持均衡。

凯恩斯坚信利率有调节储蓄与投资的巨大作用,中央银行调节市场利率使之与自然利率保持一致,则可使价格等于生产费,储蓄＝投资,从而消除利润,使价格稳定,经济均衡。因此,在凯恩斯《货币论》中的货币调节方案内,"市场利率＝自然利率"是经济均衡的第三个条件。

(5)货币价值的基本方程式

凯恩斯在《货币论》中的"货币价值基本方程式"是他在《货币论》中对货币数量论的一种修正。他在其主要专业著作的"三部曲"中,对待货币数量论的态度一变再变:在《货币改革论》中对它倍加信奉;在《货币论》中则加以修正,改换为"货币价值的基本方程式";而到《通论》阶段,则抱反对态度,改换成"物价的一般理论"[①]。

在《货币论》中,货币价值基本方程式虽然演化成十个方程式,但主要只有两个,即:

$$P=\frac{E}{O}+\frac{I'-S}{R},\dotfill(1)$$

$$\pi=\frac{E}{O}+\frac{I-S}{O}。\dotfill(2)$$

上两式中,P 表示消费品价格水平,π 表示社会总产品的价格水平,E 表示生产要素的收入,即生产费,O 表示社会总产品数量,R 表示消费者购买消费品数量,I 表示新投资品增加量的价值,I' 表

---

① 凯恩斯:《就业、利息和货币通论》,商务印书馆 1963 年版(下同),第 21 章。

示新投资品的生产费,S 表示储蓄的数额。

上列第一方程式表明消费品价格水平是怎样决定的,第二式表明社会总产品价格水平是怎样决定的。此外,书中还用 P' 表示新投资品的价格水平。由此可见,凯恩斯《货币论》的主要内容是关于价格决定的理论;"基本方程式"的目的在于表述价格决定的各种因素、研究价格变动的机制,以及揭示中央银行如何利用足够的权力去控制价格水平,消除经济周期的波动,使价格臻于经济均衡的稳定境界。

在这两个方程中,两种价格水平都由两个因素加以决定:(1)生产费(即成本),(2)超过、相等或不足于常年储蓄额而为正、为零或为负的新投资费用。由此可知,要稳定货币的购买力,必须使新投资的费用等于常年储蓄之量。这就必须是"意外利润"为零,价格水平等于生产费,满足前面所述的三个均衡条件。

在上述两个方程中,关于价格水平稳定问题的各种因素,凯恩斯没有考虑到产量(总产量 O 或消费品产量 R)的变动问题。也就是说,O 和 R 都被假定是既定的。所以,他在《通论》的"序言"中承认,"该书所谓'基本方程式',是在一定产量这个假定之下所得到的刹那图"[①]。他明确承认,在《货币论》中的调节方案内,"对于产量变动的后果,并没有充分讨论",这是一个显著缺点。[②]

总之,基本方程式主要是企图改进传统的货币数量论公式,把利率和现金余额数量与各种价格水平(特别是总产品价格水平和消费品价格水平)的决定联系起来。凯恩斯企图通过这些方程式

———————————

①② 凯恩斯:《就业、利息和货币通论》,第 4 页。

表明市场利率相对于自然利率的变化,如何引起储蓄与投资水平之间的差距,这又会转过来引起价格水平的波动。因此,这些基本方程式表述了凯恩斯《货币论》中的货币调节方案的中心理论和基本政策,是这种货币调节方案的核心和集中表现。

(二)《货币论》的过渡性:为《通论》作准备

前面说过,在凯恩斯主要专业著作的"三部曲"中,《货币论》处于过渡性著作的地位。既然它们是"三部曲",则一方面它们必然有着彼此差异的具体内容,即各自的独特性,因而各自成书,另一方面,它们彼此又存在着有机联系,即前后承袭性。

关于这种前后承袭性,首先必须扼要介绍凯恩斯"三部曲"中始终一贯的观点和论点;然后,针对《货币论》的过渡性,清理出它究竟为其后继著作(《通论》)作了哪些准备工作。

"三部曲"中始终一贯的观点和论点主要如下:

(1)他对 20 年代、30 年代的英国(当然包括卷入 30 年代经济大危机的其他国家)经济困境,明确地承认其出了毛病,认为不能再放任自流,有必要运用市场机制以外的力量,进行调节和干预,才能恢复经济的均衡发展。他对这种调节和干预的"疗效"深具信心,认为只要政策对路,就可以"药到病除",永葆安康。而行之有效的政策,必须以正确的理论为指导,因此,他的经济理论是对经济病症的诊断书,是为开具"处方"(政策措施)提供理论依据的,有着明确的针对性和实用性。凯恩斯一生中的三部主要专业著作是针对上述"病症"不同发展阶段的三个"救治"方案,处方的具体内容及其理论诊断彼此有所不同,但救治病症的基本态度则始终是一贯的。

(2)在货币理论方面,他始终坚持十足的名目主义货币本质观和以购买力为内容的货币价值论。在这个理论基础上,坚决主张实行货币管理本位制。他自始至终认为货币对经济发展很重要。尽管在"三部曲"中对待货币这个因素,在考察的角度上,在强调的程度上,在政策运用的种类和方式上,彼此各自不同;但货币在"方案"中始终居于重要地位,起着重要作用。

(3)他认为,投资波动是资本主义制度的原动力,高水平的投资对经济繁荣极为重要。他把产业资本家同金融资本家区别对待,认为企业家在经济上是一个活动的阶级,而食利阶级则是一个不活动的阶级,因而自始至终看重前一阶级,而主张把后一阶级加以牺牲。

(4)他对物价变动的态度是,在原则上主张物价稳定,但如物价稳定不可能做到,则主张宁可让物价温和地上涨,而反对物价不断下跌。他认为,通货紧缩(物价下跌)使财富从活动的阶级转移到不活动的阶级(食利阶级),这对经济稳定殊为不利。而物价上涨会给企业带来意外的利益,提高潜在投资者对利润的预期,对促进高水平的投资和就业是一个必要的刺激。他始终偏好以温和的通货膨胀刺激投资和就业的增长。

但是,前面说过,《货币论》是一本通向《通论》的过渡性著作,尽管它基本上属于新古典学派的理论模式,但其中包含了一些新的经济思想,后来发展成为《通论》理论体系的重要组成部分。主要有如下两点:

(1)在《货币论》中他对储蓄与投资两者的分离与矛盾及其均衡作了详细的分析和论证,并列为经济均衡的条件之一。他明确指出，储蓄是一群人的积累，投资则完全是另一群人的行为；没有任何一种自动的机制能足够使一群人的储蓄必然等于另一群人从事的自愿性投资。这种分离与矛盾导致以下三个重要论点：一来没有一个市场机制能够促使储蓄全部自动转化为投资，则势必求助于市场机制以外的调节力量发挥作用，进行干预。二来投资比储蓄重要，过多的储蓄甚至会使新投资所制造的商品销售发生困难，进而使进一步投资遭受阻滞。三来在经济萧条的情况下，如果储蓄既不能转化为投资，又不用于消费，则节约便成了社会的一种罪愆。这三个论点在《通论》中得到了发展，形成了"投资支配储蓄"理论、"投资社会化"的政府干预方案及关于鼓励消费的论点。

（2）《货币论》将银行存款分成收入存款、企业存款和储蓄存款，并对人们保存现金余额的动机进行了分析，这为《通论》编制流动偏好规律提供了重要准备。

总之，《货币论》这部两大卷的著作，在内容上涉及面很广，包括货币、银行、物价指数、国际金融与英格兰银行业务等等；既有理论，也有货币银行实务。体系庞杂，组织松懈。凯恩斯在此书行将出版时所写"序言"中明确承认其一些缺点；最突出的一个缺点就是，他撰写过程中，经历了好几年的时光，不少论点已经有所发展和变化。结果，它的各个组成部分之间彼此并不完全协调；当他写完此书时，所持论点同他开始撰写时有着巨大的差异。凯恩斯这种自我评价表明他自己的经济思想在这一阶段中的不断演变。

我认为，这部著作在下列两方面至今仍然具有可供参考的价值。

第一，在金融管理方面，它不仅对国内金融调节的各种因素作了比较详细的分析,而且对国际金融调节机制也有不少论述。第二次世界大战末期,凯恩斯参与了战后国际金融体制的创建工作。西方有的货币金融学家认为,《货币论》对绘制这一国际金融机制的模式有着巨大影响。"里根经济学"中的高利率政策就具有发挥《货币论》型的货币调节机能的含义。财政金融专业人士和研究工作者要了解西方国际与国内金融的理论和实务,此书至今仍然有相当大的参考价值。

第二,《货币论》是凯恩斯经济学说发展过程的一个重要阶段,是了解其经济学说全貌所不可缺少的一部重要著作。从资产阶级经济学说史的角度看,《货币论》对深入研究凯恩斯从后期剑桥学派的货币金融学说转变为《通论》"新经济学"的发展过程至关重要。《货币改革论》和《货币论》是凯恩斯货币调节学说的姐妹篇,两者都是研究后期剑桥学派货币金融学说的重要著作。因为现代货币主义的经济学说和政策主张同凯恩斯《货币改革论》中的货币调节方案在理论基础上、在调节机制上有不少类似之处,现代货币主义代表人弗里德曼对《货币改革论》一书至今称颂不已。后期剑桥学派的货币金融学说是现代货币主义的思想渊源之一。因此,对凯恩斯的货币调节学说有所了解,有助于深入研究现代货币主义的内容及其实质。

归根到底,《货币论》对资本主义货币金融问题的分析,只抓住了一些次要因素和现象形态,完全没有触及资本主义制度下经济危机、生产停滞、失业严重这种"社会瘟疫"的根本原因(资本主义的基本矛盾)。《货币论》是非科学抽象的产物。

首先,关于名目主义货币本质观和以购买力为内容的货币价值论，凯恩斯不从商品经济的矛盾、不从价值形态的发展去引出货币，而从完成形态的货币出发，甚至从"计算货币"出发去论究货币的本质和货币的价值，从货币符号去引出货币本体。这样，他就割裂了货币从萌芽、逐步发展到完成形态的历史进程。凯恩斯的货币本质观和货币价值论是庸俗的、错误的。

其次，作为《货币论》理论核心的"货币价值基本方程式"，是以货币数量论为理论基础、增添"储蓄—投资"关系等因素扩展而成的一个烦琐模式。它同传统的货币数量论属于同一范畴，是不科学的。

再次，他所分析的储蓄与投资的分离与矛盾、市场利率与自然利率的偏离与矛盾等因素，相对于资本主义经济危机和失业问题的实质根源而言，都是些次要因素和现象形态。凯恩斯费了大量篇幅对它们进行了反复探讨，但并没有抓住这种"社会瘟疫"的真正病根；他只是在枝节问题上、现象形态上大做文章而已。

刘涤源

1985 年 3 月于武汉大学

目　　录

前言·· 1

上卷　货币的纯理论

第一篇　货币的性质

第一章　货币的分类·· 7

　一、货币与计算货币·· 7

　二、正式货币和银行货币·· 9

　三、表征货币·· 10

　四、货币的形式··· 11

　五、流通货币·· 13

　六、历史例证·· 14

　七、管理货币的发展·· 19

第二章　银行货币·· 25

　一、银行货币的"创造"··· 25

　二、流通货币主要是银行货币·· 31

第三章　银行货币的分析·· 34

　一、收入存款、营业存款与储蓄存款······························ 34

二、活期存款与定期存款 …………………………………… 36

三、存款与透支 …………………………………………… 39

四、相对于交易额的存款量 ……………………………… 42

第二篇　货币的价值

第四章　货币的购买力 …………………………………… 51

一、购买力的意义 ………………………………………… 51

二、货币购买力或消费本位 ……………………………… 54

三、货币的劳动支配力或报酬本位 ……………………… 60

四、工人阶级指数 ………………………………………… 61

第五章　次级物价水准 …………………………………… 63

一、批发物价本位 ………………………………………… 64

二、国际贸易本位 ………………………………………… 67

第六章　通货本位 ………………………………………… 73

一、现金交易本位与现金差额本位 ……………………… 73

二、"一般物价客观平均变化"是否存在？ ……………… 76

第七章　物价水准的分布 ………………………………… 84

第八章　关于购买力比较的理论 ………………………… 90

一、购买力比较的意义 …………………………………… 90

二、近似法 ………………………………………………… 94

（一）类似的人的收入的直接比较法 …………………… 95

（二）比较等值综合商品价格的间接法 ………………… 96

1. "最高公因素法" ……………………………………… 99

2. 极限法 ………………………………………………… 102

　　3."公式的结合" ……………………………… 105

　　4.链法 …………………………………………… 109

第三篇　货币的基本方程式

第九章　某些定义 ……………………………… 115

一、收入、利润、储蓄和投资 ………………… 115

二、可用产品和不可用产品 …………………… 118

三、资本的分类 ………………………………… 119

四、对外收支差额和对外贸易差额 …………… 122

第十章　货币价值的基本方程式 ……………… 125

一、货币价值的基本方程式 …………………… 126

二、利润的性质 ………………………………… 129

三、新投资品的物价水准 ……………………… 132

四、物价水准与货币量的关系 ………………… 136

第十一章　平衡的条件 ………………………… 141

一、零利润的条件 ……………………………… 141

二、利率或银行利率 …………………………… 143

三、膨胀与紧缩 ………………………………… 144

四、变化的因果方向 …………………………… 145

五、企业家的行为 ……………………………… 147

六、对外平衡的条件 …………………………… 149

七、由于报酬的"自发"变化而产生的物价水准变化 …… 153

第十二章　再说明储蓄与投资的区别 ………… 158

一、储蓄与投资 ………………………………… 158

二、一个例证 ··································· 162

三、关于过度储蓄的理论 ··················· 163

四、上述说法的总结 ························· 165

第十三章　银行利率的"作用方式"·············· 170

一、传统学说 ······························· 170

二、银行利率的一般理论 ··················· 185

三、银行利率的某些特殊方面 ··············· 192

四、银行利率对于对外平衡的作用 ··········· 195

五、银行利率和货币量的关系 ··············· 198

第十四章　基本方程式的其他形式·············· 203

一、"真实余额"数量方程式 ················· 204

二、"剑桥"数量方程式 ····················· 210

三、"费雪"数量方程式 ····················· 213

四、"剑桥"方程式与"费雪"方程式之间的关系 ··· 217

五、"费雪"方程式与第十章的基本方程式之间的关系 ····· 219

第四篇　物价水准的动力学

第十五章　工业流通与金融流通················ 223

一、工业与金融的区别与定义 ··············· 223

二、决定工业流通量的因素 ················· 224

三、决定金融流通量的因素 ················· 227

第十六章　货币购买力不平衡原因的分类········ 236

一、货币因素所引起的变化 ················· 237

二、投资因素所引起的变化 ················· 237

三、工业因素所引起的变化 ……………………… 238

第十七章　货币因素所引起的变化 ……………… 240

一、货币供应改变在工业方面所产生的后果 ……… 240

二、存款总量的变化在不同种类的存款之间的分布 ……… 243

三、移转问题 ……………………………………… 246

第十八章　投资因素所引起的变化 ……………… 252

一、信用循环的定义 ……………………………… 253

二、信用循环的创生与生命史 …………………… 254

第十九章　信用循环的某些特殊方面 …………… 266

一、商品膨胀的"辩护" …………………………… 266

二、商品膨胀的发生 ……………………………… 271

三、信用循环的正常道路 ………………………… 273

第二十章　信用循环纯粹理论中的一个练习 …… 277

一、标准情形 ……………………………………… 277

二、八条结语 ……………………………………… 284

三、一般化的情形 ………………………………… 287

第二十一章　国际不平衡所造成的变化 ………… 296

一、作为货币不平衡原因的相对物价水准和相对利率 ……… 296

二、对外投资收付差额和黄金流动之间的关系 …… 298

三、对外投资的净国家利益 ……………………… 310

四、国际因素所造成的变化难局 ………………… 312

五、金汇兑管理下的同类现象 …………………… 316

六、国际贸易本位不存在时的同类现象 ………… 321

前　　言

我在这本书的第三篇和第四篇中,提出了一种货币理论基本问题的新研究法。这样做的目的是要找出一种方法,不但可以用来描述静态平衡的性质,而且可以用来描述不平衡的性质,同时还要发现货币体系从一种平衡状态过渡到另一种平衡状态的动力规律。这就是本书上卷关于"货币的纯理论"中的主体。在下卷关于"货币的应用理论"中,我力图将质的方法和量的方法结合起来,对于所讨论的量值的量级尽可能地善加估计,所根据的主要是英国和美国现存事实。在本卷中,我也叙述了现代货币与银行体系的主要特点,并讨论了实际领域中的货币管理的方法与目标。

当我校阅本书清样时,深感其中大有缺点存在。原先写作时,一边在做旁的工作,前后共费去好几年的工夫。我的思想在这一时期中逐步发展和改变,结果是各部分相互之间并不完全协调。结束时和起始时的看法相去很远。我恐怕这样的结果就会使本书中有很大一部分代表着我抛弃已往惯有的观念和寻求现有观念的过程。有许多已被摒弃的余物仍然掺杂在字里行间。因此,我要是把这书重新写过的话,就可以写得更好、更简短得多。我感到自己很像一个在丛莽中用力钻的人。现在我已经钻出来了,并看到自己本来可以采取一条更直的捷径;原先在途中困扰我的问题与疑难对我说来和当初所认为的意义已经不完全一样了。但我仍然希望能适当地把这本书就其现阶段的价值贡献给全世界，纵使这只代表着一种资料汇编而不代表一本完成的作品，也在所不计。

其次，我还设法把这一兼具纯粹理论与应用理论的系统论文和许多可以独立成为专论的专题讨论结合在一起，这样做也许是不聪明的。这些半离题的讨论中最重要的是关于指数的第二篇和关于投资率变动的第六篇。其中尤其是第二篇，使本书第三篇和第四篇中的基本理论探讨的主要进程推后了许多页，有些读者也许会宁愿跳过这几章，或者先跳过去然后再回头来看。

我的另一个不利之处是没有任何规范足资借鉴，以便正确地安排和整理不同的论题。阐述这类问题的最好途径，只有通过一系列的著作家的经验才能渐次地发现。不过，我的研究范围虽然是世界各大学都开课的问题，但十分奇特的是：据我所知，任何一种语言中都没有印行过任何论文，对于现代世界所存在的表征货币的理论与事实作系统而彻底的研究。我希望能利用我现在已经得到的经验，以较小的规模提供一些东西，尝试着发现解释这一问题的最佳道路。

我相信，正确地理解本书的论题对于世界的福利具有极大的实际意义。如果我能作出贡献的话，这也是得力于我在剑桥工作时的讨论与交谈的气氛。D. H. 罗伯逊先生对于某些基本问题提出了犀利的见解，没有他那些概念的帮助，本书就不可能成为现在的形式；同时，本书之所以能逐渐发展而最后定型，并得以避免许多错误，最应当感谢的是剑桥大学君主学院的 R. F. 卡恩先生。他的细心和明敏在许多地方的字里行间都留下了痕迹，索引也是由他编的。此外还有许多其他的人都在不同阶段中对我提供了帮助，其中特别值得提出的是 H. D. 亨德森先生。

当本书大部分已付印后，我被派到财政部金融与工业委员会工作，该会由麦克米伦勋爵任主席。因此，下卷中所提的实际建议只是代表我在该委员会工作开始以前的意见，而不代表该委员会将来作报告时的意见。

本书承印者爱丁堡的两位克拉克先生极为耐心，对校样校对准确；由于不断进行修改和增补致使他们的校样曾长期保持铅字版的形式，谨此致谢。

J. M. 凯恩斯

1930 年 9 月 14 日于

剑桥君主学院

第 一 篇

货币的性质

第一章　货币的分类

一、货币与计算货币

计算货币是表示债务、物价与一般购买力的货币，这种货币是货币理论中的原始概念。

计算货币是和债务以及价目单一起诞生的，债务是延期支付的契约，价目单则是购销时约定的货价。这种债务和价目单不论是用口传还是在烧制的砖块或纸载的文件上做成账面记录，都只能以计算货币表示。

货币本身是交割后可清付债务契约和价目契约的东西，而且也是储存一般购买力的形式。它的性质是从它与计算货币的关系中得来的，因为债务和价目首先必须用计算货币表示。仅仅在现货交易中用作方便的交易媒介的东西可能接近于货币，因为这种东西可能代表储存一般购买力的手段。但如果全部情形就是这样的话，我们便还没有超出实物交换的阶段。正式货币就其充分的意义来说，只能相应于计算货币而存在。

我们也许可以用这样一句话来解释货币与计算货币之间的区别，即计算货币是表征和名义，而货币则是相应于这种表征的实物。如果同一种实物永远只相应于同一种表征，那么这种区别就没有实际意义了。但如果实物可变,而表征则保持不变,这种区别就有很大的意义。其间的不同之处正像英国的国王(不论当国王的人是谁)和乔治王之间的区别一样。如果有一种契约规定在十年后支付重量等于英王体重的黄金,而另一种契约则规定支付当今皇上乔治王的体重那样多的黄金,那么这两种契约便是不相同的。前一种契约到时候还要等国家宣布谁来当英国的国王才能支付。

提到契约和定价,我们就引入了它们借以强制实现的法律和风俗习惯;换句话说,这样就引入了国家和社会的因素。此外,货币契约还有一个特征是,国家或社会不但强制实现其交割,而且还会决定以合法或合乎习惯的方式清偿按计算货币订立的契约时必须交割什么东西。因此,国家首先是作为法律当局出现,强制支付符合契约所载的名义或表征的东西。但当它除了这种强制作用而外,还要求有权决定并宣布哪种东西符合于这一名义;在有权不时改变其宣布的内容时,也就是说,当它要求具有修订品类规定的权利时,便会起双重作用。所有的现代国家都要求这种权利,而且至少从四千年以来,国家就有这种要求。只有当货币发展过程达到这一阶段后,克纳普氏的货币国定说(主张货币是国家特有产物的学说)才得到了充分体现。

因此,人们一旦采用计算货币时,货币时代就继物物交换时代而开始了。当国家要求有权宣布什么东西可以作为符合现行计算货币的货币时,当它不只要求有权强制执行品类规定,而且要求有权拟订品类规定时,就达到了国家货币或国定货币时代。现在,一切文明国家的货币无可争辩地都是国定货币。

应当指出的是,计算货币必然是连续的。当名义改变时(可能与相应的货币的改变配合一致发生,也可能不相配合),新单位必然和旧单位具有确定的关系。一般说来,国家会颁布一个公式,用旧计算货币说明新计算货币。但如果没有国家法令时,在某一日期前的一切契约便全都是按旧通货订定的,而此后的契约则都是按新通货订定的。纵使如此,市场上还是不免要在两者之间自行定出一种平价。因此,除非突然发生一次巨大的灾难,使一切现存契约一下子都被扫除,计算货币谱系的连续性就不可能有真正的断绝。

二、正式货币和银行货币

在上面我们已经看到,采用计算货币之后,就产生了两个派生的范畴:第一个范畴包括以计算货币订立的约定货价、契约和债务支付证券;第二个范畴包括相应于计算货币的正式货币,交割这种货币后,就可清付契约或债务。前一范畴为下一步的发展铺平了道路。下一步的发展是:人们发现,对于许多目的说来,债务支付证券本身在清算交易过程中可以非常有用地代替正式货币。当债务支付证券用于这种方式之下时,就将称为银行货币;不能忘记的是,它们并非正式货币。简单地说,银行货币就是以计算货币表示的私人债务支付证券。这种支付证券从一个人手中转至另一个人手中,和正式货币交相运用,清算交易。因此,国家货币或正式货币便和银行货币或债务支付证券两者并存了。

三、表征货币

这种情形转过来又导向国家货币的进一步发展。银行货币将不再像上述定义中所说的一样，代表私人债券，而是代表国家所欠的债务。这时国家就会运用其制定货币的特权，宣布该债务证券本身可作为清偿债务的手段被接受。于是就有一种特殊的银行货币变成了正式货币。这种正式货币称为表征货币。但当单纯的债务变成了正式货币时，性质就改变了，不应再认为是一种债务；因为债务的本质是必须能用本身之外的东西强制实现的。如果认为表征货币仍然是一种债务，那么纵使在它符合于一种客观标准时，也只能是一种似是而非的类比。

我宁肯让人说我不完全遵从一般流行的习惯用法，也要提出，国家货币不但要包括强制发行的法币本身，还要包括国家或中央银行担保在对其本身的支付中被接受的货币，或担保可兑换强制性法币的货币[①]。所以大部分的现代银行钞票，甚至连中央银行的存款在内，在这儿都列为国家货币；而银行货币（或非法币货币）目前则主要是由会员银行存款构成的。[②] 从历史上说来，许多表征性的国家货币都是由某种银行货币变来的。这种银行货币由于

[①]　各种货币的严格法律地位是可能发生很大变化的。比方说，美国的联邦储备银行的钞票便只是一种"任意"接受的货币。克纳普认为，国家担保在其偿付处所中接受的任何东西都是货币，不论是否已在公民中宣布为法币都是一样。这种说法我认为是正确的。

[②]　这一名词的解释请参看本书第 12—13 页。

被国家接受，所以后来就从一个范畴转到了另一个范畴。

四、货币的形式

现在我们可以进一步进行一个与上述目标不相同的分析，也就是把国家货币可能具有的三种形式加以分类。为了简单起见，我们可以把这三种货币称为商品货币、不兑换纸币和管理货币，后二者是表征货币中的两小类。

商品货币是由某种可自由取得的特定非垄断商品①的实际单位构成的。这种商品碰巧被选来用于货币的某些众所熟知的用途，但其供应却正像其他商品一样，是由稀少性和生产成本决定的。

不兑换纸币是一种表征货币（即物质材料的内在价值与其货币面值分离的东西），现在除了零币以外，一般都用纸张印成。这种货币由国家制定发行，但依法不得兑换成本身以外的任何东西，也不具有以客观标准表示的固定价值。

管理货币与不兑换纸币相似，只是由国家保证以一种方式管理其发行条件，以致通过可兑现性或其他性质，使之具有一种以客观标准表示的确定价值。

商品货币与管理货币的相似之处在于它们都与客观的价值标准有关。管理货币和不兑换纸币的相似之处在于它们都是表征货币或纸币，离开国家法令或习惯办法之后，内在价值较小或根本没有。

因此，在某种意义下，管理货币便是两者的结合产物。也许正

---

① 或实际存在的单位商品的仓库证券。比如美国的金券便大可以认为是商品货币。

是由于这一理由，它的性质便不容易理解。一般公众都知道商品货币，也知道不兑换纸币。但由于大家更容易认识货币的本位而不容易认识货币的形式，所以就往往把那些用一般熟知的商品作本位的管理货币看成了商品货币，并把具有不熟知的商品作本位的管理货币当成假象的不兑换纸币。实际上最好的典型现代货币虽然有许多依然是商品货币与管理货币的混合体，但却日渐更接近于管理货币的形式。同时，在某种意义下，管理货币也是货币的最普遍形式：从一方面说来，这种货币在管理当局为之提供百分之百的充分准备的客观本位、使之实际上成为仓库证券时，可以认为已蜕化成了商品货币；从另一方面说来，当它失去客观标准时，就可以认为已蜕化成了不兑换纸币。由于以上各种理由，往下各章中所发展的理论都主要是针对管理货币提出的。但所得到的公式如有必要时，却很容易加以修改，使之适合于商品货币或不兑换纸币的特殊条件。

以上所提出的形式与概念的格架及其相互关系可以用下列图解表示：

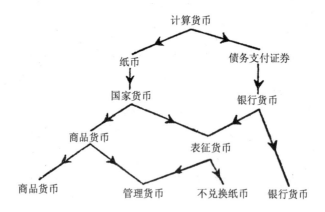

因此，我们便有了四种交换工具，其中三种是正式货币，第四种不是正式货币而是债务支付证券。

五、流通货币

货币理论中有一个基本因素是公众手中所持有的各种货币总量，至于有关的货币究竟是国家货币还是银行货币却往往没有什么关系。两者的总和可以称之为流通货币。兹将流通货币与国家货币之间的关系分述如下：

典型的现代银行体系包括一个太阳和许多行星。太阳就是中央银行，行星用美国用语说来最方便是称为会员银行。国家货币的总存量一部分由公众持有、一部分由会员银行持有、还有一部分则由中央银行持有。中央银行所持有的国家货币成为其存款的"准备"。这些存款可以称为中央银行货币。最方便的办法是假定所有的中央银行货币都由会员银行持有，就其可以由公众持有这一点说来，它可能和国家货币具有同等地位，也可以和会员银行货币具有同等地位，视具体情形而定。这种中央银行货币加上会员银行所持有的国家货币就构成了会员银行的准备，会员银行又用这种准备作为其存款的保证。这种存款就成为公众所持有的会员银行货币，加上公众所持有的国家货币（如有中央银行货币也应计入）后，就成为流通货币的总量。

因此，我们便可以继续把它们的关系发展成为谱系，如下图所示：

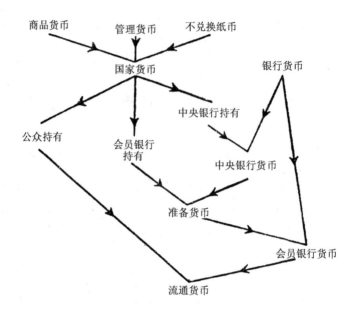

然后，在第三章中，我们将进一步按下述方式分析流通货币：

六、历史例证

历史上的某些例证可以说明以上的说法。历史家往往认为，正式货币是从第一次铸造硬币时开始出现的；关于铸币，希罗多德认为最初在公元前六世纪或七世纪时开始于吕底亚。这一说法仍然是可信的。但我认为铸造硬币并没有造成一般人所认为的那种重大变化。这可能是走向表征货币的第一步，至少也是使往后走向表征货币和不兑换纸币的转变过程变得更容易的一个步骤。但基本转变过程（走向国定货币或国家货币的转变过程）却可能早在这一过程之前就发生了；正好像下一重要步骤（变为表征货币的步骤）要过很久以后才发生一样。

因为国定货币是在国家指定相应于计算货币的客观标准时开始的，表征货币是在货币不再以其客观标准构成时开始的，不兑换纸币则只有在国家更进一步放弃客观标准时才出现。唯有国家能铸造、而价值又可能离开构成本身的商品的铸币，充其量不过是在表征货币方面跨出了第一步而已。因此，铸造硬币便不是货币发展中三大关键性的革新之一。诚然，表征货币在初次铸币后要过好几世纪才实际发行。从另一方面说来，国家指定货币（即国家指定本位）时并不一定要铸造本位币。甚至在货币按重量而不按枚数流通时，只要商品和重量标准是由国家指定的，国定货币的主要特征就已经出现了。

当吕底亚诸王初次铸币时，可能是作为纯度与重量的一种方便的证明，也可能只是克里萨斯①的后裔与迈达斯②邻人所特有的一种炫耀手法。在金属块上铸一个图记，可能只是一种地方性的虚荣心理、爱国主义或广告宣传的表现，并没有什么深远的意义。这种办法在某些重要的商业区从来就没有受到欢迎。比如埃及在托勒密王朝以前就没有实行铸币。中国所用的价值标准是白银，

———————

① 吕底亚极盛时的国王，以富有著称，后战败于波斯被执，仅以身免。——译者

② 希腊神话中的佛利基亚王，受神之赐，诸物触手成金。其城邦被克里萨斯并入吕底亚。此处暗指吕底亚人铸币。——译者

但一般说来,直到很近的时期以前并没有将白银铸币。迦泰基人也是不愿铸币的民族,要不是为了对外贸易活动,可能从来就不会铸造货币。闪族各民族对于货币的本质具有最敏感的本能,他们所注意的是金属的重量与触感,而不怎么理会造币厂那种欺骗性的图记,北方对财政金融外行的民族却对这些图记感到心满意足。因此,泰伦①或夏克尔②并不一定要铸币,只要这些单位是国家制定的就够了。所谓国家制定,就是由国家规定(并有权不时更改其规定)、从法律观点看来、什么纯度和重量的白银可以偿付用泰伦数或夏克尔数表示的债务或习惯付款。

第一次有明确记录的国家重量标准改革是纪元前 3000 年末巴比伦所进行的一次改革。但这并不是最初的开端,还有更早的标准存在。在原始时代,当人们还没有获得重量概念或秤的工艺结构的概念时,衡量必须依靠数大麦粒、稻谷粒或玛瑙贝;这时以"一"、"二"或"十"等数字表示的债务究竟应当用哪一种或哪一类性质的单位作为正式的支付方式,仍然是由国家或社会决定的。因为直至 13 世纪,英国政府对一个纯银便士币的定义仍然是重量等于"谷穗上的小麦粒 32 颗"。又好比现代乌干达当地习用的标准是山羊;那儿有一个行政区专员告诉我说,他的官职任务中有一部分是在发生争执时裁定某一只山羊是否太老或太瘦,以致不能作为偿债的标准山羊。

正像某些其他主要的文明要素一样,货币这种设施的年代,比

---

① 古希腊(或希伯来)的重量名与货币名。——译者
② 古巴比伦的重量单位名,古犹太银币名。——译者

几年前人们让我们相信的年代要古老得多。它的起源消失在冰河
融化时期那一印象模糊的时代中，可能远伸到间冰期人类历史上
的黄金阶段中去了；那时气候宜人，人类心灵开朗，是新观念的沃
土。至于发源地则是赫斯帕莱提诸岛①、新大西岛②或中亚的某个
伊甸乐园。

纪元前 6 世纪时，梭伦对雅典货币所进行的改革是实行了一
次与铸币同时并存，但却不取决于铸币的货币国定权。那只是一
次本位的改变。据我所知，明确地为了取公众之财以增进国家利
益的本位国定变更，最初出现在第二次布匿战争时代。罗马人首
先把这种措施加入到治国国术的武库中。从此以后，本位国定变
更就成了历史家所熟习的主题；一般所采取的方式是货币减色，有
时是为了某一种目的，有时又是为了另一种目的。

然而，这些本位变更，就其对货币形式的影响说来，并没有使
事情超出商品货币的阶段。本位币减色（也就是骤然减少计算货
币价值的本位变更）这一点本身并不能使我们向表征货币跨进一
步。商品货币并不会仅仅因为商品单位的种类改变或数量减少而
不成其为商品货币。直到很久以后，才出现证据证明已经有货币
在任何重大程度内成了表征或符号货币。铸币由于使用方便、信
誉卓著，或由于有印记保证其纯度与可接受性，有时则仅仅由于审
美品质（玛丽娅·特娜莎银元③在现代非洲阿拉伯游牧民族中就

---

① 希腊神话中的西方海岛，为金苹果守护女神住所，后转指西方国家。——译者
② 柏拉图所述大西洋中岛屿，后世乌托邦主义者多假托此岛，现经苏联学者考
证，原先确有此岛，后因地壳变化而沉入海底。——译者
③ 奥地利银币，因其上印有玛丽娅·特娜莎像故名。——译者

得到了这种好印象)，而使其价值超过其所含金属的价值。此外人们还可能因铸币的劳务征收铸币费。有些辅币的通货面值很小。剪损或耗损的货币在一般人中可能按其面值流通。但这些例子的性质都不足以构成正式的符号货币。商品货币与表征货币的真正联系可能要在商品货币中去找；商品货币的供应受绝对稀少性的限制而不受生产成本的限制，其需求则完全取决于它被法律或习惯选定为货币材料，而不取决于它在其他用途上的内在价值，如波利尼西亚的原始石头货币就是这样。

除了据说古时就在中国流行的货币、约翰·劳 ① 纸币以及其他先驱形式的货币以外，表征货币的历史重要性直到法国大革命这样晚近的时期才开始出现。这次大革命的紧急后果使得当时的世界首要金融中心——法国和英国都在许多年中不但采用了表征货币，而且采用了不兑换纸币。

表征货币虽然是较近代的设施，但我们已经看到，这种货币原先却是国家将私人金融方面一种远为古老的设施——银行货币加以修改后借用过来的。银行货币最早的原始形态正像国定货币最早的原始形态一样，消失在年湮代远的时期中。银行货币，尤其是汇票和出外旅行的人所持有的信用证书等形式，存在时期可能几乎和正式货币一样长。因为银行货币的运用所依据的只是人们发现债务本身的移转在许多情形下对交易清算过程说来正和表示债务的货币的移转一样有用。对债务的权利只比对货币的权利远了一步，在人们对于债务迅速转换为货币一事感到有信心的范围内，

---

① 英国银行家和经济学家。——译者

远期支付的因素完全不会影响银行货币在交易清算过程中的合用性。汇票形式下的银行货币对于清算远距离的交易过程说来,在古代和近代一样有用和必要。因为划拨这种银行货币的费用和运输正式货币的费用与风险比起来要合算得多。

七、管理货币的发展

从图解上可以看出,我所谓的管理货币这种表征货币是所有的形式中最混杂的一种;在四种形式中唯有它与另外三种全有关系。它是通过平易的发展阶段而出现的。现在有许多货币体系仍然是复合性质的,一部分由管理货币组成,一部分由商品货币组成。

为管理货币的管理制定科学管理原则,使之符合其本位(不论是什么本位)的第一次重大尝试是从一次争论中产生的,这次争论的结局是产生了 1844 年的不列颠银行特许状法案。18 世纪时,一般流行的仍然是商品货币,但银行货币在银行钞票形式下的发展却已指示出走向符号货币的道路。① 法国革命的后果使法国和英国的通货径直变成了不兑换纸币。在英国方面,当这一时期因引用金本位而告结束时,表征货币的运用对公众说来已是十分熟悉而又令人满意的了,对财政部和英格兰银行也十分有利,以致使新体系不是纯粹的商品货币体系,而是混合的管理体系。如果李

---

① 18 世纪中叶,银行钞票的流通在苏格兰已占显著地位,不持有金属的贵金属节省法对北不列颠人说来和持有金属的贵金属实有法对亚细亚近东部分一样特别有吸引力。

嘉图的铸锭提案实行了的话，商品货币便不会恢复，英格兰也就会在 1819 年实行纯粹管理货币了。

管理货币虽然从那个时候起就已实行，但负责管理的英格兰银行的经理与该行董事会对通货管理的方法与原理却理解得很差，实际上可以说是完全没有理解。接着就出现了 25 年的纷扰与本位崩溃的危机，直到当时的改革者以 1844 年的法案开创了一个管理方法的新时代后才停止。这一法案包含着一个健全的原理和一个严重的混乱因素。健全的原理在于强调限制表征货币量，以便保证能维持其本位。混乱因素则在于徒劳无功地试图无视银行货币的存在，因之也就是无视货币与银行使用的关系，并使表征货币完全像商品货币一样发生作用。这一混乱的确是很严重的，幸好在前后不久的时间里，最优秀的实际理财专家就认识到了第二条健康的原理，否则就有可能导致实际的崩溃。这一原理就是实际上并没有包括在该法案之中的银行利率原理。银行利率对管理货币的管理问题的效用是一个伟大的发现，而且也是最新的发现。在这几年以前，英格兰银行对于银行利率政策和本位的维护之间的关系还完全没有理解。

银行利率政策在伦敦那一特别适合的环境下逐步发展，加上银行货币的巨大增长，就成了往后 70 年中英国货币发展过程的特点。银行利率的实际效用在当时不但已经为人所熟知，而且也成了信念和教条。虽然如此，它的严格作用方式以及在各种条件下应用时预计应产生的结果却没有得到清楚的理解；我认为，一直到今天仍然没有得到清楚的理解。

那时其他种类的管理货币正在开始流行，在汇兑本位这总称下讨论的形式尤其如此。印度卢比是这种管理方法以及其大规模实际应用的首要理论探讨的论题,因之印度卢比也就成了其中典型的例子。几年以前,我曾在《印度的通货与财政》(1913年版)一书中详细地讨论了汇兑本位的问题,在这里不妨再作为题外话简短地讨论一下,以便刷新我对这类本位的最方便分类法的看法。

我认为这一问题的某些讨论中,对于汇兑本位制和另一种制度之间的关系有一些含糊的观念存在。后一种制度更正确地说来应称为汇兑管理制。我对汇兑本位币的定义是:以某一外国法币为客观标准的管理符号币。关于印度卢比究竟应按英镑还是应按黄金确定的争论,就是关于卢比究竟应不应当成为汇兑本位币的争论。德国在稳定马克价值的过程中有一种过渡本位就是汇兑本位,而最后确立的马克则是金本位的马克。从另一方面说来,有些地方的客观标准不是外币而是黄金之类的东西;然而,对这种货币进行管理使之符合这一标准的方法,却完全或主要是在外国中心保持准备金,并按规定的汇率买卖外汇,而不是在当地按规定的汇率买卖黄金;这种币制我称之为汇兑管理制。汇兑管理制所要求达到的客观标准可能是汇兑本位,但并不必需如此。汇兑管理制的特点不在于其本位,而在于其形式。

与邻国相比幅员较小的国家,或不具有在国际地位上居于独立的金融中心的国家,最理想的办法是采用汇兑本位制。但这样做之后,在某种程度内就无疑必须依附于其汇兑本位所选定为基本货币的母国,对于国家的自尊心理可能有损害。从另一方面说来,汇兑管理制却可以部分地免除这种反对意见,同时由于节省了生金银的运输和避免了利息的损失,所以便在技术上具有很大的好处。有许多国家已经运用这种方法多年，并获得了很大的好处，日本就是一个例子，他们在一个以上的外国中心保持准备金，并根据具体环境调节各中心的比例。德国对于汇兑管理制的态度似乎是变化不定的。有迹象表明，国家银行当局对这种制度存在着偏见。我认为印度舆论界某些方面对汇兑管理制所表现的偏见一部分原因是把汇兑管理制与汇兑本位制混同起来了；依附的因素在后一种制度中更典型，但他们却错误地认为和前一制度也一样。

欧战时期的英镑，或者说，1915 年到 1919 年的英镑便是一种汇兑管理币的例子。从 1916 年 1 月 13 日起到 1919 年 3 月 19 日止，英国财政部委托 J. P. 摩根公司作为代理机构，将英镑价格维持为 $4.76\frac{1}{2}$ 美元左右，在纽约外汇市场上随时收购以这一汇率抛售的任何数量的英镑，或者按 4.77 的汇率以英镑收购美元。[1]

没有固定客观标准的法令货币往往采用汇兑管理制。在战后欧洲通货崩溃的时期，"官方支持"以及不时可作变化的"钉住"外汇率的办法，都是这方面人所共知的例子。

最后，欧战快爆发前，曾出现过截至目前世界最大的管理体系——美国联邦银行储备体系。这一体系开始时主要是借镜于英国体系，但后来却沿着其本身独创的新途径发展，只是严格说来，这些途径究竟会变成什么样子，现在仍然有些怀疑和争论

---

[1]　汇兑管理制开始于 1915 年 8 月。但在 1916 年 1 月 13 日以前，外汇汇率并未钉住不动，此后汇兑率就稳定在 $4.76\frac{1}{2}$ 和 4.77 之间。自 1916 年 5 月之后，波动范围保持在 $4.76\frac{7}{16}$ 和 $4.76\frac{9}{16}$ 之间。

存在。

　　英国的体系由于 1925 年的通货法案而从通行了若干年的不兑换纸币发展成了目前的这种形式。现在要对这一体系下论断还为时过早，但该法案中却包含着一个明确的转变，即英国的货币不再是复合体系了。欧战前苏弗林币形式下的商品货币没有恢复，李嘉图在百年以前提出的建议却被接受了，法律规定英镑是纯粹的管理货币。

　　许多人相信，英国恢复金本位制之前所进行的争论是关于英镑往后应当成为管理货币还是"自变"货币的争论，但这却是一种误解。"自变"货币的意义除非是指数量严格地与"商品"货币供应相关联的货币，否则就不可能指任何东西，而这种货币却既没有希望、也没有可能存在。这种误解之所以产生是由于一般公众不知道在欧战后的法令货币和现代以前的商品货币之间还有第三种形式存在。然而，对于其他问题不论作了什么决定，肯定必须采取的却刚好是这第三种形式，也就是通过管理符合于一种客观标准的表征货币。

　　争论的本质问题有两个：第一个问题是，在某一个时候或者以某一种方式改变英镑的本位，以致使过渡过程牵涉到货币收入水平的重大改变，难道是合适的吗？如果改变本位的方式能使新本位币的购买力在过渡时期等于现存计算货币的购买力，并与货币收入平衡，其结果使本位改变本身在当时并不牵涉任何货币现行价值水准的上涨或下跌的问题，那样岂不是任何本位的改变都应当采取的方式吗？反对故意降低货币价值的意见在反对派方面所造成的印象比在官方造成的印象深，所以反对派便认为在具体条件必然会使货币价值像这样降低时，改变本位是不合适的。但官方却十分重视相应于计算货币的黄金的严格金衡盎司数。他们既不愿意使盎司数适应于计算货币的现有购买力，也不愿等到计算货币的购买力适应于所需盎司数的时候，而是由于许多原因愿意冒险，这种危险是用任何强制或骤然的方式使收入与物价间的现存水准失去平衡时必然会伴随出现的危险。

这一争论问题和后来进一步的争论问题是完全不同的。后来的争论的是本位本身的选择问题，也就是黄金是否最合适的客观标准的问题。一般称为货币改革者的那批人和别人一样急于要使法令货币时期结束。他们的确比对方更强调稳定的客观标准的重要性。但他们却说，现在黄金所具有的圆满客观本位的性质甚至比以往更少了。因此便主张大体上根据经济学著作中早已为人熟知的所谓物价指数本位，用某种综合的代表性商品来代替黄金。

第二章　银行货币

一、银行货币的"创造"

在前一章中我们已经看到,货币债权的移转怎样和货币本身的移转对交易清算过程同样有用。因此,一般人确信了这一点之后,就往往会满足于可移转债权的所有权,而不去设法把它们变成现金。同时运用银行货币比运用现金也要方便得多,并有许多附带的好处。

现代银行是这类习惯确立以后才有可能出现的制度。从历史上来说,银行可能是从以下几种企业中发展出来的,即金店,外汇业,借贷中企业或财物保管业,或是以信誉担保借得公共储蓄,然后根据自己的决断、自担风险的投资业等[①]。但我们往下所讨论的是充分发展和正在营业的现代银行。

这种银行以两种方式对自己造成付款债务,往后我们将称之为存款。第一种是根据本身以现金的方式或以授权移转某银行

---

① 关于英国的实际原始形式,可参看 R. D. 理查德:《英国银行业的先驱》(《经济杂志历史增刊》,1929 年,1 月号)。

（另一银行或本行）存款的通知（如支票）的方式所收受的价值，使私人存款者具有债权。公众中的一员带着现金或某银行的一张支票来存入时，其谅解是他将因此而获得现金债权（即存款）；这种债权可以自己行使，也可以转让给别人。

银行还有一种方式对自己造成债权。它可以自行购置资产（也就是增加其投资），但却以对自己造成债务的方式付款，至少在起始时是如此。要不然，银行也可以由于借款者允诺往后归还而使之对银行负有债务；也就是说，它可以放款或垫款①。

在以上两种情况下，银行都造成了存款。因为唯有银行本身才能授权在其账簿中造成存款，使顾客有权提取现金或将其债权移转给其他人支配。这两种方式除了使银行造成存款的诱因的性质不同以外，并没有其他区别。

因此，银行在积极的业务中，一方面将不断由于本身所收受的价值或他人所作出的诺言而造成存款，另一方面又将因为对本身的债权以现金方式行使或移往其他银行而取消存款。于是它便不断地收受现金和支付现金，同时也不断收受对其他银行的债权，并需支付其他银行对它的债权。

由此看来，银行显然必须以一种方式营业，使这两种相反的过程能接近于互相对消。也就是说，使每天付出的现金量加上其他银行对本行的债权，和本身所收受的现金量加上本行对他行的债权不致相差太远。因此，银行家的实际问题在于经营其业务，使每

---

① C.A.菲利普斯教授在其《论银行信用》一书第 40 页，也对他所谓的"原始存款"与"派生存款"作了类似的区别。

天以现金和债权累积的资产和每天以这两种方式累积的负债尽量接近。

这样说来，银行以贷款和投资方式造成的积极存款必须和它根据存款者存入的流动资金造成的消极存款具有一个适当的关系。因为后者纵使只有一部分最后由银行持有，也会增加银行的准备；前者纵使只有一部分付与其他银行的顾客，也会减少准备。我们也许还要更加强调这一结论，因为借款的顾客一般都希望立即付与为此而对他们造成的存款，但存款的顾客却往往没有这种要求。

实际银行家如沃尔特·利夫博士等，从这一点上得出一个结论说：对整个银行体系来说，主动权操在存款人手中，银行家所放出的款项不能超过存款者事先托付给他们的款项。但经济学家不能根据这一问题的表面把它当成常识看待。因此我将力图说明一个不应含糊的问题[①]。

甚至是从许多银行中的一个银行来看这一问题，也显然可以看出，银行造成消极存款的程度，一部分取决于它造成积极存款的情况。因为借款的顾客虽然可能很快地使用他们所获得的贷款，但付与的人中有些可能是同一银行的存款户。在这种现象的范围内，积极存款不但不是消极存款的派生物，情形倒正好相反。这可以具体而微地说明整个银行体系所发生的情形。因为当借款顾客将其存款付与其他银行的顾客时，受款银行因消极存款增加而增

---

① F. W. 克里克：在《银行存款的创立》（原载《经济学》1927 年 6 月号）中作了一个很好的尝试来说明这一点。此外并请参看 C. A. 菲利普斯教授《论银行信用》一书，其中对本章的论题有非常精辟、但相当繁复的讨论。

强的程度,正好等于付款银行减弱的程度。同样的道理,当其他银行造成积极存款时,我们的银行就增强了。因此,它的一部分消极存款虽然不是本身积极存款的派生物,然而却是其他银行积极存款的派生物。

假定有一个封闭式的银行体系,与外界毫无关系,其所在国的一切支付都用支票而不用现金;再假定银行在这种情形下发现无需保持任何现金准备,行际债务可移转其他资产予以清算;那么只要各银行齐步前进,发行银行钞票的安全量便显然没有限制。加重点的几个字说明了这种体系的活动的要领。一家银行每往前跨进一步都会使它减弱,但另一家邻行跨进一步又会使它增强。所以只要所有的银行齐步前进,收支两抵之后就没有一家银行被削弱了。因此,每一家银行先于其他银行的活动虽然不能超过一步,但会受整个银行体系平均活动的支配;对于这一平均活动量,它可以贡献其一分,大小不论。每一个银行经理都可以坐在客厅里,把自己看成个人力量无法控制的外界力量的被动工具;但这个"外界力量"就是他自己和邻行经理,而绝不是存款者。

这种货币体系具有一种固有的不稳定性。因为朝同一方向影响大多数银行活动的任何事件,不论其方向是向前还是向后,都不会遇到任何阻抗,并可使整个体系发生激烈运动。下面将可以看到,实际的货币体系一般并没有这样糟,其固有的不稳定性已拟定办法加以约制。但一个银行体系中单个成员像这样发生感应运动的趋势在一定程度内始终是存在的,而且必须加以考虑。此外,如果"封闭"体系的条件已满足,就像具有不兑现货币的国家或全世界整个的情形一样,那么由于感应运动而趋于不稳定的趋势便是该体系中具有极大实际意义的特点。

在上述虚拟的情况下,我们假定一切支付都用支票,会员银行没有义务或必要维持现金准备。现在我们必须把这些限制除去。如果某些支付是以现金实现的,那么像这样运用的现金量对于银行货币量一般便会或多或少地维持某种稳定的比例。在这种情况下,全部银行所发行的银行货币量增加时,就会使其现金流出;除非它们能支配更大量的现金,否则这种现金的流出就会对银行货币的发行量加上一个限制。

但任何银行家需要现金都不光是为了应付这种可能情形。他纵使和邻行齐步前进,邻行对他的债权和他对邻行的债务之间仍然会存在日差额;这种日差额量一部分要取决于其营业的规模,而这一规模则大致上等于其存款。因此,银行家为了应付短期内必然发生的小量差额,就会经常在手头维持一些流动资金。这种流动资金一部分采取现金的形式,一部分采取另一家或多家银行的存款的形式。这种资金就是所谓的"准备",其数量随其存款量而增减;有时由于法律或习惯的规定,和存款保持着严格的比例。为了处理行际债权,各银行设立了一种所谓票据交换所,每天结算两抵后各行的人欠欠人数目。为了清付最后的差额,如有必要时可用现金。但为了方便起见,各行在日常清付中都接受对某一个选定银行的债权;这一银行有时称为银行家的银行,一般就是中央银行或国家银行。此外,中央银行存款不但可用来支付票据交换所的差额,而且在银行准备的现金部分需要充实时也可以兑现。

因此,银行首先必须决定,准备应达到多大数量才算妥当,有时这是由法律决定的。这一数字详情将在第 2 卷中讨论,它一部分决定于该国在该时期中的流行办法所决定的存款者习惯,一部分决定于具体银行顾客所经营的企业种类,还有一部分则决定于银行业务的规模;对于这一目的来说,这种规模一般是以其存款量来衡量的。因此,每一银行都在心中对其存款确定一个比例(如10%),目的是将其划作准备;这一比例除非法律强制规定一致数额外,在不同银行中并不必须相同,同一银行也可以随时或在不同季节中加以变化。确定这一比例后,银行就不愿使其准备高于这一数额,正像它也不愿使之低于这一数额一样;因为高于这一数额时,一般就意味着可以获利的营业量没有充分发挥。因此,银行将根据其逐日变化以外的准备所显示的增减趋势,通过规模或大或小的放款与投资来造成积极存款。

现在我们可以看出,不但是各家银行的步调具有必须遵从的准则,而且整个银行体系也受这种规则的制约。因为如果整个银行体系造成存款的准备降得过低,那么有些银行家就会发现其准备比率不足,因而就会被迫往后撤退一步。但如果总存款量对准备的比率低于正常水准,某些银行就会发现其准备的比率过高,并会受到刺激往前跨进一步。因此,决定整个银行体系共同"步调"的因素是准备金的总量。

如果要把这一讨论更推进一步,找出决定会员银行准备金总量的因素,便是涉及以下各章的内容了。但这问题的要义仍然可以在这里加以讨论。

假定中央银行就是钞票发行当局,那么只要中央银行能控制其钞票发行与存款总量,会员银行的准备基金总量便在其控制之下。这时,中央银行便成了整个乐队的指挥,速度由它决定。但中央银行本身所造成的存款量可能由法律或风俗习惯规定不得由其自由控制，而由某种硬性的法规调节，这时我便可以把这种体系称为"自动"体系。最后，会员银行本身也可能有一些权力（也许有一定限度），可以随意增加其中央银行存款量，或增加其从中央银行钞票发行部门所取得的钞票量。这时会员银行的感应运动的强度，就会随着它们在增加准备基金的方式下为自己预备食粮的做法而加大，其结果是使银行体系固有的不稳定性难以控制。

我已尽量证明，一般常见的关于银行存款由谁"创造"和怎样"创造"的争论，是一个不大实际的争论。毫无疑问，最方便的说法是，所有的存款都可以说是由持有存款的银行"创造"的。但银行存款肯定并不限于必须由存款者主动缴纳现金或支票才能创造成的存款。但同样明显的是，某一银行主动造成存款的可能性服从着一定的法则与限制。它必须与其他银行保持同一步调，其存款相对于总存款而言，不能增加到与其本身在全国银行业务中所占份额不成比例的程度。最后，各会员银行共有的"步调"是由它们的准备基金的总量支配的。

二、流通货币主要是银行货币

以上述方式造成的会员银行货币与国家货币在构成流通货币总量中的相对重要性，随着各时代与各国家在货币实际状况方面所达到的发展阶段的不同而有极大的区别。但一般的趋势是银行货币取得压倒优势，国家货币居于从属地位；在英国和美国这样的国家，银行货币可能占流通货币总量的 9/10。

因此,如果假定所有的中央银行货币都归会员银行持有,同时还假定公众手中所持有的流通货币都是会员银行货币(即银行存款),我们就可以使这说法变得简单,而不致十分损害其普遍性。这种简化的说法当然不能代表实际的事实,但却可以省去许多不必要的话,而且容易适应于实际事实。此外,当公众、会员银行和中央银行所持有的全部国家货币存量的比例趋于稳定时,这一假定的结论就差不多和实际事实相符。当实际事实以相关的方式偏离这一简化的说法时,我就会尽量使之回到讨论范围中来。

在美国方面,活期存款与公众手中在银行以外流通的钞票或铸币的比例,可以得到相当准确的估计,其情形如下:

美　国[①]

单位:百万美元

	活期存款	货　币	货币对总量的百分比
1919	18 990	3 825	17
1920	21 080	4 209	17
1921	19 630	3 840	16
1922	20 470	3 583	15
1923	22 110	3 836	15
1924	23 530	3 862	14
1925	25 980	3 810	13
1926	25 570	3 777	13

由此看来,纵使在欧战后的八年中,美国的流通中的现金与现金加活期存款所形成的总量的比例,也从 1/6 左右降到 1/8 这样小的

---

　　① 活期存款数字取自密契尔著《商业循环问题及其调整》,商务印书馆,1962 年版,第 141 页。银行以外所流通的货币量则取自《经济统计评论》,1927 年,7 月号,第 136 页。

数额。在下面我们将看到，由于活期存款的周转速度比现金要大得多；所以前者按已实现的支付量计算时，所占优势甚至还会更大。如果把定期存款包括在内，就会发现公众所持有的国家货币在流通货币的总量中还不到 10％。

在英国方面，情形就只能作不那么肯定的猜测。但我估计，英国在 1926—1928 年时期的活期存款（定期存款除外）可能有107 500万镑，公众手中所流通的钞票则有 25000 万镑；在这种情形下，后者在总额中所占比例为 19％，也就是占 1/5 左右。计入定期存款时，我们就发现，正像美国的情形一样，公众所持有的国家货币大约占流通中货币的 10％。

由此看来，银行货币的运用现在在美国和英国占着极大的优势（在其他国家也日益如此），所以把它当成典型现象并把其他种类通货的运用当成次要现象所引起的混乱，比把国家货币当成典型货币并把银行货币当成往后的复化情形所引起混乱要小得多。后一种看法已经落后于事实，使人对现代货币的某些最为典型的特点强调不够，并把它的基本特点当成不规则的或例外性质的。

第三章　银行货币的分析

一、收入存款、营业存款与储蓄存款

现在让我们从存款者或持有者的观点来讨论一下银行货币或任何其他种货币。人们之所以用银行存款或其他方式保持一个货币数量，理由不外以下三种：

第一种理由是应付个人收入日期和支出日期之间的这一段时期的支出。如果收支几乎同时发生，那么人们为此目的所需储蓄的平均量就会微不足道了。假定所有的人都在季度结算日取得其一切收入，并在同一天付出其款项；所有的支票都是同时开出的，预计存入的支票将及时清付，以应付付出的支票；那么收益与消费的正常交换循环提供资金所需的银行存款就会接近于零。如果支出不是与收入同时发生，而是相差几天，那么银行的私人存款总量在几天内虽然数字很高，但全季度平均仍然会很低。工人阶级的货币余额，当他们在星期六取得工资而又在当天或不久后花费时，的确非常接近于上述情形。但私人的收入与支出相隔不论久暂，一般总是有一段时隔的。同时，两者之中任一种的严格日期都无法始终事前预见。因此，为了弥补收入与支出之间的这一段时隔并防备可能发生的需要，人们必须保持一个货币贮量，或以银行存款的形式对货币保持随时支取的支配权。这类的存款是由私人从其收入中提款补充的，用于私人支出或私人储蓄，我们将称之为收入存款。没有银行来往账的工人或其他人手中的现金当然也应列入这一范围。

同样的道理，商人、工业家或投机者一般都不能将其收入与支出安排得同时发生。这类人有时在货币体系以外进行"清偿"与"清算"（如证券交易所两周清算）等等，这样至少可以使收支部分对消。但一般说来，对消关系是不完全的，一部分的营业交换过程（其大小随企业的性质而定）将使受款人具有临时的现款或银行存款的余额。同时，营业支出和私人支出一样，严格的债务偿付日期无法始终事先预见。所以方便的办法是保持一个边际数额以备不时之需。为营业目的而储存的这种存款将称为营业存款。

收入存款和营业存款总加起来就构成了我们所谓的活期存款①。

但持有银行存款的目的也许不是为了支付，而是为了储蓄，也就是为了投资。持有者之所以这样存款可能是受到银行家所提供的利率的引诱；也可能是预计到其他投资可能使币值贬损；或是着重于储蓄的币值稳定并且又能随时兑现；还有一种可能是他发现这种方法最便于储存小量积蓄，以便在达到足够数额后再变成专

———————

① 值得提出的是，亚当·斯密也作了十分类似于上述说法的区分（见《国富论》第二卷，第二章），他说："各国的流通过程可以说是分成了两个不同的部门：一个部门是经纪人相互之间的流通，另一个部门是经纪人与消费者之间的流通过程。虽然同一分货币（不论是纸币还是金属货币）可以有时用在一个流通过程中，有时又用在另一个流通过程中；但由于两个过程经常是同时进行的，所以两个过程都需要一定量的这种或那种货币的贮量，以便持续不绝。"

用投资;也可能是在等待机会,将款项用于其本身的企业;此外便是因为对他有影响的其他这类原因。我们称这种存款为储蓄存款。构成储蓄存款的标准是不需用于日常支付,而且当存款人由于任何原因认为其他投资方式更为可取时,取消这种存款也不会有任何不便之处。

二、活期存款与定期存款

现金存款大致上相当于美国人所谓的活期存款和我们所谓的往来账户。储蓄存款则相当于美国所谓的定期存款和我们所谓的存款账户,同时也相当于主要讨论商品货币的货币理论中经常称为"价值储蓄"的货币运用法。但这种相应关系并不严格。在英国,存款账户与往来账户之间有一个老式的区分,即前者能生利息,后者则不能,这一区别已经在迅速地泯灭。因为现在已经有愈来愈多的银行对顾客超过议定最低额的往来账户款项平均数付予利息。其结果是存款账户与往来账户渐次符合于银行对一国的不同部分与不同种类的顾客在习惯办法上的区别,而不符合于付利息不付利息的区别①。

还有一种往来账户为的不是有必要以这种方式来提供现金,以

---

① 一般说来,存款账户与往来账户之间的固有区别在伦敦还保存着。但在各地方就没有一致的办法,银行间的竞争造成了许多不同的安排。最常见的办法是由银行对超过议定最低额的往来账户款项平均数提供一定的利率,数额略低于广告存款利率(例如低 0.5%),这就意味着实际上的储蓄存款从往来账户转为存款账户并不永远是值得的。因此,短期储蓄存款便很可能划入往来账户而不划入存款账户。储蓄存款的小额增值也是这样,这种增值只是隔一个时期才以较大单位移转为存款账户。

方便日常营业的支付,而是为了报酬银行家的劳务,这在英国也是一种极常见的办法。顾客报酬银行有时是根据其账户周转量以及其他原因所造成的麻烦而付予一定的手续费。但还有一种十分常见的形式就是议定由顾客维持一个最小量的不付利息的存款余额,根据这种谅解而保持的余额往往因为对于其差数支付利息的缘故而允许其低于议定的最低量,所以就很难确定究竟应当把它看成是储蓄存款还是活期存款。但不论当成哪种存款,它们总会形成一种不易移转的存款形式,在正常情况下很可能保持相当稳定。

除了银行办法使这种分类产生困难以外,储蓄存款与活期存款之间的区别甚至在存款者心中也往往不十分明确,尤其是关于防备不可预见的可能用途的那一部分更加如此。因为持有大量储蓄存款的人可能感到自己的资力已够雄厚,可以节省应付可能用途的现金存款量。因此,全部存款中便有一部分可以用于两种用途,存款者本人也很难严格地说他所持有的全部存款中为某一种用途而储存的比例是多大,为另一种用途而储存的比例又是多大。但大致的区别还是很清楚的,可以分述如下:储蓄存款量取决于它与其他可用来代替其本身的证券在存款者心中所产生的相对吸引力如何。活期存款量则取决于他用支票收支的款项的量与经常性以及收支时隔的长度。

目前还不便于对这两种存款在已公布的存款总额中所占比例作精确的统计。在英国,银行对于存款账户与往来账户甚至不分别发表数字。在美国,法律规定活期存款与定期存款必须分别发表数字,但由于种种理由,这种区别与上述区别并不完全相符,尤其是通知取款日期少于 30 天的一切储蓄存款都被当成了活期存款。

　　然而我们却有足够的资料可以对于两种存款的相对重要性作出粗略的推测，这些资料将在下卷中详述。在美国，定期存款与存款总量的比例在不同的联邦储备区中差别极大，旧金山比纽约高两倍左右，而全国的平均量则在不断发生变化，从 1918 年的 23％增加到 1928 年的 40％左右。在英国，一般常说，欧战前全部银行存款大约是存款账户与往来账户各占一半。[①] 欧战期间，在官方宣传的刺激下，对政府发行的证券的投资可能吸收了一些最巩固的存款账户，其结果是存款账户的比例降到总额的 1/3 左右。但在最近 10 年中，比例又渐次恢复到 1/2 左右的战前比数。因此，我们如果计入有利息的往来账户和酬劳银行的"最小量余额"，那么英国的真正储蓄存款看来就略微超过了总数的一半；虽然从另一方面说来，我们也必须估计到一个事实，即存款账户的规章（七天通知期）并没有永远打算让人们严格遵守。

　　读者不妨回忆一下，提出这些百分比不过是为了说明有关量的量值等级。两种存款对全部存款的比例不是恒定的，正是由于有这种变化的可能性存在，才使以上的分析在往下的说法中具有重要性。

　　前述的分类当然包括钞票和银行存款。由于钞票不生利息，所以就比银行存款更有理由被当成现金而不当成一种储蓄的形式被持有。在现代经济社会中，企业家之间的交往主要是通过支票进行的，所以便也有一种假定认为钞票是被作为收入存款而不是

---

　　① 我也曾听见有人说，欧战前账户存款估计更接近于占 1/3 而不是 1/2。利夫《银行学》第 124 页）在 1926 年写道：在英格兰一般是活期存款较多而在苏格兰与爱尔兰则是账户存款多得相当多。

作为营业存款来持有的。

在过去一百年中,的确有一种稳定的发展趋向,避免使用钞票而运用支票。银行存款在可以预计为分别代表着储蓄存款、营业存款和收入存款的任何国家中,这三种存款之间的比例取决于该国在这一发展过程中所达到的阶段。在第一阶段中,银行存款主要属于投资性质,大多数的支付都是以钞票实现的。在第二阶段中,银行存款一部分被用作储存现金的手段;但到进行支付时,一般都变成钞票。在第三阶段中,营业交往主要是用支票,钞票只限于支付工资和小额现金。在第四阶段中,工资支付也用支票,钞票只用于小额临时现金支付和随手支付。大多数大陆国家都处在第二阶段与第三阶段之间。英国已处在第三阶段中,可能已在第四阶段的前夕。美国则处在第三阶段与第四阶段之间。钞票在货币体系中的意义以及调节其数量的适当办法显然必须取决于所达到的发展阶段,只是这一点还没有得到普遍的承认。钞票发行量的变动的统计意义也必然会按同一方式变化。[①]

三、存款与透支

我们已经把活期存款说成是为便于办理日常支付所需的货币

---

① 英国对现有钞票发行量如果具有统计数字的话,作为工资总额的指数而言就会具有很大的价值。目前关于现行流通量还无法取得统计数字,因为合股银行对于其准备中所存的钞票不发表数字,其实这种数字不发表是没有理由的。但到时候英格兰银行所发表的银行家余额总数加上各银行所发表的现金与余额总数,就可以让我们得到一些近似的推论。

提供一种可以随时支取的支配权。但这一分析在现代社会中是复杂的,因为活期存款不是提供这种款项的唯一方法,透支也可以同样提供。所谓透支就是与银行取得协议,以便在任何时候都可以造成不超过议定数字的借方账目,利息不按议定的最大量借款付给,而按实际平均借款量付给。银行的主顾可以根据其存款开出支票,因而减少他对银行的贷方数字;但他也同样可以根据其透支开出支票,因而增加其对银行的借方数字。

用银行账面记录的方式清算债务时,将借方数字从一个账户转到另一个账户就像将贷方数字从一个账户转到另一个账户一样有效。增加债务人的借差和减少债权人的借差对于付款说来就像减少前者的贷差和增加后者的贷差,同样是有效的支付方式。因此,对于支票——货币体系的有效运行说来,具有支票账簿的人完全不必同时具有存款。银行的资财可能完全只包括其本身的资本,也可能是从某一类顾客身上取得的;这类顾客和立现金账的顾客完全不同,他们在银行中立的是固定储蓄账。在这种情形下,现金账完全是借方账户(即透支)而没有任何的贷方账户(即活期存款)。

特别是在英国,人们愈来愈多地发展透支办法,节省现金存款量,[①]其他地方的银行办法,我还不敢肯定。在组织良好的大规模企业中,现金账平均说来(存款与透支正负两抵的结果)都趋近于零,或者至少也是数字很低;其原因一部分是运用透支办法,另一部分则是将票据或贷款的临时剩余差额投资于金融市场的缘故。

---

① 我认为,最初出现透支的地方是苏格兰。这办法在美国从未受到很大欢迎。

如果把根据报酬银行的协议而保持的最低余额除去的话,大企业的平均现金存量(按上述办法计算)在通过账户的支票量所占的比例就会极低。但一般私人也愈来愈多地运用透支账户。

读者必须注意的是,银行资产负债表上资产一方所出现的数字不是顾客的已用透支量,而是他的未用透支量。就目前情形说来,这一数量不会出现在资产负债表上相应于现金存款的任何地方。所以,现金存款总额加上未清偿的未用透支周转账款就构成全部现金账款。正确地说来,未用透支周转账款,由于代表着银行的负债,所以就应当像承兑账款一样出现在账目的两方。但目前的情形并不是这样,其结果是在未用透支周转账款中存在着一种日见重要的银行货币形式。关于这种货币,不论是它的绝对总量还是它随时的变动,我们都没有任何统计记录。

活期存款在货币价值理论中实际上就是现金。这种存款绝不相当于已发表的银行存款。后者有很重要的一部分根本不是货币(其接近货币的程度并不比库券大多少),这部分就是储蓄存款。从另一方面说来,已发表的银行存款中却不计入未用透支账款,这种账款是不折不扣的现金账款。当储蓄存款和未用透支账款都是整个存款中接近恒定的部分时,银行存款已公布的数字对于可用现金量说来,便是一个完全令人满意的指数。但正像我们在下面可以看到的,如果这两种比例可能发生极大的变动,那么把银行存款看成与现金相同就会发生严重误解,许多人的确已经发生了这种误解。

四、相对于交易额的存款量

我们已经看到,活期存款,不论是收入存款还是营业存款,持有的目的都是为了支付;它和储蓄存款不同,后者是为了另一种目的。因此,下一个问题便是这种现金存款量与和它所支付的付款量之间的关系。关于这一问题,我们将在下卷中作统计分析,但目前先作一个初步讨论是有帮助的。

让我们从收入存款开始。这方面的付款量是容易说明的。因为这显然等于一个社会构成收入款项的货币收入减去收入存款本身的任何增量(或加上任何减量)。[1] 一般说来,收入存款的年周转量将等于一年的薪水加一年的工资、食利者的利息和企业家的报酬;也就是说,这一周转量等于各生产要素在一年中的报酬。因此,我们如果不但把一切新生产的交换项目(包括劳务在内)列入本期产品之内,而且把运用固定消费资本(如房屋)的所得也列入其中,那么总货币收入就会随着本期产品的货币成本而发生变动。[2]

这种周转量(也就是一个社会的年货币收入总量)与收入存款量之间的关系是怎样的呢?后者是前者的一个分数,稳定性大小不等。这一分数我们称之为 K_1,其倒数称为 V_1。

---

[1]　为了避免误解起见,应当指出的是,私人非收入交往,如建筑或其他目的的贷款,或是交换投资等所造成的非收入交往,根据上述分类应认为是营业交往,与这种交往相关连的余额应认为是营业存款。

[2]　关于收入的更严格的定义,请参看本书第9章。

一般说来，我们可以预计，K_1 在一个给定经济社会中的逐年平均值是一个相当稳定的量。但如果收入虽稳定地逐日积累，其收入和支出却不逐日进行，而是隔一个时候进行一次，那就可能在平均稳定的情况下伴随出现相当大的季度变动。在工人阶级的工资这类的情形下，收入的支付是按星期进行的，K_1 在一个星期的每一天中都有一个不同的值，自工资发放之日起稳定地或猛烈地降低，但星期平均却是稳定的。在许多中产阶级的薪水那类的情形下，支付是按季度进行的，K_1 在季度结算日达到最大值；此后到下一季度结算日之前将不断降低。但 K_1 值最重要的季度变化可能出现在农业家方面，他们的收入是在出售农产品收成时取得的。例如在印度这样的国家中，各不同地区由于这一原因而产生的现金需求季度变动量十分大，以至成了人所共见的问题。因此，以星期工资获得者、季度薪水获得者和农业家构成的经济社会中，K_1 的合成值（读者可以记得，这里面包括钞票和收入存款项下的银行账款）显然会构成一个复杂的曲线，虽然全年平均相当稳定，但一年中却有许多峰与谷。

此外，它的平均值不但取决于支付日的平均时隔长度，而且要取决于该社会支付的习惯究竟是与消费同时还是积欠到消费之后；也就是说要取决于该社会究竟是按均等日支付率支付，还是紧接在支付日后的时期里集中支付。有些地方的某些重大支付集中在特殊的季节里，这一点就会反映为 K_1 值相应的季度降落。例如大家都知道，英国的所得税便有一种作用，使收入存款的水准在春季里显著降低。

对收入与支出的时间与季节有影响的风俗习惯的改变，对 K_1

全年平均值的影响一般说来比贸易或物价变动的影响还要大,但发展趋势却是缓慢的。真实收入的暂时降低会由于人们在降低时力图维持消费而对 K_1 值的降低发生一些影响。人们对通货失去信心时(如欧洲在欧战后通货膨胀时期中的情形),会使顾客急忙进行购买,这样也会使 K_1 远低于其正常值。但除了这种例外原因以外, K_1 的值在一年与另一年之间是不易于发生重大变化的。

目前由于没有任何统计资料可以使我们对收入存款与营业存款加以区别,所以就很难猜测这一稳定的 K_1 平均值实际上究竟是多少。由于这一问题将在下卷中作更仔细的探讨,所以在这里只要说明这样一点就够了:即在英国, K_1 的平均值十之八九会大于全社会年所得量的 5% ,并小于这一数量的 12% ,目前可以暂时假定它在 8% 左右。

下面让我们谈谈营业存款。在这一方面,情形很可能远不如收入存款那样稳定而规则。营业存款周转所根据的是企业的交易量,包括企业之间为支付一切货物交易、契约交换、票据往来而来回流通的支票,是由这些交易量构成的。按它们的不同性质可分类如下:

(一)由于生产分工而产生的交易:

　　a. 企业家对各生产要素的报酬所作的支付。

　　b. 上一生产程序(提取、制造、运输或分配)的负责者和下一生产程序的负责者或装配不同构成部分的负责者之间的交易。

(二)资本品或商品的投机交易。

(三)金融交易,如库券的回收与换新或投资的交换等。

上列各项中，(一)就像收入存款的来往一样，是本期产品货币价值一个相当稳定的函数。其中的 a 的确会刚好等于列入收入存款贷方的收入。因为收入存款方面所收到的每一张支票都是营业存款中所付出的支票；反过来说，除非是像某些个人劳务的情形一样由消费者直接从生产者那里购买，否则后者所开出的每一张支票都是为前者所存入的支票。其中的 b 这一范畴虽然会随着生产的技术与性质渐次地发生变化，在短期内则随着企业家是否预计到它们的需要而发生变化，但整个说来也会随着年产品的货币价值发生变动。此外，在下面就可以看到，专属于 b 的物价水平不会严格地随着专属于收入存款支付的消费品的价格水平发生变动。其结果是 b 类交易的货币价格变动不会严格地符合于消费者在同时所作支出的货币价格。根据往下第十五章的说法来讲，为 a 与 b 两种经济过程所储存的营业存款加上收入存款，就构成了我们所谓的"工业流通"。

从另一方面说，第(二)与第(三)两范畴的交往却无需也没有受本期产品量的支配。一群金融家、投机家和投资者将某些并非由他们生产或消费而只是由他们买卖的财产，或者由他们相互转让的权益进行交易。在这些交易中，它们的速度和本期生产率没有固定的关系。这种交往量受着多方面的和无法预计的变动的影响，很容易在某一个时期比另一个时期增加一倍，决定的因素是投机情绪的状况等。生产活跃虽然可能使它受到刺激，生产不活跃也可能使它受到抑制，但它变动的程度却和生产完全不同。此外，像这样交换的资本品的价格水准可能和消费品发生完全不同的变化。为第(二)和第(三)交往过程所持有的营业存款加上收入存款,就构成了第十五章中所谓的金融流通。

不幸的是这些交往过程不但极易发生变化,而且变化方式也跟生产以及消费所引起的交易过程完全不同。同时前一类交易量与后两种相比时也十分大,足以混淆统计数字。比方说,英国的各种支票交易总量在 1927 年可能达到 640 亿镑,此外还必须加上使用钞票的交易量,总共比年收入量大 16 倍以上。由于本期产品的每一项平均不可能转手 16 次,所以本期消费与生产所引起的交易量便显然被其他种类的营业交易过程淹没了。生产与收入的统计数字像这样受到巨大的金融交易可变因素的混杂后,就严重地妨碍我们在现代货币问题上求得可靠的归纳结论。

1926 年美国的相应数字是支票交易为 7 000 亿美元,比年收入量大 10 倍左右。

从上面的论列中可以清楚地看出,营业存款平均水准对营业交往量的比(K_2),跟收入存款对收入总量的比(K_1)可能完全不同,其变化方式也很可能不同,可变性要大得多。在第二卷中,将对于 K_2 的量值和可变性提出一些估计,这些估计毋宁说是对 K_2 的倒数 V_2 提出的。

在任何给定经济社会中,我们都有理由认为 K_1 是国民收入货币量的一个恒定的分数,K_2 就不如此。因为支配 K_2 的那种交往量与价格水准可能发生极大的变化,这些变化与国民收入货币量的变化不相符合。因此,我们如果说总现金存款(即收入存款加营业存款)和国民货币收入具有任何稳定或正常的关系,便会造成误解。

读者大概已经看到,K_1 是一般所谓的收入存款"流通速度"的倒数；K_2 则是营业存款流通速度的倒数。

现在我们必须开始对于银行体系造成存款的方式与物价水平的关系进行一段很长的讨论。首先，本书的第二篇（主要论题不可避免的一段题外话）将专门用来分析货币价值的意义以及其衡量的问题。

第 二 篇

货币的价值

第四章 货币的购买力

一、购买力的意义

人们持有货币不是为了货币本身而是为了它的购买力，也就是为了它所能购买的东西。因此，他所需要的便不是若干单位的货币本身而是若干单位的购买力。但由于除了货币形式以外就无法储存一般购买力，所以对购买力的需求便转化成了货币"等值"量的需求。若干单位的货币与若干单位的购买力之间的"等值关系"的尺度是什么呢？

由于一定条件下的货币购买力决定于一单位货币所能购买的货物与劳务量，所以这种购买力便可以用各种单位货物与劳务按其作为支付对象的重要性的比例构成一种综合商品来加以衡量。此外，支付有许多不同的目的和不同的类型，关于这些我们在某些时候会注意到，它们都各有其相应的适当综合商品。代表着某种支出的综合商品的价格我们将称之为物价水准，说明某一物价水准的变化的一系列数字，则称为指数。因此，在一定条件下与一单位购买力等值的货币单位数就决定于相应的物价水准，而且由适当的指数来表示。

是不是有一种物价水准十分符合于我们所谓的货币购买力呢？如果有的话又是哪一种呢？这一问题的答复是无需犹豫就可以提出的。衡量货币购买力的变化不论在理论上和实际上有多少困难，但衡量的意义总是无可怀疑的。我们所谓的货币购买力是指货币购买货物与劳务的能力，个人组成的社会为购买货物与劳务以用于消费，就要付出他们的货币收入①。也就是说，货币购买力是由单位货币所能购买的这种货物与劳务量按其作为消费对象的重要性加权后来衡量的。与此相应的指数有时被称为消费指数。因此，说明购买力时永远必须比照处于一定地位的一群个人，也就是实际消费能为我们提供标准的一群个人；除了比照这种人以外，就不可能得出任何清楚的意义。

这并不等于说，对于各种目的和探讨说来，除了上述一种以外就没有其他具有极大意义和重要性的综合商品、物价水准和物价指数了。有许多不同的物价水准彼此相对发生变动，情形就像个别商品的价格彼此相对发生变动一样；关于这一点的概念对于货币理论的理解的确是非常有帮助的。这一丛物价水准可以恰当地称之为相应于不同目的与不同条件的次级物价水准；但有这另外的水准存在并不能成为承认货币购买力本身的含义有任何含糊之处的理由。

第一章开始时所说的计算货币是很早以前人们需要用一种方

---

① 参看马歇尔著：《货币信用与商业》第 21 页的下一段话："'货币一般购买力'一词往往被用来指货币在一个国家或一个地区中按实际消费量比例购买商品的能力，这种说法是合理的。"在 30 页上他又说："货币一般购买力应当比照制成品最后消费者所付与的零售价格作适当的衡量。"

式来说明一般购买力，计算货币是被提出来满足这种需要的。但用物价指数对购买力作明确的衡量却是一个现代的概念。欧文·费雪教授所著《指数的编制》一书附录四中对于指数的历史提出了一个简短的概述。此外我只要提出这样一本书就够了，那就是毕晓普·弗利特伍德在 1706 年出版的《宝贵的编年史》，尤其是第四章的前一部分和第六章。埃奇沃思把这书说成是"最早谈到指数的书，而且也是最好的书之一"。其中破题儿第一遭地以现代的方式讨论了购买力的概念和货币购买力变动的许多量度。下面这一段引文可以说明毕晓普的研究道路，他说："由于货币没有其他用处，而只能用来购买生活必需品与享用品。所以明显的事实是：如果亨利六世时代的五英镑能购买五夸脱小麦、四大桶啤酒和六码棉布，而目前的 20 英镑又不能购买更多的小麦、啤酒、棉布；那么亨利六世时具有五英镑的人便和现在具有 20 英镑的人同样富有。"但就实用目的说来，物价指数是从 19 世纪 60 年代开始的①。

　　这样说来，计算货币便是表示购买力单位的形式，货币则是储

———————————

①　关于这一问题留下的重要文献范围是很小的，情形如下：

一、杰文斯在《通货与金融的研究》一书中重印的论文。

二、埃奇沃思在《政治经济学论文集》第一卷中重印的论文。

三、C. M. 沃尔什：《一般交换价值的衡量》。

四、欧文·费雪：《货币的购买力与指数的编制》。

五、密契尔：《批发物价指数》（美国劳动局统计公报，173 与 284 号）。

六、庇古：《福利经济学》，第 1 部第 5 章。

七、哈伯勒：《指数的意义》，1927 年版。

八、M. 奥利维尔：《物价变动的指数》，1927 年版（现存文献的杰出和渊博的总结和评论）。

费雪教授正在编制一本现存物价指数的字典。

存购买力单位的形式,而表示消费的综合商品的物价指数则是衡量购买力单位的标准。

物价水准理论(或指数理论)所引起的问题将按下列顺序加以讨论:

(一)货币购买力或消费本位将在本章中和货币的劳动支配力或报酬本位一起讨论,后者可以衡量货币支配人类劳作单位的能力。

(二)某些次级本位将在第五章中讨论。

(三)货币理论所引起的某些方程式或关于货币理论的所谓内在价值说等说法的专用特殊本位,将在第六章中"通货本位"这一大题下讨论。

(四)不同的物价水准之间的关系以及它们联系一致变化的趋势(不论是真实的还是设定的)都将在第七章中"物价水准的分布"这一大题下作简短讨论。

(五)最后在第八章中,我们必须向衡量货币购买力变动时所牵涉的难题本身进攻,并讨论其最好的解决方法。

二、货币购买力或消费本位

现在令人满意的购买力指数极感缺乏。截至目前,没有一个官方所编纂的指数可以恰当地称为购买力指数。这些指数所说明的一般都是这种或那种次级物价水准,如批发物价水准或生活费用物价水准等,这些我们在下面就将加以讨论。除了这一点以外,目前所能取得的一切指数都过于粗糙,不能解决衡量指数的一个位域与另一个位域之间的变化时所牵涉的细微问题和严重困难。这些问题和困难我们将推迟到第八章中去讨论。

货币购买力指数应当直接地或间接地将一切进入最后消费过程(与中间生产过程不同)的项目计入一次,而且只能计入一次,并要根据从事消费的公众用于这些项目的货币收入量的比例进行加权。由于根据这些方式编制完整而全面的指数是非常复杂的问题,所以在实际上我们就只能满足于求得包括总消费中一大部分富于代表性的项目的指数。但目前我们连这个也没有。

完整或充分的消费指数之所以未能编制,一部分原因是实际困难很大,但还有一部分原因也是由于批发物价指数这一特殊次级指数的声誉过大的缘故。当我们讨论信用循环这类短期现象时,批发物价指数的缺点是它的动态和货币购买力的关联动态不在同时发生,程度也不一样。在讨论长期现象时,这种指数又存在另一种问题;也就是说,它把某些重要的消费对象完全忽略了,或重视不够,对待个人劳务和复杂的制成品(如汽车)尤其如此。忽略前者虽然有时会部分地由于忽略后者而被抵消,但在技术进步和财富增长的社会中却是造成严重混乱的根源。因为技术进步就会使商品的成本按劳务计算时趋于下降,而平均财富增加的社会用于劳务方面的收入的比例也会增加。在大多数国家中,最接近于消费指数的是工人阶级的生活费用指数。但这一指数也具有批发物价指数那样的缺点,只是程度较轻而已,把它推广应用于社会其他阶级时尤其如此;也就是说,相对于商品方面的支出而言,它对于个人劳务方面的支出估计不足。

但在统计资料增长之后,强有力的政府部门的资料来源应当足以在几年之内编纂相当准确的货币购买力指数。目前我们不得不满足于把某些现存的次级指数系列善加利用,以便尽可能地做到这一点。

纽约联邦储备银行统计家卡尔·斯奈德先生在这些方面已经进行了一些有价值的先驱工作。[①] 他所谓的"一般物价水准指数"是将以下四种次级指数按下述比例加权后制成的:

$$批发物价 \cdots\cdots\cdots 2$$

$$工\quad资 \cdots\cdots\cdots 3\frac{1}{2}$$

$$生活费用 \cdots\cdots\cdots 3\frac{1}{2}$$

$$租\quad金 \cdots\cdots\cdots 1$$

我将把这一指数当做差强人意的提供了近似于消费本位的指数而加以使用。但是必须记住,斯奈德先生在编制这种指数时,他是为了一个不同的目的,也就是为了本书第 74 页上所谓的现金交易本位而编制的。

我们可以看到,某些支出项目会不止一次地以直接的或间接的方式出现在斯奈德先生所编制的指数中。但只要指数编制中所加的权数总的说来没有不成比例的情形,这就没有什么害处。作为消费指数来说,斯奈德先生的指数的主要优于其他指数的地方是计入了工资支付的综合数目,这样就更加接近于对个人劳务的

---

① 关于他这一方法更精确的详情,请参看他所著的:《商业循环与商业衡量》,第六章,以及纽约联邦储备银行最近几期的每月公报。

费用作出适当的估计。

斯奈德先生对于美国的指数上溯到了 1875 年。在下表中[①]，早期年代所用的是五年平均数字。批发物价指数（除了早期的以外，都是美国劳动局的批发物价指数）也列在旁边以便比较，第三栏的数字是前两栏的比较。

斯奈德氏美国"一般物价水准指数"与批发物价指数的比较（1913＝100）

	消费指数（斯奈德）	批发物价指数	两种指数之比
1875—1879	78	96	81
1880—1884	78	101	77
1885—1889	73	82	89
1890—1894	74	77	95
1895—1899	72	69	104
1900—1904	79	83	95
1905—1909	88	92	96
1910	96	97	99
1911	96	95	101
1912	99	99	100
1913	100	100	100
1914	101	98	103
1915	103	101	102
1916	116	127	91
1917	140	177	79
1918	164	195	84
1919	186	207	90
1920	213	227	94

---

①　后来，斯奈德先生在 1928 年 2 月号的《经济统计评论》上发表了一个修正了的 1913—1927 年这一时期的"一般物价水准指数"，编制的方法与上述情形略有不同。但这种指数作为消费指数而言，远不及上述指教有用。因为斯奈德先生的目标不是制出消费指数，而是和上面所说的一样，要制出现金交易指数，所以，在实现这一目标时，新指数就不但计入了消费品与劳务，而且也计入了不动产价值和证券价格。这样说来，斯奈德先生的新指数虽然可能更适合于他自己，但他的老指数却肯定更适合于我。

1921	178	147	121
1922	170	149	114
1923	181	154	117
1924	181	150	121
1925	186	159	117
1926	186	151	123

我们之中有些人自来就把索尔贝克或经济学家①的批发物价类型的指数当成"货币价值的代表"看待。这表对于这些人说来是极有意义的;其实,谁不是自来就这样看待呢? 显然,在技术进步的时代中,除了欧战时期这种例外情形以外,这些指数趋向于愈来愈多地过高估计用于一般消费的货币收入的价值。斯奈德先生的指数可能发生了相反的错误,他的编制方法对劳务的费用加权过大。这一点必须等到有关的事实作了进一步的调查以后才能确定。讲求实际的统计学家将来可望对这方面更多地加以注意。

此外,还有一种错误的来源是对制成品加权不足,它们的价格相对于劳务说来趋于下跌。把这种错误纠正后就可以使精确的消费指数比上述指数更接近于批发物价指数。斯奈德指数在其批发物价组成指数与生活费用组成指数方面都斟酌计算了这些货物,但这种计算是否充分就是问题了②。

如果仅仅是为了说明的缘故而按表面数值来看斯奈德指数的话,按照过去五十年中的批发物价指数来计算似乎会使斯奈德指数

① 法国以魁奈为首的重农学派,因当时影响甚大,法国学术界直称之为经济学家。——译注

② 我相信马歇尔运用批发物价本位作为费用数字来替代不存在的消费本位时,经常提出的理由是省略劳务的效果往往由于省略了制成品而抵消了。但如果假定这两个来源的误差会刚好抵消,那就非常不可靠而且不能令人满意了。

上升 50％。反过来说，以斯奈德指数为标准却会使批发物价指数跌落 1/3。有一点至少是清楚的，即运用一般的批发物价指数作为货币购买力的近似指标的办法，不能让人一看上去就觉得有道理。

斯奈德先生提出要为英国编制类似的指数，他提出的加权数与组成指数是这样：

商业部批发物价指数……………………………… 2

劳动部生活费用指数 ………………………… $3\frac{1}{2}$

鲍利氏工资指数 ………………………… $3\frac{1}{2}$

租金 ……………………………………………… $\frac{1}{2}$

这种加权办法可能还可以改良。但从我们现有的统计知识所能实际做到的情形来看，这一综合指数在目前可能已经为英国提供了最好的消费指数。将数字上溯到 1913 年时，这一指数的情形有如下表所示：

英国的货币购买力或消费指数(1913＝100)

	消费指数	批发物价指数	两种指数之比
1913	100	100	100
1919	215	258	83
1920	257	308	83
1921	223	198	113
1922	181	159	114
1923	170	159	107
1924	172	165	104
1925	172	159	108
1926	169	148	114

1927	166	142	117
1928	164	140	117
1929	162	126	119

正像美国的情形一样，我们可以看出，批发物价指数一方面夸大了货币购买力在战后的繁荣与萧条时期的上涨与跌落，但在1913年以后这一整个的时期中，却愈来愈趋向于低估其跌落的一面。

如果商业部能编制真正良好的一般消费指数，并在可能情形下上溯到五十年左右以前，那就会大大有助于人们清楚地理解货币购买力变化的社会影响。特为说明消费而拟定的指数显然比刚才所讨论的斯奈德先生的指数或密契尔教授的"一般"指数等任一种"混合"指数更为可取，"一般"指数是若干类型完全不同的指数的平均；只是当我们没有更好的指数时，这些"混合指数"①也可以用来代替适当的购买力指数。

三、货币的劳动支配力或报酬本位

这种本位的目的是衡量货币对于与商品单位相对的人类劳动单位的购买力，所以货币购买力用它的劳动支配力来除时，就可以对于真实报酬获取力提供一个指数，因之也就对生活标准提供了一个指数。

---

① 埃奇沃思在其英国协会备忘录中把这些指数典型地描述为："这是各种方式和目的的调和；如果实际的紧急情况使我们必须用一种方法而不用几种方法时，……许多来源不同和互不相谋的事项就会使我们考虑到这种方法，它就像詹姆士二世逃亡后宣布王位虚悬的杰出决定一样。"（见同书第 256 页。）

　　计算这种本位时,主要的障碍在于比较不同种类的人类劳动的共同单位难于求得。因为我们即使同意(不得不如此)在这方面可以略去技术程度不计,专指根据社会上实际流行的各等级技术平均算出的劳动单位的报酬率,我们也仍然要计入工作的劳动强度、厌恶程度和经常性等方面的变化,至少在理论上说来是这样。实际上即令我们能做到最好的程度,顶多也只是把各等级的全部工人的每小时平均货币收入作为货币劳动支配力或报酬本位的指数。

　　有些著作家说,报酬本位可以和消费本位竞争稳定货币单位时所应根据的理想客观标准的地位。其实这是一个方便和权宜办法的问题,往下将加以讨论。当然,在某些类型的社会机构中,为权宜计,大有理由稳定货币的劳动支配力而不稳定其购买力,正像我们有理由稳定小麦、电力或黄金的价格一样。在这种情形下,问题的答案必然要取决于人类劳动效率的变化在特定社会的具体环境中,究竟是反映为货币报酬的变化好还是反映为货币价格的变化好。

四、工人阶级指数

　　与整个社会的消费本位以及报酬本位相应的是(所谓)工人阶级的生活费用指数与工资指数,后二者之间的比可以提供真实工资的指数。这两种工人阶级指数在实用方面是很重要的,因为它们的必要统计资料比相应的全社会数字更容易取得。因此,实际上编制的正是这种指数。

　　由于这一原因，有时将工人阶级生活费用指数当做消费本位的初步近似数字是方便的；只要我们记住，这种指数不但只限于工人阶级的消费，而且只限于既定生活标准的必需品这一部分消费；一般说来，它比批发物价本位更加接近于消费本位。把它用来当做任何消费本位的组成部分是很自然的事情。现在这种指数的编制在大多数国家中都很流行。它的基础虽没有充分做到经常修订，但关于这方面所牵涉的统计困难和实际困难以及克服这些困难的最好办法却累积了相当多的经验。这一切大家都很熟知，而且也理解得很清楚，所以就无须多说了。

第五章　次级物价水准

对不同类型的物价水准作出区分的先驱者是埃奇沃思。物价指数第一次彻底分类就是他在他那《致英国协会备忘录》(1887—1889)中制定的，直到现在仍然是这一问题最重要的论述。他在这儿区分了六种主要形态，即资本本位、消费本位、通货本位、收入本位、无定本位和生产本位。将近 40 年以后，他又在《经济学杂志》第 35 卷(1925 年，第 379 页)上把指数分成三种主要类型，即代表福利的指数、未加权的指数和劳动本位。这三个范畴中的第一个和第三个相当于上述定义下的消费本位与报酬本位的变式。关于第二个范畴，我和他有基本分歧的意见。将在第六章第二节中再讨论这种指数。

除了这些基本的物价水准以外，还有一个次级物价水准，它不是表现为货币对全部消费品或全部人类劳动支出的一般购买力，而是货币用于大宗批发商品或股票与债券特殊项目的购买力。这些物价水准虽只限于表现一部分物价，但却或多或少地具有普遍性；除此以外，还有许多次级物价水准对于特殊目的或作为编制更普遍的物价水准组成部分而言，是有用处的。其中最有实用价值的包括为特定行业与劳务而编制的日益完整与精确的物价水准，如海运费、铁路运费、棉纺织品、毛纺织品、建筑材料、钢铁制品、化学药剂、电力、谷物、家禽、乳制品等等的指数都是。将来衡量一般购买力的消费本位可能要适当地综合这类的次级指数制成,而不会像斯奈德先生在没有更好的材料时所做的一样,将批发物价指数和工资指数等其他现存的更普遍的类型加以综合而成。

除了第 4 章中所讨论的消费本位以及第 6 章中将要讨论的通货本位以外,其他本位中还有两种也十分重要,值得另外提出来:

(一)批发物价本位;

(二)国际贸易本位。

一、批发物价本位

这种物价水准是由基本商品的批发价格构成的。这些商品有时分成食物与原料两类,有时则分成农产品与非农产品两类。这种水准所根据的几乎完全是从生产工序到消费者的过程中,制造完整程度不同或运行位域完成程度不同的原料价格。换句话说,这种水准大致上相当于以下几章所谓的营运资本(即未成品)的物价水准。

较旧的批发物价指数有些没有加权,最好的也只是粗略地加了权。在前一种情形之下,一切主要的基本商品的重要性被看成是相等的。在后一种情形下,像小麦这样的商品的重要性便被认为比锡大两倍或三倍,其实它的真实相对重要性可能要大十倍或更多。但近来最好的官方指数都已经按生产普查中所说明的各种物品在国民经济中所表现的相对重要性,精细地以科学方式加了权。截至目前，这些改进的最高成就是美国劳动局极为精良的批发物价指数。这种指数自从在 1927 年 9 月进行最后一次修订之后，所根据的便是以科学方式加权的 550 种单种商品。

　　早期的诸如杰文斯、索特比尔、索尔贝克和"经济学家"等等的指数，几乎都是批发物价指数；这主要是因为以往在许多年中，唯有这种指数的编制方式才有充分统计资料可用。由于当初没有其他指数，所以一般人和学术界讨论货币问题时，都不怎么保留不同意见就接受这些指数，认为它们说明了"货币价值"。我们之中大多数人自来就过于轻信地运用索尔贝克和"经济学家"等的指数，而没有充分地注意到，当初虽得不到更好的指数，但这些指数与货币购买力的实际差别如果能加以计算的话，就会证明无论从理论方面还是从实际方面说来都具有极大的意义。这种轻信的态度也由于著名的权威所习用的一种说法而得到了很大的鼓励，我认为这种说法是错误的。其中的大致内容是：根据理论统计学的理由，任何指数，只要包括范围相当广泛的独立物价行情，在实际上所得出的结果就会和任何另一种指数相同；因此，我们就用不着再为许多不同的物价水准而找麻烦了。这种态度在一般流行的经济学中扎下了很深的根，以致直到目前还在广泛流传，并引起了许多的误解。我认为这一说法中所存在的错误，将在第 6 章第 2 节中加以讨论。

　　批发物价本位和消费本位之间之所以可能存在分歧，是由于两种完全不同的理由造成的。为了往后很远的讨论阶段着想，在这里加以区分是有好处的。这两种本位可能发生不同变动的原因，要不是前一本位所计算的未成品和后一本位所计算的制成品的种类或比例不同；便是前一本位所计算的未成品价格通过预测与一种制成品相符，这种制成品跟后一本位所计算的制成品的存在日期不同。

关于不同支付对象对批发物价本位和消费本位的重要差别，有一点是很明显的，即：除了加权方面的其他出入以外，前一种本位没有计入个人劳务和大部分的销售费用，以及全部享受固定消费资本（如房屋）而得来的消费（最后一种资本的成本中，利率是一个很重要的组成成分）；然而这些项目却共占消费者支出的很大一部分。因此，我们绝没有理由希望这两种本位在长时期内会趋于一致地发生变化。

此外，我们也大有理由预计批发物价指数比消费指数的变动更激烈，因为前者受高度单一化的项目的影响较大。而后者则更多地计入了运输、销售等较不单一化的劳务。比方说，农产品的价格对于农民说来，比同一产品加上运费与销售费用后的价格对于消费者说来，变动就要大得多。①

在短期内，还有一个理由使批发物价本位和消费本位的变动发生出入。也就是说，不能用于消费的未成品，除非从它作为制成品的构成部分的预期价格方面所得到的价格就没有其他价格；因此，它所反映的就不是制成品的现存价格，而是现在的未成品到有时间完成加工工序的哪一日期上的预计价格。当我们讨论到信用

---

①　参看我在《经济学杂志》，1929年号，第92页上对沃伦和皮尔逊的《供应与物价的相互关系》所作的评论。

循环时,就会发现批发物价指数受将来某一日期的预计消费指数
所影响的事实是具有实际意义的。

二、国际贸易本位

现代经济中有许多国际贸易物资在各国间自由流通,关税、运
费和其他障碍都不足以阻挡这种流动。每一个国家都有一个指
数,我们将称之为该国的国际贸易指数,实际上是由那些在国际市
场上具有销路并按其在该国贸易中的重要性加权的主要标准商品
构成的,其中主要是原料。这种指数的完整情形当然还会包括棉
织品匹头等国际贸易的大宗制成品。在任何一个给定的国家中,
这种指数相当于现在一般所谓的国际竞争物价水准。

斟酌计入关税与运费后,国际贸易指数中每一构成成分的价
格如果以同一种通货换算时,对于所有的国家说来便必然都是一
样的。因此,如果按关税与运费的变动作出校正,用一个国家的物
价表示的任何国际贸易指数对另一个国家的物价所表示的同一指
数的比数变动,便必然会和两国间通货汇率的变动密切符合。也
就是说,两种通货间的外汇汇率必然会和这两种通货对国际贸易
主要商品的相对购买力成平价。

但我们不可以忽视一个事实,即运费和关税方面所需作出的
校正经过一个时期后可能相当大,甚至连我们认为毫无疑问具有
国际市场的商品也是这样。下面关于1896—1913这17年的统计
表就十分清楚地说明了这一点。这是根据 F. C. 米尔斯先生所搜
集的统计资料(见《物价的变动》第 2 节)编制的。

以英国物价变动为基准，1913 年与 1896 年的物价变动比较表①

	英　国	美　国	德　国	法　国
小　　麦	100	112	104	97
马 铃 薯	100	186	157	188
粗 制 糖	100	86	89	—
原　棉	100	101	100	101
生　铁	100	91	75	—
烟　煤	100	97	108	111
石　油	100	164	—	141
羊　毛	100	102	—	—
皮　革	100	103	—	—
咖　啡	100	248	—	172

以上这些数字中，有几个也许是错误的，而且无法作严格比较。把马铃薯列入国际贸易是可疑的，这方面的英国数字可能受到收成或气候等暂时条件的重大影响。但这个表的一般意义还是明显的。棉花、羊毛与皮革等原料不纳关税而且容易运输，所以国际平价就维持得很准确。但生铁和小麦等许多其他重要商品的价格在不同国家就可能存在着显著地不相符合的趋势。

然而当一个国家内的货币购买力动态和它的国际物价水准动态发生显著差别时，这种情形对于当地货币状况和物价动态的解释说来，就很可能是一个重要问题。当我写这一章时（1927），当前最有意义的货币现象，就是许多国家的国际贸易物价水准相对于当地货币购买力的指数来说物价水准是普遍地趋于跌落。

还有一个现象对经济学的解释具有相当大的意义。这就是任

---

① 比如，这一时期内一种商品在英国上涨 10％，在美国上涨 20％时，我们上述的指数便在美国栏中列出 109 的数字，即 120/110 的得数。

何国家的国际贸易物价水准中作为进口进入其国际贸易的部分相对于作为出口进入其国际贸易部分的动态。这两种动态之间的比较就为进出口相对物价提供了一个导出指数，也可以说是为贸易项目之间的相对物价提供了一个导出指数。它可以衡量国内商品换取一单位外国商品时所需提供的量。正如鲍利教授所指出的，这种指数特别容易由于给定种类的进出口商品比例经常迅速变化而遭遇构成状况变化不定的困难。最初这种指数是吉芬为贸易部进行计算时首先引用的（1878—1879 年议会文件第 2247 号以及往后几年的议会文件）①。

近年来常常讨论的外汇购买力平价说在其最纯粹的形式下，不过是上述命题的重述而已。其主要内容是：两种通货间的外汇汇率和其中一国的物价所表示的国际贸易指数对另一国物价所表示的同一指数的比数采取同一方式变动。

的确，这不过是一句不言而喻的话，要不是被推广到了货币本身的购买力方面（我认为这是不正确的做法）就不可能得到现在这样大的注意，纵使有卡斯尔教授这样的权威支持也办不到。由于进出口方面的物价对其他物价有影响，所以一个国家的国际贸易本位的巨大变化和它的消费本位的变化之间，一般是存在着一些关联的。但即使在长期情形下，两国货币的汇兑率相对变化和两国消费本位的相对变化并没有理由存在任何严格、必然和直接的

---

① 关于英国的这种指数的讨论，参看鲍利在《经济学杂志》，第 13 卷，第 628 页上所发表的文章；我在同一杂志第 22 卷，第 630 页和第 33 卷，第 476 页上所发表的文章；贝佛里奇在《经济学》，1924 年，2 月号，第 1 页上所发表的文章，罗伯逊在《经济学杂志》第 34 卷第 286 页上所发表的文章以及陶西格在同一杂志第 35 卷第 1 页上所发表的文章。

关系。认为有这种关系就是忽视了贸易项目发生变化的可能。

购买力平价说不作为一种不言而喻的话来说，其威信与其说是由于它那相当粗劣的基本理论得来的，还不如说是由于它应用到某些最常见的国民经济指数上以后被人认为得到了证实的缘故[①]。但这些表面的证实可以用这样一个事实来解释，即许多旧日基础最稳固的批发物价指数主要是根据国际贸易中的大宗商品制成的；原因很容易理解，这正是因为在连续很长的年代中，唯有这些商品最容易取得令人满意的价格行情。如果它们所包括的完全是这些物品，如果每一种情形下的加权体系都是一样的[②]，那么证明就极为接近完整。因为购买力平价说不但可以适用于投入国际贸易的商品的指数，而且在计入运输成本等项的变化以后，也可以适用于这些商品中各项分别的价格。但由于这些指数一般都包含两三种不能随意投入国际贸易的商品，同时由于其加权系统和选定商品的等级和品质不同，所以证明中就刚好只存在着一种程度的矛盾，使它初看起来仍是有意义的。

从另一方面说来，当这种比较实际上是根据不同国家的货币购买力作出的时，外汇购买力平价说就不能得到记录材料的证明。我现在已经不像以往那样认为这一理论[③]所具有的意义了。现在

---

　　① 拙著《货币改革论》一书第 99—106 页上提出了一些例证。

　　② 关于运用地方批发物价指数时不同的加权体系所引起的误差量已由鲍利教授在其《物价变动的国际比较》以及其《十一个主要国家的相对物价指数》（伦敦与剑桥经济研究所，特拟备忘录 1926 年 7 月第 19 号，与 1927 年 7 月第 24 号）中加以讨论。

　　③ 关于这一问题更充分的讨论，参看拙著《货币改革论》一书第 87 等页。并参看卡斯尔教授《1914 年以后的货币与外汇》以及凯劳博士在《经济学杂志》，1925 年，第 35 卷，第 221 页上发表的文章。

我认为这一方面的讨论中真正有意义的问题是一个更复杂得多的问题，即物价水准在各国之间的国际分布问题。在我看来，卡斯尔教授最近把他的理论应用于现存事实时，由于他在基本上假定贸易项目不变，因而受到了损害。在本书第 21 章中可以看到，贸易项目可变正是一个国家维持对外平衡时的最大困难之一，例如对外投资率的变化就可以引起贸易项目的变化。

有一种通行的办法是发表一般作为物价指数的各种指数而又不进一步加以充分说明，这种办法显然会造成严重的误解。据我看来，卡斯尔教授本人把适用于我所谓的国际贸易物价水准这一特殊水准的结论在应有范围外运用时，也几乎受了贻误。当英国恢复金本位时，英格兰银行和财政部得出了一个错误的结论：他们说，由于与英国国际贸易物价指数几乎相同的批发物价指数那时正迅速地与金价的动态相适应（国际贸易指数必然会这样），所以"一般物价"也有同样的情形。此外，研究信用循环理论的人有时由于忽视了长期内可能联系一致变化的物价水准的暂时性差异，以致在假定中就正好把这种理论所要观察的事实忽视了；研究各种短期现象经济理论的人，诚然全都有这种情形。

然而，自从欧战结束以后，编制指数的物价水准种类大大增加，它们所根据的统计资料也更加充分，于是就逐步地破除了一种流行的看法：这种看法认为索尔贝克指数或"经济学家"指数等物价指数在原先编制时言明适用的条件以外的一切条件下，都可以用来提供或多或少地令人满意的货币价值指数。我认为官方统计部门的责任是首先编制一种真正良好的货币购买力指数，其次便要增加他们所编制和发表的专门次级指数和辅助指数的数目和种类(编制时最好是取得贸易机构和商业专家的帮助),以便尽量使人们易于把这些辅助指数以不同方式结合,制成适于特殊目的或正在探讨的更复杂的指数。

第六章 通货本位

一、现金交易本位与现金差额本位

本书第10章将要提出的新基本方程式,正如其应有的情形一样。导引出了货币购买力。然而以往一直运用的数量方程式却不能导引出这种结果来。在本书第14章中,我们将要看到,这些公式所关涉的物价水准对各种不同的物品加权时,不是根据它们对消费者的重要性成比例地计算的,而是根据它们在现金交易量或现金差额量方面的重要性成比例地计算的;后两种量可以说是两种类型的通货本位,我们将分别称之为现金交易本位和现金差额本位。

这两种通货本位必然和货币购买力不同,因为各种物品作为货币交易对象的相对重要性和它们作为消费对象的相对重要性是不同的。显然,专属于消费本位的加权系统和专属于通货本位的加权系统可能大不相同。如果一种支付对象直接从原生产者转移到最后消费者手中(像个人劳务那样),而另一种价值相等的支付对象则要多次转手,并要通过许多生产阶段,而且每一回都要牵涉一定的货币交易量然后才达到消费者手中,那么前者所造成的货币交易量就比后者小。因此,这两种支付对象用于消费本位的各种目的时会作相等的加权，但用于通货本位的各种目的时则要作不相等的加权。此外，还有许多类型的金融企业造成很大的交易量，但对于消费本位却很少或根本没有意义。例如证券交易业或三月为期的库券交易便是这样；后者每三个月就造成一次大量的支票交易，而且由于在三月流通期间的转手，还可能成为更多的大量支票交易的对象。

然而通货本位却往往和货币购买力本身混为一谈了。甚至连极少数进展到将这两者分开的著作家也往往忽视了通货本位有两种不同的类型这一事实。在第一种类型的通货本位中，不同的支付对象按它们所造成的现金交易量的比例加权（支票付款当然和现金付款一起包括在内）。但在第二种类型中，支付对象是比照它们所需要的银行差额或货币贮量加权的。两种类型之所以不同，是因为根据预测日期与交易量时所能具有的肯定性与规律性，某些交易过程所需储存的预存货币差额比另一些货币价值量相等的交易过程更大。因此，某些物品的价格涨落在社会上所引起的现金差额变动，比造成相等现金交易量的另一些物品的类似价格动态所引起的现金差额变动要大。

我主张把第一类型的通货本位称为现金交易本位，把第二类型称为现金差额本位。这一区别意义将在第 14 章中讨论。在那儿我们可以看到"费雪"数量方程式引导出前一种本位，"剑桥"数量方程式则引导出后一种本位。

我认为，讨论通货本位的著作家一般所指的是现金交易本位而不是现金差额本位。被界说为现金交易本位的通货本位这一名称实际上是福克斯韦尔教授首先采用的。他认为这种本位是讨论复本位或本位选择等等的问题时最好的通货增值与通货贬值的尺度。但这种本位最重要的阐释却不是福克斯韦尔教授本人提出的，而是埃奇沃思教授根据自己和他的谈话在《1889 年致英国协会第三件备忘录》（同书重印版第 261 页）中提出的。埃奇沃思最后的评论是："整个看来，通货本位似乎应当更多地加以注意。以前编制指数的人认为不值一顾而扔弃一旁的石头可能成为未来建筑中的基石。"上面已经说过，还有一点也使现金交易本位占重要地位，因为它是相近于费雪教授远近闻名的关于物价水平的 $PT = MV$ 这一公式的。[1]

从另外一方面说来，有一个事实却使现金差额本位获得了突出的性质；也就是说，在其他条件相同时，这种本位的变动会使公众所需货币量按同一比例变化。

实际上，通货本位与消费本位之间最重要的差别在于前者对商品的加权比后者大得多，而对劳务的加权则比后者小得多，同时前者还包括金融交易对象，后者则排斥这些对象。其结果是当资本品的交易价格相对于消费品的交易价格而言发生变动时，或是当商品价格相对于劳务价格而言发生变动时，两种类型的本位的变动就可能极不相同。下面我们将看到，这一点对于商业与信用变动等短期经济现象的理论说来特别重要。同时这也意味着，纵使银行业务的习惯与办法没有改变，货币购买力和它的量之间的关系可以发生变动而不减少（或增加）方便的程度。但讨论这一点

---

[1] 　狄维西亚在《通货指数与货币理论》（原载《政治经济学评论》1925 年号第 1001 页）一文中，参照用链法逐年计算的现金交易本位对货币价值下了定义。

便是涉及下面几章的内容了。

在某些条件下,批发物价本位的变动可能比消费本位的变动更接近于通货本位的变动。但通货本位受资本交易的影响而批发物价本位则不受其影响,这一点就使我们完全无法依靠这种相应关系。

二、"一般物价客观平均变化"
是否存在?

但还有一种通货本位与上面所说的不同。这种本位在这一论题的历史中,占很重要的地位,而且对物价指数性质的流行概念发生了很大的影响。第一个实际上将物价指数引入货币学中来的经济学者是杰文斯,但正像其他创造性的天才一样,总是有先驱者在前的。他并不从以上所说的任何角度来看自己这一概念;他既没有从货币购买力的角度来看,也没有从刚才所界说的通货本位的角度来看这一概念。埃奇沃思在他40多年的时光中,不论是对这一问题的最早期贡献还是最晚期贡献,也都没有完全从这两种角度来看这一问题。鲍利博士在他的理论研究中至少没有明确地这样做。古诺的名字也应当在这里提出来。他将伦理学和物理学作虚假的类比,造成了许多极明显的错误;但由于他用地球与行星的相对位置由于地球运动而造成的变化来说明货币变化所造成的物价变动,所以就应当在这儿提出来。这些杰出的权威中,有些当然和别人一样熟习物价指数就是综合商品价格这一概念,同时也同样熟知不同的综合商品对不同的时间、地点和目的的适合性。他们也不一定会在任何主要问题上和我在上面所说的任何一切有分歧看法。但他们却追求了不同于货币购买力的概念，这种概念是通过一种完全不同的道路达到的，和他们所谓的货币本身的价值有关，用古诺的话来说则是与货币的"内在价值"有关[1]；杰文斯肯定是这样做了，埃奇沃思和鲍利博士据我所知也是这样做了。我早就认为这是一种虚无缥缈的东西，是一种妄举，它使英国传统的物价指数理论的研究蒙上了难以捉摸的闪烁不定的色彩。但美国的情形就和这不一样。C. M. 沃尔什、欧文·费雪和韦斯特·密契尔等人的典型研究法基本上都没有我认为杰文斯、埃奇沃思和鲍利博士所具有的"色彩"。美国人虽然没有崇拜这种神秘的东西，但也没有积极地和这种东西斗争（沃尔什先生可能是例外）；埃奇沃思机智地把它掩藏在一个阴森的洞中，他们并没有把它拖出来。[2] 至少为了使这一讨论完整起见，我必须努力把我的论点说清楚，如果有分歧意见的话，就要使它显现出来。[3]

根据杰文斯—埃奇沃思的概念，个别物品价格的变动受着来

---

[1]　不同于他所谓的"货币力"或现代术语中所谓的"货币购买力"。

[2]　沃尔什先生和埃奇沃思在《经济学杂志》许多篇页上和其他地方对于从几率微积分方面使用的某些概念应用在物价指数上是否适宜的问题进行了很长的争论。在主要内容上我赞成前者的意见。阿林·杨教授原先略微有些倾向于赞成"有色彩"的英国学派，往后到 1923 年就转到另一方面去了（参看他所著的《经济学问题》第 294 至 296 页）。在大陆方面，意大利的吉尼教授（《麦特隆》1925 年号）和奥地利的哈伯勒博士（同前书 1927 年）都不带色彩。在法国，卢西恩·马奇（《麦特隆》1921 年号）是"带色彩"的，但狄维西亚（同前书第 847 至 858 页）则显然不带色彩。从马歇尔某些提到这一问题的说法看来，我相信他是不带色彩的，但他从没有明确地讨论过这一问题。

[3]　我最初是在《物价指数论》这一论文中讨论这一问题的，只是讨论得不很充分。这篇论文在 1907 年获得了剑桥大学的亚当·斯密奖金。

自两方面不同的影响,一方面是"货币方面的变化"所造成的影响,另一方面则是"商品方面的变化"所造成的影响。前一种变化(要受时间这一量纲的摩擦)朝同一方向以同一种程度影响所有的物价;后一种变化则影响各种物价相对的关系。就第二种影响说来,物价彼此之间相对的变化不可能牵涉到货币价值本身的绝对变化。相对物价的变化当然会影响到表示特殊种类商品价格变化的局部指数,如工人阶级的生活费用指数就是其中的一例。但这类变化不可能影响"整个的"物价水准或货币本身的价值。他们所谓的整个的物价水准变化或货币本身的价值变化,指的是"货币方面的变化"在各种物价彼此之间的相对变化以及相对于物价水准的变化所引起的混乱而又互相抵消的变动被约消后,所出现的均匀一致的剩余变化量。为了析离出"货币方面的变化",他们采用了根据或然率理论所提出的约消说。据说我们要是对单种物价足够地进行了不带偏见的观察,就会发现它们的相对变动将根据误差律互相抵消。除了按一般方式计算可能发生的错误以外,我们就会得到一种相当令人满意的物价水准本身的剩余变动指数,这正是我们所要求得的结论。[①]

让我们分别从杰文斯、鲍利博士[②]和埃奇沃思的著作中引三

---

① 这一结果和埃奇沃思在《1887 年致英国协会备忘录》(重印于其《政治经济学论文集》第 1 卷第 233 页),第 8 节和第 9 节中所提出无定本位相同。他在第 8 节中寻求"不管商品量的指数的确定法;所根据的假说是,有一类为数众多的商品,其价格根据完整市场的方式发生变动,具有影响货币供应量的变化"。在第 9 节中他寻求"运用商品量的指数的确定法,所根据的假说是共同的原因产生了物价的一般变化"。

② 并参看鲍利博士:《指数简论》一文第一部(原载《经济学杂志》,1928 年 6 月号)。

段话来看,就可以说明我试图描述的思想路线。

杰文斯在《通货与财政研究》第181页中说:

"看来几何级数可能以最准确的方式恰当地说明黄金方面的变动所造成的普遍物价变动。因为黄金方面的任何变动都会以相等的比例影响所有的物价。如果其他干扰因素可以认为和它们本身在一种或多种商品中所引起价格变化比数成比例,那么物价的所有单种的变化便会在几何平均数中严格地互相约消,黄金价值的真正变化也就可以看出来了。"

鲍利在《统计学概论》(第五版)第198页上说:

"因此,我们如果着手普遍衡量物价……以便使得出的指数可作误差律分析,那就必须用随机选样,并且样本的变动应独立于一般变动之外,与一般变动无关,有相互关系时就会使指定的精确性所必需的样本数增加……如果独立量的数目相当多的话,任何合理的加权系统便都能得出问题的具体条件所允许的最好结果。"

埃奇沃思在《政治经济学论文集》第一卷第247页上说:

"我们已经看到,假定货币供应量有变化时,杰文斯结合各种物价变化而不管相应交易量的方法便没有某些人所认为的那样荒唐了。情形就好像是我们要找出太阳的移动所造成的物影长度的变动一样。如果投射黑影的物体是不固定的(如摇曳的树),那么衡量一次便不够,我们会要取许多影长的平均数。对我们的目的说来,投影的直立物体的宽度是不重要的。'撒得很宽的毛榉'和桅杆似的松柏都同样可以用作粗略的尺度。"

在 256 页上又说:

"在一般人的心目中,似乎把我们设法在分析中加以区分的两种要素结合起来了。也就是把一般物价变动客观平均数的概念和货币购买东西的能力的变化结合起来了。"

简单地说,关于这种思想方法,有一个结合多次观察的典型问题存在,在这种情形下,各个独立的观察都受着一种干扰因素的影响,要我们去消除。我们所谓的"货币价值"涨落指的是一种假设的运动;如果"货币方面的变化"(即趋向于同样影响所有物价的变化)是唯一发生作用的变化,而"商品方面"又不存在任何力量趋向于使其价格相对发生变化,就会发生这种假设的运动。

这一问题的性质是这样:有人认为我们的计算所需要的坚实科学基础是各别的物价(尤其是受独立因素影响的许多物价)的多次观察。如果我们高兴的话,也可以放手运用某种粗略的加权,以便抵消可能对独立性未作充分衡量的结果。这种加权是没有害处的。但从另一方面说来,如果我们的观察次数很多,而且用的是随机选样法,那么这种加权对最后的结果便没有什么作用;因之,整个说来便是一种不值得的麻烦。随机选定了大量的各别的物价以后,下一步的工作便是决定最适宜的结合法。相对运动在靶心周围分布时最可能采取的方式究竟是服从着什么法则呢?是不是和杰文斯所认为的那样,单种物价的几何平均数最接近于这一靶心呢?大多数计算家都相信,算术平均数就够好的了,其理由也许不过是加法比乘法容易,情形是不是果真和他们所相信的一样呢? 是不是会和埃奇沃思所相信的一样,整个说来,众数更加可取呢? 我们是不是有很好的理由"设想"谐和平均数或均方根等等的公式呢[①]?

物价指数就是综合商品价格(即埃奇沃思所谓的"货币购买东西的能力")的概念虽日益流行(所有的旧式指数几乎都完全没有加权,而美国劳工局指数等最好的新指数则全都精心细致地加了权),但另一种概念也没有被根除,迄今仍然维持着部分的势力,对统计界具有传统的影响。1888 年的英国协会委员会虽然为了实际目的而提出一种加权指数,说它能"得到更多的信任",但他们仍然作出结论说:"只要有大量的商品,科学的证据仍然支持杰文斯教授所用的指数。"这一结论一直没有被经济学界明确地否定过。

但我却要不揣冒昧地认为,我在上面尽力公平而合情合理地说明的这些概念,全都从头到尾错掉了。所谓"观察误差"、"射靶心不准的子弹"等形式的物价指数概念,埃奇沃思的"一般物价客观平均变化"说等,乃是思想混乱的结果。靶心是不存在的。也没有什么运动不定然而又是独一无二的中心可以称为一般物价水准或一般物价客观平均变化,其周围分布着单种商品的运动物价水

---

① 有些著作家试图观察单种物价的实际分布究竟是沿着相应于算术平均数的高斯氏曲线还是沿着相应于几何平均数的曲线等等,以便解决这一问题。关于这种方法所得结果的优秀叙述,请参看奥利维尔:《论指数》第四章,并参看鲍利教授的《指数简论》(原载《经济学杂志》,1928 年,6 月号,第 217 至 220 页)。但我认为这种方法除了作反面运用以外,便是想错了。所谓反面运用就是证明,除了运用于大量情形以外,分布的形式就没有规则性。如果像这种方法的代表人物所做的那样,把它应用于少数情形,那就只能证实我们从先天知识上就有理由预计的事情。如果要证明的是分布曲线在许多不同的条件下都具有同一形态,那便是值得注意的,但就已经进行过的观察说来,并没有说明这一点。不过值得提出的是,奥利维尔先生和鲍利教授都作出结论说:关于曲线拟合问题,就已检验过的情形来说,几何曲线比算术曲线显得更为适合。

准。我们有各种不同和完全肯定的综合商品物价水准的概念,适应于以上所列目的以及许多其他的目的和探讨。除此之外就没有别的东西了。杰文斯先生是在水中捞月。

这种说法中的毛病在哪里呢? 首先它假定围绕着平均值周围发生的单种物价变动,按独立观察综合理论所要求的意义说来是"随机"的。在这种理论中,一种"观察"对真实状况的偏离被认为对其他"观察"的偏离没有影响。但在物价方面,一种商品的价格变动必然会对其他商品的价格变动发生影响,[①]而这些补偿变动的大小则取决于对首先发生变动的商品所作支出的变化与受次级影响的商品方面的支出的意义相比较时大小如何。因此,根本就没有"独立"情况存在,反倒是在一系列"观察"的"误差"之间存在着某些讨论或然率的著作家所谓的"联系性",或者像勒克西斯所说的那样,有一种"次法距分布"存在。

因此,我们在没有说明联系性的适当法则之前,就无法继续进行探讨。但要说明联系性法则就必须涉及到有关商品的相对重要性。这样就使我们回到原来一直在企图避免的问题上去了,也就是对综合商品的项目加权的问题。如果我们所谓"货币方面的影响未变"意思是指货币交易总量维持不变,那么这儿所说的指数便和上述现金交易本位这一名词下所列的指数是同一种东西。如果我们所指的是货币总贮量维持不变,那么这一指数就是现金差额

---

① 狄维西亚是十分明确地指出这一点的极少数著作家之一(参看他所写的《通货指数与货币理论》,原载《政治经济学评论》,1925年号,第 88 页),并参看奥利维尔《论指数》,第 106、107 两页。狄维西亚先生证明,不但相对物价变化的非独立性对于高斯误差律是否可以运用的问题作了最后的答复,而且所谓"货币"原因不论怎样下定义都将同样影响一切物价的说法也是一个没有理由的假定。

本位。因此，我们所追求的结果——货币"内在"价值的尺度也就不能独立存在，它不过又是一种通货指数而已。

上面所批评的观念犯了一个错误，也就是假定物价水准在某种含义下作为货币价值的尺度时是有意义的，这种货币的价值在单纯是相对物价发生变化时将维持不变。这两套因素的抽象分离在进行过程中初看起来是有些道理的，其实是一种错误的做法，因为我们所观察的物价水准本身是相对物价的一个函数；每当相对物价有变化时，而且只要相对物价有变化，其数值就可能发生变化。如果相对物价实际上发生了变化，那么物价水准在相对物价没有变化时的虚拟变化就没有意义了，因为相对价格变化本身就影响到了物价水准。

因此，我的结论是：如果说埃奇沃思的"无定指数"这类未加权或随便加权的物价指数可以在某种方式下衡量货币"本身"的价值或"货币方面的变化"对一般物价所发生的影响；或者说这种指数可以衡量"一般物价客观平均变化"（不同于"货币购买东西的能力的变化"），那么这种说法在正确的物价水准问题的讨论中便是不能存在的。我们所批评的概念除了上面所界说的某一种通货指数以外便没有其他内容了。这种通货指数正像所有其他的物价指数一样，是一种综合商品价格。

杰文斯的概念如果以真实的分析为基础的话，在思维方面说来便是可喜的，在科学方面也是极有助益的。这是许多拟数理经济概念之一，是以类比的方式从物理科学方面借过来的。五六十年前当这一概念刚被提出时，看起来似乎大有可为；但进一步考虑之后就发现必须部分或全部把它抛弃。

第七章 物价水准的分布

　　现行的经济理论充满着这样一个概念，即货币购买力本位（或消费本位）、批发物价本位、国际贸易本位等等在理论上虽然无疑是彼此各别的，但在实际上却大致上是同一种东西。唯有这种信念的流行才能解释一般运用索尔贝克和"经济学家"等所提出的那类指数来普遍衡量物价水准变动的习惯，同时也唯有这一点才能解释近来人们使外汇购买力平价说越出其正当应用范围（国际贸易本位）并不正确地推广到货币购买力方面来的做法。要不是人们惯于把批发物价本位当做一般购买力的圆满指标，我相信英国在1925年就不会恢复到战前平价的金本位上去。

　　这种看法是在许多影响的结合下盛行起来的。首先，价值"常态"说的影响就促使人们易于把实际条件说成具有"完整市场"的属性。有人说，在稳定的条件下，不同的物价水准之间的关系是确定的。如果这些关系临时受到干扰的话，就会有力量兴起、迅速地恢复原先的关系。人们认为，如果发生变化的始动力显然出于"货币一方面"（例如通货膨胀等），"商品方面"并没有发生什么新情形预计可能在任何重大的程度内影响相对的真实生产成本，那么恢复原有平衡的事就可以特别有把握地事先假定。因为在这种情形下，所有物价都会受到相等的影响；也就是说，价格的起始变化经过一定的时期之后会均匀地传布到所有的物价水准上去。据说货币只是一种计算筹码，对于暂时与它相关的商品相对价值不可能发生永久的影响。其实我们必须计算到有摩擦作用存在，而且传布也需要一段时间，正像所有其他经济调整过程一样。但计入这一点之后，完整市场的价格分布理论就相当接近于事实了。

这种思想方法由于上面刚讨论过的不加权指数的影响而加强了。对于这问题的精微之处认识不像埃奇沃思本人那样充分的人，如果最大的理由充其量不过是货币购买力正像其他东西一样难于看见，他们也在一般情形下把杰文斯—埃奇沃思的"一般物价客观平均变化"或"无定"本位与货币购买力混为一谈了。根据这种说法看来，任何良好的指数，不论用什么方式加权，只要包含相当大量的商品，就可以认为相当接近于无定本位；既然如此，任何这类指数看来便自然也可以认为相当接近于货币购买力。

最后，所有的本位"归根结蒂就是同一种东西"的结论也根据一个事实而得到了"归纳"的证明。那就是说：互相对立的指数（然而全部都属于批发物价类型）虽然构成成分不同，但却显示出彼此相当吻合。此外，大多数传统指数不但都属于批发物价类型，而且凑巧的是在构成状况上也全都相当接近于国际贸易本位。这就提供了另一批归纳的"证明"，导引出一个结论说：所有的指数"归根结蒂就是同一种东西"；原因是国际贸易类型的指数正像它应有的情形一样，不但是在一个国家之内趋于互相一致，而且在不同的国家之间也趋于互相一致。其实考虑到这一切指数所含商品有多少是相同的时，互相符合的程度实际上就不足注意了；除了这一点以外，我们要是作出结论说，由于批发物价本位或国际贸易本位的不同指数彼此互相符合，所以就是消费本位的良好指标，这话也显然不合逻辑。相反地，前面所提出的表（参看本书第 57 与 59 页）提供了强有力的论断证据，证明不论在长时期内还是在短时期内，批发物价本位和消费本位的动态可能相差很远。

这些观念的流行，对于短期变动的研究产生了特别不利的影响。因为这些变动的本质就是不同的物价水准不按同一方式变化，所以如果把批发物价指数当成无分轩轾地衡量这一切物价水准的尺度，就是把正好要加以观察的问题在假定中抛弃了。

任何一种物价水准的变化都会传布开来的概念当然包含着一种很重要的真理，当始初扰动是货币性质的扰动时尤其如此。在这种情况下，其他物价水准会受到来自同一方向的压力。只要有足够的时间，并假定在这一段时间中又没有非货币因素影响于相对价格，那么各种不同的物价水准最后就会稳定下来，使彼此的相对状况和原先差不多。然而我们却不能由于这些理由而说通货膨胀对相对物价的影响正像地球通过空间移动时对地球表面各种物体的相对部位所发生的影响一样。要说明货币变化对物价水准的影响，用万花筒的转动对里面色玻璃的影响作例子倒更好。因为我所批评的思想方法忽视了或低估了另外两种因素的意义，其中没有一种可以方便地包括在"经济摩擦"之中。

首先，以货币形式存在的购买力发生增减并设法在实际购买中体现自身时，如果进入或退出市场，这种增加或减少（视情形而定）并不会在不同的购买者之间均匀而成比例地分布。一般说来，它会集中在某几类特别的购买者手中。比如在战争所引起的通货膨胀下,就会集中在政府手中。在信用繁荣的情形下,就可能集中在向银行借款的人手中,诸如此类的情形,不一一列举。因此,直接的效果是发生在对于主要受影响的购买者最有利害关系的货物上。这种情形无疑会造成物价变动的分布。但购买力新分布的社会与经济后果充分发生作用以后,最终就会形成一种或多或少地和旧平衡不同的新平衡。因此,对每个人的储积影响不同的可用"筹码"的变化(实际上这类变化从来没有发生过相同的影响),对于相对物价水准可能发生相当大的持久影响。明显的事实是,有两种类型的影响可以改变相对物价:(一)生产过程或成本的技术性改变,使产品的真实成本改变;(二)消费者喜好的改变使需求的方向改变;更常见的情形是可用购买力的分布改变使需求的方向改变。由此看来,因为货币量的改变一般会牵涉到购买力分布的改变,所以相对价格不但可能受到商品方面的变化的影响,而且也会受到货币方面的变化的影响。

其次,有一件大家都熟悉然而又需要经常提醒的事是:有许多种定期的货币契约、货币关税和货币担保存在,这就构成了另一个原因,使货币体系下的相对价值(即价格)即使在相当长的时期内也不能自由变动。① 对于短期观察说来,这一类型中最重要的因素当然就是工资。工资在短时期内不能迅速地随着批发物价本位

---

① 在这大家都熟习的问题上,无需重复我在《货币改革论》一书中讨论"货币价值的变化对社会的影响"的第 1 章里已作更长讨论的内容。其中有一段话说:"作用一致,对所有交易过程发生同等影响的货币单位改变是不会发生后果的。这类变化在过去和现在都造成了极大的社会影响。因为我们都知道,当货币价值变动时,并不会对于所有的人和所有的目的都发生同样的作用。"此外,请参看拙著《论丘吉尔先生所造成的经济后果》一文。

或国际贸易本位变化,而在长期内又能具有本身的趋势;诚然,各种物价水准不能互相联系地一致变化,其实际解释绝大部分可能就存在于这一点之中。

由于上述各种原因,更妥当得多的办法是经常注意到次级物价水准,以及决定它们相对于一般购买力的动态的独立影响因素,而不要注意任何特种物价水准偏离均一动态的暂时变态,这种变态不久即将自行消失。

货币变化对各种物价水准的最后影响即使终究是均一的,这一点对于许多目的来说也仍然不及始变性那样重要。我们的确可以承认,英国和法国的相对物价水准的现有状况和没有拿破仑战争的干扰发生时的情形可能并不会相差多远。然而这可能仅仅是一个例子,说明了一个一般的命题。也就是说,即使是历史上最大的灾变,其影响到时候也会消散;或者说,这些影响至少也会成为无法辨认的小滴,消失在后继事件的大洋中。但无论如何,在某些最富实际意义的货币现象的探讨中,最为有关的是短期后果,例如一切有关信用与营业活动的探讨便是这样。在这类情形下,如果采取行动时假定所有各类物价都多少在同一方式下受"货币方面"的变化的影响,那便会正像上面所说的一样,把我们刚好要观察的现象在假定中抛到一边去了。货币变化不会以同一方式、同一程度或在同一时间中对所有的物价发生影响这一点,正是这种变化之所以重要的原因。不同物价水准的动态之间的分离正是所产生的社会扰动的试金石和尺度。

当我们所谈的不是物价水准在一个国家中的传布,而是在国际间的传布,那么假定它会迅速而不受障碍地发生作用的说法便会遇到更多的障碍。这一题目属于国际贸易理论而不属于货币理论范围,但往下第 21 章中仍将略加论列。

第八章①　关于购买力比较的理论

一、购买力比较的意义

代表支出的综合商品如果对于不同的阶级、不同的情形说来，构成情况都是稳定的，同时喜好也没有发生变化，那么购买力的比较在理论上便不会引起困难。在这种情形下，要为某一特定综合商品在一系列时间或空间位域上的情形拟制一系列价格指数，所牵涉的便只是一个实际问题，也就是为各单种的商品取得一系列可靠的价格行情的问题。

然而事实上代表货币收入的实际支出的综合商品在不同的地点、时间或人群中，构成状况是不稳定的，其理由一共有三点：（一）由于支付对象所要满足的需求有变化，也就是说，支付的目的有变化；（二）由于支付对象达成其目的的效率有变化；（三）由于支出在不同对象之间的分配方式中对达成目的说来哪一种最经济的问题发生了变化。以上这些理由中，第一种可以归之为喜好的变化，第

---

① 本章所讨论的是具有某种技术困难的特殊问题。急于要看到货币理论本身的读者可略去不看。

二种可以归之为环境的变化,第三种可以归之为相对价格的变化。由于这些原因,真实收入的分配或习惯与教育的每一种变化,民族风俗与气候的每一种变化,以及提供销售的商品的相对价格、性质、品质等的每一种变化,都会在某种程度内影响到一般支出的性质。

当消费性质发生变化时,购买力应怎样比较的问题是一个大难题。这是清晰地研究购买力这一整个问题的一大障碍。但我认为这一讨论以往之所以一直充满着紊乱,主要是由于没有弄清楚,当我们将时间或地点不相同的社会的货币购买力作比较时,其严格意义究竟是什么,这种社会的支出性质是不相同的。

首先,我们所说的购买力不是指货币对效用量的支配力。如果有两个人都把收入用来买了面包,而且都付出了同样的价格;那么并不会仅仅因为某人比另一人更饿或更穷货币购买力对他说来就更大。同时货币购买力对于收入相等的两个人说来,并不会因为某人比另一人的享受力大而有所不同。可以增加总效用量的货币收入再分配,其本身并不会影响货币购买力。简单地说,购买力的比较指的是货币对于在某种意义下彼此"相等"的两群商品的支配力的比较,而不是指对效用量的支配力的比较。因此,问题便是要为这一目的找出一个"相等"的标准。

在这种情形下,我们的任务便不是证明什么问题,而是通过省察法说明一种严格定义,这定义将尽可能接近一个名词在通常用法下的真实意义。经过思考之后,我认为相等的标准可以用下述方式找得(我希望读者能同意我的看法):两群商品如果代表着感觉程度[①]和真实效用[②]所得都相等的两个人的商品所得，或者说代表着他们的货币收入所购买的东西，那么这两群商品就彼此"相等"。这种人可以称之为类似的人。因此，当我们说货币在 A 位域上的购买力等于它对类似的人在 B 位域上的购买的 r 倍时，意思就是指类似的人在 B 位域上的货币收入等于 A 位域上的 r 倍。这样说来，货币购买力的比较便等于是类似的人的货币收入量的比较。

然而还有一个严重的困难存在。也就是说，根据上述定义来讲，将两种不同位域上的货币购买力作比较时，所关涉的必须是两个真实收入相等的人，这一点对于比较的意义说来是一个根本问题。由真实收入水准不相等的个人组成的社会，除非是上述定义下的货币购买力变化对各种真实收入水准的人说来都是一致的，否则就无法根据这种方法将整个社会的情形作出比较。然而可以想象得到，这种变化对于工人阶级说来可能是 2 倍、对中产阶级说来可能是 3 倍、对非常富有的人说来可能是 4 倍。但在这种情形下，这种变化对整个社会说来究竟是多少呢？

我认为这问题无法作出令人满意的答复。原因是货币在穷人手中的购买力和在富人手中的购买力可以说是两种不同的量纲，其数量比较是不可能有意义的。如果要得到货币对整个社会的变动量的平均数，就必须把货币对一个阶级的购买力跟它对另一不

---

①　在往下的讨论中，为了避免不必要的麻烦起见，我将假定，相等的感觉程度这一条件已经满足。

②　关于货币收入、商品所得与真实收入三者之间的区别对物价指数理论的重要性，哈伯勒在《指数的意义》一书第 81 页上作了很好的说明。

同阶级的购买力看做相等,而这一点则除非是通过武断的假定,否则就无法做到。比方说,假定一个社会的收入在三个阶级之间作了平均分配;同时 B 位域上的购买力和 A 位域上的购买力相比较时,对低层阶级说来增加了 1 倍,对中层阶级增加了两倍,对上层阶级则增加了 3 倍。因此,如果我们假定 A 位域上的货币购买力对三个阶级说来是相等的,那么 A 位域上的平均增长便是 2 倍;如果假定在 B 位域上对三个阶级说来相等,那在 B 位域上的平均增长量便是 $2\frac{10}{13}$ 倍。① 我们不但是没有办法把这两种结论协调起来,而且我也看不出假定货币购买力对社会上不同阶级相等的做法有什么意义。

因此,当货币购买力的变化对不同的真实收入范围说来各有不同时,我们最多也只能略去相对说来人数较少的范围不计,然后说:将货币购买力对于这些包括人口大部分的真实收入范围的变化按量值大小排列后,它对整个社会的变化便处在已出现的最大变化与最小变化之间。这就是说,在上述的数字例证中,我们的结论便只能是购买力增长在 2 与 4 之间。

这种严格数量比较的困难正像许多著名的概念中所产生的困难一样。这些概念可以同时按一种以上无法互相比较的方向发生程度变化,在这种意义下,它们是复杂或多样化的、根据真实收入不均等的人口平均算出的购买力就是这种意义下的复杂概念。当两种东西的优劣取决于若干种程度可变,但变化方向无法互相比

---

① 我们在第一种情形下实际上是取 1、2、3 的算术平均数,在第二种情形下则取它们的谐和平均数的倒数。

较的性质的总合结果时,如果问一种东西整个看来在程度上是否
优于另一种东西,就会产生同样的困难。①

为了简单和精确起见,在下面我们将假定所讨论的都是非复
杂情况。在这类情况下,货币购买力的变化对所有有关的真实收
入水准说来都相等。

二、近似法

我们已经看到,将两种位域中的货币购买力作比较的正确方
法是比较两个"类似"的人在两个位域上的全部货币收入。但实际
运用这一比较法时,却又有一个困难,那便是没有客观测验标准来
选择"类似"的一对人作比较。因此,以往一般的办法一直不是去
找出一对"类似"的人,然后比较他们的货币收入;而是找出我们认
为可以代表类似的人在各个位域中的消费的两个支出表,然后把
相应于两个表的两种"等值"综合商品的价格加以比较。

但不论是用直接法比较"类似"的人的货币收入,还是用间接
法比较"等值"综合商品的价格,看来都无法做到完全准确。因此,
我们便面临着近似法的问题。我认为一般通用的近似法,由于使
用者没有十分严格地弄清楚企图加以比较的目标而受到了损害。
在往下的讨论中,我打算分析一下各种不同的近似法究竟是什么?
它们所假定是什么? 其中不但包括我认为正确的东西,而且包括

---

① 　这种困难和我在《论或然率》,第 3 章(尤其是 7 至 16 节)中所讨论的困难相
同。

我认为不正确的东西。

（一）类似的人的收入的直接比较法

这种方法已经完全被统计学家所抛弃，但实际上却正是一般常识中最常用的方法。它取决于对两个进行比较的位域上的生活状况具有一般认识的人在生活福利程度方面所作的常识性判断。假定一个苏格兰人在伦敦谋得了一个差使，或是一个英国人在澳洲、美国或德国谋得了一个差使之后，想知道自己将来的货币收入与他在本地的收入相比较时"价值"如何；也就是说，他想知道新地点的货币相对购买力如何；这时一般所采用的办法不是去查考任何官方指数，要查也得不到任何有用的答案。他会去打听一个对两地生活情况都熟悉的朋友。这位朋友就会在心里设想出两个人来，每个地方一个；在他看来，这两个人所享受的一般生活水准大致相等；他把这两个人的货币收入加以比较以后，就可以根据这种比较作出答复。这人也许会告诉他说：在纽约如果要过伦敦 7 百镑一年或爱丁堡 5 百镑一年的生活，那么一年的收入就必须有 1 200镑。这就是说，货币购买力对这一收入范围说来比例是 12∶7∶5。对于一个工人说来，比数不一定跟这一样。

同样的方法也被用来比较记忆可及的不同日期的购买力。我们常问货币现在对某一阶级的购买力和欧战前比较怎样，并且根据我们对于相对生活福利状况的一般记忆来确定货币购买力对中产阶级或农业劳工等的比数。

如果用训练有素的人员根据明确地为了这一目的而进行的调查作出这种比较，并用物价和消费的统计资料加以核对时，那这样的比较的确是很有价值的。但在某两类情形下，单纯的记忆和一般印象纵使必然是模糊和不准确的，其所提供的答案却比指数所提供的答案好；其中一类情形是支出的性质已大大改变，另一类情形则是支出有很大一部分是非标准化的，无法用指数加以概括。

比方说，一个英国人在本国和东方的货币购买力，通过相等生活标准的费用的一般印象作比较便比任何其他方式好，因为一个人在两种情形下花钱购买的东西完全不相同。一个中等阶级的家长在欧战前与欧战后的购买力也是通过一般印象作比较更好，因为这儿所牵涉的很大一部分支出（如房租、仆役工资、教育费、旅行费等）必然不会包括在指数之内。

正是在这类情形之下，直接法所得到的结果才会和间接法大不相同，而且更接近于真实情况。从另一方面说来，当我们所研究的是性质没有十分变化的标准支出，例如工人阶级现在的支出和五年以前的比较等，间接法就可能更准确。

通过一般印象作比较时，往往充分估计到了习惯支出。这些支出不产生多大效用，但如果要避免不利的后果，本地习惯却要求支出这些费用。要肯定这样做究竟是优点还是缺点，就会引起货币购买力究竟是什么的微妙问题，我不打算在这一问题上多费笔墨。

（二）比较等值综合商品价格的间接法

这是一般常用的方法。关于确定购买力指数的问题，在一般提出的方式下，我们最多只能知道不同商品的价格和支出款项在各种商品之间的分配。至于什么样的人是"类似的"一对人，我们却很少或根本得不到一点资料来补充这一数字。

但我们一般的确知道，某部分的支出在两种位域中性质相同，满足类似的一对消费者的能力也相同。这一部分有时还是较大的一部分。让我们把综合商品中代表两个位域上的平均支出、因而是两方面共有的部分用 a 代表，并把两方面不同的部分用 b_1 和 b_2 代表。当某种商品的购买量在一个位域比另一个位域大时，两个位域共有的量当然就包括在 a 之中，唯有各位域特有的过额量才根据具体情形而包括在 b_1 和 b_2 之中。从另一方面说来，有些消费在实体上相似，但由于喜好或环境的变化使它们产生真实所得的能力不相似，这些消费不能包括在 a 之中，而必须包括在 b_1 和 b_2 之中。此外，b_1 的单位量必须使第一位域上对一单位 b_1 的支出与一单位 a 的比跟全部 b_1 与全部 a 的比相同，b_2 的情形也是一样。

此外，我们如果在可以互相替代的一对商品之间建立等值关系，有时还能比上面所说的结果稍微往前更发展一步。比方说，一磅茶如果和两磅咖啡可以互相替代地用于同一目的或接近类似的目的，其效用接近相等；那么只要价格相等，对于进行比较的两个位域上的大多数消费者说来，究竟是购买一磅茶还是两磅咖啡，几乎是没有多大关系的事；但由于第一位域上一磅茶比两磅咖啡便宜，而在第二位域上则又较贵，所以茶便进入了第一位域所专有的综合商品中，而咖啡则进入了第二位域所专有的综合商品中；在这种情形下，我们就可以不节外生枝而公平地把一磅茶看成和两磅咖啡接近相等。同样的道理，如果在不同位域上的民族食物习惯不同,以致使小麦、燕麦、黑麦或马铃薯可以互相替代,我们便也可能建立相当令人满意的等值比。在可以运用这种等值替换法[①](往下将用这一名称)的范围内,我们实际上是在增加 a 的领域并减少 b_1 与 b_2 的领域;a 就是两个位域共有或可作严格比较的那一部分消费。因此,在往下的讨论中,让我们把互相替换时可以建立等值比的消费项目包括在 a 之中。

　　然而一般还是会剩下一些不好处理的商品包括在 b_1 和 b_2 之中,对于这些商品我们无法运用等值替代法。例如类似的人从法老的奴隶身上所取得的满足和从第五街的汽车上所得到的满足便是无法比较的;昂贵的燃料和便宜的冰对拉普兰人以及便宜的燃料与昂贵的冰对霍屯督人所产生的满足也是无法比较的。

　　因此,我们所得到的便是 $a+b_1$ 与 $a+b_2$,分别代表着两个位域的平均消费量。由于我们假定 a 对两位域上任何一对类似的人产生满足的能力相同,所以 a 如果代表着全部消费量,那么要比较两个位域的购买力时,便可以只比较 a 的价格。但不能通过这种方式使之彼此对等或通过其他方式作出比较的残数 b_1 与 b_2,使我们无法用这种简单方法。我们不能假定 b_1 与 b_2 等值;也就是说

　　① 埃奇沃思在《经济学杂志》,第35卷,第380页上有一段相当混乱的话,我认为他心中可能想到了这种方法。他说:"我们的确可以提出'一船'质与量都确定的商品,其可变价格将不时构成一系列指数。但即使是起始时用这样一船商品,我们也不再是稳固地运用完全客观的量了。因为选择品类来构成这一船商品时,就必须顾及效用。但不论怎样,就这一比喻来说,当我们放洋出海时,这一船货的构成就经受了一次海上变化;这样我们就必须放弃表面上严格的价格比较法,而代之以更不确定的满足量比较法。因此,鲍利教授谈到商品量与价格发生了相当大的变化的时期时,所比较的便是在一定价格下的不同的商品组合所能提供的'满足'。"

不能假定两个位域上这种商品方面的一般消费者是相似的。我们也不知道对于类似消费者说来，第二位域上的 $a+b_2$ 要有多少单位才相当于第一位域上一定量单位的 $a+b_1$。因此，我们所面临的问题便是发现一种可以应用于这类情形的有效近似法。现在我们必须讨论这一问题。我的意见是，正确的方法有两种，而且只有两种。第一种可以较普遍地运用。第二种则提供了两个极限，当我们能假定两种位域之间除了相对价格以外没有发生其他变化时，正确的答案就会处在这两种极限之间。

1. "最高公因素法"

命 a 在第一位域上的价格为 p_1，在第二位域上的价格为 p_2。那么第一种近似法便是略去 b_1 与 b_2 不计，并将 $\dfrac{p_2}{p_1}$ 作为两个位域间物价水准变化的指数。这种近似法只要满足了两种条件中的一种就是正确的。大家记得，我们所假定的是消费一单位 a 所得到的满足在两个位域上对任何一对类似的人说来是接近相同的。

上述的第一个条件是每一个消费者对 a 的支出在两个位域上和 b_1 或 b_2 的支出比较起来必须数量差距很大。

第二个条件是任何消费者在第一位域上消费 a 与 b_1 所得到的真实所得的比例应当大致上等于他对两者的支出的比例。在第二位域上消费 a 与 b_2 的情形也是这样。

以上两种条件的每一种是否充足，可以证明如下。假定具有实际收入 E 的人当 a 的价格是 p_1，b 的价格是 q_1 时，在第一位域上消费了 n_1 个单位的 $a+b_1$，第二个位域上的符号与此相似。因

此,第一位域上的货币购买力与第二位域上的货币购买力的比便

是 $\dfrac{n_2(p_2+q_2)}{n_1(p_1+q_1)}$。根据这一公式可得出以下的结论:

甲、如果 q_2、q_1 与 p_2、p_1 相比时很小,那么 n_1 与 n_2 对于实际收

入相等的人说来就必然接近于相等。在这种情形下,$\dfrac{p_2}{p_1}$ 对于以上的

式子便是一个令人满意的近似式。这和上述的第一个条件相同。

乙、如果在第一位域上消费 a 与 b_1 所得到的真实所得对于总

收入为 E 的人说来,其比例和这人对两者的支出相近,那么从 n_1a

所得到的满足便是 $\dfrac{p_1}{p_1+q_1}E$;如果第二位域上的情形类似,那么从

n_2a 所得到的满足便是 $\dfrac{p_2}{p_2+q_2}E$。因此,如果消费每单位 a 所得到

的满足在两位域上大致相等的话,就可以得到 $\dfrac{p_1}{n_1(p_1+q_1)}=$

$\dfrac{p_2}{n_2(p_2+q_2)}$。因此,近似地说来 $\dfrac{n_2(p_2+q_2)}{n_1(p_1+q_1)}=\dfrac{p_2}{p_1}$。这和上述的第二

个条件相同。

对于我们要进行的许多购买力的比较说来,这两个条件中总

有一个很可能满足到相当近似的程度。但第二个条件有些不稳

定,因为除非第一个条件满足了,否则当第二个位域由于新商品的

供应提供了许多机会可以作有用的支出,而第一位域又无法得到

这些商品时,第二个条件就可能垮台。因为在这种情形下,每单位

b_2 所提供的平均满足对每单位 a 所提供的平均满足的比很可能

高于 b_1 对 a 的比。因此,如果要成功地比较购买力,就需要进一

步提出一些假定。

在这种近似法中，我们把有关位域共有的一部分支出 a 作为比较的基础，并把其余的部分略去不计；这样做比更复杂的公式要好得多，因为我们所处理的始终是同一综合商品，因之就无需运用链法（往后讨论）。此外，这一方法也显然比实际统计学家几乎始终一体采用的方法更可取，而且也同样简单。后一种方法把 $a+b_1$ 或 $a+b_2$ 当成在全部情形中都是适合的。因为这样做的误差一般必然比始终运用 a 的误差大。情形是这样：当支出性质的改变是由于相对价格改变而产生的，并代表消费者利用较便宜的东西的动态时，这样做的效果对综合商品完全适合的位域中的购买力的估计比综合商品较不适合的位域的购买力的估算，始终是过高的。

在某些情形下，我们无法假定除开相对价格以外其他的东西都没有变。这时，这种所谓最高公因素法就可能为我们提供环境所能允许的最好结果。比方说，十年期间最好的购买力指数，便可以把逐年的一般支出的最高公因素作为折中综合商品数而取得；并且在这种指数旁列一项说明，指出每一年的全部支出中为各年所共有的部分，以便核对这种近似法的接近程度。一般的方法是始终用 $a+b$，以往没有用过的方法则是始终用 a；至少我个人看不出前一种方法比后一种方法有什么好处，相反地，我倒看出了许多坏处。

始终用 a 的方法当共有的支出减少时，作为近似法的价值一般就会降低。如果要求得更好的办法，就必须发展机会，更多地运用等值替代的办法，以便增加 a 所包括的领域的比例，而不要运用 $a+\dfrac{b_1+b_2}{2}$ 或任何其他中间公式。但事实上等值替代的方法在以往除开某几次对不同中心的工人阶级相对生活费用进行调查时以外,一直没有作过科学的运用。在这些调查中,有时有人企图制定一个假定的等值物系统,来处理工人习惯食物改变的问题。[1]

　　在某些历史研究中,纵使 a 跟 b_1 与 b_2 相比其数值已经不大时,最高公因素法可能仍然比任何其他可用的替换方法好。比方说,当我们企图将相隔很久的时期作极粗略的比较时,如果时期相隔太久,以致无法运用等值替代法,那么我们就只有采用可以取得两位域共有的比较行情的少数重要商品。如果我们要为以往三千年的金币或银币价值编制一个消费指数的话,我恐怕除了根据这一时期的小麦价格和日工工资拟定合成商品值以外,就没有更好的办法了。[2] 斗剑士和摄影机之间是无法求得等值替代比的,购买汽车和购买奴隶的所得到的便利之间也是这样。

2. 极限法

　　现在让我们只限于讨论这一类情形。在这类情形下,我们可

---

　　① 根据埃奇沃思(同前书第 213 页)的说法,德罗必希是第一个提等值替代公式的人,只是所根据的标准很不能令人满意,而且的确很荒谬(他用的是称量物品的常衡)。

　　② 参看马歇尔著《货币信用与商业》,第 21 页与 22 页。那上面说:"主要谷物价格记录具有两重意义。因为除了我们这一时代以外,每一个时代的普通劳工的工资一般绝大部分都花在这些谷物上面。以往实际耕种的人自己保留的田间产物绝大部分也是这些谷物。此外,谷物栽培法在所有的时代中几乎也没有改变……因此,被观察的国家或地区的普通劳工工资或标准谷物价格通常就被当成了一般价值的代表。这种方法现在用于西方世界的任何国家是完全不合理的,但在亚当·斯密和李嘉图的时代却是完全合理的。解释'经典'价值理论时,必须参照这种标准。洛克在两个世纪以前写书时就写道:'任何国家一般经常食用的谷物,在任何长时期中衡量物品价值变动时都是一种最适宜的尺度。'(见《全集》第 5 卷,第 47 页)"在下面就可以看到,这种讨论货币价值的传统方法是最高公因素法的一个例子。此外还请参看亚当·斯密的《国富论》一书第 1 卷第 11 章。

以假定,进行比较的两个位域中喜好等项基本相同,而且除了相对价格以外没有任何东西改变。于是我们就可认为商品所构成的一定所得在两个位域中都会提供同样的真实所得。因此,第二位域的消费性质虽然由于相对价格改变而改变,我们也仍然可以肯定,相应的真实所得和第一位域上类似的消费分配所生产的所得相同。

这些理由使我们可以有一个办法确定出真正的比较必然不会超出的限度。情形是这样:

命代表第一位域和第二位域支出的综合商品分别为 P 和 Q。

并选定一英镑在第一位域上所能购得的 P 量作为 P 的单位,一英镑在第二位域上所能购得的 Q 量作为 Q 的单位;命 p 是一单位 P 在第二位域上的价格,$\frac{1}{q}$ 是一单位 Q 在第一位域上的价格。设具有实际收入 E 的类似的人在第一位域上购买 n_1 单位 P,在第二位域上购买 n_2 单位 Q。

由于类似的人在第一位域上的货币收入是 n_1 镑,在第二位域上的货币收入是 n_2 镑,那么比较两位域上的购买力的指数便是 $\frac{n_2}{n_1}$。我们可以证明,这一数字必然在 p 与 q 之间。

由于消费者在第一位域上可以任便购买 n_1 单位的 P 或是 $n_1 q$ 单位的 Q,而又选择了前者;同时根据假设来看,购买前者所得到的满足等于购买 n_2 单位 Q,所以 $n_2 > n_1 q$。同样的道理,由于他在第二位域上可以任便购买 n_2 单位的 Q(根据假设,所得满足等于 n_1 单位 P)或 $\frac{n_2}{p}$ 单位 P,而又选择了前者,因此,$n_1 > \frac{n_2}{p}$;$\frac{n_2}{n_1}$ 也

就大于 q 而小于 p.

因此，如果 q 大于 1，货币价值肯定就跌落了。如果 p 小于 1，货币价值肯定就上升了。在任何一种情形下，货币价值改变的量度都在 p 与 q 之间。

上一公式虽然比前述各公式简单，证明也更有力，但这一结论大家却并非不熟悉。比方说，庇古教授在《福利经济学》第一部第六章中就曾得出过这一结论。哈伯勒在《指数的意义》第 83 至 94 页中也曾很好地讨论过这一问题。但这一说法却要假定喜好等等彼此一致，这种依存关系并没有经常被充分地强调指明[①]。此外，我们还必须注意到，在 p 小于 q 这类的情形下，这条件就证明喜好必然已经变了，相反的假定必然是不正确的，因为这样就违反了 $\frac{n_2}{n_1}$ 小于 p 而大于 q 的条件。

在某些条件下，最高公因素法和极限法是可以结合使用的。我们可能知道，人的喜好以支出衡量时在消费范围的很大一部分里面没有变；同时也知道，从这一部分中所得到的真实所得要不是在总真实所得中占相当大的一部分，便是在其中占恒定的一部分。在这种情形下，我们的近似法首先就要用最高公因素法将比较范围化为喜好可以假定为未变的一系列位域上的那一部分支出，然后再将极限法应用于这一部分范围。

─────────────

[①]　鲍利博士在《经济学杂志》，1928 年 6 月号上所发表的《指数简论》一文，可以说是明确地介绍了这一必要条件的论文之一。

3."公式的结合"

欧文·费雪教授十分热衷于一种处理方法,[①]并称之为"公式结合法"[②],实际上是企图把极限法略微推进一步。据我看来,这种推进已经超过了正确的限度。

所用的推论性质是这样:正像前面所说的,设 P 是属于第一时间、地点或类别位域的综合商品,p 是第一位域上费钱一镑的一单位 P 处在第二位域上时的价格。设 Q 是属于第二位域的综合商品,$\frac{1}{q}$ 是在第二位域上费钱一镑的一单位 Q 处在第一位域上时的价格。于是,正像我们在上面所看到的一样,假定喜好等等未变,只有相对价格改变了,那么两个位域上的价格水准相比较时的真正量度就必然在 p 与 q 之间的某一个地方。费雪教授和许多其他人一样,从这一点得出一个结论说,p 和 q 必然有某种数学函数,使我们能最好地估计真正的值究竟在 p 和 q 之间的什么地方。从这些方向出发,他提出和检验了许多不同的公式,目的在于得到真正中间部位的最佳近似数。

据我看来,进行比较的价格水准之间的比例,一般说来并不是这两个式子的任何确定代数函数。我们可以拟制出 p 与 q 的各种代数函数来确定点的部位,这些函数之间并没有一便士的差别可供选择。这时我们便面临着一个或然率的问题。对于这种或然率说来,在任何特殊情形下都可能有相关的材料;但没有这种材料

---

① 特别参看他的《指数的编制》。

② 同上书,第 7 章。

时，这一问题根本就是不确定的。

　　费雪教授在那一段冗长的讨论中检验了大量公式后，得出一个结论说，$\sqrt{pq}$（用我的符号）这一公式在理论上说来是理想的。如果他的意思是说，这公式在算术性质上可能比其他公式更接近真实情形，那么，根据上述理由看来，我便认为他这一段长长的讨论没有什么实际内容。这一结论是多次测验（如果该公式对于其极限范围应当对称的测验等）后所得到的结论。但所有这些测验都是为了证明，并不是这公式本身正确，而是它所受到的反对比其他替代的先验公式少。这些测验并没有证明，任何一个公式作为可能成立的近似法说来是站得住脚的。

　　如果我们不把 p 与 q 之间的公式当成可能成立的近似公式，而只把它们当成简便说法中所用的一些方便的表达法，那我们就大可以考虑它们具有代数的优美性和算术的简洁性，并考虑到它们能省力，而且在不同的场合下运用任何一种特殊的简便体系时，相互之间具有内在一致性。如果 p 与 q 相差很远，那么任何一种简便法便都可能造成严重的误解；然而当 p 与 q 接近相等时，运用"p 与 q 之间"这一说法便是一种麻烦，倒不如指出一个中间数字更方便得多，而且也不会有很大的误解，纵使这一数字的选择完全是武断的也是这样。因此，只要我们理解到，$\sqrt{pq}$ 这类的公式不过是为"p 与 q 之间"这一句话提供了自相符合而又方便的简单表现法，那我就没有理由可以反对了。

　　因此，费雪教授的公式实际上往往并没有什么害处。反对这一公式的理由是它在正确说来比较关系不能存在的地方同样容易造成比较；而且不像以前的方法必然会得到的情形一样，使计算者认识到所牵涉的误差的性质和程度。费雪教授这一公式的毛病是，从表面上看来，它可以让任何两种物价水准同样方便地作数字比较，喜好究竟变没变之类的问题完全没有关系。在常识显然看出完全不可能作可理解的比较的地方，它也同样可以得出良好的结果。比如当严格地专属各位域的综合商品十分近似，以致使它们之间的任何折中数目都可能得出很过得去的近似值时，情形就是这样。

这类公式中最老的一个是许多年以前由马歇尔与埃奇沃思两人独立地提出的（参看埃奇沃思：《政治经济学论文集》第一卷第213页）。费雪教授虽然说它只是"权数的结合"而不是"公式的结合"也仍然属于这一类，并且也同样是值得反对的。这种近似法所比较的是 $\dfrac{P+Q}{2}$ 的两个位域上的价格。也就是说，它假定，严格地专属两个位域的综合商品之间的第三种综合商品，近似地说来可以兼属于两个位域。用上面的符号来表示时，这就等于是把 $\dfrac{p+1}{q+1}$ $\times q$ 作为价格水准变化的尺度。[①]

在没有结束这一讨论之前，举个例子说明一下当喜好和环境都不固定，而且纵使 $p=q$ 时，p 和 q 也不能作为货币价值改变的可靠指标的情形，也许是有意义的。

---

① 鲍利博士在《经济学杂志》，1928 年 6 月号上所发表的《指数简论》一文中提出了独创性的理由，说明只要服从有关连续性以及哪些量可以视为小到无需计算的假定，这一公式就比任何其他公式都可取。

假定第一位域上的主要支付对象是牛肉和威士忌（各一单位），第二位域上则是大米和咖啡（各一单位）。再假定牛肉和咖啡在第二位域上比第一位域上便宜一半，威士忌和大米则在第一位域上比第二位域上便宜一半，那么

$$\frac{第一位域上一单位牛肉和一单位威士忌的价格}{第二位域上同样消费品的价格}$$

$$=\frac{第一位域上一单位大米和一单位咖啡的价格}{第二位域上同样消费品的价格}$$

（我们所选择的单位使支出在第一位域的牛肉和威士忌之间作平均分配，并在第二位域的大米和咖啡之间作平均分配）。第一位域上根本不消费咖啡和大米、第二位域上根本不消费牛肉和威士忌的假定，对这说法根本不是主要问题，提出来仅只是为了使说法简单而已。如果我们对第一位域上的咖啡和大米以及第二位域上的牛肉和威士忌加较小的权数的话，基本上与上述公式相同的方程式也能成立。如果我们略去极限法所要求的条件不计，或假定费雪教授的理想公式的基本概念普遍正确，那我们就可以根据以上的话作出完全严格的结论说：主要消费牛肉与威士忌的位域上的货币购买力刚好等于主要消费大米与咖啡的位域上的货币购买力。但这一结论很可能完全是错误的。比方说，假定第二位域上的大米虽然比第一位域上贵，那儿的人们仍然选取大米，而不选取牛肉，原因是气候有需要。至于第二位域上消费咖啡、不消费威士忌的原因则完全是由于前者较便宜；那么当第二位域上威士忌的价格正和第一位域上一样比咖啡便宜时，人们就会消费威士忌。这时如果我们知道两个位域上的"类似的人"的货币收入，就会发

现货币购买力在第二位域上比第一位域上低得多。

4. 链法

编制一系列指数的"链法"是马歇尔首先提出的。这是根据进行比较的一系列位域中任何相连两位域的差异都很小这一假定来处理消费性质变动问题的做法。同时这方法还假定,有关的连续小误差是非积累性的,只是一般没有说明这一点而已。然后就进行一系列比较,其中第一个比较假定第一位域专有的综合商品基本上和第二位域专有的综合商品相等;第二个比较则假定第二位域专有的综合商品基本上与第三位域专有的综合商品相等。

这方法的详情是这样:

设第一位域专有的综合商品在第一和第二位域上的价格是

$$p_1 \text{ 和 } p_2$$

第二位域专有的综合商品在第二和第三位域上的价格是

$$q_2 \text{ 和 } q_3$$

第三位域专有的综合商品在第三和第四位域上的价格是

$$r_3 \text{ 和 } r_4 \text{ 等等。}$$

设 n_1、n_2、n_3 是相连一系列位域上的物价水准互相比较时的指数。

于是链法便以如下的方法用 n_1 计算出 n_2 和 n_3:

$$n_2 = \frac{p_2}{p_1} \times n_1$$

$$n_3 = \frac{q_3}{q_2} \times n_2 = \frac{q_3}{q_2} \times \frac{p_2}{p_1} \times n_1$$

$$n_4 = \frac{r_4}{r_3} \times n_3 = \frac{r_4}{r_3} \times \frac{q_3}{q_2} \times \frac{p_2}{p_1} \times n_1 \cdots$$

因此,求得最后结果的方法便是将每一位域和两边的相邻位域作比较,然后再假定同一事物的两种互相替代的量度近似相等。换句话说:

如果 n_1 是严格专属于第一位域的物价水准,

　　n_2 是严格专属于第二位域的物价水准,

　　n'_2 是假定专属于第一位域的综合商品同时又兼属于第二位域时在第二位域上所取得的价格水准,

　　n'_3 是假定专属于第二位域的综合商品同时又兼属于第三位域时在第三位域上所衡量的价格水准。

于是就得到

$$n'_3 = \frac{q_3}{q_2} \times n_2,$$

$$n'_2 = \frac{p_2}{p_1} \times n_1,$$

因此,假定 $n_1 = n'_2$ 时,就可得到

$$n'_3 = \frac{q_3}{q_2} \times \frac{p_2}{p_1} \times n_1 \cdots$$

让我们根据前述的说法来分析上面这方法的正确性。首先,它显然假定了喜好恒定不变等等。从另一方面说来,它不但允许有相对价格的变化,而且还允许在后一位域上引入前一位域的消费者所无法得到的新支出对象;但同时假定一个位域市场上的支出对象仍然留在市场上而没有在下一位域上退出市场。其次,它假定近似地说来 $n_2 = n'_2$。这一点只有在我们对两个位域的比较

应用极限法,而且根据本书第 103－104 页的符号来看发现 $p=q$（近似值）时才能成立。第三,我们假定相继的小近似法误差不是累积的,当这方法在一系列的位域上多次重复运用时,不致累积成一个大的误差。这一点是一个至关重要的假定。

　　如果每一对相继的位域彼此十分相似,上述假定中的第二种就可能有根据。但第三种假定就更危险了,尤其是在一般主张运用链法的那一类情形之下,也就是将时间序列作比较的情形下,危险性就更大。比方说,当我们假定为近似相等的每一种替代情形逐步略微改良时,链法就会显示出一种累积性的误差。也就是说,对于有关的目的说来,每一种新综合商品都比前一种略好一些,而又不同样可能比前一种略坏一些的时候,情形就会如此。由于这一原因,在一个时期中,当人们的习惯由于际遇不断转佳而逐步变化时,应用这种方法就会引起误解。也就是说,在这种情形下,它会低估后一种日期中的货币购买力相对于前一日期而言的状况。实际上链法是假定,当人造奶油初次出现时,好处是很小的,消费这种奶油好处几乎和被它代替的天然奶油或其他消费品相等。消费者每一次逐步改用新的、改良的或较比便宜的产品时,都是这样。

　　此外,关于链法还有一个严重的反对意见存在,那便是两个位域之间的比较要取决于物价与消费性质在各中间位域中所走的道路。比方说,当初物价和消费是某某情形,中间发生了一次严重的扰动(如战争),使相对价格与消费性质发生了重大改变;但经过一个时期以后,平衡又恢复了,物价和消费都刚好恢复了原状。在这种情形下,最后的货币购买力和开初时显然刚好相等。但运用链法时,却不能保证指数回到原有的位域。的确,我们还相当有把握说它不会恢复。[1]

最后,链法在统计上说来是繁复的,实际运用时十分不便;以致自从初次提出并受到理论家普遍赞同(我认为过当)后,若干年来一直很少被运用。

因此,我的结论便是:比方要把现在的货币购买力和五十年前的情形相比的话,最好是把性质较比稳定的那一部分支出(如50%—70%,实际比例我并无定见)的价格加以比较,并列出增减的支出项目加以补充,以便对际遇转好的程度作出一般的判断;而不要在中间这一段时期逐年运用链法,对物价水准作出比较。

因此,除了把根据一般理由认为类似的人的货币收入作直接估计的方法以外,我们所得到的唯一正确的近似法便是以等值替换法和以极限法补充的最高公因素法。

虽然有这样许多理论和实际的困难,事实上货币购买力仍然经常可以作出有用的比较。其原因是单种商品的相对和绝对价格虽然波动,但在时间和空间相去不远的社会之间,典型支出和典型喜好的一般性质以及真实所得的平均水准一般都没有迅速而巨大的变化。所以消费构成的改变和喜好与环境的变化所造成的问题便不十分突出。比方说,根据鲍利博士的意见来看,证据说明英国在 1904 至 1927 年间的习惯和喜好用工人阶级消费的一般统计数字来测验时,变化是比较小的。

---

[1] 珀森斯教授在《经济统计评论》,1928 年 5 月号,第 100—105 页上曾经发表《指数结构中权数和比数关联的影响》一文,对于上述问题作了一个很有趣的分析,只是这篇文章原来的目的是研究链指数与相应定基指数发生偏离的条件。

第 三 篇

货币的基本方程式

第九章　某些定义

在我们没有提出基本方程式之前,首先必须使某些名词具有严格的用法。

一、收入、利润、储蓄和投资

(一)收入——我们准备用以下三种表达方式来指完全同一种东西:1.社会的货币收入,2.生产因素的报酬,3.生产成本。至于利润一词则留着用来指本期产品的生产成本和它的实际销售收入之间的差额;因此,利润便不是上述定义下的社会收入的一部分。

更具体地说,我们包括在收入中的项目有:

1. 付与雇员的薪水与工资。其中包括对失业、部分就业或享受年金的雇员所支付的任何款项,这几种支出从长远看来,正像其他报酬生产因素的支出一样,是工业的一种负担。

2. 企业家的正常酬金。

3. 资本的利息(包括对外投资的利息)。

4. 正式垄断的利得、租金等等。

企业家本身也是生产因素之一,其正常酬金(在这一讨论中的定义见以下第(二)项)包括在收入中,因之便是 2 项下的生产成本。但上述定义下的生产因素报酬和实际销售收入之间的差额（正数或负数）所代表的企业家意外利润与损失却不包括在内。普通股票持有者的收入一般包括 2、3 和 4 等项中的要素，同时他们也是意外利润或损失的收受者。

（二）利润——因此，将销售收入减去上述 1、3、4 等项支出后所得到的企业家实际酬金和他们的正常酬金两项之间的差额，不论正负如何，都是利润。

因此，企业家的正常酬金量，虽然不论实际酬金超过或不足此数，都应当认为是完成企业家职能的个人的收入；但利润却不应当认为是社会报酬的一部分（正如同现存资本价值的增殖不能认为是本期收入的一部分一样），而应当认为是企业家积累财富的价值的增加（如为负数时，则是减少）。如果企业家把他的一部分利润用于本期消费，那就等于是负储蓄。从另一方面说来，如果他因为遭受意外损失而限制一般消费时，就等于是正储蓄。

但为了使这一叙述严格起见，我们必须对企业家的“正常”酬金下一个定义；这样就可以把他们的全部收入（正或负）在收入和利润（正或负）之间作出划分。至于什么是最适合和最方便的定义，有一部分要取决于手头所进行的探讨的性质。对于目前的讨论来说，我准备对企业家在任何时候的“正常”酬金，提出这样一个定义：如果他们可以按当前流行的报酬率和所有生产因素重新议价的话，那么正常酬金就是他们既没有扩大又没有缩小营业规模的动机时的那种酬金。

当企业家的实际酬金率超过（或不足）上述定义下的正常酬金率，以致出现正（或负）利润时，企业家只要行动自由没有被他们和生产因素订立的一时无法取消的协议所束缚,就会设法在现存生产成本下扩大(或缩小)其营业规模。然而当企业家订立了一种一时不能修改的契约(例如把已经在固定资本形式下取得其支配权的一部分资本用作固定投资)时,那么在某种很容易想见的情形下,他在预定期限未满前是不值得减产的,纵使利润是负数也是如此。这种预定期限的长短要取决于他所订契约的性质。因此,在利润转成负数和这一现象对产量充分发生作用的阶段之间,可能有一段时隔存在。

有人对我说,由于经济学家和商业习惯用语中对利润一词的用法很多,所以上面所说利润最好用意外利得一词代替。这样代替对某些读者的理解也许有帮助,但我个人还是宁肯用利润一词,因为整个说来它具有极为有益的丰富含义。

企业家一般都和生产因素订立长期契约(尤其是在固定资本方面)一事的确非常重要。因为这一点和另外一点结合起来就说明了为什么可能有损失存在;也就是说明了企业家为什么在赔本时仍然继续生产。所谓另外一点就是停止生产然后再重新开始的耗费,其结果往往要在一个时期中平均计算。同样的道理,某一专门的生产因素供应的增加必须要经过一段时期,而企业家也必须订立长期契约(一部受这些专门的生产因素寿命决定)才能诱使这种供应增加,这两点就说明了为什么利润可能在一个时期内存在。

(三)储蓄——我们所谓的储蓄指的是个人货币收入和他对本期消费所作的货币支出之间的总差额。

这样说来利润既不是社会收入的一部分,也就不会是社会储蓄的一部分,即使没有花在本期消费上时也是这样。不但国民总产品(或国民总收入)价值与其生产成本以货币计算时两抵相差的差额数字就是利润,而且在下面我们就可以看到,任一时期内国家财富的增殖和上述个人储蓄总额之间的差额也就是利润。

也就是说,社会财富的增量等于储蓄加利润。

(四)投资——我们往后所说的投资率是社会的资本(定义见本章下节)在一个时期内的净增量。所谓投资价值不是指总资本价值的增量,而是任何时期内的资本增量的价值。因此,我们将发现,这一定义下的本期投资的价值将等于这种定义下的利润与储蓄的总和。

二、可用产品和不可用产品

一个社会有别于其货币收入的本期产品①是由以下两部分货物与劳务的流量组成的:(一)以可用的直接消费形式存在的消费品与劳务的流量;(二)以不能用于消费的形式存在的资本品与借贷资本(更详明的定义见下节)的净增量(耗费除外)。前者我们将称之为"流动产品"或"可用产品",后者则称之为不可用产品,两者总加起来就称为总产品。我们可以看到,可用产品将随着不可用产品是正数还是负数而超过或不及总产品数。

流动或可用产品是由两条产品之流组成的,即(一)固定消费(或最后)资本所产生的效用的流量和(二)脱离生产过程的流动状

---

① 这名词的意义是报酬生产因素的全部产品。生产因素中包括资本所有者,因之产品中便包括固定消费资本的本期使用和对外投资的收入。

态消费(或最后)品的流量。①

不可用产品包括(一)处于生产过程中的未成品增量之流超过脱离生产过程的制成品之流(不论是流动状况还是固定状况)的部分和(二)脱离生产过程的固定资本品之流超过旧固定资本本期耗费加上借贷资本的净增量的部分。

从这里可以推论出,本期消费必然等于可用产品加上被称为"贮积"的流动消费品存量中所取出的量,或减去"贮积"中所加入的量。本期投资必然等于不可用产品加上"贮积"中所加入的量,或减去"贮积"中所取出的量。因此,消费只受可用产品量(加上贮积中所取出的任何量)支配,而不受总产品量支配。然而在生产因素的货币报酬率未变时,社会的货币收入便与总产品相联系而一致地发生变化。

三、资本的分类

任何时期所存在的真实资本或物质财富贮量都表现为下列三种形式中的某一种:

(一)使用中的商品,其全部效用或享用品质只能逐步提供。

(二)处理过程中的商品(即正在耕种或制造过程中制备、以便使用或消费的商品),运输途中的商品,商人、经纪人与零售商手中

---

① 为了方便起见,其中不但包括生产须费相当长的时间的商品,而且也包括生产与消费几乎可以同时进行的商品(即个人劳务)。因为这两种商品之间并不存在任何明确的分界线。

的商品，或正在等待季节轮转的商品。

（三）贮存中的商品，这种商品现在不能产生任何效用，但可以随时运用或消费。

我们将称使用中的商品为固定资本，处理过程中的商品为营运资本①，贮存中的资本为流动资本。

由于某些商品的生产需要一段时间，所以营运资本是有必要的。某些商品的使用或消费需要一段时间，所以固定资本是有必要的。至于流动资本，则只有在商品能"保存"时才能存在。

固定品和流动品之间，当然没有明确的分界线。我们可以将劳务、食品、衣服、船只、家具、房屋等等列成一个连续的系列，其中每一项的使用或消费期限都比前一项长。但大的区别还是十分清楚的。

任何时期所存在的商品也可以分为制成品和未成品。制成品中包括最终产品和工具品，前者供最后消费者享用，后者在商品处理过程中使用。

在未成品方面，原料究竟最好认为处于流动状态还是处于处理过程中的问题，有时有些含糊。在下卷，第 28 章中，我们将使这一定义补充完整。其大意是：有效营业所需的正常贮存商品是营运资本的一部分，因之便是处理过程中的商品；但剩余贮量，则将认为是流动商品。因此，任何时期所存在的未成品便一部分是由营运资本组成的，另一部分是由流动资本组成的。

最方便的办法是把"贮备品"一词留着用来指"最后流动品"的

---

① 营运资本更详细的定义将在下卷，第 28 章中提出。

贮量,"贮存品"则用来指其他形式的流动资本。

因此,制成品＝最终产品加工具品＝固定资本加贮备品。未成品＝营运资本加贮存品。流动资本＝贮存品加贮备品。制成品加未成品＝固定资本加营运资本加流动资本＝总真实资本。

如果我们所考虑的是个人或某一社会的财富,而不是全世界的财富,那么除了上述定义下的真实资本的所有权以外,还必须加上在通知后或在未来一系列预定日期上得到支付的货币债权(正方),和与此相应的债务或负债(负方)。当我们所讨论的是一个封闭体系的全部情形时,这些项目可以略去不计,因为它们会互相对消。但我们所讨论的如果是作为国际体系一部分的某一个国家时,情形就不然了。这时就会以某国对他国或他国对某国的货币债权的形式存在着财富顺差或逆差。因此,我们所讨论的如果是有关的整个体系中某一部分的财富,那么不论这一部分是个人还是一个国家,都会出现第四个范畴,即货币债权的净差额,我们将称之为借贷资本。

真实资本与借贷资本的总和将被称为投资量;这种量在一个封闭体系中就是真实资本量。总真实资本和借贷资本的价值就是投资的价值。任何时期中的投资增量是构成总真实资本与借贷资本各个范畴所属项目的净增量。投资增量的价值是增加项目的价值的总和,"贮存在任何特殊情形下所减少的项目的价值当然应当减去。"①

————————

① 我认为庇古教授在《福利经济学》,第3版,第1部第4章中所处理的定义问题是不能令人满意的,这儿的说法可以将这一问题澄清。任一时期中的国民总收入价值是本期消费价值加上述定义下的投资增量价值。

然而此外还有一种区别，也就是资本品的生产与消费品的生产之间的区别，往下运用这一区别的时候比以上所说的区别多。我们对任何时期中资本品的生产或产量的定义是固定资本的增量加上将成为固定资本从生产过程中脱离出来的现有营运资本增量。至于任何时期的消费资本生产或产量的定义，则是可用产品的流量加上将成为可用产品出现的现有营运资本增量。最后，任何时期的投资品生产或产量等于不可用产品加上贮备品的增量。

四、对外收支差额和对外贸易差额

当我们所讨论的不是封闭体系而是国际体系时，首先就必须调整国民总产品的定义。属于外国人的本期产品（例如由于他们对参加本期产品生产的生产因素具有支配权而属于他们的产品等）我们都从国民总产品中除去了。同样的道理，本国人所具有的在外国生产的本期产品则必须加进来。此外，本国所有的商品或劳务产量和外国所有的商品或劳务产量相交换时，如果所讨论的不是价值而是真实产品，就必须在国民总产品中用这样取得的外国项目代替与之相交换的本国项目。

其次，我们准备用部分符合于以上区别"储蓄"与"投资"的方式，以定义来区别一个国家的"对外收支差额"和"对外贸易差额"。本国所有的货物与劳务产量中（不论在国内还是国外生产，黄金不在内）由外国人运用和支配的部分的价值，超过外国所有的相应产量由本国人支配和运用的部分的价值量，在收入账上造成的贸易差额,称为该国的"对外贸易差额",这一差额当然可能是正数也可能是负数。

从另一方面说来,我们主张"对外收支差额"应当是指可能称为资本账上的交易逆差的那种项目。也就是说,它所指的是本国人对处于外国的投资的净购买使外国人得以支配的本国货币超过外国人购买我们处于本国的投资时相应付出的货币量。[1]

读者可以看出,进入国际资产负债表的还有另一个项目,即黄金的流动,我们把这一项从对外贸易差额中除去了。由于国际资产负债表必须永远平衡,这一项就必然能说明本期对外收支差额与本期对外贸易差额之间的任何差数。也就是说,前者等于后者加本期黄金输出量。[2]

因此,我们用"对外收支贷方差额"一词时,所指的是将本国货币或其债权置于外国人支配之下,以换取某种债券、产权或未来的利润的金融交易。与此相对应的情形就是"对外投资借方差额"。从另一方面说来,"对外贸易差额"则是由于某一社会在上述定义下的本期产品有一部分不在本国运用而移转到外国人手中的实物交易所造成差额。

往下所谓的"国内投资"指的是处于本国的总资本增量(黄金除外)。所谓"对外投资贷方差额"是处于外国的本国所有的资本增量(黄金同样除外)。所谓"总投资"就是国内投资、对外投资贷方差额与进口黄金的总和。由于对外贸易差额等于对外投资差额

---

① 借贷资本不论以哪一种通货表示,都应当认为它是处在债务者的国家中。

② "认权贮存的"黄金必须认为已输出,因之便必须认为已处在外国。

加上进口黄金量，所以便于称为"对外投资"的是对外贸易差额，而不是对外投资差额。因为运用这一定义之后，总投资量就像应有的情形一样，等于国内投资加国外投资的总和。

第十章　货币价值的基本方程式

货币理论的基本问题不单是要确定一些恒等式和静态方程式来说明有关货币工具周转量和为取得货币而进行贸易的商品周转量之间的关系等等。这种理论的真正任务是从动的方面来研究这一问题，并以一种方式来分析所牵涉的各种不同的因素，以便说明决定物价水准的因果过程以及从一个平衡位域转移到另一个平衡位域的程序。

我们大家一向习用的各种形式的数量说（详情将在第 14 章中叙述）却不很适用于这一目的。它们不过是对于不同的货币因素所能提出的许多恒等式中的特殊例子。其中没有一种能把现代经济体系的因果过程在一个变化时期中实际发生作用的因素分析出来。

此外这些数量说还有一个缺点，即它们所能应用的本位既不是劳动支配力本位，也不是购买力本位，而是另一种多少带一些武断性的本位；也就是说，要不是现金交易本位，便是现金差额本位（都已于第六章中说明），这是一个严重的缺点，因为我们所寻求的真正结果必然是前两种本位。因为货币的劳动支配力和货币的购买力都是基本概念。在这种意义下，以其他类型的支出为基础的物价水准都不是基本概念。人类的劳作和人类的消费是使经济交往能取得任何意义的最后事项。所有其他形式的支出唯有迟早和生产者的劳作或消费者的支出发生某种关系才能具有意义。

因此,我主张抛弃从货币总量出发而不问用途的传统方法,改而从社会的报酬或货币收入流量以及其所分成的两部分出发,理由当我们往下讨论时就会清楚。这两部分中第一部分是生产消费品与投资品所得到的各部分,第二部分是对于消费品与储蓄所支出的各部分。

我们将发现,如果社会收入中的上述第一部分和第二部分的比例相同;也就是说,如果产品用生产成本来衡量时,在消费品与投资品之间的分配比例和支出在本期消费与本期储蓄之间的分配比例相同,那么消费品的物价水准就会和它们的生产成本相平衡。但如果两种情形下的分配比例不相同时,消费品的物价水准就会和它们的生产成本发生差额。

从另一方面说来,投资品的物价水准却要取决于另一套不同的条件,情形往后再讨论。

一、货币价值的基本方程式

设 E 是一个社会在单位时间内的总货币收入或报酬,I' 是生产投资品所得到的部分;因之 I' 便等于新投资的生产成本,$E-I'$ 则等于本期消费品产品的生产成本。

同时又假设 S 是上述定义下的储蓄量,所以 $E-S$ 便等于本期收入中花在消费品方面的支出。

商品量的单位应加以选择,使一单位的每种商品在基本日期上的生产成本彼此相同。设 O 是单位时间内用这些单位衡量的总商品产量，R 是流入市场并为消费者购买的流动消费品与劳务量，C 是投资的净增量；在这种意义下 $O=R+C$.

设 P 是流动消费品的物价水准，所以 $P \times R$ 便表示本期支出花在消费品方面的部分，$E \times \dfrac{C}{O}(=I')$ 便是新投资的生产成本。

由于社会对消费品的支出等于所得与储蓄的差额，所以：

$$P \times R = E - S = \frac{E}{O}(R+C) - S = \frac{E}{O} \times R + I' - S;$$

$$\text{或} \qquad P = \frac{E}{O} + \frac{I'-S}{R}, \cdots\cdots\cdots\cdots\cdots\cdots \text{(i)}$$

这是我们的第一个基本方程式。

设 W 是单位人类劳作的报酬率（所以 $\dfrac{1}{W}$ ＝货币的劳动支配力），W_1 是单位产品的报酬率（即效率报酬率），e 是效率系数（所以 $W = e \times W_1$）.

因此我们就可以将(i)式改写如下：

$$P = W_1 + \frac{I'-S}{R} \cdots\cdots\cdots\cdots \text{(ii)}$$

$$= \frac{1}{e} \times W + \frac{I'-S}{R} \cdots\cdots \text{(iii)}$$

因此，消费品的物价水准（即货币购买力的倒数）便是由两项构成的第一项代表效率报酬水准，即生产成本；第二项随着新投资的成本超过、等于或不足本期储蓄量而为正数、零或负数。从这一点可以推论出，货币购买力的稳定性牵涉到两个条件，第一是效率报酬必须恒常，其次是新投资的成本必须等于本期储蓄量。

因此,上述第一项所决定的物价水准,由于产品在投资品和消费品之间的分配不一定等于收入在储蓄与消费支出方面的分配而不能成立。因为工人为投资而生产时所得的工资正和他们为消费而生产时所得的工资相等。但挣得工资后究竟是用于消费还是不用于消费,就要看他们自己的高兴了。同时,企业家决定这两类产品的生产比例时却完全与此无关。

读者可以看出,消费品的物价水准和投资品的物价水准完全无关。只要知道效率报酬水准以及新投资品成本(不是售价)与储蓄量之间的差额,消费品的物价水准就可以完全不涉及投资品的物价水准而明确地得出来。

正如上面所说的,后一种物价水准取决于另一套不同的条件,情形将在本章第三节中讨论。目前,如果我们可以假定新投资品的物价水准已定,就可以对全部产品的物价水准得出下列公式。

设 P' 是新投资品的物价水准,

II 是全部产品的物价水准,

而 $I(=P'\times C)$ 则是新投资品增量的价值(与生产成本 I' 不同)。

于是就可得到

$$II = \frac{P \times R + P' \times C}{O}$$

$$= \frac{(E-S)+I}{O}$$

$$= \frac{E}{O} + \frac{I-S}{O}, \quad\dotsi\dotsi\dotsi\dotsi\dotsi\dotsi\text{(iv)}$$

这就是我们的第二个基本方程式。正像前面一样,我们可以将方程式(iv)改写如下:

$$II = W_1 + \frac{I-S}{O}\dotsi\dotsi\dotsi\dotsi\dotsi\dotsi\text{(v)}$$

$$= \frac{1}{e} \times W + \frac{I-S}{O} \cdots\cdots\cdots\cdots (\text{vi})$$

二、利润的性质

其次,设 Q_1 为生产和销售消费品时的利润量(定义同前), Q_2 是投资品的相应利润量, Q 是总利润量。

于是可得:

$$Q_1 = P \times R - \frac{E}{O} \times R$$

$$= E - S - (E - I')$$

$$= I' - S; \quad \cdots\cdots\cdots\cdots (\text{vii})$$

因此,

$$Q_2 = I - I'$$

$$Q = Q_1 + Q_2$$

$$= I - S. \quad \cdots\cdots\cdots\cdots (\text{viii})$$

因此,消费品的生产与销售所得的利润便等于新投资成本与储蓄之间的差额,当储蓄大于新投资成本时即为负数。全部产品的总利润则等于新投资的价值与储蓄之间的差额,当储蓄超过新投资的价值时即为负数。

根据以上各点,我们可以将方程式 ii 与 v 式改写如下:

$$P = W_1 + \frac{Q_1}{R}, \quad \cdots\cdots\cdots\cdots (\text{ix})$$

$$II = W_1 + \frac{Q}{O}. \quad \cdots\cdots\cdots\cdots (\text{x})$$

这些方程式告诉我们,消费品的价格等于生产因素的报酬率加上单位消费品产品的利润率。整个产品的情形可相应求得。

这些结论当然很明显,可以提醒我们:上述各方程式纯粹是外表性的,只是一些恒等式,是不言而喻的表达方式,本身不能告诉我们任何情况。在这一方面,它们和所有其他的货币数量说相似,唯一的目的就是把我们的材料以一种方式加以分析和安排,使之在我们用实际世界的外来事实加以充实时,显出对追溯因果关系的过程有作用。

利润(或损失)有一个特点是要顺便提及的,因为这就是我们为什么必须把它和收入本身分开成为独立范畴的理由之一。如果企业家愿意把他们的一部分利润用于消费(当然没有什么东西可以阻拦他们这样做),其效果便是刚好按这样花费的利润量使流动消费品的销售利润增加。这一点是从我们的定义中推论出来的,因为这种支出就是储蓄的减少,因之也就是 I' 与 S 之间的差额的增加。由此看来,企业家不论把多少利润花在消费方面,属于企业家的财富增量仍然和以前一样。照这样说,利润作为企业家资本增量的来源而言,便成了寡妇的油坛子[①],不论他们挥霍多少,坛子总不会空。但从另一方面说来,企业家遭到损失时如果企图减少正常消费支出来弥补这种损失,也就是企图通过更多的储蓄来弥补这种损失,那么这寡妇的坛子就成达奈德的水槽[②],决不可能使水增加。因为像这样减少支出的效果就是使消费品生产者受到

---

① 据旧约列王纪上 17 章 12 节所载,七年大旱时,上帝命先知以利亚到撒勒法去照拂一个寡妇,使她坛子里的油经常倒不完,面经常吃不完。——译者

② 据希腊神话传说,亚拉比亚王达内乌斯与其兄弟不睦,携其 50 女逃,为其兄之 50 子追及;乃佯与媾和,以 50 女嫁之,暗命其女杀害其夫。后有一女不从命,被罚入地狱,永远将水倾入一破水槽中,始终无法使水增多。——译者

等量的损失。因此，他们作为一个阶级而言，纵使进行储蓄，财富的减少还是和从前一样大。

既然公众储蓄量加上企业家销售流动消费品的利润（或减去损失）后，永远刚好等于投资品的生产成本，那么我们难道可以说投资品的售价必然永远等于其生产成本吗？

不会，因为如果投资品以高于（或低于）其生产成本的价格出售时，生产投资品的企业家所得的利润（或损失）必然会等于投资品售价（不论高低）与其实际生产成本之间的差额①。因此，不论投资品的物价水准是怎样，自本期储蓄中取出来购买投资品的货币量加上本期生产的利润或减去本期生产的损失就会刚好等于它们的价值。

下面不远我们就要讨论新投资品价格究竟由什么决定的问题。现在我们的结论是：第一，利润是其余情形的结果而不是它的原因。因此，把利润加到收入中去，或者把损失从收入中减掉，就不合规则了。因为在那种情形下，只要企业家所生产的投资品产量不变，那么不论公众对本期消费的支出有多大，储蓄始终不会减少；同时，消费方面的支出的减少也同样不会使储蓄增加。

但从第二方面说来，我们将看到（以下几章主要就是讨论这一问题），利润（或损失）一旦产生之后，就成了往后所产生的现象的原因。的确，它是现存经济体系的变化的主要泉源。这就是把利润（或损失）在我们的基本方程式中分列出来有好处的基本原因。

---

①　如果生产投资品的企业家把一部分利润用于消费，这就必然意味着生产流动消费品的企业家将得到一笔额外的利润，可以用来购买投资品，所以最后的结果就等于是生产投资品的企业家用这些利润来购买投资品一样。

三、新投资品的物价水准

当一个人决定把一定比例的货币收入储蓄起来时,他便是在目前消费和财富所有权之间作出选择。当他决定选择消费时,就必须购买货物,因为货币是无法消费的。但当他决定选择储蓄时,就还要作出另一决定。因为他保有财富时可以用货币的形式(或货币的流动等值形式)加以贮存;也可以用其他的贷款或真实资本的形式加以贮存。后一种决策说成是"贮备"与"投资"之间的选择也不为失当;换句话说,这就是"银行存款"与"证券"之间的选择。①

两种决定之间,还有另外一个很重要的区别存在。那就是,关于贮量的决定,完全只与本期活动有关。关于新投资量的决定也是这样。但持有银行存款或持有证券的决定却不但和个人财富的本期增量有关,而且和他们的现有资本总量有关。诚然,由于本期增量在现存财富总量中不过是一个微不足道的部分,所以在这一问题中不过是一个次要的因素。

当一个人比以往更愿以储蓄存款的形式而不愿以其他形式持有财富时,这并不等于说他将不惜付出一切代价以储蓄存款的方式持有。而只是说不论由于什么原因,在其他证券的现行价格下,他

---

① 把现有的非专门名词用于严格的专门意义时,怎样才是最方便的利用法,现在还很难决定。不幸的是,我已经不得不把"贮积"与"投资"这两个名词以不同于上述意义的方式运用。因为我在 107 至 108 页上已经为"贮备品"下了一个定义,说它是最后流动品的贮量。在 106 页上则对"投资"下定义说它不是指一般公众购买证券的行为,而是指企业家增加社会资本的行为。因此,往下我将运用第二套名词。

目前总是比以前更倾向于采用储蓄存款。但他不喜欢其他证券并不是绝对的，要看他对储蓄存款与其他证券的未来报酬的预测如何而定。这一点显然受后者价格的影响，同时也受前者所提供的利率的影响。因此，其他证券的价格水准如果跌落得多时，他就会被吸引过来购买这些证券。如果银行体系的活动和公众活动的方向相反，遇到公众选取储蓄存款的方式时，就购入他们不大急于要持有的证券以证券为基础增设公众更加急于持有的储蓄存款，那么投资的价格水准就完全无需跌落。因此，储蓄存款与证券之间的相对吸引力各自发生变化时，就必须使证券跌价或增加储蓄存款的供应量，或者兼采两法来加以应付。这样说来，证券价格水准跌落时，就说明公众的"空头"状态没有充分地被银行体系所设立的储蓄存款所抵消，或者是公众的"多头"状态已经被银行体系的储蓄存款的紧缩抵消而有余。所谓"空头"是一个方便的名词，在这里是预先使用了以下几章的用法。它所指的是选取储蓄存款而不选取其他财富形式的趋势增加，运用银行借款购存证券的倾向减少。

因此，实际投资价格水准便是公众情绪和银行体系的活动联合造成的结果。这并不等于说，投资价格水准和增设的储蓄存款量之间有任何确定的数量关系。其他证券的价格由于设立一定量的储蓄存款而上涨到不设立时的水准以上的情况，取决于公众在其他证券的不同价格水准下对储蓄存款的需求曲线的变化趋向。[1]

---

[1] 银行体系为储蓄存款所提供的利息率，当然也会作为影响两者相对吸引力的因素而在这里面起作用。

在第 15 章中我们就会看到，还有一种情形是，公众中各派人物发展成"两种意见"，一种比以前更倾向于银行存款，另一种则更倾向于购买证券。这时，结果要取决于银行体系是否愿意作为两派之间的中间人，不根据证券的下跌设立存款，而只是根据短期流动垫支吸收存款。

如果不忘记我们现在所研究的是复平衡的情形，其中每一种要素都多少对其他要素有影响，同时如果不事先过多地讨论第 15 章的内容，我们就可以把这一问题总述如下：

全部投资的价格水准是公众持有的储蓄存款等于银行体系愿意和能够吸收的储蓄存款量①时的价格水准。因之，新投资的价格水准便也是这样。

从另一方面说来，正如我们在上面所见到的，消费品相对于生产成本的价格水准完全取决于以下两种决定所造成的结果：（一）公众把多大比例的收入归入储蓄的决定，和（二）企业家把多大比例的生产力用于投资品产品的决定。只是这两种决定都可能部分地受到投资品价格水准的影响，后者尤其如此。

因此就可以推论出，全部产品的价格水准和总利润量取决于以下四种因素全部的作用：（一）储蓄率，（二）新投资的成本，（三）公众的"空头"状态，（四）储蓄存款量。如果高兴的话，也可以说是决定于两种因素：（一）储蓄超过投资成本的量，（二）公众的"空头"状况未能由银行体系所创造的存款得到满足的过剩量。

---

① 还有一种复平衡情形由于对论题的本质没有影响，所以现在就略而不谈。那就是储蓄存款与活期存款互相移转的可能性所造成的情形，这问题将在下面讨论到。

因此，如果知道新投资率和生产成本之后，消费品的价格水准便完全是由公众"储蓄"的倾向决定的。如果知道银行所设立的储蓄存款量，投资品（不论新旧）的价格水准便完全是由公众"贮备"货币的倾向[1]决定的。

我希望我已经把具有财富和赚得收入的公众经常要作出的两种决定区别清楚了。但不论我们分辨得怎样清楚，这两种决定的原因与结果由于彼此互相影响，情形至为繁复还是很难分开。因为储蓄量与投资量有一部分要取决于投资品相对于其生产成本的价格水准。随之，这两种量之间的差额便也要取决于这种价格水准。同时，公众对于储蓄存款以及其他证券的态度可能部分地受消费品相对于其生产成本的价格水准的预期的影响。尤其是当公众对储蓄存款以外的其他证券的倾向有所改变而又没有被银行体系的活动所补偿时，就可能成为一个极强大的因素，影响相对于储蓄的投资率，因而便是扰动货币购买力的一个原因。

不过，这些因素虽然交互影响，过量储蓄因素和过量空头因素[2]（也许可以这样称呼）在一种意义下说来仍是独立的；也就是说，任何程度下（不论是正是负）的一种因素在适当的附带条件中仍可以和任何程度下（不论是正是负）的另一种因素同时存在。

在没有结束这一节之前，最好是把前面所说的一个结论进一步解释一下。这结论说，消费品的价格由于储蓄超过投资而跌落时，如果不伴随出现公众空头与多头的变化或储蓄存款量的变化，

---

[1]　在这里把这名词像这样用一次，指的是公众在不同的证券价格水准下，选取储蓄存款和其他证券的尺度。

[2]　即公众的空头未被银行体系所增设的信用所抵消的部分。

或是这两种因素有互相抵消的变化时，那么这种价格跌落本身并无需新投资品价格有任何相反的变化就能出现。由于我相信有些读者难于接受这一结论，所以就要进一步解释一下。

这一点是从一个事实中推导出来的。也就是说，根据前述假定来讲，进入市场、由本期储蓄中支款购买的投资品（不论新旧）的全部价值，永远刚好等于这种储蓄的量，和新投资品的本期产量无关。因为新投资品的价值如果少于本期储蓄量的话，企业家整个说来就会蒙受刚好等于这一差额的损失。这种损失表示从本期产品的销售中所得现金没有达到预期量，这是必须以资金补足的。预期现金收入没有得到时，必须以某种方式补足。企业家只能以减少本身的银行存款或出售本身的其他资本资产的方式予以补足。像这样被放出的银行存款和像这样出售的证券，可由本期储蓄超过新投资价值的部分吸收，而且量也刚好彼此相等。

在更普遍的情形下，当公众对于证券或储蓄存款量的看法改变时，如果企业家采取放出银行存款的方法的程度加上银行体系所提供的储蓄存款增量刚好抵消了公众将其资财运用于银行存款的欲望的增长，那么证券的价格就没有理由发生任何变化。如果前者超过后者，证券的价格就会趋于上涨；如果后者超过前者，证券的价格就会趋于跌落。

四、物价水准与货币量的关系

读者现在可以看出，货币购买力（或消费品物价水准）以及全部产品的物价水准和货币量以及流通速度的关系绝没有旧式数量公式使人认为具有的那种直接性质；这种公式，不论怎样小心防护，都会使人得出这种印象。

如果假定银行习惯与办法没有变，现金存款的需求量便主要决定于收益总额的大小；也就是说，决定于报酬率与产品量的乘积；储蓄存款的需求量便主要决定于公众的空头情绪和证券价格水准联合作用的结果。换句话说，如果货币总量已定，那么报酬率、产量和证券价格水准的组合方式中可能实现的只有使货币总需求量等于已定总量的那些方式。

诚然，这就等于说，在平衡状态下，货币量和消费品以及全部产品的物价水准之间只有一种唯一的关系，其性质是货币量增加一倍时，物价水平也会增加一倍。所谓处在平衡状态下情形是生产因素已充分利用、公众对于证券既无空头也无多头情绪，以储蓄存款形式保存的财富在总财富中所占比例既不高于也不低于"正常"状况，同时储蓄量与新投资的价值和成本都相等。

但这种简单和平易的数量关系只是上述定义下的平衡状况中的现象。如果储蓄量不等于新投资的成本，或是公众对证券的倾向转向空头或多头时（纵使有充分理由也是如此），那么货币量或其流通速度即使没有任何变化，基本的物价水准也会偏离其平衡价值。甚至当现金存款、储蓄存款、流通速度、货币交易量以及产品量都维持不变时，基本物价水准发生变化也是可以想象的。

当然，这种严格平衡的状况只是一种理论上的可能性。在现实的世界中，任何一项发生变化时，其他各项都可能伴随着发生一些变化。但即使有伴随的变化，货币量、流通速度以及产品量的变化程度，和基本物价水准的变化程度仍不会存在任何确定或可预测的比例关系。诚然,大家都知道,在信用循环变化剧烈的阶段,情形正是这样。

关于盈利与亏损对企业家所保持的营业存款量的影响当然会有各种可能的假定;对于这种存款说来,基本物价水准发生变化时,不可能没有货币因素方面的变化。上面所说的理论上的可能性唯有在企业家对营业存款保持量的决定完全只受生产成本影响时才能成立。这一理想可能性,言明只是一种极端情形,为的是强调指出我们这一说法的中心内容。

比方说,企业家在决定盈利或亏损对他们的银行存款应发生什么影响时,如果把他们的意外利润或损失完全当成正规的个人收入处理,那么由于基本方程式第二项的增大而造成的物价水准上涨所需的货币增量(或其他货币因素的等值变化)就会像第一项的增大造成的上涨所需要的增量一样多。但实际情形不大可能是这样。事实上利润的收受或支出如果使余额发生任何重大变化时,它所牵涉的余额的持有将比所得的收入与支出按同一程度增加时所牵涉的少,至少在短期内是这样。

此外,最后接受利润的人(即持有证券的个人)虽然可能不管利润并不属于真正收入存款这一事实而把他们获得的利润当成收入看待,但现在大部分的工商业却是以股份公司的方式组织的(甚至在合伙经营的时代情形大部分也可能是这样),意外利润并不像大多数收入一样按星期、按月或按季度分入个人账上,其分配时期要长得多,公司获得后和分配前的时间间隔要大得多。不但是一般至少要过半年的时间,而且大部分额外利润往往或一般都拨作公积金,或以某种方式使持有股票的个人无法获得。比如美国的情形就特别是这样。同时,利润更可能用来支付银行贷款,而不大可能以流通现金方式加以保持;而且营业存款的量,正如我们开初所假定的那样,基本上是由企业生产成本决定的。

还有另一桩事情可以顺便提及一下。在下面几章中,我们可以看到,由于基本方程式第二项所引起的物价水准变化会造成一些趋势,使第一项在往后增加。当这些趋势发展时,物价水准的相继上涨就会比完全由于第二项增大而造成的上涨需要更多的现金差额量来维持。因为基本方程式中第一项造成的物价水准变化所牵涉的货币因素变化比第二项造成的相等变化所牵涉的货币因素变化大;同时,变化一般都是由第二项开始,然后扩展到第一项;这两种情形就部分地说明了为什么某些类型的物价变化在发展时往往会自行消灭,并且会造成方向相反的反应。

在 $I = I' = S$ 的平衡情形下,我们可以用一般货币因素表示我们的结论如下:

设 M_1 是收入存款总量,V_1 是这种存款的流通速度,那就可以得出 $E = M_1 V_1$;因为 V_1 根据定义说来(参看本书第 43 页),是一个社会在单位时间内的货币收入(E)与收入存款量 M_1 的比数。

当 $I = I' = S$ 时,我们因此就可以将方程式改写如下:

$$II = P = \frac{M_1 V_1}{O},$$

如果要把 P 和货币总量 M 联系起来,便可以按照下述方式进行:设 M_1、M_2 和 M_3 分别是收入存款、营业存款和储蓄存款的总数,M 是总存款数,则 $M = M_1 + M_2 + M_3$。因此:

$$P = \frac{V_1(M - M_2 - M_3)}{O}.$$

设 w 是活期存款与全部存款的比例，V 是活期存款的平均流通速度，V_1 和 V_2 则分别是收入存款与营业存款的流通速度。所以：

$$M_1 + M_2 = wM,$$

$$M_1V_1 + M_2V_2 = w \times M \times V;$$

因此，$\qquad M_1 = M\dfrac{w(V_2 - V)}{V_2 - V_1},$

同时，$\qquad M_1V_1 = M\dfrac{wV_1(V_2 - V)}{V_2 - V_1},$

故得 $\qquad P = \dfrac{M}{O} \times \dfrac{wV_1(V_2 - V)}{V_2 - V_1}.$

$P \times O = M_1V_1$ 这一方程式显然和欧文、费雪教授的下一众所熟知的方程式有亲缘关系：

$$P \times T = M \times V.$$

但 O 所代表的是本期产品，而 T 则不是产品量而是交易量，M_1，V_1 代表收入存款以及其流通速度，至于 M, V 则是现金及其流通速度。[①]

---

① 费雪型的数量方程式将在第 14 章中作进一步讨论。

第十一章 平衡的条件

一、零利润的条件

在前一章中我们已经看到,由于利润(Q)是本期产品价值与其生产成本 E 的差额,故得:

$$Q = I - S;$$

所以企业家是获利还是亏损,就要看本期投资的货币价值大于还是小于本期储蓄而定。

因此就可推论出:利润＝产品价值－生产成本＝投资价值－储蓄;利润不但是生产成本与产品价值之间的差额数字,而且也是储蓄与净投资价值之间的差额数字(两项全都以货币计算)。

这些利润(不论正负)是由两种因素构成的,在本书 130 页上我们称之为 Q_1 和 Q_2. $Q_1(=I'-S)$ 是消费品产品的利润,$Q_2(=I-I')$ 是投资品产品的利润。

平衡状态要求 Q_1、Q_2 与 Q 都是零。Q_1 与 Q_2 之中只要有一项不是零,就有一类企业家会受到刺激增加产量。如果总利润 Q 不是零,企业家就会尽可能改变他们在给定报酬率下为生产因素所提供的总投入量,至于这种改变是增加还是减少,就要看这种利润是正利润还是负利润而定。于是 W_1 便在不平衡状态中，P 因之也就在不平衡状态中。这种情形当利润（不论是 Q_1 还是 Q_2）没有恢复为零时就将继续存在。

因此，货币购买力的平衡条件要求银行体系必须调节其放款率，使投资的价值等于储蓄。不然的话，企业家在正利润或负利润的影响下，就会提高或降低（视情形而定）他们为生产因素所提供的平均报酬率 W_1，而且可供他们支配的银行贷款的数量多寡也会促使他们这样做。但平衡条件也要求新投资的成本等于储蓄，否则消费品的生产者便会在盈利或损失的影响下力图改变其生产规模。

因此，在平衡状况下，本期投资的价值和成本都必须等于本期储蓄量，利润必须等于零。在这种情况下，货币购买力和全部产品的价格水准就会全都等于生产因素的货币效能报酬率（即 $P = II = W_1$）。

读者可以看到，零利润的条件就意味着总利润等于零。因为整个物价水准的稳定性和某些企业家或某一类企业家的利润是正利润或负利润的情况是完全可以相容的。正如同它和个别商品的价格上涨或跌落可以相容一样。

因此，货币购买力的长期表现或平衡数便等于生产因素的货币效能报酬率。而实际购买力则根据本期投资的成本少于还是多于储蓄而在这一平衡水准上下摆动。

本书有一个主要目的是说明，我们在这儿对于物价水准变动的实际方式找到了一个线索，不论这种变动属于围绕着一个稳定的平衡水准的上下摆动，还是属于从一个平衡状态过渡到另一个平衡状态都同样有效。

在符号货币制度下，一般说来，银行体系可以通过贷款的规模和条件决定实业界的投资率。同时，社会各成员对于货币收入有多少应用于消费，多少应当用来储蓄的决策的总结果，则决定着储蓄率。因此，假定效能报酬率不自动涨落时，那么，由于银行体系让投资率超过或低于储蓄率，物价水准就会上涨或下跌。但如果企业家与生产因素之间盛行的契约是按劳动报酬率 W 订定的，而不是按效能报酬 W_1 订定的（现存的契约一般也许在两者之间），那么趋于涨落的便是 $\frac{1}{e} \times P$，这儿的 e 正和前面一样，是效能系数。

但投资与储蓄之间的这种差额便在利润率上造成了一种不平衡状态。因此，下一阶段的讨论（在第四部中提出）便将进一步说明，除非银行体系采取步骤予以遏止，这种利润的不平衡将怎样影响基本方程式的第一项，最后使货币效能报酬率（或劳作报酬率）趋于上涨或下落（视具体情形而定），一直达某一点，使银行体系可以建立一个与控制本身的标准相容的新平衡位域时为止。

二、利率或银行利率

现在就可以清楚地看出，银行利率（更严格地说是利率）的变化能够以什么方式影响货币购买力。

投资的吸引力要看企业家预计从本期投资上所能得到的预期收入相对于他为了提供生产资金而必须付给的利率多少来决定。换句话说，资本品的价值取决于使资本品的预期收入资本化时的利率。也就是说,当其他条件相等时,利率愈高(比方说),资本品的价值就会愈低。因此,如果利率上升的话,P' 就会趋于下降,这样就会使生产资本品的利润率降低,因之就会阻碍新投资。由此看来,高利率会使 P' 和 C 都减小,这两个符号一个代表资本品的价格水准,另一个代表资本品的产量。从另一方面说来,储蓄率却会受到高利率的鼓励和低利率的阻抑。因此,在其他条件相等时,利息率的增加就会使投资率相对于储蓄率而言减少(不论是用价值来衡量还是用成本来衡量都是一样);这就是使两个基本方程式的第二项都向负的方面移动,以致使物价水准趋于跌落。

按照维克塞尔的说法,使我们第二个基本方程式的第二项成为零的利率最好是称为自然利率,实际通行的利率则称为市场利率。由此看来,自然利率便是使储蓄和投资价值刚好平衡因而使全部产品的价格水准(II)刚好符合于生产因素货币效能报酬率的利率。从另一方面说来,市场利率每次偏离自然利率时,都会使第二基本方程式的第二项偏离零而造成物价水准的波动。

因此,我们便得到了一般数量方程式所不能提供的东西;也就是简单而直接地解释,银行利率的上升为什么会在它改变实际利率的范围内,使物价水准降低。在第 13 章和 37 章中,我们将再回过头来更完整地解释银行利率的理论。

三、膨胀与紧缩

我们已经看到,有两种主要类型的变动可以影响物价水准。这两种变动各个相应于第一基本方程式的两项,其中的第二项可以分成两部分。效能报酬率 W_1 可以有涨落。这种涨落相当于基本方程式第一项的变化,我们将称之为收入膨胀(或紧缩)。大于零或小于零的总利润 Q 可能由于储蓄与投资价值不相等而上涨或下落,我们将称之为利润膨胀(或紧缩)。

同时,由于 $Q = Q_1 + Q_2$(这儿的 Q_1 与 Q_2 与本书第 130 页定义相同),所以利润膨胀(或紧缩)便等于 Q_1 与 Q_2 两项之和,我们将分别称这两项为商品膨胀(或紧缩)和资本膨胀(或紧缩)。因此,根据上面提过的 Q_1 与 Q_2 的定义来说,商品膨胀便可以衡量出流动消费品相对于生产成本的价格变动;资本膨胀则可以衡量出资本品相对于生产成本的价格变动。但在往下的讨论中,我们主要是谈收入膨胀与利润膨胀,很少需要把后者分为商品膨胀与资本膨胀等两个组成部分纳入我们往下的讨论。

由此可以推论出,全部产品价格水准 Π 的变动等于收入膨胀与利润膨胀的总和。货币购买力 P 的变动则等于收入膨胀与商品膨胀的总和。我们可以看到,资本膨胀或紧缩本身并不会影响货币购买力,因为投资成本 I' 不会受到这种变化的影响;它对于货币购买力的影响的意义在于它的存在几乎迟早一定会影响到资本品的产量,因而产生商品膨胀或紧缩。

四、变化的因果方向

要紧的是读者必须认识到,我们在上面对利润所下的定义以及对产品总价值在我们所谓的收入或报酬和我们所谓的利润之间所作的划分,都不是武断的。我们所谓的利润这种实体的基本性质在于它具有零值是当前实际经济界货币购买力平衡的常规条件。由于从实际世界中引入了这一事实，才使我们所选定的特殊基本方程式具有意义，并使这些方程式得以免于单纯恒等式的性质。

在社会主义体系下，生产因素的货币效能报酬率可能由于一纸命令而突然改变。我认为在理论上说来，这种报酬率在个人主义竞争制度之下，可能由于企业家预计即将来临的货币变化的集体预见或工会的突发行动而改变。在本章往后的一节中就可以看到，物价实际上可能由于确定工资的方法或效能系数的改变使实际报酬率相对于效能而言自动发生变化而被改变。但在现存条件下，最常见和最重要的变化原因是企业家所采取的下述行动：他们由于实际得到的正利润或负利润的影响而增加或减少在现存生产因素报酬率下所提供的就业量，因之使这种报酬率上升或下降。因为利润偏离零是现代世界除俄国以外的工业国家中发生变化的主要泉源。将利润率按特定方向改变，就能促使企业家生产这种东西而不生产另一种东西。普遍改变利润率就可以促使他们改变为生产因素所提供的平均报酬。

此外，我们还有一个理由可以认为以上所说的是目前现实世界中变化的正常机制。因为当一个国家的中央通货发行当局希望改变国内的货币收入水准、从而改变货币收入所需要的流通货币量时，它并没有权力下令减少个人的货币收入，唯一有权力下命令的另一种事情就是借贷条件。因此，状况的改变正是通过借贷条件的改变发动的。这种改变影响到资本品生产的吸引力，而这样就会扰动相对于储蓄率的投资率，接着就会推翻消费品生产商的利润率，于是就会使企业家改变他们为生产因素提供的平均报酬率水准,最后就会达到改变货币收入水准的终极目的。这并不是取得这一结果的唯一可以想出的道路,但实际上却是现代世界绝大多数国家一般采用的唯一办法。

因此,一般说来,每一个走向新的平衡物价水准的变化都是利润偏离零所肇始的。上述分析的意义在于证明这种平衡条件与以下两点实质上是相同的:(一)储蓄与投资价值相等,(二)"市场"利率与"自然"利率相等。

因此,如果银行体系能将其放款量加以调节,使市场利率与自然利率相等,那么投资价值就会等于储蓄量,总利润就会等于零,全部产品的价格就会处于平衡水准;而且在货币购买力没有同时处于平衡水准之前,就将有一种动机使生产资源在消费品与生产品之间移动。因此,购买力稳定的条件是银行体系必须按照这种方式和标准采取行动。然而我们必须承认,在短期内这并不永远是实际可行的,因为自然利率在短期内有时会发生极度的变动。

五、企业家的行为

在以上所说的情形中,企业家在安排未来的营业时,似乎完全是受出售本期产品时的损益情况的影响。但由于生产需要时间(在第六篇中我们将要强调指出,所需时间在许多情形下还是很长的),而且企业家在生产过程开始时可以预测储蓄与投资之间的关系在这个生产过程的期末对于他们产品的需求可能发生的影响,所以他们在决定生产规模以及值得为生产因素提供多少报酬时,显然是受新营业预期将会获利或损失的影响,而不是受刚完成的营业的实际盈利或损失的影响。因此，严格地说来，变化的主要泉源应当是预期利润或损失，而且银行体系也正是由于造成适当的预期才能影响物价水准。诚然，大家都知道，银行利率的变动在改变企业家行动方面之所以能见速效，有一个原因就是这些变动所产生的预期。因此，企业家有时在作为其行为根据的价格变化尚未实际产生前就开始行动了。举一个预计价格跌落的例子来说：由于降低成本或降低产量可以使单个的工业企业借以防止亏损或对待恐将发生的价格跌落，所以每一个企业都会希望用这种方式来避免损失。然而要不是全体企业家完全停止生产，那就不论他们怎样降低成本和减少生产，只要储蓄超过投资正式成为事实，企业家就不可能全体都避免损失。

此外，广泛流传的预期，虽然除开本身之外没有其他根据，但在短期内却可能自己证实自己。因为企业家活动减少时，所需的营运资本就减少，因而使投资减少；活动增加则会有相反的效果。

然而关于这类问题的正确预测仍然非常困难，所需的资料也比一般可能得到的要多得多。所以企业家一般的活动事实上主要还是根据流行的经验决定的，此外再对银行利率、信用供应和外汇状况等方面的变动可能引起的后果作出广泛的概括，予以补充。同时，根据不正确的预测所作出的行动在性质相反的实际经验下是不可能长期存在的，所以除非预测和事实符合，否则很快就会被事实所否定。

因此，当我说储蓄与投资的不平衡是变化的主要泉源时，意思不是否认企业家的活动在任何时候都是根据经验与预测的混合作用决定的。

还有一桩事情也是值得顺便一提的。当一个企业家不论由于什么原因而对前景感到灰心的时候,他就可以在下述两条道路中任择其一或兼采其二:他可以减产,也可以减少他对生产因素所提供的报酬以便降低成本。这两种道路如果被全体企业家采用的话,便没有一种能使他们全体的损失有些微的减少,只是可以间接地减少储蓄或者让(使)银行体系放松信用条件因而增加投资,但这两点都不是企业家本身所想望的。从另一方面说来,两种方法都可能由于减少投资成本而加重他们的损失。然而这两种方法实际上都会投合他们的胃口,因为任何一类企业家如果能以超过一般的程度采用其中的一种方法,他们就可以保护自己。如果要严格地讨论某一个或某一类企业家在短期内采取某一种方法的程度严格说来是由什么条件决定的,就会使我过深地陷入短期经济现象的错综复杂的理论中去。在这儿我只要把前面第 117 页上已经提出的一个说明再重复一下就够了。也就是说,在目前的分析中,关于实际或预测的盈亏必须经过多长时间才能对企业家的行为发生充分的反应,我们并无需作任何具体的假定。只要储蓄与投资之间的不平衡的一般趋势是上述意义下的趋势,而且如果原因持续存在,这趋势迟早会实现就够了。关于储蓄与投资的分离在量的方面对市场流行的物价水准所发生的影响,我们所作结论的正确性绝不会在任何方式下受到本节所述任何限制条件的影响。

六、对外平衡的条件

以上我们叙述自己的说法时,就好像是在讨论一个封闭体系一样,这种体系不可能和外在世界发生买卖和借贷关系。但现代世界的典型现象是,货币体系被提出来作讨论的国家不但要和外界买卖货物,而且要和外界具有同一种货币本位,并和外界发生借贷关系。

但要把我们的说法推广到基本方程式的项目尚未作出充分阐明的国际体系上去时,并不需要增添什么。主要的结果是引入一个新增的平衡条件。

命 L 与 B 分别代表第 122 至 123 页的定义下的"对外收支差额"与"对外贸易差额";G 代表黄金输出量;S_1 代表总储蓄量 S 与 L(L 不以输出黄金的方式弥补,我们将称之为国内储蓄量)的差额;I_1 代表总投资价值 I 和我们所谓的国内投资价值 B 之间的差额;I'_1 代表 $I_1 — Q_2$(我们称之为国内投资"调整"成本)。这样就可以得到:

$$L = B + G,$$
$$S_1 = S - L + G,$$
$$I_1 = I - B,$$

因此,　　　　　　　$$I - S = I_1 - S_1;$$

同时,　　　　　　　$$I_1 - I'_1 = Q_2 = I - I',$$
$$I' - S = I'_1 - S_1.$$

这样我们就可以在基本方程式中用 $I_1 - S_1$ 来代替 $I - S$,用 $I_1' - S_1$ 来代替 $I' - S$。由此看来,全部产品物价水准的平衡要求国内储蓄量必须等于国内投资价值;而货币购买力的平衡则要求国内储蓄量必须等于国内投资调整成本。这种调整成本就是国内投资的实际成本减去对外贸易差额的利润,也就是减去 B 的价值超过其成本的数额。根据第 122—123 页上的定义，I 计入了黄金出进口的数额，但 I_1 则没有。也就是说，I 等于国内投资、对外投资收支差额和黄金进口的总和。

这些都是对内平衡的条件，但当我们所讨论的不再是一个封闭体系时，便也需要一种对外平衡的条件。当黄金不断地流出或流入一个国家时，这种平衡显然就不可能存在。因此，对外平衡的条件便是 $G = 0$，也就是 $L = B$，因之对外投资价值（即对外贸易差额价值）便和对外投资收支差额相等。

因此，完整的平衡要求 $I_1 = S_1$、$I_1 = I'_1$ 和 $L = B$.

关于这种对外平衡条件的含义，我们将在下面第 21 章中讨论。但有一两个一般的结论不妨在这儿提一提。

首先，在任何给定的情形下，对外贸易差额量取决于进入国际贸易的货物与劳务在国内外的相对物价水准。从另一方面说来，对外投资差额量则取决于国内外的相对利息率（当然要根据风险的变化等加以校正，以便代表贷款的实际利益）。但这两者之间并没有直接或自发的联系。中央银行也没有任何直接的方法来改变相对物价水准，它的武器就是改变利率与一般贷款条件的权力。因此，当国外物价水准或外国借款者需求（也就是他们在给定利息率下借款的迫切程度）发生变动而又没有反映为国内的相应变动时，中央银行维持对外平衡的唯一办法就是改变国内放款条件。但如果在旧的贷款条件下 $I_1 = S_1$，那么在新的条件下这两项就会不相等。所以求得对外平衡的做法的第一个效果就是造成对内的不平衡。在第 13 章中我们将说明，中央银行沿着这些方向所采取的行动最后可以产生一种新的状况，使对内和对外平衡同时恢复。

但这并没有消除一个事实,即两种平衡条件起始时有不协调的倾向。

其次,对于黄金等国际通货体系说来,中央银行的基本任务就是保持对外平衡。对内平衡必须随机而定。更恰当地说,我们迟早必需迫使国内状况和国外状况形成平衡。因为法律规定,中央通货发行当局有责任使国内通货和国际贸易的本位保持平价,这种责任和对外不平衡状况长期存在是不相容的,然而关于对内平衡却没有相应的具有约束力的责任存在。当中央通货发行当局规定必须以货币本身以外的任何客观标准保持其货币的平价时,上述说法在或大或小的程度内也可以应用。

但一个国家支配国际金融局势,使对外平衡状况适应其对内平衡条件的程度;以及它不顾对外不平衡,以保持其对内平衡(听任黄金自由出进)的时间长短,在不同情形下是有很大差别的,取决于其金融力量中的许多因素。欧战前的英国和欧战后的美国都有相当大的力量影响国际形势,使之适合自己。自从 1924 年以来,法国和美国便是可以在一连很长时期内不顾对外平衡而维持对内平衡的例子,英国则是被迫不顾对内平衡以维持自行加上的对外平衡的例子,这种对外平衡和它的当时国内状况是不协调的。

对国内条件与对外平衡可能发生的不协调的剧烈程度取决于对外收支差额相对于总储蓄量来说是不是大,是不是能感受国内外相对利率的微小变动,对外贸易差额量是不是能感受国内外相对物价水准的微小变动等。这种不协调状况的存在时期则要取决于改变国内的货币生产成本的难易如何。如果对外投资收付差额、对外贸易差额与国内货币生产成本等全都很容易分别感受利息率、物价和就业量的微小变化的影响,那么同时维持对内与对外平衡便不成什么困难问题。我认为,十分流行的理论太轻易地假定上述易感性的条件在现代世界中实际上已经满足了。但这种假定是不稳妥的。在某些国家中(并非所有的国家),对外投资收付差额很容易受影响,大多数国家的货币生产成本对于上涨的变动则很少显示出抵抗力。但在许多国家中,要使对外贸易差额增长以便应付国外局势的变化时,却是并不那么容易的;货币生产成本要发生降低的变动时,情形也是这样。

在欧战前的时期里,人们除了对外平衡的条件以外很少管其他的问题。但战后以来,由于有关货币管理以及稳定货币购买力的重要性的观念有了发展,所以人们就更普遍地关怀到对内平衡的保持,而没有清楚地认识到两者在多大程度内可以相容。但这一问题必须留待后面的章节里再作进一步的讨论。

七、由于报酬的"自发"变化而产生的物价水准变化

在前几节中,我们都假定,效能报酬率一般不会发生所谓"自发"的变化,而只会在企业家受到盈利或亏损的影响以致改变他所提供的报酬时才发生变化。但这并不是全部情形,现在我们必须加以补充。

如果货币报酬率一律根据产量订,形成一种计件工资,以致随着效能系数的每一种变化而自动增减,那么前面关于物价变动因果关系的论述就无需补充什么了。

从另一方面说来,如果货币报酬率一律按劳作计算,成为一种计时工资,以致不论效能系数有什么变化都维持不变,那么假定投资与储蓄平衡的话,物价水准就会随着效能的每一次变化而成反比变化。也就是说,物价水准将有一种自发的趋势与效能的变化沿相反方向发生变化,由于投资与储蓄之间的差额而产生的任何进一步的变化都是叠加在这种变化之上的变化。

实际上报酬整个说来可能是确定在劳作基准和效能基准之间。如果像前面一样,用 W 来代表劳作报酬、用 W_1 来代表效能报酬,并用 W_2 来代表实际报酬;那么如果实际报酬在劳作基准方面按比例 a 确定,在效能基准方面按比例 b 确定,就可以得到 $W_2 = (a \times e + b)W_1$,这里的 e 是效能系数。在这种情形下,P(或 II)就会由于企业家利润变化以外的其他原因而产生一种趋势与 $(a \times e + b)$ 的变化自发成反比地变化。

读者应当看到,平均报酬率方面的变化本身并没有直接造成盈利或亏损的趋势,因为当通货发行当局让变化发生而不设法遏阻时,企业家在支出方面的变化始终会由于收入方面的相应变化而得到补偿,后者是物价水准成比例的变化所造成的。但如果报酬率方面趋于发生的自发变化所需的货币供应与通货发行当局的看法不符,或与其能力的限度不符,那么通货发行当局为了弥补局势就不得不运用其影响,使投资与储蓄之间失去平衡,因而诱使企业家以一种方式改变其对生产因素所提供的报酬,以便抵消报酬率方面所发生的自发变化。

这样一来,上面所谓的效能报酬率的"自发"变化以及物价水准由于工资体系(其中包括工会的力量与活动)的性质而发生的

"自发"变化,跟下面所谓的"引发"变化,便很容易分别了。这种引发变化是通货发行当局允许或促使投资与储蓄之间发生差额,使盈利或亏损出现而引起的。如果所发生的自发变化不适于通货发行当局,它唯一的补救办法就是促成程度相等而方向相反的引发变化。

由于本书是货币论而不是工资体系论,所以往下我们更加注意的便是引发变化的周密分析而不是自发变化的周密分析。此外,与通货情况不相容的自发变化虽然亟宜认为是迫使通货发行当局不时有意地推翻投资与储蓄——的平衡的一种可能情形,但从分析方面来说,这种情形却很容易和另一种情形互相混淆。所谓另一种情形是:迫使通货发行当局推翻投资与储蓄的平衡的货币状况不是效能报酬率发生了自发性变化,而是效能报酬率的现存水准不再与货币状况相容(可能是由于国外的变化);这种情形在具有未管理的国际通货体系的国家中是非常常见的,往下我们还要相当详细地加以讨论。同时,引发变化在短时期内很可能比自发变化更重要得多,这也是我们在往下的大部分讨论中可以只注意前者的另一理由。

最后,我们在这里不妨谈谈以上的论述对于物价稳定问题的意义。

如果我们对于报酬(或工资)体系以及通货体系都能完全加以控制,以致能凭一纸命令改变报酬率,并可以使货币供应适应于下令规定的报酬,同时还可以控制投资率,那么我们便可以在货币购买力、货币劳动支配力等等之中任便稳定一种,而不致产生社会或经济摩擦,或是引起浪费。

从另一方面说来，如果我们所能控制的是报酬体系而不是通货体系，那么我们就无力决定平衡物价水准将成为什么样子，最多只能运用自己的力量保证外界力量支配我们得出的平衡报酬率在出现时只产生最小量的摩擦与浪费。也就是说，我们最好是把报酬率固定在一个水准上，使它无需在任何程度内扰动 I 与 S 的相等关系而与通货状况相配合。

但如果我们对通货体系至少可以作部分控制，对报酬体系则不能控制（货币改革者一般所假定的情况就是这样），以致能有一些力量决定平衡物价水准与平衡报酬率将成为什么样子，但除了运用引发变化这种机制以外就没有力量造成这种平衡；那么我们选择标准时最好是考虑一下什么最适合于报酬体系的实际状况所特有的自发变化的自然趋势。

比方说，当报酬体系任其自然发展时，如果更趋近于稳定的效能报酬而不趋近于稳定的劳作报酬，那么我们也许最好是稳定货币购买力。如果事情正好相反的话，我们便最好是稳定货币的劳动支配力。如果由于工会的力量，或者仅只是由于人们倾向于通过货币看问题，并认为货币报酬的增加就是景况的改良，因而使货币报酬率趋于上升时，那么在效能上升的进步社会中最好是稳定货币购买力，在效能降低的退化社会中最好是稳定货币的劳动支配力。

无论如何，我们在决定怎样做法最好时，必须斟酌以上根据社会方便以及避免损失与浪费等观点出发所提出的考虑事项，同时要斟酌社会的公正问题。

我个人多少认为（还没有得出最后的结论），只要物价水准变化率始终保持在一个狭小的范围内，那么要紧的是求得一种可以尽量避免引发变化的必要的体系，而不是根据任何严格的原则来稳定物价水准。至少首先要做到的是这样。因为除了滥用失去一切凭依的不兑现纸币以外，所有可能想象的体系中最坏的一种就是银行方面不能纠正投资与储蓄之间开初朝一个方向、接着又朝另一个方向的周期性偏离；同时报酬的自发变化趋于上升，而货币的变化则由于黄金相对缺少而趋于下降，以致即使抛开来自投资方面并叠加在它们之上的变动以后，也必须周期地造成引发变化，其程度不但要足以抵消自发变化，而且要足以使它们逆转。然而我们今天所具有的体系却可能正好是这一种。

这种思想路线预示了许多将要出现的东西。如果读者还没有十分弄清楚的话，那么当他回头来再念的时候就很容易找出头绪来。

第十二章　再说明储蓄与投资的区别[①]

一、储蓄与投资

在前面几章中，我们一方面讨论了社会的报酬或货币收入以及将它分成两部分的情形，其中有一部分由收受者花在本期消费

[①]　我对储蓄与投资的区别的概念在最近几年来已经渐次地进入到经济学文献中去了。根据德国权威[*]的说法，这一概念首先是由路德维希·米塞斯在1912年发表的《黄金与流通手段的理论》(第1版，第227等页与411等页)一书中介绍出来的。后来这一概念又被熊彼特以更明确的形式加以采用，"强制储蓄"[**]（根据我的定义说来就是储蓄与投资价值之间的差额。只是据我所知，这一概念并不是有十分接近于第10章与第11章的分析的任何说法）几乎已经成为德国最新的货币著作中一个常见的特色了。但就我个人说来，我的想法之所以走上了正确道路是得力于 D. H. 罗伯逊博士的《银行政策与物价水准》(1926年版)一书的启示[***] 我想说说英语地区大多数其他经济学家也是这样。在更近的时期中，阿巴蒂先生的《最后的购买者》(1928年版)一书也得出了一些基本上类似的结论，我认为他这是独立得到的。阿巴蒂先生可能没有使那些未曾自行找得同样线索的人完全理解他的思想。但储蓄与投资的区别的要义则可以在他那部书的第5章中找得。此外，阿巴蒂先生所谓的"最后的购买"的总量，指的是消费方面的支出加投资，他认为萧条是由于这一总量不及货币收入总量那样多而造成的。

[*]　参看哈恩先生在《国家科学手册》，第4版，第5卷，第951页上发表的"论信用"一文，以及熊彼特的《经济发展理论》(1926年第2版)第156页。这些参考文献是由米塞斯自己在《黄金的稳定与市场的政策》(1928年版)第45页上提出的。

[**]　"Erzwungenes Sparen"或"gezwungenes Sparen"。我认为在这里最好不要用"储蓄"一字。请进一步参看下注。

[***]　我不大喜欢罗伯逊先生的"自动缺乏"一词，而宁愿单纯用"缺乏"一词来代替他的"自动缺乏"，并用"储蓄"来代替他的"自发缺乏"，至于他的"引发缺乏"则没有特别的词代替。从另一观点出发，我们也许可以说"投机活动"对于企业家的关系相当于"缺乏"对于所得收受者的关系。

上，另一部分则被"储蓄"起来。从另一方面说来，我们也讨论了一个社会的实际货物与劳务的产量以及它们分成两部分的情形。其中有一部分是进入市场卖给了消费者，另一部分则用于"投资"。因此，"储蓄"便与货币单位有关，而且是个人货币收入花在本期消费上的货币支出之间的总差额。至于投资则与货物的单位有关。本章的目的就是要进一步说明两者之间的区别何在。

储蓄是各个消费者的活动，其内容是消费者不把全部本期收入用于消费的消极行为。

从另一方面说来，投资则是企业家的活动（他们的作用在于对非消费品的较量作出决定），其内容是发起或维持某种生产过程，或是保持流动资本等积极行为。它是用财富的净增量来衡量的（其形式不论是固定资本、营运资本或流动资本都一样）。有人也许认为（实际上常常如此）投资量必然等于储蓄量。但我们只要回想一下就会发现，如果把企业家的意外利润与损失不包括在收入与储蓄之中时（根据前述理由，这是必须的），实际情形就不是这样了。

目前我们先把贮积品发生变化的可能性略去不计，往后我们将看到，这种可能性和其他因素变化的可能性相比时实际上往往是很小的。这就等于是假定，可用产品是不耐久的。在这种情形下，消费量就刚好等于可用产品量。但总产品中可用量的比例明确地是根据企业家对投资量的决定而确定的。所以当投资量是正数时消费量就会少于产品量，与储蓄量完全无关。当投资是负数时，消费量便会超过产品量，也与储蓄量完全无关。总之，资本的增减，取决于投资量而不取决于储蓄量。

如果我们考虑一下个人不把货币收入花在消费方面所发生的情形时，就可以清楚地看出，储蓄的出现可以没有任何相应的投资出现。个人怎样运用剩余款项，与投资完全无关，不论是存到银行里，还是还债，抑或是购买房屋或证券，只要企业家没有随着增加投资，结果总是一样。那时，市场上便减少了一个消费品的购买者，结果使消费品价格下跌。这种价格跌落就增加了社会其余部分的货币收入的购买力，因之就使他们能增加自己的消费，其增量等于节约者放弃的量，而他们所花费的货币则和以前一样。但如果这些人这时也进而相应减少其消费方面的货币支出，因而增加其储蓄，这样的效果只会使他们实际花费的所得余额的购买力进一步增加。

这时，储蓄者个人是更富有了，增量等于他们的储蓄量。但生产消费品的人销售本期产品时的价格却比没有这些储蓄时低，财富也就照数减少了。因此，在这种情形下，储蓄不会使财富总量增加，而只会引起双重的移转。一方面是消费品从储蓄者转移到消费者整体中去，另一方面则是财富从生产者整体方面转移到储蓄者手中去，但消费总量和财富总量则保持未变。因此，用罗伯逊先生的话来说，储蓄是"无用的"。财富并没有在任何相应于储蓄增加的方式或形式下增加。储蓄的结果只是在消费者之间以及有权保有财富的人之间引起变动或转换，它被生产消费品的企业家的损失抵消了。

从另一方面说来，如果投资和储蓄同时发生，那么消费者的支出和生产者的可用产品便会在原先的价格水准上保持平衡。因为如果投资的形式是固定资本或营运资本增加而不随之增加就业人数，投资由等量的储蓄所抵消，那么生产者消费品的产量便会由于投资行为而减少，其程度和消费者因储蓄而减少他们对这类货物的支出量相等。投资的形式如果是增加营运资本并随之增加就业量与生产因素报酬量，投资量由等量的储蓄抵消，那么储蓄者所减少的消费支出便会刚好被生产因素增加报酬后等量增加的消费支出所抵消。

最后，如果投资超过储蓄，那么根据前面的说法就很容易看出，消费者的支出相对于生产者消费品的产量而言就会增加，其结果是消费品涨价。超过储蓄量的新投资之所以能出现，不是由于不花费货币收入、自愿节省消费而来的；这是由于货币收入价值减少，引起了非自愿的节省而来的（也就是罗伯逊先生所谓的"自动缺乏"）。

如果未来产品之流在某一日期成为可消费与不可消费形式的比例是由该日期上决定"储蓄"量的人决定的，那就没有问题发生了。但如果是由不同的人决定的（事实上正是这样），那么除非可以变化贮备品数量以取得调整，否则整个社会资本品的净增量就会或多或少地和个人的现金储蓄总量发生差额；这种现金储蓄总量就是个人的现金收入不用于消费的部分。

当我们想到收入不包括利润或损失时，关于这一点就无需感到矛盾。说明储蓄与投资价值之间这种神秘差额的，正是上述的利润或损失，须加认识的关键问题也正是这一点。一个人的储蓄行为要不是使社会上其余的人增加投资，就是使他们增加消费。进行储蓄本身并不能保证资本品贮量相应地增加。

二、一个例证

要是打一个比方或举一个例子来说明，也许能使这一结论更清楚，至少也可以使它更生动。我们不妨假设有一个社会具有香蕉园，而且除了种植与采集香蕉以外什么也不做，除了香蕉以外什么也不消费。此外，我们再假定这儿的投资与储蓄是平衡的，意思是说，这社会不用于香蕉消费而用于储蓄的货币收入，和进一步发展香蕉种植园的新投资的生产成本相等。同时，香蕉的售价和包括企业家正常酬金在内的生产成本相等。最后，我们不妨再假定成熟的香蕉不能保存到一两个星期以上，这一点是很说得过去的。

后来有一个节约运动进入到这个伊甸乐园里来了，敦促公众约束欠慎重的办法，不要把所有的本期收入几乎都用来购买香蕉供日常食用。但这时新种植园的发展由于下列原因中的一种而没有相应的增进：（一）可能是企业家和储蓄者都受到审慎考虑的影响，由于恐怕将来香蕉生产过剩、价格水准跌落而没有作新发展；（二）可能有技术原因存在，使新发展不能超过一定的速度；（三）这种发展所需劳动高度专业化，不可能从一般采集香蕉的劳工中取得；（四）发展所需的初步准备和它最后需用大量支出的日期之间有一段相当大的时间间隔。那么在这种情形下，会发生什么结果呢？

送上市场的香蕉还会和以前一样，而本期收入中用于购买香蕉的钱却由于节约运动的缘故而减少了。由于香蕉不能保存，它们的价格便必然会下跌，跌落的程度会和储蓄超过投资的程度成比例。① 因此,公众还会和以前一样消费全部的香蕉收成,但价格水准却减少了。这是再好不过的事。或者说,表面上看来是再好也没有了。节约运动不但可以增加储蓄,而且可以减少生活费用。公众可以储蓄货币,但无需克制自己去不消费任何东西。他们消费的东西将刚好和往常一样,而节约的美德则将得到丰富的报偿。

但这还没有到最后的阶段。由于工资仍然没有变,唯有香蕉的售价降低了而生产成本却没有降低。所以企业家便会遭受反常的损失。在这种情形下,储蓄的增加绝没有使整个社会的总财富增加一点点。这仅只是使财富从企业家的口袋里转移到一般公众的口袋里。消费者的节约将直接或通过银行体系的中间作用而被用来弥补企业家的损失。这种情形继续存在就会使企业家设法解雇工人或降低工资,以便保护自己。但纵使是这样也不会使他们的景况改善,因为生产总成本减少多少公众花费金钱的能力就会随着减少多少。不论企业家将工资减少多少,或将工人解雇多少,当社会的储蓄超过新投资时,他们仍然会继续遭受损失。因此,除了下述三种情形以外,就不可能有平衡的位域出现:(一)所有的生产停止,全体人民饿死;(二)节约运动由于景况日见贫困而被取消或逐渐终止;(三)投资用某种方法加以刺激,使其成本不再落后于储蓄率。

三、关于过度储蓄的理论

有一类理论把信用循环的现象归之于所谓"过度储蓄"或"消

---

① 香蕉可以保存的情形将在第十九章中详细讨论。我们将发现,那种情形和上述情形的差别将不如预计的那样大。

费不足"的作用,这是经济学家所熟悉的说法。我认为,从根本上说来,这些理论和我自己的理论有一些近似之处,但并不像初看起来让人认为的那样接近。布尼亚齐安以及受他影响的欧洲著作家,英国方面的霍布森,美国方面的福斯特与卡钦斯先生等,都是这一派思想中最著名的领袖人物。如果过度储蓄与过度投资两名词的意义和我所赋予的一样,那么他们的理论实际上便不是关于这两种现象的理论。也就是说,他们和储蓄超过投资或投资超过储蓄的事无关。他们所关心的不是储蓄与投资的平衡,而是资本品的生产和这种产品的需求之间的平衡。他们认为信用循环这种现象的原因是资本品周期生产过剩,结果使这些资本品所促进的消费品产量大于公众手中所握有的购买力在现存物价水准下所能吸收的量。

这些理论和我的理论如果有任何可以调和的地方,也只是在于事物发展过程的往后阶段。因为在某些情形下,投资率落后于储蓄率的趋势将由于上述意义下的过度投资所引起的反作用而出现。但这些理论认为,现存的财富分配趋向于产生大量储蓄,大量储蓄又导致过度投资,过度投资则将导致消费品生产过多;从这一方面说来,他们的领域和我的理论领域是完全不同的。因为根据我的理论说来,麻烦的根源在于大量的储蓄不能相应导致大量的投资,而不是能相应地导致大量的投资。

当正统派经济学家满足于把整个这一非常真实的问题几乎完全撇开不谈时,霍布森先生和其他一些人却设法分析储蓄与投资对于物价水准和信用循环的影响,这是值得推许的。但我认为他们并没有能把自己的结论和货币理论或利息率所起的作用联系起来。

四、上述说法的总结

在这一阶段，我如果设法牺牲一些精确性，把以上几章的说法作出一个大致的总结，对于读者说来也许是有帮助的。

任何时期中的全部产品的物价水准都是由两种物资构成部分组成的，一部分是消费物资的物价水准，另一部分是增加资本贮备量的物资的物价水准。

在平衡状态下，这两种物价水准都是由生产的货币成本决定的，也就是由生产因素的货币效能报酬率决定的。

消费物资的物价水准实际上和生产成本是否相等，要取决于社会收入用于消费的比例是否等于社会产品采取这种消费品形式的那一部分所占的比例。换句话说，这一点要取决于收入在储蓄与消费支出之间的分配是否等于产品生产成本在增加资本的物资的成本与消费品的成本之间的分配。如果前一种比例大于后一种，那么消费品的生产者就会获利。前一种比例小于后一种时，消费品的生产者就会遭受损失。

这样说来，消费品物价水准（即货币购买力的倒数）究竟是超过还是不足其生产成本数，要取决于储蓄量究竟是不足还是超过新投资的生产成本（即加入资本贮备量的物资的成本）。当储蓄量超过投资成本时，消费品的生产者就会遭受损失。投资成本超过储蓄量时，他们就会获利。

新投资的物价水准又将怎样呢？换句话说，加入资本贮备量的物资的物价水准又将怎样呢？关于这一问题的详细答复，读者可暂时搁在一边，在后面几章中就可以看到。要紧的是必须理解，我在第十章中对这一问题所提出的叙述，不过是打算对这一问题作一下初步讨论而已。大致说来，这一点取决于这些投资在未来的某个日期所能提供的产品的预期物价水准，以及为了获得这些效用的现存资本价值而按之打折扣的利息率。因此，投资品生产者究竟是获利还是受损要取决于市场对未来价格的预期以及现行利息率究竟是对他们变得有利还是不利，而不决定于消费品生产者究竟是获利还是蒙受损失。

然而我们所说的两类物价水准的动态是互相联系而又存在差距的，而且一般说来，两者的方向也相同。因为如果投资品生产者获得利润，他们就会产生设法增加产量的趋势，也就是有增加投资的趋势。而这种趋势则又除非是储蓄刚好按同一比例增长，不然就会使消费品的价格上涨；这一关系反过来说也是正确的。从另一方面来说，如果消费品的生产者获得利润，投资品的生产者则蒙受损失，那么产品就有从后一类型改为前一类型的趋势。除非储蓄刚好按同一比例减少，否则，这种情形就会降低消费品的物价水准，并消灭这方面生产者的利润。因此，这两类物价水准虽然并非不可能沿相反的方向变化，但预计它们沿相同方向变化的看法却更加自然。

首先，我们不妨依据因果系列往前推演，然后再往后推演。为了叙述简单起见，我们限于讨论两类物价水准只朝同一方向变化的情形。

如果全体生产者都获得利润，个别生产者就会设法增加产量以便获得更多的利润。要办到这一点，他们可以按旧有报酬率或用更高的报酬增加投入的生产因素。在第六篇中我们将看到,这两种情形中任何一种都会使总投资成本增加;所以生产者想这样努力获得更多的利润时,至少在最初会加重利润与物价上升的趋势。因此,我们的结论是,一般说来,利润的存在会引起就业率与生产因素报酬率上升的趋势;这种情形反过来说也是正确的。

其次,让我们沿着因果系列往回推演。为了使生产者能够而且愿意以更高的生产成本生产,并增加他们的非消费产品,他们就必须能支配适量的货币和资本资财。为了使他们能够而且愿意支配这种资财,那么支配这种资财所需付出的利息率就不能高到让他们却步不前的程度。他们要借多少银行信贷以便支配足量的货币,就要取决于公众究竟在怎样处理他们的储蓄,也就是要取决于储蓄存款与证券的相对吸引力如何。但不论公众怎样处理法,也不论生产者在产品中增加非消费品部分的动机强弱如何,银行体系总是作为一个平衡因素而起作用的;它通过物价与信用量的控制,就必然能控制用在产品方面的总支出量。

因此,因果系列中的第一个环节就是银行体系的行动,第二个环节是投资的成本(就货币购买力而言)和投资的价值(就全部产品的物价水准而言)。第三个环节是利润或损失的出现,第四个环节则是企业家为生产因素提供的报酬率。银行体系变化银行信用的价格与数量时就可以控制投资的价值;而生产者的盈利与亏损则要取决于相对储蓄量的投资价值;为生产因素提供的报酬率则趋向于随着企业家的利润与损失而上涨或下落。社会产品的物价水准是生产因素平均效能报酬率与企业家平均利润率的总和。因此,将第一项和最后一项放在一起来看,全部产品的物价水准随着银行体系使投资价值超过或不足储蓄的量而在效能报酬率的上下摆动。货币购买力则随着银行体系使投资成本超过或不足储蓄的量而在效能报酬率的上下摆动。

这并不是说，银行体系是这一状况中的唯一因素，最后的结果要由银行体系的政策和其他各种因素联合发生的作用来决定。但由于银行体系是一个按计划行动的自由作用因素，所以便能作为一个平衡因素起作用而控制最后的结果。

如果银行体系以一种方式控制了信用条件，使储蓄等于新投资价值，那么，全部产品的平均物价水准便是稳定的，而且与生产因素的平均报酬率相符合。如果信用条件比这种平衡水准更松，那么物价就会上升，利润就会出现，财富也会由于公众收入的价值降低而比储蓄增长得更快；最后一项的差额将以资本增长量的所有权形式移转到企业家荷包中去。这时，企业家会争相求得生产因素的劳务，后者的报酬率则会增加，直到出现某种情形使实际的信用条件和它们的平衡水准更加接近为止。如果信用条件比平衡水准更紧，物价就会下跌、损失就会出现，财富增加就会慢于储蓄增加，其程度和损失的程度相等；失业接着就会出现，并且会有一种压力使人减少生产因素的报酬率；直到出现某种情形使实际的信用条件和它们的平衡水准更接近为止。

繁荣与萧条简单地说来就是信用条件在平衡位域间上下摆动的结果的表现。

我们将看到，当比较简单的封闭体系用比较复杂的国际体系代替时，其结果是：国内银行体系由于必须维持对外平衡，将被迫订立一种偏离对内平衡水准的信用条件。因此，对外平衡条件可能在一个时候和对内平衡条件不相容。为了恢复或维持完整的平衡,国内状况中的两种要素就必须能变动——不但是信用条件要能变动,而且生产因素的货币效能报酬率也要能变动。

第十三章　银行利率的"作用方式"

一、传统学说

银行利率在物价的基本方程式中没有明显地作为一个因素出现。因此，它不可能直接影响物价水准，只能间接地通过它对基本方程式中实际出现的一种或多种因素的影响来影响物价水准。因此，银行利率的增加会使物价水准跌落之类的说法，除非是同时说明了它对基本方程式中的因素发生什么中间作用，使物价水准下跌，否则我们就绝不能满足于这种说法。

我在第 11 章中已经极简短地预先提出了后面将要提出的解决办法的一般性质。银行利率主要是对基本方程式的第二项发生作用的。它是在储蓄率与投资率之间造成扰动或恢复平衡的工具。因为提高银行利率时就会刺激一项而阻抑另一项，降低时则相反。但这并不妨碍它迟早对于基本方程式第一项发生影响，或对基本方程式的其他要素发生次级的影响，尤其是银行货币量、流通速度和储蓄存款的比例等。

但在没有详细阐述这些概念以前，先把这一已被公认的说法的历史发展和现存状况作一概述也许是有用处的。但这一工作却十分困难。据我所知,在英文文献中还没有对这一问题作过系统研讨。在马歇尔、庇古、陶西格、费雪等人的著作中去寻找是没有用处的。卡塞尔教授的论述虽然比较充实,甚至也没有对其中的因果系列作任何详细的研究。① 霍特里所说的比较多一些,但他在这一问题上多少有些不合正统,不能引作这一早经承认的说法的代表人物。但在系统研究方面仍然有一个杰出的例子,那便是维克塞尔于 1898 年在德国发表的《利息与价格》。这部书在操英语的经济学家中所得到的声誉与注意并没有达到应有的程度。维克塞尔的理论在内容与意向上和本书的理论十分相近(比卡塞尔所持的维克塞尔说更接近得多),虽然我认为他并没有能把他的银行利率理论和数量方程式联系起来。

现代意义下的"银行利率政策"是在 1836—1837 年的货币危机以后和 1844 年的银行法案以前的讨论中产生的。在 1837 年以前,这类概念并不存在。比方说,在李嘉图的著作中便找不出这类的东西来,这一点的解释也不难找到。因为在李嘉图一生的时间中,以及往后一直到 1837 年取消高利贷法以前,利率一直受到最高法定限额 5% 的限制。② 从 1746 年 5 月 1 日到 1822 年 6 月 20 日止,76 年间银行利率一直保持为 5% 没有变。从 1822 到 1839 年间,则在 4%—5% 之间作微小变动。1839 年 6 月 20 日定出了 5.5% 的利率(六个星期以后又改为 6%),这是英格兰银行的官方

---

① 卡塞尔教授在欧战后的著作中间或有着一些偶然提到银行利率的例子。但我所知道的最系统的研究存在于他的《社会经济学理论》,第 11 章中。

② 我相信,在曼岛,6% 的法定最高利率至今仍然有效。

利率第一次超过 5%。①

　　此后 90 年中发展出来的传统学说是由三股不同的思潮交织而成的,很难分析开来,不同的著作家对每一思潮的着重程度也各有不同。这三种思潮从那一场争论刚一开始时就模糊地出现了。

　　(一)第一种思潮把银行利率仅仅当成是一种调节银行货币量的手段。作为英格兰银行典型工具的银行利率实际方法就是以这种思潮为基础在 19 世纪中叶发展起来的。例如奥弗斯顿勋爵②(可以说是这一个时期典型的改革人物)便认为银行利率是减少要求银行贴现的正确而有效的方法,因之也就是减少流通量的正确而有效的方法。

　　这种概念认为,银行利率提高就会伴随出现银行货币量的减少,后者可能是因,也可能是果。至少说,在这种情形下,银行货币量会比银行利率没有提高时少。这关系反过来说也是正确的。因此所谓高额银行利率与物价跌落的关系便可以直接从一般的货币数量理论中推论出来。这种概念的确贯穿着 19 世纪后期有关这一问题的一切文献。这也是马歇尔在《金银委员会前的证词》中③很重要的一部分内容。他虽然相信,新货币主要是通过投机或投机性的投资出笼的,上述概念也仍然是他很重要的一部分内容。④

---

　　①　关于 19 世纪的银行利率的详细统计资料以及其与市场利率的关系,请参看吉布森:《银行利率——银行家手册》。

　　②　《关于英格兰银行各部分立的想法》(1844)参看他的《论文集》,第 264 页。

　　③　例如在官方记录第 48 页上他说:"我个人不把贴现率提到第一位,我自己的看法毋宁是强调市场上货币流通的实际量。"

　　④　参看官方记录第 52 页:"作为购买者进入市场的投机家手中的资本增多,就会使物价上升。"

在这之前不久(1886)，罗伯特·吉芬爵士对这一问题也发表了一个几乎和马歇尔完全相同的说法。[1] 庇古教授关于银行利率的理论看来几乎完全是承袭马歇尔这一思想而来的。他认为银行利率直接对银行信用量发生作用，因之便根据数量方程对物价发生作用。[2] 霍特里先生在他的《通货与信用》一书中散存的议论，似乎也属于同一种思想路线。[3]

卡塞尔教授也用同样的方式解释，由于银行利率调节着支付手段的供应，所以物价水准便受银行利率调节。从他的《社会经济学理论》第 11 章第 57 节中，我看不出他认识到了银行利率的跌落可以发生使物价水准上升的作用；除非是说，这种现象会使人们供应《新发行的银行支付媒介》或与这种供应有关。他说："如果银行能像这样使新银行支付媒介投入流通，如果支付媒介量的增长因此而比商品的生产和交换增长的比例大，那么一般物价水准就必然会上涨。"[4]卡塞尔教授的理论所包含的内容或含义是不是比这儿所说的多，我们往后还要回头来讨论。

银行利率的变化与银行货币供应的变化之间的关联，往往或一般说来，是这一状况中的一个因素。但这种关联却肯定并不是一无例外的。它对物价的效果也不和货币供应量的变化成比例。

---

[1]　见《金融问题论文集》，第 2 集第 2 篇：《黄金供应、贴现率与物价》。

[2]　例如《工业变动》第 241 页。至少据我理解他的思想是这样。我之所以这样说是因为他对自己的观点没有作清晰或系统的叙述。

[3]　见《通货与信用》，第 2 版，第 4 章，第 132 与 133 页。

[4]　参看同书(英译本)第 478 页，并参看《经济学中的基本思想》第 128 页。在这上面他说："支付手段的供应基本上是受银行利率调节的；因此，货币单位的购买力便也基本上受银行利率调节。"

这里面还要补充上许多条件和复杂的情况；补充完整时，这理论也就的确会面目全非了。至少我们可以说，单纯根据这些方向来讨论银行利率是不完整的，并且忽视了一个基本的要素。

（二）第二种思潮是实际银行家一般讨论得最多的思潮。他们主要不是把银行利率政策当成调节物价水准的工具，而是把它当成调节对外投资差额、从而保护国家黄金准备的工具。也就是说，提高银行利率的目的是使它高于其他国际金融中心的现行利率，以便影响国际短期贷款市场，使国际债务差额有利于自己。

把银行利率用于这一目的办法是英格兰银行在 1837 年以后的 20 年中发展出来的实际办法。首先对这一办法的作用情况提出清晰叙述的是戈申在《论外汇》一书中提出的（1861 年初版）。[①]但戈申认为银行利率的变化主要是市场情况的反映，而不是决定市场情况的因素。后来白芝浩在《伦巴底街》一书第 5 章中强调地指出：英格兰银行在决定市场情况时力量达到了多大的限度（虽然"英格兰银行对这一问题还没有为所欲为的专制情形"）。这样才完成了这一说法。

显然，这也是问题的一个重要方面。但怎样和第一种思潮联系的问题却不明显。我还不知道有任何著作家试图在这方面加以综合。此外，至少是从表面上看来，两种思潮还是朝相反方向发展的。因为提高银行利率的目的是吸引黄金或避免损失黄金，所以

---

① 特别参看第 6 章："关于所谓外汇校正数的评论。"但克拉彭教授促使我注意到图克先生在《物价史》（1838 年发行）的第 2 卷第 296 页上的一段话。其中说，"银行利率的上涨使美国银行的外国证券议价与金融措施的方便条件减少，因而使其范围减小……特别是金融市场的微度压力会……约制美国对我国贷款的放纵程度"。

它的效果是增加信用基础,使之比没有这样做的时候高。有人也许会反对说,银行利率提高只有在中央银行其他资产的减少比它黄金存量的增加多时才有可能实现,所以两抵以后的效果是减少总信用量。[①] 但值得怀疑的是这一点能在什么程度内严格地或无一例外地符合于被观察到的事实,还是个问题。

(三)第三种思潮最为接近我所认为的中心问题。它也是事先经过了许多讨论,但却很少或根本没有在清晰的方式下提出。这种思潮认为银行利率可以在某种方式下影响投资率,至少可以影响某些种类的投资率;在维克塞尔和卡塞尔的说法下,可能还是影响相对于储蓄率的投资率。

我认为,关于这一点最简单的表达法是:提高银行利率就会抑制相对于储蓄的投资,因之就会降低物价;而物价降低则会使企业家的收入降低到正常数目以下,使他们将所提供的就业机会通盘减少。而这一点迟早又会使报酬率按物价跌落的同一比例下降。到那时,就可以建立起一种新的平衡位域。据我所知,还没有一个著作家把物价的跌落和生产成本的跌落这两个阶段清楚地划分开,而是把物价起始的跌落当成了问题的最后阶段。但相对于储蓄而言,抑制投资的做法本身必然会降低物价的问题,原先的著作家究竟有多少认识就更难说了。

---

① 这也许是传统学说的基本假定。这说法认为,提高银行利率增加信用基础的黄金构成部分时,就会同时缩小整个的信用上层结构。参看韦瑟斯:《货币的意义》,第276 与 277 页。但据我所记得的情形来说,还没有见到有人引证过统计数字测验这一假定的精确性。按照我的理论来讲,这一假定并非普遍正确,而是要有各种特殊条件才能实现。

马歇尔已发表的评述（主要是 1887 年在金银委员会和 1898 年在印度通货委员会的证词中提出的），并没有使我对他的论点明确地弄清楚。他肯定已经看到了增加货币供应量是通过降低银行利率来刺激投资（或投机）而对物价水准发生影响的。他的论点在以下三段中说得最清楚：

"如果增添了生金银供应量的话，银行家或其他的人便可以为实业界人物（包括证券掮客在内）提供放宽的贷款条件；因之，人们便成为货物购买者进入市场，兴办新企业、新工厂、新铁路等。"①

"贷款的供应和人们取得贷款的欲望，原先已将贴现率定为 8%、6%、5% 或 2% 这类的百分比，然后又额外流入了小量黄金，按其方式进入经营信用的人手中，使供应相对于需求而言继续增长；这时，贴现率便会跌落到平衡水准之下去，不论这水准怎样低都一样，因之便会刺激投机……这种新贴现率由于使资本流入不愿在旧率下而只愿在新率下接受资本的投机家手中，因之就会影响平衡。不论他们的投机采取什么形式，都会直接或间接地使物价水准上升，这一点几乎是屡验不爽的。这就是主要的问题。情形是这样：当黄金进入一个国家的时候，大家都知道，而且人们也预计物价会上涨。如果一个人原先怀疑是否应为投机而借款，现在当他有理由相信物价会上涨之后，便会愿意以三厘的利率去借得原先不愿用二厘半去借的款项；因此，黄金流入一个国家便会由于使人相信

---

① 《金银委员会官方记录》，第 9677 号，第 49 页。

物价将要上涨而增加资本的需求；据我看来，这样就会使贴现率上涨。"①

　　"具有这种额外的供应以后，放款人就会更加降低他们的贷款利率，直到需求能消融大部分供应为止。等到这种情形完成时，投机家手中的资本就会增多，他们进入市场购买货物，因而使物价上涨……这就是我对于贵金属的这种额外供应使物价上涨的方式所持的说法。上涨之后就会维持下去，因为营业方法仍然维持稳定，如果一个具有一千镑收入的人平均在身上带着 12 镑，当国内通货增加之后，他身上的钱就由 12 镑加到 14 镑，那么原先以 12 镑购得的东西将来就会要用 14 镑才能购得……"②

　　第一段引文中虽然似乎提到了投资，但这儿所强调的是"投机"，这样就产生了一种假象。整个说来，我倾向于认为，马歇尔心中最多只是想到，使物价上涨的是产生了另加的购买力。但在现代经济界中，信用系统的组织使得"投机家"是首先最可能取得新货币的人，银行利率在这一因果之链中显然起了作用。这似乎是我一向所习于看到的理论。这一理论肯定没有使我对于任何时期的报酬量、储蓄量以及消费品的数量之间的关系得到任何清楚的

---

　　① 见《金银委员会官方记录》，第 9981 号，第 130 页。在这儿似乎看出，马歇尔对新黄金究竟会使贴现率提高还是会使它降低的问题似乎有些迷惑，在"印度通货委员会"的下一段话中，他把时间顺序说得更清楚："新通货……最初使贷款人增加贷款的意愿，并使贴现率降低；但往后它又使物价上升，因而趋于增加贴现率。"(《官方记录》第 274 页，重点是我加的）。在这儿，增加贴现率的是更高昂的物价，但在上面的引文中所说的却是预计到物价上涨，对资本产生需求，因而使贴现率增加。

　　② "金银委员会官方记录"，第 9686 号，第 51 页。

概念,同时也没有使我对于它们跟投资与储蓄的平衡之间的联系得到任何清楚的概念。

当我们上溯到霍特里先生在更早的时候所写的著作时,似乎就更加接近于银行利率影响投资率的概念。但他所强调的全部问题是一种特别的投资,也就是流动财货的经纪人与中间人的投资。他赋予这种投资一种对银行利率变化的敏感性,而这种敏感性事实上却肯定不存在。我们必须引一段相当长的原文才能说明他的思想路线:[①]

> “严格说来,利率像这样上涨,对借款者的影响究竟是什么呢?主要的借款人有两类,一类是生产者,另一类是经纪人。生产者当然会发现商品的生产成本些微上涨了……但一般说来,我们所讨论的利率变化都太小了,不足以直接影响零售价格……但经纪人本身却会受到利率的影响,他们的一种特殊功能就是将他所经纪的货物保持一个贮备量或‘处理余量’。他要毫不迟延地满足顾客的有变需求就必如此。经纪人是借钱买货并售货还钱的。因之,当他的存货多时,所欠银行家的债务也会相应地大。他认为适于保持的存货量当然会根据经验确定,但当然也可以在相当大的范围内加以变化而不至于有很大的不便。当利率上升时,他就会急于要在不引起严重不便的范围内尽量减少债务。如果他能减少存货就能减少债务,而存货却只要在销出后延迟补充就能减少。但制造商所接受的订单却来自需要补充存货的经纪人。因之,制

---

① 见《良好与不良的贸易》,第 61 至 63 页。

造商便马上会发现他们所接受订单的件数减少了,数额也减少了。经纪人本可以用来付予制造商购货的货币,那时却用去向银行家还账去了……也就是说,制造商会遭遇到需求疲滞的情形;为了解除因此而对产品所发生的限制,他便会尽现存生产费用所能允许的范围降低价格。价格像这样降低之后,就使经纪人能降低零售价格;这种办法一般会刺激需求。但当经纪人减少存货、生产者限制产量时,就会使生产者和经纪人对银行的债务减少;银行资产像这样减少就会随之而使他们的负债减少,也就是他们的信用货币供应量减少。这样一来,公众手中的货币余额就会趋于减少,在这基础上所建立的收入上层结构也会同时萎缩。"

我相信,这对于银行利率提高一般发生作用的方式是一种很不完全的叙述。读者应当看到,这种作用方式完全在于货币利率提高后使企业成本增加。霍特里先生承认,这种另加的成本太小了,不足以对制造商发生重大影响,但却又不加观察就假定它们对经纪商会有重大影响,他那说法所根据的不是使经纪人心中产生物价水准跌落的预期,而是把信用货币供应量减少当成了他那因果之链的最后一环。但从银行家那里取得贷款时所付的利息究竟是 5% 还是 6%,对于经纪人的心理影响相对于他所经营的货物的现行与未来销售率,以及他对这种货物未来价格动态的预计对他所发生的影响来说,比这种利率对制造商的影响大不了多少。

但我引这一段话的目的,不是为了批评霍特里。我很怀疑,要是在今天,他是不是还会用同样的话来表达自己的意见。我之所以引用这段话,是因为它的表达方式非常清楚,以致可以把它当成关于这一问题的某种流行意见的基本要素之一来加以反对。

近一百年以前约瑟夫·休姆提出了一个十分类似于霍特里先生这一说法的论点,图克先生在评述休姆的说法时,对于霍特里先生的理论就提出了一个经典性的驳论。[①] 在 1836—1837 年的危机以前,图克先生所谓的"通货论"的狂热拥护者认为英格兰银行对物价水准的影响,只是通过它的通货流通量发生的。但到 1837年时却提出了一种新观念,认为银行利率通过它对"投机"的影响也能具有一种独立的影响。图克并没有要否认纸币发行过多与货币不相宜地贬值之间的关系,也没有要否认利率降低刺激各种投资的关系。但休姆主要强调的是贬值的货币刺激棉花、谷物等商品的投机活动的效果。关于这一点,图克用一段话加以驳斥,很值得在这里征引出来:[②]

"毫无疑问,有许多人由于资料不全、根据不充足或对于有利的机会过于乐观而作不慎重的投机。但他们像这样进行投机的动机或诱因,却不论有没有根据,也不论是根据自己的看法还是根据别人的例子得出的,总是他们对物价持有可能上涨的看法。购买以至销售的动机并不单纯是由于借款的便利条件或 3% 与 6% 的贴现率之间的差额而来的。上述的人

---

① 见图克著:《物价史》,1838—1839 年版,第 120 等页。休姆的意见则是 1839年 7 月 8 日在众议院对英格兰银行管理问题所发表的一篇著名演说中提出的。

② 见同书第 153 至 154 页。

除了十分确信预计到物价至少会上涨 10% 以外，很少人会进行投机……但三个月之中贴现率的最大差额不过是 3% 至 6% 之间的差额，对一夸脱小麦说来不过差四便士半。我敢说，这种差额绝不会诱使或阻挡人们进行一次投机购买。但只要有动机的力量存在以后，对于只能以信用购买或必须借钱才能购买的人说来，根据这一动机采取行动的程度无疑会受到借款便利条件大小的影响。"

此外，图克还像往后许多人一样补充说：在实际经验中，商品价格跌落往往并不和利率上涨的现象一起出现，而是和利率下落的现象一起出现。[1]

如果我没有理解错的话，马歇尔认为银行利率对投资的影响是使新增的购买力进入市场的因素，霍特里则把这种影响只限于一种投资，那便是流动物资经纪商的投资。至于维克塞尔的说法，虽然在这儿和那儿同样都有模糊之处需要加以克服，但却更加接近于银行利率影响投资与储蓄之间的关系这一基本概念。我之所以说有模糊之处需要克服，是因为我认为维克塞尔的理论在卡塞尔教授所沿袭的方式下，实际上已经变成了与上述第一种思潮相同的东西。也就是说：银行利率水准决定银行货币量，因之也就决定物价水准。但我认为维克塞尔自己的思想不止这些，只是在他的书中提得很模糊罢了。

维克塞尔认识到了一种"自然利率"的存在，他对这种利率的

---

[1]　根据我的理论说来，这一点的解释自然是银行利率的动态往往代表着人们在追随自然利率动态时所出现的迟缓和不充分的行动。

定义是对物价影响中性，既不会使之上升，也不会使之下降的利率。并且补充一句说，这种利率必然和非货币经济体系下一切都以实物借贷时流行的利率相同。[①] 从这一点就可以推论出，当实际利率低于这一利率时，物价就会有上涨的趋势；反之，如果高于这一利率时，物价就会下跌。[②] 同时，根据这一点还可以推论出，当货币利率保持在自然利率以下时，物价就会继续上涨而没有限制。[③] 这一结果（即物价累积地上涨）并无需货币利率愈来愈多地低于自然利率，只要低于而且保持低于自然利率就够了。

维克塞尔的说法就其原有状况而言是无法加以辩解的。不加发展时，看起来也必然不能令人信服，对于卡塞尔教授说来就是这样。但这些说法却可以十分紧密地根据本书的基本方程式加以解释。如果我们给维克塞尔的自然利率下一个定义，说它是储蓄与投资价值取得平衡（根据本书第 10 章的定义衡量）时的利息率；那么当货币利率保持在一个水准上，使投资价值超过储蓄时，全部产品的物价水准就会上升到生产成本之上。这样又会转过来刺激企业家争相抬高报酬率，使之超过原有水准。当货币的供应使货币利率能保持低于上述定义下的自然利率时，这种上涨的趋势就可以无限制地继续下去。一般说来，这就意味着除非银行货币量不

---

　① 　见《利息与价格》，第 93 页。

　② 　维克塞尔也在上述意义下运用了"真实"利息一词。但上述定义下的"自然"利率却决不可以和费雪的"真实"利息混为一谈。后一种利率是参照货币价值在垫支与偿还贷款时的任何变动作出修正的货币利率。参看哈耶克：《黄金理论与市场景气理论》，第 124—125 页。

　③ 　只是这样会发生维克塞尔所没有说出来的情形，也就是使货币报酬率不断上涨，但却不完全足以消灭利润；这种上涨转过来又需要不断增长的货币量来予以充实。

断增加,货币利率甚至保持略低于自然利率的程度也不行。但这一点并不影响维克塞尔说法在形式上的正确性。卡塞尔教授认为,维克塞尔用这种方式提出说法时,犯了一个极古怪的错误;[①]这种看法的解释是维克塞尔的表达方式很不完整,但这却可能说明维克塞尔在按着本书的路线思维,而卡塞尔则没有;虽然卡塞尔在旁的地方也曾用几乎和维克塞尔相同的词句表达自己的意见说,真实的利率是货币价值不变时的利率。[②]

不论我是否夸大了维克塞尔的思想所达到的深度,[③]他无论如何总是说明利率通过对投资率的作用影响物价水准的第一个著作家。在这儿,投资指的就是投资,而不是投机。关于这一点,维克塞尔说得很清楚。他指出:投资率可能受二毫五这样小的利率变化的影响,而我们却不能认为这会对投机者的心理发生影响;同时他又指出:投资像这样增加就会使实际营运的货物的需求增加,而不会使"投机"的货物的需求增加,唯有这种实际需求的增加才会使物价上涨。[④]

最近在德国和奥地利有一派新思潮在上述概念的影响下发展起来了,可以称为新维克塞尔派。这一派关于银行利率对储蓄与投资的平衡的关系,以及后者对信用循环的意义等方面的理论,和本书的理论相当近似。我特别要提出的是路德维希·米塞斯的

---

① 参看他所著的《社会经济学理论》,英译本,第 479 页。

② 例如同书第 480 页以及《经济学基本思潮》,第 129 页等。

③ 此外还有许多小的提示,不便一一征引。根据这些提示,一个著作家可以感觉得出来另一著作家在心底里所具有的基本概念究竟与自己相同还是不同。根据这一标准来测验时,我感到我所要说的和维克塞尔所要说的根源相同。

④ 见《放款的利息和商品的价格》,第 82—84 页。——原注

《黄金价值的稳定与市场景气政策》(1928 年版)、汉斯·奈塞尔:
《黄金的交换价值》(1928 年版)以及哈耶克:《黄金理论与市场景
气理论》(1929 年版)。[①]

　　(四)此外还有一个第四种因素。有些著作家(如庇古教授)引
用它来支持自己关于银行利率对物价水准的影响的其他解释,这
就是银行利率的心理影响。但银行利率上升引起物价跌落的预期
不能独立地解释银行利率的上升为什么会使物价跌落。因为这种
预期如果事实上没有根据的话,就不能作为单纯的幻觉一年年地
存在下去。实业界的人物即使只是根据银行利率上升会提高生产
成本这一十分说得过去的理由,他们也完全可能采取相反的预期;
那就是说,银行利率上升会使物价上涨。但如果银行利率上升以
后事实上并没有使物价上涨,那么这种预期就不可能持续存在。
纵使这种预期能持续存在,它的实现也不可能持续存在。无论如
何,我认为提出这种解释的人意思不是说银行利率上升的影响可
以追溯到实业界心理错误的根源上去。他们所指的毋宁是:因为
银行利率上升实际上的确会使物价趋于下跌,这事根本与任何预
期无关,所以,实业界便为这一趋势"贴了现",使它在物价水准上
体现时比原来快,而且程度也更极端。因此,结果得到正确的预期
这一点,本身并不是结果为什么会发生的理由,而且也不能帮助我

---

　　① 这些著作家的书直到本书的这些页次正在印刷时才到我手里,如果在我思想
发展的较早时期到手,而我的德文又没有这样差的话,我就会更多地提到这些著作家
的研究工作。在德文里面,我所能理解清楚的只是我已经知道的,所以新概念往往由
于语言方面的困难而使我看不出来。我发现奈塞尔博士对于货币问题的一般态度特
别和我同气相求,我也充满着希望认为他对我的研究工作会有同样的感觉。此外还有
一些其他德国的近代著作家讨论同一问题,他们的著作我只浏览了一下。

们找出这方面的理由。

我希望读者不会认为我在主要只有历史意义的事情上费了太多的时间。但人们对银行利率这一问题的真理的认识，长期以来一直是紊乱和不完全的。所以叙述一下意见的发展史作为建设性的理论的导言，对于这种理论比对发展阶段明确的理论更有价值。

二、银行利率的一般理论

在本节中，把银行利率说成是市场上通行的有效借贷利率最为方便。也就是说，这种利率不必一定是官方公布的中央银行特种三月证券的贴现率，而是市场上任何时期中有效的短期借贷利率复合体。如果官方利率的改变并不能改变市场上的有效利率，我们就称之为"无效"利率。市场上长期借贷的有效利率复合体称之为"债券利率"也是方便的。我们将把银行利率与债券利率复合体称之为"市场利率"。官方银行利率、"有效"贴现率和市场利率之间的关系将在第 37 章中讨论。我们在这儿将假定，银行利率的变动沿着同一方向影响市场利率。

银行利率的复杂情况和细节将占据往下许多章的篇幅。除此以外，其一般理论可以概述如下：

我们已经说过，市场利率的上涨（比方说），除非自然利率同时相应上涨，否则就会破坏投资价值与储蓄之间的平衡，它可以通过刺激储蓄或妨碍投资的方式发生这种作用。

在储蓄方面，利率变化的效果是直接的和原始的，无需特殊解释。只是效果量实际上往往很小，在短期内尤其如此。因此，利率上涨时,除非是储蓄率由于其他原因需要这种上涨来抵消不上涨时的下跌趋势,否则就会有一种直接的趋势,使储蓄率增加。

但它抑制投资的效果还需要稍微多解释一下。投资品和资本品是不相同的(定义请参看上面第 121 页),前者较比全面。但资本品减产迟早会抑制投资。这种商品除非是价格相对于生产成本而言下跌,或现行价格下的需求减少,否则,从各个企业家的观点来看,就没有理由减产。银行利率的上升能以什么方式产生这一现象呢?

资本品的需求价格所依据的是什么呢? 依据两点。第一点是以货币衡量的固定资本净预期收益(根据市场看法估定,斟酌计入他们对预测的不肯定性所作的计算);第二点是使这种预期收益资本化时的利息率。因此,这种商品的价格便可能由于以上的任何一种原因而变动,可以由于预期收益已有变动而变动:也可以由于利率已有变动而变动。我们还可以把这分析深入一步:由于预期收益对目前的讨论来说必须以货币衡量,其变化可能是价格不变时真实收益发生变化所引起的,也可能是真实收益的预期价格(或货币价值)发生变化所引起的。

银行利率的变化并不会对固定资本的预期真实收益发生任何影响(疏远和次级量值的影响可能是例外)。可以想象得到,它将影响真实收入的预期价格;但一般说来,它所能影响的商品,只是预期收益的兑现时期较短,而银行利率的变动本身就构成一个新事实(例如为通货发行当局的政策和意向提出新解释等)的那种商品。但这种可以想象得到的效果目前将略而不论。从另一方面说来,银行利率(尤其是受银行利率影响的债券利率)和资本品价格

所受的第三种影响(也就是使固定资本的未来货币收益资本化以
达到现有货币价值的利率)之间的关联却是直接和明显的。诚然,
除非商品的预期收益的兑现时期极短,而债券利率对银行利率的
变化又很敏感,否则这种关联在数量上说来是不重要的。但实际
情形正好是这样,而程度也比预计的要高得多。比方说,银行利率
上涨 1% ,就会使债券利率从 5% 上涨到 $5\frac{1}{8}\%$ 。这就意味着新的
固定资本价格平均减少 2.5% 。当然,其中有些种类的商品跌落
得比平均水平多,有些则较少,具体情形根据其有用期限与其他条
件而定。这必然会妨碍这类商品的生产,一直到由此而引起的未
来供应降低,使其未来收益的货币价值上涨到足以抵消利率上涨
的效果为止。无论如何,银行利率上涨开始时的后果是使资本品
价格的跌落,因之而使新投资品的价格水准 P' 跌落。此外,我们
如果集中全部注意,看看这类商品的价值由于利率的变化而仅仅
发生 $2.5\%—5\%$ 这样的变化时,就会发现它对新资本品需求的抑
制或吸引作用往往比预计的大。因为投资比消费更能提前或延后
而不致引起严重的不便,至少在作出决定的人心中是如此。因此,
如果银行利率的改变被市场认为是偏离其正常价值,而且很可能
是临时性的变化时,其效果是使借钱投资的人延缓或提前实行投
资计划。因此就使眼前的投资率的变动比借款人相信利率的变化
已趋稳定时的变动大。市场的实际组织也具有同一方向的影响。
因为发行当局一方面为了本身的利益、另一方面为了顾客的利益
将降低其新钞票发行率,以"保护"其不久之前发行、而又没有被永
久投资者在银行利率变动之日完全消化的钞票的价值。也就是

说，如果银行利率最近上升了的话，新借款者就特别难于以接近市场上为现时的贷款所开的价格将其货物押款；如果银行利率刚跌落的话，就特别易于办到这一点。所以市场的行情对于新借款投资的人获得款项的难易说来，并不永远是同样好的指标。因此，银行利率的变化在当前资本市场的实际情况中的作用，对于资本品生产者为其产品以满意的价格找到销路的比率说来是具有决定性影响的，即使银行利率的变化被认为是短期变动也是这样。这种作用在变动预计将长期存在时，便会由于其他更明显的理由而更具有决定意义。

除了固定资本的预期收益估值由于其他理由同时上涨，因而抵消了市场利率（即银行利率与债券利率）的上涨以外，上述情形至少是会出现的。唯有利率的上涨刚好只抵消了市场上对新固定资本的预期收益的乐观估计时，其变化才不会对资本品的产量发生直接影响。

因此，一般说来（即除了银行利率的变化刚好被其他同时发生的变化抵消以外），我们可以预计银行利率上涨的直接和基本效果是使固定资本的价格下跌，因之也就使投资品的价格水准 P' 下跌，并使储蓄增加。在这两种效果中，前者在数量上可能比后者更重要。

它的次级效果是什么呢？固定资本在现存价格下的吸引力降低后，就使资本品的生产者无法以原先那种相对于生产成本而言令人满意的条件出售其产品，因之随着就会使这种商品的产量降低。同时，储蓄的任何增加，就必然意味着收入中用于购买流动消费品的部分减少，因之也就会随之使 P 降低。

只有当利率的上升与其他原因所引起的储蓄率降低相吻合，情形才可能不是这样；也就是说，如果市场利率的变化和自然利率的变化同时发生，情形才不会是这样。因为自然利率是使资本品预期收益的变化和储蓄率变化综合起来之后造成的效果被抵消后的利率。其方式使投资品预期收益的变化和利率的变化结合造成的投资品价格水准变化与储蓄量变化所造成的流动消费品价格水准变化相等，但方向相反；以上每一种物价水准都按各该商品产量比例加权。所以全部产量的物价水准整个说来便保持不变。

因此，自然利率的变化将伴随出现 P 与 P' 暂时平衡被打破的现象，并且方向相反。但利润整个说来将保持为零，一类生产者所获得的增益被另一类生产者所受的损失抵消了。因此就会产生一种直接的和双重的刺激，使产品的性质从一个门类转移到另一个门类。当这一效果实现之后，P 和 P' 就会回到原先的平衡位域上去，而没有扰动平均报酬率的任何原因出现（只是转移过程可能需要暂时破坏两个生产门类的相对报酬）。的确，这一过程基本上类似于需求与供应的相对状况要求生产性质发生某种转移时每天必然发生的情形。其中不会出现任何东西预计将扰动全部的收入或利润。

但如果市场利率的变化不刚好符合于自然利率的变化，那么我们所讨论的银行利率的提高所产生的第三级效果又是什么呢？投资率的降低会使 P 在储蓄增加所引起的任何下跌之外再加上一种下跌。因为投资品生产者可用来购买流动消费品的收入将减少，这是基本方程式的必然结论。

这样一来，P 和 P' 在这一阶段便都会下跌，因之而使所有各类的企业家都受损失,其结果是使他们在现存报酬率下为生产因素提供的就业量减少。这样就预计会发生失业状况。而且在银行利率的上涨被逆转过来,或是碰巧有某种东西改变自然利率、使之重新等于新市场利率以前,失业状况必将继续存在下去。

此外,这种情况继续得愈长时,失业量也就可能愈大。因为起初时企业家会继续根据旧条件提供就业机会,纵使要受损失也会这样做;这在一方面是因为他们和生产因素有长期契约的束缚,不易很快地摆脱;另一方面也因为当他们希望而且相信受损失的时期相当短时,就值得避免关了厂然后又重开的开支。但当时间延长以后,这种动机的作用就会逐渐消失,并停止发生作用。

此外还有一种加重的作用存在:只要有蒙受损失的前景存在时,自然利率就会低于一般水准,因之而增加自然利率与市场利率之间的距离,后者需要降低的程度就可能超过实际所能达到的程度。

最后,在失业日益增加的压力下,报酬率将下降,这一点也许要到最后才会发生。如果我们可以假定(一般是可以这样假定的)银行利率的变动首先是由于本地或国际的货币原因造成的,那么报酬率下降便是整个压力过程发展到最高时的结果。因为这时就会发生两种现象来补救货币状况,因而使银行利率政策最后可以回转过来,其中一种出现较快,但它是临时性的,另一种出现较晚,却较为长久。此外,还有第三种因素也可能有关。

首先,由于失业而发生的产量降低,将减少工业流通的需求。同时,价格的跌落也会使一个国家的对外贸易差额转佳,因之而使它能保持或增加黄金。这些现象发生时很快,对于纯粹的货币状况说来,这种现象一旦发生,就可以真正起到缓和作用,因而,只要这种现象一发生,人们就往往会心满意足地予以欢迎,就好像这是问题的最后解决办法一样。然而如果认为这种现象不止是转变中的一个阶段,那么它的利益显然就会成为画饼。因为作为补救办法而言,它们是靠不住的。如果物价的跌落是由于企业家忍受损失而不是由于生产成本降低,那么继续保持下去就只会使失业递增地扩大。同时,货币供应的压力如果只是由于产量和就业量下降的方便而减轻时,那么货币的平衡就会继续要求周期性的失业无限延长。

因此,只有当我所谓的过程最高阶段达到后,也就是在效能报酬率降低后,真正的平衡才能恢复。

上述的第三个因素,也可以在眼前起缓和作用,当利率的增加是相对于国外利率的增加时,它就发生作用。因为在这种情形下,对外投资支付率就会减少,因之而加强我们的黄金储备地位。但这种现象除非最后随之发生报酬率的变化,否则也不可能恢复真实的平衡。这一点在本章的下节中就可以看到,更详细的情形则请参看第 21 章。

在金融工作的领域中,最害事的混淆概念是人们相信:银行利率不论是使货物亏本出售还是使生产成本降低,只要是使物价水准降低就完成了自己的工作;也就是说,不论它所产生的紧缩是利润紧缩还是收入紧缩都一样。[1]

① 关于这一混乱的典型例证,请参看《通货与英格兰银行钞票发行委员会报告》(1925 年,英王致议会文件第 2393 号),根据这一报告,英国在那一年致力于恢复金本位的战前平价。

这一讨论也许不必要地过于详细而拘于细节,总起来说,情形是这样:

(一)使市场利率脱离自然利率的银行利率变化,对资本品生产者的利润和他们的生产率将发生直接影响。这种影响很可能是重要的,其方式一部分是改变这种商品的需求价格,另一部分则是影响有意于购买这种商品的人推迟或提前进行购买。此外还会在储蓄率受影响的范围内对流动消费品的物价水准直接发生影响,但这种影响不像上一种那样可能具有重要意义。

(二)像这样使 P' 发生的变化会推翻投资与储蓄之间的平衡。这种情形作为一种次级效果而言,会使 P 和 P' 沿同一方向变动(不论是否已经由于储蓄率的变化而产生这种情形都一样),其结果是生产消费品的企业家的利润将和生产资本品的企业家的利润沿同一方向变动。

(三)平均利润率的变化,不论是由于 P' 还是 P 产生的,都会改变企业家在现存报酬率下准备提供的就业量。

(四)这样就会产生一种趋势,使流行的报酬率沿着与 P 以及 P' 相同,但与银行利率相反的方向变化。

三、银行利率的某些特殊方面

以上所说的情况中,还有几点特殊现象发生,在没有往下讨论之前,必须提出来:

(一)上述情况中其他因素所发生的变化,除非是银行利率事先有变化,否则有时就不可避免地要牵涉一些不稳定性。因为投资的增加采取固定资本产量增加的形式时,那么刺激投资以平衡储蓄增长所需的银行利率跌落就必须在储蓄增加之前发生,其时隔取决于生产过程的长短。此外,银行利率的先发变化也必须由实业界正确地理解,否则就会刺激资本品的生产者而不能使消费品的生产者在任何程度内相应地准备好缩减进货,原因是后者没有预见到预计要产生的储蓄率增加适当成熟时,他们货物的需求量会降低。因此,从实际上讲来,发生一些波动是不可避免的。

（二）如果发生了某些变化影响到价格标准,因而需要变化报酬率时,那么现成的办法就只有有意地计划一种银行利率的变化,来刺激储蓄与投资（暂时）失去平衡,以便在这种方式下使企业家受到反常利润的引诱而提高生产因素的货币报酬率;如果要求的是物价水准下降的话,则用反常的损失来减少后者的货币报酬率。也就是说,当我们要造成一种货币购买力的半永久变化时（等于改变生产因素的货币效能报酬率）,那么在现存经济体系中就只能分配给企业家一种反常的利润,刺激他们争购生产因素的劳务,因而提高货币效能报酬率;或是使企业家蒙受反常的损失,因而迫使他们撤消就业机会的供应,以便在失业的压力下最后降低货币效能报酬率。我们产生这种暂时的刺激或抑制的办法,是订立那么一种银行利率,有意使市场利率和自然利率脱离,破坏投资与储蓄之间的平衡。

（三）关于较松的信用条件影响各种企业家的方式,往往有一些混乱概念存在。由于借贷利率降低,会使各种企业家的生产成本降低,所以人们往往认为它会同样刺激所有的企业家增加产量。但在正确预见下,情形就不会是这样。因为在其他条件相等时,生产成本全都降低并不会刺激任何人增加产量。因为消费者的总收入只是生产总成本的另一名称而已,这种收入可以用来购买产品的量,在这种情形下也会刚好按同一程度减少。这时利率也就是一种生产因素的货币报酬率。因此,降低利率绝不会使全体企业家在赢利的情形下销售比以前更多一点的货物。由于企业家并不经常认识到这种推理,所以信用条件较松就的确可能引起错误的预测。但除此以外,较松的信用条件对生产成本的影响并不是刺激所有的生产,而是使之从某种形式的生产变为另一种形式的生产。也就是说,从利率在成本中占较不重要地位的生产转向占较重要地位的生产。这种移转一部分取决于生产过程的长短,甚至跟消费品与资本品的分别并不完全相等。换句话说,在一个封闭体系中,较松的信用对生产成本的影响并没有打算对各种生产率的总体发生刺激作用。利率降低之所以能刺激资本品的生产,不是因为它能降低这种商品的生产成本,而是因为能增加这种商品的需求价格。

（四）新投资所受到的刺激往往是由下跌的银行利率首先影响于不同工业的财务状况,因而使现存投资的价格水准上涨（包括营运资本的价格水准在内,也就是包括批发物价本位在内）。由于这些投资可以再生产,所以新资本品的价格便尤其会发生感应上涨。这一点往下我们还要谈到。

（五）正如我们在上面所提示的,银行利率的变化本身,由于改变了物价的预期行市,因而使自然利率与之作相反变化。比方说,银行利率的下跌如果使人们预期物价有上升的趋势,因而使货币投资的吸引力增加时,就会趋向于使自然利率上升。在开初时,这就是预计银行利率的降低会使投资相对于储蓄而言受到刺激的另外一条理由。这一理由可能要到价格上涨以后稍微过一些时候才发生反应，但货币预期以外的其他原因所引起的自然利率上升却不会这样。

（六）如果我们假定，放款是按照完整的市场原则进行的，那么，明显的事实是，只要借款者的需求表已定，银行利率和债券利率就必然会以一种独一无二的方式决定资本品的生产；因之，一般说来也就能决定投资量。但就银行放款而言，至少英国的放款就不是根据完整的市场原则进行的。往往有一些没有得到满足的边际借款者存在，其人数可以有伸缩，所以银行可以通过缩减或扩大其贷款量来影响投资量，而无需在银行利率水准、借款者需求表或非银行放款量等方面有任何变化。这种现象当其存在时，可能发生极其巨大的实际意义。关于可能导致这种现象的实际条件、它的限度和可能发生的用处，都将在下卷第 37 章中讨论。目前我们假定银行体系完全是通过修改它的放款条件来发生作用的，而不是通过改变它对个别借款者的态度或任何限额贷款的形式来发生作用的。这种假定只是为了叙述简单才这样做。因为一般说法很容易适应于投资率部分由银行体系限额政策以及其放款条件决定的情形。一般说来这种决定的作用是极其次要的。

四、银行利率对于对外平衡的作用

银行利率还有一种作用是保持对外平衡，这种作用甚至是在打破对内平衡的代价下完成的。

　　在第 11 章第 5 节中我们已经看到,对于一个坚持国际金本位(或货币本身的购买力以外的任何客观本位)的中央银行说来,通货管理的问题便不是使 $I=S$ 的问题,而是使 $B=L$ 的问题。这儿的 B 是对外贸易差额的价值,L 则是对外投资收付差额的价值,定义有如第 9 章第 4 节所述。这种中央银行认为,根据其增减黄金储备或使之维持不变的愿望,采取步骤使 B 超过 L、L 超过 B 或使之彼此相等,便是它的业务。但这问题在它看来虽然是使 $B=L$,但其国民经济体系如果不同时使 $I=S$,事实上就不可能维持其平衡。因此,国际体系中的平衡条件是必须同时使

$$I=S \quad 和 \quad B=L.$$

　　但事实上银行认定在 B 与 L 之间取得所需关系的工具是银行利率,正像 $I=S$ 是它的唯一目标时的情形一样。因为人们从经验中发现,银行利率这一工具可以影响黄金流出或流入国家准备的动态;当它上涨时,就会加大 $B-L$ 的得数,反之就会减小这一得数。用来维持 B 与 L 平衡的银行利率变化,最初时预计可以对 I 与 S 之间的平衡发生干扰作用。但我们在下面就可以看到,除了转变的困难以外,始终会有一个银行利率水准在长期中跟 B 与 L 的平衡以及 I 与 S 的平衡都能配合。这一现象的完整理论解释是什么呢? 当我们理解这一点时,关于银行利率在国际金本位的现代世界中作为控制工具的作用方式也就可以掌握其中心内容了。

　　我们将看到,银行利率实现上述作用之所以特别有效,是因为它能产生两种反应,一种是对 B 的反应,另一种是对 L 的反应,两者的方向都是正确的。其中一种发生作用很快,但不持久;另一种

作用较慢,但预计可以逐渐地建立一种新的长期平衡。因此,银行利率便既是一种权宜办法,也是一种根本办法。它一方面可以起临时的兴奋作用,也可以起永久的治疗作用,只要把临时兴奋和永久治疗之间那一段不舒服的时期撇开,情形就是这样。

这一问题的详细理论将放到第 21 章中去谈,但其主要内容可以简述如下:提高银行利率显然就会减少 L,即减少对外投资贷放净额。但对于 B 的增加方面却没有直接的作用。从另一方面说来,正如同贷款利息提高会使外国借款者却步一样,借款进行国内投资的人也会因此而却步。其结果是银行利率提高就会使国内投资量 I_1 减少。如果事先存在平衡状况的话,这样的结果就会使总投资量跌落到本期储蓄以下去,因之物价和利润便会跌落,最后报酬也会跌落;其作用是使 B 增加,因为这样可以使生产的货币成本相对于相应的国外成本而言降低。因此,从两方面说来,B 和 L 都会更加接近,直到彼此在新的平衡位域中重新相等时为止。

因此,需要治理的毛病如果是 L 超过 B 因而使黄金外流的话,银行利率的提高当 B 和 L 不断接近并终于恢复相等时就完成了它的作用。更恰当地说,实际上高额银行利率将很快地使 L 降低,甚至降到低于 B 的程度。然而让它在没有充分时间使 B 增加以前就回落是不妥当的。B 上涨后,才可以不用这样高的银行利率而使 B 和 L 大致相等。如果原来使 B 与 L 之间不平衡的理由是物价水准的变化而不是国外利率的变化,那么银行利率纵使不比原来的高(不比叙述开始时的高),实质上也已经是被提高了。

在新的平衡水准上,我们又会得到 $P = \dfrac{M_1 V_1}{O}$ 和 $I = S$ 的关系。

但我们也会得到 $B=L$ 的关系。因为 B 沿着和 P 相反的方向变动，P 的方向则和 $L-B$ 相反，而 L 的变动方向则和银行利率的变化方向相反；因此，银行利率的每一个值都有一个 P 值使 $B=L$。同时，由于 S 和银行利率沿同一方向变化，I 则沿相反方向变化，所以就永远会有一个银行利率值使 $I=S$。这样说来，银行利率和 P 就永远有一对值使 $I=S,B=L$。

比方说，我们不妨设想有一个自变的国际金本位体系，这个体系中的货币量只由中央银行的黄金量决定，银行利率则在借款者为了取得中央银行黄金量所能提供的可用银行货币而发生的自由竞争来确定利率水平，假定没有经济摩擦和时滞，同时货币报酬率也可以自由地相应于企业家取得生产因素的劳务的竞争而变动（后一点特别重要），那么，根据以上的叙述来看，在这种情形下就会有黄金流入，其量刚好足以在国内确立一种物价水准和银行利率，以致相对于国外物价水准和银行利率来说，能同时保持 $S=I$ 和 $L=B$。

五、银行利率和货币量的关系

在一个没有贷款配给制的自由贷款市场中，一定的银行利率水准和所有其他相关因素结合起来，如果发生作用的话，就一定会和给定量的银行货币具有单一相关联系。也就是说，银行利率每一次的具体变动，除非是被其他因素同时发生的变动所抵消，就必然会和银行货币量的某种变化相关联。

但银行利率的变化对于流动消费品或全部产品的物价水准以

及银行货币量的有关变化的影响却没有单纯或始终不变的关系存在。银行货币量和产品量、报酬率、利润率、各种存款的流通速度以及金融流通的要求等都必须保持适当的关系。银行利率的变化在起始或往后的时期中,都必然会对这一切发生影响,并通过它们对物价水准发生影响。但它既不会在某一个时候以相同的比例对前述的所有因素都发生影响,也不会在不同的变化阶段以相同的比例对其中任一因素发生影响。因此,如果说银行利率的变化由于和银行货币量的变化相关联,所以就能改变物价,那是不正确的。如果这种说法还暗示着物价水准将多少和银行货币量的变化取同一比例变化,情形就尤其是这样。

我们特别要指出的是以下各点:(一)我们已经看到,由于报酬率增长而引起的物价上涨比利润上升所引起的相等上涨需要更大量的银行货币来维持。这样说来,利润的上升既然会逐步地转变为报酬的上升(情形将在第四篇中详加讨论),所以需要的货币量就会愈来愈大。这就可以部分地解释某些类型的货币量变动的周期性;因为足以支持基本方程式第二项所造成的物价上涨的货币量,并不足以支持第一项所造成的等量上涨。其结果是:当第一项加大时,由于没有充分的货币来"提供价款",所以就不可避免地要对物价发生反应。

(二)如果自然利率有变化,那么和原来相同的银行利率要能有效的话,就必须配合货币量的变化。因此,严格地说来,需要配合货币量变化的并不是银行利率变化本身,而是市场利率相对于自然利率的变化。

(三)如果市场利率相对于自然利率的变化是由于储蓄量的变

化所引起的,那就不一定会伴随着发生产品量或产品性质的任何变化,而只会随之使产品的现存性质一直继续到它不适于已改变的储蓄量时为止。在这种情形下,所需的货币量变化便可能很小。但如果像更常见的情形一样,市场利率脱离自然利率的变化和产品量与就业量的变化相关联,那么所需的货币量变化就要大得多。大致说来,货币量的变化必须和总生产成本的变化成比例。

(四)银行利率的变化本身由于改变了保持余额所需付出的代价,所以就能改变流通速度。代价改变达到多大程度,银行利率的降低就使流通速度减少到多大程度。从另一方面说来,我们在下卷第 26 章将看到,营业兴旺程度增加也可能使流通速度增加。因此,银行利率降低和营业呆滞相继出现时,就会减慢流通速度,但利率降低是与营业兴旺相继出现时,则会在两抵后使流通速度加快。

(五)银行利率的变化对金融状况的反应将影响金融流通量,其方向可以和它对工业流通量的影响相同,也可以相反。[①]

银行利率将以两种方式影响金融流通。第一种方式是:当储蓄存款的利率像英国的情形一样大部分被银行利率控制时(在许多情形下都是规定得和银行利率具有一定关系),前者的量有时就趋向于随着后者的水准而涨落。但更重要的是银行利率对第十五章中所谓的"空头"状况的影响。在那儿我们将看到,投资繁荣的早期往往和金融流通的货币需求量降低相继出现,但晚期却又与需求量增长相继出现。

---

①　关于金融流通与工业流通的区别,请参看本书第 15 章。

（六）如果国内投资繁荣与自然利率急剧上升相继出现时，市场利率将落后于自然利率，但却同时都有绝对增长。这种市场利率的绝对增长如果相对于国外市场利率而言是一种上涨时，它起初对于对外投资支付差额量 L 的影响将比投资繁荣对于对外贸易差额量 B 的影响更为显著。其结果是黄金将流入该国，因而就使国内物价由于市场利率赶不上自然利率而发生的上涨获得了滋养。

因此，看来第一种情况对货币的需求开初是小的，第一和第三种情况所需求的货币总量有时可以由第四种情况的真实流通速度的变化、第五种情况的金融流通需求量减少或第六种情况的黄金进口而部分或全部得到满足，起初时尤其如此。

这样说来，货币流通的总需求量跟物价水准的关系绝不是稳定不变的，跟银行利率水准以及其对投资率的影响的关系也不是稳定不变的。所以我们试图追溯因果关系或转变阶段时，如果十分强调货币总量的变化，便会受到贻误。

我们强调，银行利率的变化所影响的是相对于自然利率的市场利率水准，而不是货币量的变化，基本理由是这样：如果货币总量和银行利率的有效水准的关联变化已定，那么从动的方面来看问题，货币购买力的最后改变便是通过后者发生的。事情的顺序不是因为必须改变货币量才能使新银行利率有效，所以银行利率的变化就影响了物价水准。事实上顺序正好倒过来了，货币量的变化首先影响了物价水准；因为在其他条件相等时，这就意味着有一种银行利率可以使市场利率相对于自然利率发生变化。唯有通过像这样建立的复杂运动，最后才能达到物价水准符合于新货币量的新的平衡位域。

　　如果我们从平衡位域出发，那么只要效能报酬稳定，物价水准继续稳定的条件便是货币总量的变化方式必须使银行按照市场利率借出的相应贷款量发生一种效果，以便让新投资的价值和本期储蓄保持相等。

第十四章　基本方程式的其他形式

第 10 章中的基本方程式本身只是一些恒等式。因之，在本质上并不比以往提出的其他有关货币因素的恒等式好。的确，这些恒等式有一个缺点是其中的要素在我们的现有知识状况下，并不是最容易作统计测定的要素。不过，它们却有两个主要的优点：

第一个优点已经强调过了。也就是说，它们能导引出我们一般所要求的真正答案——货币购买力和全部产品的物价水准。但其他方程式所导引出的却是各种组合的物价水准，本身并没有多大意义，这一点往下就可以看到。如果企图从这些物价水准出发推论货币购买力的话，那么我们所遇到的统计困难便至少和我们自己的方程式一样大。因此，当我们从数量方面来研究货币问题时，在第十章的方程式中显现出来的统计困难，实际上在一切可能采用的方程式中都是潜存着的。其他方法在统计方面的优点实际上只有当我们满足于并非自己所需要的物价水准时才存在。

但新的基本方程式的主要优点是质的观察方面的优点。当我们所考虑的是什么样的货币与企业活动会产生什么样的后果时，我认为这种方程式作为分析工具而言比以前的方程式都更有效。正像我们在讨论银行利率的作用方式时所见到的一样，读者将发现，当我们进入讨论的较后阶段，试图分析信用循环等当代的实际货币问题时,就不得不在一切情形下都放弃其他方法。因为我们发现它们在处理至关重要的要素时,是完全无能为力的。因之,当读者在本书的各章中习惯了新工具的用法后,我就必须让大家自行判断,新工具是不是比老工具更锋利。目前,将旧方法和新方法的关系概述一下是有用处的。

一、"真实余额"数量方程式

这类方程式中最初的一个是我在《货币改革论》中所用的一个,后来形式发展得更为精确了。它的出发点是这样一个概念,即货币持有者所需要的是一定量的真实余额,这余额和用它来进行的真实交易量具有一个适当的关系。因此,如果这一适当的关系保持不变,他所需要的现金余额量将等于上述"适当关系"所决定的真实余额量乘以一种物价水准;这种物价水准就是储备这种现金余额来进行的各种真实交易过程所能适用的物价水准。

我在《货币改革论》第 3 章第 1 节中,曾用我所谓的"消费单位"来衡量真实余额。这种单位是"由公众标准消费品或其他支付对象的特定量结合构成的"。我分别用 K 和 K' 来代表公众所要求的现金消费单位和银行存款消费单位。我在那儿指出:"K 和 K' 的量一部分决定于社会的财富,一部分决定于社会的习惯",并指出:"社会的习惯决定于它对于手头具有更多现金时所得到的额外便利以及花费现金或将现金用来投资时所得到的便利的相对优劣怎样估价。"最后,我提出了基本方程式

$$n = p(K + rK'),$$

这儿的 n 是现金总量，r 是银行现金准备和存款的比例，p 是一个消费单位的价格。

这种研究法有一个大缺点是它提示，与它的各论点有关的单位严格说来是消费单位，p 既然是消费单位的价格，所以就代表着我们所要求得的结果——货币购买力。这隐示着现金存款除了用于本期消费的支出以外，就没有其他用途。但事实上正如我们在上面所看到的一样，储存这种存款是为了企业和私人的千万种用途。因此，我们的真实余额单位必须符合于现金余额用途的多样性，p 所衡量的物价水准必须符合于这种目的的复杂性。总之，p 所衡量的不是货币的购买力，而是上面第六章中所界说的现金差额本位。

它的第二个缺点在于提示，K' 发生变化的可能原因只限于正式的公众习惯变化。从形式看来，这种说法并非不正确，但当它企图包括（比方说）银行利率或整个企业状况的变化在储蓄存款、营业存款和收入存款等三项所代表的全部存款中所造成的比例变化时，就会让人发生误解。总之，我原先是把只适用于收入存款的概念应用在全部现金存款上了。

但这一说法可以用另一种形式叙述，以便在形式方面不遭到这些反对。我们可以说明，它所导引出的物价水准（P_1）为各种不同支付对象加权时，所根据的不是它们对于消费者的相对重要性，而是根据它们所需要预存的真实余额的比例。用最简单的方式来说，我们的基本方程式便可以表述如下：

命 M ＝现金余额的总量，

C ＝相应的真实余额量，

那么 $P_1 = \dfrac{M}{C}$.

这一方程式对于量方面的目的说来，显然很少用处。但从质方面说来，却鲜明地说明了一个重要问题，也就是银行家和存款者的决定对物价的确定分别起的作用。这一点可以包含在下述命题之中：

现金余额量取决于银行家所作的决定，而且是由他们"造成"的。真实余额量取决于存款者的决定，而且是由他们"造成"的。物价水准（P_1）是两套决定合成的结果，并且等于所造成的现金余额量与真实余额量之比。没有人能直接"决定"物价水准将成为什么样子，一切有关决定都是对于现金余额量和真实余额量的决定。每当个人决定在现存物价水准下是否要购买、销售或不作任何购销时，实际上就是决定他是不是要增加、减少或维持其真实余额不变。

因此，这种研究法便使我们得到了一个线索，说明物价形成过程的因果关系以什么方式和人们的决定相关联。这一系列想法还值得稍微进一步地加以研究。因为它说明了全体存款者一方和全体银行家一方所作的两套分立的决定以什么方式取得协调。

正常的状况是购买力与货物的互相交换之流持续存在。这种交换之流暂时使某些方面的现金余额与真实余额全都增加，并使另一些方面余额的减少，而总余额则接近不变。在所需真实余额量跟未清付现金余额量以及物价水准保持平衡时，正常的购买与销售之流便不会改变现金余额与真实余额的相对总量，也不会改变物价水准。但个人希望减少其真实余额（也就是在现存物价水准下减少其现金余额）的压力在任何时候如果超过希望增加真实余额（在现存物价水准下增加其现金余额）的压力，那么购买者在现存物价水准下超过销售者的急切心情就会产生一种趋势，使物价水准上涨。这种上涨一直要继续到双方的急切心情重新获得平衡时才会停止。物价变化的因果过程所采取的形式是现存物价水准下的需求增长，而新增的购买压力所对向的商品则价格上升。

但这仅只是现金余额跟真实余额以及物价水准最终恢复平衡的过程中的第一步。首先受到影响的商品的价格上升，本身由于使全部物价水准上升，就将在一定程度内使得与给定现金余额量相等的真实余额量减少。因此，刚刚售出货物的人所持有的现金余额增量虽然会等于购买者的现金余额减量，但这时全部存款者所持有的真实余额仍然会比以前减少。然而首先受影响的商品的价格增值，除了刚刚出清余额以交换货物的存款者以外，不可能足够抵消其余存款者（包括刚刚出售货物造成余额的人）的真实余额的任何增长。因为决定减少真实余额的存款者用来购买某种商品的现金量与全部现金量的比例如果等于 r，该商品的权数按现金余额本位计算是 q，因之而使其价格按 p 的比例上涨，那么 pq 便不大可能有 r 那么大。

这样说来，除开出现了什么情形使最近售销商品的人对于所需的真实余额量的现金有了改变，否则他们便会发现不仅是自己的现金余额增加了，而且真实余额也增加了，因之自己也就成了新增的购买者。这样就会在高于以往的物价水准之上对一般商品出现一系列无穷尽的新增的购买力，使商品一种接着一种地受到影响，直到以一种方式建立的更高的新物价水准造成平衡时为止；在这种物价水准下,真实余额的总量所减少的数量会刚好等于原来的存款者变成购买者以后决定减少的真实余额量。这种情形在适当的时候必然会出现。除非是有一个在过程中获得新增加的购买力的人决定趁此机会增加其适于储存在银行里的购买力,在这种情形下,循环就破坏了,同时也就没有一种趋势使物价水准维持比以前高任何一点的数字,物价上涨的波动也就不过是一时存在而已。

因此,我们便得到了以下的命题:

当一个人作出一个决定其内容意味着他的真实余额贮量减少时,就会引起物价上涨;除非是在现存物价水准下有其他人作出相反意义的决定,或银行家决定相应减少现金贮量,使之被抵消。但如果这一个人的决定并不影响到其他个人或银行家的决定,那么物价水准最后上涨的比例就会刚好等于他的真实余额贮量减少部分对其余真实余额贮量的比例。[①]

应当顺便提出的是,当某些个人采取步骤减少其真实余额时,这一行为必然会损害其他真实余额的所有者;后者发现,除非现金量同时减少,否则他们的现金余额就会因前者出清余额的行为而贬值。同样的道理,如果真实余额增加时,除非现金量同时增加,否则原有的存款者的财富就会增加到余额增量那样多。因此,真

---

① 这一命题的第二部分是这样:命 r 为真实余额贮量,m 是现金余额贮量(假定是恒常的),p 是物价水准,dp 是存款者减少其真实余额贮量 dr 时物价水准上涨的量,那么 $rp = m = (r - dr)(p + dp)$

所以

$$\frac{dp}{p} = \frac{dr}{r - dr}$$

让我再一次指出,这一方程式中的物价水准是现金差额本位。

实余额量的任何变化,如果没有被现金量相应变化所抵消时,就会牵涉到带武断性的财富再分配。与全部存款者的增益或损失相应的损失或增益,当然不会累积到采取步骤增加或减少其真实余额、因而造成扰动的存款者项下去,而会累积到完全另一部分人项下去,也就是累积到从银行或其他方面借得货币的人项下去。

当全体存款者都采取步骤减少其真实余额量时,他们的行为就只能采取在现存物价水准下增加其需求的形式,这样就必然会产生一种物价水准上涨的趋势。因此,物价水准(即现金差额本位)便是一种平衡因素,使存款者综合决定所造成的现金余额量和银行家综合决定所造成的货币余额量取得适当关系。货币数量说往往偏于从一方面出发,以致使人认为物价水准完全只决定于银行家所造成的货币余额量。然而物价水准也可以受存款者变化他们所保持的真实余额量的决定的影响,其影响程度正和它受银行家变化他们所造成的货币余额量的决定的影响一样。

只要我们记得,这些命题所说明的物价水准和货币购买力不是同一种东西,关于产量等方面所发生的情形的说法是根据许多假定提出的,同时,有关的真实数额又是许多用途不同的余额的总合体,那么上面的分析就可能有助于我们对货币体系的理解。因为它说明了物价形成过程的主要方面,这是银行家供应的现金量向一方面发生作用、公众所愿保持的真实余额量向另一方面发生作用的一种跷板式过程。

原先我也受到这种研究法的吸引。但现在我认为把可能发生的收入、企业和金融等各种不同的交往过程混在一起,只能引起混乱。同时，如果不把利率加进来，并把收入与利润、储蓄与投资分别开来，那么我们对于物价形成过程便也不可能得到任何真正的领悟。

二、"剑桥"数量方程式

以上所讨论的"真实余额"方程式是从一种研究法中变出来的，在剑桥听过马歇尔与庇古教授讲课的人早就熟悉这种方法了。由于这种方法近来在其他的地方不常运用，所以我就称之为"剑桥"数量方程式。但这方法的渊源却远不止于此（参看第 211 页注），最初是从配第、洛克、康替龙和亚当·斯密等人那里传来的。马歇尔博士有一段话把它的中心内容作了最好的总结：

"在每一种社会状态中，人们总是发现有一部分收入值得以通货的方式加以保存，其数量可能占 1/5、1/10 或 1/20。以通货形式支配大量资源可以使他们的营业进行顺利，而且使他们在议价时处于有利地位。但从另一方面说来，这样却用一种无利可生的方式把资财封锁起来了，这种资财要是投资添制家具的话，便可以得到满足欲望的益处，如果投资添购机器或牲畜的话，就可以得到货币收入。"一个人在"权衡过增加现成支配权的好处和增加不能产生直接收入或其他利益的资财的坏处之后，"就可以确定出适当的分量。"我们不妨假定，一个国家的一般居民（因之便包括各种性质和各种职业的人）发现自己值得保持的现成购买力，平均刚好是年收入的 1/10，再加上财产的 1/50。于是该国通货的总价值便会等于这两个量的和。"①

庇古教授用数量方程的方式把这一理论表达出来了：②

"在日常生活中，人们偿还按法偿条件议订的债务时，不断需要作出支付。大多数人也有一系列同样到期的债权可以索取。但任何时候到期的债务与债权很少正好彼此抵消，其差额必须移转法偿支配权予以偿付。因此，每个人都急于要以法偿支配权的形式保持足够的资财，以便能毫无困难地进行生活中的一般交往过程，同时也可以应付不时之需。为了这两个目的，人们一般都愿意以法偿支配权的形式保持一定量小麦的总价值。③ 这样就在任何时候都构成一个法偿支配权的确定需求表。命 R 为一个社会所享受并以小麦表示的全部资财，④k 是这些资财以法偿支配权形式保持的比例，M

---

① 见《货币、信用与商业》，第 1 卷，第 4 章，第 3 节。马歇尔博士在一个注解中以下列的话说明上面的叙述实际上是传统研究法的发展。他说："配第认为'对于我国说来，货币量要能支付英格兰全部土地半年的地租、一个季度的房租、全体人民一个星期的开支以及全部出口商品价值的 1/4 左右才算数。'据洛克估计：'工资的 1/50、地主阶级收入的 1/4 和经纪人每年报酬的 1/20 用现成的货币量支付时，就足以推动任何国家的商业。'康替龙（公元 1755 年）经过一段长期和细致的研究后作出结论说：所需的价值是一国全部产品的 1/9，他认为这就等于土地地租的 1/3。亚当·斯密具有更多的现代怀疑主义精神，他说：'许多著作家虽然计算出应为年产量总值的 1/5、1/10、1/20 或 1/30，但这比例是无法确定的，'"在现代条件下，收入存款和国民收入的正常比例似乎是在 1/10 到 1/15 之间，全部存款的比例则在一半左右。

② 见《经济学季刊》，1917 年 11 月，第 32 卷。下面的引文已加删节，但删节处未予标明。

③ 庇古教授解释说，在这一问题上选择小麦而不选择其他商品并没有什么特殊意义。

④ 上下文隐示"资财"所指的是一个时期中的收入。

是法偿的单位数，P 是单位支配权以小麦表示时的价值或价格，那么刚才所说的需求表便可以用 $P = kR/M$ 这一方程式来表示。"

接着庇古教授又把这一方程式加以扩大，把一部分用法偿支配权形式、一部分用银行存款的形式保持现金的情形也包括在内：

$$P = \frac{kR}{M}\{c + h(1 - c)\}$$

这儿的 c 是公众以法偿形式保存的现金比例，h 是法偿和银行家所保持的存款的比例。

显然，这一方程式在形式上是正确的。问题是它有没有清楚地将重要的变数说明出来。在我看来，这一方程式将受到以下几点批评，其中有几点也可以应用到我在《货币改革论》中所提出的数量方程式上去：

（一）引入社会本期收入 R 这一因素之后，就是在提示，这方面的变化是直接影响现金资财需求量的两三个重要因素之一。对于收入存款说来，我认为这是正确的。但如果我们所研究的不仅仅是收入存款而是全部存款，R 的意义就大大地缩小了。的确，剑桥数量方程式的主要不利之处在于它把主要只和收入存款有关的条件应用到全部存款上去。在研究问题的时候就好像某些能支配收入存款的条件也能支配全部存款那样。我在第十章末提出的公式，目的是要把收入存款分离出来，把"剑桥"法单单用在这上面，以便保持其主要优点。

（二）银行存款对社会收入的比例 k 所获得的突出地位推广到

收入存款以外去时是让人发生误解的。这一方法所强调的是被持有的真实余额量取决于以现金方式持有资财和以其他方式持有资财的相对优劣如何，因此 k 的变化便可以归之于这种相对优劣的变化；这种说法是有用的和富于启发性的。但这儿的"资财"却不应像庇古教授那样，解释成与本期的收入相同。

（三）庇古教授以小麦衡量真实余额，是回避了我们的基本方程式所要引导出的那一种物价水准的问题，而没有加以解决。任何数量方程式的目标都不是求得小麦的价格，而是求得某种意义下的货币购买力。但他的方程式要不是没有在这方面作出贡献，便是作出贡献时隐含着一点，即相对价格是不可变的，各种价格都是用小麦确定的，因之所有的价格水准也便都是由小麦确定的。但这一点却远非事实。

（四）上面区别为储蓄存款、营业存款和收入存款等目的不同的存款，其比例变化所引起的扰动完全被这一方程式弄得糊涂了，其实这是最重要的波动之一。此外，分析储蓄率与投资率的差额所引起的物价水准扰动时，这一方程式也不好用。

三、"费雪"数量方程式

自从欧文·费雪教授在 1911 年发表了《货币购买力》一书之后，其中所包含的著名方程式 $PT=MV$ 便在全世界范围内排斥了其他种类的公式。这一公式在促进货币理论的发展方面起了很大的作用。如果我们发现自己的分析所要求的情形已经渐次超过了这一公式，也绝不能认为我们这些自来就运用这一公式的人对费雪教授的天才不表示感激[①]。

这一公式的出发点不是收入相对于消费品的流动,也不是真实差额或以现金方式保持的资财的比例,而是现金交易总量,用费雪教授的话来说便是"支出"。如果 B 是某一时期中的现金交易总量,M 是外存的现金量,V 是该时期内一单位现金在交易过程中被运用的次数(即流通速度),那么根据定义说来,$B = M \times V$.

但我们可以用一种不同的方式来分析 B。每一个交易过程都是由一定量进行交易的货物、劳务和证券乘以交易项目的价格构成的。也就是说,$B = \Sigma pr \times qr$,这儿的 q 是进行交易的任何东西的量,p 则是进行交易的价格。让我把基准年中具有一单位价值的量作为我们的单位,于是就可以得到:

$$B = \Sigma prqr = P_2 \times T$$

这儿的 $P_2 = \Sigma \left(Pr \times \dfrac{prqr}{\Sigma prqr} \right)$ 和 $T = \Sigma \left(qr \times \dfrac{pr}{P_2} \right)$. 用另一种方式来

---

　①　费雪教授的《货币购买力》一书是献给西蒙·纽科姆的。$PT = MV$ 这一公式就是通过凯默勒教授最后从纽科姆那里得来的。纽科姆不是一个职业的经济学家,而是一个数学家(美国海军大学和约翰斯·霍普金斯大学的数学教授)。他的《政治经济学原理》一书于 1886 年发表。这书是那些没有由于读正统东西太多而囿于成见的新进科学头脑在经济学这类不完整的学科中不时地写出的独创性著作之一。直到今天,这部书还值得仔细念念。他的基本方程式是 $V \times R = K \times P$,他称之为"社会流通方程式"(见该书第 328 页)。这儿的 V 是流通量,R 是流通速度(通货总量的流通速度,包括现金与银行货币在内;他认为这两者有不同的速度 R' 和 R'',相当于费雪的 V 和 V'),P 是物价水准,K 是"我们用来作为单位的价格尺度所衡量出的工业流通。"纽科姆所谓的"工业流通"指的是转手交换货币的商品量与劳务量。他把"放款货币或银行存款等移转"都没有计入"工业流通",可能也没有计入"流通速度","因为这些都没有相反的财富或劳务移转来平衡"。整个这一套说法推论得非常细致,可能比费雪教授所说明的更细致。

解释，P_2 便是进行贸易的项目的价格水准，各种交易项目的价格按其货币交易量的比例加权。这就是说，P_2 等于第六章中所界说的现金交易本位。T 是进行交易的单位总量（所谓单位则是基准年中值一单位货币的任何东西的量）按其相对价格的比例加权的结果，也就是按它和该年以 P_2 表示的价格的比例加权的结果。这样说来，T 便等于费雪教授所谓的交易量。因此，这一方程式的标准形式便是：

$$P_2 \times T = M \times V. \quad ①$$

这一公式的一大优点是其中的一边，也就是 $M \times V$ 这一边，比大多数公式都更与实际可用的银行统计资料相符合。因此，对于数量研究说来，用这一公式便比其他公式能得到更多的进展。$M \times V$ 或多或少地相当于银行票据交换量 ②，M 则相当于存款量；这两者的数字都可以取得，所以 V 的值便可以推论出来。

但从另一方面说来，它的弱点却在另外一边，也就是 $P_2 \times T$ 这一边。因为 P_2 或 T 所代表的量本身都不大可能使我们发生兴趣。P_2 不是货币购买力，T 也不是产品量。费雪教授的确并没有忘记这些缺点，但我认为他也没有作出应有的估计。他估定这两

---

① 如果我们愿意将流通中的现金量 M 和银行存款量 M' 区分开来，并以 V 和 V' 分别说明其流通速度，那就可以得到下一公式：

$$P_2 \times T = M \times V + M' \times V'.$$

② 银行票据交换一词要看它究竟是包括银行内部的交换，抑或只包括不同银行通过票据交换所的交换才能决定，意义略有含糊之处。对这一说法来讲，银行票据交换必须取广义解释。虽然现在英国清算银行同意从 1930 年 1 月起发表其总债务量与清算量，但英国的统计资料以往一直只是关于狭义解释的资料。在美国，近年来关于两种意义下的清算量都有统计资料可得，所以就采用了分立的名词。银行清算一词只用于狭义，银行债务则用于广义。

个值的近似法也不能令人信服。比方说,他企图把批发物价本位、工资本位和四十种存货的指数结合起来求得 P_2,对第一项的加权是 30,第二项是 1,第三项是 3。这当然代表着一种先驱者的工作。现在我们已经可以计算出更精确的 P_2 来,斯奈德先生已经努力这样做了。但当 P_2 计算得愈精确时,我们就愈清楚地看出现金交易本位是怎样一种混杂的本位,作为货币购买力的指标是多么不可靠。

费雪方程式还有一个遭到反对的地方是没有明确地计入现金存款和储蓄存款的区别,也没有计入透支周转账款的运用,应用在英国银行统计方面时尤其如此。它似乎隐含着这些因素的变动可以根据流通速度的变化斟酌计算。但从质的分析的观点看来,它却没有让我们走上正确的道路,发现那一类的条件将使流通速度改变。不过必须补充指出的是,这一反对意见对美国银行统计较不适用。因为美国统计资料对于定期存款和活期存款作了区别(费雪教授的 M 中只包括了活期存款),大致上相当于储蓄存款与活期存款的区别,而透支账款在美国用作节省现金存量的办法时所起作用较小。

无论如何这一缺点是不难补救的,而且也值得以下述方式加以补救:

(1) 命 w = 活期存款对全部存款的比例。

　　所以 Mw = 活期存款量。

　　同时 $M(1-w)$ = 储蓄存款量。

(2) 命 w' = 未用透支周转账款对现金存款的比例。

　　所以 Mww' = 未用透支周转账款,

同时 $Mw(1+w')=$ 现金账款的总量。

(3) 命 $V=$ 现金存款的流通速度,即货币支付总量对现金存款总量的比例,并命 $V'=$ 现金账款的流通速度。

所以 $B=MVw=MV'w(1+w')$,这儿的 B 是现金交易的总周转量。

于是可得:

$$P_2T=B=MVw=MV'w(1+w')$$

或

$$P_2=\frac{MV}{T}w=\frac{MV'}{T}w(1+w').$$

这一方程式正像费雪的方程式那样,不过是"全部现金款项乘以流通速度等于银行交换量"这一叙述的扩充而已。

没有透支周转账款和储蓄存款的地方,也就是 $w=1$ 和 $w'=0$ 的地方,方程式(ii)就变成了 $P_2=\frac{MV}{T}$ 这种形式,这和费雪方程式是相同的。

在没有存款而只有透支的地方,也就是 $M=0$ 的地方,上述方程式就变成了 $P_2=\frac{M'V'}{T}$ 的形式,这儿的 M' 是未用透支款项。

四、"剑桥"方程式与"费雪"方程式之间的关系

在第 6 章中我们已经看到,不同的交易项目在所造成的支票交易量和所需保持的余额量方面,相对重要性并不必然是相同的。也就是说,我们名之为 P_1 的现金差额物价水准和我们名之为 P_2

的现金交易物价水准不相同。当我们想起下一情形时，这一点便是很清楚的了，即：某些类型的支票交易的量和日期可以比其他种类作更精确的预测或准备，因此，这两类的支票交易数量虽相等，其中一种所造成的现金差额预存量（以时间乘数量而得）却比另一种大。此外，相应于前一种指数的物价行情和后一种不同，因为一般说来，对于随时清付的支票的票面价值发生影响的物价行情，其相关日期比对于所需储存的现金差额量发生影响的物价行情早。这一点在物价发生变化时特别重要。因此，当物价下跌时，P_1 对 P_2 的比例就会降低。但在稳定的情形下，这一比例却多少是一个稳定的数目。

我们已经看到，"剑桥"型的数量方程式引导出现金差额物价水准，而"费雪"型的数量方程式则引导出现金交易物价水准。因此，两类方程式之间的关系便和两种物价水准之间的关系相同。

我们不妨将这关系写成 $P_1 = P_2 \times f$，故得

$$P_1 = \frac{M}{C} = P_2 \times f = \frac{MV}{T} \times w \times f.$$

这样说来，如果我们对物价水准下定义时比照所需货币量而不像费雪教授那样比照货币周转量或现金交易量，那就必须把代表 P_1 与 P_2 的比例的 f 这一因素加入到"费雪"方程式的最后结果中去。这一因素切不可忽视，否则我们就不会计算到这样一个事实，即 P_2 与当时流行的一套物价无关，而只与现在完成的交易当交易开始时的一套物价有关。由于原先所保持的现金差额量预计的时间比现在的支票交易更远，所以当物价上涨的时候（也就是当 f 大于其正常值的时候），流通速度就会小于其正常值。

然而 P_1 本身(即决定现金差额需求量的物价水准)所关涉的日期一般说来也早于现在的日期,因为当时和不久之后的现金交易量对它的影响大;而时间过得更久之后,当新交易所根据的现行物价行情以现金支付时,其现金交易量对它的影响较小。由于这一原因,在物价迅速上涨时期,一定量的货币所能维持的物价水准便比 P_1 和 P_2 完全克服时滞(P_2 的时滞比 P_1 大)并恢复其与现行物价的正常关系后所能维持的物价水准高。

五、"费雪"方程式与第十章的基本方程式之间的关系

根据第十章的符号说来,由于

$$P = \frac{M}{O} \times \frac{wV_1(V_2 - V)}{V_2 - V_1} + \frac{I' - S}{R} ,$$

同时由于

$$P_2 T = MVw ,$$

故得

$$P = P_2 \times \frac{T}{O} \times \frac{V_1(V_2 - V)}{V(V_2 - V_1)} + \frac{I' - S}{R} .$$

我不知道这一方程式是否有很大的价值。但它说明了要加入什么样的变数才能使 P 和 P_2 取得固定的关系,所以是很有意义的。

第 四 篇

物价水准的动力学

第十五章　工业流通与金融流通

一、工业与金融的区别与定义

现在我们必须专心致志地来分析使货币价值及其作用方式发生变化的因素。

为了这一目的,我们必须进一步对货币现象作出分类,在某种程度内对第 3 章所作的将货币总量分为收入存款、营业存款和储蓄存款的分法再划分一下。也就是说,必须将用于工业的存款和用于金融的存款划分开来。将前者称之为工业流通,将后者称之为金融流通。

所谓工业就是维持本期生产、分配和交换的正常过程,并在生产过程开始至消费者最后获得满足的过程中为生产因素所完成的各种工作支付其所得的企业。从另一方面说来,所谓金融则是持有并交换财富现存所有权(不同于工业专业化所引起的交换)的企业,其中包括证券交易所和金融市场的交易、投机活动以及将本期储蓄与利润送交企业家的过程等。

这两部门企业各自运用了货币总贮量中的某一部分。大致说来,工业需要运用收入存款和一部分营业存款,后一部分我们将称

之为营业存款 A ；至于金融则需要运用储蓄存款和营业存款的其余部分，后一部分我们将称之为营业存款 B 。因此，前二者的和就构成了工业循环，后二者的和就构成了金融循环。我们将说明，营业存款 B 的绝对能变性一般说来只是货币总量中的一小部分，原因是这种存款的流通速度极高；因此，活期存款（即收入存款加营业存款）的变化一般便是工业流通的变化的一个良好指标。同样的道理，储蓄存款的变化也是金融流通的变化的一个良好指标。这样一来，就使我们正好回转到对于量值来说实际上具有相当良好的统计指标的两种存款上面来了。

二、决定工业流通量的因素

由于 $M_1 V_1 = E$ ，因此收入存款所需要的货币量 M_1 便一部分取决于收入量 E ，一部分取决于收入存款流通速度 V_1 。同时又由于 $E = W_1 O$ ，所以 E 便取决于货币效能报酬率 W_1 和产品量 O 。决定 V_1 能变性的原因将在下卷，第二十四章中详细讨论。

关于营业存款 A ，我们首先可以看清楚的是，其中一部分的量将大致和收入存款按同一方式变化。因为收入存款不断通过购买货物而流入营业存款，并通过支付工资而从营业存款中流出来；所以代表向消费者销售货物所得的收入和代表生产因素的报酬的那一部分营业存款与收入存款所形成的比例就必然等于后者的速度（V_1）对前者的速度（V_2）之比；由此看来，当两者的速度之比不变时，就会相互一致地变化。

其次，未成品（即营运资本）的价格在平衡状态时，将反映制成品的价格。此外,固定资本品的生产成本在平衡状态时,其价格也将和其他商品的价格一样,随着货币效能报酬率的变化而发生同样的变化。同时,这种交易量和产品量之间的关系将和收入存款的情形大致一样。因此,在这种情况下,企业家之间交换未成品和新近制成的固定资本品所需的那一部分营业存款也将趋向于和收入存款按同一比例发生变化。

但营业存款 A 的量还由于以下各种原因而和收入存款采取不同方式的变化:

(一)不同的交易项目对于收入存款和营业存款的相对重要性有相当大的变化;也就是说,它们所占的比重不同。因此,相对价格的变化便可能推翻两类存款之间的比例。同样的道理,这一比数也可能由于生产性质的变化而被推翻。

(二)如果假定收入存款和营业存款 A 的流通速度的比数是稳定的,那只是一种不准确的假定。后者不像前者那样,由于支付日期的规律性而受一定程度稳定性的束缚,这种规律性正是工资与薪水支付的普遍特性。

我们在第二十四章中将要讨论的证据说明,全部营业存款的流通速度 V_2 的可变性是很大的。这种可变性往往大部分不是由于营业存款 A 和营业存款 B 的流通速度变化所引起的,而是由于全部营业存款在 A 与 B 之间的分配比例的变化所引起的。虽然如此,营业存款的流通速度仍然有相当大的短期变动无疑是由于保持余额的代价的变化和其他原因所引起的。因为当营业活跃、借款利率高时,厂商就会节省其所保持的营业存款 A。此外,当就业量降低因而造成真实收入量下降时,公众在一个时期内就会设法减少收入存款来维持生活标准,因之便会在 V_2 可能减少时使 V_1 增加;然而除了由于对通货失去信心所引起的变化以外,我还是认为 V_1 的短期变动是无足轻重的[①];我们都知道,对通货失去信心可能引起很大的灾变。无论如何,由于营业习惯或生产性质愈来愈大的变化,V_1 和 V_2 在长期内将显示出不同的趋势。

(三)营业存款 A 和相应于这种存款的物价水准可能由于利润或损失的出现而受到影响。在某些情形下,利润或损失的出现对物价水准和货币流通量的要求所发生的影响可能和收入存款量的变化(如果有的话)不成比例。

但这种方式下所发生的给定物价变化对货币流通的要求的影响比效能报酬率的上升所引起的等量变化的影响要小得多。消费品制造过程的营运资本价格上涨使利润出现时情形尤其是这样。最方便的办法是把这种情况称之为商品投机,意思是指还没有在货币购买力中反映出来的未成品的价格动态。因为营运资本的价格变动(原料批发价格指数是相当典型的例子)可能得到该商品在往后的时间以更完整或原有状态重新出售时的预期价格的支持。因此,在一个时期中,批发物价本位上升便可能无需消费本位相应上升而维持下来;时期的长短,视生产过程的长度和保持存货的成本的大小而定。

由这一点可以推论出,批发物价本位的投机性上涨没有伴随发生消费本位的上涨时,特别容易由于货币量缺少而压回。此外,价格上涨和货币需求之间还有一段时间间隔存在,因为现行物价

---

① 流通速度的可变性,将在第 24 章中再回头来详加讨论。

行情反映着现在订约、将来制成的商品的价格，所以一直要到商品完成的日期，上涨的价格才会需要更多的营业存款。诚然，如果投机活动不在适当的时候得到消费本位上涨的支持，就不可能存在得很长。因为在这种情形之下，它所根据的预期将成为泡影。但这种反应可能要经过一段很长的时期才会发生。在这一段时期中，批发物价本位以及与营运资本交易有关的营业存款的动态将在或大或小的程度内不但和收入存款的动态脱离，而且也会和消费本位的动态脱离。

由于以上种种的原因，整个工业流通量的变化便不会和收入存款量的变化严格符合。不过工业流通量在某种程度内虽然也受到生产的性质、公众与企业界的习惯以及用货币形式保存资财所牵涉的代价等因素的影响，但主要却是随着总货币收入量 E 而发生变化，也就是随着本期产品的生产成本量的变化而变化。

三、决定金融流通量的因素

金融方面的用途所需要的货币量，也就是我们所谓的金融流通，却是由一套完全不同的条件决定的。在这种情形下，应付金融营业所需的营业存款 B 的量，除了这类存款的流通速度可能发生的变化以外，也要取决于交易量乘交易项目的平均价值的得数。但金融项目交易量（即金融业务的活动）不但可变性很大，而且和产品量也没有紧密的关系，不论是资本品产量还是消费品产量都一样。原因是固定资本的本期产量和现有财富存量比起来是很少的（在这儿，我们将称现有财富存量为证券，其中不包括现金流动债权），同时这些证券转手的活动并不取决于其增加率。因此，在具有证券交易机构的现代社会中，本期生产的固定资本的周转量在全部证券周转量中只占很小一部分。

现存证券的价格在短期内也完全不会严格地取决于生产成本或新固定资本的价格。因为现存证券大部分是无法迅速再生产的财产、根本无法再生产的自然资源、预期具有半垄断或某种特殊便利而产生的未来收入的资本化价值等。美国 1929 年的投资繁荣就是一个很好的例子，那时全部证券价格巨大上涨而本期生产的新固定资本的价格却没有伴随出现任何上涨。此外，借贷资本（即债券）和真实资本（即股份）等两类进行贸易的财富的价值往往会沿相反方向变动，因而使价格部分地互相抵消。

但金融周转独立于工业周转之外变化这一事实的实际意义却没有想象的那样大。因为节省现金用量的证券交易所清算法等大大发展，使得营业存款 B 的周转速度非常高，所以用于这方面的货币量的绝对变化量一般是不会很大的。

因此，用于金融方面的货币总需求量的主要变化是以一种完全不同的方式产生的，也就是以储蓄存款量的方式产生的。

储蓄存款的存在这一事实就说明有人宁愿用经过短期通知即可兑现的货币流动债权的形式保存他们的资财。从另一方面说来，还有一类人则从银行借款，以便取得资金，使证券的持有量大于本身资财所能担负的量。

这些储蓄存款分为两大类。一般说来，其中包括很大一部分稳定的储蓄存款，保持的原因不是由于持有者对证券未来货币价值看跌，而是由于第 3 章中所举出的某种个人方面的理由。也就是说,有一种财富所有者始终宁愿持有储蓄存款而不愿持有证券。但由于这类储蓄存款的量变化可能很慢,总储蓄存款量的任何迅速变化就往往说明第二类中发生了变化。

让我们把这两类储蓄存款分别称之为 A 和 B。

用证券交易所的术语来说,第二类储蓄存款包括我们所谓的"空头"状况。不过空头中非但包括卖空的人(也就是出售自己所不具有的证券的人),而且也包括在一般的时候具有证券,但当时愿以储蓄存款的方式持有现金流动债权的人。换句话说,"空头"就是在当时愿意抛出证券并贷出现金的人;相应地说来,"多头"则是愿意持有证券并借入现金的人。前者对证券的现金价值看跌,而后者则看涨。

当多头情绪增长时,储蓄存款就有降低的趋势。这种降低的量,取决于证券价格相对于短期利率的上涨抵消多头情绪的整个程度如何而定。有一种证券价格水准就平均意义说来刚好抵消了多头情绪,使得储蓄存款量不发生变化。如果证券价格上涨得比这还高,那么储蓄存款量实际上就会增加。但除了工业流通的需求发生了补偿变化以外,储蓄存款量在多头情绪增长时只有在下述两种情形下才能保持或增加:(一)银行体系本身购买证券,直接使证券价格上升;银行体系利用公众的不同部分中存在着分歧意见这一情形,如果有一部分人受到宽松信用的引诱而借钱投机,购买证券时,就可以使证券价格上升到一个水准,使另一部分公众选取储蓄存款。这样说来,证券价格的实际水准便像我们在第 10 章中所见到的,是多头看法的程度和银行体系的行为相结合形成的结果。

从这一点可以推论出,储蓄存款发生任何畸形下降,而又伴随出现证券价格的上涨时,就可能说明多头情绪未被证券价格的上涨充分抵消,因而使看法一致偏向证券而抛却现金。然而同一条件下的畸形上升却可能说明对于证券的前途发生了分歧的看法,"多头"方面的人实际上是在购买证券,并通过银行体系向"空头"方面的人借钱。举个例子来说,1928 和 1929 年间,这种情形看来就曾在美国大规模地出现。因此,在 1929 年的华尔街大繁荣中,人们正确地注意了"经纪人贷款"量的增减。因为这种贷款增加就意味着,证券价格的上涨已经超过了刚够抵消一般情绪中的多头状况的限度;也就是说,它造成了"空头"状况的增加。

在现代条件下,不论是英国还是美国,总的"空头"状况当然都可能大大超过储蓄存款 B 的量。因为职业的投资者都有其他方式根据现金流动债权贷出"空头"资金,而不通过银行体系,如购买库券、直接向金融市场和证券交易所贷款等都是。一般说来,这些方式也更加有利。除此之外,还有许多空头交易出售了自己所不具有的证券,可以直接抵消多头"远期收进"他们所购买的证券的交易。然而储蓄存款 B 的数量变动还是可能变得很重要。这儿所说的变动包括工厂对前景无信心或有信心,因而使所持有的营运资本少于或多于一般量时的存款变化;同时也包括某些机构由于认为最好利用"多头"活动,出售新旧证券,在实际需要出现之前筹集资金的存款变化。因此,储蓄存款 B 的变化,可能是金融界所造成的货币需求能变性中最重要的因素。

这样说来,金融流通的总量便有一部分要取决于交易活动,但主要还是取决于"空头"状况的大小。这两种情形都可能是物价变化迅速时所产生的现象,而不是绝对高或绝对低的物价水准所产生的现象。

储蓄存款 M_3 增加或减少的趋势虽是"空头"状况增加或减少的指标,但投机市场却一共有四种可能的形式:

(一)看法一致的"多头"市场:在这种情形下,证券价格上升,但不充分,以致使 M_3 下降,"空头"状况在上涨的市场上结束。

(二)看法分歧的"多头"市场:在这种情形下,证券上涨过多,M_3 上升,"空头"状况在下跌的市场上增加。

(三)看法分歧的"空头"市场:在这种情形下,证券价格下跌过多,以致使 M_3 下降,空头状况在下跌的市场上结束。

(四)看法一致的"空头"市场:在这种情形下,证券价格下跌不足,M_3 上升,"空头"状况在上涨的市场上增加。

当储蓄存款增长,而银行总资产量又没有等量的增加使之被抵消时,就将减少工业循环的可用货币量;所以,银行体系如果没有采取补偿活动,第一与第三种投机活动对工业的影响就会和货币供应量增加的效果一样。第二与第四两种投机活动的影响则会和货币供应量减少的效果一样。

从另一方面说来,当证券价格上涨时,就可能刺激新投资价格水准 P' 上涨,跌落时则相反;但这只是一般说来会是这样,却并不一定都是这样。因此,第一种投机从两方面说来都会使货币购买力降低;因为增加工业流通的货币供应量以后,这种投机就使投资可以增加;而提高 P' 之后,它们又增加了投资的吸引力。同样的道理,第四种投机从两方面说来都会使货币购买力趋于上升。但第二和第三种投机则过程本身都会发生自相矛盾的作用,比方说,第二类投机可以增加新投资的吸引力,但其他条件相等时,却会减少工业流通的货币供应量。

因此,我们可以作出结论说:金融状况的变化可能在两种方式下引起货币价值的变化。一是改变工业流通的可用货币量,二是改变投资的吸引力。因此,除了前一种效果被货币总量的变化所抵消,后一种效果又被借款条件的变化所抵消的情形以外,便会造成本期产品价格水准的不稳定。

麻烦的是金融状况中某一变化的两种可能效果并不一定朝同一个方向发生作用。因此,在这儿我们也许可以预述一下应该写在第二卷中更恰当的论题,先来随便谈一谈力图管理货币状况,以便稳定本期产品物价水准的中央银行所负的义务。

就拿第二种投机来说,中央银行所遇到的两难情形是这样:如果它增加银行货币量,以便避免金融流通从工业流通中取走资金的任何危险,那么它就会鼓励"多头"市场继续存在下去;这样就十分可能提高 P' 的值,因而造成往后的过分投资。然而如果它拒绝增加银行货币量,就会使工业界的可用货币量减少,或是提高货币的利息率,以致立即发生通货紧缩的效果。

就购买力稳定问题说来,解决的办法在于使金融和工业界都获得它们所需要的货币,但其利息率对新投资率(相对于储蓄而言的利率)的影响要刚刚能抵消多头情绪的影响。可是,要在每一个阶段都严格地判断情况并严格地达成这种平衡,有时却非人类智力所能及。此外,实际上当利率高到可以防止将来的过分投资时,却又会使目前的产量降低到最适量以下去,虽然我认为这种情形只有在判断不正确或从一种产品变为另一种产品有困难时才会存在。在这种情形下，稳定性受到一些干扰是不可避免的。因为这时除了英国和美国有时试用的办法以外就没有其他的出路了，只是这样做是否能成功也还在未定之天。办法的内容是对金融界借款者和工业界借款者订出差别贷款条件；或是采取不同利率，或是配给贷款量。如果对两类借款者的贷款条件必须接近相同，而某些证券购买者又作了不正确的预测，那么当利润高到足以避免未来的过分投资时，就准会在目前引起失业。

因此，我们便得出一个大致的结论说：购买力和产量的稳定要求必须让总存款量和储蓄存款量的任何变化一同涨落。但贷款条件必须在实际可行的范围内予以调整，以便抵消金融市场的空头与多头情绪对新投资率的影响。

从长远看来，证券的价值完全是从消费品的价值上得来的。它取决于对证券直接或间接产生的流动消费品的价值的预期，并参照这一预期的风险和不肯定性加以修正，然后乘以历年收益数，这一数目相应于有关使用期的资本的本期利息率。当证券所代表的商品可以进行再生产时，资本品所生产的消费品预期价值将受到有关资本品的生产成本的影响，因为这种成本将影响到这种商品的未来供应。

但在很短的时期内，上述预期价值却取决于大部分不受任何现存货币因素控制的看法。证券价格的上涨不会像本期消费品价格的类似上涨那样，会由于没有充分的收入来进行购买而受到约制，证券价格的上涨不会在这类方式下直接受到货币因素的约制。因为我们已经看到，金融业交易所需的营业存款 B 的量取决于市场活动的程度，至少和它取决于交易工具平均价值的程度一样大。

同时由于这种存款量的流通速度极大,所以它们的量有任何必要增长时,都极容易供应而不会对其他用途的货币供应发生很大的影响。其结果是我们不能依靠这一点作为约制。

因此,人们的看法对金融状况便具有一种支配性的影响,其程度不适用于支付给定工资总额所需的货币量。如果人人都同意证券的价值应当更大,如果每一个人都成了"多头",也就是在价格上涨时宁愿购买证券而不愿增加储蓄存款,那么证券价格的上涨便是没有限度的,而且货币缺少也不可能产生有效的约制。

然而当证券价格相对于短期利率说来上涨得够高,以致使人们对前景的看法发生分歧时,社会出现一种"空头"状况,有些人就会开始增加储蓄存款;资金可能是来自其本期节约的余额,也可能是来自其本期利润,还有一种可能是抛售原先所持有的证券。因此,随着较为谨慎的人认为流行的看法不合理,"另一种"看法就会发展起来,其结果是增加"空头"状况(这种状况就的确会产生一种货币因素,虽然在多头市场中只是一种校正的因素),情形和上面所说的一样。

最后,如果可以进行再生产的现存证券的价值和本期生产成本发生了差额,就将通过对新投资的刺激或妨碍使某些其他货币因素发生作用,其方式将在往下各章中详加讨论。

因此,我的说法是,通货发行当局和一般看法所决定的现行证券价值水准并没有直接关系;但现存证券的价值水准如果预计将刺激新投资,使之超过储蓄或作相反的变化的话,它就和这种价值水准具有很重要的间接关系。比方说,地产交易的繁荣以及垄断组织的财产的重新估价等与新投资的过度刺激完全无关,通货发行当局不应因此而不把放款条件和货币供应总量维持在一个水准上，以便在满足金融流通的需求之后还能使工业流通得到最适量的货币；只要这样做的时候在非封闭体系下和维持对外平衡的要求相符合就行。也就是说，干涉或不干涉"多头"或"空头"金融市场的问题，主要应以这种金融情况对储蓄与新投资之间的未来平衡可能发生什么样的影响为标准来决定。

第十六章 货币购买力不平衡
原因的分类

假定在一种平衡状态下，物价水准和生产成本相符合，利润是零，投资的成本等于储蓄；此外，所讨论的如果是国际体系中的一员时，其对外投资差额率也和对外贸易差额率相等。如果这社会是一个进步的社会的话，让我们再假定其中货币供应量的增加等于一般产量的稳定增加率（如每年 3%）。那么这种平衡状况通过什么方式会被打破呢？

根据第十章的基本方程式

$$\Pi = \frac{E}{O} + \frac{I-S}{O},$$

可以说，产品的物价水准完全受三种因素的支配，即：一、生产因素的货币报酬量 E；二、当前产品量 O；三、储蓄量与投资价值的关系 $I-S$。因此改变就只能通过这三种基本因素中的一种或多种所引起。

记住这一点之后，我们最好是将可能发生的扰动始因分为三类。这三类我们将分别称之为一、货币因素引起的变化，影响的是用于收入的有效货币供应；二、投资因素引起的变化；三、工业因素引起的变化，影响的是产量和收入的货币需求。

一、货币因素所引起的变化

有下列各种情形存在时,不平衡状况就可以说是由货币因素引起的:

(一)与一般经济活动常年趋势不相适应的货币总量变化;

(二)由于金融界的情绪或活动,或是相对于产品价值的货币信用量发生变化,致使满足金融界要求所需的货币总量(即金融流通)的比例发生变化;

(三)由于公众与企业界的习惯与方法发生变化,或是产品的性质(不同于产量)发生变化,因而使收入存款或营业存款 A 的流通速度发生变化,或是使工业流通的周转相应于一定的报酬量而言发生变化,最后使工业流通的需求发生变化。

任何这类变化都意味着企业家的可用货币供应量和他们维持生产因素现存水准下的本期收入与产品量所需要的货币量不再平衡,因之就有发生一系列的改变与调整的趋势出现。在下面我们将看到,投资率的波动可能是其中的第一阶段变化。

二、投资因素所引起的变化

市场利率可能由于下列原因和自然利率分离:

(一)货币因素发生变化而未被自然利率的变化所抵消,使贷款市场的条件发生变化,因而使市场利率发生变化。

(二)投资或储蓄的吸引力发生变化,未被市场利率的变化所抵消，因而使自然利率发生变化。

（三）由于维持对外投资差额率和对外贸易差额率平衡的需要未被自然利率的变化所抵消，因而使市场利率发生变化。

三、工业因素所引起的变化

企业家为工业流通而需用的货币量可能发生变化。其原因有一、本期产量脱离我们所假定的平衡条件中已经计入的常年趋势的变化；二、"引发"或"自发"的报酬率变化（参看本书第 153 页）所引起的生产成本变化。

这些不同类型的扰动可以同时存在，而且又可以互为因果。它们的效果可以互相叠加，又可以彼此助长或互相抵消；在这种意义下说来，它们又是互相独立的。

本书的论点是，第一类（货币因素）变化对原有平衡位域所产生的扰动一般是通过第二类变化发生作用的；第二类（投资因素）变化所产生的扰动，不论是属于（一）、（二）或（三）中的哪一种，都趋向于通过第三类变化而实现出来。只是第二类第二种的变化也会产生第一类变化。第三类（工业因素）的变化进一步对一系列第二类变化发生反应并与之交相反应后，就会发生一系列摆动，最终造成一个新的平衡位域。

这些不同类型的扰动，将在往下各章中详加讨论。我认为第二类第二种变化相当于一般在信用循环这一题目下所讨论的现象；第二类第三种变化如果对外不平衡状况是由于国内或国外的

第二类第二种变化所引起的而不是由于第二类第一种变化所引起
的,情形便也是这样。我们可以看到,这一叙述是相当恰当的。因
为在这种情形下所发生的是一个未经变化的平衡位域上下的摆
动,而不是从一个平衡位域移转到另一个平衡位域。从另一方面
说来,这种摆动并不一定是严格周期性的摆动,其性质渐次变得近
似于伴随任一种货币变化出现的摆动,其中包括从一种平衡位域
过渡到另一种平衡位域的变化。

第三类的自发变化无需另作讨论,因为当它们发生以后,其历
程将和原先发生的一种或另一种变化所引起的类似变化的历程
相同。

金融因素引起的变化也无需另立一类,因为我们在前一章中
已经看到,这种变化要不是通过第一类变化改变工业流通的可用
货币供应量而发生作用,便是通过第二类变化改变新投资或储蓄
的吸引力而发生作用。

第十七章 货币因素所引起的变化

　　工业流通的货币供需平衡不论是由于货币供应总量有变化、金融流通的需要有变化、工业流通相对于产品价值的需要有变化还是收入量有变化而发生了变化,对于下列讨论说来并没有多大区别。比方说,如果工业流通的需要相对于产品价值说来下跌,这就意味着企业家从本期销售中所得到的货币比他们在现存成本总额下维持产量所需的货币要多,所以银行体系发现自己在旧的平衡下放款力量有剩余,正像货币供应量加大了一样。因此,我们只要讨论一下货币供应总量改变的情形就够了。

一、货币供应改变在工业方面所产生的后果

　　货币体系中注入新增的货币量或抽出货币后,究竟是通过什么道路在已改变的价格水准下达成新的平衡的呢?

　　由于货币体系中注入新增的现金量(其中包括中央银行的准备)将增加会员银行的准备金,根据以上所解释的理由说来,就将使会员银行更愿意以较松的条件放款;也就是说,新货币将刺激银

行将资金交予准备好运用资金的借款者支配，只要以令人满意的
条件提供款项就可以办到这一点。相反地，从货币体系中抽出现
金，就会减少会员银行的准备金，因而使后者从借款者手中收回
资金。

新贷款中所得的款项可能有一部分将间接流入储蓄存款或营
业存款B，因而扩大金融流通。但其余部分必然会直接或最后流
入企业家手中。情形既然如此，一般说来放松贷款不论还有什么
其他效果，都会以下述三种方式中的某一种方式影响企业家：

（一）利率降低将提高资本品的价格，刺激这种商品的生产。
在金融流通得到更多和更便宜的货币后，如果同时使证券价格提
高的话，那么上一趋势就会进一步受到鼓励。

（二）由于原先在边际上有一群没有得到满足而可能成为借款
者的企业家（往下我们将看到，有时情形是这样），只要有可能，甚
至在旧条件之下，他们也随时准备借款。从另一方面说来，在边际
上有一群未受雇的生产因素，这时某些企业家便可以在现存的报
酬率下为更多的生产因素提供就业机会。①

（三）新货币流入后，最后使某些企业家预见到可能获利，所以
他们这时就愿意增加产量，纵使这意味着对生产因素提供更高的
报酬也行。

因此，在这三种情形之下，投资的内容不论是以固定资本形式
出现还是以营运资本形式出现，新投资价值的增加那是迟早总会

---

①　资本因素的报酬率由于利率降低而比以往低了，上述说法因之便可以和赋予
其他生产因素的报酬增加这一事实（但也许只是小量增加）相容。

发生的。此外，产量也可能增加。然而我们却没有理由假定，货币量改变对储蓄率所发生的效果将抵消投资率的变动。的确，一般都认为，对储蓄率如果有任何影响的话，其方向也会和对投资的影响的方向相反。对借款者条件放宽就意味着对贷款者的条件较比不能让他们满意。所以刺激一方的条件就会阻抑另一方。因此，报酬率如果有任何上升，因而使物价发生任何上升的话，投资相对于储蓄的增长就必然会使物价在这种上升之后进一步上涨。换句话说，不论 O 的总量是否增加了，用于收入的产品所组成的那一部分 O，增长量不会像 M_1V_1 中用来购买用于收入的那一部分的增长那样大。所以，正如我们在上面已经看到的一样，P 的上升超过 $\dfrac{M_1V_1}{O}$ 的量将等于 $\dfrac{I'-S}{O}$，而 $\varPi$ 的上升量则会等于 $\dfrac{I-S}{O}$。①

在最简单的情形下，最初效能报酬率没有变化，也就是企业家不提高对生产因素的报酬；这时物价的全部开始增值都是由于第二项发生的，也就是由宽松的贷款条件刺激投资而产生的。甚至还有一种情形是最初效能报酬率和就业量都没有变化，M_1V_1 因之也没有改变，新货币对物价的起始效应完全是通过对投资的刺激而发生作用的。在这种情形下，使工业流通量扩大所需的新货币量可能较小，超过这一量的任何剩余量都必然会暂时被流通速度的减少或金融流通的增加所吸收。

但我们在第十一章中已经看到，I 与 S 不相等所引起的物价

---

① 在本章和以下几章中，我有时会把货币购买力和全部产品的物价水准之间的区别略去不计，并将 I 与 I' 不一定相等所增添的复杂情形略去不计。但当论点的本质受到影响时，我当然也会促使大家注意这方面的问题。

变化的后果是使企业家得到意外的利润。在这种利润的刺激下，就会引起转移的次级阶段。因为利润的刺激会促使企业家更急切地竞相取得生产因素的劳务，因之而使效能报酬率 $\dfrac{M_1V_1}{O}$ 增长，不论这种增长在原始阶段中是否已经发展到一定限度都一样。

以上我们都假定货币供应量已增加，借贷条件较为宽松的情况。但关于货币供应量减少和借贷条件较紧的情形，同样的说法作必要改变后也可以应用。

二、存款总量的变化在不同种类的存款之间的分布

现在我们将费一些篇幅来作一点复述，以便更详细地讨论一下总存款的增加将沿着什么道路在储蓄存款、收入存款和营业存款之间具体分布。

银行的新贷款最初的效果显然是使借款者的存款增加到贷款那么多。借款者不为任何营业或投资的目的只为应付私人消费支出而借款的事是不常见的。无论如何，这种银行贷款在总量中所占比例也非常小，所以一般地可以略去不计。此外，单为增加储蓄存款而借款的事也是不常见的，因为借款者应付的利息始终会超过存款者所能得到的利息。因此，这一种情形也可以略去不计。于是，一般说来，从新贷款中所得的款项便首先是加到营业存款之中去。

像这样增加的营业存款有一部分可能会在或多或少的程度内

直接地进入受到放宽贷款条件鼓励的企业家手中，由他们用来支付已经增长的报酬总额 M_1V_1。我们在上面已经看到，这种已增长的报酬总额可能和效能报酬率 $\dfrac{M_1V_1}{O}$ 的增长相关联，也可能不关联。因此，新货币有一部分将迅速地从 M_2 移转到所得存款 M_1 中来，还有相应的一部分则将留在营业存款 A 中来应付企业家相应于报酬总额增长而增长的周转量。由于有利润出现，营业存款 A 中也必然有小量增长。

其余的营业存款增量（起初时可以想见等于全部增加的货币）将流入投机家和金融家手中，也就是愿意借钱购买商品或证券的人。这样就会提高证券价格，由此产生的证券繁荣则可能会增加证券交易周转量。因此，有一部分新货币就必须保留在营业存款 B 中来应付证券货币周转量的增长，但在一般情形下这只占很小的一部分。不过每一个证券（或商品）的买主都必须有一个卖主。卖主可能利用出售的收入来购买其他证券，在这种情形下，证券价格的增长将从一类分布到另一类。但由于证券价格继续上涨，下述两种情形中迟早有一种会发生。一种可能是，这种价格上涨使新投资的生产者获得意外利润，其结果是通过新的市场或其他道路使新增的资金进入企业家手中，用以增加或设法增加投资的产量。往下的发展过程就会和上面一样了。

另一种可能情形是，证券价格上涨使金融界的两部分人发生分歧意见。其中一部分人（多头）相信上涨会继续下去，因而愿意用借款购买证券；另一部分人（空头）则怀疑上涨能否继续，因而愿意出售证券以取得现金、票据或其他流动资产。在银行本身购买证券的情形下,只要"空头"状况发展就够了。而在空头的资金不通过银行体系借与多头时,证券交易的繁荣便不但可以借助于新货币,而且可以借助于空头出售证券的收入来继续维持下去。但在空头将出售证券的收入(或不以本期储蓄购买证券的收入)增加到储蓄存款中去时,就会用去一部分新货币适当地增加 M_3。

因此,一切的新货币最后都会进入 M_1、M_2 或 M_3。(一)进入 M_1 的是相应于已增长的报酬总额 M_1V_1;(二)进入 M_2 的则是相应于已增长的企业家的周转量。或(三)已增长的证券交易周转量;(四)进入 M_3 的是相应于"空头"状况的扩大的量。

由于新货币被第(三)和第(四)项吸收后不会刺激新投资的产量,所以对货币购买力就不会有影响。原因是新投资产品的价值 I 将增加而这种产品的生产成本 I' 则不会增加。但由于报酬总额 M_1V_1 增加了,同时投资品价格上涨又使其生产有利可图,因而使企业家从消费品的生产转向投资品的生产;于是增长的便不止是 P(也就是货币购买力降低),$I'-S$ 也会增长,其结果是 P 的增值(暂时地)会比 $\dfrac{M_1V_1}{O}$ 的增值大。

因此,新货币除非是要用来平衡 V_1 或 V_2 的变化,否则在开始时就会发生以下各种效果:

(一)增加 M_3、M_2 和 P'(新投资品的价格水准),而让 $I'-S$、M_1V_1 和 P 都保持不变;或

(二)增加 $I'-S$ 和 P,而让 M_1V_1 保持不变;

(三)增加 $I'-S$、M_1V_1 和 P,而让 $\dfrac{M_1V_1}{O}$ 保持不变。或

（四）增加 $I'-S$、M_1V_1、$\dfrac{M_1V_1}{O}$ 和 P.

在（二）（三）和（四）等情形下，M_3、M_2 和 P' 当然也可能发生变化。

在最后三种情形下，P 都增长，在第一种情形下，其增长量大于 $\dfrac{M_1V_1}{O}$ 的任何增长所能说明的程度。然而当 $P'>P$ 或 $P>\dfrac{M_1V_1}{O}$ 时，就不可能有平衡的位域存在。因为 P' 相对于 P 而言的增长和 P 本身的增长，如果是由于 $I'-S$ 的增长所引起的，就会造成利润，因之也就会刺激企业家提高取得生产因素的劳务时所出的报酬。这种情形当 $\dfrac{M_1V_1}{O}$ 没有在较高的数字上稳定下来时，必然会继续存在下去。这种较高的数字和新的货币总量平衡，同时也与 P 和 P' 的值平衡，P 和 P' 相对于其旧值而言，增长程度相当于 $\dfrac{M_1V_1}{O}$ 的增长量。

三、移转问题

我们已经看到，每当基本方程式第二项受到影响时，物价水准就将对于已增长（或减少）的货币量发生反应。因此，新货币量对于物价的影响将是迅速的。但我们也已经看到，我们不能因此就假定，新平衡在这个阶段已经建立了。当企业家还在得到意外利润（或损失）时，情况就是不稳定的。如果他们所得到的是意外利

润,就会竞相取得生产因素的劳务,直到后者的价格水准上涨到使
生产成本和销售收入重新相等为止。如果他们所得到的是意外损
失,就会将生产因素解雇,直到后者同意接受的报酬率使生产成本
不再超过销售收入为止。唯有投资的刺激(或阻抑)在 M_1V_1 的增
长(或减少)中发挥尽了力量,银行的放款能力才会恢复到和储蓄
平衡(由于过多的贷款将被每一个生产期末所累积的利润所平衡,
因而在直接或间接的方式下可以再用于下一个生产周期),并恢复
到适于为已增加(或减少)的报酬总额提供一个相称的工业循环为
止。但最后第二项 $\dfrac{I'-S}{O}$ 将必须重新跌落为零。银行已经不能再
支配剩余的贷款力量来刺激投资超过储蓄(或使之发生相反的变
化)。这时将出现一个新的平衡,其中 P 和 $\dfrac{M_1V_1}{O}$ 都将处在相应于
货币量的增减而出现的较高或较低的水准上。

　　但我们不可认为,基本方程式第二项的增加所引起的物价上
涨改变为第一项的增加所引起的物价上涨这一过程必然会顺利地
产生。如果情形是报酬率降低,生产因素就会抗拒这种降低,其结
果是他们的失业时期将延长。此外,投资在 M_1V_1 已经发生充分
变化之后,将继续超过或不及储蓄量。其结果是推动物价高于或
低于可以巩固维持的数值。所以在达到最后位域之前,就将发生
一系列忽上忽下的小摆动。

　　此外,如果我们所讨论的不是一个封闭体系,那么,货币供应
相对于旧平衡中的需求而言的始增量(或减量)有一部分可能被黄
金的输出或输入所抵消。就拿供应增加的情形来说吧,较松的贷

款条件将增加对外投资贷付差额,而对外贸易差额却绝不会增加以抵消这种差额,反而会在国内物价上涨的影响下趋于减少。

由于黄金的流动将在国外产生与国内相同的情况(只是规模大概会较小),所以上述的效果便是把货币供应改变的影响分布到更广的区域中去,因而会减弱其程度。

但货币供应的增加如果事实上是由于原先对外贸易差额超过对外投资贷付差额造成黄金进口所引起的,那么这种黄金进口在国内造成的一系列变化便全都会趋于恢复而不会扰乱对外平衡。

要指出的是,甚至在平均效能报酬率降低到一个水准,与已减少的货币量平衡后,有一种不平衡的因素仍将继续存在。如果不同的生产因素的货币报酬率能够同时以相等的比例减少,那么在这一点达到之后就没有一个人会受到损失。但一般说来,这种情形是无法得到的。紧缩的效果不是使各方面全都等量减少,而是使减少的量集中在谈判地位最弱或规定货币报酬率的契约最短的特殊生产因素身上。也许要经过一段很长的时间才能使相对效能报酬率恢复原有的比例。这并不是通货紧缩所特有的流弊,通货膨胀也同样特别具有一种类似的报酬分配失调现象。

麻烦的地方主要是银行货币总量的变化从代数性质上讲来,在一个时期内可以和一套以上的后果相容。货币量的改变将使投资率改变,投资率的改变则将引起盈利或亏损,利润或损失的刺激如果发展得够远、继续得够长,迟早就会改变平均报酬率。最后,个别报酬率的变化又会和平均报酬率的变化适当地配合起来,而不会像起初以至若干年的时期中一样,在平均水准上作不均匀的分布。但这种过程却并不是必然会立即发生的。

　　由于经济学家和银行家都没有完全弄清楚货币量减少最后在较低的货币报酬率与物价水准上取得新平衡的因果过程，所以他们对于通货紧缩看得太乐观了。银行家由于相当容易地就使物价下降，受到了过分的鼓舞，并且在仅仅是最容易的第一步完成以后就认为事情已经妥了。接着在单位产品的货币报酬率没有和新的平衡相适应以前出现长期拖延的失业和营业损失时，他们又会大吃一惊。经济学家则往往忽视了物价和效能报酬在短期内发生分离趋势的可能性以及长期内两者发生离势的不可能性。所以我们往往就听说（例如）银行利率的上升，就会使物价下跌，这样就会使一个国家"好买货而不好卖货"等等。但我们却没有听说银行利率的上升会使工资跌落的话。如果工资不跌落的话，企业家和就业问题又会发生什么情形呢？如果会跌落的话，从高银行利率到低物价、从低物价到低工资的转变过程的性质又是怎样的呢？

　　在大多数现代经济体系中，中央银行当局都没有办法直接对基本方程式的第一项发生作用；也就是说，没有办法直接影响效能报酬水准，这可以说是一个缺点。在布尔什维克的俄国和法西斯的意大利，都可以在一夜之间通过法令改变货币效能报酬率。但世界的其余部分大多数地方所盛行的资本主义个人主义体系中，却没法运用这种方法。英国恢复金本位时，价值本位由财政部一道命令提高了10％，但该部却无法同时下令使全部效能报酬都降低10％。相反地，方程式的第一项只能通过间接的方式加以影响。也就是说，要提高时只能以大量的信用和反常的利润来刺激企业家；要降低时，则只能限制信用并造成反常的损失来阻抑企业家。如果提高银行利率不是为了使第二项不增加以便维持平衡，而是为了使第一项下降，那么这就意味着提高银行利率的目的是要使企业家蒙受损失，并使生产因素失业，因为只有这样才能使货币效能报酬率降低。这样说来，当这些结果发生时，发出抱怨就是没有理由的了。

因此，目的在于防止利润膨胀（或紧缩）的银行利率变化和目的在于引起收入紧缩（或膨胀）的银行利率变化是根本不同的。因为前者是使市场利率和自然利率相适应，因而发生作用，保持平衡；后者则是强使市场利率脱离自然利率，因而通过不平衡状况发生作用。

由于这些理由，我们的现存货币机构虽然可以有效地用来避免或减轻信用波动（情形在下面就将看到），但完全不适于造成收入紧缩。因此，我就怀疑，某些人相信通货紧缩的时期比通货膨胀时期所造成的危害一般地较小的看法是否正确。当然，继续就业的人的实际工资在通货紧缩时期往往比通货膨胀时间高。因为在前一时期中，企业家付与生产因素的报酬超过了后者的产品等值量，而在后一时期中则不足这一等值量。从分配的公平来看，最好是损企业家以利消费者，而不要损消费者以利企业家。但有一个不可忽视的事实是，前一种情形与就业不足以及储蓄浪费等现象是相连的，后者则意味着充分就业以至过分就业，并使资本品有大量增长。最热衷于鼓吹闲暇的价值的人也不会宁愿要严重失业所造成的闲暇而不愿要繁荣中过度刺激的活动；同时，人们如果认识到高额实际工资是由整个社会牺牲财富累积来支付的，那么对于高实际工资水准的热情就会冷淡下来。

我有时听说，社会真实财富在萧条时期比在繁荣时期增加得快;并说表面看来情形虽然相反,实际事实却是这样。这种说法无论如何肯定是错误的。因为高投资率根据定义说来必然和高累积率相关联。所以我个人趋向于同意 D. H. 罗伯逊先生的看法,而不同意金融界的清教徒的看法。前者认为如果没有相继各繁荣时期对财富累积造成的人为刺激,19 世纪的物质文明进步很多都不可能出现。后一种人对于投机和营业的损失,物价低、真实工资高而又伴随出现失业等现象(典型萧条的特性现象)感到一种阴郁的满足。① 这种人有时是极端的个人主义者,通过这种方式也许能慰藉自己对资本主义的不愉快情景在心中压抑住的一股反感。如果说需要是发明之母,如果说企业界的某些经济制度和技术方面的改良只有在萧条的刺激下才能产生,这也不是为萧条状况辩护的充分理由,因为还有一些其他的改良则只有在乐观和财富丰盈的气氛下才能成熟。

最后,当中央银行是国际货币体系中的一员时,有时必须执行的银行政策既不是为了防止信用波动,也不是建立新的平衡物价水准,而是为了故意造成利润膨胀或紧缩,以便配合外界所产生的类似扰动。

---

① 但请参看往下第 19 章第 1 节。

第十八章 投资因素所
引起的变化

本章所讨论的不平衡的原因和前一章所讨论的不平衡的原因并不能永远明确地划分开来。开始的时期一过之后,两者就渐次地变得混淆起来了①。因为起始时货币因素所引起的扰动很快就会在投资方面造成一些波动;同时我们也将看到,投资因素所引起的扰动同样可能使货币因素发生改变。但两者之间仍然存在着一种大的区别,即前者是由供应方面的变动造成的,而后者则一般是由需求方面的变动所造成的。

此外还有一种很重要的特性使货币扰动(即每当货币变化属于半永久性质时所形成的扰动)和投资扰动有所区别。也就是说,前者代表着从某一平衡物价水准到另一平衡物价水准的变化,而后者则即使当投资变化具有半永久性质时,也是围绕着接近不变的物价水准上下的摆动。因此,前者最终会成立一种新的物价结构,后者则在往后的时期中一定会产生一种相等而又相反的反应。正是由于有这种特性,所以投资的扰动才最好是称为信用循环。

---

① 当工业循环的货币供应量变化是由金融流通需求的变化所引起的时,情形就尤其是这样,后一种变化也许应当归之为投资因素所引起的一种变化。

一、信用循环的定义

我们的基本方程式证明,如果生产成本保持不变的话,货币购买力就会随着储蓄量超过投资价值或投资价值超过储蓄量而发生跷板式的上下运动。从另一方面说来,如果储蓄量等于投资价值,那么货币购买力便会和生产成本成反比例变化。此外,生产成本的变化和储蓄量与投资价值的不平衡对货币购买力的影响是加成的和可叠加的影响。

我们已经将生产成本的增减分别称为收入膨胀与收入紧缩。投资价值超过与不及储蓄量的情形则分别称为商品膨胀和商品紧缩。现在我们要对信用循环提出一个定义。这名词指的是投资价值超过或不足储蓄量的交替变化,随之使货币购买力发生跷板式运动的情形。但在任何给定的情形下,生产成本都不大可能在信用循环的过程中维持不变。的确,正像我们在下面将要看到的,商品膨胀与紧缩本身就可能产生影响,造成收入膨胀与紧缩。此外,我们在上面已经看到,当变化的起始刺激来自货币变化时,它们本身转过来就必然会造成信用不平衡。因此,任何时期所能观察到的实际事物过程都是生产成本的变化和信用循环本身各阶段联合造成的复杂现象。在一般用语中,信用循环一词已被用来说明这种复杂现象,遵循这种较松的用语往往是方便的,只要原始推动力来自投资的不平衡,生产成本的变化是对于这些不平衡状况的反应而不是对于某一独立或持久性的货币状况的改变的反应就行。

我们将看到,在这方面用循环一词是恰当的,因为朝某一方向的过分运动不但会产生本身的补偿，而且会造成朝着另一方向发生过分运动的刺激。所以，除非是出现了什么东西发生了阻挡作用，否则就可以肯定地预计这种摆动定会发生。此外，从平衡位域的一边开始发生向上的摆幅起到反应开始发生时止，这一段时隔有时要取决于有关生产过程平均长度的实际状况；然而从平衡位域另一边开始发生向下的摆幅时起到反应开始发生时止，这一段时隔则可能与重要的资本品的寿命有关，更常见的是和企业家与生产因素的现存契约有效期有关。因此，所谓循环的时间阶段的平均规律性的某些度量，和我们根据先验理由所预计的情形并不是不相符合的。

然而我们却不可把这种现象的真实周期性说得过火。信用循环可能具有许多不同的类型，而且也可能产生许多扰动来妨碍它们的过程。最重要的是，银行体系的行为经常能插进来减轻或加重其严重程度。

二、信用循环的创生与生命史

储蓄和投资往往不能采取一致步调是不足为奇的。首先，正像我们已经提出的一样，投资与储蓄的决定是由两种不同的人们受着不同动机的影响作出的，彼此很少理会对方。在短期内情形尤其是这样。在第二卷中我们将看到，有许多理由说明投资量为什么会发生相当大的变动。投资繁荣的发展肯定并不意味着发动这种繁荣的资本家已经经过考虑确定公众从收入中提出来储存的款项规模将比以往大。投资萧条的原因也不是企业家事前确定公众的储蓄将减少。实际上，运用明智的预见来使储蓄和投资平衡是不可能的，除非是银行体系来运用这种预见。因为银行体系所提供的款项正是一种边际因素，严格地决定着企业家能够把他的企业进行到什么程度，然而银行体系以往主要是从事于另一种不同的目的。

上述的决定不但是由不同的人作出的，而且决定的时间在许多情形下也必然不相同。当投资的增加代表着营运资本的增加时，就的确立即需要储蓄行动。但如果是生产性质有改变，往后将使固定资本的产量增加时，那就只有到生产过程完成时才需要增加储蓄。这是由于生产过程（不论是资本品还是消费品的生产过程）的长度所造成的结果。建筑一所房屋所需要时间也许并不比从耕麦田起到吃面包止所需的时间长。也就是说，两种生产过程运用了等量的营运资本，只有当它们都以完成的形式从生产过程中脱离出来时，前者才会增加净投资量，并需要一种储蓄行动来加以平衡。因此，企业家的总合决定的性质如果是在往后的某一日期使投资超过储蓄，那么在这往后的日期没有实际达到之前，这种结果就不会明显地表现出来。在这种情形下，许多其他的反应就会有时间发生，而且无法立即逆转。

储蓄的业务主要是一种稳定的过程。如经济界中发生了扰动，这些扰动由于影响繁荣，就会对储蓄率发生反应。但扰动很少或根本不可能由于本期收入用于储蓄的比例突然发生变化而肇始。从另一方面说来，固定资本的投资却一向是不规则地进行，一阵阵地发作的。我们将在第六篇中讨论投资变动的性质与限度。对于目前的讨论说来，只要引证常识和经验来证明这样一个结论就够了,即:在现存经济体系下,储蓄率与投资率之间的不平衡的发展是不足为奇的事。

许多讨论信用循环的著作家都强调固定资本投资率的不规律性是发生扰动的主要原因[1]。如果我们所想到的是始因,那么这种说法就可能是正确的。但信用循环最典型的次级阶段却是由于营运资本投资的增长而产生的。此外,当我们必须研究总就业量的繁荣与萧条以及本期产品时,问题便在于营运资本投资率的变化,而不在于固定资本投资率的变化。因此,每一次从原先的萧条恢复过来时,具有特性的现象总是营运资本的投资增加。

信用循环可以分析成三种类型,然而,实际情形在类型方面一般是复杂的,兼有着三者的性质。让我们举投资相对于储蓄而言增长的情形来看:

(1)投资的增加可能是在总产量没有任何变化,而只是在用资本品的生产来代替消费品的生产时发生的。在这种情形下,投资的增加在生产时期没有过去之前不会实现。

(2)投资增加的形式可以是现存产量之上增加的资本品生产使总产量增加后相应出现的营运资本的增长。在这种情形下,投资的增加从最初起就会开始,最初是采取营运资本增加的形式,经过一段生产时期后,就会采取固定资本增加的形式。

(3)投资增加的形式也可以是现存产量之上增加的消费品生产使总产量增加后,相应出现营运资本的增长。在这种情形下,投资的增加只能持续到生产时期那样长。

---

① 参看下卷,第 27 章。

在不同程度内兼具(1)(2)(3)等项的性质的现象,可能由于一定程度的收入膨胀和资本膨胀存在而变得复杂。所谓收入膨胀就是生产成本上涨,而资本膨胀则是新投资品的价格水准相对于其生产成本的上涨。

商品膨胀和资本膨胀出现时,都会趋向于造成利润膨胀,利润膨胀则将由于企业家急于求得生产因素的劳务而造成收入膨胀。但我们却有可能将构成信用循环的商品膨胀这一因素从这种错综复杂的现象中分离出来,至少在理论上说来是可以办到的。此外,上述第三种类型的商品膨胀可以认为是信用循环中最典型的现象,因为我们在下面就将看到,所有的信用循环不论开始时的情形怎样,最后都会形成这种混合现象。

信用循环可能采取的道路千差万别,它可能发生的复化情况也十分多,所以要对全部情形加以概述是不切实际的。我们可以描述象棋的规则和这种游戏的性质,并且可以通过少数典型的残局来说明主要的开棋和着子的方法,但如果要列出所有可能的棋局却是无法办到的。信用循环的情形也是这样。因此,我们将首先分析三种起始时的情形,接着再分析其典型的次级阶段。

(一) 原 始 阶 段

1.我们不妨假定发生了一种情形使企业家相信某些新投资可能获利。例如(1)出现了蒸汽、电力、内燃机等新技术,(2)人口增长或是国内原先正常发展所受危险太大而现在又复归平静,因而造成房荒,(3)心理因素造成资本膨胀,(4)原先投资不足时期(即

原先的萧条)的贬值货币造成的反应等,都属于这类情形。[①]　如果
企业家要实现自己的计划,就必须将生产因素从其他行业中吸引
过来,或是雇用原先失业的生产因素。

　　让我从上述第(1)类型开始,其中原先生产消费品的生产因
素,现在改而生产资本品。在这种情形下,对于价格的影响只有经
过一段时期后才会发生,时间长度等于现在已停止制造的消费品
的生产过程。因为在这一段时期中间,报酬与原先相等,消费商品
的产量也和原先一样。但在相应的中间时期过去后,报酬虽未变,
可用品产量却会减少,减量等于现已停产的消费品产量。其结果
是除非报酬的用于储蓄部分相应地增加,否则消费品物价水准就
会上涨。于是就会出现信用循环中的价格上涨阶段。

　　应当看到的是:物价的上涨必然不止是和生产成本的上涨(如
果有的话)成比例。我们不可假定,从一种生产转另一种生产时,生
产成本(即报酬)不会增加;也就是说,不会造成任何收入膨胀。实
际上,在现代世界上,这种转变往往甚至经常是由于新企业家竞相
抬高报酬率,将生产因素吸引到自己这方面来而出现的。在这种情
形下,报酬一开初就会增加得和产量不成比例,消费品物价水准将
和收入膨胀量成比例地上涨。但不论收入膨胀量怎样大或怎样小,
商品膨胀的效果都会叠加在这种膨胀之上,而且主要是使物价相对
于成本和报酬而言上涨。在必要的中间时期过去以后,进入市场的
可消费产品就会减少,真实报酬必然会下降;也就是说,消费品物价

---

　　① 不由税收支付的战争支出在本讨论中最好是看成投资的突然增加,请参看下
卷,第 30 章。

水准必然会比报酬上涨得更多。收入膨胀不论怎样大，都会使报酬、成本和物价的平衡刚好维持原状。只有商品膨胀才能扰动这种平衡。第(1)类型中最常见的形式实际上是新生产者的坚持所造成的收入膨胀，其程度可能很轻；接着，经过一段适当的中间时期以后，就会发生商品膨胀。在任何情形下，信用循环原始阶段的典型结束情况是消费物价水准与成本不成比例地上涨。

2.但更常见的是第(2)类型，其中投资的增加伴随出现总产量的增加。在这种情形下，一开始就存在着没有被新增的储蓄所抵消的营运资本的增长。因为资本品生产的增长附加在原先的消费品生产上的可能性大，而代替原先的消费品生产的可能性小；其原因即令仅只是从事消费品生产的生产因素不容易一经通知就转向资本品的生产，情形也是这样。这一点当然要假定生产因素在循环开始其上升的阶段时并未充分利用。但那时生产因素一般都没有充分利用，不论是由于随着原先的循环而出现的萧条所造成的还是其他原因造成的都一样。在这种情形下，生产因素的报酬从一开始就会增加，而可消费产品则没有任何增加。于是，物价的上涨便既是相对于报酬的上涨，也是相对于成本的上涨。这一类和第(1)类情形之间的区别是信用循环中物价上涨的阶段将立即开始。

3.现在让我们讨论往下第(3)种类型。在这种情形下，原先失业的生产因素不像第(2)类型中一样被雇来生产固定资本品，而是生产某些特殊类型的消费品。在与生产过程的长度相等的一段时期内，事物的过程正像第(2)类型的情形一样。接着，进入市场的可消费产品的增长量，就会和早期总报酬量的增长一样多（假定效能报酬率未变），所以物价又会降回原先的水准。

应当指出的是,第(2)类型和第(3)类型的发展要是没有货币状况的重大变化就不可能出现,因为它们牵涉到总报酬量和利润量的增加。因此,这种情形就要有银行当局的默许。如果银行已经惯于只集中注意总存款量而不注意其他因素,货币量的调适也会在不引起它们注意的情形下发生。因为在繁荣的最早阶段特别容易一致产生"多头"情绪,使"空头"状况减少;所以就会由于金融流通(即储蓄存款)的减少,使工业流通所得到的货币量增加。没有这种情况的话,银行利率的些微上升(程度不足以抵消商品膨胀的趋势)就可以增加足够的货币款项来应付已增长的报酬,其作用方式要不是使维持余额的费用上涨因而增加流通速度(一般只要流通速度稍有变化就够了),便是吸引外国黄金流入(如果所谈的是国际体系中的一国)。① 然而在第(1)类型下由于生产力更多地集中在资本品的生产方面而使进入市场的流动商品减少,其发展只要货币因素有些微的变动就能出现。因此,如果要避免的话,银行体系就必须采取更多的积极行动。

应当顺便指出的是,当消费品物价的上涨不是由于供应减少造成的,而是由于就业量的增加没有(直接)被消费品供应的增加所补偿而造成的,那么就业量一般说来就会慢慢增加;参加增产计划的企业家就会倾向于事先订购他们需用的某一部分半成品。因此,营运资本的价格(即批发物价本位)就会比消费本位涨得更早、更快。然而这种预发的价格运动仍然属于原始阶段。

───────────────

①　在某些国家中(欧洲大陆的大多数国家都是这样),货币量部分地取决于可用来在中央银行贴现的适当票据量。于是,产量的增加就会产生一种直接的趋势,使流通货币量有一些相应的增加。

我们已经把投资的增长未由储蓄的增长补偿的情形当做标准情形。但同样的说法作出必要的修改以后，也可以应用于储蓄减少未被投资减少的抵消而引起的信用循环。实际上这种情形不可能大规模发生，因为决定储蓄量的影响因素不大可能像决定投资量的影响因素一样突然变化。不过如果储蓄由于任何原因而减少时，就意味着对于和原先同样多的可用消费品作出了比原先大的支出；所以正像其他情形一样，物价会上涨。同时从理论上讲来，信用循环并没有理由不以投资减少、储蓄上升所造成的向下阶段开始。这种情形可能是由于某些类型的企业中的企业家信心受到打击而造成的。也可能是由于资本紧缩而公众进行储蓄的意愿却未因此受影响的情形所造成的。但最常见的也许是向上的阶段由原先向下阶段的反作用造成，向下的阶段则由原先向上阶段的反作用造成；也就是说，繁荣继萧条而生、萧条继繁荣而出。只是反作用开始的准确日期一般要由非货币因素所造成的独立的环境变化来决定。

（二）次级阶段

以上所讨论的价格运动都属于信用循环的原始阶段。它们之所以发生，不是由于人们企图利用利润的出现，而是因为企业家看到了有利机会可以在某些特别方面增加活动。然而次级阶段性质就不同了。我们已经强调指出，商品膨胀的本质就是物价的上涨和生产成本的上涨（如果有的话）不成比例。因此，拥有脱离生产过程的流动消费品的企业家的销售价格就可以高于以往或现在的生产成本，因之而获得一笔意外利润。高昂的价格也会诱使零售商和批发商将它们的存货减少到正常水准以下去,这时他们可以在非常满意的价格下出售他们的存货。在这种现象发生的范围内,其作用方式的确是减少某一特殊种类的营运资本的投资,以便部分地抵消其他方面的过分投资。但本期产品获得利润,存货又眼见着减少以后,几乎不可避免的结果是鼓励消费品的制造商尽力增加产量。这样说来,在信用循环原始阶段的物价上升所造成的意外利润的影响下,就出现了一种使产量增加的次级刺激。这一回的刺激是全面性的,作为一般消费对象的各种类型的商品都将受到影响。

这种次级阶段甚至比原始阶段更容易牵涉某种程度的收入膨胀和商品膨胀。因为进一步增加就业量的企图可能会使生产因素的态度强硬起来,使它们所获得的单位产品报酬率更高。此外,在某些情形下,专门化生产因素将已充分就业。结果在利润出现后,就会使企业家互相争夺这种生产因素的可用供应量,使这些特殊情形下的报酬率提高。随着收入膨胀的发展,刺激企业家扩展活动的剩余银行资财就将由于工业流通的需要增加而渐次消减。但只要有任何成分的商品膨胀仍然存在时,刺激就会继续存在。此外,当人们预计物价将进一步上涨时,就会产生一种贮积流动商品的趋势。这样就会加大投资超过储蓄的数额,因而正好引起了我们所讨论的物价上涨。

(三)衰退

不论原始阶段是否包含着反作用的种子,次级阶段总是必然包含着的。原始阶段如果是由资本品的生产增加所引起的,上涨的物价水准在这种资本品产量继续增加时就将继续维持下去。在适当的条件下，这种时期将是很长的；纵使在消费品生产的刺激刚一增长时、增加资本品生产的刺激就减少，情形也是这样。但如果是由于消费品生产的增长所引起的，那么经过一段时隔以后（长度受生产过程长度的制约），这种货物进入市场的供应量就将增加到和报酬完全成比例的程度。这样上涨的物价水准就不会再有任何需要，价格也就会回跌到原来的数字上去。唯有在收入膨胀已发生后，上涨的水准才能维持。由于次级阶段必然会刺激消费品的生产，所以原始阶段纵使是由于资本品的生产增加所引起的，次级阶段也会带来反作用的种子，一旦消费品供应的增长可以应市时，就会发芽滋长。这样一来，迟早会出现一个时候使消费品进入市场后不能再以原先的流行价格出售，这时循环中的价格下降阶段就开始了。

这种价格下降的运动虽然能部分或全部消灭原先流行的意外利润，但其本身却不会使企业家遭受实际的损失。诚然，只要有任何过分投资的因素存在时，就会有一定程度的利润存留下来。因为只要储蓄不超过投资，企业家就永远能使消费品销售所得的总数至少等于其生产成本。因此，从理论上说来，反作用并不必然会造成意外损失。当过分投资结束后，繁荣可能只是刚好停止而已。在第 20 章中，我们将详细讨论这方面的一个具体情形。

然而有许多理由却说明，实际上价格下跌的阶段很可能不但引入意外利润的终结，而且引入意外损失的开始。

首先，在投资方面，新影响因素将发生作用，某些企业家将由于预计不正确而已经在正常效率的状况下进行生产。这时，除非物价能使全体企业家获得意外利润，否则他们就不能抵消其生产成本。因此，价格跌落就会使这些企业家停止这种生产；由于像这样减少了营运资本的投资，所以就会减少总投资率。人们见到价格跌落，同时也许又见到了产量降低，于是就会在下述两种方式下改变金融界的情绪：(1)"空头"的看法发展，结果使金融流通的货币需求量扩大，因而使工业流通的货币供应量减少，于是就使银行强迫投资减少；(2)资本膨胀可能消失（我们已经看到，这种膨胀受看法的影响多，受货币量的影响少），也许还会让位于资本紧缩（即 P' 下跌）因之而消除了过分投资的一种刺激。

　　这时，货币方面的情况也在变化。原先存在的一致多头情绪临时牺牲金融流通，使工业流通扩大，到这时就会停止发生作用；除此之外，允许报酬总额作一定扩充的其他短期因素也将走到极限的尽头。它们的趋势实际上也许会逆转过来。比方说，流通速度就可能恢复正常状态。此外，现存的银行利率，将由于商品膨胀扩展到其他国家等类的原因，而不能吸引黄金流入，甚至还不能维持现有的存量。但更加可能的情形是扩展因素的潜能耗尽，至少是在开初的时候不能逆转。因为当信用循环发展时，企业家的意外利润就会不断刺激他们互相争夺生产因素的劳务，所以利润膨胀就将渐次地转为收入膨胀。随着这种变化的发展，维持工业循环所需的货币就将愈来愈多。

　　因此就会出现一个阶段，那时发展或维持工业流通量的努力将驱使银行实际利率达到一种水准，以致在所有的情况下都将使新投资相对于储蓄而言受到抑阻，这时萧条就开始了。从繁荣中发生的反作用就将不仅使价格和利润都恢复常态，而且会引起一个营业损失和不正常价格的时期。

这一切当然都假定银行体系的行动所根据的是原先实际上一直支配其本身的原则。至于确定并维持一种有效银行利率,使投资和储蓄始终保持接近相等的问题,则不是它的目标,或者是不属于它的权力范围。因为它如果根据后一标准成功地管理通货,那么信用循环就完全不可能发生。

我在这一章用尽可能普通的词句描写了信用循环的创生和生命史。显然,事物的实际过程是难以胜数的,在细节上互不相同。但我认为许多不同的情形都可以引入以上所概述的格局中去。

第十九章　信用循环的
某些特殊方面

一、商品膨胀的"辩护"

欧战后时期的经验使我们之中的许多人都主张,物价水准稳定是实际政策所能求得的最上目标。这一点,除开其他情形以外,就意味着银行当局将不惜一切牺牲来消灭信用循环。这种鼓吹引起了批评,D. H. 罗伯逊先生(参看他所著的《银行政策与物价水准》)是提出批评的主要著作家。这种批评的大意是说,信用循环虽然会造成灾难性的过分发展和严重的弊端,但在进步的社会中却有它的作用;如果试图完全加以遏止,就会在产生稳定性之外还产生停滞。因此,在这儿不妨讨论一下罗伯逊的说法有多大的说服力。

罗伯逊先生那一说法的主要根据是,信用循环的商品膨胀阶段在其存在时期中,使社会的财富比其他情形下增长得更快。这一点无疑是正确的。商品膨胀的结果是使社会的本期产品超过其本期消费的程度比其他情形下为大。但从另一方面说来,萧条时期所享有的更高的真实工资却是牺牲正常的资本积累而获得的。

商品膨胀使财富增长超过自愿储蓄所代表的财富储存量的这一超过量,罗伯逊先生称之为"强加的缺乏"。他说:财富积累的增加率大于自愿的储蓄在没有"强加的缺乏"为之补充时的增加率,有时是有好处的。

应当看到的是,信用循环中的商品膨胀阶段不能用来使财富积累率不断增长。它只能用来产生一种短期骤发的上涨。我们完全可以想象得到,这种性质的骤发作用有时候是极有必要的。在任何情形下,如果我们大有理由急于求成,那么商品膨胀便是急速转变的最有效办法。但这种情形我还难于找出很好的例子来,战争当然是例外。在战争的情形下,金融界的清规戒律奉行者在自己迟缓的办法还没有来得及生效时,就发现自己已经是招架不迭了。

因此,我们必须将信用循环的紧缩阶段对于财富积累所造成的损失列在另一边。像这样做了以后,两抵的结果究竟有利于哪一边,我们能肯定吗?19世纪时全世界大大增长的财富,很可能绝大部分是由商品膨胀的过程所积累的。但这也可能是由于以下两种原因造成的:(一)货币不断增多,同时(二)生产因素的效能增长,使物价在长期内略微高于效能报酬,因而产生了利润并造成了财富;而不是说,叠加在这一般趋势之上的信用循环的急剧摆动造成了财富。因为在另一边我们还必须列上可以归因于循环紧缩阶段的巨大损失。紧缩阶段中所产生的损失不但是由于人们的消费耗损了储蓄而造成的,同时也是由于非自愿的失业使产量蒙受损失而造成的。后一种情形的弊害比其余时间的繁荣的利益还要大。一般人对紧缩阶段一部分由于储蓄的亏蚀、另一部分由于生产因素非自愿的间歇所造成的巨大的财富损失远没有给予足够的重视。货币管理的政策如果能在自愿储蓄看来不充分时就时常造成商品膨胀,而又从来不让紧缩的反应接着发生,那倒的确可能产生好效果。但这就不会是一种循环性的膨胀。如果我们能找得有关信用循环的各种一般法则的话,那么有利于这种循环的一般法则在利弊两抵之后看来并不见得是有利的。

其次,社会公平问题也必须加以考虑。在商品膨胀中,生产因素的报酬的价值没有他们当时所生产的产品那样大。这一差额被武断地分配在企业家阶级的成员之中,成为后者的财富的巩固增量。因为他们在膨胀阶段所得到的利润往往大于紧缩阶段所蒙受的损失。像这样强制而武断地移转劳作成果的所有权,本身就是很大的流弊。

但有一些次要的理由可以用来支持罗伯逊先生的一般论点,内容是这样:

(一)在一个进步的社会中,从一种生产转变为另一种生产的过程如果要取得满意的速度,临时膨胀有时是一种必要的工具。实际上,发生任何变化的社会,情形都是这样。在根据完整的知识与智慧指导的社会主义体系中,生产资源的转移可以通过命令来实现。但个人主义的体系却办不到这一点。资源往往保持在原来的地方不动。不但要在其他地方有更高的预期利润推动它们,而且在它们不动的时候还要用较低的利润以至破产的威胁来挤压它们。由此看来,新的人物如果要等到现在控制着资源的基础稳固的企业家自愿放弃资源让新人物来运用,那么他们实现自己理想所需的资源就不易像社会利益所要求的那样迅速地获得。这种说法认为:由以上的情形看来,进步如果要取得应有的速度,新借款者最好是不时通过商品膨胀的作用以获得掌握资源的机会，或是让他们通过收入膨胀的作用能够和基础已经奠定的厂商相竞争。我们必须承认，这的确是有力量的。新人物和新方法比平静的繁荣时期中更容易出头，乃是奋力挣扎时期的副产物，的确也是普遍的不幸状况所导致的副产物。但这显然是一个权衡利害得失的问题。此外，个别工业通常的起伏变化往往能提供十分充分的刺激而无需造成我们现在所讨论的普遍扰动。通货稳定并不意味着普遍的宁静和不变的气氛流行。它所要达到的平均稳定性是企业家在一方面的损失大致上被同一阶级的人在另一方面的利得所抵消，因之就不会有一般的繁荣与萧条的趋势叠加在个别工业与个别企业家的兴衰之上。在这种情形下，利润与损失的作用下的适者生存原理并没有停止作用。

（二）罗伯逊先生说，在某些情形下，不同于个别价格变化的一般物价水准变化可以使生产因素将其努力程度与报酬程度调适得比稳定状况下更接近于最大利益。这一点纵使在特别情形下可以成立（要成立也必须先满足许多条件），可是，仍然存在着一般法则究竟是哪一种才最好的问题。

因此，我的结论便是，罗伯逊先生的论点虽然值得认真地加以注意，但不足以驳倒一个一看就有理由的推论，这就是一般主张求得购买力稳定而避免信用循环的摆动的推论。但读者必须着重注意的是，我在整个这一章中完全只是讨论作为信用循环的一部分的商品膨胀，也就是由投资因素引起、而又没有伴随出现货币因素的持久变化的膨胀。至于由货币供应不断增长引起、并与长期商品紧缩相对立的长期商品膨胀却是完全另外一回事，这一点我们在下卷,第 30 章中就可以看到;后一种膨胀可能成为增加财富累积的最有力工具。

无论如何,下述结论是可以成立的,即:物价上涨所引起的投资量增长作为纠正原先存在的商品紧缩的办法而言,一般说来是极有好处的。在这种情形下,物价上升就会使物价水准重新和现存收入水准取得平衡。比方说,如果信用循环的下降阶段造成广泛的失业,而商品紧缩又没有过渡为收入紧缩时,那么要恢复正常的生产和就业水准而又不容许一定程度的膨胀和价格上升来纠正现存紧缩状况,便是无法实行的。收入紧缩如果在发生时对所有的生产因素的作用都相当均等,情形就不是这样。商品紧缩的情形却正好是这样。总而言之,在商品紧缩的最低潮稳定物价是非常愚笨的事。但在这一点上,所有"稳定者"都将一致同意。

从这一讨论中,还可以推论出另一个合乎逻辑的普遍结论,即:信用循环的主要流弊是由它的紧缩阶段产生的,而不是由它的膨胀阶段产生的。所以当商品膨胀已经过渡为收入膨胀时,如果不设法恢复旧状况而只在新的收入水准上保持稳定,那就可以得到真正的好处。因此,在一种状况下,如果货币的供应允许平均物价水准在长期内比效能报酬略微提高得快一些,以致不断地略微偏于促成商品膨胀的话,那么这种状况和物价水准相对于报酬而言缓慢下降的状况比起来就优越得不可比拟。权衡起来,经济进步和财富累积方面的好处将胜过违反社会公平的因素。当后者可以由一般税收制度予以照料并部分补救时,情形就更加如此;纵使没有这种补救办法,如果社会是从一个低下的财富水准上出发,而又亟须急速累积资本时,情形也是这样。

二、商品膨胀的发生

商品膨胀的确能增进新投资的可用资源,并使社会财富贮量增加。在这一方面,它和收入膨胀以及资本膨胀都完全不同,后二者做不到这一点。对各种膨胀不加区别的人却往往忽视了这一点。

但它也会使现存财富重新分配,使财富从货币所有者和债权人方面移转到借款人和货币债务人手中,在这一方面和收入膨胀相似。因为不但是具有货币收入的人发现他们的真实收入减少了,而且具有贮存货币的人也发现他的贮量的真实价值比以前降低了。罗伯逊先生根据这一点提出,后一类人将因此而被引导着使储蓄规模增加得比其他情形下更大,以便弥补他们在贮存货币的价值方面非自愿地遭受的损失。此外,收入增加的那一类人,不论是由于就业量增加而来的还是由于货币效能报酬率增长而来的,预计都会把一部分收入储蓄起来,以便构成其收入存款。

关于上述方式下所产生的储蓄(即补充收入存款而产生的储蓄),罗伯逊先生取了一个名称叫"引发的缺乏",以示有别于他所谓的"强加的缺乏"。后者是商品膨胀使本期货币收入的购买力降低而造成的。

但关于两者之间的区别,还有一些问题需要提出。罗伯逊先生的"强加的缺乏"只是商品膨胀的特殊现象,在收入膨胀中不存在。然而他所谓的"引发的缺乏"却基本上是收入膨胀的特殊现象,商品膨胀唯有伴随出现产品量的增加时,才会有这种现象。因为收入存款除非和货币报酬的增加成比例增加以外,就没有理由预计它有任何增长。此外，"强加的缺乏"虽必然代表着新投资可用资财的增长，但"引发的缺乏"却只有由真实的储蓄造成时才有这种情形。不过我们还有其他办法扩大收入存款，例如由储蓄存款移转过去，或不以正常的本期储蓄购买证券等。要不然，也可以增加收入存款的流通速度而不增加其量。因此，在我看来，"引发的缺乏"作为另增的储蓄来源而言，太不稳定了，不值得另加论列。

现存货币储量以及货币债权的价值损失与本期收入的价值损失之间的混乱概念，有时会在商品膨胀的发生方面导致相应的混乱概念。当银行伴随物价的上涨而增加信用量时，借得新增货币信用的借款者所能支配的购买力便显然增加了，他可以用这种新增加的购买力来扩充他的营运资金。纵使在物价上涨时，这一点还是正确的，不论上涨多少都一样。这种扩充究竟是牺牲了谁的利益得来的呢？换句话说，当落到借款者手中的这种真实收入在增长时，谁的真实收入要减少呢？一眼看上去，问题的答复是，这种移转是牺牲存款者的利益而来的，但这个答复却是错误的。实际上，借款者成为新增加的购买者进入市场，而现存物价水准下的现有购买者的购买力又没有任何减少时，物价就会上升。同时，物价上升就会减少存款者的存款价值，也就是减少他的购买力支配权，这一点也是正确的。但除非我们假定，存款者作为一个群体而言，将减少其真实余额，否则物价水准的上升虽然会减少货币存款的价值，却不会因此而必然减少存款者的消费。只要存款者作为一个群体而言不支取原先的存款用于消费的目的，那么他们支付消费费用时便不是花用现有的存款，而是支用本期收入。这样就引导我们得到了正确的答案。物价上涨所减少的是一切可以用现金支付的本期收入的价值。也就是说，社会上其余的人手中的购买力之流的减量，等于前述借款者所取得的新增购买力。此外，正如我们已经看到的，有一种利益刚好等于本期收入价值所遭受的这种损失，它将以利润的形式累积到可以在增长的价格下出售本期产品的企业家手中去。因此，新借款者通过贷款所取得的资本增量，是牺牲本期收入收受者而取得的。但这种财富（毋宁说是财富所担保的贷款）增量不归于牺牲利益造成财富的人，而是直接或间接地归于因为可以在上涨的价格下出售产品，以致获得了意外利润的企业家手中。

从另一方面说来，哪一类人又会得到相应于存款者财富损失的财富增量呢？显然是旧有的借款者。也就是在原有较低的物价水准下借款，而又能在新的较高物价水准下还款的人。但这种财富的移转虽然不仅包括银行存款者和银行借款者之间的移转，而且也包括一切按货币计算的借款者与贷款者之间的移转，然而却不可能在任何方式下使资本贮量扩充。在这种情形下，借款者到期还债时所付出的购买力的确可以比原先预计的量少，因之而保持了另增的购买力，他们可以用来补充营运资本，也可以不这样做；然而银行家收回旧债以便对企业界放出新债的可用信用量，价值却相应减少了。

三、信用循环的正常道路

上面我们已经充分地强调，信用循环可能采取的道路是举不胜举的。现在为了简单起见，不妨特别选出一种道路来。这种道路在我们看来是经常出现的，也许足以称为常有的或正常的道路。

首先是有某种非货币性质的事物发生，增加了投资的吸引力。这可能是一种新发明、一个新国家的发展或一次战争，或是许多小的影响因素朝同一方向发展，因而使"营业信心"恢复。还有一种可能是：事情以证券交易的繁荣开始，最初对自然资源进行投机或实际垄断，最后却对新资本品的价格发生感应性的影响。当发生主要作用的因素是货币原因时，就更可能出现这类情形。

这时自然利率相应于投资吸引力增加而发生的增长并没有被储蓄的增长所遏阻；投资量的扩充没有受到市场利率充分增长的约束。

银行体系默许投资量像这样增长以后，就可能要让总货币量有若干增长。但开初时，必要的增长不会很大，并且可能几乎不知不觉地从该体系的普遍疲滞状况中拿出货币来加以应付；或者是由金融循环的需求量减少得到供应，货币总量并无需有任何变更。

在这一阶段，资本品的产量和价格都开始上升。就业状况改善，批发物价指数上升。接着，当新就业的人支出增加后，就会使消费品的价格上涨，并让这种商品的生产者获得意外利润。这时，几乎所有的商品都会涨价，各类的企业家都会获得利润。

最初，生产因素的就业量会增加，其报酬率却不会有很大的变动。但当一大部分失业的生产因素就业后，企业家在高额利润的刺激下就会互相争夺，因而开始提供更高的报酬率。

因此，在全部的时间中，工业循环的需求都会增加。首先是要用来应付就业量的增长，接着还要用来应付报酬率的增长。这样就会达到一个阶段，那时银行体系将不能继续在符合其原则与传统的情形下提供必要货币量。

但在金融流通、货币流通速度和中央银行准备比例发生变化以后,银行体系在不明显地背离其原则与传统的情形下所能应付的总报酬额变化量是令人吃惊的。

因此转折点就可能不是由于银行体系不愿或不能为已增长的报酬总额提供资金导致的,而是由于以下另外三种原因中的一种或多种所造成的。转变可能是由于某些金融家具有预见或对原先的危机具有经验,比金融界或银行界看得更远一点,因而使金融情绪发生动摇。果然如此,就会正像我们已经见到的情形一样,"空头"情绪的增长将增加金融流通的需求量。因此,可能是由于工业流通增长之上又加上了金融流通的增长趋势,才使银行体系支撑不住,最后使它不得不加上一种利率,其数量不仅只是完全等于市场利率,而且在已改变的条件下,将远远超过市场利率。

还有一种可能是新投资的吸引力将随着时间的发展或某些类资本品供应的增长而渐次衰弱。

最后,如果没有因为上述任何原因而产生转变的话,在繁荣时期第二阶段(消费品生产活动增加)正式开始之后再经过略多于一个生产时期的时间,就很可能会产生一种感应性反应。这是由于消费品的价格会不可避免地跌落到它增长的水准以下去的缘故。

这样一来,由于累积了若干重大的原因,最后就会发生衰退。这些原因中包括:(一)新投资吸引力的消失;(二)金融情绪的摇摆;(三)消费品物价水准的反应;(四)银行体系愈来愈无力赶上日益增长的需求,起初是工业流通需求的增长,接着是金融流通需求的增长也发生作用。

因此,事情的顺序便是这样:首先,发生资本膨胀导致投资的增加,接着造成商品膨胀;其次,又出现更多的资本膨胀和商品膨胀,时间大约是消费品的一个生产时期;第三,这一时期末尾在商品与资本膨胀的程度上发生了反应;第四,资本膨胀衰退;第五,投资降低到正常水准以下,造成商品紧缩。

第二十章 信用循环纯粹理论中的一个练习

在这一章中我打算举出一种特殊类型的信用循环，并作充分详细的讨论。在实际生活中，往往有各种各样的复杂情形存在。为了撇开这些情形，就必须作出许多简化的假定。因此，我们所举的例子便带有一些虚拟的性质。同时，它并不能使原先的说法增添内容，而只能加以说明，所以有些读者也许会宁愿跳过这一章去。但前几章的方法和概念用这种方式加以解释，也许比粗浅地包容更多的材料的叙述法要明白一些。

在我们所举的类型中，循环开始时有些生产因素是失业的。其次假定的是银行采取了一种放款政策，让消费品生产增加，随之造成一种没有充分被新增的储蓄所补偿的新增营运资本贮量，因之而足以使所有的失业生产因素逐渐恢复就业。这样看来，本章便是一篇论文，讨论的是循环过程的价格—工资—就业结构的内部机制。这一循环过程代表着从物价与生产成本之间已取得平衡，但仍然具有失业的原有萧条状况中恢复就业量的过程。

一、标准情形

首先让我们把问题简化一下，以便提出主要的机制而撇开非主要的复化情况。我们将看到,这种主要机制在较为普遍的情形中基本上是相似的。起初我们要提出一些假定,往后再除去,内容是这样:

假定一: 除去收入存款增量以外的本期储蓄,与提供新增就业量所需的营运资本增量以外的新投资净额相等。所以新增的营运资本便刚好等于企业家的利润量加上收入存款的任何增量。[①]

假定二: 银行除了计入金融流通量的任何变动以外,为工业流通提供的货币增量刚好足以在稳定的速率下吸收失业的生产因素就业;所以当一个生产时期过去后,最后一个生产因素就刚好就业了。这等于是说:企业家除了利润以外,为了支付日渐增加的工资(已在假定中规定)并增加其营业存款 A,就需要向银行贷款,需要多少银行就供应多少。

假定三: 全部增加的就业量都用于消费品的生产,流动资本的贮量如果有的话也是恒常的。

假定四: 没有收入膨胀发生,所以生产因素的效能报酬率始终不变。也就是生产的货币成本始终是稳定的。

假定五: 一切商品的生产过程的长度都是相等的,所以过程是一个稳定的过程。

假定六: 工资每隔一定的时期之后(我们将称之为星期)按

---

① 这就隐含着一个假定,即资本家在这时期开始时既没有获得利润,也没有蒙受损失;但这一假定并非主要的,上述论点本身对于没有这种假定存在的情形是很容易适应的。

各时期的工作发放一次。如此发放的工资只能由收受者在下一星期中支出。任何一个星期中的支付率都是稳定的。换句话说：任何一个星期的支出都由前一个星期的收入支配。按本星期所完成的工作而得到的收入，其领取时期赶不上影响本星期的支出。此外，消费者还将在收入存款中把一部分款项续储到周末，数量等于刚刚得到的本周收入加上前一周收入中的一个恒定部分。

当货币所得不变或以恒定的比率变化时，以上的假定就意味着每一周周末所续储的收入存款都是该周收入的一个恒定部分，收入存款的流通速度也是恒定的。但货币收入有变化时，情形就没有这样简单了。因为如果 k_1 像以前一样代表收入存款流通速度的倒数，w_1 和 w_2 代表相继两星期的收入，$m \times w_1 + w_2$ 代表第二周末续储的存款（根据上述假定而来），那么第三周的支出便是 $w_2 + m(w_1 - w_2)$，收入存款的平均水准是 $m \times w_1 + w_2 - \frac{1}{2}\{w_2 + m(w_1 - w_2)\}$，这是一周中点的余额，即 $\frac{1}{2}\{w_2 + m(w_1 + w_2)\}$，故得：$k_1 = \frac{1}{2} \frac{w_2 + m(w_1 + w_2)}{w_2 + m(w_1 - w_2)}$。这一数目只有在工资稳定或按稳定的率（几何几数）增加时才是稳定的。

假定七： 以往不论有过什么错误，所有有关的人对于信用循环的后继过程都有准确的预测。

命生产时期的长度等于上述单位时间（"星期"）的 $2r-1$ 倍，根据假定五，这种时期的长度是一律的，强度是稳定的。

因此，如果 $a=$ 单位时间内的货币报酬之流，$t=$ 报酬用于消费的部分。同时根据假定一说来，这也是以可用消费品的形式出现的一部分产品。

在开始时我们所具有的便是：

$a \times r=$营运资本生产成本[①]和

$t \times a=$消费之流。

命 p 是可用消费品的物价水准。

让我们假定失业生产因素和在业生产因素的比是 x，并开始了一种动态使就业量增加到最大容限，因之也就是按 x 的比例增加营运资本。根据假定二，我们将认为这不是一步达成的，而是稳定等量地增加上来的。因此，制造机器每星期的投入率 $\dfrac{a}{2r-1}$ 便按 x 的比例增加，然后维持在 $\dfrac{a}{2r-1}(1+x)$ 的水准上。这样说来 $2r-1$ 个星期以后，收入将增加到 $a(1+x)$，往后将维持在这一稳定水准之上。

这就意味着，在第一个星期中收入将增加到 $a\left(1+\dfrac{x}{2r-1}\right)$，在第二个星期中增加到 $a\left(1+\dfrac{2x}{2r-1}\right)$，在第三个星期中增加到 $a\left(1+\dfrac{3x}{2r-1}\right)$，直到 $2r-1$ 个星期时就达到了 $a(1+x)$，这时就业

---

① 因为 $\dfrac{a}{2r-1}+\dfrac{2a}{2r-1}+\dfrac{3a}{2r-1}+\cdots+\dfrac{(2r-1)a}{2r-1}=a \times r$。

量也就达到了最大容限。

　　增加的报酬在第一个时隔中不会影响物价水准，因为我们已经假定工资是在周末发放的，所以新增的报酬在第二个星期以前不会作为购买力进入市场。但在第二个星期中进入市场与以往相同的可用真实产品量相遇的购买力将增加到 $a\left(t+\dfrac{x(1-m)}{2r-1}\right)$，因为 $\dfrac{ax}{2r-1}$ 是收入的增量，而加入续储量中未花费的部分则是可以的 $\dfrac{axm}{2r-1}$，这样才满足了假定六的要求。[①] 其结果是物价水准将上升到

$$p\left(1+\frac{x(1-m)}{t(2r-1)}\right).$$

　　因此，消费者的货币收入将损失购买力 $\dfrac{x(1-m)}{t(2r-1)}$. 在这一时隔中，如果有企业家的产品成为可用形式出现，因之使所获价格成为 $p\left(1+\dfrac{x(1-m)}{t(2r-1)}\right)$，而不是 p，他就将获得价格增量这样多的利润。

　　第二个星期的报酬量是 $a\left(1+\dfrac{2x}{(2r-1)}\right)$，第三个星期中的新物价水准根据与前面相同的推理将是 $p\left(1+\dfrac{x(2-m)}{t(2r-1)}\right)$. 然后这一过程将一直继续到 $2r-1$ 个星期过去以后为止，这一时期末的报

---

　　① 如果 m 大于 1，也就是续储量大于一个星期的收入，这一假定便除非是经过一段时隔，否则无法实现。因为在这种情形下，当收入增加时，续储量可能只会渐次地做到以同一比例增加，所以收入存款的流通速度将暂时跌落到正常值以下。

酬量将是 $a(1+x)$，第 $(2r-1)$ 个时隔中的物价水准将是 $p\left(1+\dfrac{x(2r-2-m)}{t(2r-1)}\right)$. 如果 $2r-1$ 代表很多个星期，这一式子实际上就会等于是 $p\left(1+\dfrac{x}{t}\right)$. 也就是说，如果 r 很大的话，[1]物价的上涨不论是绝对量还是相对于 m 而言，都很少因为消费者维持其收入存款对货币收入的比例而受到阻滞。这种物价上涨的阻滞就其发生状况而言，一部分是由于报酬获得者在一个星期之后才得到报酬的缘故；另一部分则是由于他们使逐期续储而未花费的收入量增加，以便使其收入存款与货币收入保持适当关系的缘故。

这时收入存款的增量（即 $(2r-1)$ 个星期末的续储量）将达到 $a\times x\left(1+\dfrac{2r-2}{2r-1}\times m\right)$. 同时包括造成新产品量的人在内的全部消费者的消费量则会刚好和原先一样，也就是按每星期 $a\times l$ 的比率消费。原因是这样：真实工资率虽然始终会持续下降，使造成新产品量以外的生产者的旧生产者削减其消费量，然而新生产者则将等量地增加其消费量。[2] 因此，新生产者将按 $a\times x\times r$ 的比例增加其总收益，并按 $a\times x\left(1\times\dfrac{2r-2}{2r-1}m\right)$ 的比例增加其收入存款。累积到企业家手中的总利润量将达到 $a\times x\left\{r-\left(1+\dfrac{2r-2}{2r-1}\right)m\right\}$，因为这代表着投资价值超过储蓄量的部分。在下面我们将看到，企业家将在第 $2r$ 个星期上牺牲一小部分剩余，所以最后累积到他们

---

[1]　关于 r 的可能量值，请参看下卷第 28 章。

[2]　上述说法已将失业津贴这类的可能情形除外。

手中的全部剩余量将是 $a \times x\{r-(1+m)\}$。

营运资本、产品量和就业量这时都将随着与我们的假定相吻合的物价上涨,特别是随着与货币工资率维持原先水准的假定相符合的物价上涨而达到最大量。

这就是繁荣的最高潮,物价也上涨到了顶峰。如果生产因素中有待吸收的失业百分比原先是 10%,t 则是 90%,那么物价就会上涨 11% 左右,这时就会出现台面上的第二幕,即萧条。

从就业开始恢复起算的第 $2r$ 个时隔中,可用产品便开始以 $a(t+x)$ 的增率出现,而不是以 $a \times t$ 的增长率出现,而且往后将继续稳定地保持这一已增加的增长率。因此,物价水准便会按这时市场上的消费品增加比例 $\dfrac{x}{t}$ 降低。也就是说,由于在第 $2r$ 个时隔中支出是 $a(t+x)$,进入市场的消费品是 $\dfrac{a}{p}(t+x)$,于是物价水准便会陡然降到始值 p 上去。[①]

应当注意的是,可用产品之流的增加刚好抵消了物价的跌落,所以增加为 $k_1 \times a(1+x)$ 的收入存款仍然和新的状况平衡。

在目前的假定下,萧条纯粹是价格方面的萧条,对就业量方面没有带来反应。新的位域是生产扩充前的同一物价水准和同一工资水准上的平衡位域,但营运资本、生产和就业量却都按 x 的比

---

① 这并不是刚好准确的情形。因为第 $2r$ 个时隔末的逐期续储量 $a(1+x)(1+m)$ 比 $2r-1$ 时隔末的 $a(1+m)+a \times x(1+\frac{2r-2}{2r-1} \times m)$ 大,所以这种续储量的增加就会在第 $2r$ 个时隔中使物价暂时低于 p,以致在第 $(2r+1)$ 个时隔之前不会在 p 这一数值上稳定下来。

例增加了。

二、八条结语

在我们没有放松上述假定之前，有几点值得特别针对目前所讨论的情形重复一下，其中大部分在以前几章中都已经提出过了。

（一）将物价保持稳定，并按上述情形下假定物价上升的比例不断降低货币工资，也可以得到同样的结果。除非是在这种情形下，新增的财富累积到新参加生产的企业家手中的多，而累积到生产开始上涨时货物已在制造的企业家手中的少，其结果使这种替换的情形在竞争条件下不可能出现。

（二）如果生产因素愿意以一种延期付给的形式接受一部分货币工资，等到可以从其他来源得到新储蓄时再交换可用产品，那么纵使没有任何财富从消费者手中转移到企业家手中，也可以得到同样的结果。比方说，如果工资时隔等于生产时隔，以致使 $r=1$，或逐期续储量在每一个工资时隔中按适当量增长，或是储蓄在某种其他方式下充分增加，那么物价水准就不会上涨。

（三）循环周期前的银行存款者如果在整个信用循环中坚持下来，便既不会获利，也不会受损失。他们的银行存款价值在周期末尾和周期开始时一样大。营运资本的增量根据直到目前为止的假定说来大部分是属于企业家的，它的累积完全是由于本期收入购买力下降、靠牺牲这方面的利益而形成的，绝没有牺牲存款者的利益。

（四）聚集营运资本的资金，使全民充分就业时，虽然必须由生产者减少其单位生产劳作的实际收入，但所造成的财富增量则几乎全都以纯粹意外利润的形式累积到企业家手中去了。

但假定被观察的社会是一个完全社会主义化的国家，工资和储蓄量都由国家决定，国家是唯一的企业经营者，那么增加营运资金的过程就不会同时引起不公平的问题。因为在这种情形下，实际工资水准的暂时降低就意味着整个社会积累的财富增加；这种暂时降低是生产因素充分就业必然会带来的现象，正如同为其他目的而进行储蓄时也必然会带来这种现象一样。

（五）此外，累积到企业家这一阶级手中的财富增量主要是落到就业量开始上升时已经有货物在进行处理的企业家手中，而绝不会落到推动新增产量的企业家手中，因为他们的产品在销售时所得到的只是正常价格。换句话说，相当于制造过程长度的未来某一日期的期货价格将始终维持正常价格，它与现货价格相比时显示有一种延期折扣存在；也就是说，现货价格将因上涨而具有超过期货价格的溢价。

（六）营运资本价格 p' 和批发原料价格指数大致上相同；由于我们假定预见是完整的，所以这种价格上涨的程度立即就会大于 p。p 是可用产品的物价水准，也就是流动消费品的物价水准。原因是这样：信用循环出现后，开始进入生产过程的商品所构成的那种营运资本价值不会上涨，因为当它们制成时只能以旧价格出售；然而循环开始时虽不可用，但已部分完成的那种商品所构成的营运资本的价值，则将反映出可用产品制造完成时预计上涨的价格。也就是说，假定预先的判断正确时，原料或半成品的物价水准 p'

平均将比 p 上涨得更剧烈得多,也就是将要上涨到 p 与 $p\left(1+\dfrac{x}{t}\right)$ 之间的水准上去。

（七）这一说法假定生产因素就业后的货币收入比未就业时大,消费也相应增长；由于就业量的增加,使原先失业的生产因素的单位收入增加,所以也就意味着已就业生产因素单位的真实收入在等于生产过程长度的一段时期内将会减少。如果情形不是这样（如失业救济金所造成的结果）,那么所需的营运资本增量有一部分将由原先支付给失业者的资金中补足[①]。这并不影响上述说法的性质,但却意味着必要的物价上涨相应地减少了。比方说,如果失业者收入等于就业者报酬的一半时,上述方程式中 x 全部以 $\dfrac{x}{2}$ 代替后仍然能成立。如果有关社会中生产因素的报酬率不论失业还是就业一律相等（"工作或维持"）,那么物价就显然不会上涨。从另一方面说来,除非是原先支付失业救济金、往后用来扩充营运资本的资金在那时用来扩大消费或某些其他方面的投资,否则在这类情形下,物价在生产时期末将跌落到开始的水准以下去。

（八）还有一个极其重要的表面矛盾的事实原先虽然已经提出,但却值得再重复一下。任何给定时期中社会财富积累的增加取决于该时期内关于产品采取固定资本还是营运资本形式的比例的决定（这一决定主要由企业家与金融家做出）,而不取决于每一

---

① 如果失业者的收入是由工业负担的,那么,假定每一个就业的生产因素的工资不变,增加就业的后果就是会减少效能报酬。从另一方面说来,我们也可以把失业救济的支出当做负储蓄。

个公民所组成的整体关于其货币收入有多大部分用于储蓄的决定。当新投资的生产成本和个人货币收入的储蓄量发生差额时，就必然会造成某种价格变动。如果情形和刚才所举的例子一样，是一种通货膨胀，那么纵使没有一个人特意增加储蓄，社会财富也会增加。增加的财富是由于物价上涨使个人消费减少而来的。但从另一方面说来，发生通货紧缩过程时，个人看起来是"储蓄"了，而且也的确可以尽量储蓄个饱，因为他们作为个人而言，储蓄多少财富就增加多少。然而纵使如此，国家财富绝不会有任何净增加。"储蓄者"财富的增加被一部分企业家等量的财富损失所抵消了，而"储蓄者"所放弃的消费则被一般消费者等量增加的消费所抵消了。

因此，赚得报酬和进行消费的公众作为个人而言不论是否节约，事实上对于他们的总消费量绝不会朝任何一方面造成一点点差别。因为就本期消费而言，个人削减或维持消费的意图对于本期总消费量全部情形的任何效果始终会被物价涨落的相应动态所抵消。因此，公众中个人节约或不节约的净效果将无法在公众的总消费中看出来，而只能在物价水准以及拥有社会资本品增量的人身上看出来。总而言之，公众的"节约"在这种情形下对他们说来是便宜而又有用的。因为这样可以不减少他们的总消费量而又使他们能据有原来会归于企业家的财富。

三、一般化的情形

前面为了说明的简化所假定的某些限制，现在必须加以撤除。

(一) 假定一:

如果本期储蓄比这儿所假定的大,那么物价上涨就相应地较小,因为消费方面的购买增量将比上面所假定的每星期 $\frac{ax}{2r-1}$ 小。如果本期储蓄比较小,关系就反过来了。但这并没有改变这说法的本质,而只是说,在我们的计算中,必须用一个更大或更小的项来代替 $\frac{ax}{2r-1}$.

同样的道理,如果除了营运资本增量以外的新增净投资额有增减而储蓄又没有相应的变化,那么上述对价格等项的影响便会加重或减轻,但不会改变其性质。比方说,如果营运资本的增长可以被对外贸易差额的减少所抵消,其减轻的作用就属于这一类。

总而言之,信用循环的现象将随着储蓄和投资之间的实际不平衡超过或不及假定一所说的程度而比标准情形更剧烈或更缓和。

但在循环发展中没有满足假定一的条件所产生的主要差别是循环过程不刚好持续到一个生产过程那么长,而且只持续一个生产过程。情形比上面所说的要复杂多了,只有首先假定了它的严格性质才能严格地描述其过程。

举一个没有满足假定一的特殊情形来说,我们不妨假设企业家把前一个"星期"的意外利润完全用来增加个人消费的支出。这时,他们在上述定义下的"储蓄"便是负数。正和以前一样,新的购买力将要迟一个星期才能实际达到消费者手中,所以第一个星期和第二个星期中的状况和以前一样。但在往后的星期中,进入市场购买制成品的购买力就不仅只是新受雇者所增加的支出,而且也有前一个星期企业家的意外利润的等值量[①]。因此，第三个星期的物价将上涨到 $p\left(1+\dfrac{x(2-m)}{t(2r-1)}+\dfrac{x(1-m)}{t(2r-1)}\right)$，也就是上涨到

$p\left(1+\dfrac{x(3-2m)}{t(2r-1)}\right)$，第四个星期则上涨到 $p\left(1+\dfrac{x(3-m)}{t(2r-1)}+\right.$

$\left.\dfrac{x(3-2m)}{t(2r-1)}\right)$，也就是上涨到 $p\left(1+\dfrac{x(6-3m)}{t(2r-1)}\right)$。像这样加下去，直

到第 q 个星期时，从简易的代数计算上就可以看出[②]，物价将变成

$p\left(1+\dfrac{(q-1)(q-2m)}{2}\times\dfrac{x}{t(2r-1)}\right)$。而不像标准情形下一样，成为

$p\left(1+\dfrac{(q-1-m)x}{t(2r-1)}\right)$。最后，在（$2r-1$）个星期时，就会成

为 $p\left\{1+(r-1)(2r-1-2m)\dfrac{x}{t(2r-1)}\right\}$。

　　如果我们取中间情形，假定旧企业家得到意外利润后保持一部分而不全部保持，那么物价的上涨就会处于以上所比较的两个公式的结果之间。于是，往后各时隔中的银行信用增量必然会比标准情形大，零售价格的上涨也因而会是这样。至于大多少，就要看获得意外利润的人消费多少而定，但上述说法除此以外并不受其他影响。现存消费者被强制减少的消费这时必然足以抵消意外

---

　　① 我们假定收受者并不把他的逐期意外利润当成其正式收入的一部分，因之便不成比例地增加其收入存款逐期续储量。

　　② 因为如果第 q 个时隔中的物价是 $p(1+s_q\dfrac{x}{t(2r-1)})$，我们就可以得到

$s_q-s_{q-1}=q-1-m$，因此 $s_q=\overset{q}{\underset{2}{\sum}}(q-1-m)=\dfrac{q-1}{2}\{(1-m)+(q-1-m)\}=\dfrac{(q-1)(q-2m)}{2}$。

利润获得者的新消费以及新生产者的消费,货币收入真实价值的跌落,必然会成比例地增大。由于这一原因,10%的失业者被吸收进生产过程之后,可能要求物价水准上涨到远高于标准情形所要求的11%最高额的程度。比方说,如果 x 是 10%,t 是 90%,m 是 1,2r 是 50,物价在标准情形下从 100 上涨到 110.6,而在企业家消费其意外收入的情形下则将由 100 上涨到 350。如果消费者企图达成他们作为整体而言所无法达成的事,也就是支用储蓄维持原有的单位产品消费率,那么结果仍将不变。

从另一方面说来,除了增加收入存款以外,信用循环的现象还有一种方式可以刺激一种不会自发地发生的储蓄增长。由于货币价值在循环上升阶段跌落,往后又会上涨到原先的水准,所以任何个人要是延迟消费时间,并将与此相等的价值归入储蓄存款,他就不但可以得到正常的货币利润率,而且还可以得到货币价值按每年百分比计算的预期增长的价值增量。因此就会有一种强有力的动机发生作用,影响个人,使他们修改消费的时间分配。在物价上涨的早期阶段,这种刺激是小的。这一方面是因为物价上涨得不多,同时也是因为预期的物价下跌为期尚远。但在晚期阶段,当预期的物价跌落为量既大、为时也近的时候,这种刺激作用就会变得很大。因此,只要有正确的预测,这种因素便可以起一些作用,使曲线的峰势平缓。

(二) 假定二:

如果银行体系促使就业量和总报酬量增加的速度大于或小于假定情形,那就会在与以上相同的方式下引起各种各样的不规则状况。要是在个别情形下加以描述倒并不困难，但一般的叙述却不便于讨论这类的状况。

（三）假定三：

我们假定所有可消费品的产品都是一生产出来就被购买和消费，流动消费品的存量如果有的话也是维持稳定的。换句话说，随时零售的货物没有贮积，也没有始贮量。如果可用产品是不耐久的，因而不能储积，那么这一假定在这一范围内就毫无保留地正确。但如果可用产品并非不耐久，那么，除非贮积的成本大于物价水准上涨的比率，否则，物价水准上涨的预期显然就会引起贮积货物；而物价水准将会恢复原来的较低水平的预期则又会使存货出清。因此，撤除没有贮积的假定是有重要意义的。

如果我们假定物价水准的发展过程被正确地预见到了，那么有一部分新银行信用便不会被用来补充营运资本，而会被用来扩充流动贮积。其结果是物价水准的始增值比没有这种预见时大，因而流动品可用于消费的量将减少。如果贮积无需成本，那么物价水准在第一时隔中就将上涨到最高额，而不像标准情形一样，要到第 $2r-1$ 个时隔中才涨到最高额。这一最高额将成为可以在全部 $2r-1$ 个时隔中始终维持不变的物价水准。其数值将在起始物价水准与无贮积的旧假定下的最高物价水准之间的中间部位。也就是说，大致将是 $p\left(1+\dfrac{x}{2t}\right)$.[①]在这种情形下，贮积量将继续增加

---

① 因为上涨如果比这更大的话，那么在第一时隔中从市场取走的某些存货，在往后的时隔中将只能赔本卖出。

到第 r 个时隔为止,接着就会一直减少到第 $(2r-1)$ 个时隔中贮积量被完全吸收内为止。此后,物价水准就会和原先一样,重新降落为 p。

我们可以看到,贮积不费成本时,其可能性将使物价变动的幅度减少一半。这是符合一般利益的,因为它使消费在全部时间中得到更好的分配。贮积如果能随着我们所假定的就业增长率而实现的话,那么货币供应的增加在头几个星期中就必须略大,而在后几个星期中则必须略小,因为需要提供资金的利润量在早期阶段将增加,而往后则将减少。

以上所说的情形是信用循环的过程得到正确预见时所发生的情形。但实际上物价上涨开始时不仅不会刺激贮积,反而会在有可能时使现存的贮积或正常储备量出清,使市场的供应增加。物价只有持续上涨一个时期,因而产生了长期持续上涨的错误预期时才会刺激贮积。在这种情形下,物价开始时的上涨就会比标准情形小,往后则会更大。同时由于错误地预期物价还会上涨,储积者到第 $2r$ 个时隔中新增的产品供应已上市时手中还会有存货,所以衰退的趋势乍一开始时会使物价降低到正常水准 p 以下去。

其次,我们必须考虑到贮积一般是要费一些成本的。如果这种成本比物价在没有贮积时的上升率大,那就没有贮积可言了。也就是说,每一时隔的贮积成本如果大于 $\dfrac{px}{t(2r-1)}$,就不会有贮积。从另一方面说来,如果小于 $\dfrac{px}{t(2r-1)}$ 的话,就会有贮积出现。在这种情形下,当贮积在较早的时隔中已经开始以后,物价就会比标准情形高，往后则会较低。但正和以前一样，最高物价水准将紧接在第 $2r$ 个时隔之前达到，到 $2r$ 时隔中则将降回到 p。

（四）假定四：

我们在标准情形下假定，生产因素的报酬率按货币计算时在整个循环过程中始终不变。也就是说，商品膨胀并不伴随出现收入膨胀。如果这一假定不满足的话，消费品物价水准就会有一个上涨的趋势叠加在商品膨胀所造成的上涨之上，其程度和时期刚好等于有收入膨胀存在的程度和时期。

（五）假定五：

往下，让我们放弃所有商品的生产过程长度一律相同的假定。

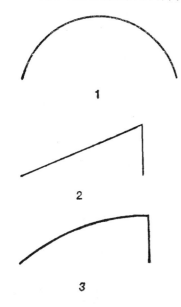

在这种情形下，物价水准将由一些商品组成，其中有些还没有达到最高价格水准，而另一些则已经超过了。这时这种综合物价水准的曲线将采取一种大家熟悉的形式，如图 1：

而不会像没有贮积的标准情形下一样，呈直线形然后陡然降低，如图 2：

或是像有贮积的情形一样，曲线开初上升较快，然后陡然降落，如图 3：

因为当愈来愈多的商品达到顶峰然后下降时，综合物价水准的增加率就会像第 1 图所说明的情形一样愈来愈慢。终于达到一点，那时价格下降的商品就超过了价格仍在上升的商品。

如果我们放宽关于生产过程长度一律的假定而不放宽完整预见的假定，那么原先的结论还有一个限制条件。因为如果生产时期短的商品的投入率和其他东西按同一比例增加，那么它的价格在生产期末将跌落到正常水准以下去。原因是可用于这方面的购买力可能还没有增加到它的产量那样大。由此看来，生产时期较短的商品的投入率应当比其他商品增加得更慢一些。从另一方面说来，人们的消费会有一些从生产时期长的商品方面转到这方面来，以便利用这种商品的低廉价格，这样就对上述情况部分地起了平衡作用。

（六）假定六：

任何偏离这一假定的情形，效果都和有关假定一的讨论中所谈过的储蓄率变化的效果相同。

（七）假定七：

实际上，信用循环和标准情形比较起来，具有一种强烈的趋向于"过火"的内在趋势。

以上我们一直假定预见是正确的，只是略微提及了预见不完整的结果。但事实上预见肯定不会完整；在目前的无知状态下，还可能朝一方面发生偏向。因为企业家在现存的心理状况下将新原料投入制造机器的速率的决定，受眼前肯定的现货价格的影响比完全不肯定的生产时期末预期价格的影响要大得多。然而应当对他们发生影响的却完全是后者而绝不是前者。其结果是，当现货价格上涨时，尤其是当它们持续上涨六个月以后，投入率就会过分地加速；如果是跌落的话，则会使之过分受阻，往下的后果是很明显的。

此外，如果有许多企业家独立作出牵涉增加投入率的决定，而且彼此处心积虑地不让旁人知道，那么他们之中便没有一个人能准确地预见到投入率的增加。因之也就无法预见到一个生产过程过去后，这种增加对于物价将发生什么样的影响。

前述说法显然可能作出许多细节方面的发展和扩充，再继续写许多页加以扩充、修正和总括都办得到。但以上所说的话，也许已经足以让领会了这儿所说明的一般思想体系的读者应用到自己遇见的任何其他有趣的情形中去了。

第二十一章　国际不平衡
所造成的变化

国际价值理论的详尽讨论,不属于本书范围。但这种理论的某些简短的导论却必然适于在货币论中提出。

一、作为货币不平衡原因的
相对物价水准和相对利率

我们已经看到,国际通货体系的平衡要求每一个国家的对外投资收付必须等于其对外贸易差额。这一点牵涉两套条件。因为对外投资收付率取决于国内外的相对利率,而对外贸易差额则取决于国内外的相对物价水准。

不过相对物价水准脱节所造成的不平衡和相对利率脱节所造成的不平衡是根本不同的。在前一种情形下,不平衡可以由物价水准(毋宁说是收入水准)的变化补救;它虽然必需有暂时性的利率变化来造成收入水准的变化,但却无需有永久性的利率变化。从另一方面说来,在第二种情形下,平衡的恢复可能不仅需要利率变化,而且需要收入水准发生持久性的变化,可能还要有物价水准方面的变化。也就是说,一个国家的物价水准和收入水准,不但会受国外物价水准变化的影响，而且会受到国外投资需求相对于国内需求的变化所引起的利息率变化的影响。

1. 首先让我们讨论一下较简单的第一种情形。在这种情形下，平衡的扰动完全是由于国外物价水准的变化（如跌落）所造成的。这样就会使对外贸易差额 B 降低，而对外投资收付量 L 则没有相应的变化。其结果是使 L 超过 B，使黄金外流。银行利率必须暂时提高。但像这样造成的首先使物价下跌，接着使货币收入下跌的过程完成后，银行利率就可以安稳地恢复原有的水准。其原因是全部产品的物价水准 Π 以及 S_1、L、I_1 和 B 等以购买力衡量时虽然未变，但以货币衡量则都比外国物价未跌落前降低，其程度相当于外国物价水准的跌落，因而使平衡条件得到满足。除了货币价值以外，新平衡一旦成立以后，将不会与旧平衡发生重大差别，生产性质将没有变化。[①]

2. 其次让我们假定，平衡的扰动是由于国外利率的上升造成的，而国内的 S 和 I_1 却仍然是利息率的原有函数。这样就会使 L 增加，其结果是使 L 超过 B，使黄金外流。正像上面所说的情形一样，银行利率必须提高，而银行利率提高就会使国内投资 I_1 和对外投资贷付差额 L 都受到阻抑，所以 S 便会超过 I，物价 Π 就会跌落。Π 的跌落使旧生产成本下的企业家蒙受损失，所以他们就会趋向于减少为生产因素所提供的货币报酬率。最后，基本方程式的第一项就会降低。同时，起初由于基本方程式第二项的降低、接着由于第一项的降低所造成的 Π 的跌落将使 B 增加，而银行利率

---

① 这一点牵涉一些默契的假定，如不同生产因素的货币报酬按同一比例变化等。

的上升则会使 L 减少。这一过程一直要继续到重新出现 $L=B$、黄金停止外流时为止。在新平衡位域上，L 中在 S 中所占分量比以前大，而 S_1 所占分量则比以往小。那么 Π 又将怎样呢？

B 将必须增加。这就意味着输出必须增加或输入必须减少，或是两者兼有。所以 B 必要的增加只能由国产外贸商品的价格跌落，使生产转移、使 I_1 减少而得到。在上述过程的一个阶段中，这三种现象全会出现。因为黄金的外流将在其作用范围内使外国货涨价，使本国货跌价，而利率的上涨则会使 I_1 减少。所以在新的平衡点上，一切国产货的价格相对于一切外国货的价格而言都会下跌。这种相对跌落的量将取决于国内外生产力的实际性质所造成的贸易条件的变化，这一点在第 303 页上就可以看到。

关于 Π 本身，其组成成分中有某些将下跌，而另一些则将上升。如果国内消费的一切商品都可以毫无阻碍地进入国际贸易，那么 Π 就不可能相对于类似的国外物价水准而发生变化。但由于这一条件实际上从没有得到满足，而大多数国家又主要是消费本国产品。所以一般说来，两抵之后 Π 的绝对值就会跌落。这就是论点的要义。但我们现在必须进一步详细加以讨论，理由在下面可以看到。

二、对外投资收付差额和黄金流动之间的关系

上述的说法中隐含着一个假定，即 B 是国内外相对物价水准的函数，而不是 L 的直接函数。这就是说，仅只是 L 增加（我们的

假定如此)这一事实,并不能影响外国的状况;无论是外国物价水准方面,还是外国在给定物价水准下对我国货物的需求状况方面,都无法对之发生某种影响,以致能在完全不相当大地扰动国内物价或收入水准的情况下,使 B 和 L 发生同一程度的增加。相反地,我们假定:在大多数情形下,L 和 B 之所以能维持接近相等,并不是由于 L 的增长直接刺激 B 增加;而是由于 L 超过 B 之后,就会产生黄金流动的危险或事实,这样就会引得有关国家的银行当局以一种方式改变其放款条件,以便扰动双方的现存投资平衡、使国内外相对物价水准发生适当的变化,从而暂时减少 L 的净量,最后增加 B。当 B 增加后,L 的暂时减少就不再有必要了。

由于上述推论所根据的是黄金的实际流动,所以便和传统的李嘉图学说相符合。陶西格教授等针对当前的事实来解释这一学说时,[①]使它得到了推广,将国际资本的交换也包括在内了,李嘉图本人却很少谈到这一点。但上述说法和 19 世纪时主要根据经验而在英国得到广泛流传的另一传统学说不十分符合,现在还有人持这种传统学说。根据这一学说来看,对外投资贷付差额将直接刺激对外贸易差额,其作用几乎是自动发生的,黄金的实际流动只起十分次要的作用。我认为这一结论,根据 19 世纪的英国经验的地方比根据先验推理的地方要多得多。但最近(尤其是关系到德国赔偿问题)又有人提出说法来支持这一结论,俄林教授尤为显著。

———————————

① 参看其《论国际贸易》(1927 年版)一书各页。

陶西格教授在其《论国际贸易》一书中，研究了 19 世纪和 20 世纪初期的许多例证。这些例证是从 L 值曾经在不同日期上发生重大起伏变化的国家中引来的。他力图通过这样的方式使这问题受到一次归纳的测验。他发现 B 和 L 趋于关联一致变化，这是极其自然的，而且也的确是不可避免的。但当他讨论到货币变化必须到多大程度才能使 B 服从 L 的方向的问题时，结论就不那么肯定了。有时事实看来是在支持李嘉图的看法，有时则很难看出货币变化的规模达到了足以证实这一学说的中心内容的程度。此外，黄金流入的现象有时也可能随着物价上涨之后出现，而不在上涨之前出现。

我和俄林教授在《经济杂志》(1929)的许多页次上特别对于德国赔款问题展开过争论。那时由于本书前面几章的分析没有发表，所以我没法说清楚我的观点的理论根据是什么。但有了这种分析的帮助后，我希望我能解决这个困难，证明在什么情况下事实看来证实了俄林的命题，在什么情况下事实看来又证实了李嘉图—陶西格的命题。

有两种可能的情形，由于和论点的本质无关，所以首先必须撇开。一种情形是对外投资收付差额受契约或谅解的约束，规定收入要在国内进行购买；要是没有这种契约的话，一般是会流出国外的。这种契约之所以能撇开不谈，除了总量实际上微不足道以外，而且性质也等于是补贴所供商品的成本。这就等于是牺牲本来应取的利息，降低它们的价格。

其次，还有一种情形是，有某种形式的金汇兑管理存在。所以外国流动资财的流动就代替了实际黄金的流动。我们将认为这种流动对于本讨论说来,等于黄金的流动。

一个国家可以避免黄金流动的市场利率值(即 $G=0$ 时的值),不妨称之为国际利率。(同一通货体系的不同成员的国际利率当然不是互相独立的。)

首先让我们假定有关的国家只有 A、B 两国,这样就可以避免迂回贸易的复杂情况。

假定我们从一种平衡位域出发,其中两国都是 $G=0$,和 $I=S$。这就意味着每一个国家都是市场利率＝国际利率＝自然利率。读者应当记得,除非是国际投资贷付具有完全的流动性,否则这并不意味着两个国家的利率相同。但如果其中的一国市场利率与国际利率相等,而有关的国家又只有两个,那么另一个国家的市场利率与国际利率也必然会相等。

然后再假定投资吸引力在 A 国增加在 B 国不增加。这样就有两个问题要加以讨论,一个是所达到的新平衡位域的性质,另一个是从旧平衡位域到新平衡位域的转移过程的性质。如果我们假定市场利率的上涨在任一国家中对于储蓄率都没有重大的影响,那就可以使表达简单而又不会改变问题的本质。

第一,新平衡位域的性质:——在每一个国家中,市场利率、国际利率和自然利率都会互相恢复平衡,但水准比以往高,其程度相当于两国投资边际吸引力增长的总和。同时这一水准在 B 国中比没有国际投资贷付流动性时的情形更高,而在 A 国中则更低。B 和 L 又会重新相等,但数值比以往高。换句话说,这样 B 国事先就会有一种有利于 A 国投资增长的投资转位出现,这种转位对两国的货币报酬水准有什么影响呢?

原先在 B 国中生产新投资品的生产因素将必须改而生产预计可以方便 A 国新投资的其他东西。这一过程出现的方式有以下几种：(1)B 国生产因素生产原先由 A 国进口的东西，因而将 A 国的生产因素解放出来为 A 国的投资进行生产；(2)B 国生产因素生产原先在 A 国生产的东西向 A 国出口，因而将 A 国的生产因素解放出来为 A 国投资进行生产；(3)B 国生产因素生产 A 国正在进行的新投资可以直接利用的商品输往 A 国。

这种生产性质的改变可能不损及任何效率。也就是说：B 国可以生产原先在 A 国生产的东西，根据实际情况在 B 国或 A 国出售，价格和原先一样，而生产因素所获货币报酬和原先的职业比起来并无任何减少，企业家也无任何损失。果然如此，那么两国在新平衡位域中的货币报酬率就没有理由和旧平衡位域中有任何区别。如果 B 国直接生产 A 国所需的新投资品的原料特别有效，那么用这种办法和 A 国生产这些商品的办法比起来就非但不会损失效率，而且实际上还会增加效率。在这种情形下，B 国的货币报酬相对于 A 国的报酬而言绝不会下降，而且在可以想象得到的情形下，实际上会由于 A 国中只能由 B 国的生产因素作有效供应各种投资的吸引力增加而上升。从另一方面说来，如果 A 国的新投资品必须由 A 国的生产因素生产，这些生产因素是从以往一直向 B 国出口的商品或往后从 B 国进口的商品的生产中解放出来后才能得到的；那么假定就不同了。因为 A 国要是无利可图，原先就不大可能向 B 国输出有关的商品，或不输入这些商品。因此，一般说来，B 国的货币报酬率相对于 A 国的这种报酬率而言，在新平衡位域中必然比旧平衡位域中低落①。

一般对这种现象的说法是两国间的贸易条件将发生不利于 B 国的变化。贸易条件变化的程度等于 B 国出口商品价格相应于其进口商品价格的比例变化所发生的比例变化。这一比数将不等于 B 国平均实际报酬率相对于 A 国这种率的比例变化,除非是一国的生产因素有国内流动性,以致使他们在国内贸易工业中的报酬率与国际贸易工业相等。也许我们还要补充一句说,真实报酬的变化当然没有货币报酬的变化那样大。同时,对外贸易在一国经济中所占重要性愈小,真实报酬的变化也就愈小。

A 国与 B 国之间的贸易条件由于 A 国投资吸引力的增加而发生的变化量,跟转移过程的性质以及产生转移的方法无关。它取决于实际情况与实际容量,取决于一国对另一国能以实效率生产的商品的需求弹性等非货币因素。

这种贸易条件的改变有时可能很小。比方说,大不列颠在 19 世纪贷款给外国发展铁路时,这种新投资所需的许多器材唯有它自己才能进行有效的生产,那时的情形就是这样。这也不是说,新状况两抵之后对 B 国一定是不利的。因为 B 国有三种可能的获利来源可以抵消贸易条件的恶化,即(一)它的储蓄利率较高;(二)往后当新贷款付息或最后还本时,贸易条件的变化将逆转;(三)新

---

① 　陶西格教授在他的《论国际贸易》一书中搜集了许多证据说明事实证实了这一理论。也就是说,当对外投资增加时,贸易条件不利于贷付国而有利于借收国,前者的工资跌落,后者的工资上升。用他的名词来说,总实物交换条件和净实物交换条件都将朝同一方向发展。我认为陶西格教授过于轻易地假定出进口将自动和状况中的其他因素相适应,而没有假定它们会部分地发生不相适应的情形,但他关于国际投资对不同国家物价水准的影响的讨论却远超过了任何其他有关这一题目的讨论。

投资将来可能使它一向从 A 国输入的商品的成本降低。

从另一方面说来，在某些情形下，不利于 B 国的贸易条件变化可能很大。如果 A 国对 B 国的商品征收高额关税，或是 B 国不能直接供应 A 国新投资所需的原料时，情形就尤其可能是这样。

如果生产因素必须有一段时间才能改变其活动的性质而不严重地损失效能，以致使国内外投资贷付的吸引力发生突然变化时，贸易条件的变化在短期内便也可能很大。由于这一原因，所谓"资金逃避"问题才会变得具有很大的灾难性。这就是某些原因使这国的人受着压倒一切的动机驱使，将资金投往外国时所发生的情形。在欧战后的时期里发生了一些显著的实例，包括由于短期内贸易条件受到特大的影响，以及人们对货币突然失去信心，致使国内外投资收付差额的吸引力突然发生变化等不同情况。

卡塞尔教授的"外汇购买力平价说"最不能令人满意的特点也许就是没有估计到贸易条件改变的效果。因为这样不但使他的结论不能适用于长期过程，而且就是用于某些短期过程，也只是更加引起不符实际的看法，如果在短期过程中发生对外投资贷付吸引力急剧变化的时候，情况就是这样。

第二，转移过程的性质：——我们已经看到，在两个国家的相对货币报酬率没有发生适当的变化以前，双方的国际利率就不可能都恢复到与自然利率相等的状态。但报酬率的相对变化可以由两种方式发生：一种是由一个国家承担全部的冲量，改变其绝对率而让另一个国家的绝对率不变，另一种是两国共同负担改变的分量。

如果每一个国家都决定保持一定量的黄金准备，使之与其货币收入水准保持恒定的比例，那么每一个国家所要负担的改变分量就已经事先决定了，大部分的改变要由两国中较小的一国负担。但如果它们打算让这种比例有一些变化，那么两国负担绝对报酬率变化的比例便没有确定，要看事情的过程和两国中央银行在转移过程中的政策而定。实际上由于外国投资的增加所引起的变化，一般只会使黄金准备相对于总收入的比例发生微小的变化，甚至根本没有黄金从一国流入另一国家。

我们不妨举一些极端的情形来说明这一点。假定 A 国不反对多接受一些黄金，并不顾 B 国的政策如何而将其市场利率订得与自然利率相等。但 B 国却不愿损失黄金，而将其市场利率订得与国际利率相等（后者当然大部分要取决于 A 国所订的市场利率）。在这种情形下，A 国便没有任何时期会出现市场利率、自然利率与国际利率不相等的情形，其黄金储量也不会发生变化，因之其报酬率便无需有任何改变。于是整个改变的冲量便由 B 国的报酬率承当，它由于要保持其黄金，于是便会被迫使其市场利率保持高于自然利率，直到由此所造成的紧缩过程使其报酬率降低到必要程度为止。

从另一方面说来，如果 B 国准备损失任何数量的黄金而不使其市场利率高于其自然利率，那就必须由 A 国来承担改变的冲量，经受一个膨胀的过程，直到其货币报酬率相对于始终未变的 B 国报酬率而言上涨到一个必要的程度为止。

两国间黄金的流动量如果有的话，在某种意义下对过程说来也是完全非主要的。因为黄金流动的潜势和黄金流动的事实可以得到同样的结果。A 国与 B 国报酬率的绝对变化量取决于两国中央银行关于自然利率与市场利率的关系所操的政策。一国的政策如果最能摆脱和另一国家政策的关系,并在整个转移过程中使其市场利率最为接近其自然利率,其报酬率所遭受的绝对变化就最小。

由于一般都极不愿意损失黄金而愿意接受黄金,这就意味着贷付国往往要承受改变的冲量。唯有贷付国愿意而且能够对于损失黄金的危险采取独立的态度时,才能将改变的冲量推到借收国的身上。

但如果是一个老的国家贷付与新的国家,就可能存在着必要的条件,使贷付国转移过程的困难减轻。因为贷款可能是由于借收国受着外界条件的控制,使其市场利率相对于自然利率而言趋于上涨的结果(同时也是这种趋势的象征)。在这种情形下,在贷付之前和贷付之时,借收国的报酬率可能上涨。该国在没有这笔贷付款项时,就会与外界形成一种不平衡状况。总而言之,外国贷款可能使借收国的国内投资相对于国内储蓄而言增加;而不至于像在其他情形之下一样,由于物价上涨、黄金外流和随之而来的市场利率上涨,造成对于国内投资量的反应,因而使这一发展过程夭折。但读者必须注意,这一切只有在其他原因已经使借收国的自然利率相对于外国利率而言有一种上涨的趋势时才会发生。因此,需用贷款究竟是为了在国内新投资自发上涨的潮流之前维持现存的平衡,还是牵涉到一个走向新平衡的引发转移过程,是大有区别的。

从另一方面说来,如果贷款是由于借收国家市场利率上涨而造成的,其自然利率并没有相应的上涨趋势,那么除非贷付国有财力可以让黄金流动大量发生,我们就必须预计这种现象会对该国发生紧缩的效果。这种状况可能是由于借收国银行当局想增加黄金存量,有意拟定一种政策所引起的。他们也有可能是由于其银行体系的性质所造成的某种原因而被迫形成这种状况。比方说，贷款可能是由于借收国家为了应付金融流通需求的增长使市场利率上涨而造成的，而不是由于该国的自然利率上升使市场利率上涨而造成的。比方说，1928—1929 年间美国与世界其余部分之间的 L 值的变动就可能多半是由于美国的金融因素所造成的，而不是投资因素所造成的，前者当时正在增加金融流通的需求。然而美国利率高如果是由于该国自然利率相对于世界其余部分而言上涨所造成的，那么他们的高利率政策就不会使世界其余部分遭受任何严重的困难，或压低世界商品价格。因为它会伴随着出现一种趋势，使美国的对外贸易差额愈来愈不利。

因此，如果情形是由借收国的金融因素造成的而不是由于其投资因素造成的，那么黄金流动就会继续发生。如果要避免黄金流动的话，世界其余部分的市场利率就必须提高到超过自然利率的水准上去，其结果是使各处的投资率都跌落到储蓄率以下去，因之而造成利润紧缩的状况。这就说明了利润紧缩在国际体系的各成员间作感应传布的方式（利润膨胀也是这样）。这种传布的发生可以无需有任何重大的黄金流动，如果其他成员不能或不愿让他们的黄金存量跌落到任何重大的程度，那么他们保持黄金的努力就必然会让他们发生感应紧缩。但如果发起变动的国家能够吸收大量黄金而不被迫使其市场利率降低到和自然利率平衡[1]，那么

---

①　我们在下卷，第 30 章中可以看到，19 世纪 90 年代中，英国拒绝按国际经济关系已经调适的规模向外贷付资金，于是就使得每一个其他国家都发生紧缩。在 1929 年末，看来法国好像也可能起近乎相同的作用。由于它拒绝以适当的规模向外贷付，就引起了世界规模的紧缩（也就是使 L 适应于 B）。

纵使有重大的黄金流动,上述传布也会发生。

关于这一过程和论点的性质,我已经说得够多了。显然,我们可以举出许多例证来。比方说,一个贷付国如果不愿意损失很多黄金,而报酬率对于紧缩的力量又不敏感,那就可能在一个平衡位域到另一个平衡位域之间遭受一段漫长而痛苦的转移过程。但这样就会使我过深地陷入国际贸易的复杂理论中。如果继续往下讨论的话,这问题本身就可以写成一本书。读者要是对此感到兴趣,无妨自己去进一步想想。

但我也许可以顺便把上述说法应用到我和俄林教授在《经济杂志》(1929)中所讨论的德国赔款问题上去。德国的赔款在交付的那一年发生作用的方式和强制性的等量外国投资差不多。差别只是德国在往后各年中没法享受对外投资所能提供的累积性抵消款项,而且投资不会和国外自发变化相应,以致直接引起德国出口品的需求。我认为俄林教授的论点是,如果受款国具有适当的信用政策,那么取得新平衡时就无需让德国在本期报酬率方面受到任何变化的冲击,也无需有任何黄金的流动。

这一点完全正确。这种事情在理论上说来并非不可能。但我认为在实际问题的条件中这是十分不可能的。俄林教授如果要提出相反的论点,就必须更充分地探讨他的理论要成立时所必须满足的条件。

首先,这种说法和贸易条件所需作出的改变量完全无关,因之也就和德国对其他地方的相对报酬率以及德国的真实工资率的改变量无关。它所谈的只是这种相对改变究竟主要由德国货币工资率的绝对跌落引起,还是主要由其他地方的货币工资率的绝对上涨引起。使前一种道路成为可能的条件很难更好地得到满足。因为德国不可能放出足够的黄金使世界其他国家的信用政策受到显著的影响。受款国的自然利率事先并没有一种相对于德国的自然利率而言表现出上涨的趋势。而且德国也不能采取一种办法来调整其对外投资的增长率，以便配合其相对货币报酬率所能进行的调适。或者说，它只能增加国外借款来办到这一点，而国外借款却比减少它本身的对外投资贷付要难得多。我的结论是：如果赔款的偿付须要使贸易条件发生重大的变动（不取决于货币条件，而取决于有关德国与世界其余部分生产力性质的实际状况），那就可能必须用痛苦以至无法实现的紧缩过程迫使德国的货币报酬率下降。上述说法只有在下述情形下才需要作修正：第一是世界其余部分有意或碰巧鼓励导致收入膨胀的趋势，结果使德国达到相对调适的问题所遭遇的实际困难减轻；第二是发生新的外来条件，自然地使得世界其余部分的货币收入水准提高。

借用德国赔款问题中现在大家都熟悉的名词来说，我们也可以在一般情形中应用类似的说法，把"过渡问题"用来指进行投资的地区情况有变化时所发生的转移问题。因此，当国际平衡（即每一个国家的国际利率和自然利率相等的情形）需要不同国家的相对报酬率发生变化时，那么每一个国家报酬率的绝对变化量一般就取决于以下两种因素：

（一）所需的相对变化总量。这一点取决于生产某一地区某种投资所需商品的企业改而生产另一地区不同投资所需商品的难易程度如何，效能损失多大，也就是贸易条件必须改变多大。

（二）总相对改变量落在每一个国家上的比例。这要决定于各个中央银行在承受黄金与流通货币的比例变化方面所具有的政策、相对技术和力量。

三、对外投资的净国家利益

我们已经看到,贸易条件随着对外投资的增加而发生变化时,原因是贷付国的生产因素相对于借收国的生产因素而言必须转到生产效能比未变化前较差的产品方面去。这里所谓的效能差,兼指技术效能和各种有关的需求弹性。也就是说,他们交换外贸产品的边际效能降低了。这就意味着不但是相应于对外投资增长量部分的对外贸易条件变得不利于他们,而且连整个的对外贸易范围的贸易条件都变得对他们不利,这当然是假定有竞争条件时的情形说的。因为在我们的定义下,生产出口商品换取进口商品的生产因素的产量,是用交换中所能取得的进口商品量来衡量的。从这一点可以推论出,贷付国生产因素的总产品的减量相当于换取一定量的进口商品时多付出的出口商品的损失,或是以国产品替代原先的进口品时所发生的损失。

在新的平衡位域中,实际货币报酬率将降低,真实报酬也会降低,只是程度较小而已。但真实效能报酬不会改变。因为在一个平衡位域中用货币衡量的效能报酬和物价水准必然会按同一比例变化。换句话说:真实效能报酬率 $\dfrac{E}{O \times \Pi}$ 将维持不变。但产量 O 和生产因素的实际报酬 $\dfrac{E}{\Pi}$ 都会按同一比例减少,其程度和生产因素在新状况中的效率相对于旧状况中的效率而言其降低的程度相当。

从另一方面说来，用于对外投资的资本效能却由于所获利率较高而增加。国家增加对外投资的结果两抵之后究竟是受损失还是获得利益，就要取决于对外投资未来所得的增长以及这笔所得付还时贸易条件的改良等两方面的预期增益和进行对外投资时贸易条件的恶化所引起的目前损失相比较情形如何而定。也就是说，要取决于按利息率计算的国内投资需求弹性，以及我国对世界与世界对我国商品的需求弹性。

为了简单起见，我们假定：（一）对外贸易行业的报酬和其他行业的报酬相等，（二）在有关的变动范围内工业可以得到恒常的收益，（三）总储蓄量不变；那么出口商品相对于进口商品的价格跌落所造成的损失就等于 $E_2(p_1-p_2)-F_2(q_1-q_2)$，这儿的 E_2 是新位域中的出口量，F_2 是新位域中的进口量[①]，p_1 和 q_1 分别是旧位域中的进口与出口价格，p_2 和 q_2 则是新位域中的价格。从另一方面说来，由于利率增长而在本期对外投资贷付的利益中所获增益则等于 $s \times L'$，这儿的 s 是利率成比例的增长，L' 是新位域中的对外投资贷付量。于是本国在这两种计算要素方面的净增益（或损失）是：

$$s \times L' - E_2(p_1-P_2) + F_2(q_1-q_2).$$

我认为无法推断出这一个量应当是正量而不是负量。一个国家中的国内投资弹性大而出进口商品需求弹性小时，我们就会预计这是一个负数。传统的学说主张，在各种力量自由发挥作用下

---

① 由于以国产品代替进口商品而造成的消费者剩余的损失未予计算。

的对外投资对投资国说来永远是一个社会最适量。这一学说可能是根据一个假定提出的,即出口商品价格极微小的跌落就可以造成足够的 B 的增量。

从一方面说来,以上所说的情形没有计入往后付给利息时,对外投资使贸易条件往另一方向变化的影响。也没有计入,发展世界资源以后,贷付国间接得到的利益。但对外投资如果由其他国家进行,该国也能照样获得这种利益。从另一方面说来,上述说法也没有计入任何转移所不可避免的损失。一般说来,货币报酬不会立即跌落到必要的程度。其结果是在一个中间时期中,市场利率超过自然利率,以致使全部投资少于储蓄,随之发生营业损失和失业。

上述的分析应用到德国偿付赔款的过渡问题时,就没有利率提高或往后贸易条件的改良等抵消项目。所以德国由于建立新平衡的压力而遭受的损失就等于 $E_2(p_1-p_2)-F_2(q_1-q_2)$,加上转移过程的痛苦和困难,此外还有实际赔款支付本身。

四、国际因素所造成的变化难局

上述讨论的意义是这样。单单是国外借款者需求表有变化时,那么货币状况本身并无需有任何变化,就能使国内现存货币收入水准失去平衡。如果国外借款者准备而且能够提高借款条件,而国内借款者需求表则未变,这就意味着对外投资贷付增加。因此,黄金就会外流,直到货币报酬相对于国外类似的报酬而言跌落到足够的程度(国外报酬由于黄金流动的结果将稍微上升),使对外贸易差额也相应增长时为止。国内真实收入降低的程度一部分取决于国内借款者对贷款的需求弹性，一部分取决于世界对该国的出口品以及该国对世界的进口品的需求弹性。如果国内的投资需求是有弹性的，而对外贸易状况则是没有弹性的，那么转移的麻烦和不便之处就会非常之大。

目前一般舆论主要是受着回忆 19 世纪经验的影响，至少在英国是这样。那时由于各种原因，对外投资对国内货币收入水准的不利影响可能是最小量。以上所说的各点在目前的各种情形下对于国际投资贷付高度流动性的国家利益的关系，那时还没有认识到。

在一个古老的国家中，尤其是人口迅速停止发展的国家，借款作国内投资的人吸收国内储蓄的利率必然会下降。而在新国家中，利率则将维持不跌落。当这些国家渡过了开创时期的困难以后，只要他们注意到借款的信誉，那么借款给他们的估计风险就会降低。因此，古老国家的总储蓄中就会有愈来愈大的部分投往外国。其中有一部分将由它原先的对外投资贷付所获利息加以应付。但其余部分则必须由它降低生产成本、刺激出口、增加贸易账上的顺差才能取得。如果抵制这种跌落的话，黄金就会外流，银行利率就会上涨，失业就会变成长期性的。如果对制成品的关税盛行（这种商品进口增加时就很容易提高这种关税），使外国对古老国家的出口货的需求失去弹性，而古老国家的工会又大大妨碍货币工资降低时，上述情形就特别容易发生。

如果外国利率比国内所能取得的利率高，因而使大部分储蓄投往国外；如果外国对该国的大部分出口商品又都设有关税，并将不时提高这些关税,以便平衡受关税保护的国家由于黄金流出贷付国而引起的成本水准逐步上涨;这时该国将陷入怎样一种困境,详情读者无妨自行推想。

比方说,他不妨设想,大不列颠的政府和私人都不打算以高于5%的利率在国内投资,而澳大利亚已经社会主义化了,那儿的政府却愿意在6%的利率下发展。这两个国家都是金本位,而且彼此之间具有完全的投资贷付流动性。此外还要设想这个假想的澳大利亚根据两国的生产成本差额对大部分英国商品都订了滑度税则,假想的英国的工资实际上是按货币订的。最后还要设想一点来完成这一假想的图像,即大不列颠有一个节约运动使储蓄在国民收入中占的比例变得畸形地高;或者是政府受着财政良法的支配而征课重税,以便提高偿债基金来偿清国债。[①]

他也可以设想,黄金流入国的通货发行当局对于其通货体系加以管理,使流入的黄金对银行利率或货币量不发生任何影响。

我们必须重复指出,这一切都要服从国际投资贷付具有高度流动性的假定。没有这种流动性的地方,国外物价水准的变动所引起的不平衡可能比有这种流动性存在的地方发生得更突然,情

---

① 读者很容易看出,我写上面这一段话时,心里设想的有一部分是英国在1929—1930年的情况。因此,应当补充的是:我虽认为对外投资贷付的相对吸引力是加重困难的重大因素,但认为这一因素作为对外投资贷付差额与对外贸易差额不平衡的原因而言没有减少对外贸易差额的那些因素那样重要;后一差额减少的原因是生产报酬和成本的紧缩没有截至1925年为止的时期中英镑的国际价值上涨的程度那样大。实际情形是对外投资贷付差额增加和对外贸易差额减少两种趋势结合造成的。前者是由于长期外在原因而产生的,我们很少能加以控制。后者则是我们的战后货币政策所造成的短期结果。

形更糟,原因是无法用银行利率的变化来缓冲冲击。但从另外一方面说来,国外利率变化所引起的不平衡则只具有次要的意义。此外,纵使投资贷付在长期内的流动相当高,本国除非是可以获得其他利益,抵消流弊以外,否则并不一定要承受短期对外投资贷付的高度流动性。如果短期流动性不存在,那么国外利率的短期变动就不会引起严重的不便。减低国际投资贷付过高的短期流动性的方法将在下卷、第 7 篇,第 36 章中讨论。

国际不平衡所造成的变动的严重性一部分在于它们是不可避免的。如果我们所讨论的是一个封闭体系,以至只有对内平衡的条件需要满足,那么适当的银行政策就永远足以完全防止现状的任何严重扰动的发展。如果将信用提供率加以调节,使之避免利润膨胀,那么货币购买力和货币效能报酬率就没有任何理由会被推翻。但对外平衡条件也必须满足时,那就没有任何银行政策可以避免对内体系的扰动了。

这是由于国内和国外的借款者需求表不一律所引起的,和对外贸易本位价值的变化完全无关。这种需求表对国内外借款者分别说来可能作互不相同的变化,而且实际上也在发生这种变化。当这种情形发生时,现存对外投资贷付率就被推翻了。因此,除非一个国家准备随时接受大量黄金并在另一些时候付出大量黄金,而不修改国内投资条件和量(这种情形无论如何不能无限制地继续下去),否则国外条件的变化就必然会在国内条件中造成不平衡状况。此外,如果对外投资收付的流动性高,而国内工资率的流动性低,同时国内出口商品的需求表没有弹性,而借款作国内投资的需求则具有高弹性,那么,由于必须保持对外平衡而从一个对内平衡的位域到另一个对内平衡位域的转移就会是困难、拖延和痛苦的。

　　银行利率的变化纵使只是暂时用来纠正对外投资收付率,以便保持对外平衡,我们也不能防止它对国内投资率发生反应;因之也就无法防止它在时间太短、以致来不及建立较低的工资水准的时期中对产量和就业量发生影响。于是我们在第13章中便说,银行利率作为一种恢复长期平衡的工具来说,好处是朝两方面发生作用:一方面是减少对外投资贷付,另一方面是增加对外贸易差额。像上面那样说来,当我们用它来遏制对外投资贷付时,那种好处就成了一种流弊,至少也成了一种麻烦。对外投资贷付过多可能是由于暂时原因引起的,无需我们具有任何通过痛苦的工资结构调整过程的愿望,这种过程必然会在对外贸易差额重大增长之前发生。由于银行利率对于对外投资贷付差额发生影响时作用迅速而又容易理解,但对于国内状况的影响却缓慢而又难于分析,所以应用这种双刃的武器所产生的麻烦到被认识时是很慢的。

五、金汇兑管理下的同类现象

　　旧式国际金本位之下的黄金流动,不仅作为权宜办法而言,而且作为恢复国际平衡的刺激而言都被正确地赞扬为好处在于具有双重效果:——对流失黄金和获得黄金的国家都发生作用,所以两个国家便会共同负担任何必然变化的冲量。因为正像黄金流失会刺激一个国家立即提高利率,往后再降低生产成本一样;获得黄金就会发生相反的效果。由于对外投资差额量 L 取决于国内外的相对利率,而对外贸易差额量 B 则取决于国内外的相对物价水准,所以上述的一点是至关重要的。因为这就意味着变化的冲量不会整个投在我们一国身上。黄金流动就意味着其他国被刺激起来半道迎接我们。

但如果我们的中央银行不以实际黄金的形式而以外国金融中心的流动资产的形式保持准备,结果又会怎样呢?这种资产量的变动是不是也会以交互的方式恢复平衡呢?金汇兑管理法的某些批评家虽然称赞这种方法可以节省中央银行准备的黄金需求,但却说黄金以外的流动资产的变动不会以交互的方式发生作用,并说这对于有关方法就是一个非常严重的反对理由。在中央银行 B 所属国家中保存流动准备的中央银行 A 如果开始支取这些准备以便保持其外汇平价,它的动机就好像是流失黄金以改变其国内的投资贷付条件一样。这种说法认为中央银行 B 不会有这种动机。因为 B 国之中除了某些流动资财的所有权改变以外并没有任何改变,于是就没有发生任何情形影响投资贷付条件。

在我们没有断定对于这一批评是不是可以提出令人满意的答复之前,必须对整个问题作更深入一些的探讨。如果中央银行 B 主要是受黄金准备对负债的比例的影响,那么它的体系内部所容受的对外贸易差额的变化对它本身的行为的直接效果便显然只是对外投资差额净量由于任何其他原因发生的变化所具有的那种直接效果,因为前一种变化就等于后一种变化。同时,除了 A 国以即期存款的形式在中央银行 B 中保持其余额,否则对外贸易差额量的变化就不会强制中央银行 B 以一种方式采取过早行动,这种方式根据其不受束缚的判断看来将像黄金流动迫使它采取过早行

动一样不利于其对内平衡。在这种情形下，人们指摘流动资产准
备没有相互行动的说法看来就有根据了。

　　从另一方面说来，如果中央银行 B 一贯把实际黄金的流动主
要不当成一种病态，而看成是对外投资贷付差额的刺激和控制对
外贸易差额的刺激之间的现存或预期关系的象征，那么中央银行
A 与 B 之间流动余额的交往作为象征而言，就会和彼此之间的实
际黄金交往一样重要和有意义。因此，中央银行 B 在决定货币政
策时受一种交往的影响正和受另一种交往的影响一样有理由。但
我们必须在这里指出中央银行 B 手中所存的外国中央银行余额
的增长，根据上述假定说来就相当于中央银行 B 黄金的损失。因
此，中央银行 B 如果把外国中央银行余额的流动完全当成黄金的
流动看待，那么比方当它手中的外国余额增长时，它就必须提高银
行利率，这种政策一直要坚持到它所吸引的黄金量等于外国中央
银行余额的增量时为止；要不然就要坚持到它吸引外国中央银行
所属国国民的资产，迫使这些银行交出其余额为止。在任一种情
形之下，全世界的中央银行整个说来并没有节约任何黄金量。

　　因此，初看起来我们便无法兼而有之。要就是批评者关于没
有交互行动的指摘是有根据的，要不就是没有真正节约黄金。但
情形并不一定会像这样坏，理由如下：

　　假定中央银行 A 存在中央银行 B 的流动国外资产的增减是
损益中央银行 A′ 存在中央银行 B 的资产而得到的，那么就 B 而言
虽然没有交互行动发生，但 A′ 却有一种交互行动帮助 A 重新调
整。此外，如果中央银行 B 被用作其他国家中央银行的票据交换
所，以致一家中央银行在 B 行中余额的变动一般被另一家银行等

量的相反变动抵消了,那么中央银行 B 就有理由不为它所存的外国中央银行余额正常总量保持任何重大分量的黄金,只是把偏离这一正常总量的任何量当成一种象征,表示需要作出与黄金流动大致相同的处理。在这种情形下,在这一公认的正常总量限度内,我们就会为世界真正节省了黄金;当个别银行变化其对外收支差额时,也可以为它们节省其他中央银行交互行为,情形就像它们在变化黄金储量时一样。

但实际情形却不幸而没有理想情形这样好。因为理想情形须要满足两个条件:第一,各中央银行关于其金汇准备的正常总量必须有一个稳定的政策。第二,这些准备必须集中在一个中心;如果分在几个中心的话,每一个中心的正常总量也应当是稳定的,使得各中心之间不会由于差额利息率之类的事情的影响而发生流动的危险。这些条件要是不满足的话,就必然会牺牲一些交互行为或黄金节约。

无论如何,在一种制度下,如果全世界的中央银行依靠金汇兑本位的程度和依靠实际黄金的程度的相对状况十分不稳定,而这种准备又可能在利率变化的影响下大量地从一个中心转移到另一个中心(比如从伦敦转移到纽约),这种利率变化是本地条件决定的而不是由国际条件决定的,那么这种体系就很可能在一种不稳定和不令人满意的状况下运行。我认为上述讨论的一般旨趣是导致一个结论说:金汇兑体系唯一令人满意的运行方式是在国际银行的主持下进行,这一国际银行将是中央银行金汇准备的唯一储存所。各中央银行在该行的顺差总额将决定于国际政策方面的条件,其余额一般不会以黄金的形式支取,而只会从一个中央银行转移到另一个中央银行。在这种体系里,各中央银行在国际银行中所保持的那一部分准备才真正可以替代黄金,各国之间交互行动的利益才能充分维持。但国际银行问题计划要到下卷第 7 篇第38 章中再作进一步讨论。

谈到目前的实际问题,我们也发现,金汇管理要以完全令人满意的方式运行还存在着另一些障碍。首先,一个银行体系在另一个银行体系领域之内作为准备而保持的流动资产量,并不永远能得到正确和及时的材料。因此,这些量的变化便不像实际黄金量的流动那样明显易见。的确,这种更大的保密程度能使中央银行的准备发生一定量的变动而不被人普遍知道,有时在银行看来正是它在自己的金库中保持外国流动资产而不保持黄金的理由。

我们对外国余额的动态知道得含糊可能是由于喜欢保密的缘故,就这一方面说来,各国中央银行只有怪自己。但这一点也可能是由于在目前的讨论中,关于哪些东西应当认为是外国银行准备的问题存在着一定程度的模糊而产生的。一种资产与另一种资产之间性质是逐步转化的,从中央银行余额到会员银行余额、银行证券、库券、其他短期证券以及一般具有自由国际市场的证券,性质都是逐步转化的。有时会员银行也惯于大规模地保持外国流动资产,在这些情形下我们的注意力为什么要完全集中在中央银行资产上也是不清楚的。因为真正的区别只在于资产究竟是存在外国作为应付本国整个银行体系可能情形的准备,还是由于它们作为投资具有吸引力而存到外国去的。要解决这一困难,只能让中央银行在上述各方面都具有最大量的资料,然后再实际判断对其中任一项或多项下的变化应给予多大的重视。的确,中央银行对于本国领土内的任何外国资产的绝对量和变动都应当完全知道。

　　另一个实际障碍是：金汇管理法虽然一般被推许为节约黄金的办法，而且也以相当大的规模实行了，但中央银行由于习惯的力量，对于黄金流动的注意和其他重要因素的注意比起来仍然是过大的。

　　此外，说过这一切之后，我们必须承认，如果国内体系发展出方法并保持大量流动资产，其明确目标是为了具有力量在短期内不过分敏感地理会外界事件而维持对内平衡，那么，除了长期内所发生的重大流动事件以外，交互行动就必然更加不可依赖。因为欧战前金本位被认为具有的那种敏感的交互作用使每一个国家的对内平衡都要服从任一次国外变动，不论这种变动是怎样微小和短暂都一样；而中央银行总准备的安全边际量愈宽，它就愈加不愿意对其他中央银行凭自己高兴的行动发生交互反应。

六、国际贸易本位不存在时的同类现象

　　以上我们一直假定有一种有效的国际贸易本位存在。最后，我们必须考虑一下没有这种本位存在时的情形。例如欧战刚结束后到 1924—1929 年普遍恢复金本位前，世界上许多国家的情形都是这样。

　　当对外贸易差额 B 和对外收支差额量 L 之间的距离无法通过准许黄金流动而弥补时，那么外汇方面所受的压力就显然会使本国和其他各国之间的汇率一直改变到这种距离消失所必须的程度为止。总之，维持对外平衡的作用机构基本上已经不再是银行利率的变化,而是外汇率的变化。银行利率在维持对外平衡方面始终是一个次要的工具,在维持对内平衡方面是一个主要工具。但国外扰动所造成的转移的性质和以上假定有国际贸易本位的情形相比时已经发生了相当大的改变。

外汇率改变的效果在某种意义上说来和银行利率的改变虽然相似,但我们将看到,它的作用方式是相反的。此外它还能立即使一些力量发生作用,这些力量在银行利率的变化被用作恢复平衡的工具时是完全不存在的,至少开始时是这样。外汇汇率作用和银行利率作用之间的主要区别可以分述如下:

(一)让我们把可以在拟定的外汇率变化范围之内进入对外贸易作为进口或出口物资的一切商品称为对外贸易商品。实际上没有进入对外贸易而在国内消费的商品,只要和上述意义下的对外贸易商品属于同一类,便可以包括在内。B 的增长就等于是国产对外贸易商品剩余的增长。所谓国产剩余指的是国内生产的这类商品超过国内投资或国内消费所用量的过剩量。因此,一个国家增加其对外贸易商品的剩余生产时就增加了对外投资量。同样的道理,我们也可以把国内生产的其他商品都称之为国内贸易商品。当外汇率改变时,所有的对外贸易商品价格用当地货币衡量时都立即改变了,但起初时却不会发生什么作用来改变国内贸易商品的价格。假定所要补救的不平衡状态是 B 相对于 L 而言不足,让我们比较一下外汇率政策和银行利率政策作为恢复平衡的手段而言在这种情形下的作用方式有什么异同。

如果外汇率改变后使本国货币发生了适当程度的贬值,那么平衡就会由于提高对外贸易商品的价格并使国内贸易商品价格保持不变而恢复,于是就会吸引企业家增加前者的产品,其结果是增加对外贸易商品的剩余生产,也就是增加 B。从另一方面说来,如果将银行利率提高到一个适当的程度,就会使一些力量发生作用,降低国内贸易商品的价格而又使对外贸易商品的价格维持不变(这是大致情形,没有谈到细致的变化)。上面说,这两种方法的作用相同但方式相反,指的就是这种情形。在上面所假定的情形下,外汇方式是通过膨胀的作用恢复平衡的,而银行利率方式则是通过紧缩的作用产生类似的相对变化。从另一方面说来,如果不平衡是由于 B 相对于 L 而言过大所造成的,那么通过紧缩发生作用的便是外汇方式,运用膨胀作用的则是银行利率方式。因此,当摩擦是一种严重的毛病时,最小抗力的路线是在前一种情形下运用外汇办法,而在后一种情形下则用银行利率办法。我们如果在具体环境下始终遵循最小抗力路线的话,其结果是长时期中的物价趋势会始终上涨。

两种方法之间的异点还不止于此。外汇法的特性是直接使相对物价水准上涨或下跌,而银行利率法则只能间接地起这种作用,因之便有一种时滞存在。从另一方面说来,银行利率法的特性是对 L 直接发生作用。这两种性质究竟哪一种好,就要看 B 与 L 之间的不平衡是由于国外利率的变化造成的,还是由于国外物价水准的变化造成的。在前一种情形下,平衡位域无法单纯通过汇率政策达到,迟早必须配合上银行利率的变化。的确,假定国内外货币收入的平均水准最后维持不变,那么外汇的新平衡率和原先的平衡率的差别就只会达到相应于贸易条件的改变那种程度。而贸易条件的改变量则和前面一样,要取决于两国的投资与生产的实际状况。但在后一种情形之下,银行利率法将在投资率中造成一种不必要的扰动,这种扰动就其本身而言是有害的。应用这方法只是为了最后对生产的货币成本造成影响,往后就要回复过来。国内的货币收入和原先维持同一水准时,要达到新平衡位域除了适当改变外汇汇率以外并不需要任何其他变动。

现在我们可以把选择问题总结如下:如果不平衡是由于国外物价水准的变动造成的,用外汇法就有利,因为这样可以保持对外平衡而完全无需推翻对内平衡。但如果是由于国外利率变化造成的,那么银行利率法就终究是必要采用的;而且,假定我们要维持国内货币收入稳定的话,那就只有在相对利率变化牵涉贸易条件的重大变化时,才能兼用外汇法。其次,如果不平衡纯粹是临时性的,无需作持久的重新调整,那么临时运用外汇法的好处就是可以迅速而直接对物价发生作用;银行利率法则只有到为时太晚、无法起作用时,才能产生所需的结果。因为在这种情形下,对外贸易商品和国内贸易商品的价格水准的相对摆动可以使 B 发生足够的改变来克服一现即逝的不平衡原因,而无需严重地扰动货币收入或储蓄与投资的平衡。

因此,如果各中央银行明智的话,那么在服从下述第(二)项的考虑事项之后,看起来就应当在武库中同时具有两种武器,以便在适当的机会上应用。

(二)外汇法还有一个很重要的副作用。预期外汇汇率不稳定时,对于 L 的大小将具有深远的影响,趋向于减少对外投资贷付差额量;如果我国是借入国的话,也会同样减少对外投资的借入量。因此,两种方法的选择便不但要考虑到以上所列举的技术性货币条件,而且也要同样考虑到我们根据社会与国家的一般政策出发,究竟是要鼓励还是要阻抑对外投资贷付(或借入)。

(三)此外,由于短期投资收付量的变动取决于国内外利率的较小差额,所以在本国国内经济中所起的作用便要小得多。因为还会有另一种支配 L 的因素出现,那就是对于外汇未来行市的预期。由于欧战后经验的结果,这一点已经是众所周知的了,所以毋庸赘述。如果外汇的变动据估计是围绕着一个缓慢移动的法线作短期的上下摆动,那么 L 相对于 B 的每一次过剩和不足一旦有时间影响到外汇,就会使纠正力量发生作用。因为对外贷款偿还时的预期损益永远会使 L 沿着某一个方向运动,这方向从保持对外平衡的观点看来是有利的[①]。但如果外汇的变动被认为是朝同一方向累积和继续向前变化的起始,那么,它的效果就会加重不平衡,并使 L 的运动方向与所需方向相反。

在下面的讨论中,让我们把当地的不兑现货币撇开不谈。这种货币没有客观标准,完全要听凭软弱无力或指导错误的管理摆布。我们倒是要假定,当地货币的管理从长期看来要受某种货币价值对内稳定性的标准支配。

在这种假定下,这类货币体系的行为和国际贸易本位下的货币体系的行为之间,主要的差别在于以下各点:(一) B 对于对外变化的敏感性更直接;(二) L 对于国内外相对利率的变化敏感性更迟缓;(三)引入了一种新方法来影响 L,这方法不是相对利率的变化,而是外汇率的变化;(四)可以不改变货币收入的平均水准而改

---

① 这方面的技术将在下卷第 7 篇第 36 章中更详细地讨论。

变对外投资率。

在本章中，我不打算对国际贸易本位和当地贸易本位的实际利弊作最后评价。这应当是下卷中所讨论的问题。在那儿我将把两者作出实际的比较。但不论是哪一种本位有利，我认为最重要的区别似乎有以下各点：

在当地贸易本位方面，中央银行有时遇到的两难局面（即对内和对外平衡不能同时维持的问题）情形较比缓和得多。如果中央银行能自由地变化外汇率和市场利率，而且在适当的时候适量地运用每一种方法，那么，由于普遍失业盛行而损失财富和产品的危险就要小得多。因为对外贸易商品价格的直接变化可以大部分代替失业作为保持和恢复对外平衡的因果之链中的第一环节。它的不利之处在于使对外投资收付的流动性减少（如果这是一个不利之处的话）。

关于优点究竟是哪一边多的问题，显然无法提出一般的答复。这问题只有一部分取决于对外贸易工业在本国国民经济中所占的相对地位，而不完全取决于这一点。因为它同时也要取决于当地利率的剧烈变动没有人为遏制时，相对于可以由贸易条件的微度变化迅速引起的对外贸易差额量的相应变动说来，对外投资收付量的潜在变动是否可能很大。最后一点的答案未始不会受到世界其余部分的关税政策的影响。因为如果光是对外投资收付率对于小变化具有高度敏感性，而不伴以对外贸易的反应对于小变化的同等高度的敏感性，那就会是不利的，甚至还是危险的。

凯恩斯文集
第 7 卷

货 币 论
（下卷）

货币的应用理论

蔡谦　范定九　王祖廉　译

商务印书馆
创于1897　The Commercial Press

John Maynard Keynes

A TREATISE ON MONEY

VOLUME 2

The Applied Theory of Money

Macmillan & Co., London 1934

本书根据英国伦敦麦克米伦出版公司 1934 年版译出

目　　录

下卷　货币的应用理论

第五篇　货币因素及其变动

第二十二章　货币的应用理论……………………………… 3

第二十三章　储蓄存款与活期存款的比例……………… 6

（一）　大不列颠 ………………………………… 6

（二）　美国……………………………………… 12

（三）　其他国家………………………………… 16

第二十四章　流通速度 ……………………………… 17

一、应用于银行货币的"速度"的概念 ………… 17

二、收入存款流通速度和营业存款流通速度的区别 ……… 19

三、收入存款的流通速度 ……………………… 21

四、营业存款的速度 …………………………… 26

（一）　大不列颠 ………………………………… 27

（二）　美国……………………………………… 31

五、营业存款速度的可变性 …………………… 34

六、真正速度的决定因素 ……………………… 38

第二十五章　银行货币对准备金的比率 ……………… 43

一、准备比的稳定性 ……………………………… 46

（一）英国 …………………………………… 48

（二）美国 …………………………………… 55

（三）其他国家 ……………………………… 57

二、非准备银行资产的转换可能性 ……………… 59

三、准备比应该怎样确定？ ……………………… 61

第二十六章　营业活动 …………………………… 70

一、营业活动对于营业存款流通速度的影响 …… 70

二、银行票据交换额和营业量的关系 …………… 73

三、统计的综述 …………………………………… 78

第六篇　投资率及其变动

第二十七章　固定资本——投资率的变动之一 ……… 85

一、统计的指标 …………………………………… 87

二、以固定资本投资率变动为基础的几种信用循环

理论 …………………………………………… 89

第二十八章　营运资本——投资率的变动之二 ……… 92

一、统计的指标 …………………………………… 93

二、营运资本的理论 …………………………… 105

三、生产性消费和非生产性消费 ……………… 113

四、真实工资基金 ……………………………… 115

第二十九章　流动资本——投资率的变动之三 …… 118

一、霍特里先生的流动贮存理论 ……………… 119

二、流动资本积累的障碍 ……………………… 121

三、"囤存"费用 ……………………………………… 123

四、表述价格变动与"囤存"费用的关系的公式 ……… 127

五、"期货市场"的理论 …………………………………… 130

六、结论 …………………………………………………… 132

第三十章　历史上的例证……………………………………… 135

一、西班牙的财宝 ………………………………………… 138

二、19世纪90年代的经济萧条 ………………………… 151

三、1914—1918年的战时繁荣 ………………………… 157

四、1919—1920年的战后繁荣 ………………………… 162

五、大不列颠恢复金本位问题 ………………………… 168

六、大不列颠恢复金本位后的国内与国外投资 ……… 171

七、1925—1930年的美国 ……………………………… 175

八、"吉布森的异说" …………………………………… 183

第七篇　货币的管理

第三十一章　货币管理问题………………………………… 195

一、通过投资率控制物价 ……………………………… 195

二、银行家的双重职能 ………………………………… 197

第三十二章　对会员银行的控制——国家管理的

方法之一 ………………………… 207

一、不列颠体系 ………………………………………… 209

二、欧洲大陆体系 ……………………………………… 214

三、美国联邦储备体系 ………………………………… 215

四、会员银行会不会以高于市场行市的利率向

　　　　中央银行借款？ …………………………………… 224

　　　　五、公开市场政策的进一步分析 ………………… 231

　　　　六、变动会员银行准备比的办法 ………………… 239

第三十三章　中央准备的管理——国家管理的

　　　　　　　方法之二 ……………………………………… 241

　　　　一、钞票发行的现行管理办法 …………………… 244

　　　　二、正确的管理原则 ………………………………… 250

第三十四章　各国中央银行的相互关系——国

　　　　　　　际管理问题之一 ……………………………… 256

第三十五章　金本位——国际管理问题之二 ………… 265

　　　　一、黄金的贪婪 ……………………………………… 265

　　　　二、拥护金本位的理由 …………………………… 269

第三十六章　国家自主权问题——国际管理问题之三 …… 278

　　　　一、国际管理制度的进退维谷局面 …………… 278

　　　　二、调节对外投资贷付率的方法 ……………… 282

　　　　三、现金输送点的意义 …………………………… 293

　　　　四、价值标准是否应具有国际性？ …………… 304

第三十七章　投资率的控制——再论国家管理问题 ……… 311

　　　　一、银行体系能够控制物价水平吗？ ………… 311

　　　　二、短期利率和长期利率 ………………………… 323

　　　　三、银行体系能不能控制投资率？ …………… 332

　　　　　　（一）短期利率变动的直接影响 …………… 333

　　　　　　（二）未满足借款人边际 …………………… 334

　　　　　　（三）发行公司和证券承销商的地位 …… 337

（四）　公开市场业务达到饱和点的问题 …………………… 338

（五）　国际方面的复杂关系 ……………………………… 342

四、1930 年的暴跌 …………………………………………… 345

第三十八章　国际管理问题…………………………………… 354

一、国际管理的双重问题 …………………………………… 355

二、国际管理的方法 ………………………………………… 359

三、国际清算银行 …………………………………………… 366

四、结论 ……………………………………………………… 368

第 五 篇

货币因素及其变动

第二十二章　货币的应用理论

现在我们放下货币的纯粹理论以及从质的方面对表征货币体系的特性所进行的研究,进而探讨货币的应用理论,并从量的方面研究现存主要货币体系中、首先是大不列颠和美国货币体系中的实际情况。

本卷的内容梗概如下:

在第 5 篇中,我们将讨论货币因素及其统计性变动。例如银行货币的总量在储蓄存款与活期存款之间的分配比例、银行货币的流通速度以及银行货币总量之所以如此构成的理由,这几章阐述得比较详细,对于我们判断不同因素的相对数量意义说来,这是必不可少的。因为,当银行货币总量一经确定之后,这个总数有多少用于金融流通,多少用于工业流通,储蓄存款的统计数字就成了最重要的指标;而且,工业流通量既知之后,流通速度就大致决定了工业流通所能维持的生产水平与收入水平。

在第 6 篇中,我们将研究投资率发生波动的原因,并将利用近代史中几个典型时期所发生的事件的分析,来阐明本篇与以前各篇的论点。这样,便放下了所谓“货币方面的影响”而讨论“投资方面的影响”。

在第 7 篇中,我们第一次谈到我们主题的理想标准,也就是各国货币体系和整个世界的各通货发行当局所应具有的理想目标，以及达到这些目标的途中所存在的障碍；此外还要谈到有时自行发生的困难局面，以及其最好的解决办法等。

在第 5 篇中，读者会认为我在回到物价决定问题的旧式"货币数量"说上去，因为我将集中讨论货币账款的供应，或者毋宁说是集中讨论工业流通中的可用货币账款量的问题。为此，关于我所认为的货币量与物价水准之的关系，事先提醒读者一下是有好处的。

假定收受与支配收入的习惯和方法不变，假定收入水准和生产量已定，而营业存款 A 的流通速度又没有变化的话，工业流通中所需要的货币量就确切不移地确定了。如果供应了金融流通的需求之后，可用的货币量少于此数，那就不可能维持现有的收入量。此外，在平衡状态下，当所有的生产因素都已就业、储蓄也等于投资时，则工业流通量不仅决定收入量，而且还决定物价水准；同时，根据生产量与就业量的变动作出修正后，还能决定报酬率。这就是说，如果习惯与办法不变的话，当物价水准与生产成本平衡时，工业流通的可用货币量确实能支配这方面的状况。同时，传统公式中唯一需要加以修正的地方，只是加上"工业流通可用"几个字。我们在第 III 篇和第 IV 篇中对公认的理论提出了更改之处，其意义在于当平衡因储蓄与投资之间不相等而被扰乱时，以及从一个平衡位域过渡到另一个平衡位域时，把它们应用在物价决定的运行方式上。

当然，这种改变在形式上和传统数量说是可以相容的。这的确是必然的道理，因为后者是恒等式、是自明真理。但这一点在传统理论中并没有以一种富于启发性和容易理解的形式提出，而是与其他因素一道含糊不清地塞在无所不包的"流通速度"这一概念之中去了。

让我们把我们数量方程式录写成以下的形式：

$$M' \cdot V' = \Pi \cdot O$$

其中的 M' 是工业流通量，O 是产品量，而 Π 则是产品的物价水准；在这种情况下，我们的说法中的 V' 乃是一个综合概念，与流通速度 V 是不相同的。它是两个要素合成的；一个要素取决于银行业、商业和工业的习惯和方法，与传统的流通速度具有相似的性质；另一个要素则取决于储蓄与投资之间的平衡，它在投资过量时大于 1，在投资与储蓄相等时等于 1，而在储蓄过量时则小于 1。

本书第 5 篇所包括的内容主要是从统计观点研究这个方程式左边之中不同于我们所说的投资要素的货币要素。这些纯粹的货币要素与传统的数量方程式所研究的相同或相似。

第二十三章　储蓄存款与活期
存款的比例

　　储蓄存款和活期存款的意义已经在第 3 章说明了,它们对金融流通和工业流通的关系则已在第十五章说明了。由于储蓄存款和活期存款两者构成了全部存款,所以储蓄存款对全部存款的比例有任何变动时,都会对活期存款量发生反应;除非是有意使总存款量发生相应的变动以便予以对消外,这种变动特别会对收入存款造成反应。在这一章里,我们将根据统计材料,研究储蓄存款比数在实际经验中的变动程度,以便有可能研究这些变动对于一般货币状况所引起的反应的大小。

　　在第 3 章里,我们看到大不列颠的存款账户和美国的定期存款大致相当于储蓄存款,而大不列颠的往来账户和美国的即期存款则相当于活期存款。在美国,法律规定定期存款和即期存款量必须分别公布。所以,只要我们认为定期存款的变动大致可以代表储蓄存款,取得统计资料就没有困难。但是在大不列颠,迄今为止,除非银行本身帮忙,否则便不可能获得任何可靠的指标。

　　（一）大不列颠——由于进行了虽不彻底、但却代表着相当好的选样的调查,我已获得了极有意义的指标,可以说明存款账户与往来账户之间的转账在目前不列颠银行制度下所具有的实践与理论意义。同时我们必然记得第 3 章中所指出的情形，即不列颠的存款账户与往来账户之间的分界线已经毫无疑问地混淆起来了。大部分存款都是时期很短（7 天至 14 天）的通知存款，而实际上则通常是随支随付，只减去几天的利息以代替通知期。据说存入时间较长的定期存款不会超过全部存款账户的 1/4 至 1/3。

在战前时期，一般认为大不列颠的定期存款对总存款的正常比率大概接近于 50％。[①] 在战争时期中，存款账户相对于存款的普遍增加而言是大大减少了。到 1919 年，似乎保持为存款总额的 1/3 多一点，而不是 1/2。根据作者从银行家方面可能获得的材料[②]来看，存款账户和往来账户在存款总额中所占的年度百分比大致有以下的变动：

大不列颠的存款账户与往来账户在存款总额中所占百分比

年　　　度	存款账户百分数	往来账户百分数
1913	48	52
1915	34	66
1920	38	62
1921	44	56
1922	44	56
1923	43	57
1924	44	56

---

① 劳埃德银行提供了上自 1902 年以来的年度平均数。定期存款在存款总额中所占百分比是：1902 年为 41.8，从 1903 到 1905 年约为 44，1906 年为 46.4，从 1907 到 1914 年约为 48.5，与战后的实际情形非常相似，定期存款似乎由于布尔战争而有所减少，往后又稳步上升到 50％，而 1906—1907 年证券市场上"多头"行情的衰退则使这种恢复受到剧烈的刺激。

② 这些数字是"五大"银行之中的两家银行为我提供的指标的平均数。最近，另外两家银行也公布了它们的数字。

1925	45	55
1926	46	54
1927	46	54
1928	47	53
1929	48	52

由此可见,存款账户的比例是逐步递增地恢复到战前的水平的,从 1919 至 1929 年几乎从没有间断。

由于密得兰银行与劳埃德银行现在按月公布它们的百分比数字(我希望其他银行也能仿效它们的榜样),所以把这些数字与以上更全面估计一并列出来是有用处的。

存款账户在存款总额中所占百分比

年　　　度	密得兰银行百分数	劳合银行百分数
1919	28.6	39.3
1920	33.8	43.3
1921	39.7	49.3
1922	40.0	50.3
1923	40.2	48.5
1924	41.5	49.0
1925	42.7	50.4
1926	43.7	51.4
1927	44.3	52.6
1928	44.7	53.6
1929	46.8	54.8
1930(6 个月)	48.3	55.5

这些数字表明,存款账户与往来账户的相对比例的变动已经大到足以使存款总额的变动作为往来账户变动的指标时极易使人误解的程度,情形在下表中(第 9 页)说明得十分清楚:

　　由此可见,如果这些估计正确的话[1],1920 年的存款总额虽然可能不高于 1926 年,往来账户却高了 16％。往来账户不断地转移为存款账户,是因为存款账户经过战时的减退后又逐步向战前

年　　度	9 家清算银行的平均存款总额 1924＝100	往来账户对存款总额的估定比例	往来账户的估计总额 1924＝100
1919	90*	66	106
1920	100*	62	111
1921	108	56	108
1922	106	56	106
1923	100	57	102
1924	100	56	100
1925	99	55	97
1926	100	54	96
1927	103	54	99
1928	106	53	100
1929	108	52	100

　　* 　估计数字。实际数字未曾发表。

的正常比例恢复,这实际上就起了隐蔽的通货收缩作用,其程度足以说明如下的现象:假定这种作用对营业存款与收入存款的影响相等,在存款总额不受任何变化的影响时,由于上述通货收缩作用,物价水准就会降低约 20％。

　　这些数字特别有助于说明 1920 至 1923 年之间物价水平下降与存款总额的下降(如果有的话)完全不成比例的量值,对于后来在 1923 至 1926 年之间的经过情况说来,也是这样。就已公布的

---

　　[1]　如果不正确的话,我希望有办法知道情况的银行家予以改正。

情形来看,1923 至 1926 年间的银行存款总额没有变动,而当时的消费指数也几乎没有变动。但是,如上表所示,往来账户存款总数的百分比却从 102 下降到 96。由于 1926 年的产品量几乎肯定少于 1923 年,因此这个时期往来账户存款的减少就给有关货币状况发展过程的解释补充了一个重大的被遗缺了的环节。

然而,英国的往来账户从存款总额中分立出来,对于解释货币状况发展过程的问题所提供的最显著贡献却是有关战争时期的那一部分。我们记得,1914 年第一次募集战时公债时遭到了失败,其中大部分不得不由英格兰银行及其他银行认购,后来就进行了强大的宣传运动,使公众认购往后的战时公债。当时的理由是,由银行认购具有通货膨胀的作用,而公众认购则没有。人们甚至认为,对于公众从存款账户取出货币来缴付认购战时公债的款项的做法说来,这一论点也能适用。诚然,银行当时还提供了"爱国运动"特殊办法来促进这种做法。我认为当时没有任何人注意到这种做法可能大大地促成通货膨胀。实际上这种认购办法的效果和银行直接认购、并将全部认购金额增加到往来账户中的效果是彼此相同的。公众将完全没有现金作用的存款账户上所存的货币转移到政府的往来账户上,由政府使用,从而增大了其他的往来账户,使流转货币的增量和银行存款总额中任何可以观察到的变动完全不成比例。像这样变动的某些存款账户可能是属于在银行所保有的这类账户中最老和最为可靠的存款。如果我们假定,在爱国运动的宣传影响之下投资于战时公债的存款账户不超过战前存款账户的 1/3,而战前的存款账户又占存款总额的一半,那么往来账户就将增加 33%,这就足以使物价维持在比以往高这样多的水准上。政府支出的性质，事实上是使其中绝大部分迅速地归入收入存款，其结果是储蓄存款的转出充分发挥了使货币购买力的降低的作用。1915 至 1916 年英国货币状况的发展过程的确几乎可以说是一个完美的例证，足以说明这种移转可以在什么方式下对物价发生影响。

因此，可能正是这种没有被观察到的存款账户与往来账户之间互相移转的因素，对 1914 至 1920 年间英国物价的上升，以及 1920 至 1926 年间物价的下降发生了相当大的作用。如果所有的银行都能同意分别公布它们以往和今后的存款账户和往来账户数字的话，我们对过去的情形就更加精确地作出判断，同时也可以计入这一因素以调整未来的政策。

此外还有一项银行业务和银行宣传活动的改革也说明是有好处的。目前英国银行所实行的办法是对存款账户与往来账户保持相同比例的准备。但美国方面情形就不是这样：美国法律规定联邦储备银行体系下的会员银行对定期存款只保持 3％的准备，而对活期存款则保持 7％—13％的准备。这就大大缓和了储蓄存款所代表的那部分金融流通的变动对于工业流通所发生的膨胀或紧缩作用。如果英国银行对于存款账户保持极低的准备比而不与往来账户保持相同的准备比①，就可能使银行体系对于工业方面的作用更为有利。

诚然，如果我们能够确定，存款账户严格地相当于储蓄存款，

---

① 皇家印度通货委员会(1926 年)曾为计划中的新印度中央银行推荐(§161)美国的办法。各印度银行在中央银行中保持 10％的即期债款和 3％的定期债款。除此之外，这种办法在南非洲已经从 1923 年开始实行。

那么从某些观点看来,就有理由对存款账户不保持任何准备,因为这就可以保证储蓄存款的变动不影响活期存款总额的变动。反对这种措施,甚至反对让存款账户准备比低于往来账户的实际理由是:这样做会鼓励银行私下与主顾取得协议并对之让步,从而把实际上的活期存款冒充储蓄存款,以便逃避提供准备金。据说(见下面第 14 页)实际上这种逃避现象在美国已经发展到了一定的程度。这种反对意见如果被认为是有实际理由作根据、因而可以成立的意见,那么中央银行在考虑到各会员银行的存款账户与往来账户的存款比例之后,当其决定可以让会员银行保持哪种适当的总准备水准时,也可以得到大致相同的结论。目前在大不列颠,英格兰银行可能根本不知道这个比例,更加可能的是它没有认识到这个比例有什么关系。

即使承认中央银行注意金融流通量、以便避免迟早会影响投资量的资本膨胀或紧缩往往是有好处的做法,任何改变如果能使中央银行比较容易分别考虑并处理工业流通和金融流通,那种改变就是值得欢迎的改变。

(二)美国——这样一来,就使我们转到美国同一现象的研究上来了,只是根据上述理由,这现象在美国的扰乱作用不可能像在英国那样大。值得注意的是,正是由于 1925 至 1929 年间联邦储备银行体系的定期存款增长而无需准备金作相应的增加,才使会员银行的贷款和投资有可能大大增加,却没有使商品价格上涨。

联邦储备银行体系的统计资料本身是一个独立的研究题目,我个人无力问津。然而,下表所示的活期存款与定期存款,在美国和大不列颠一样,可以说明储蓄存款对活期存款的比数所发生的变动的意义。

由此可见,就方向和量而言,定期存款对于活期存款比率的上升趋势在大不列颠和美国大致上是相同的。由于定期存款所需要的准备比低得多,所以这种动态在既定的准备金基础上所容许的可用银行信用增量比其他情形下要大得多。而且,定期存款增量如果没有这样大,银行信用就不可能像这样大大扩展而不使物价

在存款总额中所占百分比①

年　　　　　度	定　期　存　款	活　期　存　款
1918	23	77
1919	24	76
1920	28	72
1921	32	68
1922	32	68
1923	35	65
1924	36	64
1925	37	63
1926	38	62
1927	40	60
1928	42	58

上涨。这是一种健康的发展。但如果实行像大不列颠这样的准备金办法,那么定期存款像这样增长,势必就会发生严重的通货紧缩的作用。即使就其现况而言(准备比按 3％ 的规定),这种情形在给定的准备金基础上和这类准备金原来所能维持的物价比起来,

---

① 这些数字是根据"通知"日期(一年中 3 至 5 次)所持金额的平均量而来的;参看《联邦储备局第 13 次年度报告(1926)》,第 142 页。定期存款包括邮政储蓄存款。以"活期存款净额"代替"活期存款"时,所得数字将略有不同。

仍然会发生使物价水准下降的作用。

关于大不列颠和美国银行营业办法在定期存款的准备比百分数方面的不同效果可以由下列计算中得到说明。假定美国活期存款所保持的平均准备为 11％,定期存款为 3％,不列颠的存款总额所保持的准备金为 11％;那么,如果有 10％的存款总额由活期账户转移到定期账户,使定期存款由存款总额中的 30％增长到 40％,这事在美国对物价水准所发生的影响,除其他因素不计外,会产生 4％的下降趋势;而类似的转账在大不列颠则将使物价水准产生 14％的下降趋势。

实际上,美国的定期存款大大增长(在 1920 至 1929 年间增加 1 倍)这一事实,使那些年间的金融流通大为扩展,其程度如果运用不列颠的准备办法的话就会使物价由于工业流通紧缩而惨跌,要不然就是使准备成比例地增加。不列颠制度因为急于要防止银行在供应工业方面需用货币时可能发生的通货膨胀,于是使不让它们在完成另一职能时(即应付金融流通中变动性更大的需求时)具有伸缩的余地。从另一方面说来,美国的制度对于金融流通的扩张只不过是略加阻断而已。

美国的制度在维护工业稳定方面的作用更为明智而有效。从另一方面说来,人们也可以反对说,正因为如此,这种制度可能让资本膨胀发展到英国制度下不可能达到的地步。如果维持工业稳定和最适产量是我们的主要目的的话——整个说来我想应该如此——那么,美国制度还是较为可取的。

必须补充指出的是:从数量方面来说,看美国统计数字时必须小心。根据《联邦储备局报告(1926)》第 8 页所载,定期存款的增加"在某种程度内只代表由于定期存款所需的准备比较低,以及会员银行加强鼓励储蓄账户这两个因素使活期存款转移到定期存款方面去的现象"[1]。然而由于规章的性质很严,规定 30 天以内的通知存款都属于活期存款范围,因而对上述一点起了抵消作用。这种规定本质上是极其优良的,因为鼓励尽可能严格地划分储蓄存款和活期存款的制度是受人欢迎的。

此外,美国战后定期存款的增长率有一部分是由于目前会员银行在定期存款准备比低的刺激下,加强努力,从互助储蓄银行方面抢过这种业务而造成的。伯吉斯先生所发表的下表(原载《储备银行和金融市场》第 38 页)说明了两种储蓄存款合并后的结果:

（百万元）

年度	储　蓄　存　款			个人存款	储蓄存款和定期存款在总额中所占百分比
	互助储蓄银　行	商业银行定期存款	总　　额	总　　额	
1911	3 459	4 504	7 963	15 604	51
1914	3 910	4 802	8 712	18 891	46
1916	4 102	5 357	9 459	22 065	43
1918	4 382	7 153	11 535	24 518	47
1920	5 058	10 256	15 314	32 361	47
1922	5 818	11 761	17 579	36 336	48
1924	6 693	14 496	21 189	41 064	51
1926	7 525	17 171	24 696	47 472	52

---

[1]　这一点已由帕克·威利斯教授证实,在"美国银行业大变革"(原载《银行家》杂志,1927 年 5 月号,第 385 页)一文中,他认为定期存款的增长在于银行之间的过度竞争,从而使它们不但提供高额利息并且还鼓励顾客将通常以活期方式储存的款项转移到定期范围中去。

这个表的意义主要也许在于说明了社会习惯在表中所提出变化情势之下是异常稳定,同时美国和大不列颠的相应数字也异常接近;因为我们如果为了使这些数字能和上表作更接近的比较,从而把不列颠的邮政储蓄银行存款也包括在内,那么相当于上表最后一栏的大不列颠战前与战后的百分比便都大致是 54① 左右,而美国则为 51 和 52。

(三) 其他国家——十分明显,各国的储蓄存款在银行存款总额中所占的正常百分比将随着银行界的习惯与传统不同而有很大的差别。我没有把握引用欧洲各国的数字,因为银行统计数字在不同的国家中往往具有不同的意义。但德国方面却可以取得某些全面数字。1928 年 3 月 31 日,83 家信贷银行(包括柏林 6 家主要银行)22 家州银行和省银行以及 17 家票据交换所总共保有的存款为 688 百万英镑(不包括流通中的支票),其中有 39％是 7 天以内的通知存款,50％为 7 天以上、3 个月以下的通知存款,还有 11％是 3 个月以上的通知存款。至于澳大利亚方面,有息的定期存款有许多是定期 1 年或 2 年的;据估计,1927 年时这种存款占存款总额 285 百万英镑的 60％。

---

① 　如果包括信托储蓄银行,这个数字就可能提高 1％—2％。

第二十四章 流通速度

一、应用于银行货币的"速度"的概念

"流通速度（或迅速程度）"这种说法最初通用时支票制度还没有发展，当时通货主要是由铸币和纸币构成的。这种"速度"所衡量的是一个铸币（或一张纸币）的平均换手频次，从而说明了通货在商业交易中的"效率"[①]。这是一个明确而不含糊的观念。但为了清晰起见，这一概念还必须只应用于实际用做货币的铸币和纸币，而不用于贮积。要不然的话，贮积量的增加（或减少）看来就会造成货币流通速度的降低（或增高），然而实质上贮积所引起的只是有效货币的供应或数量的减少（或增加）。因此，一般都在实际可行的范围内，把"流通速度"限于用在有效货币或实际流通中的货币；完全不在流通过程中仅只用做"价值储存手段"，因而没有速度的货币不包括在内，以免冲淡流通过程中的货币速度、从而混淆

---

① 但是，还有一个极其古老的传统，赞成将"速度"看成与一个国家的年度收入对其现金储蓄所形成的比例数是相关联的。我在本章下一节中将回头来谈这一问题。参看霍尔特罗普的"早期经济文献中关于货币流通速度的理论"（《经济杂志历史增刊》，1929 年 9 月）一文。其中在这个问题和其他问题上对速度这一概念的发展作了一个极其有趣的历史综述。

这个概念。计入贮积量的变化时是认为这种变化牵涉到流通货币的供应或数量的变化，而不是牵涉到流通货币的速度变化。例如计算印度的货币流通速度时，习惯办法是尽可能地除去贮积的卢比。即使在公开铸币时期，流通货币存量通常也不包括国内贵族和平民作为价值储存手段而保有的贮积生金银锭和首饰。比如由于荒年而使这种贮积减少时，把事情说成是流通货币量增加比说成是流通速度增加更为合适。

当我们把这个概念扩展到银行货币方面来时，也发生一个类似的问题，那就是说：我们究竟应该用总存款还是用活期存款作为货币量的代表。有一种并非不普遍的看法是：把应用于银行货币方面的流通速度说成是用单位时间内的支票交易总额对银行存款总额的比数来衡量的，然后认为对于上述目的而言，全部存款都可以看成是处在实际流通过程中。[①] 在英国，存款账户和往来账户的统计数字没有分开，这种办法等于是在计算流通速度时把贮积当成现金，因为这样是把实际上的"价值储存手段"当成流通货币了，其结果是这种储存手段量的变化令人误解地以流通速度的变化的外貌出现。根据第 23 章已经说明的理由，这种不适当的概念会妨碍我们得出正确的结论。

为了避免这种困难，我建议应采用两个名词，即速度（V）和效能（E）；[②]后者代表银行票据交换总额对存款总额的比数。这就让

---

① 庇古教授采用这一办法（见《工业波动》，第 15 章），而欧文·费雪教授则不采用，他把速度限于用在活期存款方面。

② 我在前面的一章中曾用 E 字代表"报酬"，希望这种符号的重复不会引起混淆。

我们能不受妨碍地用"流通速度"一词来明确地表示真正作为现金的存款（即活期存款）的周转速度或周转率。因此就得出 $E=V_w$，其中的 w 为现金存款对存款总额的比例。如果把 E 说成是银行货币的效能或现金效能，这也并不是不适宜的说法。因为这一部分变得越大，则相当于给定量的银行货币的现金周转量就越大——储蓄存款的增长将降低用做现金的银行货币的效能，而其下降则提高用做现金的银行货币的效能。

二、收入存款流通速度和营业存款流通速度的区别

然而，比现金存款流通速度（V）和总存款效能（E）之间的区别更为重要的是收入存款流通速度（V_1）和营业存款流通速度（V_2）之间的区别。V 是两种十分不同的事物平均的结果，在某种意义下说来，它根本不是真正的速度。纵使 V_1 和 V_2 没有变化，但当分别代表收入存款和营业存款的活期存款的比例有所改变时，V 仍然可能发生变化。正如同电车和火车的速度没有任何变化时，伦敦的火车和电车的乘客载运仍然可能由于乘客的比例增加而速度有所增加一样。

因此，我们如果和以前一样用 M_1、M_2、M_3 和 M 代表收入存款、营业存款、储蓄存款和总存款，M_1、M_2 和 M_3 的速度为 V_1、V_2 和零，M_1 和 M_2 的平均加权速度为 V，M_1、M_2、M_3（即 M）的平均加权速度（或我所谓的效能）为 E，于是，如果命 B 为现金交易或货币周转总量，则可得：

$$B = M_1 V_1 + M_2 V_2 = V(M_1 + M_2) = E(M_1 + M_2 + M_3) = EM。$$

从这里显然可以看出，纵使 V_1 和 V_2 恒定不变，E 和 V 仍然可能由于 M_1、M_2、M_3 对 M 的比数的改变而有变化。因此，复合量 V 和 E 的变化：由于真正速度 V_1 和 V_2 的改变而引起的变化就必须和 $\dfrac{M_1}{M}$、$\dfrac{M_2}{M}$ 和 $\dfrac{M_3}{M}$ 的改变所引起的变化区别开来。

我想，这种区别可以使我们澄清一个极古老的混淆概念。正如霍尔特罗普博士所指出的，[①] 从这一问题最早的文献中可以看出，货币学理论家在两种倾向之间摇摆不定；一种倾向认为速度（或迅速程度）是国家货币存量和国民收入之间的一种关系；另一种倾向认为速度是货币存量和交易总额之间的一种关系。早期作家主要受前一概念的影响，但到 19 世纪时，后一概念流行于世；到现在，特别是在当代的美国文献中，这概念已经被欧文·费雪教授的著作相当巩固地确定了。然而非但是在约翰·斯图亚特·穆勒的著作中，而且连熊彼特教授和庇古教授的著作中，都仍然可以清楚地看到前一概念的痕迹。后两人的情形往下就可以看到。

混淆的成分是这样：如果我们所注意的是平均货币存量和国民收入之间的关系，那么我们所指的前者就必然是作为取得收入者的公众成员所持有的存量的平均数，即收入存款，而不是包括营业存款的总货币存量。取得收入者的年收入总额和他们所持有的货币存量平均数之间的关系是一回事，各方面的总交易之流与各种用途的平均货币存量之间的关系是另一回事；前者我们称之为

---

① 见前引书各页。

收入存款流通速度，后者则称之为活期存款流通速度。但收入者的年收入总量与为各种用途的平均货币存量之间的关系则是一个没有具体意义的混杂概念。可是这样的东西在经济文献中却一再出现。例如庇古教授在最近关于这一问题的讨论（《工业波动》第15章）中区别了三种"速度"。他那第一种意义下的速度（见上引书第152页）是用一个社会的货币收入对货币总存量的比数来衡量的，我认为这是他所喜欢的一种。他的第二种速度是用商品的价值出售为现金收入对货币总存量的比数来衡量的。第三种速度则是用各种出售为现金的商品量的货币价值对货币总存量的比数来衡量的。其中第三种速度在我的术语中是活期存款的流通速度（V）。如果庇古教授把储蓄存款包括在"货币"中，这速度就是银行货币的效能（E）。但第一种速度用我的符号来表示时 $= \dfrac{M_1}{M} V_1$，因之便是两种完全不同事物的乘积。这就好像把电车乘客的小时—人—哩数除以电车和火车乘客的总数，并把得数称之"速度"一样。熊彼特教授在用这个名词时，我认为方式也差不多和这相同[①]。

三、收入存款的流通速度

目前由于与营业存款区分的收入存款量不论在哪个国家中都

[①]　我不能十分肯定，福斯特和卡钦斯在《论利润》一书中所使用的"货币周转速度"的说法，是用我所说的意义提出的，还是用庇古教授和熊彼特教授所说的意义提出的。

是连一个估计数字也无法得到,所以要把它们的总数和国民收入作比较以便直接计算它们的速度的事是无法实现的。然而,当我们普遍考虑了自己对该社会的习惯所知道的情况后,关于这速度大概会处在哪种近似极限值之内的问题,却可以作出某种估计。

收入存款的流通速度是一个社会有关下列各事项的习惯的函数:1. 工薪资发放时隔(按周、按月或按季等),[①]2. 前后两个收入日期之间的支出是否规律,以及 3. 一收入日期至另一收入日期之间的收入中继续储存的比例等,更严格的表示法是这样:

命 R＝有关年收入

x＝每年收入发放次数(如按周支付,则 $x=52$)

假定收入在两个领受日期间按有规律的平衡速率花费,而变动又集中在每一收入领受期的续储量上,也就是集中在取得收入前夕手中所持有的存款量上(这一假定不过是为了算术上的方便而已),那么命如此续储的平均量为 $\dfrac{R}{y}$,则得:

收入存款平均水准为 $(\dfrac{1}{2x}+\dfrac{1}{y})R$,因之其速度 $V_1=\dfrac{2xy}{2x+y}$。

V_1 在各种不同的假定下的数值是容易计算出来的。如果按周取得收入(也就是 $x=52$),而 $\dfrac{R}{y}$ 又是 3 个星期的收入,则得

---

① 威廉·配第爵士在他的《献给英明人士》一书中,十分清楚地理解了这一点,霍尔特罗普博士在他讨论流通中的货币是否敷用的问题的那一节中引用他的话(见前书):"假定消费是 4 000 万,如果周转的周期很短,就像礼拜六领取工资的贫苦艺术家和工人那样每星期 1 次,那么 100 万的 40/52 就可以应付这些用途了。如果像我们付租和税收的习惯那样,周期是一个季度,那就需要 1 000 万。因此假定一般的支付是一周到 13 周之间,那么 100 万镑的 40/52 加上 1 000 万镑,以 2 除之,就约为 550 万镑;这样一来,如果我们有 550 万镑也就够用了。"

$V_1 = 15$（约数）；如果 $\dfrac{R}{y}$ 是一个星期的所得，则得 $V_1 = 35$。如果收入是按月取得的（也就是 $x=12$），而 $\dfrac{R}{y}$ 又是两个星期的收入，则得 $V_1 = 12$。如果收入是按季度取得的（也就是 $x=4$），而 $\dfrac{R}{y}$ 又是一个月的收入，则得 $V_1 = 5$（约数）。读者无妨任意作出自己认为说得过去的其他假设。显然，取得收入的时隔越短，则平均续储总数对每次收入量的比数就愈大，因为对于一定量的收入说来，支出款项的时隔比取得收入的时隔更长，如假日支出就是这样。

通过选样调查，不难确定典型阶级的典型成员一般以现金与活期存款方式持有其年收入的比数。如果这一点办不到，我就不揣冒昧地推测如果把钞票和银行存款余额都包括在收入存款的定义中，那么目前英国的 V_1 年值大约是 12 左右，按周工资的获得者的数值可能是 17，按月或按季领取所得的人的数值 10，其余不细举。这就是说，按周工资的获得者平均持有的现金大约等于 3 个星期的所得，而社会上其余的人所持有的现金和本期银行存款余额则约为 5 个星期的所得。整个社会的平均数接近于 1 个月的所得。[①] 这些数字是 1 年平均持有的余额，它跟季度薪资发放日大大超过此数的余额等等基本上是可以相容的。

当然，这些数字在统计数据缺乏的情况下，只不过是一些猜测数字，目的在于说明有关数量的可能情况。并促使人们在将来提

---

① 这个数字对按周工资的获得者说来也许太高，而对其余的人则略嫌太低。如果是这样，则为营业目的而持有的纸币必然超过我的估计。

出较准确的统计数字。然而上面提出的数字和已知事实是相当符合的。因为我们如果假定没有在银行立账户的按周工资获得者的收入每年为17亿英镑而其余则每年为30亿英镑;[①]那么根据上述情形推论起来,前一阶层作为现金收入而持有的钞票平均量就会是1亿英镑,而后者所持有的钞票和收入存款的平均量则为3亿英镑,其中银行存款可以定为2.75亿英镑,钞票则为2 500万英镑。因为实际钞票流通量(即不由银行持有而处在流通过程中的钞票),大概是2.5亿英镑左右。按上述假定说来,以其他方式持有的钞票就是1.25亿镑,其中营业现金大约是1亿英镑,现金储备(即没有在银行立账户的人所持有的贮积)约为2 500万镑。同时在往来账户上的银行结余大约为10.75亿英镑(年平均数),所以用于营业存款和伪装的储蓄存款的量就是8亿英镑。所有这些数字看来都是完全说得过去的。因为如果把薪资阶级的流通速度提高到15,就可能要把银行收入存款降低到1.75亿英镑(似乎太低),并将营业存款等提高为9亿英镑。从另一方面说来,如果降低按周工资获得者的流通速度,似乎难以符合于众所周知的钞票发行情况;至于将薪资阶级的速度作任何重大降低,就会使银行收入存款相对于营业存款的数字说来提高到显然不可能存在的地步。如果必须作任何修正时,就多半是在于增加工资获得者的估计速度方面。只有这样才能改变实际流通中的钞票在报酬获得者和企业之间的平均分配额,而不致影响到上述有关银行货币的一

---

① 这两个数字加起来,就超过了这个国家的纯收入,因为这一计算所涉及的是尚未减去国债等的利息的总收入。

般结论。

我们在第 3 章中说明储蓄存款和收入存款的定义时，曾指出这两者之间的分界线是不完全严格的。一个持有储蓄存款，而在有必要时又可取用的人可能认为这种存款是为了节约收入存款量而保持的。所以在这里提出一些有关储蓄存款量的统计数字是恰当的。根据我们往下（第 26 页）的估计，1926 年英国的存款账户约达 8.5 亿英镑，但这些存款并非全部为私人所持有。邮局和信托储蓄银行中的储蓄存款大致相当于没有立银行账户的按周工资获得者所持有的存款，在 1926 年约为 3.7 亿英镑（包括爱尔兰）。因此，私人储蓄存款总额可能在 10 亿英镑左右，约等于年收入1/4。因此，如果我们估计正确的话，那么包括现金收入在内的收入存款为数在年收入的 1/10 至 1/12 之间，而储蓄存款则约为年收入的 1/4。

有些必须储存款项来应付的重大支出，其支付时隔比大多数工资和薪金付给的时隔更长这一事实显然使流通速度降低到应有的情形以下。其中最为重要的项目大概是按季支付的租金，半年一付的地方税和所得税，每年一付的保险费，假期和圣诞节的花费。根据伯吉斯先生的说法，纽约及其他城市的百货商店在 12 月份一个月的营业额通常约为全年营业额的 1/7。间隔长达一季度的薪资支付、长达一年的农产品收入以及通常长达半年（在大不列颠）的利息和股息支付等也具有减少流通速度的作用。正如已经指出的，普通个人的收入和支出的日期越接近，则平均现金需要相对于收入的比例就越小，流通速度也就因之越大。由此可见，流通速度在很大程度内是社会习惯和例规的函数。

　　由于这一原因，我们就可以预计，收入存款的逐年流通速度相对说来是稳定的，只是在较长时期内，由于习惯的逐渐改变有可能显示一种明确的趋势。但这一结论还要以一个重要的条件为前提。许多个人不能或者不愿迅速调整他们的消费以适应收入的改变，收入下降时特别是这样。因此，当货币收入改变的时候，一个所得领受日期的续储总量相对于下一日期的总量的情形也趋向于朝同一方向变化。也就是说，所得下降的第一个冲量将落在所得余额之上，所得增加的第一批增益也是这样。比方说，如果失业和萧条使工人阶级的现金平均贮存量从三周半的收入数目降低到二周半的收入数目，中产阶级的现金贮存量则从五周降低到四周的收入量，其结果就会使相应的流通速度分别从 15 增加到 20，和从 10 增加到 13，平均从 12 增到 15。同样的道理，在繁荣时，流通速度可能降低到正常水准以下去。但我们却没有理由预计反常的数值可以持久存在。

四、营业存款的速度

　　关于营业存款，我们没有相当于个人消费者可能持有的余额量对于收入量的比数那种可靠数据来作为我们推测的根据。然而如果有关于收入存款和储蓄存款的推测可以认为可靠的话，我们便可以从存款总额和票据交换总额的可用统计数字中推算出营业存款的数量和速度。

　　我们的数字中可能有许多漏洞和很大的误差边际，但在这里我们也有可能对有关的量值作出相当好的推测，而这就是我们进行一般讨论时所需要的一切。

（一）大不列颠

首先我们将从活期存款流通速度的计算开始，也就是从收入存款和营业存款的流通速度 V_1 和 V_2 的平均加权值开始。下表（第 27 页）是关于英格兰和威尔士的数字：[①]

这些数值对于说明活期存款流通速度的可变性是有价值的。因之，假定收入存款的流通速度大致不变的话，对于计算营业存款

（百万英镑）

	（1） 票据交换总额*	（2） 12 月 31 日存款 总　　额	（3） 活期存款		（4） 粗略速度 （1 栏对 3 栏比数）
			总额%	量	
1909	14 215	711	52	370	38
1913	17 336	836	52	435	40
1920	42 151	2 012	62	1 247	34
1921	36 717	2 023	56	1 133	32
1922	38 958	1 885	56	1 056	37
1923	38 429	1 856	57	1 058	36
1924	41 414	1 843	56	1 032	40
1925	42 302	1 835	55	1 009	42
1926	41 453	1 878	54	1 014	41
1927	43 261	1 923	54	1 038	42
1928	45 879	1 982	53	1 050	44
1929	46 495	1 940	52	1 019	46

* 包括地方票据交换额。

流通速度的可变性说来也是有价值的。但在我们没有对这一速度

---

① 大不列颠的数值如果包括苏格兰在内就可能大 10％左右。

的绝对值作出估计之前,还必须作出某些校正。首先,我们已经说过,票据交换总额并不包括全部支票交往额,因为它们不包括一家银行内各主顾之间的内部票据交换,以及没有正式票据交换所之处的地区行际票据交换额。现在大部分业务只由很少几家(五家)银行执行,其中必然会存在严重的误差。为了求得支票交换总额,我们大概至少必须将票据交换总额增加 35％,[①]使英格兰和威尔士在 1926 至 1928 年的平均总额变成 587.25 亿英镑。其次,肯定地说,每年 12 月 31 日所公布的存款总额夸大了该年的平均数值,大概高出 6％,也许可能高出达 10％。因此,如果我们将上表的第一栏提高 35％,并将第二栏和第三栏降低 6％,则第四栏所提出粗略速度将增加 43％。这样一来,我们对 1924 至 1929 年的活期存款平均流通速度的最好的估计每年便大致提高到 60。

英格兰的往来账户流通速度

	巴克莱银行 实际数字	全体银行 * (估计)
1924	49	57
1925	51	60
1926	55	59
1927	58	60
1928	58	63

* 这一栏和上面计算一样是粗略速度增加 43％后的得数。当本书这一部正在付印时,有消息宣布全体银行已经决定公布全部借方数字。

关于整个英国银行体系的这些估计数字可以与作者经巴克莱银行惠允提供的某些更严格的数字相比较。这家银行编出了通过账面的全年借方总额,也就是支票交易总额,而不仅仅是通过票据交换的年度总额。这些总额可以用往来账户存款额的

---

① 即使是在银行众多的美国,据估计支取的支票也只有 2/3 左右是通过票据交易所的(参看劳伦斯《借来的准备金和银行的扩张》一文,原载《经济学季刊》,1928 年,第 614 页)。

实际平均量来除。其结果如下：

银行营业办法中有一种方式是要求顾客在往来账户保持一个最低余额作为其报酬，而不采用其他报酬办法；这方式的采用程度如何显然对该银行的流通速度有影响，同时，该行参与证券交易以及其他金融交易等高速度营业的程度也将大大影响其流通速度。

根据上述情形和前面有关收入存款的估计，我们可以对于营业存款流通速度推算出一个估计数字。我们前面的论证指出大不列颠在 1926 至 1928 年的近似值的整数如下：[①]

支票交易总额	64 500（百万英镑）
往来账户总额	1 075（百万英镑）
银行活期存款流通速度	60
银行收入存款	275（百万英镑）
银行收入存款流通速度	11[②]
收入存款的支票交易量	3 000（百万英镑）
营业存款	800（百万英镑）
营业存款的支票交易量	161 500（百万英镑）
营业存款的流通速度	77

总起来说，在现有的统计资料的基础上，我们所能作出的最

---

① 上面所提出的有关英格兰和威尔士的票据交换和现金存款数字增加了 10% 以便计入苏格兰。

② 如果我们把兑取钞票的支票兑现作为包括在收入存款的支票交易包括在内，而把前面的计算中各种货币互兑的数字除去，那么这一速度便和我们原先对收入现金流通速度提出的估计数字 10 相符合。

好推测是：英国的银行收入存款、营业存款和储蓄存款量之间的大致比例是 $1:3:4$（$M_3=4M_1$，$M_2=3M_1$）而它们的速度则为（V_1）11，（V_2）70—80，和零[①]。但是读者不可因为这些有关不同存款类型的正常比例的推测，而忘记我们的分析的一个主要内容，也就是说：这些比例在限度之内是可变的。其结果是：E $\left(=\dfrac{M_1V_1+M_2V_2}{M_1+M_2+M_3}\right)$ 或 $\left(=\dfrac{M_1V_1+M_2V_2}{M_1+M_2}\right)$ 两式中的变化，可能不仅仅是由于 V_1 和 V_2 的变化而产生的，它们也会由于 M_1、M_2 及 M_3 的比例有变化而产生。诚然，我所赞成的意见乃是：为某种目的而持有的银行存款的流通速度除非经过很长的时期以外不容易有很大程度的改变。同时我们在通货效能（E）或整个活期存款速度（V）中所观察到的短期急剧变动，往往主要是各种不同目的的存款比例方面的变化所造成的。我们将在本章第 5 节中再回头来讨论这个问题。

应当提醒读者的是：以上说的"往来账户"流通速度是按英国银行一般接受的意义来讨论的。因此"现金账款"的流通速度就会与此不同（见第 3 章）。原因是我们必须将顾客根据协议为酬劳银行而保持的固定最低额存款包括在"往来账户"之内，而我们又没有计入未用的透支账款。这两种误差的来源也许可以认为大致上可以互相抵消。

---

　　① 亚当·斯密在其名著《国富论》的一段话中断言，营业现金的流通速度比收入者的现金的流通速度小。但是他支持这一说法的论点是后者的单分交易量较小，而且"小款项比大款项循环得更快"。这种论点是不能令人信服的，而且在他当时大概就是无效的。

（二）美国

　　美国相应数字所根据的统计材料比上述数字更为可靠，在这方面正和许多其他货币统计一样，首倡工作是费雪教授完成的。[①]后来伯吉斯博士[②]对于 1919 年 1 月至 1923 年 2 月这一时期进行了仔细的统计研究。像这一个时期里数字当然不仅会显示出重大的季节性变动，而且会显示出很大的周期性变动（最大量和最小量之间的季节性变动约为 20％，周期性变动则至少为 30％）。但是，关于这一时期的平均速度，伯吉斯博士作出结论说：全国每年约在 25 至 35 次之间，30 次以下的可能性比 30 次以上的可能性大。然而这个平均数字却掩盖了该国不同地区间大幅度的变化，其变幅为从纽约的 74 和芝加哥的 46 到布法罗和罗切斯特的 20 以及锡拉丘兹的 10。

　　最近斯奈德先生作了进一步的考察，比伯吉斯博士所讨论的时期增加三年，包括 1919 至 1926 年这一段期间。据斯奈德先生的数字（自称误差不超过 5％）明确地证实了伯吉斯的数字。但这些数字更加明白地说明了美国不同地区的平均数相差是怎样地大，情形有如下表所示[③]：

---

　　① 费雪教授的估计数字太高。因为我对英国的估计所根据的基础并不比费雪教授 25 年前对美国的估计更好，所以它们也都可能发生相同的缺点。

　　② "银行存款流通速度"见《美国统计学会会刊》，1923 年 6 月号。

　　③ 包括纽约在内 141 个城市的数字采自斯奈德：《商业循环及其衡量》，第 294 页。全国的数字采自密契尔的论《商业循环》第 126 页。我知道前者是按年分别计算的，而后者主要是根据 1922 年持有总存款 4/5 的 240 多个城市一次计算出来的。后来斯奈德（《经济统计评论》，1928 年 2 月号）又把 1927 年的支票支付量计算为 7 660 亿美元，而这一年全国的平均速度则计算为 30 左右。

美国的活期存款

年　　度	流　　通　　速　　度			全　　　国	
	纽约市	包括纽约在内的141个城市	全　国	支票支付量（10亿美元）	活期存款量（10亿美元）
1919	75.2	42.3	28.8	546.8	18.99
1920	74.1	41.9	27.9	587.7	21.08
1921	68.3	38.5	24.7	484.0	19.63
1922	75.8	40.5	26.1	533.9	20.47
1923	79.1	41.4	25.8	570.3	22.11
1924	79.6	40.9	25.5	600.1	23.53
1925	87.7	44.2	25.1	653.4	25.98
1926	—	—	27.2	695.3	25.57
1919—1925的平均数	77.1	41.4	26.3	—	—

我们可以看出,纽约市的平均数字(以商业存款为主)是77.1,非常接近我为大不列颠营业存款的流通速度的数字——77[1]。此外对纽约市各银行开出的支票约占全美国所开出的支票40%—50%[2]。

伯吉斯博士举了一个例子来说明速度随有关存款类型而发生的可变性。他指出[3]:在财政部的余额中速度每年约为300次左右。

其次,让我们十分粗略地(为的是抛砖引玉)分别计算一下美

---

　①　这两个数字之所以极其接近乃是偶然的巧合。我忘记了美国的数字是多少,而且,直到我算出英国的数字之前也没有查阅美国的数字,以免受到影响。

　②　见斯奈德的文章,原载《经济统计评论》,1928年2月,第41页。

　③　见《准备银行与货币市场》,第91页。

国 1923 年的收入存款和营业存款。实际流通中的铸币和钞票的总额约达 37 亿美元。其中也许可以假设有 20 亿美元一般是作为个人收入的现金而持有的（也就是公众在贮积之外所持有的流通现金）。如果流通速度和英国的假设数字大致相同（15），那么以这种方式支出的收入总额就是 300 亿美元[①]。净收入既然是 700 亿美元，那么除了收入毛值的增加和各种重复的支付之外，就大概会剩下 550 亿美元的个人收入项下的交易额，它们是用支票支付的。[②] 如果假定美国的速度与英国的速度相同（10），那么在总数 220 亿之中收入存款就会占 55 亿，和英国的比率大致相同。此外，剩下的营业存款就会是 165 亿，开出的支票为 5150 亿，根据这一数目算出的速度为 31[③]，大大低于英国的数字 77。但是，只要大致地看一看数字，而无须作详细的假设就可以明显看出英国的营业存款平均速度必然远大于美国。不难想象这一部分可能是由于英国更多地利用透支，但更加可能的是由于美国的交易距离较

---

① 这个数字与密契尔对各种用途的现金所计算速度 26 相符合是有道理的，因为个人收入的现金中支付给营业现金的每一笔款项都会由与营业现金中支付给个人收入的现金的款相抵消。所以上述数字便完全可以说明密契尔所估计的总数 94 中的 600 亿周转额。无论如何，在这方面用 30 亿就是够高的比率了。

② 我完全独立地作出以上的推测以后，就发现这个数字为密契尔所证实，他把我所谓的个人收入的计算为总额的 10％，在 1923 年约为 570 亿。他作出估计的整个一节都很有意义，值得摘引出来（见《商业循环》，第 149 页。）：估计零售额在支付总额所占的比例为 1/20 零一点，而支付给个人的货币则约为 1/10。即使是个人收入后又付出货币而构成的循环流通量，在平常营业年度总支付额中似乎也只占 1/6。这些相当严格的比率数字是可能有毛病的，然而其他营业交易所引起的支付却似乎肯定比个人收入的收受和付出所引起的支付额多若干倍。

③ 如果我们将个人收入存款的速度降低为 6，那么根据以上的假设，就必须将营业存款的速度上升为 40。

长，这意味着货币效能由于邮递支票的迟延而受到的损失要大得多。① 在这种情形下，运用航空邮寄就可能使进行一定量营业所需要的平均余额量发生革命性的变化。

如果我们只看 141 个城市的情形，那么假定活期存款的 1/4 为收入存款、其流通速度为 10，营业存款的流通速度计算出来就是 55，这就较为接近英国数字了。

值得注意的是，我们为大不列颠所估计的总收入存款（现金和银行余额一起在内）是 4 亿英镑，而净收入则为 40 亿，占 1/10；至于美国的存款总数（1923 年）则为 75 亿美元，净收入为 700 亿美元，占 11%。这些数字相当符合，可以大致证实这些推测的量值可能是相当准确的，而我所要求的也就不过如此而已。

五、营业存款速度的可变性

以上我们已经尽力估计了营业存款流通速度（V_2）的概况。但关于其可变性，除非是作为从全部活期存款方面已观察到的可变性中推论出来的结论，否则就没有直接的证据。

因此，我们首先必须研究英国统计数字所说明的活期存款流通速度的可变性。用现有的统计数字，我们最多只能取得银行票据交换总额的指数再除以往来账户量②的指数（根据前页所提出

---

①　当我寄出一张支票之后，我就把它看成已从余额中除去，但在你的银行没有收到支票之前，却不能当做已归入你的余额之中。

②　这个指数是根据 9 个清算银行按月平均数算得的，与第 25 页根据各银行年终数字算得的指数略有不同，但无重大差别。

的往来账户对总存款账的估计比例);还有一种办法是取得地方票据交换额的指数(因为没有地方支票存款统计数字可用),除以同一数字。第 1 组数字可以为总营业存款额的速度可变性提供数据;但这数据由于城市金融交易额的遮蔽,不可能作为令人满意的工业营业存款或营业存款 A(根据第 1 卷的名称)的速度数据。至于第 2 组数字预计可以更好地说明营业存款速度 A,却又由于假定地方支票存款与全部支票存款的变化程度相同而受到损害。就其本身的价值而言结果有如下表所列:

英格兰和威尔士(1924＝100)

年　度	银行票据交换总额	地区与地方银行票据交换额*	活期存款的估算水准	活期存款流通速度,根据:	
				票据交换总额	地区与地方票据交换额
1920	102	152	111	91	137
1921	88	101	108	87.5	93
1922	93	96	106	87	91
1923	92	96	102	90	94
1924	100	100	100	100	100
1925	102	101	97	105	104
1926	101	93	96	105	97
1927	105	98	99	106	99
1928	111	98	100	111	98
1929	112	98	100	112	98

　*地方票据交换额到 1921 年止是根据 5 个城市的资料,往后则是根据 11 个城市的资料。

上表中根据地区与地方票据交换额算得的速度使我们在可能范围内对于工业流通的速度可变性得到了最好的估计;至于根据票据交换总额算得的速度则说明了这种总额中金融流通和工业流

通的交易所占比例产生的效果。

以地区与地方票据交换额为根据的速度变化所表现的一般方向,令人满意地证实了第 3 篇和第 4 篇的结论。也就是说:获得企业利润时流通速度预计应比遭受损失时高。地方支票交换额相对说来不受大宗金融交易的影响,其程度可以由下表中的数字说明。这是 1928 年两个选定的检验日期的支票转移平均值:

	1928 年 1 月 3 日*		1928 年 8 月 24 日‡	
	宗　　数	平均值	宗　　数	平均值
城市票据交换额	322 000	538 英镑	116 000	911 英镑
首都票据交换额	234 000	35 英镑	129 000	34 英镑
地方票据交换额	488 000	31 英镑	297 000	25 英镑

　　* 选定为典型的高移转量日。‡选定为典型的低移转量日。这一点在服从一个限制条件的情形下,得到票据交换所秘书霍兰—马丁的证实。他在 1928 年的报告中说道:

> "必须提醒的是:城市的数字一天天地更加增大,原因是人们为了容易计算起见而日益增多地按每次交易使用支票,而不按交易余额使用支票。因此它们就不能用做贸易动态的指标。地区和地方票据交换额则是更为可靠的指标,但要是像去年底某一地区所发生的那样,各厂商之间由于营业购销而移转了巨额支票,使数字膨胀,那么这些数字便也会被推翻。"

说到这里就发生了一个问题:从活期存款速度中所观察到的变化是否真正反映营业存款速度的变化?抑或是它们反映了营业存款与收入存款或不同种类的营业存款的比例金额的变化?统计数字本身不能回答这个问题。但是第一,在速度不变的情况下,我们就可以计算出营业存款和收入存款的比例金额要有怎样的变化才能产生所观察到的结果;其次,假定两种存款之间比例和收入存款的速度不变,我们就可以算出其中包含着什么样的营业存款流通速度的变化。

关于这两个计算中的第一个,让我假定收入存款和营业存款之间的正常关系是后者的数量为前者的 2 倍,而后者的速度则为前者的 7 倍(两个速度分别为恒量 77 和 11)。由于 $V=\dfrac{M_1V_1+M_2V_2}{M_1+M_2}$,$V=\dfrac{11(M_1+7M_2)}{M_1+M_2}$;因此 V 从 60 降为 55 时就意味着 $\dfrac{M_2}{M_1}$ 大约从 3 变到 2;而 V 由 60 升到 64 时,则意味着 $\dfrac{M_2}{M_1}$ 大约从 3 变到 4。

其次,让我们假定收入存款和营业存款的相对数量是恒定的,那么如果认为营业存款(M_2)为收入存款(M_1)的 3 倍,而后者(V_1)的速度又为 11 时,则由于 $V_2=\dfrac{1}{M_2}\{(M_1+M_2)V-M_1V_1\}$,所以 $V_2=\dfrac{1}{3}(4V-11)$。其结果是,如果活期存款(V)从 60 变到 55,我们就可以按照这些假定推论出营业存款速度(V_2)从 76 变到 70;如果 V 从 60 变到 64,V_2 就从 76 变到 82。

此外,正如同活期存款可以分析为具有不同速度的收入存款和营业存款一样,营业存款也可以分析为具有不同速度的工业存款和金融存款。这就是我在上卷中称为营业存款 A 和营业存款 B 的两种存款。前者属于工业流通、后者属于金融流通。因此,我们从营业存款速度中所观察到的变动可能是由于金融存款和工业存款比例金额的变动所造成的,而这两种不同形式存款的速度并无需有任何变动。由于金融存款的流通速度可能比工业存款的流通速度大得多，所以这一点又可能很重要。

根据可用的统计资料，我们已经无法把我们的归纳说明往前推进一步了。但以上所说的就足以表明：要解释已观察到的事实，真正速度并不必需要有重大的变动，因为它们也可以由用途不同的存款比例的变动来解释。因此，繁荣时期所看到活期存款流通速度上升和萧条时期所看到的下降，可能只有一部分是由于真正速度的变化。其中有一部分变化可以认为是营业存款 B 交易量增加所造成的，另一部分则证实了我们以前的预计，工业流通的交易值相对于收入存款而言在盈利时期将增加，在亏本时期则将相对下降。

六、真正速度的决定因素

因此，重要的问题在于辨别各种不同用途的货币的"平均"速度和特别用途的货币的"真正"速度（后者的意义是特别类型的交易量与其所用货币量的比数），因为"平均"速度的变动可能不是由于"真正"速度发生变动的缘故，而是由于不同类型的交易的相对重要性发生变动的缘故。但现在我们必须稍稍深入地研究一下可能使真正速度发生变动的因素。

当存款者决定，按照预期交易额的比例说来应保持多少余额（两者都用货币计算）时对他发生影响的因素，一部分是以一定的便利程度进行营业所需的余额量，另一部分则是这一数量的资金以各种方式冻结起来后所引起的牺牲程度。因此一定类型的交易所保持的与交易量成比例的余额水准（即这种用途下的真正速度）

是由所获得的便利与所遭受的牺牲之间的边际平衡关系来确定的。便利与牺牲两者的程度都是有变化的,但是后者的可变性可能比前者大得多。经验证明,当牺牲大的时候,企业界维持营业所需的余额,只是牺牲微小、以致可以肆意求得便利时所保持的余额的一小部分。

便利方面的考虑主要是由渐次改变的社会习惯和商业习惯支配的。但还有一种作用较快的短期影响因素,那就是营业兴旺时,企业界可以用相同数量的现金账款来完成更大的交易而不致使便利程度有任何损失。

然而营业兴旺与速度增加之间已观察到的相互联系,就其形成原因是"真正"速度增加这一范围来说,大概也可以用以下事实来说明:在营业兴旺时期,把可以转化为营运资本的真实资金支配权以现金形式固定保持着所引起的牺牲较大。因此,我们就必须转而研究这样一个问题,即:相对于这种资金支配权使用于其他方面的情形而言,可能有哪些原因使保持余额所引起的牺牲发生变化。我们特别应该考虑的影响是:(一)营运资本需求的变化和贴现率的变化,(二)未来物价行情的预期。

在(一)项之下具有一种牺牲的成分,因为就存款者个人而言,保持余额就会把本来可以用于定期存款、投资或扩充营业等其他方面的资金支配权弃置不用。当营业不振、投资无吸引力时,则保持活期存款的代价只是不把现金用于储蓄存款、期票或其他短期流动投资而引起的利息方面的牺牲。如果在同一时期内贴现率和存款利息都低的话,那么决定余额对营业额的比例时,便利条件方面的考虑就可以发生作用。另一方面,如果营业兴旺发展、因而需要将公司或个人的全部资金用做有效营运资本,同时借贷能力又已经使用到最大限度,而贷款的利息又很高的时候,就会有一种强大动机将余额限制到以任何方法实际可能达到的最低水平,甚至不惜动用紧急贮备。这样就可以用同一真实余额进行更多的交易,或用同一货币余额进行价款更高的交易;后者就是降低货币余额对货币营业额的比例。

当营运资本的需求强烈,而且有超过供应之势的时候,这些节省余额的动机的压力对于物价就可能产生重大的影响。显然,这种情况可能和同时出现的交易量增加有关联,但却不一定有关联。这就可以部分地解释,为什么企图在 V 和交易量 T 的可变性之间寻求严格相互联系的人,在某些时期能发现统计数字如他所预期那样地证实了自己的说法,而在另一些时期却又办不到。例如,美国在 1920 年的繁荣时期,交易量的增加就曾与营运资本的供应紧张伴随出现,其结果是 V 和 T 看来发生一致的变动。但在 1921—1922 年的萧条之后出现的恢复时期里,交易量回升到原先的高度水平,这回却没有伴随出现可贷放资金供应的紧张状况;其结果是:人们所认为的 V 与 T 之间的相互联系在前一时期似乎已经证实之后,现在又不能成立了。换句话说,使速度增加的是信用紧张状况。

由此可见,(一)项下的牺牲量取决于其他运用资金的机会的竞争程度。然而(二)项下的牺牲量却取决于人们对余额的真实价值是否有贬值的预期或恐惧,也就是取决于物价水准上涨的可能性。

后一原因造成的真实余额下降,在欧洲战后因所谓"抛出"一种通货而造成的对通货不信任的经历中当然达到了极点。但存款者有时由于害怕如果把购买推延一段时期,当时的物价就会对他们发生不利的变动,因而倾向于购买超过当时正常的需要,这时也会发生同样的现象。在一定程度内,这种现象会逐步变为(一)项下所讨论的营运资本的需求增长。但是这两种影响还是可以根据以下情况加以区别:即商品需求的增加究竟是由于营业兴旺、因而必需增加供应量的缘故;还是由于预计物价上涨、因而使购买的商品超过当时的真正需求量的缘故。这两种现象显然往往趋向于同时并存。

除开货币贬值的恐惧很严重这一极端情况以外,我还不大清楚,这种原因通过速度的增加(或减少)对物价所发生的直接影响是否重要。它只有在人们购进的商品量超过正常营业所需的量,并储积所谓现货时,才会发生作用。这种现象是不会大规模发生的,因为这绝不能与投机或期货市场上的先期购销混为一谈。

然而,在极端情况之下,当物价水平上涨的预期普遍存在、一般平民由于害怕手头现金余额价值贬低,因而一拿到现金就立即将其变为商品或证券时,这种影响对于降低真实余额(同时增加速度),从而提高物价方面,可能发生灾变性的后果。这方面近来的事例已经是人所周知的了,无需进一步论述①。当惊惧心理一旦发生之后,物价水准上涨的趋势比通货膨胀的速度更快;而在惊惧心理已经普遍发展之后,这种上涨趋势就还会迅速得多。当这个阶段已经达到之后,甚至连限制通货进一步发行的办法,在它没有

---

① 我在我所著的《货币改革论》第 2 章中已有论述。

使公众的信任恢复之前，也难于阻止物价上涨。通货紧缩、高额银行利率、统制汇兑、统制物价等措施，基本上应当根据它们使公众将其真实余额恢复到正常水准的效果来判断，而不应当根据它们对其他货币要素的反应来判断。

在法国这样的国家里，通货效能一般是相当低的，主要是因为人们愿意储积纸币；在这种情形下货币价值特别容易受到不信任心情的影响，因为货币效能可以大大增加而无需使任何人受到任何真正的不便。

第二十五章　银行货币对准备金的比率

　　以往粗浅的货币数量学说虽然以"其他情况相等"的说法来解脱自己,然而还是很容易提出这样的说法:货币数量总额(M)乃是现金账款供应方面主要的(如果不是唯一的)决定性因素。在战时财政以及战后通货膨胀的情况之下,实际经验中所见到的物价波动,并不总是密切地与货币数量总额对生产量的比数相呼应,现在这种变动几乎使每个人都更为不偏不倚地看待货币的其他因素的相对重要性了。然而货币数量总额纵使不是支配一切的因素,要是从长远说来,它仍然至少是一个显著的因素,而且特别具有实际意义,因为它是最容易控制的因素。

　　因此,我们现在就不妨确定一下控制货币总量的原因。在本章及后面的一章里,我们将分为两个阶段来讨论,首先研究银行货币的数量与准备金的数量具有什么关系,其次(在第 7 篇第 32 章里)研究准备金的数量是受什么因素决定的。

　　在第 2 章里,我们已经看到:现代银行制度下的会员银行存款总量取决于会员银行所打算保持的准备比(就是准备金对存款的比率)和准备金(其形式是现金和中央银行存款)的数量。因为,如果任何一家银行发觉自己所保有的准备金额已经超过了这个比率的时候,它就会像第2章所叙述的那样,开始放松尺度,进行贷款和投资,以便"创造"更多的存款。这样一来,就会使其他银行的准备金也增加,从而使它们引致更多的存款。像这样发展下去,直到整个银行体系中恢复了正常的准备比为止。这样说来,第一家银行对本行所出现的超额准备金虽然不能增设足够倍数(以准备比的倒数衡量)的存款,但由于它一旦放松尺度进行贷款时,其超过的准备金有一部分就会流往其他银行。而在整个银行体系中存在超额准备金时就会发生一种反应,使存款总量按照原先准备金增加的那一比例增加起来(从后者的始增量中已减去准备金由于存款水平较高而流往实际流通过程的现金的任何损失数字);因为不达到这种状况,有些银行就会发现自己的准备比高于正常数额。因此,超过比例的准备金以及贷款和存款的增额最后将按适当的比例为这个银行体系中的全体银行所分摊,至于开始发动这一过程的银行究竟是哪一个则无关重要。有些银行家对于以上各条推论倾向于保持异议,但是他们的反对意见弄清楚之后往往是这样一种争论:任何一家银行发现自己有超额准备金时,并不能因而将本行的贷款增加一个相当于超额准备金10倍(或与正常准备比相配合的任何其他倍数)的数额。这一点当然是实际的。

在银行体系中增注资金的准确数量的实际效果一部分取决于实际流通过程中相当于某一银行货币增量的现金增量究竟是多少,同时也取决于准备金对银行货币量的比数。让我们举一个最简单的数字作例子来说明一下:假定流通过程中的现金增量为银行货币增量的10%,而银行准备金在正常情况下为银行货币的10%,那么,增注资金最后就会使存款增加一个5倍于准备金资金的数额。因为这些增注的资金最后将有一半归入于流通过程中的现金里,另一半则留作准备金,而后一半则会使存款量增加一个 10 倍于增注准备金的数量。

美国已经有人对那些与这计算有关的实际统计比数进行估算。银行总裁斯特朗在美国国会货币稳定小组委员会上作证时曾作过这样一个估计:就美国的情况说来,流通过程中的现金增量约为活期存款增量的 20%,准备金则等于活期存款的 10%。如果这些数字正确的话,则增注资金(现金或中央银行货币)将使活期存款中最后的增量等于该增注量的 3.3 倍[①]。

但是,流通过程中的个人收入现金量与收入存款量之间虽然可望具有相当稳定的关系,而流通过程中的现金总数与活期存款总数之间却完全不能希望其具有稳定的关系——无论如何在短期内或没有经过一段相当长的时期之前,情形就是这样。变动的趋势也不定相同。例如,从 1921 到 1929 年美国流通过程中的现金量几乎没变,而同一时期的活期存款却增加了 40% 以上。诚然,在任何有变动的时期里,造成不平衡的原因之一,往往是这样一个事实:当准备金刚一增加时,银行货币所能扩充的程度,比货币收入和收入存款中的现金部分有时间作出相应增长后所能长期维持的程度更大。在现行制度中,有一种麻烦而确有危险的特征,那便是对于以现金形式保存的收入存款以及以银行货币形式保存的活期存款必须保持不同数量的准备金,因而在这两种过程的互相转

---

① 劳伦斯教授在《经济学季刊》(1928 号第 593—626 页)上发表了一篇饶有趣味的论文:《借用的准备金与银行的扩展》,其中通过复杂的论证(我未能了解清楚)得出他的"最终扩展的系数"是 4.97。

换之中便有一种不应有的实际意义。

因此，银行货币（即银行存款）的数量便取决于会员银行的准备金数量，同时也取决于会员银行按法律、按惯例，或为自身便利起见而打算保持的准备比。在这一章里，我将假定会员银行准备金的量已定，然后来研究在该准备金基础之上人们将设立多少存款。在第 7 篇第 32 章里，我们将进而研究决定会员银行准备金数量的各种因素的问题，特别是关于不同货币制度下这些准备金数量在什么程度内可由会员银行自身左右，在什么程度内由中央银行或它们所不能控制的外界因素来决定。

一、准备比的稳定性

往往有人说：银行是按照贸易情况而改变其准备金的。例如，庇古教授在"工业的波动"一书第 259 页里说："这个比数不是刚性的而是弹性的。在繁荣时期里，股份银行和别人一样感到乐观，可能愿意减低他们的比率；在萧条时期，他们是悲观的，可能希望提高他们的比率。"庇古教授唯一用来支持这个结论的证据乃是关于一百多年以前的情况。就大英帝国和美国而论，我们在下面就可以看出，现代统计数字是不能证实这一结论的。我们将看到这个比率随银行的类型不同而变，并且事实上也由于种种原因而不时发生过变化。但是在任何一定的时期内，银行却严格遵守本身的既定比率。同时，下面将要提出的数字也会表明，现有的波动与贸易情况之间并未显示什么有关联系。这是意料中的结果。如果让比率下降，下降到低于原先按照慎重和信誉等方面的考虑所决定的数字，那就是虚弱的表现，至少可以说是侥幸心理的表现。然而如果让比率上升超过了这个数字，那就会完全不必要地放弃一个利源，因为超额准备金总是可以用于购买证券或用于投资的。

由此看来，统计资料（将在下面引出）表明，除非在例外情况下，所有的银行都会把它们的准备金运用到最大限度。也就是说，他们很少或从来不会超过惯例比率或法定比率规定为目前这段时期内所需的数量，保持闲置准备金。诚然，当生息的完全流动资产可以购得时，他们为什么要这样做呢？银行所面对的问题不是贷款多少问题，这个问题的解答就是准备金的适当倍数，用简单的算术就可以求得。这问题是：在流动性较小的形式下所提供的贷款占多大比例就算安全。因此，实际上会员银行除非能控制准备金总数，否则就完全不能有效地控制其存款总数；关于这种可能性，我将在第 7 篇中回头来讨论。

然而，银行将尽最大限度贷款的结论，也就是说它们绝不会超过正常比率保持闲置准备金的结论，却有赖于两个条件得到满足：

（一）其情形必须是有生息资产可以购得，这种资产的流通性是毫不成问题的。否则，银行就会常常不得不保持超额的准备金，作为避免日后准备金不足的唯一办法。如果出现的局势和意大利不久之前所发生的情形那样：库券到期时不能依靠国库付现，而中央银行在市场上又不对这种证券提供新的垫款，那么这一条件就没有满足，当人们害怕这种局势可能发生时也是这样。但有了现代的中央银行业务以后，有这种局势存在，甚至是有这种局势的恐惧心理存在,都是反常的。在美国,联邦储备银行实际上担保对于某些特种证券的贴现,而大不列颠的英格兰银行则长期以来一贯是这样做的。现代中央银行以现金购买某些特种生息证券的责任,几乎像它必须用法币兑换本行纸币(如果银行纸币不是法币的话)那样,是一种绝对的责任。因此,银行证券便和黄金一样好,甚至更好,因为它可以生息。这样看来,银行就没有理由要保持超过成文法或习惯法所要求的现金数量而牺牲它通过直接或间接方式向市场放出贷款后所能获得的利息了。

(二)其情形还必须是这样:银行因法律或有约束力的习惯而规定保持的现金准备必须超过营业便利所需要的最高额,从前并不一定如此,现在也不是所有的地方都如此。现在,与支票比起来,现金的使用已经减少了,而总行外调的运输办法又更加迅速,同时银行存款人造成严重的"挤兑"——将存款兑现的情形,至少就英国的"五大"银行说来又是不可能的;这种种因素凑合起来,就使银行绝对必需以库存现金形式对于其存款保持的现金比例减少了。除库存现金之外,各行还要在中央银行存有一笔余款以备清算中发生逆差时应用。但是,假定它们已经保有足够的完全流动的生息资产,可以应付各种按理可能发生的情形;那么只要不是法律或约束性惯例有所规定,就完全不必在以上两种需要以外再保持任何现金准备了。

现在让我们根据英国和美国的实际事实来考察这些结论。

(一) **英国**——在英国,会员银行必须为存款保持的现金准备没有法律规定。比例数字是由习惯和传统决定的;只是数字一经决定之后,一家银行如果使本身的准备比低于通行水平的话,就会有损于该行的信誉。然而英国关于这方面的习惯却有两个特点：

第一，由于没有法律对这个问题作出规定，所以遵守数字公布日的例规比遵守非公布日的例规更为重要。以前，这种数字是半年公布一次，现在则按月公布。现在银行仍旧习惯于在年终的年度报告里，把例规数字调整得比每月报告的数字高许多；这一部分也许是当人们仅仅发表这一种数字的时代所遗留的风气。它们实际上在年度报告中所公布的库存现金及其在英格兰银行所存的现金总数，甚至比年终结算日之外通常结转的数字高出 50％。不管这是不是故意作假，这种做法总是愚蠢的。还有这样一种情况存在，但达到了什么程度不知其详，那就是：它们的每月报告中所公布的数字是该月中四个日子的平均数，即每星期中资产负债表造表日的平均数，比真正的每日平均数高。[①] 不仅如此，采用这种做法的"五大"银行中的四家银行（米德兰银行不在其内），可以而且实际上也各自在每个星期中选用了不同的日子来"略施小技"。那就是说，各银行轮流从金融市场收回一定数量的资金，以便在每周中划归收款银行的当日提高该行在英格兰银行所存的余额。这样一来，"五大"银行所公布的一部分准备金数字就好比一群出台四次的跑龙套的兵。当银行甲的圣日渡过之后，为了公布数字而存在英格兰银行的那一部分余额就不再需要了，于是便贷给金融市场，金融市场马上就尽快地转给圣日已临的银行乙。因此，英格兰

---

① 我想米德兰银行的情况不在此例。当然一个稳定的平均数应该和各家银行每天大量高于或低于这个数字的急剧波动相配合，这对于一个体系的顺利工作说来是必不可缺的条件。

银行的余额在清晨还是银行甲的准备金,到日落之前却已成了银行乙的一部分准备金出现在公众之前,情形就像这样一天一天地转下去。总之,正如利夫博士担任威斯敏斯特银行董事长时率直地说明的那样:么布的准备金"在一定程度内是虚假的"[①]。在这种方式下,英国股份银行的传统"实力"便安全地保持下来了,并传之后世为人们所赞美。

第二,各银行并不把准备比调整到同一数字。这些营业办法上的差别,可能是由于所营业务的类别不同,也可能是由于所持有的次级流动资产数量不同。然而也可能只是以前的情况遗留下来的遗迹,不再具有任何明显的意义。还有一种可能是这些数字说明人们对于准备比调整到高于平均数这一做法的广告价值或信誉价值的估计各有不同[②]。尽管有这些差别,但从数字上可以看出,一般说来,各银行对本身数字是坚持的;结果,除开每半年期间的上升动态以外全体银行准备比的平均数也是非常稳定的。

除开每半年的资产负债表中所列的比率数字较高之外(特别是 12 月份),这些数字表明 1921 至 1926 年期间情形接近于绝对稳定,其程度实属出人意料。在这些困难和变化多端的年代里,这些数字并没有显示出与商业情况或银行利率以及波动的垫款比例(见以下第 61 页)有任何有关联系,也没有显示出与任何这类的影响有相互关系。同时,就 1921 至 1926 年间的逐年平均数看来,准备金对存款的比数的变化,稳定到后一金额的 1‰以内。从

---

① 见《银行业》一书第 133 页。

② 这大概能说明米德兰银行一直到 1927 年为止所保持的高额调整数字。这个数字可以回溯到开始采用并十分重视这个数字的爱德华·霍尔登爵士时代。

1927 年起,平均数的下降主要是由于米德兰银行的营业办法有所
改变(以后将再讨论),同时也是由于每半年末的"假账"减少了的
缘故。

9 家①清算银行所持有的库存现金以及其在英格兰银行

所存现金总额对于存款的比例

	1921*	1922	1923	1924	1925	1926	1927	1928	1929
1 月	11.3	11.4	12.0	11.7	11.9	11.7	11.6	11.3	10.9
2 月	11.0	11.5	11.5	11.6	11.8	11.7	11.6	11.0	10.5
3 月	11.1	11.6	11.7	11.6	11.6	11.7	11.5	11.1	10.6
4 月	11.7	11.7	12.0	11.6	11.8	11.7	11.7	11.1	10.8
5 月	11.7	11.9	11.8	11.5	11.6	11.8	11.6	11.1	10.9
6 月 †	12.3	11.8	11.9	11.9	12.2	12.1	11.8	11.2	10.9
7 月	11.7	11.5	11.8	11.5	11.9	11.8	11.5	11.0	10.7
8 月	11.7	11.7	11.8	11.6	11.8	11.7	11.5	11.1	10.7
9 月	11.8	11.7	11.8	11.7	11.8	11.7	11.5	12.2	10.9
10 月	12.0	11.6	11.7	11.6	11.6	11.7	11.4	11.0	10.7
11 月	11.3	11.6	11.6	11.6	11.6	11.6	11.3	11.0	10.6
12 月 †	12.4	12.1	12.2	12.4	12.1	12.0	11.7	11.3	11.3
平均	11.7	11.7	11.8	11.7	11.8	11.8	11.6	11.1	10.8

　* 1921 年第一季度的数字较低,大概可用以下事实来说明,因为这是战后按月公布数字的开始,所以各个银行还没有时间确定惯例比数。

　† 应该注意,年终虚涨现象骤增,其效果是使 12 月份周平均数略为增加。同时,直到最近,6 月份也发生了相同的情况,不过程度较小而已。然而,从 1927 年起的数字表明这种做法正在消失。

　但是,各个不同银行之间的营业办法却大不相同。按月公布数字的 10 家清算银行之中,米德兰银行通常保持的准备比是

----

　① 现在包括在票据交换所数字之内的国家银行不在此表之内,以便保证记录的连续性。

14.5％到15％,比其他银行高许多,但现在则在11％左右——这个数字可能比表面上看到的情形还要高一些,因为人们相信米德兰银行按月公布的数字没有"假账"①。劳埃德银行和威廉迪肯银行所公布的准备金为11％到11.5％,其次其他5家银行则为10％到11％,最后是库茨银行,其业务与别的银行差别相当大,其数字是8％到9％。另一方面,米德兰银行由于所保持的"通知与短期活期存款"低于一般平均数,于是便部分地平衡了它的高额现金准备比;而库茨银行则是由于是这种存款高于平均数,使之得以平衡。

如果我们回到战前的统计数字上去,就会发现准备比有慢慢改变的趋势,但改变是十分缓慢的,而且与银行利率以及贸易情况都没有任何关联。每月数字的公布,首先是由13家银行在1891年根据戈申的建议开始实行的。② 当时的准备比是13％。1898年提高到14％,1908年提高到15％或16％,直到1914年大战爆发之前仍旧是这个数字。但是,就战前的数字而言,准备金中包括"联合王国其他银行的结余,和向其收款的支票",以及库存现金和英格兰银行的存款。如果现在也把这些项目包括在内的话,比率就会提高3％至3.3％,从而使米德兰银行在改变其比率之前的那一时间的战后平均数字提高到15％左右,也就是几乎与战前的数字相同。至于在这种情形下仍旧使战前数字显得大的逾额量,原

---

① 其他银行的每日真实平均数,除开假账以外,可能不会超过9％很远。

② 这些银行的存款当时是122 000 000英镑,约为全国存款总额的30％。

因可能是这样:这种数字现在所代表的是每周一日的平均数(不同的银行日期也不同),而战前数字却只是每月一日的数字(不同银行的日期也不同),于是由于"假账"而提高到真实平均数以上的程度,甚至比现在还要大。

至于银行准备金中的现金与英格兰银行存款各占多少的问题,是可能作出估计的。有一家银行(伦敦与史密斯联合银行)在战前时期惯于分别发表其库存现金与英格兰银行所存的现金,数字表明大约各占一半。在目前时期(1928年)各银行的准备金总额中必然足有 2/3 是以纸币形式保持的。而在英格兰银行所存的现金则不超过 1/3。因为,在 1928 年 11 月[①]银行券与流通券合并发行时首次公布全体以经营国内业务为主的英国银行(除10 家清算银行之外还包括好几个机构)在英格兰银行的存款总数 1928 年 11 月不超过 62 500 000 英镑。而这十家银行所公布的准备金总额则在 190 000 000 英镑至 200 000 000 英镑之间。如果我们假定公布的数字由于假账的结果增加了大概 22 500 000 英镑,剩下来的数字就会是 172 500 000 英镑,其中大约有 115 000 000 英镑是以纸币形式保持的,而存在英格兰银行的则为 57 500 000 英镑。我们没有理由不应该知道准确的数字,但是正像银行统计中许多其他数字一样,这种数字也是保守秘密的。

9 家清算银行已公布的准备金对证券发行总额(库券和银行

---

① 这是说从 1877 年以来的情形。自从 1844 到 1877 年通过银行法起,伦敦的银行家所持有的结余额便是另列一项写出的。

券总和)加上在英格兰银行的私人存款总额的比率如下。

最后一栏的数字提出了 9 家清算银行的准备金中所持有的国家货币和中央银行货币对这种货币总数的比例,这说明最近已有相当大的稳定增长。由于假账大概已经有所减少,这些数字可能对增加的情形说明得不够,而不是说得过分。在 9 家清算银行已公布的准备金绝对数额中,1929 年的数额与 1924 年相同,而第(3)栏的总数则下降了 8%。这就说明公众手中的两种券必然已经大大减少,而活期存款则像我们在(第 36 页)所见到的一样,实

每月平均数

年　度	英格兰银行的私人存款 (1)	银行券与流通券 (2)	(1)(2)两栏合计 (3)	其指数(1923=100) (4)	9 家清算银行的存款(1923=100) (5)	9 家清算银行的准备金(1923=100) (6)	(6)栏对(4)栏的比率(1923=100) (7)
	百万英镑	百万英镑	百万英镑				
1921	124	435	559	113	108	107	95
1922	118	399	517	104	106	105	101
1923	110	386	496	100	100	100	100
1924	110	389	499	101	100	99	98
1925	111	383	494	100	94	99	99
1926	105	374	479	97	100	99	103
1927	101*	373	474	96	103	100	105
1928	102	372	474	96	106	99	103
1929	99	361	460	93	108	99	106

　*　据信,为了比较,这个数字由于英格兰银行贷给法兰西银行、并在当时已偿还的贷款所列的某一项账目消失不见的缘故,在 1927 年春至少已经消去了 5 000 000 英镑。

际上没有变动。由此可见,所说明的情况是:两种券的使用相对于支票的使用说来,还是在显著地下降。这个表还鲜明地表明了米德兰银行改变准备比所产生的效果。因为,英格兰银行在 1929 年所保持的国家货币和中央银行货币的总额虽然比 1926 年低 4%（其中 1%反映在交换银行所减少的准备金中）而会员银行货币却增加了 8%。

（二）美国——美国与英国的主要不同之处在于准备比乃是法律问题而不是习惯问题。我们在下面就会看到,两国实际保持的准备金事实上是没有什么差别的。

联邦储备体系下的会员银行[1]需要按以下的百分比在它们的储备银行中以存款账户的形式保存准备金:[2]

	活期存款（可在 29 日或以下的通知期内付款）	定期存款＊（可在 30 日或以上的通知期内付款）
中央储备银行所在城市（纽约及芝加哥）	13%	3%
63 个储备银行所在城市	10%	3%
市　　镇	7%	3%

＊ 在 1914 年之前,活期存款与定期存款之间所需要的准备金没有区别。联邦储备制度开始实行时,后者规定为 5%,到 1917 年修改该法令之后减为 3%。

---

[1] 1926 年末共有 9 260 家会员银行,还有不下于 17 824 家的非会员银行,但会员银行的资产相当于总资产的 60%左右。

[2] 库存现金未算入规定的比率之内。因而其金额已调整到库存现金所需的最低限度。储备银行所在城市及中央储备银行所在城市的会员银行以这种方式持有的活期存款在 1928 年 12 月 31 日为 2%弱,乡镇银行则为 5%。因此储备银行所在城市与乡镇之间的法定准备比的差别便由于后者持有大量的现金而抵消。

要是根据已公布的活期存款及定期存款的数字来计算法定准备金的话，实际上甚至比在上表所能见到的情形更为复杂。其原因何在，我不必讨论。但是，按实际准备金额数字来说，法定准备金额数字乃是由通货主计长不定期地编出的，目的是让他自己能确知各银行是否已正式履行法律的规定。根据活期存款净额所算出的平均法定比率一般算出为 10％ 至 11％。由于定期存款的准备比只有 3％，所以当定期存款相对地增加时，存款总额的法定准备比就下降；这一原因使之从 1918 年的 9％ 左右减少到 1922 年的 8％，以及 1927 年的 7.2％。然而由于美国的库存现金不计算在法定准备金之内，我们必须在上述数字之上加算 2％ 左右才能使这个数字与英国方面的数字相比较。如果估计到英国存在造假账的办法，那么两国的会员银行按法律或习惯的规定所持有的现金及中央银行存款对本行的存款总额的比例就极其相近了，为数大概是 9％ 至 9.5％ 之间。

此外，在美国实际持有的准备金百分数通常与法定的最低额没有很大的差别。在战争时期不安定的情况下，实际准备金有时还超过最低额达存款的 1％。但在战后超过最低额（除 12 月 31 日之外）达 0.5％ 以上的情形就很少见，经常只超过最低额 0.1％ 至 0.2％。例如，在 1926 年中时，国民银行（代表 80％ 以上的会员银行）实际持有的准备金为 7.5％，而规定的法定最低额则为 7.4％。这就表明会员银行实际上已经充分运用其储备银行的存款。

这些结论，已经在联邦储备局 1924 年年度报告书的明确叙述中得到了证实，情形如下（见该报告第 9 页）：

"储备银行的未清信用额对会员银行的借款和投资额之间的比数只相当于 1920 年比数的一小部分。会员银行在储备银行所持有的准备金余额与会员银行存款债务之间的比率实际上经常保持在 10% 左右不变①。这代表着法律所规定的最低额平均数"。

会员银行希望使准备比尽可能接近于法定最低额的心情是由于它们存在着减低不生息资产的自然意向而来的。而它们之所以可能这样做,则是因为有某些特殊的便利条件存在。首先,法律准许银行的准备金在一个具体的日子降低到规定额以下,只要每周平均数足够此数就行。准备金如有任何不足时,可以通过向联邦储备银行贴现的办法迅速予以补足。如有任何超额时,可以在通知贷款市场上立即贷出,并顺次运用,使票据流出。因此,几乎所有银行(特别是在纽约市,那里的通知贷款市场近在身边)的办法都是将它们的准备金削减到接近于法定的最低数字;这是无足惊奇的。②

因此,事实说明在英国和美国的现行银行营业状况下银行存款的总额(在我们的货币方程式中以 M 代表)对于会员银行"准备金"说来,乃是极接近于不变的倍数。③

(三)其他国家——伯吉斯博士(同前书第 39 页)所引的数

---

① 我认为这必然是指对于活期存款净额所保持的准备金。

② 至于有关美国在上述方面的现行办法,我应该感谢贝克哈特教授有用的资料,还有伯吉斯博士也提供了与以上大致相同的一些有意义的数字(见《储备银行及货币市场》,第 152—155 页)。

③ 当然,如果定期存款与活期存款保持不同的准备比以及总存款区分为两项的比例有所变动时,在计算上就必须作出适当的修正。

字指出,有几个其他国家的准备金(包括现金)对存款的百分数与英国和美国没有很大的差别。他根据 1925 与 1926 两年所作出的估计有如下述:

	典型准备金额
美国会员银行	9.5
10 家伦敦清算银行	11.5
4 家法国信贷公司	11.5
瑞士私人银行	8.0
加拿大特许银行	11.0

　　但是,在德国,这方面的情形既没有得到法律的保障,也没有得到习惯的保障。就柏林主要的银行而论,它们以现金及发行银行存款余额作准备的存款的百分比有如下表:

1900 年终	12.5%
1913 年终	7.4%
1924 年终	6.1%
1925 年终	5.0%
1926 年终	4.4%

　　在一年的其他时期里,准备金的状况更为恶劣,例如在 1928 年 3 月 31 日,6 家主要的柏林银行所持有的现金、外国货币、息票以及发行银行与清算银行的存款余额总共不超过它们存款总额的 2.5%。该国 83 家主要信贷银行(包括 6 家柏林银行)对存款总额 52 800 万英镑所保持的百分数也是这个数字。的确,他们的通知存款的百分数比英国低(见以上第 15 页)。但这百分数之所以低的主要原因似乎是获得现金方便的缘故;有需要时,只须在附近的国家银行支行通过贴现的办法即可获得。因此,德国银行可再贴

现的合格有价证券就构成了真正的准备金,而这种有价证券对其债务的比例就足以有效地制止膨胀。然而这却意味着当商业复兴而合格票据的供应因之扩大时,在德国制度下,可能过于容易迫使国家银行相应地提供更多的新贷款。换句话说,对于违反中央银行意图的利润膨胀的发展说来,德国的银行制度和其他国家比起来是比较缺乏保障的。现在国家银行当局看出了这种危险,所以近来有时便对各柏林银行施加压力,使之改变办法。[①] 在紧急时期国家银行便采用信贷限额配给的办法作最后的手段。这就是对一定机构的合格证券贴现时,根据其本身裁夺规定一个限额。就局外人看来,德国的银行法在要求会员银行保持最低限度准备金(最好采取国家银行存款的方式)方面,显然急需修改。

二、非准备银行资产的转换可能性

人们谈论时往往好像认为会员银行所持有的投资、贴现以及垫款等等的总额,在相当大的限度内是由他们对机宜的判断决定的。作出这种决定之前,人们认为银行应当注意到商业的需求,企业的潜在情况是否稳妥,顾客账户的一般情况,以及投机是否盛行等等。

但是,以上所提供的统计数字表明这种说法乃是"流俗的讹传之见"。除开在少数的时候有意识地改变惯例比率(如米德兰银行

---

① 参看《国家银行检察官报告书》1927 年 12 月号第 37 页:"国家银行反对这种发展(即准备金百分比降低),并认为促使银行保持足够的准备金是较为适宜的。"

在 1927 年所实行的那样），以及会员银行有可能支配其准备金（这一点将放到第 7 篇中去讨论）的情形以外，银行家通常所决定的不是他们可能贷出的总数是多少——这主要是由他们的准备金状况决定的——而是以什么形式贷出；也就是说，在他们可以采用的各种投资方式之间，以什么比例来分配他们的资金。概括地说来，有三种类型可供选择：（一）供给金融市场以承兑汇票与通知贷款，（二）投资，（三）给顾客垫款。一般说来，给顾客垫款比投资更为有利可图，而投资又比承兑汇票与通知贷款更为有利可图。但是，这个次序并不是不可改变的。从另一方面说来，承兑汇票与通知贷款比投资更富"流动"性，也就是更有把握在短通知期内不受损失地兑换为现金，而投资又比垫款更富"流动"性。因此，银行家们便要始终不断地权衡得失，他们的资金在这三个范畴之间的分配比例是有很大变动的。例如，当他们感到投机活动或者商业繁荣可能正在走向危险阶段时，他们就更加严格地检查自己流动性较低的资产是否安全，并设法尽量转入更为流动的状况。另一方面，如果他们的顾客对垫款的需求增加，而这种顾客又是银行认为正当的和受欢迎的顾客时，他们就减少投资以至承兑汇票来尽量满足垫款的要求。如果垫款的需求减少，他们就运用从这方面放出的资金以重新增加其投资。

要说明这一事实只要把主要的英国银行的垫款比数（即他们给顾客的垫款对存款的比例）提供出来就够了。

十分显然，银行存款用于顾客垫款的比例，为了配合商业需求可能有很大的变动，但是由此并不能得出推论说，银行贷款的总额增多或减少了。

英国 9 家清算银行垫款额对其所持有的存款额的百分比 [①]

	1921	1922	1923	1924	1925	1926	1927	1928	1929
1 月	46.7	41.2	42.9	45.5	49.5	52.4	53.0	52.8	52.9
2 月	48.1	41.5	44.8	47.2	50.0	53.8	54.6	54.1	54.5
3 月	50.3	42.7	46.5	49.0	52.4	55.2	55.8	55.6	56.4
4 月	49.8	42.9	46.3	49.0	52.8	55.0	55.6	55.3	56.6
5 月	48.6	42.2	46.2	48.7	53.1	55.2	55.3	55.5	56.4
6 月	45.5	41.2	46.0	47.9	52.4	53.6	54.3	53.7	53.3
7 月	45.3	41.7	45.6	48.2	52.1	53.1	54.6	53.3	55.4
8 月	45.3	42.3	46.1	49.0	52.1	53.4	55.0	53.8	55.7
9 月	44.4	42.8	46.2	49.3	51.1	54.1	55.2	52.7	55.4
10 月	43.7	42.9	45.8	49.4	51.5	53.7	53.7	53.6	55.0
11 月	43.2	43.9	46.0	49.8	51.7	53.8	54.0	53.8	55.4
12 月	41.9	43.5	45.2	49.0	51.4	52.7	52.9	52.4	54.9
平　　均	46.1	42.4	45.6	48.5	51.7	53.8	54.5	53.9	55.3

三、准备比应该怎样确定？

　　大不列颠的银行所应保持的准备比向来没有法律作规定。在英国股份银行兴办的前期,准备比由银行考虑营业的慎重和方便以后自行保持。同时,因为像这样保持的数字除开在那与正常状况很少关系的半年度资产负债表中发表外,从来不予公布,所以它们就没有理由保持更多的准备金了。但是,在 1891 年 2 月财政大

---

　　① 即:利物浦银行,巴克莱银行,库茨银行,格林·米尔斯银行,劳埃德银行,米德兰银行,国家地方银行,威斯敏斯特银行和威廉斯银行。现在按月公布数字的国家银行不在本章各表之内,因为该行在整个这一时期内的数字都无法取得。

臣戈申先生(当时他任此职)在利兹发表的著名演说中,利用一年前巴林危机所造成的不安局势以及随之而来的情况,论证银行惯例保持的准备款不足以保证这个体系的安全。这个意见在舆论界产生了巨大的影响,以致使各银行感觉到必须采取行动。除此之外,戈申先生还暗示他已经准备好了一个通货改革计划,打算提交议会。正如当时《经济学家》杂志所说的:"由于银行界的反对以及格拉德斯通派的为难",使这个计划毫无结果,但是银行却略为增加了它们的准备金,并开始按月公布报告书。因为这些每月报告书主要是给公众看的,同时又无需符合什么法律的规定,于是在这种表报中造"假账"的办法便不幸被采用了,并一直继续到今天。过了一些时候,日常营业中所使用的现金减少了,同时银行又从事合并[①](大规模的合并可以说是从 1896 年组成巴克利银行时开始的),都使银行实际要用来防备万一的准备金总额减少;而惯例准备数额却略有增加,这是由于银行为了作广告和创信誉而力图保持当初只有实力较强的银行才保持的那种比率的缘故。到 1926年时,这方面就变成一种情况,使利夫博士在他以威斯敏斯特银行董事长的身份写文章时,把准备比说成是"完全任意规定的"[②]。

　　正如我们已经看到的,美国的情况颇为不同,准备比(因不同类型的银行而有所不同)是由法律规定的。除此之外,定期存款的准备金比率比活期存款的低得多,而且库存现金完全不算做法定

---

　　① 在 1891 年,只有 4 家股份银行存款超过 1 000 万英镑,即大伦敦银行持有3 700万英镑,伦敦与西方银行持有2 700万英镑,联合银行持有1 600万英镑,伦敦股份银行持有1 300万英镑。

　　② 见《银行业》,第 130 页。

准备金的一部分。因此,在美国,关于准备金额由银行根据应付意外的实际需要来决定的一切主张都已经被放弃了。

我们必然会问:那么,法律或习惯为什么要强使银行保持超过其实际需要的准备金呢?毫无疑问,正像我们的通货与信贷中许多其他措施一样,有一部分原因是:这种办法只是由以往的形势中遗留下来的,同时也是因为我们要把一个表征货币体系当成商品货币体系处理所造成的结果。但是在这一现象的后面,却隐藏着一个坚强的现实理由。要求各行所保持的准备金额超过其库存现金与清算方面所需的严格数额,乃是一种手段,使他们担负中央银行由于维持通货所担负的费用。

在我们可以想出的货币制度之下,这种办法可以是不必要的。但是如果要维持一个国际标准的话,中央银行就必须保持一定量闲置不用的不生息或不能充分生息的黄金贮备或他种准备。如果由于中央银行所采用的承认某种票据或某种类型的证券“合格”的办法:使得人们能有完全流动的生息投资,那么在理论上讲来,会员银行就可能大刀阔斧地削减他们的准备金,把准备金确实限制到库存现金与日常清算所必需的数额。因此,在这种情况之下,会员银行被强制分担整个体系维持最后准备金的费用乃是合理的。没有这种准备金,则关于“合格”票据与“合格”附属担保品的便利办法往往就可能垮台。叫他们分担费用的办法是强制他们在中央银行保持一定比例的不生息存款或者保持一定比例的不生息票据。

在现代银行营业制度之下,大部分中央银行的黄金贮备一般诚然仍旧是由握在公众手中的实际纸币发行额来提供的。但是,我认为潜在的发展方向是：政府方面把纸币发行当做收入的合法来源①，同时会员银行则规定必须提供应分的中央银行准备金维持费。

　　只要认为会员银行所应保持的现金准备比完全由会员银行根据自身的安全和便利的需要确定，那么英国让银行自己决定适当数字的传统办法就大可辩护；特别是达到一个阶段之后，当暴发户银行像现在英国的情况这样已经绝迹时，就更加如此了。但是一旦认为其他的条件也有关系时（上述影响整个银行体系的安全和效能的条件，而不是影响个别银行的利益的条件），那么上述办法看来就不像上面所说的那样显然是最好的办法了。战后中央银行管理技术的发展（这种发展是不可避免的，也是人们所欢迎的，我们将在下面第 7 篇里更详尽地予以阐明），使我们进入了两种准备比之间的过渡阶段。现代中央银行管理法特别是"公开市场营业"办法的采用，使中央银行必须能掌握一笔资财，其数额对于整个银行体系的规模说来要达到一定的大小。同时，以下的一点也是正确而合理的：会员银行应以其中央银行的无息存款，对最经济和最有效的体系的安全供应其所必需的大部分资金。有这种体系存在，才使得会员银行能如此安稳和有利可图。现在要使英格兰银行资力雄厚到无可怀疑的程度，并在任何情况之下都能指挥如意

---

　　①　在上文写出之后，大不列颠新银行纸币法（1928 年）已经规定：信用发行的全部利润归于国库，而会员银行不生息存款的全部利润则归于英格兰银行。因为信用发行不等于公众手中的实际通货流通量，而会员银行在英格兰银行的存款也不是他们惯例准备金的全部，所以这种办法并不如表面上那样合乎逻辑。然而实际计算出来的数字却与上述办法提出的相差不远。

地掌握市场而不过分紧缩其获利能力,则其所需的银行业存款的正常水平也许比会员银行为自身的营业安全与便利所需的严格数额更大。如果这一点正确的话,那么人们从实际看到的和预料要发生的现象,会同时使人们怀疑以后继续让这种事情完全由会员银行自行斟酌决定的做法是否合适。

我们如果回头看看 50 年前的情形,大概就会看到会员银行当时所持有的准备金并不多于银行自身为了安全和便利起见所需要的金额,结算日也许是例外。在两个结算日之间的时期里,人们确实没有多大理由把资金不必要地封存起来。由于往后银行合并的发展、公众使用现金的减少,以及银行机构的速度和效能的普遍提高,使准备比严格必需的数字趋于减少。但由于我国的银行保守,又由于没有任何一家银行乐于被人认为首先把准备比降低到他行之下,所以这一条件就没有充分利用。其结果使我们达到了现在这种相当勉强局面:银行自动保持的准备金比确实需要的略多一些,其理由也许连银行自己都不十分明白。然而,人们自然而然地会希望在合乎安全和外表体面的情况下尽可能多赚钱,这样就使他们采用了这种极不适当的策略,就是上述造"假账"的办法;于是,他们的实际比数就大大低于其表面比数了。其实,他们要有一个时期中慢慢采取协同一致的行动或同病相怜的行为,蚕食它们的惯例比数,那也并没有任何重大的阻碍存在。

这种情况的可能性可以由 1927—1929 年所发生的一个有趣的插曲来说明:正如上面所指出的,米德兰银行在以往若干年里所保持的准备比大大高于其敌行。这种做法从该行自己的观点看来,并不能明确是否真正值得。因此,从 1926 年下半年起,米德兰银行的准备比逐年下降的变化就显而易见了,从 1926 年的14.5％左右降到 1929 年的 11.5％左右。由于米德兰银行在这个时期的存款总额至少有 3 700 万英镑,这样就等于腾出 1 100万英镑以上的现金。事实上使全体银行可以增加其存款(及垫款)约 1 亿英镑而不增加一点准备金总额。由此可见,整个这一做法的结果,要不是英格兰银行方面予以默认,大量增加银行货币而不增加一点准备金,就是使英格兰银行的资金减少 1 100万英镑;这笔款项的利息得之于米德兰银行,而失之于英格兰银行。

不过,就当时的情形说来,这种信贷的放松在一种特殊情况下对公众有了益处。因为当时正需要增加会员银行存款总额来平衡定期存款的增长,这存款总额如果让英格兰银行自行处理的话,就不可能充分增加。因此,事实上米德兰银行就不仅是为了自己的利益沿着无可非议的路线(因为它的准备比依然高于其他银行的平均数)那样做了,而且对于总的局势也提供了极大的帮助。然而在任何健全的现代制度下,全体会员银行扩充资金的问题绝不应该依赖于个别银行的活动,即使中央银行仍然有力量采取适当的办法消除其影响时情形也是这样。因为中央银行至少应该可以假定其和会员银行一样聪明,而且应该更多地依靠它来为全体的利益服务。

因此,我的结论是:美国以法律规定会员银行准备金额的制度,比英国依靠含糊而不确定的惯例来规定的制度更为可取。

况且,现在的制度之所以要调整,以便使英格兰银行具有无可抗衡的控制权力,不仅仅是因为“五大”银行(全体或某几家)可能蚕食他们的准备比的缘故。正如前面所指出的,目前会员银行的准备金不仅包括他们在英格兰银行的存款，而且还包括他们所谓的"现金"，同时他们在准备金总额中这两个类型之间的比例可以自由变更。通常的"现金"包括银行钞票（以前还包括库券），但是也可以包括存在外国中央银行的存款（想来可以，但就我所知，英国银行还未曾实行过这种办法）或黄金。现在选用任何一种办法都有可能使英格兰银行遭遇到意外和不便的事，情形如下：

（一）只要英格兰银行按照现有的公式计算它的准备金"比例"，那么如果会员银行将它们的"现金"转变为英格兰银行的存款，情况就可能在很大限度内受到人为的影响，反过来也是如此。现存的信用发行对于银行的自由准备金的影响是否足够，大部分要取决于会员银行在这方面的政策。

（二）如果会员银行以黄金本身作为一部分准备金的话，其结果就会减少英格兰银行的利润或者使其自由黄金低于安全点。1928年的银行钞票法中加入了一项条款，授权英格兰银行强制收购国内在这种方式下所持有的任何黄金，以应付这种可能情形，这诚然是明智的做法。但是这一条款并不能阻止会员银行将其存在国外或在运输途中的黄金算作准备金的一部分。据信最近就曾出现银行利用这种自由的若干事例。

（三）英国会员银行要把它所持有的准备金以"专款账户"的方式存入美国纽约联邦储备银行，是没法防止的。就安全的观点而论，甚至就便利的观点而论，这种存款实际上"与黄金一样坚挺"。但是，十分显然，这种做法就剥夺了英格兰银行必要的资金和利润量，从而使它控制英国银行货币量的力量大为降低。我不知道这种选择权是否曾经运用过。但这种危险却是真正存在的。因为就欧洲大陆的会员银行而论,将准备金的一部分存在外国金融中心的做法是很常见的。并且,这种做法有时还给中央银行的权力带来很大的损害,比如我听说瑞士的情形就是这样。在德国,目前主要会员银行在国外金融中心所保持的大量流动资金就大可以严重地损害国家银行的领导权。

更有甚者,10 家清算银行以外的许多银行包括海外银行的伦敦支行在内,由于不公布每月数字或平均数,于是就给伦敦货币市场提供了便利条件,使它们可以不一定按比率为英格兰银行的资金提供自己的一份。

最后,还有某些重要的技术上的便利条件,如果没有法定的准备比就不能实现(其全部意义将在以下几页说明),那就是活期存款与定期存款所需要的准备金之间的区分,以及英格兰银行在规定的限度以内随时改变法定比率的权力。

为全体银行确定法定准备比的原则问题,与这些条款应当包含什么内容的问题,性质是不相同的。但现在我根据以下方面提供一些意见:

(一)规定的比率应包括大不列颠全部以英镑支付的银行存款在内[①]。

(二)应在 30 天(或者说 14 天)或更长的通知期内付款的存款算做定期存款。

(三)规定的比率应该按每月的日平均数计算。

---

① 给"银行"下法律定义有一些困难,但不是不能克服的困难,其性质是法律的而不是经济的。

（四）现金准备应以英格兰银行钞票或在英格兰银行的存款余额构成，但后者不得少于总数的 40％。

（五）正常的额定现金准备对存款的比率应如下述情形：

活期存款	15％
定期存款	3％

（六）英格兰银行应有权在 30 天以前提出通知后改变额定比率，在活期存款方面应可改变 10％到 20％，定期存款应可改变 0％至 6％。

这些条款将大大加强英格兰银行手中的控制权——这样就的确会使它对银行货币的总量掌握住几乎近于完全的控制力，而又不会在任何方式下损害股份银行的合法营业。上述六项对这方面的重要意义将在第 32 章第 6 节中更充分地予以阐明。

因此，在法律或习惯把准备金对存款的比率规定得比较死的国家里，关于银行货币数量 M 的最后确定，我们就只有回到决定这些准备金数量的因素上来了。这些因素究竟在多大程度内由中央银行决定，而会员银行的行动则必须或多或少被动地跟着走呢？同时，如果有的话，会员银行对准备金量能主动影响到什么程度呢？只有当后一种情形确实存在的时候，关于会员银行所能决定的只是贷出形式而不是贷出总量的说法才有必要作出修改。

这些问题的答案必须推迟到第 7 篇中提出。

第二十六章 营业活动

一、营业活动对于营业存款流通速度的影响

长期以来,人们认为在营业兴旺时现金的周转比较快。诚然,在这种情况之下,速度可能不止是与交易成比例地增加。因此交易的增长不会像"如果其他事物保持相等"的情形那样,与价格水平的下降相继出现;在商人心目中,交易的增长反而实际上经常与物价水平上升联系在一起。我们在第 24 章里已经看到这种结论显然让人认为有道理。当营业兴旺时,整个交换过程是加速进行的,这种加速度减少了两次交易之间必须或宜于保持现金的平均时间。这种情形就是收款与付款更加急速地接踵而来。此外,当市场情况良好时,人们可以信心更大地预计商品可以找到令人满意的销路。因此,至少是在商界的信念中,就不那么需要为呆滞的库存与不能收回的贷款等意外事件作准备了。此外还有一个理由是,当营业兴旺时,商人为了提供营运资本,资金可能更加看紧,因而使他们尽最大限度节约他们所持有的现金。然而这个论点可能过分地仅仅依赖于一个事实:那就是在实际经验中,营业的兴旺一般都伴随着出现物价水平的上升而不是伴随着出现物价水平的下降。因为这一事实利用过度投资使基本方程式第 2 项增长这一现

象来说明，比利用直接影响真正速度的因素来说明可能更好。

真实交易量的扩大往往随之而使速度的增加超过比例，这个结论乃是人们常有的看法。但是有一种著作家主张这两个因素的变化趋于相等；也就是说，它们的变动几乎是严格成比例的。安吉尔教授曾提出维塞尔教授就是这一学说的早期遵奉者，而查理·穆纳男爵则是法国近代的拥护者[1]。然而，有关这些方面的说明最为现代学者[2]所熟悉的乃是纽约联邦储备银行的卡尔·斯奈德先生的论著[3]。

斯奈德先生的结论是经验结论，所根据的是过去几年美国银行借方（即银行票据交易额）对活期存款的比率的可变度的计算；如果用我的术语来讲，这就是活期存款的流通速度。他不是把这个和“交易”量作比较，而是和“贸易”量作比较。由于斯奈德先生的表格是活期存款流通速度可变方面迄今所进行的最充分的考察，所以不论我们是否接受他根据这些表格所作出的结论，把它们引出来总是有用的。

下表中所列的是包括纽约在内的 141 个城市中，根据“贸易”量算出的偏离正常速度（定义是票据交易额〔或借方〕对活期存款

---

① 　见《国际价格论》，第 327 页和 279 页。这本书是货币学说史方面最有价值的资料来源。

② 　安吉尔教授（见前书第 180 页）引出沃辛教授（《价格与流通手段的数量》原载《经济学季刊》，1923 年号）说他是美国在这方面的第一个近代作家。

③ 　见他所写的以下各篇论文：《交换方程式的新衡量》（原载《美国经济评论》，1924 年号），《商业活动的新指数》（原载《美国统计学会会刊》，1924 年号）和《关于 1875 年以来的一般物价水平的新指数》（原载《美国统计学会会刊》，1924 年号），以及他所著的书：《商业循环与商业测量》（其中第 7 章总结了这些论文）。斯奈德先生在他这本书的结论中所主张的速度似乎比以前的论文中所提出的略小。

的比率)的可变度年平均百分比：

年　　　度	流通速度 1919—1925 平均数＝100	美 国 贸 易 量
1919	102	104
1920	102	101
1921	94	92
1922	98	102
1923	99	108
1924	99	105
1925	105	111

我们即使根据表面值来接受这个表，除了在 1921 年萧条中两个数字都下降之外，似乎仍然没有多少东西能证明一般所说的有关联系。然而，如果我们不采用 141 个城市而采用全国的活期存款流通速度，一般所说的有关联系就更不显著了。正如下表所说明的，从 1922 年起，就没有显示出任何有关联系。但是另一方面，我们如果采用纽约市的数字(也已在下表中列出)，那么就变动的方向而论，却具有相当大的一致性：

1919—1925 的平均数＝100

	活期存款流通速度		美国贸易量
	全　　　国	纽　约　市	
1919	110	98	104
1920	106	96	101
1921	94	89	92
1922	99	98	102
1923	98	103	108
1924	97	103	105
1925	96	114	111

因此,情形就可能是这样:如果斯奈德先生主张营业存款流通速度和贸易量之间存在着一致关系,而不是活期存款流通速度与贸易量之间存在着一致关系,那么他就可能更接近于正确。从另一方面说来,这种说法也可能太过于笼统了。因为正如我们已经看到的,营业存款不仅用之于"贸易"活动,而且还用之于金融与证券交易所的交易,其真实交易量有时可能随着贸易量变动,但却可能经常不如此[1]。因之,这个理论的统计基础是不足以提供对于理论的支持的。

二、银行票据交换额和营业量的关系

我们能否从银行票据交换额中得出一个令人满意的贸易量或生产量指数? 这就有赖于我们是否能够将有关工业流通的交易和有关金融流通的交易分开,或者至少获得有关前者的变化的近似指数。

我们不妨这样写:

B(银行票据交换额)$= Q_1 R_1 + Q_2 R_2$

其中的:$R_1 =$工资量和本期生产的商品(成品及半成品)的贸易量;

$R_2 =$债券、股票、不动产和其他金融契约的交易量;

---

[1]　斯奈德先生指出,即使在纽约,证券交易所的交易对于票据交换额的影响也不见得有设想的那么大,因为纽约证券交易所有 80% 或更多的交易是由它自己的清算公司清算的(见《经济统计评论》,1928 年 2 月号,第 41 页)。然而,计入经纪人与其顾客之间互开的支票后,这种影响必然是很大的。

两数各依其在现金使用方面的重要性按比例加权，同时两者的物价水平 Q_1 与 Q_2 也以同样的办法加权。

于是我们就看出，在 Q_2R_2 相对于 Q_1R_1 说来量值小的时候，或者它按同样方式变化时，B 才是 Q_1R_1 的可靠指数。就全国的票据交换额而论，我们没有理由认为 Q_2R_2 量值小。但是，有时可能分离出一个特别部分的票据交换额，将这个假定应用上去时就更有根据。例如，通常有一种办法是将伦敦证券交易所清算日从总的票据交换中除去，以便获得一种数据，可以作为说明英国贸易形势的指标。但是，因为现在伦敦最坚持的金边证券市场没有特别的清算日，所以这种校正办法就不再具有充分作用了。在英国，目前要部分分离 Q_1R_1 的最为可用的办法是采用地方票据交换额和地区票据交换额（即主要地方城市的行际票据交换额），因为利用这种办法，大部分纯金融交易大概可以分离出去，原因是这类交易都是通过伦敦的。

Q_1R_1 的变动方式也不和 Q_2R_2 相同。的确，长期说来，股票的价格指数最后可能与 Q_1 一起变动，工资与日用品的价格指数以及股票市场的特大活动可能常常伴随着大的贸易活动一起出现。但是，当物价水平变化迅速的时候，金边证券指数变动的趋势与 Q_1 的变动方向不是相同而是相反的。这一点可以从英国战后的物价与银行业务统计数字中得到说明。在下面表中（第 75 页），A 是定息证券的价格，B 是普通工业股票的价格（根据伦敦与剑桥经济研究所的计算），C 是大不列颠消费品价格指数，D 是贸易部批发价格指数。

此外，因为金融交易的活动比工业交易的活动更容易变动，所以就能明显地看出：除非将证券交易所的交易除去，否则银行票据交换总额作为本期生产和消费所造成的贸易交换量的指数而言几乎是毫无价值的。这个结论可以由票据交换总额的数字中得到证实。银行票据交换总额（B），在物价方面根据贸易部批发价格指数（D）校正后，便得出如下的结果：

（1913＝100）

年度	A	B	C	D
1919	73	168	215	258
1920	64	169	257	308
1921	66	116	223	198
1922	79	132	181	159
1923	82	162	170	159
1924	81	158	172	165
1925	80	180	172	159
1926	79	187	169	148
1927	79	201	166	141
1928	81	237	164	139

我们如果根据费雪方程式 $MV＝PT$ 作出推论说：因为 $B＝MV$，所以 B/D 便是贸易量的指数，那我们就会得出荒谬的结论。因为我们会发现所谓"贸易量"在 1921—1922 年的萧条时期比 1919—1920 年的繁荣时期大 50％ 至 100％，1925—1926 年比战前几乎大 50％，1926 大

年　度	B	D	B/D
1913	45	63	71
1920	110	194	57
1921	96	125	77
1922	101	100	101
1923	100	100	100
1924	108	104	104
1925	110	100	110
1926	109	93	117
1927	113	89	127
1928	120	88	136

罢工的那一年比 1925 年大 7％，而今日则差不多比战前增加了 1 倍。这乃是对这方面的计算的一种荒谬的归纳论证。十分显然，这里面由于包括了各种金融交易，并根据批发标准校正了物价水平，于是就造成了很大差异，足以使它的结果完全无效。

但是，让我们看看：如果将我们的计算限于地方和地区票据交

换额(证券交易所交易在其中不发生重要作用),并运用适当的物价指数校正其货币量,这样做的结果是否可以证实我们从其他来源所知道的贸易量的变动?

什么是最适合于这个目的的物价指数? 我认为,主要用前三个月的批发价格和本期的工资所编制的指数是好用的指数,只是贸易部有全部的政府统计资料作底子,可以制定出好得多的东西来。然而就目前而论,我们可以利用上面第 55 页所说明的方法下编制成的消费指数,用它来除地方和地区票据交换额(根据上面第 36 页所说的情形编制),从而获得生产量的"票据交换额指数"。

如果我们把这样获得的票据交换额的年平均数与主要根据原料消费为伦敦和剑桥经济研究所编制的娄氏(Rowe)生产指数,以及罗克林①就业量指数相比较,则其结果有如下表所示:

一般说来,这些完全独立计算出来的变动之间的一致性很值得注意,它们没有一点直接构成成分是相同的。我相信,如果像下表最后一栏所列出的那样,取得这三个指数的平均值,那就可以获得最完整的大不列颠的生产指数。由于票据交换额指数最近的增长速度比其他两种指数或多或少地慢一些,在我们研究全国经济活动时,更纯粹的工业指数可能是一个必要的校正数,而原料指数最近倾向于超过就业指数,这可能反映了效能的增长。

---

① 这个指数是罗克林先生所编制的大不列颠生产指数(见《经济学家》,1928 年 10 月 6 日号)的一部分,情形如下:

| 1920 | 101 | 1922 | 88 | 1924 | 100 | 1926 | 90 |
| 1921 | 75 | 1923 | 93 | 1925 | 99 | 1927 | 105 |

（1924＝100）

	票据交换额指数（凯恩斯）	就业指数 *（罗克林）	原料指数（娄　氏）	复合生产指数（三者的平均）
1920	101.5	103	104.5	103
1921	78	89.5	75.5	81
1922	91.5	93.5	89.5	91.5
1923	97	97	91	95
1924	100	100	100	100
1925	101	101	101	101
1926	85	95.5	90	93.5
1927	101.5	104.5	110	105
1928	102.5	104.5	108.5	105
1929	104	106	116.2	108.7

　　*　这些数字是承罗克林先生好意提供给我的,比他在《经济学家》杂志上所发表的数字略有校正。它们代表 A＋B－C－D－E,其中的 A＝农业工人数,B＝年龄在16—64 岁已投保险的工人人数,C＝已投保险的失业工人人数,D＝因病、因事的离职的已投保险工人人数,E＝直接牵涉在劳资争议中的人数。以上各数字一方面没有计入效能增加,另一方面也没有计入工时缩短。

　　以地方和地区票据交换额为根据的贸易量指数按物价校正后,在某些方面可能优于以生产和生产量统计数字为根据的指数,因为正如斯奈德先生谈到美国类似统计数字①时所指出的,大部分生产指数都在基本商品作了过细的加权,而支票交易量则提供了更为全面的说明,其中包括着一切难以胜数的杂项活动;它们单个说来虽然过于细小,不易为统计学家所搜集,但是总起来说却非常重要。而且,这种指数还有一个方便之处,数字无须特别计算就可以直接使用。

---

　　①　见《商业循环与测量》,第 79 页。

斯奈德有关美国的计算,证实了主要金融中心之外的票据交换额按物价校正后,作为贸易指数是有价值的。但是这里所谓的"物价"的意义,正像在我上面的计算中一样,不是批发物价指数而是消费品物价指数。下表是根据纽约市以外的 140 个城市的银行借方 3 个月的变化的平均数,[①]以斯奈德先生的"一般物价水平"按物价校正所得出的结果,以及根据他独自编制的贸易总量指数所得出的结果:

	纽约市以外按物价校正的银行借方	贸 易 量
1919	105	104
1920	102	101
1921	92	92
1922	101	102
1923	105	108
1924	102	105
1925	110	111

三、统计的综述

下表总结以前各章的估计。目前我们的银行业及其他方面的统计资料情况是十分可悲的,其中牵涉到很大程度的推测、近似值和可能的错误成分,读者不可忽视。但是,我认为把它作为各种有

---

① 现在哈佛经济研究所为了编制打算用来反映商业情况的 B 曲线,在纽约之外还除去了 7 个其他重要城市的借方,这些城市在或多或少的程度内是金融和商业中心。

关因素的可变度的一般指标还是有一定价值的。

毫无疑问，过不了几年，这些推测就会显得外行和不正确到无可救药的地步，并将为科学的估计所代替。然而由于我指出了什么是值得了解的数字，并不确定地指出其数值之后，就能抛砖引玉地使得有可能提出更好资料的人进而纠正我的错误。在英国，一般

1924＝100

年 度	总存款 * M	活期存款对总存款的比例 † w	活期存款 Mw	速 度 V‡	工业现金周转额 MVw §	生产量① O （娄氏与罗克林氏）
1920	100	111	111	137	152	104
1921	108	100	108	93	101	82
1922	106	100	106	91	96	91.5
1923	100	102	102	94	96	91
1924	100	100	100	100	100	100
1925	99	98	97	104	101	101
1926	100	96	96	97	93	93
1927	103	96	99	99	98	107
1928	106	94.5	100	98	98	106.5
1929	108	93	100	98	98	111

＊ 如第 7 页所计算的。

† 如第 7 页所计算的。

‡ 如第 33 页所计算的。

§ 这样就使我们重新回到了第 36 页上所计算的地方和地区票据交换额指数，因为我们是将这个指数除以 Mw 而得出 V 的。

---

① 我采用了第 81 页提出的娄氏指数和罗克林指数的平均数，因为在这一段文意里引入票据交换额指数虽则实际上对于结果没有多大的区别，也是事先假定前提正确。

总是先有粗率和不完美的私人工作，然后才编制出官方的数字的。

如果我们假定可以应用于收入的收付和本期业务（金融交易除外）的活期存款在数量和速度方面的变化各以 Mw 及 V 为近似的量度的话（也就是说工业流通的周转量用地方和地区票据交换额来测定），那么如果没有利润膨胀或紧缩存在时，MVw 就应该提供了本期产品的总成本指数，同时 MVw/O 就应该提供了本期产品的物价水平指数。因此，我们的统计资料如果可靠的话，那么 MVw/O 和实际产品物价水平之间的差额就可能部分地指出成本与价格之间的差额，也就是部分地指明利润膨胀与紧缩的程度。因为，有利润膨胀（或紧缩）存在时，我们就会预计实际物价水平比 MVw/O 所指出的高（或低）。因此，作为推断利润膨胀（或紧缩）程度的第一近似值而言，我们不妨把 MVw/O 所提供的理论物价水平与消费物价指数（见上卷）以及批发物价指数（贸易部指数）一并列出来：

年度	MVw/O	消费物价指数	批发物价指数	利润膨胀或缩*
1920	146	150	186	127
1921	123	132	120	98
1922	105	106	96	91
1923	102	99	96	94
1924	100	100	100	100
1925	100	101	96	96
1926	100	98	89	89
1927	91	96	86	94.5
1928	92	95	85	94.5
1929	88	94	82	93

　　*　这是用 MVw/O 除批发物价指数而得的数字。

　　不幸的是,消费物价指数在这里不适用,因为我们的产量指数不包括劳务[1],而我们又明确地对消费物价指数加了权,使之包括这一项。另一方面,批发物价指数则过分重视进口原料而过于轻视制成品。但是如果由于没有什么更好的东西而将就采用后者作为不包括劳务的产品物价水平指数的话,则利润的膨胀(或紧缩)程度可以用上表的 MVw/O 来除这个指数,作为极其粗略的指标。必须注意,我们采用 1924 年作为基年时,便暗中假定了这一年是平衡年,其中利润膨胀或紧缩的程度都不显著。

　　可能的错误来源目前已经累积了许多,以致使我几乎没有办法重视上表的最后一栏了。但是,至少它不会与第 3 篇的主要论点的结论相矛盾。因为这里所提出的利润膨胀或紧缩的程度与我们合理的预期是完全符合的。1920 年的繁荣(持续到 1921 年的上半年,但却被这一年下半年的萧条抵消了),1922—1923 年萧条的持续,1926 年的严重困境以及 1927—1929 年长期拖延的利润紧缩等等,都有恰如其分的说明。

---

　　① 这样也会使上述用途下的 MVw/O 在一定程度内不能应用,但程度不太大,因为相当于劳务报酬的货币周转量是比较小的。

第 六 篇

投资率及其变动

第二十七章　固定资本——投资率的变动之一

　　当储蓄与投资之间发生不平衡状态时,原因出于投资率变动的时候多,出于储蓄突然变化的时候少,储蓄率在正常情况下性质是相当稳定的。因此,为了了解上卷中所分析的各种不平衡状态的起源和严重性,主要必须考虑促使投资率发生变动的原因是什么,并估计一下这些变动的大概量值。在本章和下两章中,我们将依次论述固定资本、营运资本和流动资本的投资发生变动的原因以及变动的程度。这几章都是属于题外话的性质,在货币论中讨论它们是有问题的。但由于投资率的变动问题在别的地方所作的讨论都不能满足我的要求,所以就必须包括在内。

　　就固定资本而言,投资率发生变动的原因是容易理解的。企业家受到吸引而从事于固定资本的生产,或者受阻而不敢从事这种生产都取决于他们对利润的预期。除了说明这些预期在一个变动的世界里为什么一定会变化不定的许多次要理由以外,熊彼特教授对于主要动态所作的解释可以毫无保留地予以接受。他指出:"比较少数的一批特别活跃的企业家不时作出革新——他们把科学的发现与机械的发明付诸实用、发展新的工商业组织形式、引入不常见的生产品、征服新市场、开发新资源、改变贸易路线等等。诸如此类的变革大规模实行时就使一般墨守成规的商人订计划时所依据的资料发生了变化。但是少数天赋特高的个人得到成功之后，他们的先例就使大群的步后尘者容易随之而如法照行。所以革新的浪潮一经开始之后，就会势头愈来愈猛。"[1]

在这里我们只需补充这样一点：进行革新的企业家在利息成本不致使之望而却步的条件下，实现革新计划的速度要看银行体系负责人的合作程度而定。这样说来，引起信用膨胀的刺激虽然来自银行体系以外，但却只有在允许货币机构对这刺激发生反应时才能出现；就这种意义说来，它们不失为一种货币现象。

以上所讨论的变动都是投资倾向在一定利息率条件下发生变动而引起的。除此以外，还有些投资率的变动是由于利息率方面的变动所引起的。在第 13 章所讨论的方法下，当我们从一份固定资本上取得的收入不变时，利息率的变动会影响到拥有该固定资本的利益。但在固定资本的供应相对于需求而言没有发生变化以前，这种收入是没有理由发生变动的。不过改变固定资本供应量的过程，在该项资本所产生的收入再度和利息率达到平衡以前，实际上就等于是投资率的改变。

所以，当利息率的变化不是由于使用或享受固定资本的需求表的变化所引起的时，我们就有理由预料定将有投资率的变化

---

[1]　此处关于熊彼特教授的见解的简洁撮要录自密契尔的《论商业循环》，第 21 页。

发生。

值得顺便提出的是:除非所需的变动小,否则固定资本供应增加的变化所经过的过渡过程比减少的过渡过程容易。原因是:现存固定资本的折旧率限制了它的全部供给量减少的速率;而且由于需求弹性的不同,各种不同的固定资本所受到的影响是不相等的,于是实际的最大限度减少率将确定在更狭窄的范围内。

一、统计的指标

当我们寻求有关的统计资料,以便替这些变动的程度找出某种准确的尺度时,就会发现这种统计资料既少而又不能令人满意。一个社会的固定资本投资增加率本来应该能够作十分严格的量度,可是事实上可以办到这一点的数字连一套也没有。所以,充其量我们只能运用一些部分的指标,尽可能从它们的综合结果中作出判断。

也许有人会设想,投资市场上的新发行额可以用做相当准确的指标。但是这种总数并不能充分表示房屋方面的投资率,因为房屋大部分不是通过新发行市场,而是通过其他方法得到资金的;然而房屋建筑也许比任何其他投资都大。从另一方面来说,许多所谓新的发行仅仅代表着现存资产的转让,而在控股公司、金融公司和投资公司方面却可能有大量的重复成分在内。此外,即使就主要依靠发行债券来提供资金的那些投资来说,债券进入市场的日期和相应投资实际进行的日期是不一致的。因此,债券的发行额对于本身为之提供资金的各类投资的短期波动来说,不能成为良好的指标。因此投资率的变动可能要不是比发行率的变动大一些，便是比它小一些。话虽如此，新发行额的变动仍不失为必须加以考虑的部分指标中的一种。

现代世界的固定资本绝大部分（也许不下于 3/4）是由土地、建筑物、公路和铁路四者所构成的。因此，当我们从金融方面转到实际物质方面来看时，任何统计数字，凡是对这四方面的生产活动直接有关的，都将有一些帮助。美国方面有一套这种性质的统计资料对于我们说来极有意义——那就是营造许可证的月度价值。因为"营造"一词在这里普遍包括建筑和承包工程（我想公路、下水道等等也都包括在内），所以这些数字大大地提供了我们所需要的材料。在大不列颠方面我们没有与此相类的数字，但营造业和承包工程工业中的就业人数，以及《劳动公报》上所刊载的不完全的营造业季度汇报资料，也对于这些方面的投资量提供了一些指标。

今日的固定资本投资中不运用一定量钢铁的比较少见。因此，有些著作家①便主张钢铁的消费量不失为测量固定投资率的可靠尺度，而这方面的材料在长期内却可以得到相当准确的数字。但工艺方法变化无常，而不同类型的投资即使在消费钢铁的地方，其消费的比例也大相悬殊，例如房屋建筑与造船业比较时就是这样。所以我们最好不要过分夸大这种指标本身的价值，而只能把它看做几种指标中的一种。

不幸的是，沿着这些不同的路线进行统计探讨的结果（概述请

---

① 尤其是赫尔和斯皮特霍夫。

参看密契尔著《商业循环》一书各页），无法列为表格以致不能对固定资本投资率逐年变动的大概量值作出任何令人满意的数字估价。可是这些结论却十分肯定，足以说明这些变动是巨大的，和信用循环各阶段相关程度之高，完全达到了根据理论所预期的情形。

二、以固定资本投资率变动为基础的几种信用循环理论

的确，固定投资量的变动这一事实以及其与信用循环的关联早已为人们所熟知，而且已经被许多著作家用来作为解答信用循环问题的基础。如果我的说法正确的话，这些解答虽是不完全的（特别是由于它们忽略了营运资本方面的变动），但据我看来，其中大多数都抓住了某些部分的真理，纵使彼此所得到的结论看来恰恰相反也是如此。有些著作家把这种循环归之于储蓄不足，而另一些著作家则诿之于投资过分。试以密契尔教授所作出的下列对比为例："杜冈—巴拉诺夫斯基教授认为，危机的来临是因为人们没有储蓄足够的货币来应付繁荣时期的巨额资本需求的缘故。斯皮特霍夫教授则认为危机的来临是因为人们用于工业设备上的储蓄过多而用于消费财的储蓄则感不足的缘故。"假如我们把两种说法中的前一种解释为储蓄赶不上投资；而把后一说解释为投资超过储蓄，那就可以看出，这两位权威所指的基本上是同一件事，同时也就是我所指的那一问题。

因此，我十分赞同杜冈—巴拉诺夫斯基、赫尔、斯皮特霍夫和

熊彼特等人所组成的学派①，其中第一个和最富创造性的是杜冈—巴拉诺夫斯基②。我尤其赞同的是这一学说在杜冈—巴拉诺夫斯基本人的著作中以及两位美国非职业经济学家（有些人也许目之为狂生）——罗蒂③和约翰森④——的著作中所采取的形式。杜冈—巴拉诺夫斯基的缺点在于主张（至少也曾隐示）这样一个论点：在萧条时期里储蓄可以在非投资的形式下以某种方式积累起来；然后这笔积累的资金在繁荣时期里又渐渐地被用掉。另一个错误在于他提出：储蓄之所以像这样不能依照稳定的速率实现为投资，其原因在于财富分配的不均，而不在于熊彼特对下一方面的"创新"之说，即银行体系未能以一种方式作出反应，以便保持所需的稳定程度。但是有些著作家们没有一个清楚地理解了储蓄与投资间的不平衡对物价所产生的直接影响以及银行系统所起的作用。在这一方面披荆斩棘的先锋工作是罗伯逊先生作出的（见《银

---

① 关于这一学派各种见解最好的简短总结，可参看密契尔：《商业循环》，第20—31页。

② 他的学说最初是1894年时用俄文发表的。

③ 罗蒂上校的"过度投资"学说可以更直接地应用于因为营运资本增长率超过储蓄率而形成的循环。但是它的优点在于认识了在这类情形下，问题的本质在于当扩张一开始时购买力马上就创造出来了，而商品则要到往后的日期才能随之而出，其时间取决于生产过程的长短。

④ N.约翰森先生的学说最初发表在他的著作《关于危机的一个被忽略之点》（1908年版）中，后来又在1925、1926和1928连续刊行了小册子。他关于"有害的储蓄"的学说说明从消费开支中撙节出来而又没有实现为资本支出的储蓄，使得已经生产了消费品的企业家们，不得不把这些产品亏本出售。据我看来，这个学说是很接近于真理的。但是约翰森先生把本期储蓄之不能实现为资本支出，看做是现代世界中多少带有永久性的事情；他说这是资本市场已经达到了饱和点的缘故，而不是由于银行体系常常暂时不把全部储蓄转交给企业家造成的结果。并且他也忽视了这一事实：这种病征如果真像他所诊断的那样，那么利息率降低就是一种救治良方了。

行政策和物价水平》)。不仅如此,由于缺乏一种适用于信用循环问题的货币数量说,他们还没有探究到问题的根源或者认识到营运资本的增加所引起的循环至少和主要由于固定资本的增长而形成的循环同样地是"典型"现象。

第二十八章　营运资本——
投资率的变动之二

在具有必备条件时(这些条件我们将在本章的较后几节中加以阐述),就业量的增长通常有待于营运资本量多少成比例的增长。所以,营运资本投资的变动和就业量的变动是密切相关的。比如投资繁荣或者原有萧条状况的复苏所造成的反常活动都可能使就业量增加。无论如何,正如我们在前面已经看到的,信用循环往往和营运资本投资的增加相联系;如果在原始阶段不是这样,那么在次级阶段就是这样。不仅如此,纵使就业水平还远在最适度以下,除非能同时增加营运资本的投资量,否则,增加就业量一般也是不可能的。

这些条件所造成的营运资本流转基金量的变动,其实际意义要看它们的大概量值而定。这种变动相对于可以用来补充营运资本的新投资(来自新储蓄或流动资本的减少)的形成速度而言,如果很大的话,那么我们所面临的问题便有很大的实际意义,我们的分析也就可能提供一个重要的线索来解释繁荣和萧条中的时间因素。繁荣现象可能代表着隐蔽在信用制度的外貌下的一种斗争,也就是使营运资本的补充速度大于其在物价稳定状况下所能实现的速度的斗争。

从另一方面来说,假如营运资本需求量的可能变动相对于其他因素而言十分小，以至任何不足之数都可以迅速地由本期储蓄和流动资本的贮量①来补充的话，那么上述分析的实际意义就不重要了。

因此，让我们进而试用数量法来估计各个不同的因素。比如说，使大不列颠的工业制度充分运行究竟需要多少营运资本？在繁荣与萧条之间这种需要量的变动究竟有多大？这种变动对于流动品贮量、本期储蓄之流、总投资之流以及固定资本投资量的可变性等，究竟具有哪些关系？

一、统计的指标

为了对于大不列颠的营运资本在正常条件下的大概量值（即处理过程中的货品价值）求得一个近似数字，我们主要必须考虑产品的价值以及生产过程所占用的平均时间。比方说，如果生产过程平均持续六个月，而产品价值又是按稳定速率逐步增长的，以致在六个月内的平均价值等于最后价值的一半；那么我们就可以推论出，所需的营运资本等于三个月的产品。

显然，不同产品的单位产值所需要的营运资本量是有极大差别的，其数值与生产过程的长短相适应，最少的是个人劳动，几乎不需要什么资本；而在某些最多的情形所需用的营运资本则相当于一年或更多的产品。

当我们计算某个国家所需要的营运资本时，也得考虑该国必须在贸易与制造过程中的哪一个阶段对进口货付款，在哪一个阶

---

① 这是霍特里先生所主张的说法，参看他的《贸易与信用》，第 126 和 156 页。

段可以收到出口货的进款;因为前者就该国的进口货来说是营运资本需求的开始日期,后者就该国的出口货来说是这种需求的终止日期。在大不列颠,开始日期一般比实际进口日期早,而终止日期则通常都在出口日期之后。中国人穿着的衬衫的"处理过程"开始于准备棉田播种,而终止于中国人上街购买。第一阶段的营运资本是由美国供给的,从购进原棉或稍后的时候起,营运资本就是由兰开夏供给的;到上海叫卖或其前后不久的时候,营运资本则是由中国供给的。整个过程的平均长度自一年半至二年不等,其中由兰开夏负责的时期为六个月至九个月,然而在兰开夏接过来以前,产品就已经获得了大量价值。筹措营运资本的负担在三方面的分配可能有很大的变化,这要看中国商人支付价款的快慢以及棉花期票在纽约与伦敦的市场上流转的时期而定,后者主要受相对利率的控制。这一例子说明了在一个进行贸易的国家中要作准确计算是很困难的。但在本国以全年均匀一致的速度消费的国产农产品却提供了一个比较简单的例子。据计算一个生产各种谷物的混合农场所需要的营运资本约等于一年左右的产品,而一个生产牧草和乳品的农场所需要的运用资本则等于半年的产品。①

---

① 这些数字是以 W. C. D. 惠特哈姆先生在《经济学杂志》1925 年 12 月号上发表的计算为根据的。在混合农场方面,他按月计算的数字是这样:

混合农场所需数		乳品农场所需数	
谷类	13.6—14.5	乳类	7.65
牲畜	17.7	肥猪	3.9
乳类	8.3	家禽和蛋	3.0
羊和羊毛	15.0	加权平均数	7.01
猪	8.6		
加权平均数	13.77		

另外一个可以提出相当确定的数字的例子是铜。铜在达到消费者手中以前的连续五次过手量都有统计材料可资稽考。熔矿厂的粗铜、运输中的粗铜、精炼厂的粗铜、提炼过程中的金属以及精炼厂手中的精炼铜5项的总量等于全年所产纯铜的1/3到1/2。这儿所说的只是冶金系统。如果将运输途中的铜、制造者所运用的铜以及废铜包括在内,则美国金属统计局局长 W. R. 英戈尔斯博士就有这样看法:"美国铜的正常贮量相当于 6 至 12 月的产量,而12 个月的产量更接近于事实。"[1]

如果把每一种主要工业中的营运资本都作一个准确的统计学估计,就会是一桩有意义和有用的工作。我现在无法这样做。但就目前的论点来说,只要对它的大概量值得出一个粗略的近似数字也就够了。

我主张从大不列颠的统计资料出发,从 1924 年的生产活动水平、物价水平和工资水平着手。我们主要必须依靠对外贸易数字,全部工资总额,以及生产普查所得到的结果。

现在不妨考虑一下下列有关大不列颠在 1924 年的物价水平和贸易活动的统计约数:[2]

1924 年生产普查—— 单位:百万英镑
列入调查范围的全部工业净生产额 ························· 1 719
    其中包括:
        矿业 ··· 236

---

[1] 见 W. R. 英戈尔斯:《美国人民的财富与收入》,1923 年版,第 150 页。转引自密契尔:《商业循环》,第 96 页。

[2] 参看弗勒克斯:《论国民收入》,原载《统计学报》,1929 年,第 I 和第 II 两部。

金属与机器制造业 ……………………………	380
纺织,制革和服装业 …………………………	305
营造和承包工程业的毛生产额 ………………	189
农业的净生产额 ………………………………	300
个人劳务和消费资本(房屋)的运用 ………	650
运输和分配的成本 ……………………………	1 000
进口货 …………………………………………	1 280
出口货 …………………………………………	795
工资总额 ………………………………………	(约)2 000
银行垫款和贴现(9 家银行) …………………	1 030
国民收入 ………………………………………	4 000

　　我想这些数字说明,1924 年大不列颠的营运资本大概在 15 亿英镑至 20 亿英镑之间。工农业的净生产额加上进口货共达 33 亿英镑;为这一数额提供 6 个月的资金,就需要 165 000 万英镑,运输和分配费用还没有计算进去。上述的两个极限和上面所征引的其他指标也相当符合。具体说来,这两个数字大约是全年收入的 40％—50％左右。在更精密的估计数字尚未出现前,我主张暂时采用这些数字作为大不列颠的营运资本大概量值的指标。

　　美国方面的相应计算说明这一估计不至于失之过高。美国国情普查和联邦贸易委员会对 1922 年美国财富的估计都把制造中以及向消费转移过程中的货品价值计算为 360 亿美元,这个数目大致等于该年国民收入的一半。纽约标准统计服务社为美国各大工业公司的"盘存"量编制了有趣的统计数字,这种"盘存"量和上面所说明的营运资本极为接近。他们发现五百家以上最大的企业的盘存(约占全国工业资本的 1/3)达到这些企业本身资本总额的 17％左右,约等于全年净收入的 125％,全部工业营运资本共有 90

亿美元之谱。此外还得加上农业营运资本,以及大部的贸易与零售业的营运资本(有些贸易公司和零售业公司已经被列入标准统计服务社名单中)。虽然如此,该服务社的统计数字使我认为,不问 1922 年的情形怎样,1927 年的营运资本总额大概略少于国民收入的一半。

年　　度	大不列颠　（娄氏） 1907—1913＝100	美国　（斯奈德氏） 1910—1914＝100
1907	100.1	91.48
1908	93.2	81.75
1909	96.8	90.94
1910	97.1	96.28
1911	101.4	94.66
1912	103.5	101.93
1913	107.5	105.26
1914	‥	102.20
1915	‥	109.84
1916	‥	124.53
1917	‥	131.39
1918	‥	125.49
1919	‥	121.67
1920	97.2	128.97
1921	73.7	110.91
1922	88.7	128.66
1923	92.3	144.10
1924	97.5	141.22
1925	96.4	149.69
1926	79.8	‥
1927	99.9	‥

由于美国采矿业和农业相对于制造业的重要性比英国大,矿

业和农业又都是生产过程长的企业,所以人们就会预计,美国的营运资本在全年收入中所占的比例比大不列颠大。从另一方面说来,大不列颠在遥远的市场购销的规模相对说来很大,因而在另一方面有所靡费。

因此我们便只能得出这样一个结论:营运资本的价值大约等于一个国家全年收入的 40%—50%。

其次,我们必须考虑一下,营运资本在萧条达到最低点时比繁荣达到最高点时减少多少。娄先生[1]关于英国的生产指数以及斯奈德先生[2]关于美国的生产量指数情形是这样:

另一种关于美国实际生产量的指数是弗洛伊德·马克斯威尔先生在哈佛经济研究所主持下一直编到近年的数字(见《经济统计评论》,1927 年 7 月号,第 142 页):

各种实际产量的指数目前还在幼稚时期,上面所列的任何一种都不能说已经达到了高度的准确性,但是对我们现在的目的来说也许已经够好了,尤其是它们都显得相当吻合。这些数字说明,繁荣年和随后的萧条年之间的变动在严重的时候可达15%—25%。

因为这些数字是全年的平均数,所以繁荣最高点和萧条最低点之间的变动比这还要大得多。密契尔教授在《商业循环》一书中

---

① 伦敦—剑桥经济研究所发表。为了保持记录的连续性,我在这里照录了他原来发表的数字,后来他曾经把较后几年的数字作过重大的修正。这指数并没有按长期趋势校正。

② 斯奈德:《商业循环与量度》,第 239 页。指数以 87 个项目为根据,没有根据长期趋势校正。

年　　度	农　　业		矿　　业		制　造　业	
	根据长期趋势校正的 数 字	未经校正的 数 字 1899＝100	根据长期趋势校正的 数 字	未经校正的 数 字 1899＝100	根据长期趋势校正的 数 字	未经校正的 数 字 1899＝100
1899	102	100	101	100	98	100
1900	100	101	97	106	93	101
1901	88	89	97	115	99	112
1902	108	114	98	123	105	122
1903	98	105	100	135	101	124
1904	106	116	94	136	95	122
1905	105	118	105	162	106	143
1906	109	125	105	170	110	152
1907	96	112	109	186	106	151
1908	100	119	87	154	87	126
1909	98	118	101	189	103	155
1910	100	122	102	208	101	159
1911	94	115	95	207	93	153
1912	108	137	102	221	102	177
1913	94	121	102	237	102	184
1914	106	137	95	225	91	169
1915	110	144	99	239	98	189
1916	96	126	108	269	112	225
1917	101	134	112	288	109	227
1918	100	135	110	289	104	223
1919	101	137	95	257	98	218
1920	110	150	105	293	101	231
1921	90	124	82	233	76	179
1922	99	138	87	254	97	237
1923	98	138	116	349	112	281
1924	96	136	106	324	101	259
1925	97	140	106	333	110	290
1926	99	144	113	361	111	301

（第343—354页）相当详细讨论了1878至1923年的商业循环的幅度，其中包括13次大动态。5种不同的企业活动指数的一般情况相当一致地说明，企业在萧条的最低潮时平均比正常水平约低13％，在繁荣的高峰时平均比正常情况约高13％；两种情形下的最大数字各比正常水平约低或高25％。

根据工会百分数（1921和1922两年都比1920年低13.5％）来看，大不列颠就业量的变动数字比上述数字小得多——这是预料得到的事，因为这些百分比并没有充分反映出部分就业和就业强度降低的缘故。美国的就业量从1920年的最高峰到1921—1922年的萧条最低潮，在工厂、铁路、矿场方面大致下降了30％，整个的就业量下跌了16.5％——农业、零售业以及家庭服务和私人服务下降3％—4％，使平均数趋于降低。

企业活动的变动当然不能用来衡量国民收入方面的变动，而是大大地超过后者。因为国民收入里面还包括私人服务以及固定消费资本的使用，而这两个项目却比上述项目要稳定得多；在大不列颠方面，除此之外还包括海外投资的收入。这种变动更不能用来衡量国民消费方面的变动；因此在繁荣时期投资会增加，在萧条时期投资又会减少。[①] 例如，金先生关于美国的实际零售量数字在繁荣与萧条之间的差额并不超过7％。这和其他指标是相符合的。我们对于繁荣与萧条之间的消费变动的大概量值的估计不应超过10％。

---

① 英戈尔斯博士认为（转引自密契尔前书第154页），在1920—1922年间，美国的储蓄量（大概意味着我所说的投资量）缩减到正常数量的一半左右——大约，从国民收入的14％或15％，缩减到7％或8％。

因此,假定"企业活动"的峰值在程度最大的情形下比正常水平高出 25%,在一般程度的信用循环中高出 13%,并假定在不景气的最低潮时低于正常水平的数字与此相应。可是营运资本需求量变动的幅度并不会有这样大,因为它受着长度与此过程相等的时期中的生产因素平均就业率控制,同时它还包括一般存货与季节存货的资金供应,这些存货不会像就业量那样严重地减退。权衡一切的考虑条件后,我们也许可以假定至少为了说明起见可以这样做:营运资本需求量的变动幅度大致等于"企业活动"变动幅度的 1/3;也就是说,在严重的情形下,从最高峰到最低潮的变动幅度是 15%,在比较寻常的场合则是 10%。应当顺便指出的是,营运资本最大和最小需求量的出现日期和"企业活动"最大的与最小量的出现日期并不一致,一般说来较为靠后。

如果这些粗略的指标可以接受的话,那么大不列颠的营运资本资金,在 1920—1922 年的繁荣和萧条之间,减少了25 000万英镑左右(按 1924 年的物价计算),也就是占165 000万英镑的 15%;这儿繁荣时期的数字大约是175 000万英镑,萧条时期是 15 亿英镑。和以前一样,我并不说这些数字具有统计的准确性,但却可以作为我们所讨论的极端情形下的量值状况的指标,说明我的论点。

这个 25 000 万英镑与同期的全年正常储蓄量之间的关系怎么样呢?大不列颠目前储蓄水平,据最可靠的估计,大约为每年 5 亿英镑。1922—1923 年的数字可能要低些,大约是 40 000—45 000 万英镑。因此,营运资本,在繁荣与萧条之间的减少在这种情形下足足等于全年储蓄量的一半。

一般说来,国民收入中的正常储蓄百分比被定为 12%—

15％。所以,如果营运资本在正常情形下是国民收入的 40％—50％,而变动量则为 10％—15％,那么营运资本的变动量就等于全年储蓄量的 1/3—1/2。

可是,我们不能认为本期储蓄可以全部用来补充营运资本,甚至大部分用于这一目的也办不到。理由是:在平衡状态下除营运资本的正常增长以外,本期储蓄全部都可以用来增添固定资本,投资市场主要就是看到这种情形而组织起来的。不但如此,对外投资也始终有所增添;新建筑永远不会停止;新储蓄量通过这些和那些途径经常有极大一部分被吸引到固定资本中去。此外,某些制造过程中的货品也确定要以固定资本的形式出现。

所以,当营运资本需要补充的时候,要迅速地实现这项补充就不可能不破坏价格与收入之间的平衡,纵使及时采取适当的步骤,也要经过 2 年或更多的时间营运资本才能回复原状;如果不采取这些步骤的话,所需的时间就更长了[①]。

当就业量正在下降的时候,企图通过增加其他方面的投资来补偿营运资本的减小,也同样是不可能的。因此,单单是就业率下降这一事实就几乎必然会引起投资率的下降;只是由于我们惯于主要根据新资本的发行额以及房屋等形式下的固定资本储存量(跌落不如此显著)的增量来衡量投资,所以我们可能看不见净投资额在这些时候减低的全貌。例如,《经济学家》杂志为伦敦市场上的新发行额总数(不包括不列颠政府为转换短期公债而发行的

---

① 密契尔教授的统计表(《商业循环》,第 338 页)说明:上升时期平均长度略少于 2 年,最大长度约为 3 年。

国家证券）所编制的统计表情形便是这样：

年 度	票面额总计（英镑）	物价水平*	根据物价水平校正的总数（单位：英镑）
1919	211 000 000	162	130 000 000
1920	330 000 000	194	170 000 000
1921	186 000 000	125	149 000 000
1922	204 000 000	100	204 000 000
1923	194 000 000	100	194 000 000

* 批发物价指数。

因此，新发行额果真是投资率的准确指标的话，那么萧条年份1921 年的投资率实际上就反而比 1919 年大了。但是我们不妨想想，营运资本的资金在第一次世界大战后的 1919 年全年和 1920 年的一部分时间中迅速地增长起来，而到 1921 年时又同样迅速地消耗；想到这一点时，上述的数字的情况就有所不同了。下面我列出一张计算表，这不是以统计材料为根据的，而是对可能发生的事情进行一种并非说不过去的臆测，目的是说明我的论点而不是陈述历史事实：

（根据 1923 年的物价水平）

年 度	固定资本净增额（包括对外投资在内）	营 运 资 本	净 投 资 总 额
	英 镑	英 镑	英 镑
1919	280 000 000	＋120 000 000	400 000 000
1920	370 000 000	＋120 000 000	490 000 000
1921	275 000 000	－250 000 000	25 000 000
1922	330 000 000	＋ 75 000 000	405 000 000
1923	370 000 000	＋ 50 000 000	420 000 000
1924	390 000 000	＋100 000 000	490 000 000

由于繁荣的最高峰发生在 1920 年的年中,而萧条的最低点则发生在 1921 年的年中,我们在 1921 年上半年的净投资额很可能是微不足道的。在 1924 年年底,可能仍然至少需要额外增加 5 000万英镑营运资本才能使当时可用的生产要素充分就业。在美国方面,由于种种原因,1921 年以后营运资本贮量的补充比这要快得多。

(1923 年的物价——单位:百万英镑)

年度	《经济学家》刊载的净收入额	净投资额(同上)	消 费 额
1920	3 480	490	2 990
1921	2 816	25	2 791
1922	3 140	405	2 735
1923	3 470	420	3 050

我们不妨把这个数字和《经济学家》杂志(1924 年 10 月 4 日)上所发表的国民收入净额的粗略估计数字核对一下(仍然是为了说明):

这些数字可能遭到许多批评。我认为,《经济学家》的一切数字在绝对量上都失之过低,而 1921 年的收入数字相对说来又失之过高。但是为了说明一年与另一年之间变动可能具有的量值概况,这些数字还是有其价值的。

这些说明数字主要说明的问题是这样:关于 1922 年初的生产量和就业量,除非营运资本的流转基金能以同一步调恢复或者真实工资有极大的降低,否则就不可能回复到 1920 年春季的水平。[①] 但是这种基金一旦由于 1920—1921 年的事件而耗损了以后,就除非是总投资大大增加或者以固定资本形态出现的收入的比例大大减少,否则营运资本就不可能十分迅速地恢复。可是要

---

① 在大不列颠,真实工资的下降有一大部分事实上推迟到 1922 年年中才实现。

实现第一种办法,除非是分布在整个期间里实现,否则就不可能不引起严重的通货膨胀。第二种办法由于种种原因也是这样。比方说,要大家放弃盖新房子是行不通的。此外,当时正在制造中的货品通常有一部分可能已经划定要以固定资本的形态出现,要加以改变就得要时间,可能需要大半年。最后,生产因素中有一部分是生产固定资本的专门化生产因素。如果固定投资削减得过分猛烈,对于就业量而言在一方面所造成的损害程度不亚于原先在另一方面所造成的好处。不但如此,由于那次萧条广及全世界,所以当时不容易像德国在 1925 年那样以原料和半制品的形式从外国吸引新的营运资本。因此,旨在促使生产率与就业率迅速增加的货币政策几乎势必会使投资超过储蓄。所以,事实很明显,营运资本量的变动是非常大的,有时能成为导致储蓄率和投资率之间不平衡状态的一个重要因素。

以上主要讨论的是营运资本的统计和数量方面,但营运资本理论的一般方面则大大地忽视了。在酝酿这部著作中的论点时,我觉得这问题必须费很多思考,纵使只是为了澄清我自己的思想也是这样。在本章的后面几节中,我不揣冒昧,提了一个研究结论的概述。

二、营运资本的理论

本书上卷第 9 章对“营运资本”所下的定义有加以扩充的必要。我把营运资本解释为生产、制造、运输和零售过程中的财货品总体,其中包括为了避免制造处理过程中的危险或度过季节性不规律情形（例如在两季收成之间的时隔或单季收成在平均数上下的变动等）所必需的最低限度存货（不论其原料或是制成品），至于营运资本的成本，则是指货品总体的成本。这里面并不包括剩余存货，因为这种存货是流动资本。至于处理过程中两种不同的货品则无分轩轾，一概包括在内：其中一种是食物和纺织品等表现为流动收入的货品，其消费分布时期很短；另一种是房屋和铁路等表现为固定资本的货品，其消费必然会分布在一个很长的时期内，而不是立即可以用掉的。

在这种定义下的营运资本量取决于以下各点：

（一）过去与生产过程长度相等的一段时间内的投入率（即产品投入制造机器的速率）。

（二）单位产品在处理过程的每一阶段中现在和以往的生产因素使用强度。

（三）使用生产因素的处理过程的长度。

（四）单位时间的生产成本率；即生产因素应用于产品的单位有效工作报酬率；为了简便起见，可以称之为工资率。[①]

（五）为了度过季节性不规律情形而必须贮存的存货的价值。

从这里不难得出一个公式，以便计算最普遍的情形下的营运资本 [②] 总量。如果我们把任何时候的"雇用率"界说为处理过程中每一阶段的产品单位总数分别乘以各该阶段的雇用[③]强度，那么只要把雇用率乘上工资率，根据时间积分，把一切尚未终了的处理

---

① 这里的所谓"工资"包括一切生产因素的报酬在内。

② 在后面的几节中，贮存季节性存货所需的营运资本一概未计。

③ "雇用"一字此处作一切生产因素的雇用解。

过程推算到开始时去,就可以得出营运资本的总量。用一个最简单的例子来说明也许比较容易领会些,也就是说,我们不妨假定产品的投入率以及生产因素雇用强度率都不变。在这种情形下,所需的营运资本量等于雇用率乘上处理过程长度的一半,再乘上生产成本率(营运资本＝雇用率×1/2处理过程长度×工资率)。这样一来,由于单位时间的工资总额等于那一时间内的雇用量乘上工资率。所以我们也可以用另一种方式表达说,营运资本量是任何时候的工资总额乘上处理过程长度的一半(运用资本＝工资总额×1/2处理长度)。同时,在最简单的例子中,投入率和处理过程每一阶段的雇用强度都是稳定的,而工资总额又等于投入率乘工资率再乘过程的长度,所以营运资本＝投入率×工资率×处理过程长度的平方的一半。在上面的几个算式中,加入因数1/2的原因是,如果处理过程的一切阶段的处理率是恒定的,那么任何时候被处理产品的总体,平均说来便都是半制成状态。但是这一特殊的数字只是供说明而已。如果雇用强度在处理过程的某些阶段比其他阶段大(很可能如此),或者投入率并不稳定,那就应当采用其他数字。

让我们把这些因素逐一地加以讨论。

(一)当产品按稳定的速率投入处理过程之后,雇用强度或处理过程的长度没有发生变化,以致使投入率和产品率都是稳定的,那么雇用率便和产品率相符合,雇用量乘上工资率就等于本期产品的生产成本;因之报酬便等于产品成本。但如果投入率不稳定,雇用量上下波动,那么情形就不那么简单了,"生产量"一词的意义也变得含糊了。有时候搞不清楚所谓"生产量"究竟是指雇用量呢,还是指产品量。显然,从"长远"看来,平均生产量必然会受平均雇用量控制,但是在变动中却可能暂时分离。因为在萧条时期中,雇用量的降低比生产量的降低要快得多和早得多,在繁荣时期的恢复也要快得多。同样地,营运资本的总需求量在萧条时期的减退以及在繁荣时期的恢复都比生产量快,但却比雇用量慢。产品量的统计数字说明的是截至目前的雇用情况,雇用量的统计数字说明的是未来的产品量。至于营运资本的需求量则取决于过去时间不太久,尚未反映在产品量中的雇用量数字。所以,我们最好不要把"生产量"一词用来指本期产品量,而要用来指生产因素的雇用量。为了说明起见,我们姑且假定处理过程的长度是 6 个月。根据 6 个月中的每日平均产品量统计数字就可以推算出本期开始时的雇用水平;如果要求得这个月开始时的营运资本量就必须求得 6 个月中的每天平均生产量,逐日数字根据该日与 6 个月结束时相距的日数加权。[①]

对过去事件寻求解释和对未来事件寻求预测的人,由于对三种现象之间的时滞未予以足够的注意,以致经常造成错误。这三种现象是产品量、营运资本需求量和雇用量。下面所说的情形就是一个例子。原料输入大不列颠可以看做是投入率的粗率指标;制成品的输出可以看做是产品率的粗率指标。因此,在萧条的初期阶段,当投入率正在下降而生产率还没有下降的时候,我们就应当预计到出口量会超过进口量。反之,在繁荣的初期,当投入率正

---

　　① 在这个例子中,我虽然不再假定投入率是稳定的,可是为了简化起见,我仍旧假定处理过程中每一阶段的雇用强度是稳定的。

在上升,而产品率尚未上升之际,我们就应当预计到进口量会凌驾于出口量之上。

(二)当贸易活跃的时候,尤其是在停滞时期之后开始复苏的时候,增加雇用强度大概是可能的。所谓增加雇用强度,就是在单位时间内对处理过程中的单位产品增加生产因素量,其结果是加速处理率和缩短处理过程。如果恢复中的需求要求"提早交货",以致加快速度可以得到额外的收益,那么企业界就的确会存在一种强烈的吸引力,使它们增加雇用强度以便加速处理率。因此,与已增加的雇用强度相应的新增加的营运资本需求量可以由于处理率加快而部分抵消。如果处理过程的长度因雇用强度加倍,而减少一半的话,那么,在其他一切条件相等的情形下,营运资本的需求量最后也会打一个对折。

从另一方面来说,当处理过程中的货品量已经接近于可用处理工具的最大容限时,其处理率就往往会发生停滞。其原因是不同的处理工具的相对供给量并不完全平衡,速率就会受到供给最不充分的工具的容限的限制。换句话说,处理过程中的某一阶段就会发生"壅塞"。

(三)处理过程的平均长度可能由于雇用强度降低(上面刚讨论过)或处理技术的改变(很可能是慢慢发生的而不是突如其来的)而增加。同时也可以由于某些货品的生产规模改变而增加,这些货品的处理过程由于技术上的理由相对于处理过程短的货品而言是长的。最后一个原因在短期内有时是重要的,但并不永远如此。比如在纺织品激增时,其最终产品的单位价值所需要的营运资本比钢轨在激增时的需要多,而中国茶叶畅销时比本地黑莓畅销时所需要的营运资本也更多。

（四）生产因素工资率的增加对于营运资本的货币成本可能发生重大影响。比方说，如果劳动的需求量增大、工资上涨，那么单位产品所需支付的工资总额就会增加。

在某些实业中，工资的相对上涨就可能对营运资本的成本发生极其重大的影响。如果发生在相对说来需要大量营运资本的实业中时，情形就是这样。营运资本的正常需求量中一大部分也许是来自营造业、处理过程中的纺织品和收成按季节进行而消费率整年稳定不变的农产品等，其比例远大于许多批发物价指数所给予的重视程度。像 1921—1923 年所经历的那样，纺织品的价格暴跌、农产品价格相对跌落（由于丰收而造成的除外），那么整个看来就意味着这些实业的生产因素的低廉工资必然会大大减少营运资本的需求。像 1924 年那样麦价和一般谷物价格回升就必然会大大地增加这种需求。

不同的实业中生产因素相对工资的变动，以及生产量的变动一般说来是促使营运资本的货币成本发生剧烈变动的两个主要原因。但是还有些变动却是从季节性存货量的变化中产生出来的，现在必须加以考虑。

（五）根据本章所下的一些定义，营运资本必须提供资金，以便在青黄不接时贮存季节性的存货（这种贮存就是"处理过程"的一种形式）；并应付一季收成到另一季收成之间的"续储量"的变动（因为这种续储量对于单季收成必然会在平均收获量之上发生的摆动来说乃是必需的）。另一方面，按各季平均说来，造成相对生产过剩的错误所引起的净预期剩余则应归做流动资本。

但由于好收成往往使有关作物价格相对下跌,而坏收成则使之相对上涨,所以因贮存谷物所需的营运资本总值可能会、也可能不会和收获量的大小作同一方向的变动。为了说明这一点,我们不妨假定一般小麦收成是 100,一般续储量是 20,并假定消费掉的小麦量平均必须贮存 6 个月,续储量必须贮存 12 个月。当正常续储量和正常收获量的数值为 100 时,命价格为 p;当收获量为 110 时,命价格为 p_1;当收获量为 90 时,命价格为 p_2。再假定在上述的三种不同的情形之下,消费量始终是 100,那么所需要的营运资本量(单位:镑/月)便是:

正常收成 $\qquad 6 \times 100 \times p + 12 \times 20 \times p = 840p$

在正常年景之后出现的好收成

$$6 \times 100 \times p_1 + 12 \times 30 \times p_1 = 960p_1$$

在正常年景之后出现的坏收成

$$6 \times 100 \times p_2 + 12 \times 10 \times p_2 = 720p_2$$

假定 $p_1 = \dfrac{7}{8}p$ 和 $p_2 = \dfrac{7}{6}p$,这时,两种情形所需要的营运资本量便是相同的。如果价格的可变性比供应量的可变性小,那么,好收成就需要最多的资本(不论是营运资本还是流动资本都一样);如果价格的可变性比较大,那么坏收成便需要最多的资本。为了说明简单起见,我们在这儿假定 p、p_1 和 p_2 三种价格是整个季节中的时价。收成以前,生产成本在三种情形之间可能没有很大的差异,它实际上将控制营运资本的成本,而所假定的三种价格主要是对收成与消费之间所需要的营运资本的价值发生影响。此外,所需的营运资本的价值变动,有一部分可由农民们相应获得的意外利润或损失补偿。

加利福尼亚州的斯坦福食物研究所为美国的小麦编制了一些有趣的统计数字,对上述情形具有意义(见《小麦研究》,1928年2月号,"论1896年以来美国小麦的处理,关于年终存货的变化")。该研究所在长达30年的一段时期中发现,13个丰收年的平均盈余额是8000万蒲式耳,其中增加输出的是3800万,增加消费的是400万,增加贮存量是3800万。在17个歉收年中,平均减产额是6 300万蒲式耳。其中输出减少3000万、消费减少400万[1],贮存减少2900万。由于这30年中的平均收获量是77 700万蒲式耳,平均年终贮存量是16 600万,所以丰收年的平均收获量是一般平均收获量的113%;歉收年的平均收获量是一般平均收获量的92%,平均年终贮存量是一般平均收获量的21%。在这30年中,最大限度的年终贮存量,除战争年代的变态不计外,是平均收获量的25%,最小限度的年终贮存量是平均收获量的8%。[2]

---

[1] 这数字附带说明了消费者的需求是非常缺乏弹性的,尽管价格有很大变动,最高限度的消费仅比最低限度的消费高出1%。

[2] 凡是注意到农作物收成和信用循环间的关系的人,也许会对下列的事实发生兴趣。如果认为7月份的小麦存量不足1亿蒲式耳是反常的小数额,而超过15 000万则是反常的大数额,那么,最低限度的存量便出现在1898、1905、1908和1909等年的7月;最高限度贮存量出现在1896、1899、1900、1907和1923等年的7月(战争年份不计)。所有前一类年月都处在信用循环的上升阶段,所有后一类年月除1899以外,都处在信用循环的下降阶段。这结果是矛盾的,如果有结论的话,我也不知道从这里面应该得出什么结论来。不过有一点可以看出:丰收年收成由于必须使出口货的价格压低到足以对国际市场发生吸引力的程度,因而就会对于一般价格发生畸形的影响,于是农村的购买力在贮存量小的年份便特别高。

三、生产性消费和非生产性消费

以固定资本的生产替代消费品的生产需要有投资。事前作出这种固定资本增加的决策，由于使得那些使生产过程中所出现的非可用形式的收入比其他情形下更多，而可用形式的收入则更少，所以便要求本期消费水平降低得比其他情形下必然有的水平更低。

由于生产量和就业量增加（但不是由于生产过程的延长）而引起的营运资本的增加也是必须有投资的。不过在这种情形之下，投资并不需要使消费水平降低到生产未增加时的原有消费水平以下去。

这就是说，就业量的增加所引起的营运资本的增加，不会使整个社会的本期消费像固定资本增加时那样减少或节制，而主要只是使消费再分配，由社会上其余的人转移到新受雇用的人身上。只需要本期消费的再分配，而不需要消费总量降低的投资，可以说是以生产性的消费替代非生产性的消费。

因此，我们可以提出定义说："非生产性消费"指的是消费者放弃后不会对生产劳作量发生反应的消费。"生产性的消费"指的是放弃时就必然会起这种反应的消费。此外，消费的再分配也可以用一种方式使生产增加，只要消费减少对于生产者的不利反应小于消费增加对生产者的有利反应时，情形就是这样。

因此，每当可用收入由一个不生产或生产性较小的消费者转移给生产的或生产性较大的消费者时，生产量是会增加的；反之亦然。所以，当这样的一种移转付诸实现时，虽然可用收入的消费并未减少，可是社会的财富却会以非可用收入增加的方式增加，使净投资量增加——这种增量来自生产的增加，而不来自消费的减少。

但是这种情形还是要求某些个人消费量减少。这些人就是原来本会把新受雇的生产因素的现有实际消费物资消费掉的那些人。像这样使非生产性消费减少，并以生产性消费代替的过程，正如我们已经看到的一样，可以由个人自愿地储蓄一部分货币收入来实现；也可以通过另一种方式实现，即提高物价，从而减少这些货币收入的购买力，以使他们的一部分真实收入移转到以之投入生产性消费的人手中，让他们掌握。

所以，社会在任何时候都要作出两套决策。第一，将来的收入可用于消费的比例应当是多少，构成固定资本的比例应当是多少；第二，现在的收入供生产性消费之用的应当占多大比例；供非生产性消费之用的应当占多大比例。当我们想到储蓄和投资时，心中通常想到的是第一套决策。但就业与失业却要取决于第二套决策。生产因素的充分就业必须使消费总量再分配，而不是使消费总量减少。看来很明显的是：可以想象到有一种情形存在，其中由于找不到任何其他再分配消费的方法，以致最好只能通过利润膨胀来实行再分配，而不让失业状况继续下去（应当注意的是，对于这一目的说来，实行收入膨胀是全然无用的，除非我们把它用来直接补贴某一实业或某一地区，用之对生产劳工支付的工资，使它高于产品的边际价值）。换句话说，在上述情况下，不创造财富的流弊比财富创造后而不归属于曾经作出牺牲的人的流弊要大；这些牺牲者是由于利润膨胀使物价提高因而削减了消费的人。

要增加固定资本、流动资本和营运资本，唯一可能的方法是让整个社会在做工的负效用日期和所得的实际享受日期之间有一段时隔。但是增雇生产因素而不立即增加整个社会消费的办法所造成的投资并不会使社会不消费可用收入,而只会使这种收入由于某一些人消费,这些人所从事的生产过程,必须经过一段时间之后才能取得报酬。

让失业现象和非生产性消费并存时,现存净收入的总额以及将来的可用收入都小于应有的量;要矫正这种情况,只需要把一批人的消费移交给另一批人就行了。

四、真实工资基金

在生产的静态平衡下,营运资本无需有任何净增量。因为营运资本是一种流转基金,一经在必要的水平上建立之后,继续维持就无需乎新的储蓄或投资了。纵使为了供应人口的增加,这种逐渐的增量大致也不会从本期储蓄中取走一大部分资金。[①] 当生产与消费完全平衡时,也就不会需要任何流动资本。因此,我们便自然会主要根据固定资本的净增量来衡量新投资。

关于这一问题,古典经济学曾发生过一个有名的混乱,而他们的后继者们虽然看出了这个混乱,却没有能领悟真理正好就在这种混乱思想的中心;这样一来,就使这一问题乱上加乱了。古典经济学家强调固定资本和他们所谓的"流通资本"[②]之间的区别。但是他们并没有区别清楚我提出的第三种资本,也就是"处理过程中

---

①　如果营运资本每年增加 3%,这个数额也许不会超过年储蓄量的 10%。

②　亚当・斯密,李嘉图和 J. S. 穆勒等赋予这名词的精确含义参看马歇尔著的《经济学原理》,商务印书馆 1964 年版,第 95 页。

的货品"或营运资本,这和他们的"流通资本"并不相同。他们认识
到必须有一种基金来维持劳动力,但是他们忽视了生产和产品的
连续性,而且把营运资本和流动资本混为一谈,其实营运资本是由
于不断地把可用收入之流回到制造机构中而得到供应的;流动资
本则是指任何处理时期开始时的存货。他们没有清楚地认识到,
使劳工维持就业的资本并不来自已经可用的存货,也不是从节约
可用收入的消费中得来的,而是得之于具有下列效应的决策:(一)
决定从制造机构中出现的货品采取固定形态的应占若干成,采取
流动形态应占若干成。(二)把可用收入之流用于某一方面而不用
于另一方面;也就是说,用来供养生产性的消费者而不供养非生产
性的消费者。

　　依照他们关于一般所谓的"工资基金"的学说[1],使劳工从事
于"处理过程的货品"的操作、更恰当地是为劳工的这种工作支付
的工资,不能超过"流通资本";所谓"流通资本"指的是一笔现货资
金,这笔资金由于是原先储蓄的,所以在处理过程中的货品以收入
形式出现、从而可供运用之前必须经过的一段时期,就用这笔资金
来供养劳工。[2]

　　穆勒说,工资主要取决于"劳工阶级从事雇佣劳动的人数"和

---

　　[1]　关于这个学说的历史的评述,参看马歇尔著《经济学原理》,附录十,第460—
466页。

　　[2]　这个学说除开误将"营运资本"和"流动贮存"混为一谈以外,还犯下了一个次
要的错误,也就是把可用来供养和酬劳一切生产因素的基金和专供支付工资用的基金
混为一谈。他们忽视了这样的一个事实:纵使基金始终稳定,它在若干种生产因素间
的分配比例还是可以变动的。诚然,促使J.S.穆勒最后放弃工资基金说的原因正是由
于对这一错误的批判,而不是由于对其中更基本的错误的批判。

"所谓工资基金总额"之间的比率；这儿的工资基金是由"流通资本中用于直接雇用劳工的那一部分构成的"。这一说法不正确，用马歇尔的话来说，[①]主要原因是"它提示工资之流与资本贮量之间存在着相关关系，而不提示在资本的帮助下所产生的劳动产品之流和工资之流之间的真正的相互关系"。但是，单就推翻这一学说而不用任何其他学说来代替的做法已经证实是有害于思想澄清的。

假如我们不仅把"流通资本"和流动资本或"贮存中的货品"视为同一种东西，而且把它看成等于流动贮存品加上处理时期内所累积的可用收入之流，那么工资基金学说就包含着一项重要的真理，没有它就无法了解生产过程自始至终的性质，以及它和资本与储蓄的关系。真正的工资基金是由可供生产因素消费的收入之流构成的。这笔基金在相对生产性的消费和相对非生产性的消费之间的分配决定了就业量和生产量。

---

① 　见《经济学原理》，原文版，第 545 页。

第二十九章　流动资本——
投资率的变动之三

假如在经济萧条时期营运资本所受的损失被几种适当的流动资本相应的增长所抵消的话,那么到了繁荣时期,营运资本的补充就可以从流动资本的高额贮存量中取得。企业界从不缺乏开足马力干的手段,经济复苏的问题仅仅是使企业界愿意开足马力干的问题。但是我们将会看到,这方面的研究将使我们得出一种结论,和我们研究营运资本时所得出的结论完全相反。我们发现,流动资本量的变动不是比预期的大而是比预期微小。而且还有几个令人信服的理由说明,我们为什么不能期望从这方面得到帮助来稳定固定资本投资量的变动。

关于流动商品贮存量变动的实际大概量值的问题,是相当重要的问题。因为,人们不容易先天地明显看出:这些波动无法提供一种能够用来对付固定资本和营运资本投资率的短期增减、而无需总投资率有任何变动的抵消因素。的确,霍特里先生的信用循环学说大部分是以这种假设为基础的。对这一观点作一简短的评论,对于领会本章的意义说来,不失为一个有益的引论。

一、霍特里先生的流动贮存理论

霍特里先生论证信用循环是"一种纯货币现象"时,他就远远超出了我所准备达到的程度。他写道:"生产活动中一切变动的原因都受到货币因素的制约。只有目前的货币条件对之有利的活动才能得到成果,"①我同意他这句话。但是我认为他没有足够地把金融刺激和物质的手段区分清楚,前者取决于货币因素,而后者则取决于生产性消费的可用真实收入的供应量。有时他似乎完全忽视了后者,竟把可用收入的支出和工作的完成写成同时出现的事情,因而营运资本便根本不必要了。例如:"假如所有的生产者都开工不足时,那么他们就全都会乐于接受额外的订单而不提高价格。投入流通过程的新增货币势必会用来购买额外生产出来的商品,所以在生产者和消费者之间的任何阶段上,物价都没有普遍上涨的理由。"②

当别人提醒他注意上述困难时,他回答道,一般说来,适当的货币政策能够从流动资本的贮存量中提出其所需要的真实资金。他论证道:凡是用借款购置一部分营业存货的零售商人,对于银行利率的变动都很敏感,很容易由于前者上涨而减少存货,由于前者下降而增加存货量。原文是这样:"商人所持有的营业存货,数量是富有弹性和变动不定的。他很容易依照市场情况和信用情

---

① 见《贸易与信用》,第 169 页。
② 同上书,第 74 页。

况增减持有量。市场兴旺时，他就设法多保持，信用昂贵时则力图少保持。"①这些存货为商业复苏提供了原料："正在生产中的商品所构成的营运资本的增加，在这个阶段中并不是由物价上涨赐给生产者的意外收获提供的，而是由货币的供应提供的，货币的供应使消费者能够消纳贮存中的制成品。在贮存量足以负担这种压力而不使物价上涨时，这种增加就无需任何人有所耗费。原来滞销的商品现在进入消费过程中去了，它暂时由制造过程中的商品作为营运资本的一个项目替代。"②可是在后面，霍特里先生又添上了这么几句："应该提一提，贮存品的变动不一定永远和繁荣与萧条的更替相符合。商人在繁荣的时候所愿持有的存货比生产受限制的时候多。当这两种情形中的任何一种持续了若干时候之后，商人们在前一种情况下便会使售价高于代偿价值，而在后一种情况下则使售价低于此数以便调整他们的存货。"③

从表面上看来，并不能明显地看出事情不会像霍特里先生所假设的那样发展——营运资本的变动被流动资本的相反变动所抵消。但是如果我们观察得更加深入些的话，就会发现，事实上和理论上都有充分的理由支持相反的意见。有三个理由（其中最后一个是最基本的，也就是最为必然成立的）指出：在萧条的初期阶段，流动资本的贮积量虽然可能有相当大的增加，但是在萧条过程还没有达到最低点以前，营运资本的减少就远远地超过了流动资本的任何增加，结果在萧条的最低点上所存留的流动贮存品就只够

①　参看《贸易与信用》，第 126 页和第 10 页；《通货与信用》，第 24—26 页。

②　《贸易与信用》，第 156 页。

③　见《贸易与信用》，第 160 页。

供应经济复苏刚开始的几个阶段的需要了。

二、流动资本积累的障碍

（一）第一个论点是根据以下的事实得出来的：在萧条时期内，生产的下降比消费的下降更急剧得多；也就是说，萧条的结果，不仅是使生产降低并且使消费相应地减少，同时也使非生产性的消费替代生产性的消费。当失业救济维持于高水平的时候，情形尤其如此。事实并不说明，这种超额消费能全部由固定资本投资额的减少所抵消。如果上述说法正确的话，那么营运资本减少的程度就必定会超过流动资本的任何增加。

（二）第二个论点是从直接调查不同日期的商品存货量时所得出的结论。有一度我曾认为，对流动货品贮存量的变动作一次精密的研究，也许可以对信用循环找出一部分线索。关于这一问题，可用的统计资料是不能令人十分满意的。但是就可以得到的材料加以研究的结果，却说明：任何时候所存在的真实流动资本剩余贮存量为数极小，不足以对营运资本的补充发生任何决定性的作用。至于主要原料的贮存量，读者可以参看我关于“主要商品的贮存量”的备忘录[①]，以及美国商务部搜集并发表在它们的月刊《商业现况评论》上的材料。看这些数字时，读者必须记住，并非任何时候所存在的全部原料贮存量都包括在我对流动资本所下

---

①　见关于“主要商品的贮存量”的《伦敦—剑桥经济研究所特种备忘录》，发表于1923 年 4 月、1924 年 6 月、1925 年 7 月、1926 年 2 月、1927 年 3 月和 9 月和 1929 年 8 月。

的这一定义的范围之内的。有相当大一部分乃是营运资本的构成部分。凡是运输过程中的贮存物资、两季收获间的贮存物资、平衡收获量的变动所需的贮存物资，以及保证生产不致中断所需的贮存物资等，都必须视做营运资本的一部分而不是流动资本的一部分。真正不为上述各种所需用的多余流动货品的剩余额，为数极为有限，即使就个别商品而论，其量至多也不过等于少数几个月的消费量而已；至于多种商品的平均数，则其最高量当然还要小得多。[①]

此外，统计数字也证实了一个预期情况：如果萧条不是由于固定资本过度投资所引起的，而是由其他原因引起的，那么贮存品便倾向于在萧条的早期阶段达到最高额，在贸易状况肯定开始好转时，降到一个低点。例如，英美两国的统计数字都表明，主要商品的贮存品在 1921 年处于最高点，在 1922 至 1923 年的时期内，则稳步地下降到造成不便的低额数字。于是，1924 和 1925 年的经济复苏，便由于不能取用流动资本的剩余贮存量而无法加速进行。这证实了我们的预期，因为当萧条开始的时候，生产的下降并不马上出现在处理机构完工的一端，而会马上出现在对于该机构的回供量上，于是流动贮存品就增加。可是往后的生产减少使可用产品减少，而本期消费量的下降则不如生产量的下降那样大，结果流动贮存品不能有所增加，甚至适得其反。由此可见，正是由于在上

---

① 有人计算过：(见《橡胶季刊》，1928 年 11 月号)美棉的世界越年贮存量，平均约等于两个月的供应量，包括工厂存货在内，则等于两个半月的供应量；食糖贮存量为一个半月的供应量；茶叶贮存量为三个半月；锡不到两个月；铜为三个月。这些都是正常的贮存量，只有超过以上这些正常贮存量的逾额量才是真正多余的剩余额。

述情形下可用产品短缺，流动资本不足；于是即使在原先导致经济萧条的各种影响已经停止发生作用之后，这种情形还会妨碍复苏过程。我们在萧条时期依靠老底子过活的程度，以及流动资本和营运资本的贮存量在萧条的进程中的减少都被通常主要以固定资本的增长来量度净投资的办法所掩盖。

（三）我们的第三个论点（将在下节中申述）主张：在经济萧条终了时，流动货品的贮存量不足以对经济复苏提供多大的帮助。这一论点是根据贮存费用大而得出的。在各种贮存费用中，利息开支的变动（霍特里先生所特别重视的）也许是最不重要的。

三、"囤存"费用

将多余的贮存品囤存一段时间所需的费用，是由下列各项构成的：

（一）质量贬损或适用性贬损（由于需求恢复时所需严格规格
无法预测而引起）的扣除额；

（二）仓库费用和保险费用；

（三）利息开支；

（四）贮存时期为防止商品货币价值变动必须以借款补偿的
费用。

第一个因素在所有的情况下都严重地妨碍了好多种商品的贮存。不耐久品，时髦用品（包括一大部分的衣着在内），以至钢铁业和土木工程业中的许多半制品，除非是冒重大风险，否则都无法保存为贮存品；其风险之大，以致使人只要有可能时就毋宁完全停止下一步的生产，直到贮存品全部被出清为止。但是对于某几种主要原料说来，这个因素却不重要。

第二个因素总是要花钱的，在某些场合也很重要，例如在石油业和煤炭业中就是这样。缺乏贮藏条件，时常是限制人们在需求恢复前囤存油的因素。对煤炭业来说，这一困难甚至更为严重，如果堆积的存货不出清，矿坑中马上就会不能继续开采。

第三个因素不需要特别说明。

以上三个因素乃是寻常所考虑到的因素。就适宜于保存的商品来说，每年所费总额很少小于 6％；每年 10％可以认为是正常的数字。

假定由于错估供求关系而使多余的贮存量累积到相当于 6 个月的消费量，那就必须使价格降低到正常价格之下，其程度必须足以为多余贮存品预计全部出清以前的时期提供囤存费用。比方说：如果使价格比预计的正常价格低 17％，就足以使新生产量削减到在两年内出清贮存品的程度；（也就是说，削减两年平均产量的 25％）①那么假定费用率为每年 10％的话，以上所谈的费用便刚好被抵消了。

但是到目前为止，我们还没有讨论到第四个因素。预期正常价格以及贮存品要经过多长时期才能全部出清等问题，都不是肯定知道的问题，而是猜测的问题。因此，这里面便存在着必须有人承担的风险。就上面的例子来说，价格降低到预期正常价格以下

---

① 由于在这两年的时期内价格会逐渐上涨，新的生产也会因而相应地逐渐恢复，所以新生产量在开始时的削减额就应当大于 25％。

的程度,就必须大于 17%,才能引来一位投机商人承担以下的风险,即囤存时期可能比现在预期的长,最后的价格可能比现在预期的低。

要促使人们长期大量地拿贮存品来囤积居奇,究竟需要多大的预期利润率,乃是很难衡量的问题。但我确信这个比率一定很高,原因是一种重要商品的 6 个月的贮存量代表着一宗极大的款项,而这种投机活动的可用资本为数又是有限的;同时,如果贮存量因错估供求关系而累积起来,经济萧条又正在发展,那么局外投机商人便会裹足不前,而本行商人则已告匮乏。不仅如此,经纪人佣金以及其他交易费用也是所费不赀。所以我认为,即使在最广大的、最稳定的市场上,要让一个囤积居奇的人在商情疲软的时候做大买卖,预期利润率少于每年 10% 是办不到的。在某些商品上还需要高得多的报酬率。① 假如我们把这个 10% 作为最低数加到前面抵付囤存费用的 10% 上去,那么有这宗两年内吸收不完的剩余贮存品存在,就势必会把售价压低到预期正常价格之下 30% 的程度。②

让我们举两个数字的例子来看:

(一)1920—1921 年,美国棉花的剩余贮存量达 700 万包左右——大约等于 6 个月的供应量。如果估计当时的正常价格是每磅二角四分,那么,这宗剩余贮存品在这一价格下的价值便

---

① 米尔斯在《物价的性状》一书中收集了论据,说明许多个别商品的价格在一般情况下所发生的变动的剧烈程度。这种论据说明短期囤积居奇的人相应索取报酬的风险有多么大(散见原书各处)。

② $(1+.4)\times(1-.3)=1$(近似值)。

是84 000万美元,本年度必须囤存的正常贮存量还没有计算在内。①事实上,价格跌到了一角六分左右,剩余量经过3年之久还没有全部销完;在第3年末,价格上涨到二角八分左右。这样说来,这种基本商品的价格像这样大幅度地变动,不过表示保存剩余贮存品3年的一切费用(包括风险补偿费在内)每年不超过20%。由于要在1920年秋季很有把握地预测3年后生产适当棉花供应量的正常货币价格是很难办到的,所以变动的幅度就很有理由可以解释了。再从另一个角度来看,在这3年当中,棉花的平均收获量比正常的需要量约低20%。假使棉价从没有跌落到二角以下,那么收获量也许就会更大,于是就可能要经过四年才能把剩余量出清。在这种情形之下,二角与二角四分间的差额仅仅勉强够付利息而已。因此,棉价就必须足够地下跌,使生产量足够地削减,以便让出清剩余量的时期不过于拉长,以至一寸光阴一寸金地单纯让时间过程起作用,把囤积居奇的人预期的毛利吃得太多。7个月的多余贮存量把价格压低到正常价格的2/3,把产量压低到正常产量的1/5,这不算太小了,而且完全是在现代商战规则之内的。应该指出的是,当供给条件越没有弹性而生产中产生高额地租的部分越大时,多余贮存品所引起的价格下跌也就必然越大。

(二)在1920年年底,铜的多余贮存量约达70万吨,也就是8个月以上的消费量。② 当时的正常价格,据估计大约是每磅一角

---

① 1920年的那一季收成刚刚收完时,美国棉花的全部贮存量共达1 700万包左右;如以每磅二角四分计算,价值达20亿美元。要找到人愿意承担价格变动的风险,这数字真是够大的。

② 一年以前的贮存量甚至还要大些;但是因为政府的战时存货截至那时为止还没有出笼,所以那批存货的分量市场上还没有感受到,也没有在那儿发生影响。

四分半。在 1921 年,实际价格跌到每磅一角一分七。假使没有采取共同行动的话,价格一定会跌到更低的水平。铜是在采掘量变化很大的条件下生产出来的。假使平均价格跌到一角二分的话,大概就会使当时的产量减少 25%;跌到一角的话,就会再减少 25%。根据这些假设就可以推断:(详细计算不赘述),考虑到不同价格水平上的不同产量(假如生产没有限制的话),以及由此而来的贮存量全部销完的时期的长度,1921 年的价格就至少要跌到一角才能产生平衡状况。实际上美国的生产者采取了共同行动,1921 年 4 月美国大部分铜矿都关了门,直到 1922 年间,才逐渐地重新开业。因此之故,铜的世界产量降低到正常产量的 50%以下,贮存量大部分在 1921 年和 1922 年被出清;到 1922 年的年底,价格又回涨到正常数字。[①] 价格变化的过程,从 1921 年初一角一分七的最低价格涨到 1922 年下半年一角四分七的最高价格,对囤积居奇的人来说,考虑到他在那些风云多变的时期所冒的风险之后,便不算是什么特大的纯利了。

四、表述价格变动与"囤存"费用的关系的公式

事实上,短期结构的机制,就目前的情况来看,必然会使多余的贮存量对价格、从而对新的产量,发生过分的影响:这种贮存量

---

① 这里没有提出后来价格在 1923 年春季上涨到正常价格之上,以及再度引起轻微的生产过剩的事情。

对市场产生非常大的压力,使自身尽快被吸收。令 x 代表每年囤存贮存品的囤存费总数(按其对正常价格的比例计算),y 代表多余贮存量对全年消费量的比例,p 代表价格成比例地低到正常价格以下的最大下跌量,q 代表新产量成比例地低到正常产量以下,也就是低于生产和消费。假定以正常价格相平衡时的数字为最大下跌量(这就是价格成比例地下跌所引起的最大下跌量),那么,价格始降量 p 在某些简化的假定下,便可用下面的方程式求出:

$$pq = xy.$$

　　显而易见,这个方程式在最简单的形式下的正确性,需要有几个假定(更一般的假定会使这方程式变复杂,但不会改变其本质)。第一个假定是:价格必须从它的初始最低额稳步地回升到正常价格。第二个假定是:由于低到正常价格以下的一定量价格下跌而引起的消费增量和由于同一原因而引起的生产减量相等。(从这个假定中,很容易得出这样一个推论:生产率低到正常生产率以下的最大下跌量和贮存量的平均吸收率相等)。[①] 短期物价理论一向被大大地忽视了,以至据我所知道,连这个有助于解释主要商品相对价格变动的剧烈程度的简单方程式,都很陌生。[②]

　　这个方程式也说明:为什么在某种情形下用共同行动来安排贮存品囤存问题的价格强制维持方案是无可避免的,是可以辩护

---

　　① 因为假定多余贮存量被出清以及价格回复为正常价格所需的时间以 a 度量,那么在这个时期开始时买进、并在终了时卖出的投机家,就必须有一笔足够的利润来支付他的囤存费用,即 $a \cdot x = p$。此外,因为开始时贮存量是按 $2q$ 的速率减少的(由于产量削减而出现的 q 和由于消费量增加而出现的 q),同时价格又稳步地上升,所以贮存量的平均削减率便是 q,即 $a \cdot q = y$,上面的结果就是从这里得出的。

　　② 米尔斯先生的《物价的性状》一书搜集了一批杰出的材料,以上从理论方面说明的现象可以用这材料从事实方面来加以研究。

的,而且可以使组成这种方案的团体免受亏损。假如生产是非弹性的,或者某种特殊产品在一国的实业中占有极大的比重,以致找不到其他行业以资替代,这种生产事业要是由于错误估计而发生了大量的多余贮存品,而事情又根据自由放任原则任其自流的话,就可能是毁灭性的。欧战后为囤存澳大利亚和南非洲的羊毛贮存品,而成立的 B. A. W. R. A. 组织,对于生产者的好处是无法估计的;诚然,对于整个世界来说,由于它防止了日后可能因羊毛荒而产生的实业崩溃,其造福于人群的利益也是无可计量的。由于战后的困难和 1920—1921 年的经济萧条而由巴西政府设立的咖啡价格管理局,以及马来亚联邦政府设立的锡价管理局,根据同样的理由说来都是有充分根据的。与此异曲同工的是美国的铜业生产限制组织和海峡殖民地与锡兰的橡胶生产限制组织;两者都是由于要用和以上不相同的方法来应付同样的问题而产生的(也就是说,两者企图大刀阔斧地限制产量使之足以让贮存品在一个相当的时期内得以出清)。有大批贮存品存在的地方,新生产总是必须加以限制的。要不是让价格大大下跌来强迫限制,便要有组织地自动限制,后者能让价格少跌而得到同样的效果。在这种情形下,有组织的限制政策对生产者无疑是有利的。唯有当预定的价格水平相对于正常的生产成本而言失之过高,或参加限制计划的生产者在总生产能力中不占足够的比例时(在橡胶限制组织确曾发生这样的事),①这种政策才成为危险的政策。

---

① 从另一方面来说,橡胶业初看起来却大有理由实行限制政策,因为橡胶树一经种植并产胶后,这种商品便是在高度缺乏弹性的供应条件下生产的。

五、"期货市场"的理论

现在让我通过"期货市场"把我的论点重新申述一下。在有组织的主要原料品市场上，不论什么时候总是存在着两种牌价——一种是当即交货的，另一种是未来某一日期（如 6 个月后）①交货的。假定生产期大体上是 6 个月，那么当它考虑究竟应当扩大还是缩减营业规模时，对它有重大关系的便是后一种价格。因为这个价格是他可以用制成日期交货的期货方式立即出售其商品的价格。倘若这个价格在它的生产成本之上还看出有利润可得，它就可以开足马力干，先期出售它的产品而不冒什么风险。反之，假使这个价格不能抵偿它的生产成本的话（甚至是扣除了他因暂时停工而遭受的损失以后），那么继续生产对于它说来就是不合算的。

如果没有多余的流动存货的话，现货价格就可能超过期货价格，用市场的话来说，那就是"现货贴水"。如果供应量的不足之数，可以在 6 个月之内补足而不能马上补足，现货价格就可能比期货价格高出许多，其程度只受购买者不愿付出较高的现货价格而宁愿延缓其购买日期这一问题的限制。一个购买者如果由于事先对于供应状态估计错误而订立了期货合同，他就可能被迫支付很大一笔贴水。3 个月的现货贴水上涨到年率 30％ 的事情是屡见不鲜的。

---

① "期货"价格是交货与付款都在未来的某一特定日期进行的价格，不是当即付现的价格。

　　然而现货贴水并不一定要供应奇缺才能出现。在供求均衡的场合下,现货价格超过期货价格的数额必须等于生产者乐意牺牲,以求"买进现货卖出期货"(为的是避免他在生产时期内可能遇到的价格变动的风险)的数额。因之在正常情况之下,现货价格便高于期货价格,也即是有现货贴水存在。换句话说,在正常的现货供应价格里面,包括着生产时期价格波动风险的补偿费,而期货价格中则不包括。关于有组织的市场的统计资料说明:凡生产期长达一年而又可能遭受各种气候变化影响的季节性农作物,其价格中所包括的现货贴水的谨慎估计数字是年率 10%。在组织较差的市场上,这笔费用还要高得多——实际上高到了大多数生产者不敢问津的程度,使他们宁愿自己承担价格波动的风险,而不愿支付这笔贴水。由此可见,在个别商品的价格波动幅度非常大的现行制度之下,价格变动的保险费用是非常之高的,这是利息或仓库费用之外另加的一笔开支。

　　有多余流动贮存品存在的条件对于本章的论点说来是有重大关系的。在那种条件下情况又怎样呢?在那种条件下,现货贴水是不可能存在的。因为如果有贴水的话,上算的办法就永远是卖现货买期货而不负担这批货物在囤存时期的仓库费用和利息开支了。实际上,剩余贮存品的存在一定会促使期货价格上涨到现货价格之上,用市场上的话来说,就是要提出一笔"期货贴水";这笔期货贴水必须等于囤存这批货物所需的仓库费用、折旧和利息开支的总和。但是期货贴水的存在并不意味着生产者可以买现货卖期货而不必支付价格波动的一般保险费。相反地,由于贮存品的存在而额外引起的不确定成分,以及其要求人们额外担当的风险意味着他所付的保险费必须比寻常的数额为大。换句话说，期货价格的牌价虽然是在目前的现货价格之上，却必须比将来的预期现货价格为低，其差额至少要等于正常的现货贴水。至于目前的现货价格，则由于比期货价格的牌价低，所以便应该比预期的未来的现货价格更低得多。如果想要把这批贮存品在一年之内销完，那么目前的现货价格就必须比预期的未来现货价格大概低 20％。但是如果看上去这批贮存品大概会要拖延两年之久的话，那么目前的现货价格就大概必须跌落 40％。

六、结 论

这样说来，我们就回到前面的论点上来了。由于有这种或那种高昂的囤存费用存在，所以我们目前的经济安排中对于处理剩余的流动资本并没有常规的办法。如果由于从前的估计错误而产生了剩余的贮存品，那么这种货品的价格就会继续下跌，一直到消费量增加或生产量削减足以把它消纳下去为止。在任何情况下，剩余贮存品都无法和正常的生产并存。一般说来，在贮存品没有全部消纳以前，经济复苏是不可能开始的，其结果是，复苏的过程不能因为有贮存品的存在而得到多大帮助。

这一部分的结论可以总结如下：我们的现行经济制度最怕流动品的存货。这种存货一经出现，许多强大的力量马上就被驱动起来消灭它。出清剩余存货的做法势必会加重经济萧条，而这种做法所取得的成果又会妨碍经济复苏。

顺便提一句：银行利率变动 1％—2％在囤存费用的总额中显

然仅占一个很小的部分,所以把高银行利率的费用说成是影响在
买卖贮存品商人的优势因素,乃是一种不合情理的说法。至于商
人们把低银行利率看成是价格即将上涨的象征,把高银行利率看
成是价格即将下跌的象征,那是另外一回事。但这种影响因素时
常正好朝相反的方向发生作用,也就是当商情正在好转的时候,促
使他们增加贮存量,而当商情正在衰退的时候促使他们减少贮
存量。

所以流动资本的论理在萧条景况迅速向下发展的动态方面为
我们提供的说法,正好和营运资本的理论在经济繁荣缓渐上升的
动态方面给我们提供的说法相对应。正如生产量的提高由于重新
创造营运资本需要花时间而只能慢慢进行一样,生产量的削减每
当有剩余流动资本存在的时候,就会由于流动资本必须在短时间
内予以吸收而必然骤然爆发。

这样,就有一个重大的不稳定因素进入到我们的经济生活中
来了。工业对于准备回供到生产过程中去的可用产品之流的任何
过剩或不足都非常敏感,哪怕是微量的也一样。如果不足的话,那
么在现行真实工资水平下,就不可能实现充分就业;如果过多的
话,要在现行真实工资水平下实现充分就业便也同样不可能,只不
过理由完全不同;不足时是缺乏充分就业的生产手段,而过多时则
是缺乏生产刺激。

以上所说的一切对我们的信用循环理论的意义是显而易见
的。当储蓄率上升而超过投资率的时候,货品上市的速度便高于
它按照与生产成本相应的价格所能脱售的速度。在这种情形下,
可能只要价格方面有极缓和的下跌,就会由于诱导流动资本的投

资增加而恢复平衡,流动资本投资的增加会消纳市场上多余的货品,同时也会使储蓄与投资重新配合一致。但是前面的论点证明,价格的下跌必须很大,而且必须继续下跌,到生产量随之下跌为止。可是由于生产时期的长度,进货率的减退一开始时会使事情更加严重化,因为它将在生产率尚未下降以前使就业率和报酬率减退。所以营运资本的贮存量势必逐渐减少,而储蓄与投资间的距离也必然会更形加大,除非经济萧条的作用会使储蓄的下降速度比报酬的下降速度快,但这种解救办法是不可靠的。这样,我们对经济萧条一旦出现之后就很猛烈和急速的现象就作了充分的理论解释。

第三十章　历史上的例证

这部著作中的看法,如果不应用在假设的事例上,而极其简短地根据它们研究一下物价史上若干著名的事件的话,就可以得到更好的说明。

人们通常总是认为,世界上所积累的财富是经过痛苦的过程由于所谓"节约"而来的,也就由于是人们自愿节制不享用眼前的消费而来的。但是,光是节制本身显然并不足以建立城市或者排干沼泽。人们的节制不一定能增加已积累的财富——反倒可能增加别人的现时消费。所以一个人的节约究竟会导致资本、财富的增加,或者会使得消费者的货币得到更大的价值,在我们没有考察另一经济因素之前,情形到底如何,是很难说的。

另一个经济因素就是"企业"。创造世界上的财富的是企业,增进世界上的财富的也是企业。正像节约的果实可以用来积累资本,也可以用来增加消费者的货币所得的价值一样,企业的开支同样可以出之于人们的节约,也可以得之于一般消费者在消费方面的牺牲。更糟的是:——节约不仅可以没有企业而独自存在,而且一旦超过企业时就立即正面地妨碍企业的复苏;同时还由于它对利润所发生的不利影响而造成恶性循环。有企业在运行,就不论节约的情形怎样,财富都会积累起来。要是企业停顿的话,便也不论怎样搞节约,财富都会削减。

因此,节约可以是企业的婢女和乳母。但也同样可能不是,甚至通常实际上就不是这样。企业并不直接和节约相连而是前后相差一步,彼此间相连的环节往往是不存在的。推动企业的发动机是利润而不是节约。

要使企业活跃,必须有两个条件。第一,必须有获取利润的希望;第二,企业家必须能支配足够的资金,使他们的计划能够付诸施行。他们的期望,一部分有赖于若干非货币的因素,如和平与战争、发明、法律、民族、教育、人口等等。但是我们在本书的第一卷中已经提出论点说明:企业家在他们认为富有吸引力的条件下,实现其计划的力量几乎完全取决于银行和金融体系的活动情况。

因此,世界财富的积累速度比节约习惯的变动性要大得多。的确,当16、17世纪现代世界正在奠基时,一般人很难说比中世纪的人更愿储蓄;而当现代世界在19世纪铁路运输业繁荣时期兴建其物质上层结构时,一般人也很难说比18世纪90年代死气沉沉的时期内更愿储蓄。

我认为以下的说法是一种公平的结论:一个社会中,如果储蓄对收入的比例是15%,那么相对于其本期收入而言,便是一个高比率的储蓄。反之,5%则是一个低比率。假定一个近代社会的平均储蓄率是10%,那么在商品膨胀从本期收入中取走真实价值5%时,资本财富的本期增量就比商品紧缩使本期收入增加真实价值5%时大3倍。不但如此,假定在利润刺激之下的雇用量比在亏损阻碍下的雇用量大10%的话,那么前一情形下的收入总数正和后一情形下的收入总数相等——这笔财富的增量完全得之于活动的增加,而不是得之于消费的减少;至于它在以后若干年中所引起的真实收入的增大，就更不必说了。世界七大奇迹是靠节约建筑起来的吗？我很怀疑。

假如我们能够根据这些看法，把远古以来的经济史重新写过，对以下的事情作一揣测，那倒是一件很有意思的工作：——索马里和埃及的文明是否从阿拉伯的黄金和非洲的铜①中取得了它们的刺激；这些金属是铸币用的金属，在地中海与波斯湾之间以至更远的分布地区留下了利润的遗迹；雅典的伟大在什么程度内有赖于劳里恩的银矿——这不是因为造币用的金属比起其他东西来更能代表真正的财富，而是因为它们对物价的影响提供了利润的刺激；亚历山大把波斯的银行准备金（这是在他以前好几百年间历代帝国囊括到国库里去的财宝的积累）散布到各地之举在什么程度上是地中海盆地经济发展突然爆发的原因（迦太基人曾企图取得其成果，后来终于被罗马人所取得）②；罗马的衰亡是和历史上空前未有的、为期最长、为势最猛的通货紧缩同时出现的，这是不是偶然的巧合③；欧

----

①　铜在古代世界中是惊人地贱而又丰富，根据熔炼的成本和困难看来，必然是从纯度极高的矿石中取得的。埃及也许支配了异常富积的铜矿层之一的露头（这铜矿层现正在刚果和北罗得西亚陆续被人发现），原来底比斯人的强大就是在这个基础上建立起来的。

②　罗马从汉尼拔手中取得摩勒纳山脉后，便掌握了西班牙矿山的大量生金银供应，这在它的经济体系中当然构成了一个极重要的成分。波利比乌斯报称，他那个时代雇用的矿工达 4 万人之多。

③　在古代欧洲世界中，贵金属的供应量在奥古斯都的时代达到了最高峰。有人估计（估计者是雅各布，参看他的《贵金属的生产和消费》）——到公元 800 年时，贵金属的存量已经跌到了原有额的 1/11。这估计的可靠性如何，我不知道。据我所知，声誉最为卓著的现代史学家罗斯托夫采夫（见其《罗马帝国的社会与经济史》）、坦尼·弗兰克（见其《罗马经济史》第二版，第 504 页）、道普希（见其《自然经济与货币经济》，第 88 页）等都无意认为贵金属的缺乏在罗马的衰亡中起了什么重大作用。但是这个问题值得重新考定。

洲缺乏造币金属是不是比修道院生活或哥德人的狂暴行为①更确实而且更无可避免地造成了中世纪长期的停滞不前。英国的光荣革命得力于菲普斯先生的成分究竟有多少②。

我没有那种知识，也没有那种时间让读者领略一下财富兴衰过程的漫长历史；就大多数的情形来说，存留的统计材料也不足，不能让我这揣度性的分析能经受住严格的考验。但如果我们跑到近代中来，就可以找到若干事例阐明这些理论，并用一些详细的统计数字来检验它们。

一、西班牙的财宝

我所选择的第一个事例是欧洲的物价在 16、17 世纪时的

---

① 摩尔人重新开发了西班牙矿山，并在这个基础上建立了他们有名的文明。从那个时候起，加上萨克森、哈兹和奥地利的矿山的补助，原有状况差不多可能维持下来。

② 菲普斯先生（后来封为爵士）曾率领一支远征队，前往打捞据信约于 50 年前沉没在西班牙海岸附近的一艘满载着财宝的西班牙船只。在令人难以置信的成功事件中，这支远征队创造了最辉煌的纪录。他从海底里捞获了一笔值价 25 万至 30 万英镑的财宝之后于 1688 年回到伦敦，并支付给他的股东们 10 000％股息（即使是德雷克原先也不过分配 4 700％的股息而已）。这一事件所造成的兴奋与刺激是当时证券交易所极大繁荣的近因。那次繁荣在 1692—1695 年达到最高峰，并以英格兰银行的成立，现代证券交易所公报的公布（包括 137 种证券的牌价）以及洛克与牛顿的通货改革而告终。这一事件对国内投资的刺激抵偿了对外贸易由于威廉王的对法战争而受到的损失，并且产生了一种乐观与繁荣的气氛，这对于新政体的巩固定然具有无可估量的价值。这一投资繁荣的特点是发行了许多次水利工程债券，这是后来各个时期十分典型的公用事业繁荣（例如 19 世纪的铁路繁荣）的第一炮，所以特别具有历史意义（这一事情以及本节中所提及的许多其他事件的细节，可参阅斯考特所著的《1720 年以前的股份公司》一书各处）。

上涨，这是由于美洲的贵金属流入欧洲所引起的。关于这个问题，我所具有的材料特别差。但是我对于这个时期所具有的粗浅知识却极富于启发性，使我情不自禁地要提出来就教于专家。

据汉密尔顿教授[①]说，在 1503 年，就已有少量的黄金开始从西印度运到西班牙；在墨西哥掠夺阿兹特克人而得到的第一批财物于 1519 年运达。皮萨罗[②]从秘鲁掳掠印加人所得的财物从 1534 年开始运达。古老财宝的这种散布比起将近两千年前亚历山大的掠夺品来差远了，比起波多西等地的矿山以新法开采而于 1545—1560 年开始出产的新产量来，则更属渺小而微末；1630 年之后，金银的新供应量相对于需求而言，大为减少。所以大概从 1550 到 1600 年这一段时期，是物价发生天翻地覆的变动的时期，到了 1630 年，货币史上这种特殊局面就告终了。

在秘鲁时期以前的供应量，固然不足以打乱整个欧洲的物价水平，然而却完全足以在最初接受的地方驱动物价肯定地上升；在那一世纪的最初 20 年间，物价略有起伏，其趋势则是温和上涨。

---

① 汉密尔顿教授对于西班牙财宝史所作的研究最近在几种学术刊物上发表，以下的讨论得力于这些研究的序文的地方非常之大。他在《经济》杂志 1929 年 11 月号上发表了一篇文章题为：《美洲的财宝和资本主义的兴起（1500—1700）》，对这些研究作了一个最好的总结。但是他所写的《美洲的财宝和安达卢西亚的物价（1503—1600）》（见《经济史和商业史》杂志，1928 年 11 月号）、《美洲金银的输入西班牙（1503—1660）》（见《经济学季刊》，1929 年 5 月号）、《西班牙财宝船只上的工资和生活资料（1503—1660）》（见《政治经济学杂志》，1929 年 8 月号）等论文也是应当参考的。这些调查研究颇有高度的历史价值。往下引用他的材料时将不一一注明。

② 西班牙侵略拉丁美洲的首要人物之一。——译者

其后,主要的动态在西班牙早在 1519 年就发轫了。就在那一年,安达卢西亚的物价开始猛涨,往后八十年[①]一直继续如此没有大间断;到该世纪快要结束时(大概是 1596 年)达到顶点,其时的物价水平比该世纪初的通行水平高出 5 倍。[②] 随后七十年的特征是一系列猛烈的循环运动,物价在主要繁荣的高峰上回复到 1596 年的那个 5 倍之数,但是始终没有大大超越这个数字,平均数则远低于此数。

　　这是西班牙的情况。在法国,过了几年之后,跟着发生了这样的事态,并在同一年份达到顶点;不过比率仅及西班牙的一半,到该世纪末,物价水平等于世纪初的两倍半。在英国,事态的进展还要晚一些——一直到 1550 年之后,甚至还是在 1560 年之后,[③]耸人听闻的物价上涨才真正地开始,到 1650 年才达到顶点,其时的物价比 15 世纪末高 3 倍多。如果证据可靠的话,英国避免了 17

---

　　① 汉密尔顿教授的口粮货币津贴统计表提供了一个极为令人满意的总结(这是当时塞维尔贸易局的会计师根据当时的实际物价计算出来的数字):

1505—1525…………10 到 12
1530…………　15
1532—1537………… 17
1539—1544…………20 到 25
1552—1563…………25 到 30
1565—1580…………26 到 34
1581—1623………… 51

　　② 西班牙物价相对于欧洲其他地区而言上涨得极高,一部分理由也许是因为西班牙政府千方百计地阻止生金银输出的缘故,对于这种政策不可避免的后果,他们无疑是完全不懂的。

　　③ 在德雷克和其他人的下述功业之前,新的财宝只能由于零零碎碎地通过安特卫普的金融市场落入英国而影响其物价。

世纪最初 20 年间折磨着法西两国的严重物价下跌。[①] 当莎士比亚崭露头角的时候,刚好我们的财力足以培养这样一位人物。[②]

以上所讲的是物价发展过程的一个概略轮廓。但是本书的最重要的论点是:国家的财富不是在收入膨胀中增进的,而是在利润膨胀中增进的。也就是说,发生在物价超越成本而向上奔驰的时候。所以我们必须转而把工资当做成本动态中唯一可用的指标来研究其发展过程。不过这方面的统计数字必然会比物价方面的可用统计数字差。汉密尔顿教授自己编制的西班牙工资指数,据我看来是有说服力的;但是他引自威伯的《论 16、17 世纪物价巨变的过程》一书中的数字则必然是夸大了事实,后者关于英国的数字,主要是以罗杰斯的数字为根据的,法国的数字则是以达佛奈的数字为根据的。

---

① 据斯科特(见前书,卷 i,第 465 页)说,1603 至 1620 年是市场兴旺的年份,直到 1620—1621 年以后不景气才发展。

② 莎士比亚,像牛顿和达尔文一样,死的时候很有钱。据传说,晚年时,"他一年要花 1 000 镑"——这在 17 世纪早期就是一种奢侈的生活了。波普咏莎翁诗云:

> 维子之翱翔兮,
> 非荣而为利以鼓其翅;
> 顾寂寞身后之名兮,
> 非故为而有其志。

这说法是否正确姑置勿论,莎翁一生的事业总是正好遭际着千载难逢之世,其时英格兰任何具有中智之才的人,只要有意于赚钱,就会毫不费事地得利。从 1575 到 1620 年,正是财运亨通的时期,其时出现了近代美国以前历史上空前的最大的"多头"动态之一。当然,由于歉收、鼠疫,商业危机,战争事件等也有 1587、1596、1603 年等景况不好的年代。莎士比亚在 1575 年时是 11 岁,死于 1616 年。谨将以下的论点提供喜欢轻率作出结论的人研讨:全世界绝大多数最伟大的作家和艺术家都是在精神欢快、活泼喜乐、没有统治阶级所感受的那种经济忧虑的气氛中繁荣滋长起来的,而这种气氛则是由利润膨胀肇始的。

看来,西班牙的利润膨胀开始于 1519 年,阿兹特克掠夺品运到的时候,早在 1588 年,也就是无敌舰队出征的那一年就中止了。[1] 在这 70 年的时期中,物价与工资都在直线上升,但物价总是从容地跑在工资前面,最初的 40 年尤其如此。到 1520 至 1560 年的时期内,西班牙财富急骤增长的局面才奠定下来。但是 1588 年之后,该国除了有两三个年头景气之外,就简直没有钱可赚了。到了 17 世纪的头 30 年,西班牙的工资(根据汉密尔顿教授的数字)不仅保持在物价之上而造成了利润紧缩的局面,同时比起欧洲其他各地的工资来也达到了奇高的水平。在西班牙政治黑暗的时代,其货币工资和法英两国货币工资之间的关系十分类似于今日英国的货币工资和法国的货币工资之间的关系。[2]

在法国和英国,工资的发展过程和西班牙的大不相同。很明显,在西班牙,新的购买力直接进入贵族阶级和统治阶级的手中,并且被他们马上用来抬高劳务的费用。新运来的美洲财富在 16 世纪中叶后不久就完全反映在工资水平的提高上(也就是反映在

---

[1]　汉密尔顿:《安达卢西亚的物价与工资统计图》,载《经济学杂志》,1929 年 11 月号,第 354 页。

[2]　从 1540 到 1600 年这一时期内,西班牙的工资极度上涨,完全和欧洲其他各地脱节。这一情况无疑被两件事情加剧了:其一是人口由于流向军营和美洲而减少(在较小的程度内也由于大量的独身人口以及摩尔人的被驱逐而减少),其二是农民流入城市以参加海外冒险团体,或赚取人身服务方面所能取得的高额工资。这一切以及由此而发生的维持耕地面积的困难早已成为历史学家们的常识了。但是,据我所知,在汉密尔顿教授的研究工作以前并没有统计资料可用;而历史学家们却惯于把这些事情诿之于道德的和政治的原因,诸如懒惰、迷信、奢侈等等;他们大多数人忽视了货币的影响。犹如今日谈起英国的困境时,总是归因于工人们的懒惰,工会的不开通和雇主们的无能等等。如果这些因素能证明是现时代所特有的,那么作为解释而言就会更有价值。

收入膨胀中），而不再反映于资本积累上（也就是不再反映在利润膨胀中）。但是在欧洲其他各地，新的购买力是通过不同的途径而来到的，也就是通过私人商业而得来的。[①] 受新财宝影响最少的国家的商人都能在受影响较多的国家中出售商品而获得很大一笔利润；尤其是那些原先已经跟近东和亚洲建立贸易关系的国家，更加能够把它们这样收入的财宝、在极其有利的条件下输出。17 世纪时，使本国财富巨额增长的，乃是英国和法国的资本家，而不是西班牙的资本家。

的确，德雷克在金牝鹿号上所带回来的战利品可以公允地认为是不列颠对外投资的源泉的根源。伊丽莎白用这方面的售款清偿了她的全部外债，并把余额的一部分（大约 42 000 英镑）投资于近东公司；而东印度公司则大部分是用近东公司的利润建立的，后者的利润又构成了 17、18 世纪英国对外关系的主要基础，其余情形不赘。这样看来，下面的计算或许可以供好奇者玩味。目前我们的对外投资除去损失后，按整数说来大概使我们净得为 6.5% 左

---

①　其中包括海盗掠夺！因为就英格兰来说，很大一部分进口的金银都是由于德雷克掳获西班牙财宝船只以及别人许多类似的功绩而来的。这些远征团体的资金是由辛迪加和股份公司供给的，具有商业投机的性质，它们的成功和果实对各种企业提供了刺激作用。英国的繁荣时期明确地开始于德雷克 1573 年第一次重大的远征（他的第三次航程）完毕回国的时候，他在 1580 年归国的第二次远征的巨大收获又加强了这一繁荣，至于他在 1586 年的第三次远征也不是完全无足轻重的。这艘金牝鹿号所带回来的金银财宝究有多少价值，在当时是守口如瓶地保持秘密的，历史学家们所作的估计大相径庭，少则 30 万镑，多则 150 万镑。W. R. 斯科特教授特别赞成较高的数字，并提出证据说明全部价值至少当在 60 万镑以上。这些大批流入的货币对于建立 1575 至 1587 年间的"十一年大繁荣"的影响必然起了主导作用。我们的历史学家们对于这些经济因素塑造了伊丽莎白时代并使它的伟大成为可能的问题大都只字不提。《剑桥近代史》便是一例。

右,其中的一半左右我们用来再投资于海外——也就是3.25％。假定平均说来,这可以作为一个相当好的典型说明自从1580年以来的发展情况的话,那么伊丽莎白在1580年从德雷克的战利品中所提出的42 000英镑投资,到1930年就应该已经累积到接近于我国目前对外投资的实际总额——42亿英镑了;换句话说,比原来的投资加大了10万倍。的确,在120年左右以后的今天,我们可用以来检验一下这个假定的积累率是不是正确。因为在17世纪末,英国构成英国对外投资主体的三大贸易公司——东印度公司、皇家非洲公司,和赫德逊湾公司——共有资本约215万英镑。如果假定那个时代我国对外投资的总额是250万英镑,那么这个概数刚好是42 000镑按3.25％的增长率在120年内所要形成的数字。①

回溯到16世纪最后25年英国的情况时,读者必须记住,起作用的不是输入的生金银的绝对价值——它自始至终大约才不过是200—300万英镑——而是这些金银对利润和企业所发生的间接影响,国家财富在兴建和改良工作方面的增量比上述数字也许要大几倍。我们也不应该忽视另一方面的情形,就是农业人口所遭受的困苦,这到伊丽莎白的晚年由于物价比工资跑得更快的缘故,已经变成了一个极其严重的问题;资本的积累有一部分正是从这种生活水平的降低和经济活动(被周期的危机与失业所冲淡)的增加中得来的。

至于法英两国的工资(这是有关本质的问题)的上涨并不像在

---

① 上述的计算都不是绝对严格的,不过表示概数而已。

西班牙那样可与物价相比拟。诚然,如果威伯所引用的统计数字可以就其表面值接受的话,那么法英两国的利润膨胀为势就非常猛烈,为时也很长久,以致 1600 年的真实工资仅及 1500 年的一半。这些数字汉密尔顿教授是接受的,但如果其含义是说普通工人的生活水平在史无前例地向上发展的世纪中,反而比一百年前的情形降低了一半,那就不足信了。[①] 这只能是说,伊丽莎白和雅各宾党人时代的经济进展和资本积累的成果,大部分都归入暴发户的手中了,而没有归于工资劳动者。我们对这些数字的信赖程度,只能是这样,再多就不妥当了,而这也就完全足以说明我们的论点。简单地讲来,西班牙的利润膨胀从 1520 年持续到 1590 年,在英国是从 1550 年持续到 1650 年,[②]在法国则是从 1530 持续到 1700 年(其中 1600 至 1625 是大萧条的年份)。在英国,真实工资在 1680 至 1700 年间迅速上升,而在法国则没有这类提高的证据。近代世界史上,对商人、对投机家和暴发户从来没有出现过这样有利、这样长久的机会。近代资本主义就诞生在这些黄金的年代里。还有一个总结我们也可以顺便注意一下,那就是:经济学家们所说的"短期"究竟有多长呢。关于"短期",人们所想到的不会比人的寿命更长。一个"短期"的长度完全足以包括(甚至筹谋造成)国势

---

　　① 从另一方面来说,我们切不可忘记,15 世纪初英格兰的真实工资是反常地高,远超过了生计所需的水平,所以大有降低的余地。克拉潘教授告诉我,仅以小麦工资的比率为基础,数字说明,就其所值而言,英格兰真实工资的大概动态可以用下述比数来表示:1340,1;1450—1510,2+;1540—1570,2;1570—1600 下降至 1;1600—1650,1+;1650—1700,1½。

　　② 我们记得,亚当·斯密在他的《国富论》里提出,1570 是英国物价初次受到影响的年份,1636 则是充分影响业经发生的年份。

的兴衰。①

汉密尔顿教授曾经把威伯有关英法两国的物价和工资的数字加以修正,如果我们把这经修正数字再修正到一个程度,使我们假定所谓货币工资(也许甚至远不能说明劳动者的全部实际经济报酬)只代表着生产成本的一半,并假定另一半和物价平行变动,那么我们就可以得出英法两国的物价对成本的比率,如以下两表:

英国——(假定 1500—1550 年的物价与成本平均说来保持平衡)

物价/成本

1500—1550 年	100		
1550—1560 年	116		
1560—1570 年	112		
1570—1580 年	116	116	1550—1590 年
1580—1590 年	120		
1590—1600 年	137		
1600—1610 年	139		
1610—1620 年	135		
1620—1630 年	141	136.5	1590—1650 年
1630—1640 年	134		
1640—1650 年	133		
1650—1660 年	122		
1660—1670 年	125	124	1650—1680 年
1670—1680 年	124		
1680—1690 年	115	114.5	1680—1700 年
1690—1700 年	114		

这些数字很粗略,无疑在细节方面是不正确的。但是它们却

---

① 亚当·斯密对于"短期"的长度并没有低估。他写道:"90 年的时间足以使任何没有垄断存在的商品降低到它的自然价格。"

可以指出那些时期是投机倒把的鼎盛时期,因之(假定节约的习惯不变)便也能指出那些是资本积累率大得反常的鼎盛时期。

法国的统计数字所说明的情形大致相同,不过在那里迟至1700 年工资还没有上升起来。

法国——(假定 1500—1525 年的物价与成本平均说来保持平衡)

物价/成本

1500—1525	100
1525—1550	103
1550—1575	110
1575—1600	139
1600—1625	118
1625—1650	128
1650—1675	123
1675—1700	124

西班牙的利润膨胀从来没有这样大,到 16 世纪末就已成为强弩之末了。下表是以汉密尔顿教授的安达卢西亚物价与工资统计图为根据的,并未加以任何校正[1]。

西班牙——(假定 1500—1520 年的物价与成本平均说来保持平衡。)

物价/成本

1500—1520	100
1520—1530	111

---

[1] 这一张表是根据汉密尔顿教授的统计图(见《经济学杂志》,1929 年 11 月号,第 354 页)和他惠赠给我的一张数字表综合编成的。

1530—1540 ·· 122

1540—1550 ·· 125

1550—1560 ·· 126

1560—1570 ·· 106

1570—1580 ·· 112

1580—1590 ·· 115

1590—1600 ·· 106

1600—1610 ·· 94

1610—1620 ·· 84

1620—1630 ·· 84

在以上的三张表里,我们应该注意的是从一个 10 年时期到另一个 10 年时期的变动,而不必注意绝对的数字。

我要请史学家特别注意的明显结论是:各国利润膨胀时期和紧缩时期与国家的兴盛时期和衰败时期异常符合。西班牙的强大与 1520 至 1600 年间的利润膨胀同时出现;而其衰败则与 1600 至 1630 年间的利润紧缩同时发生。英格兰国势的兴起较晚,相隔的时期正是新的货币供应量对其经济制度所发生的影响晚出现的时期,这种影响在 1585 至 1630 年达到最高峰。在"无敌舰队"远征的一年,腓力王的利润膨胀正好结束,而伊丽莎白的利润膨胀则刚刚开始。假使我们就法英两国作一比较,路易十四财力的强大和詹姆士二世财力的微弱,所形成的对比,可以看出是由于法国的工资在 17 世纪最后 20 年中相对于物价而言的上涨不像英格兰那样多的缘故。[①] 的确,当时的情形和今日的情形正相对应,今日法国

---

① 在 17 世纪的最后 10 年,荷兰的威廉(即征服王威廉)的处境为伦敦投资大繁荣所拯救。这一繁荣是由于前面已经顺便提及的各种特殊原因造成的。

政府相对于英国政府而言财力强大的情形主要是由于(其他有利于法国的唯一因素就是降低战债的账面价值)自从两国恢复金本位以后,法国一直能够把货币工资保持在异常低的水平上的缘故。自从欧战以后,法国已经重建起来,它的对外投资大有增加,这不是由于效率特大的缘故,也不是由于节约特好的缘故,而是由于利润膨胀急骤发展的缘故,这种膨胀已经足足持续十年之久了。

请读者们千万不要以为我把全部的经济福利都包括到这个考察中来了。真实工资水平相对低的现象必然是利润膨胀时期的特征,因为伴随利润膨胀而来的资本财富畸形增长,有一部分就是由于牺牲当前消费而来的。因此,我们不能得出推论说,利润膨胀是令人想望的;比这妥当得多的结论是:利润紧缩应当避免。

所以利润膨胀几乎肯定会导致财富分配更不平均,除非我们对富人们征课现代英国所特有而不见之于其他地方或其他时期的直接税以抵消其影响。可以列入另一方面的抵消因素还有利润膨胀所产生的乐观情绪、企业精神和良好的就业状态;但主要的还是资本财富的迅速成长,以及往后的年代中从这方面所得到的好处。在我们为任何时代或任何国家判定其中的作用以前必须把这些有利之点和不利之处权衡一番。拉姆赛先生在他的《储蓄的数理理论》一文中,(原载《经济学》杂志,1920 年 12 月号)肯定指出理想中正确的积累率肯定要比年收入的 10%—15% 快得多;我在上面说,这是典型现代社会的积累率。所以,如果我们所讨论的是一个长久时期,那么从长远来看,工人阶级从利润膨胀强加于他们身上的节制中所得到的好处就会远超过他们开初时减少消费而受到的损失。而且,相应于一定量资本财富增量的本期消费减量,以强迫储蓄的方式提供绝不会比自愿储蓄的方式更大;唯一受到影响的就是由此而产生的财富的分配方式,而且当财富及其果实不由名义上的所有者消费而是积累起来了时,不公平分配的害处就不像表面上看起来那样大了。

自不必说,这一切对于一个积累的财富极其贫乏的社会是可以适用的,例如 15 世纪末的欧洲就是这样。不能想象,法英两国在 1700 年和 1500 年之间的财富差额是单纯依靠节约创造出来的。其间创造了现代的世界的利润膨胀。假如从长远来观察的话,的确是有价值的。即使在今天,温和的利润膨胀的趋势,比起温和的利润紧缩的结果来,能更迅速地使我们走向拉姆赛先生所谓的"理论的 B"(B 字代表"Bliss",意即"至福"),以便使这"至福"从我们的后代来考虑时更接近于它应有的情形。

话虽这样说,考虑到一切情况之后,我至今还没有改变我原来的看法,认为今天最好是采取一种政策,一方面不惜一切代价力求避免紧缩,同时又以稳定购买力作为理想的目标。也许最后的解决办法在于使资本发展的速度更多地变成为国家的事务,由集体的智慧和长远的眼光来加以决定。假使积累的任务变得不那么依赖于个人幻变不定的想法,使它不再听命于个人的打算(这种打算一部分是以目前在世而寿数有限的个人对自己的有生余年的预期为根据的),那么今后究竟应当通过节约,还是通过利润来使社会总财富的发展得到最有利的增长率的问题就不会再出现了。

二、19世纪90年代的经济萧条

我们现在必须向前跨进一大步。我们在前面已经讲过投资多于储蓄时会怎样形成繁荣的理论；显然，这一理论对于19世纪中叶随着铁路事业的过速投资而来的那些信用循环是很切合的。我们不谈这个，也不谈拿破仑战争之后所发生的颇有借鉴意义的紧缩政策，现在就来谈谈19世纪90年代人所周知的奇妙的经济萧条。

大不列颠在1890到1896年之间的事态发展过程看来始终不是旧式的货币数量说所能解释的。诚然奇怪的是：那一时期的事态使人们对于当时流行的各种货币学说的是否正确所产生的怀疑，好像就只有那么一点儿，而不是更多。当时的确只有最不受人信任的幻想家才对这些学说提出争辩。人们非但不去怀疑这些学说，反而从这一时期的实际事实中捏造了一套神话般的叙述。

我们自来就听到一种说法告诉我们说，在1896年达到最低点的物价下跌是由于黄金的缺乏造成的；而黄金之所以缺乏，则是由于在南非金矿开发以前新的开采量赶不上许多国家采用金本位而产生的需求量。假使他们指的是截至1886年为止那10年间的事，那么这个解释就大概是正确的。从1886到1890年物价水平就有所恢复，随后又再度下跌，到1896年降至最低点。与我有关的是1886至1896年这10年，尤其是从1890到1896年物价下跌的几年。在1890—1896年之间，索尔贝克的批发物价指数大约下降了18％，而《经济学家》杂志的指数则大约下降了14％。

所以物价的下跌是严重的。然而，如果我们细看一下数字的话，把这次物价下跌归因于黄金的缺乏似乎就有些荒谬了，至少就大不列颠而言是如此。在 1890—1896 年之间，英格兰银行的黄金储存总量增加了 1 倍，该行的准备则几乎增加了两倍，存款额几乎增加了 1 倍。在两年半的时间内（从 1894 年 2 月至 1896 年 9 月）英格兰银行的利率始终保持为 2% 不变。其时，英格兰银行以外的各银行，存款额也增加了 20%。总之，这一时期的特征是黄金极为丰富，信贷极易取得。而这个时候却出现了贸易停滞、就业不佳、物价下跌等现象。

所以，事实很明显，物价相对于货币而言，必定有过异常大的下跌。相对于批发指数来说（要是有的话，我倒愿意使用一个比这更适当的指数），银行余额几乎上升了 50%，但却没有收入紧缩的迹象存在。相反，货币工资率略有上升，其他货币收入也在往上提，至于 1892—1893 年间由于极其严重的失业而引起的轻微的下跌，则又当别论，情形有如鲍利博士的下列统计表[①]所示：

年 度	货币工资率指数	工资总支出 （单位：百万英镑）	免征点以上的收入 （单位：百万英镑）
1889	82	530	640
1890	84	550	640
1891	86	555	635
1892	87	545	625
1893	87	545	630
1894	88	560	645
1895	87	580	660
1896	88	595	680

---

① 原载《经济学杂志》，1904 年号，第 459 页。

从前几章的理论中,我们可以得出这样一个推论:在这些年份中必然有过极其严重的商品紧缩(也就是储蓄率大大地超过了投资成本的情形)。我们要是看一看《经济学家》杂志的新投资表[①],这种情形就可以得到明显的证明:

年　　度	新证券发行额 (单位:百万英镑)	国产品输出量 (逐年变动百分比)
1880—1889 (年平均数)	102	—
1889	168	＋3.71
1890	141	－0.51
1891	76	－5.30
1892	59	－3.43
1893	42	－2.10
1894	74	＋3.35
1895	84	＋8.57
1896	84	—

1888 至 1890 年间,曾出现一个投资繁荣,这几年的新资本发行额反常地庞大。但是从 1891 到 1896 年新投资的跌落又使投资活动远低于正常水平。1892 和 1893 两年的新发行额跌到 1880 至 1889 年这 10 年期间的年平均数的一半,而 1893 年的总数则比统计数字所及(上溯至 1870 年为止)的任何一年都低。从 1891 到

---

　　① 上表所列数字是新资本发行方面的实际取款通知额,所以证券的转换,资本的重新整理等等都没有计算在内。计算在内的是英国所发行的各种债券,其中有一部分——有时甚至一大部分——是在国外认购的。我在这一栏的旁边列出了国产的输出价值的变动一栏。在那个时期,我国海外顾客的购买似乎很快地受到我们大量贷款给他们的影响。

1896 年的 6 年中,每年通过新发行市场发出来的新投资比 1885
到 1890 年这 6 年减少 40％,比 1880 到 1889 年这 10 年减少
32％[①]。我们没有理由认为,通过新发行市场发出来的投资的削
减会由其他方面投资的增加而得到补偿。恰好相反,据估计,美国
在 1894 年从伦敦市场上买回了价值约 6 000 万美元的美国证券。

关于投资率,我们就讲到这里为止。当我们转而讨论储蓄率
时,却没有理由认为其有任何下跌。据鲍利博士估计,1891—1896
年的总货币收入比起 80 年代来提高了 15％—20％,真实收入的
提高当然还要大些。如果 1880 年全国以货币计算的储蓄总额为
15 000 万镑左右,那么到 1896 年就可能已经接近 2 亿镑了。其他
的迹象表明,英国在 90 年代早期是一个极节约的时期。货币价值
尽管上涨得很多,邮政储蓄银行按货币计算的存款在 1888 至
1897 年之间却增加了 1 倍,普通银行的存款也增加了 30％[②]不仅
如此,以偿债基金偿付国债的做法也很活跃。

投资率的下跌以及其在空前绝后的低利率下仍不能迅速恢复
的原因,极为复杂,而且各种各样的原因都有。但是无论任何人,
只要读过这一时期的金融史,便可以相当清楚地看出它们的一般
性质。1888 至 1890 年的投资繁荣以 1890 年的巴林危机告终。
这一事件不仅使南美洲证券的投资人,而且也使投资信托公司股

---

① 新发行额的年平均量如下:
　　1880—1889……102 000 000 英镑
　　1885—1890……117 000 000 英镑
　　1891—1896…… 70 000 000 英镑

② 如果我们能将储蓄存款和活期存款区别开来,我估计储蓄存款就增加达 1 倍。

票的投资人的信心受到了严重的打击:这些投资信托公司在前几年中还极为活跃,事实上成了公司发起人,其中有些后来却遭遇了严重困难。[①]　其时在印度和美国,人们对于通货的前途大感怀疑;前者一直到 1893 年封闭造币厂之后信心才慢慢恢复,后者则怀疑感一直延续到 1896 年"健全"货币党取得胜利时。至于澳大利亚,则被 1893 年的银行大危机压垮了。因此,英国的对外投资几乎全部停顿,同时国内又没有什么特殊的活动或新发明可以吸收多余的储蓄。[②]

我们可以相当有把握地得出这样的结论:从 1891 到 1896 年间,大不列颠的储蓄率大大地超过了投资率,而私人储蓄中没有作用的数额,据估计每年约达 5000 万英镑之巨;就是说,私人从自己的货币收入中所储蓄的款项每年增加的数目比国家财富的增量共多出 5000 万英镑;生产因素按单位产量计算的消费量增加了,通过这种方式享受了这笔款项的等值物。至于生产者(如农户)则由于价格数度下跌,而生产成本又不能相应地下跌以资补偿,于是便受到了重大的损失。凡是继续被雇用的生产要素都享受了比原先更高的真实报酬,但是在另一方面,失业的比例却反常地大。

在这整个的时期中,存入银行的真实存款(大概主要是定期储蓄存款),比货币余额增加得更快;物价的下跌只是因为银行货币

---

①　《经济学家》杂志在它 1892 年的《商业史》中写道:"是信托公司理财方法被揭露一事比任何其他事情都更使不信任的空气散布开来并经久不散;恐怕这事在将来的一个时期内还会继续发生有害的影响。所以一般群众已经拒绝听信劝诱,不愿参加新的工业企业或其他事业了。"

②　值得回味的是:1896 年复苏的开端是和商业循环的繁荣相联系的。

量更大得多的扩充才被避免。

所以,我认为这个时期的历史正是长期商品紧缩的完美例证——尽管银行货币总量已大量增加,它仍然发展下去,坚持下去。历史上没有其他的例子使我们能够这样清楚地追溯出企业家按当前储蓄量的规模长期地放下新固定资本的生产活动所产生的影响。

就量的方面来说,物价水平所受到的最后影响似乎超过了单独通过无效储蓄这一个因素按情理所能解释的程度。但是有了上面所说的那种长期紧缩所产生的累积的影响和次级反应之后,这便是意料中的事了。而且我们也可以预料到,批发指数(见本书第184～185页)所受到的影响一定比消费指数所受到的大,后者的动态我们不能确知,因为其中包括许多前者所摈除的不明显的项目在内。假如大不列颠是一个封闭式的经济体系的话,那么储蓄超过投资的金额其本身就足以说明消费指数在初级阶段中4%—5%的下跌。但是事实上这种现象是国际性的——其他地方也发生了同样的事情,在初级和第二级阶段对于国际的批发物价都产生了复杂的相互影响。不仅如此,在较后的阶段中,英国停止对外投资引起黄金流向伦敦一事,也许导致了外国的收入紧缩和利润紧缩,从而对国际价格进一步发生压抑作用;正像1929年年底的情况那样,其时法国和美国的物价水平受到了年初黄金流入各该国所导致的国际紧缩的影响。

英格兰银行能阻止这一紧缩吗? 就银行贴现率来说,它已经尽其力之所及地使信用宽松了。我们不能明确地看出,按照当时的观念,它还可以采取什么别的行动,须知"公开市场"政策在当时是闻所未闻的。就事论事,英格兰银行的"准备比"在 1893 和 1894 年两年已经上升到 70％了。在那些年头购买证券也许有助于浪潮早日转向,但是统一公债价格早已高昂,英格兰银行买进统一公债对投资是否能够发生任何重大的刺激作用,必然是大可怀疑的。看来这事情除开政府采取强有力的措施以外,就没有其他能见效的办法了。要吸收本期储蓄并避免 1892—1895 年的严重失业,唯有的途径也许是由政府和其他公共团体大量借款来投资于各种公用事业的大规模兴建计划,或是由政府按最近公布的贸易账款与出口信用法案的精神出面担任借款担保人。但是任何这种政策当然都和当时的观念与正统精神完全不能相容。

三、1914—1918 年的战时繁荣

欧战的金融史,至今甚至连一篇导论都还没有写成。这部历史也许永远无法写得完满了,因为有很多主要统计资料当时都已被扣压,迄今仍然很难或者不可能取得,而我们对数字的量值和事情的概况的记忆又已逐渐模糊。然而,追思既往,我深觉当时我们对眼前事务的理论见解未免太浅薄了,对于货币数量说也是生吞活剥地应用的。我想不起有任何人曾经清楚明白地提出过我现在对当时的境况所见到的主要特点。可是那时我们如果能认识投资超过储蓄对物价所发生的影响的话,这种主要特点就一定会被看出来了。在本节中,我不打算对这个时期进行统计研究,而只打算提纲挈领地叙述一下当时所发生的事情的一般性质。

这次战争在一切国家里都无可避免地使庞大的资金转向,其

所投入的生产形式,因为不能增加所得收入者能够购买和消费的流动消费品的数量,所以影响便和平时增加固定资本投资的影响相同。在这种方式下所需的投资——尤其是在初始阶段之后——的规模超过了自愿储蓄预计可能达到的最大限度,纵使把停止大多数其他投资(包括损耗的抵补)这一点计算在内也是这样。所以强制某种形式的购买力移转是以所需的规模投资于战争物资方面的一个必要条件。怎样能实现这个移转而又使社会最少发生摩擦与纷扰,在当时乃是一个有待解决的问题。

这样说来,我们的前提便是:按单位产品计算的生产因素消费量必须削减[①],同时这种削减不能以出自其报酬中的自愿储蓄使之充分实现。从这里我们就可以得出这样的结论:生产因素按单位产品计算的真实报酬必须减少。这一点有三种方法可以办到:(一)减少货币工资,同时使物价稳定不变,(二)让物价上涨得比货币工资更高,以便降低真实工资,(三)对生产诸因素的报酬征税。

纯粹财政主义者主张采用第三法——也就是说,自愿储蓄所不能满足的要求,全部或者绝大部分以征税办法满足。但是我想他们没有体会到如果不伴之以物价上涨的话,这一办法在实践中会具有什么意义。这事的目的是要削减一般的消费,光是削减比较有钱的人的过度消费完全不够;因为富人们的消费,尤其是在战

---

① 那时各当局远没有认识这一问题,情形可以由贸易大臣朗西曼在 1915 年初所发表的一篇演说(见贝佛里季:《不列颠的食物统治》,第 9 页)中看出,其中他提出:避免物价上涨的办法必须在提高工资方面去找。当时的一般意见则是必须压制物价而让消费不受限制。

时,在总消费中并不占够大的比例。这样说来,征课势必要直接针对着比较贫困的人了;因为他们消费总额庞大,所以最需要在这种或那种方式下削减的,正是他们的消费。换句话说,这就意味着对一切工资而言,每镑大概征收 5 先令或更多的税。谁也不能想望任何一个交战国政府,会在本身重重困难之外再添加上这种租税所引起的政治问题。

这样一来,就只能在其余两个供选择的办法中抉择其一了——是降低货币工资,还是任令物价上涨。这两个办法主要的初期影响是一样的——腾出来的资金开初不会归入政府手中而是以逾乎寻常的利润的方式进入企业家手中,除非是政府单纯采用扩充通货的办法。不论用哪种办法,这种情形总是会发生的,因为产品的货币收入和货币成本之间的边际已经扩大了。所以假定我们在这两种办法中任采一种的话,企业家们都可以说是成为所得收入者方面所抽出的资金的经收代理人了。掳获物落到了财运亨通的企业家们的腰包里,政府要不用借款方式、就得用课税的方式取回。应该指出的是:这笔掳获物一旦由收入者转到企业家手中之后,课税的办法就十足有效了,纵使这种税主要只以所得税、附加所得税和过分利得税的方式加在富有阶级身上也是如此。

在压低货币工资和任令物价上涨两种政策之间,选择后者比较自然,而且也更有见识。第一,压低货币工资的政策所引起政治上和心理上的反感几乎会和征工资税一样多。第二,有许多形式的报酬,尤其是资本的报酬,都是有合同保护的,除赖债外无法推翻;所以全面的降低货币报酬是极难实行的,甚至是不可能实行的。但是还有一个比政治和公平的理由更重要的实际理由,支持物价上涨的政策,这是一个交战国政府所应该十分重视的。在这种战时,必须把各种生产资源大规模尽快地由一种用途转入另一种用途。要做到这一点,非借助于物价机构不可;这就是把信用贷款交付给新用途方面掌握,准许其抬价以购取旧用途方面的生产资源,这样就容许了某种程度的收入膨胀。任何政府如果为了"纯粹财政主义"而拒不采取这种策略就一定会在这一场搏斗中失败。①

因此,我的结论便是:在战时,允许利润膨胀、使物价从而上涨,乃是无可避免的事,也是明智的做法。但是我们必须记取,我们的目的是要让物价上涨高于报酬上涨;也就是说,我们基本上是求得利润膨胀,而不是求得收入膨胀。某种程度的收入膨胀是必须允许的,这样可以帮助生产资源像上面所提到的那样在各种不同用途之间重行分配。但是我们的主要目标是要把真实收入从消费者手中转移到政府手中,万一我们的利润膨胀变成了收入膨胀,那就无法达到目的了。说到这里,我们这一部分论证的结论就很清楚了。我们的目的是:物价上涨应该高于收入上涨,因此我们应该更加大力控制报酬而较小控制物价。

把战时行不通或不明智的政策像这样抛开之后,剩下的问题就是在战时财政的"恶"与"善"之间作出实际抉择的问题。利用企业家们作为经收代理人是方便的。但却只能让他们当代理人而不能让他们当委托人。政府根据十分充分的理由,采取政策,使掳获

---

① "军火工人方面所提出的每一次争议最后几乎都是用提高工资的办法解决的。"——"让他们得工资,让我们得实物"(参看丘吉尔:《战后余波》,第33页)。

物倾注到他们的怀中之后，应当有把握叫他们用纳税的方式交出，而不允许他们把如此得来的东西"贷给"国家，从而对社会的未来收入取得一种债权。让物价相对于报酬上涨，并尽最大限度对企业家征税——乃是战时理财"善策"的正当办法。须知对利润以及对免征限额以上的收入实行高额征课不是取利润膨胀而替代之的办法，乃是与之相辅相成的办法。

我不知道这问题在理论方面有没有人完全按这种方式提出过，但这里所讲的却非常接近于不列颠财政部在战争末期经过反复试验实际发展出来的那种制度。他们的办法出人意表地接近于理想的正确办法，唯一可訾议之处就是没有及早采取这个措施而事后在 1919 年又没有随其他赋税之后实行资本特征税。这样一来，企业家们便仍然能对社会未来收入握有债权，其数额大得不近情理，但也并非不堪忍受，其结果我们至今还担负着。事实上我们非但没有在 1919 年用资本特征税的方法来削减这种债权，反而在直至 1925 年为止的几年内提高这些债权的契约所凭据的通货价值，使之更重地卡在我们的脖子上。

其他欧洲国家的战时财政，如用上述"善"的标准来衡量，就远为"不善"了——这与其说是由于利润膨胀的成分比英国大得多，倒不如说是由于他们的企业家能够从掳获物中（在理论上和实际的证券上）保留一个大得多的比例的缘故。但是命运之神就是这样作弄人类的；这些"恶"的方法最后的情形反而比英国的中庸之道好。因为其结果使得负担十分不堪容忍，以致单单凭借事物本身的力量就使得立约所据的通货由于贬值而全部或大部分被取消。世界上没有比中庸之恶更坏的东西了！假如黄蜂与耗子是胡蜂与老虎的话,我们该早就把它们消灭掉了。大不列颠由于战争而对拆息食利阶级担负的债务也是如此。

这次战争时期还有一个特点是有些"稳健的"理财家过分地注意银行货币的总量。我们在前面曾经说过,当时一般人竟然都认为,如果能以爱国心打动老太太们,劝她们把多年来存在银行里的定期存款让给财政部以换取战时公债,那么当时的通货膨胀就可以避免;因为这样一来,银行货币的总量便没有任何增加的必要了! 我们只要用收入存款的观念、用收入之流的观念、用通过这些存款而发生的消费支出的观念来看问题,这种粗陋的思想错误就可以避免。还有其他的爱国人士费尽心思,企图想出妙计,使同一货币周转量能以较少的通货票据来完成!

四、1919—1920 年的战后繁荣

到了战争结束的时候,全世界正常的平时生产过程所必需的营运资本都已告枯竭——也许已经枯竭到史无前例的程度了。正在制造中的一部分货品对于原来的目的而言突然间变成为无用的东西了,而消费品的贮存量则到处都下降到远低于正常水平的程度。所以只要有购买力,货物需量的远景是巨大的。同时,军队复员后,劳动力的供给量也很大。因此,这批劳动力如果按照当时流行的货币工资予以雇用、而又把各种战时限制办法完全取消的话,那么物价的上涨便是无可避免的。不仅如此,工具品和其他固定资本(例如房屋)方面,也有许多推延而未满足的投资需求。

这样一来,刺激投资使其速度超过储蓄率的推动力是异常之

强大的。同时，以满意的货币工资率替从前的军人或从事军火生产的人们找寻工作的压力，也同样强大，理由是显而易见的。所以，除非是战时的限制办法继续有效并加强执行，除非是把复员军人的就业过程拖延一个相当长的时期，否则利润膨胀便是无可避免的了。在当时的情况之下，要银行当局用足够的力量来阻止利润膨胀，那是完全办不到的。纵使这一点是可以办到的，但从全体来看，谁又能说：一定是可取的呢？依照我在事后写作时的判断，银行当局在较晚的阶段中有三点是大可指责的，第一，他们允许利润膨胀发展为猛烈的收入膨胀；第二，他们没有及早地采取步骤以制止循环的第二阶段；第三，所采取的步骤业经为害很久之后，他们还继续采用。

回顾过去时，人们就会认为，伴随着战争而来的利润膨胀必然不止一个，还有一个也会紧随着出现。战后的繁荣在许多不同的方面虽然是错综复杂的，但主要还是由于亟需迅速补充营运资本所引起的投资超过储蓄的现象而来的。在第二阶段中虽然激起了一个极其强大的收入膨胀，但利润膨胀以及后来的利润紧缩的程度却可以从 1919 年春至 1920 年年中物价上涨超过工资的程度，以及 1920 年年中至 1921 年年底工资上涨超过物价的程度中清楚地反映出来。

不幸的是，可取得的统计资料不适于严格地说明这一动态。在 1919 年，生活费用指数依然受到价格管制的影响，能充分说明制成消费品在 1919 年秋季和 1920 年春季价格上涨情况的真正消费指数又不存在。此外，那时的现象十分显然是全世界性的，由于制成品可卖极高的价格，像大不列颠这类的工业国家，便占了世界其他地区的便宜而赚得了利益,结果,使这些国家中物价相对于工资而言上涨的程度可能比世界一般的情况要低。如果这一点正确的话,那么把有关不列颠的统计资料普遍应用于全世界,就会使利润膨胀的程度失之于估计过低。权衡各种条件之后,我认为用对照鲍利教授的不列颠工资指数计算出的贸易部批发指数动态,对于这一情势至少可以为我们提供一些有趣的侧面看法。这些动态有如下表所列:

		1 贸易部批发指数	2 鲍利工资指数	3 (1)对(2)之比	4 根据劳动效率增加校正(1)对(2)之比
1919	第一季度	249	207	120	120
	第二季度	242	209	116	116
	第三季度	255	217	118	118
	第四季度	288	221	130	130
1920	第一季度	309	231	134	135
	第二季度	324	250	130	131
	第三季度	314	267	118	119
	第四季度	284	273	104	106
1921	第一季度	227	276	82	84
	第二季度	202	268	75	77
	第三季度	190	244	78	80
	第四季度	174	228	76	78
1922	第一季度	162	215	75	78
	第二季度	160	202	79	82
	第三季度	157	189	83	86
	第四季度	156	179	87	90
1923	第一季度	158	177	89	93

	第二季度	160	174	92	96
	第三季度	157	174	90	94
	第四季度	161	173	93	97
1924	第一季度	166	174	95	100
	第二季度	164	177	93	98
	第三季度	165	179	92	97
	第四季度	170	179	95	100

　　鲍利工资指数是已支付的实际工资指数,而不是效能工资指数。我认为假定 1919 年的效能水平和战前相同,以后每年增加 1％这样就可以对这个指数得到一个粗率的校正数。在这个假定之下,战时的利润膨胀使批发指数(按 1919 年头三个季度的平均数计算)相对于不列颠的效能工资而言上涨了 18％。到 1920 年的上半年,[①]战后繁荣时期的利润膨胀又使这个差距增大为 33％(按 1920 年头两个季度的平均数计算)。在 1920 年年中以后,利润紧缩就露头了,不过几个月就消灭了前面的利润膨胀而产生了实实在在的利润紧缩,于 1921 年和 1922 年的第一季度达到最低潮,其时的严重程度不亚于前面的利润膨胀。这时,在利润紧缩之上又出现了一个收入紧缩(根据我们前面的论点说来,除非是采取相反的特别步骤,否则便正是预计要发生的事),但直到利润紧缩发展了差不多一年的时候才出现,也就是出现在 1921 年年中到 1922 年年底。到了 1922 年年中,这个收入紧缩即告终结,而利润紧缩也在逐渐回头,如上表中第(4)栏所示,一直到 1924 年平衡就

---

①　亦即当时发生了约达战前数额的 15％的收入膨胀,其上还有 33％的利润膨胀。

恢复了。[①] 在后面一页的表中，我们对这些过程的情景，提供了一个说明。

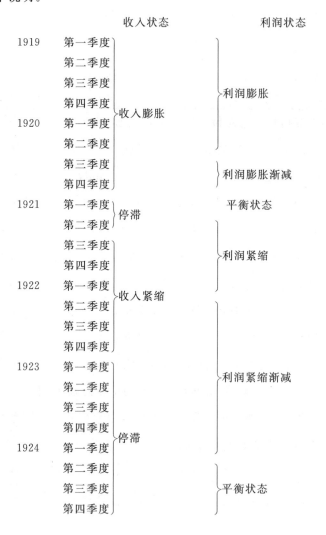

		收入状态	利润状态
1919	第一季度		
	第二季度		
	第三季度		利润膨胀
	第四季度	收入膨胀	
1920	第一季度		
	第二季度		
	第三季度		利润膨胀渐减
	第四季度		
1921	第一季度	停滞	平衡状态
	第二季度		
	第三季度		利润紧缩
	第四季度		
1922	第一季度	收入紧缩	
	第二季度		
	第三季度		
	第四季度		
1923	第一季度		利润紧缩渐减
	第二季度		
	第三季度		
	第四季度	停滞	
1924	第一季度		
	第二季度		
	第三季度		平衡状态
	第四季度		

---

① 此后又出现了一个由于恢复金本位而引起的紧缩，情形见本章的下一节。

应该补充说明的是：以上所提出的一切一般说法，更有必要就正于详研战后史实的人。我不揣冒昧地提出我的假说，聊供勤谨胜于我的统计学家和历史学家们评断。但是以上所说的如果对当时所发生的事情提供了正确的说明的话，便和前几章中的理论所预言的事态概况颇相符合。当然，1919 年的收入膨胀和利润膨胀都是战争时期这两种膨胀的继续。此外我们又看到人们根据具体情况而发动利润膨胀或利润紧缩实行的那银行政策，这种膨胀或紧缩在 6 个月至 9 个月之后，①就演变为收入膨胀或收入紧缩。因为银行体系并没有多大力量去直接影响收入状态，只有通过利润状态才能做到这一点。

回顾过去，我们看到，经济萧条的极度延长是由于 1921 年上半年的利润紧缩所造成的。无疑，发动这次利润紧缩的目的是要部分抵消战争时期和战后时期的收入膨胀，实际上从 1921 年年中到 1922 年年底实现了这一点，往后在 1924 年时又一次地实现了这一点。但是从国家繁荣的角度来看，这个政策是错误的。假使我们努力在 1920 年年底那种程度的收入膨胀的基础上（也就是比战前大约高出 175％的基础上），稳定我们的货币状况，那么以往 10 年中的麻烦便大部分都可以避免了，而且也许会使我们差不多和美国一样富有。这样做还有一种附带的作用，那就是使战债的真实负担低于现存数额的 2/3。实际采用的政策却使战债问题的严重性增加了 50％，并使我们闹了 10 年的失业，因而使财富的生

---

① 正在这个时候，工资率的变动性相当大。随着大不列颠恢复战前金本位而发生的利润紧缩并不曾在 5 年后产生收入紧缩。

产可能减少了 10 亿英镑以上。

五、大不列颠恢复金本位问题

1925 年 5 月,大不列颠恢复了原来的金本位。在这以前和这以后的 6 个月中,有必要将英镑的黄金价值提高大约 10％,其时黄金本身并未贬值。[①] 这就意味着按单位产品计算的货币收入之流(也就是一般报酬率)必须减少 10％——除非是黄金本身贬值来帮助度过这个过渡时期。换句话说,当时必须有一个名副其实的收入紧缩。

战前,至少在 50 年以至 100 年以上的时期内,我们从来未曾经历过这样大规模迅速而冷酷的收入紧缩;而 1921—1922 年的收入紧缩则由于种种理由而不能成为充分的先例。反之,利润紧缩我们倒经历过好多次;这种利润紧缩通常都伴随着某种程度的收入紧缩,而出现的时候是在经济繁荣之后,代表原先的平衡状态的恢复。我们也可以说,1924 年年底有过一种温和的利润膨胀的轻微倾向,随之而来的还有一个更加温和的收入膨胀,而恢复金本位所需要的紧缩则远超过了抵消这一趋势所需要的程度。但是财政部当局和英格兰银行当局都不懂得收入紧缩和利润紧缩两者之间究有什么不同,结果便把自己手中的信用限制和银行贴现率两种武器的效用大大地高估了——以往这两种武器用来使冷酷无情

---

① 迄至 1925 年 5 月为止的一年内,根据各种国际指数衡量,金价略有下跌——也许下跌了 5％左右;但是在其后的两年中,它又完全恢复了全部下跌的价值。

的收入紧缩从天外飞来，以便抵制利润膨胀时，倒往往是奏效的。

从企业家手中收回信用时，后者雇用人手的能力就削减了；同时，信用成本的增加、批发价格随着英镑的外汇价值提高而出现的下跌、国内购买力的降低等等，都会使利润减少，从而使生产的刺激减弱。因此，英格兰银行运用其传统武器时，最初是引起了一个利润紧缩。物价当然下跌了。于是英格兰银行的总裁自以为可以向财政大臣回报他的任务已经完成了。

然而事实却远非如此。要建立平衡状态，必须把货币收入之流以及按单位产品计算的货币报酬率适当地降低。但是开初时物价的下跌所降低的不是成本，不是报酬率，而是利润。企业家首当其冲，英格兰银行的政策唯有使它痛感苦楚后，把压力推到适当的方面去，才能恢复平衡。企业家眼看着物价下跌得比成本快，他们有三条路可走：第一，尽最大限度忍受损失；第二，从利益较次的活动中退出来，从而减少产品量和雇用量；第三，和他的雇员斗争，降低他们的单位产品货币报酬。从全国的观点来看，这三种办法中唯有最后一种才能恢复真正的平衡。可是，久而久之，只要效能可以足够地增加，这三种办法便可能和维持单位生产因素货币报酬不变的做法并行不悖。

企业家把上述三种办法统统尝试了。那时他们是屈从于第一种办法之下了，也就是削减或放弃他们的利润——其为时之长，程度之深，实属出人意表。主要的实业——老牌的纺织工业以及煤炭、钢铁、铁路等重工业和农户们——都只是忍受了它们的损失，它们不仅是若干月地、而是若干年地继续忍受下去。这些实业往常赚得的利润已减少了几千万镑之巨。在合股经营的组织方式中，管理权大致都交付给领受薪水的人了，这种形式在当时大概使得延续的时期比全部损失完全落在实际经营者身上的情形更为长久。

从这里就可以推论出，失业现象的充分发展也推迟得比预料的时期更久。但是企业家开始时也利用了第二个办法——即减少利益较次的活动。在恢复金本位的工作已经完成 5 年之后，就业人数的削减仍然在毫不减弱地进行着。

剩下的是第三种办法——降低单位产品货币报酬率。原先，正常利润以及生产因素失业的压力在促成收入紧缩方面的作用可能比现在快。严重的收入紧缩不仅是摆脱最近的膨胀时所发生的反作用，我相信人们对于这种紧缩的反抗永远是非常强大的。但现代世界中存在着有组织的工会和无产阶级选民，这种反抗就无比地强大了。

企业家们试图推行第三种办法，终于酿成了 1926 年的总罢工。但是政治的和社会方面的考虑不允许人们充分运用自己从那次罢工失败中所得到的优势。在某些个别工业中的工资率固然是惨跌；但是在鲍利博士的每周工资率总指数中，1930 年的数字实际上还是和 1924 年一样高。于是人们唯一能希望的效能提高，就只有单位产品货币报酬降低的情形能和单位生产因素货币报酬不变的情形相配合的那种效能提高了。最后，出路也许就是这一条。

这时，企图用导致利润紧缩的武器来造成收入紧缩的做法，使国家的财富所蒙受的损失却是十分巨大的。假定失业量中只有一半是非常态的，国家的生产量每年所受的损失估计也会在 1 亿英镑以上——而这损失却持续发生了若干年之久。

六、大不列颠恢复金本位后的
国内与国外投资

上面说明了，大不列颠从 1925 年起所遭遇到的多种困难，这些困难又被另一因素弄得更为复杂和更为严重了。因为这一因素可以很好地说明本书上卷第 21 章里的论点，所以就不妨在这里讲一讲。

我们在第 21 章中已经看到，平衡状态下的利息率是：按此利率提供的对外投资贷付额恰等于由国内外相对货币生产成本决定的对外贸易顺差；而按此利率提供的国内投资量又恰等于全国储蓄总额超过对外投资贷付量的逾额部分。大不列颠恢复战前金平价对于贸易差额发生了不利的影响，因为这样就使我国按黄金计算的生产成本相对于其他各地的黄金成本而言有所增加。但与此同时，还有另外一种趋势在发生作用，那就是对外投资对投资人的吸引性比起国内投资来有所增长——这意味着，为了达到平衡状态，我们所需要的对外贸易差额不仅要和 1925 年以前一样大，而且还要大一些。由此可见，我们一直有两种独立的力量在发生作用，促使对外投资贷款 L 在没有高于自然利息率的人为利息率发生阻碍作用的条件下超过对外贸易差额 B；因为 L 任其自然发展时，本身有一直在力图上涨的趋势，而同时 B 则在减少。

在这种情形之下，如果事实证明不可能使 B 充分地增加，那么唯一的办法就是把市场利息率提高到自然利息率之上，借以减少 L，此外别无其他补救之道。不过这样做就会发生一个不可避免的结果：国内投资量和投资总额都会被迫跌到平衡水平之下。

这样就出现了双重的原因造成利润紧缩和失业。不仅如此，第二个原因还会以恶性循环的方式出现。因为利润紧缩所产生的实业损失适足以越发增加对外投资的相对引诱力，从而更有必要维持高得不自然的利息率，因此就把总投资相对于储蓄量的不足所造成的利润紧缩以及利润紧缩本身所带来的失业更牢固地套在我们脖子上了。

一旦抛弃大力削减货币工资的做法之后，还有四条出路可以摆脱难局：

（一）第一个也是最吸引人的方法，就是用降低货币生产成本的办法来增进对外贸易差额 B；这种生产成本的降低不以货币工资的削减取得，而以生产效能的提高取得。这在当时称为"合理化"。显然这种意义下的"合理化"程度愈大愈好，这是根本用不着说的。但是这种性质的改良，最多也只能是一个缓慢的过程；为了有助于对外贸易，本国的生产效能相对于货币工资的提高必须成熟得比外国更快；外国的关税是一个严重的障碍；而 1930 年普及于全世界的循环性的不景气又是一个障碍。

（二）第二个方法深得实业界人士的赞许，理由极为明显。其内容是通过关税或其他类似措施减少输入品以增加 B。在目前的情况下采取这个补救方法很可能既不会使我们输出品的减少和输入品的减少相等，也不会使对内投资减少，而只会使对外投资有所增加，这种增加主要将成为社会财富的纯增加。像这样和没有关税存在时将要出现的情况所作的比较，当然假定着减削货币工资（其流动性对于自由贸易状况来说是必不可或缺的）的补救办法无法利用。

（三）第三个方法是以实际上等于一种津贴的措施来增加国内投资，以便减少市场利息率和自然利率之间的差距。前者是指为了限制对外投资贷付额所必须推行的利息率，后者是指总储蓄额超过 B 所决定的对外投资额的部分在国内能找到有利出路的利息率。使这笔过剩的储蓄额成为某种形式的投资显然总比把它在企业损失的形式下浪费掉要好得多。但是有关的人们却很难了解到这一点。比方说，如果市场利息率是 5％，那么在报酬大概只有4％的资本发展上花钱就无异是浪费了；情形就好像是 5％收益的投资和 4％收益的投资应当怎样选择的问题一样。其实，从整个的社会看来，真正的问题却是在每年得益 4％的资本财富增量和根本没有增量两者之间进行选择。应当指出的是：这种补救办法事实上等于通过津贴或其他相等的安排，替国内投资设立了一种相对于对外投资而言的差别利息率。

（四）第四种方法是通过国际性的低利贷款政策，在国内和国外促进全世界的投资事业。这种政策通过世界价格的提高或至少避免其进一步下跌，将促进我们的输出，从而增加我们的对外投资；而利息率的下降又会同时增加我们的对内投资。这样一来，就会双管齐下地使总投资额接近于储蓄量，从而倾向于促使企业亏损与失业的时期结束。可是这个方法所需要的国际性的合作，在1929 年底的华尔街大暴跌前一直没有出现。不但如此，在短期贷款利率的降低对可用长期贷款的数量与价格发生反应以前，就无法希望得到充分的结果；而这种反应则由于种种特殊原因，当时并没有迅速出现。最后，就大不列颠来说，我们只能依靠这个补救办法来阻止比较根深蒂固的麻烦加剧，这是 1930 年全世界循环性的萧条所造成的，此外再要得到更多的东西就欠慎重了。

以上这些方法都有它们的价值，当读者读到这几段话时，其中有些方法也许已经产生了有用的结果。不过，无论如何我对于大不列颠在自由放任制度下的经济前景却有着更深更远的关怀。

大不列颠是一个古老的国家，工人阶级的生活水平比世界上大多数其他地区的现有水平为高。它的人口增长不久就会停止了。尽管有人持相反的说法，我们的习惯和各种制度都使我们保持为一个崇高节俭的民族，在我们的收入中大约有 10% 提供作为储蓄。在这种情况下，人们可以有把握地预料：假使大不列颠是一个封闭式经济体系的话，它的自然利息率就会迅速地下降。可是在世界其他各地利息率的下跌大概要迟缓得多（只是美国可能很快地达到和大不列颠同样的状况，时间比它自己预料的要早得多）。所以，自由放任制度之下的平衡状态就要求我们必须在对外投资方面替为数很大而又日渐增加的一部分储蓄找到出路。假定我们从以往的对外投资上得来的收入比本期储蓄增加得更快，那么这种状况到时候就会自行调适而无需乎增加我们的输出；因为在这个假定下，经过一定时期之后，从前的投资上所增益的利息就可能为新投资"提供资金"。但是看起来似乎还会有一个中间时期，在这个时期里，假定我们的总储蓄量在国内外投资方面的分配仍旧采取自由放任主义的话，那么贸易出超不相当大量地增长就不可能维持平衡状况。当我写这书的时候，正存在着国际性的经济萧条，可能使我夸大了这问题的困难。但是我们却遭遇着关税壁垒；而在这个大量生产并普遍采用现代技术的世界中，我们在产业经营上一向所享有的特殊有利条件又在逐渐消失;我们的工人惯常取得的真实工资(其价值中包括各种社会服务在内)和我们的欧洲竞争者比起来是很高的;考虑到这一切之后,我们就不得不怀疑,扩充贸易盈余以达到平衡状态的办法事实上是否行得通。

按照我们的传统原则来达到平衡状态,只要能办得到的话,很可能就是最好的解决办法。但是如果有社会力量和政治的力量阻挠着我们取得这种平衡状态的话,我们就可以对国内外投资采取差别条件,甚至不顾体面,而在国产品与外来品之间采取差别条件。用这种办法取得平衡还是比无限制地忍受营业损失和失业好,而不平衡状态却正是意味这一切。在上述两种办法中间,我认为对国内外投资采取差别利息率的办法,比对国产品与外来品采取差别价格的办法要好得多;因为我认为前一种办法无需冒着使其他方面发生有害反应的危险,就可以取得广泛得多的作用范围。而且,有些时候的确还可以产生积极的社会利益。但是目前我正在转向于一种看法,认为对国货和外货制定差别价格的办法也可以采取,而且会发生一些作用。

七、1925—1930 年的美国

这个时期很有意义,因为到 1928 年春季为止,它提供了一个货币史上少见的例子。也就是说,在这个时期内发展了高速度的生产活动和投资,而储蓄率并不落在后面。但到 1928 年年中时,有迹象说明利润膨胀原先就已经开始发生,在 1929 年春季的繁荣状况下达到最高点,并在 1929 年秋季被一个经济崩溃迅速结束。

下面的统计表列出了经济崩溃以前的某些主要数字：

年平均数(1926＝100)

年　度	提供表报的会员银行			劳动局批发物价指数	标准统计社的工业生产率指数	标准统计社的普通股票价格
	放款与投资	活期存款	定期存款			
1926	100	100	100	100	100	100
1927	103.5	102.5	109.5	95	97.5	118
1928	111	104.5	121	98	100.5	150
1929 (1至9月)	114	102.5	121.5	97	110	198

这些统计数字极难阐释，其故有二：任何人要是只看物价指数，就看不出有什么理由使他想到有任何重大程度的膨胀存在；然而如果只看银行信用总量以及普通股票的价格时，却又会相信有膨胀实际存在或正在迫近。我个人当时认为我所说的那种意义下的膨胀并不存在。现在统计材料比当时能得到的更为完全了，根据这些材料来回顾过去，我相信在1927年底以前，虽然大概没有发生重大的膨胀，可是在那个时期和1929年夏季之间的某一段时间内，却的确发展了一个真正的利润膨胀。

批发物价指数是会引起误解的，因为这个指数受国际物价水平的影响很大，而世界其他地方自从1926年以后所发生的情形毋宁说是紧缩而不是别的。美国1928年的指数上升是对抗着一般潮流而出现的，因为那一年外面世界的物价正在轻微下跌。不仅如此，制成品的生产成本大概正在减少，这是生产效率比工资提高得更快的缘故。所以即使是一个稳定的物价水平，也可能代表着某种程度的商品膨胀。同时，银行统计也可能引起误解，因为金融流通的需求空前地大，而活期存款则赶不上产品的价值。所以，要提出确证就必须详细考察有关净投资率的直接论据。为此,我在下表中列出了有关(一)国内固定资本,与(二)营运资本的净投资年率的若干指标。我略去了对外投资的数字,因为这一方面的变动比起上述两个项目的变动来肯定是很小的;同时我也略去了流动资本的投资数,一则因为这方面的统计至今还付阙如,二则因为这些变动相对说来大致上也是很小的。此外,我也没有根据物价变动作出校正,好在在有关时期内物价变动并不太大,不足以使我这样的粗率计算产生巨大的误差。我希望美国高明的统计学家能编出一个比下表更正确的净投资指数。

下面是道奇公司有关已审定的建筑合同的价值的统计数字(1928＝100):

1919	44	1925	94
1920	47	1926	98
1921	43	1927	96
1922	61	1928	100
1923	67	1929	88
1924	74	1930[①]	74

这些数字不包括 5 000 美元以下的工程在内,据估计,包括在内的至少要占公私房屋、公用事业和其他建筑的固定资本投资总额的60％。道奇数字和可能编制出来的最好的总额数字间的关系有如下表所列[②]:

---

① 37 个州在 1930 年头 8 个月的数字和 1928 年头 8 个月相应数字的比较。

② 国家经济研究局最近刊行了一本书,名为《公共工程的设计和管理》,其中最近搜集的材料对于评价道奇数字极为有用。上表所引用的比较全面的估计采自该书的第 126 页。

年 份	道 奇 数 字	美国公私建筑工程估计总额	
	（单位：百万美元）	（单位：百万美元）	（1928＝100）
1923	4 768	6 368	64
1924	5 237	7 305	74
1925	6 623	8 911	90
1926	6 901	9 350	94
1927	6 787	9 542	96
1928	7 065	9 936	100

根据本书的理论来说，我们从 1925 至 1928 年[①]的特大建筑量中可以对美国在 1928—1929 达到顶点的极大繁荣，找到一个充分的说明。虽然如此，1925—1927 高速度的资本构成在那些年中似乎并没有引起明显的利润膨胀。此中原因有一部分是储蓄率和以前的年份比起来很高，另一部分据我看是由于那些年份里营运资本的流转基金所需要的纯增加额为数甚小的缘故。假定我们的固定资本指数中的时滞是 6 个月，那么为了在全年时期（7 至 6 月）中可作比较起见，就需要知道营运资本在某一年的半年时期（1 至 6 月）中比前一年的半年时期（1 至 6 月）的营运资本增加了多少。各日历年上半年的标准统计工业生产指数有如下表所列：

1923·················116	1927·················120
1924·················107	1928·················118
1925·················116	1929·················132
1926·················120	1930·················113

由此可见，从 1925 到 1928 年年中营运资本需求的增加为数甚微，但从 1928 年年中到 1929 年年中则为数巨大，而从 1929 年年中到

---

① 以上的数字大概把实际的建筑日期全部提早了 6 个月光景。

1930 年年中的减少额却更为巨大。

现在我们不妨对固定资本投资和营运资本投资总和在一起之后所发生的变动的大概量值编出一个综合指数，只是这个指数必然会非常之粗略。前面的计算说明：以上的生产指数中，每一点大约代表 1 亿美元的营运资本；而上面的资本构成指数中刚巧每一点也代表 1 亿美元之谱，所以我们可以把前者的增加额（这是该年所需营运资本的纯增加额）加到后者的绝对值上去（时滞 6 个月）：

年　　　份	固定资本投资	营运资本的净投资	总　　　计
1923—1924	64	－ 9	55
1924—1925	74	＋ 9	83
1925—1926	90	＋ 4	94
1926—1927	94	0	94
1927—1928	96	－ 2	94
1928—1929	100	＋14	114
1929—1930	88	－19	69

由此看来，上表提供了若干证据，使我们得出下面的结论：表中数字所说明的投资额在 1925—1926 到 1927—1928 连续三年间虽然极端稳定，但在 1928—1929 年却上升了 20%（计值 20 亿美元），在 1929—1930 年下降了 45%[①]（计值 45 亿美元）。1930—1931 年第一季度的初步数字显示出进一步地有所下降，固定投资指数大约是 75，工业生产指数再度下降了 13 点，更接近于 100。所以美国 1928—1929 的繁荣与 1929—1930 的萧条各各与投资过分及投资不足相适应，因而看起来便和根据本书的理论所作的预

---

①　这一数字可能被流动资本投资的增加（即贮存品的增加）部分抵消了。

期相当吻合。

从 1925 到 1928 年,投资与储蓄达到平衡状态。其时投资的规模相当大,而一般人都说群众的心理偏向于奢侈,而不倾向于积蓄。这平衡状态之所以能维持,有一部分原因是公司储蓄的大量扩充。这是股份企业采取一种办法使分配给股东的利润远低于其总额,因而得出的储蓄。据估计,在大不列颠和美国,总储蓄量中大约有 2/5 是来源于这个方法的。就美国来说,各股份公司的这些内部资源是在这样一个时期中累积起来的,其时由于业务经营方法的改变,所需要的营运资本量一直在减少而不是在增多,同时固定设备的扩充则一直是以中等的速度在进行。因此企业界就具有大批的流动准备金可供其他发展之用,例如直接或者通过银行体系兴办建筑工程和进行分期付款的购买等。另外,在这种形势里面,还有一个奇异的特点,人们也许会预计,联邦准备银行对于短期放款所收的利率既然非常高,就会更快地阻滞投资,从而促使企业繁荣提早结束。事实上并不如此,其理由有一部分是:短期放款的利率高对债券利率的作用不像平常那样强烈。但大部分的原因是:普通股股票的卖价,相对其股息而言极高,这就使股份企业能有一种非常便宜的办法自行筹集资金。所以当短期贷款利率非常高而债券利率也有几分偏高的时候,发行普通股票来提供新投资所需的资金却比以前任何时期都更低廉。在 1929 年春季的时候,这方法正开始成为风行一时的资金筹集法。由此可见,尽管短期贷款形式上代价极其昂贵,但某些形式的投资还是维持了宽松的条件。

1929 年秋季发生华尔街经济崩溃后，证券交易所历史上一个最大的"多头"动态就此宣告结束了。但是我们要指出，在这一事件之前，"（看涨看跌）两种看法"曾经大规模地发展。当一部分人还在如饥似渴地买进证券，借入资金囤购，甚至不惜付出极高的利率时，另一部分人在当时的局势中却成了"空头"（根据我对此词的用法），他们宁愿保留货币而不愿保留证券。如果我们把纽约证券交易所中的经纪人借款量作为"多头—空头"形势的量度，以窥测"两种看法"发展到了什么程度的话，就会发现这种借款总数在 1929 年 9 月底的顶峰上上升为854 000万美元。3 个月后证券价格崩溃，使"两种看法"在双方能够更接近于同意的价值水平上碰了头，其时经纪人借款的总数下降了一半以上，计399 000万美元。[1] 在过去的任何时候，我们从来不曾有过这样完善的一个统计测验来说明："两种看法"的机制，当证券价格上涨超过某一点时，是以什么方式运行的。但是，纽约市场的办法使"空头"方面的大部分资金可以直接贷给"多头"而不必经由银行体系的居间介绍，兼以联邦储备银行的会员银行对于定期存款的法定准备金额很低，这两件事情使得"多头"资金的量值可以有极大的变动，而不致波及工业流通；而在大不列颠体系的典型情况下，这却几乎是无法避免的结果。然而联邦储备体系，为了控制投机之徒的狂热病，于崩溃之前曾在全国强制推行高市场利息率，而世界的其余地方由于交感性的自卫行动，也推行了这种利率，这样就对经济的迅速

---

[1]　通过经纪人和直接从银行取得的证券抵押放款，总计如下：1929 年 6 月 29 日，1 555 500万美元；同年 10 月 4 日，1 666 000万美元；1930 年 6 月 30 日，1 217 000万美元（见罗尔齐发表于《经济统计评论》的文章，1930 年 8 月号）。

崩溃起了主导作用。原因是这种惩戒性的利息率无可避免地会对美国的和全世界的新投资的速度产生反响,从而在各地都成了物价下跌和企业亏损时期的前奏。

所以我认为1930年的经济萧条,主要原因在于证券市场崩溃以前长期的高利贷款对投资所发生的阻碍作用,至于崩溃本身还是次要的。但是这个崩溃一经发生之后,就引起了营运资本方面的负投资,因而扩大了事态的严重性,在美国尤其如此。此外,它也在其他两个方面促进了利润紧缩的发展,因为它一方面阻止了投资,再方面又鼓励了储蓄。证券市场的崩溃所产生的悲观情绪和失望气氛使得企业缩减,自然利息率下降;同时证券价值的崩溃所造成的"心理上的"空虚则很可能增加了储蓄。

这最后一点很重要,我们不妨再讨论一下,其中可能提出具有永久价值的结论。一个国家的公民互相交换预期利益的权利时,就整个国家来说,并不因其对未来收益按20年的收益估值而比按10年的收益估值时更富有,但公民本身却肯定感到更富有了。一个人当他的投资的货币价值在过去一年内涨了1倍时便会比这种价值减了一半时更有意于买一辆新汽车,这一点谁又会怀疑呢?他觉得远不像那样有必要从正常收入中省出钱来,于是乎他的整个的开支水平就提高了。因为他们的证券利润以及从当前收入中撙节出来的储蓄就大多数人来说并不是完全分别看待的(也许应当如此)。

在我们面前的实际例子中,纽约证券交易所里挂牌的证券的市场价格从1929年4月的700亿美元,涨到1929年9月的900

亿美元,而在 1929 年 12 月①则回跌到 640 亿美元。当一般公众看
到他们的名义财富在 6 个月之内增加了 200 亿美元,然后又在 3
个月之内损失了 260 亿美元时,我们不能期望他们在第二阶段中
所维持的生活方式和第一阶段一模一样。我的结论是:当他们每
周"赔"几亿美元的时候,比每周"赚"几亿元的时候更有意于"储
蓄"(按照我所讲的意义);同时也更有可能放弃新的奢华浪费,并
偿付从前以分期付款购买所欠的账款。

八、"吉布森的异说"

在过去几年内,吉布森先生发表了一系列的文章(大半发表在
《银行家杂志》上)②,其中强调指出:在 100 多年的时期内,利息率
(按统一公债的收益计算)和物价水平(按批发物价指数计算)之间
具有非常密切的相关联系。我早就对吉布森先生的数字感兴趣,
常想定出若干理论上的假说来解释它们。我的企图失败,有一个
时期使我心里认为吉布森先生那些奇特的结果可以归之于一种公
认确证而又容易解释的趋势,那便是在信用循环上升的阶段中,物
价与利息趋于一同上升;而在向下降的阶段中,则趋于一同下降;
此外,在很大程度内还要估计到偶然巧合的问题。但是这种看法
不容易保持。特别的地方是:"吉布森的异说"(我们可以这样公
允地称呼它)是整个计量经济学领域内最完整地确立了的经验事

---

① 挂牌的股票,12 月多于 9 月,9 月又多于 4 月;但是这对于我们的论点说来并
没有多大关系。

② 特别参看《银行家杂志》,1923 年 1 月号和 1926 年 11 月号。

实之一,虽然理论经济学家大都置之不理。这的确绝不像是什么偶然现象,所以是应当可以作出某种普遍性的解释的①。不过本书前面各章的分析却为我们提供了一个假说性的解释,值得提一提。

年　　度	批发指数②	基数经校正的批发指数	统一公债的收益③ (3镑4先令6便士=100)
1791—1794	108	119 ⎫+10%	121
1795—1799	137	151 ⎭	159
1800—1804	145	145	147
1805—1809	158	158	148
1810—1814	144	144	149
1815—1819	128	128	133
1820—1824	106	117 ⎫	119
1825—1829	101	111	110
1830—1834	91	100	109
1835—1839	98	108 ⎬+10%	102
1840—1844	92	101	100
1845—1849	85	93	101
1850—1854	85	93 ⎭	96
1855—1860	98	98	100
1860—1864	101	101	101

① 吉布森先生自己的解释是这样:"显然这是由于生活费用愈少,则投资的可用边际就必然愈大的缘故。"我只怕这种解释必须毫无保留地予以抛弃。他忘记了,货币报酬加上利润的变动程度和物价是相同的。

② 从1820年起的指数是《统计学家》杂志续编的索尔贝克指数。1791—1819年的指数则是杰文斯的指数×$\frac{8}{7}$,这个乘数代表着1820—1929年索尔贝克指数和杰文斯指数间的比率。

③ 直至1839年为止,历年的数字是该年最大数和最小数的平均数;1840年以后则是全年的平均数。

续表

1865—1869	100	100		102
1870—1874	103	103		100
1875—1879	91	100	}+10%	98
1880—1884	83	91		93
1885—1889	70	84		92
1890—1894	68	82		88
1895—1899	63	76	}+20%	82
1900—1904	71	85		88
1905—1909	75	90		90
1910—1914	82	98		101
1915—1919	163	130	}−20%	135①
1920	251	201		165
1921	155	155		162
1922	131	131		137
1923	129	129		134
1924	139	139		136
1925	136	136		137
1926	126	139		141
1927	122	134	}+10%	141
1928	120	132		138

实际材料已详见于前一页的统计表中了。

这表的第一、三两栏都是朴素的实际材料，完全没有校正过。第二栏的某些批发指数曾经加以校正，表中已注明，其效果在于减缓它比较急剧的动态。如果说在 130 年的过程中，根本没有发生过任何货币方面的事件，要求改变指数的基数，以便清楚地说明这

① 在 1915 年的大部分时间内，统一公债都维持着人为的价格。

两栏的动态只是大致相同,而不是变动量刚好相等,那是完全不可能的。奇怪的是,校正的程度竟然会那样轻微,最后我们刚好跑到原先出发的地方来了。其内容只不过是基数上下 10%—20% 的长期变动,这情形和货币史中众所周知的事件绝大部分都符合。

经校正的一栏虽然使我们把事情看得更清楚些,可是就确定相关联系这一点来说,却完全不是必要的。科茨先生[1]用未校正数字为 1825—1924 这 100 年和 1908—1924 年的现代时期算出了皮尔逊相关系数,情形如下:

相　　对　　数		相关系数	概差
《统计学家》指数 1825—1924	同一年整理公债的毛收益	+0.893	0.014
《统计学家》指数 1824—1923	后一年整理公债的毛收益	+0.903	0.012
《统计学家》指数 1908—1920	同一年整理公债的毛收益	+0.90	0.03
《统计学家》指数 1907—1923	后一年整理公债的毛收益	+0.91	0.03

1820 年以后的统计数字的大概性质可以总括如下:物价与利息从 1820 到 1850 年一块儿下跌,从 1851 到 1856 年一块儿上升,1857—1858 年同跌,1858—1864 年同升,1866—1869 年同跌,1873—1896 年同跌,1896—1900 年同升,1901—1903 年同跌,1905—1907 年同升,1907—1908 年同跌,1908—1914 年同升,1914—1920 年同升,1920—1923 年同跌。除这些一般的长期趋势以外,这两者还有好多小的摆动都是同方向的。[2] 不仅如此,这些形式上的有关联系的实质已完全被科茨先生对相关联系的计算值

---

[1]　见《科尔温关于国债与赋税的报告》,附录 XI,第 101 页。

[2]　吉布森先生发表了每年个别的数字,见《银行家杂志》,1923 年 1 月号。

所证实。

我在上面说过，让人想到的最浅显的解释是这一众所周知的事实：当贸易在信用循环上升阶段中扩展的时候，批发物价和利息率便都趋于上升。但是这样的解释是不够的。因为相关是一个长期或中期的现象而不是一个严格的短期现象，即使把批发指数中和信用循环相关联的那些急剧的摆动统统不计，它的显著性并不因此而减色。诚然，统一公债的收益并不永远和信用循环的各阶段相呼应。E.G.皮克先生在《银行家杂志》1928 年 5 月号第 720页上发表了一篇文章，所用的统计数字和吉布森先生的不同，但却强有力地证实了后者所得到的结果。这篇文章说明，长期利息率的相关程度比短期的高。皮克先生用伦敦与西北铁路公司的借款股份的收益来代替统一公债的收益，借以避免因统一公债的转换而发生的种种复杂情形；他也对伦敦市场上流动资金的利息率和以 3 个月为期的银行承兑汇票的贴现率画了统计图。虽然后者的短期动态和批发指数的短期动态是同方向的，但他却发现相关程度就整个看来，并不怎么密切。情形见下表：

1882 到 1913 年的相关系数

	前一年	同一年	后一年
《统计学家》指数和流动资金的平均常年利息率………	+.681	+.801	+.564
《统计学家》指数和三个月的银行承兑汇票的贴现率…	+.630	+.724	+.512
《统计学家》指数和伦敦与西北借款股份的收益率……	+.788	+.880	+.888

欧文·费雪教授有一个出名的定理，说明利息率跟货币的增值与减值间的关系。我们不能认为上述实际资料就是这个定理的一个例证，实际上适得其反。因为费雪教授所假定的那种补偿动

态是关于应当一年以后归还的款额对今日所贷出的一笔款项的动态,后者包括利息加上(或减去)一年内货币价值变动的补贴。这样说来,假定真实年利率为 5%,货币价值每年下跌 2%,那么以一年之后的钱偿还今日贷出的 100 元时,贷者就会要求借者偿还 107 元。但是吉布森先生提供给我们看的那些动态对贷者与借者之间的关系并不会起补偿作用,反而会使之加重。因为他说明,如果物价正在上涨,例如每年涨 2%,通常与此相关联的是长期证券的资本价值也有每年下跌 2% 的趋势;所以购买长期证券的人 1 年之后所具有的余额就减少了 2%,而计算此数的期限,货币本身的价值又已经减少了 2%,因此他一共吃亏 4%;这两个变动的因素不是互相抵消而是互相加重的——至于这一年内他所赚息金的利率的变动则为量太小,不足以产生多大的影响。

对于这种现象,我的初步解释如下:

(一)我认为市场利息率以长期证券的收益来衡量时对于自然利息率的关系是"黏滞又难变"的。(自然利息率曾在第 11 章中下定义,并在第 13 章中进一步解释;它是储蓄量和投资量恰相平衡时的利率)。也就是说:当自然利息率下降(或上升)时,银行界不能迅速地察知或及时地采取相应行动,以致使市场利息率倾向于落后,其下降(或上升)总是小于其与自然利息率保持接触时所应有的程度。换句话说,在原有的利息率水平下,当储蓄量相对于投资的需求而言过剩或不足时,利息率本身不能迅速地适应新状况使储蓄量和投资量间的均衡状态得以维持于不变。19 世纪早期的高利贷法律在这方面可能曾经起过一定的作用。今日伦敦的银行贷放业务不完全按照自由市场原则进行,可能和这有关系。不仅如此,当新储蓄量必须在对外投资上找寻其主要出路时,一个因素对另一因素像这样反应不灵敏的情形就特别显著,其理由已在第 21 章中讲过了。

(二)由于资本总额在任何一年内的年增量,相对这个总额来说都为数不大,所以自然利息率的动态是长期动态,延伸达数十年之久——但战争等事可以使之中断。

(三)在自然利息率长期动态的进程中,当其下降时,投资就有长久赶不上储蓄的趋势,因为市场利息率不能同样快地下降;而当其上升时,则又有长久地超过储蓄的趋势,因为市场利息率不能同样快地上升。由于市场利息率落后于自然利息率,所以投资率就得不到适当程度的刺激或抑制。

(四)假定了这一切之后,就可以从我们的基本方程式中得出这样的推论:当自然利息率下降时,物价水平方面会出现一个长期的滞后现象,其方向相反。这种现象规模不像信用循环那样大,性质也不像那样显著。它是一种沿着某一方向发展的轻微而长时延续的滞后现象。每发生一次利润紧缩(或膨胀)都会渐渐地转变为一次收入紧缩(或膨胀),然后又接着发生一次新的利润紧缩(或膨胀);因为当投资落后(或超越)于储蓄一定量时(两者间的差额不必是渐增的),物价就将继续无限制地下跌(或上涨)(参看本书上卷,第 13 章)。

(五)上述解释,显然会遭到下述见解的反对:在较长的时期内,物价水平是受货币供应量支配的(当然也会受到银行营业办法,流通速度等等的修正)而货币的供应量则是由一些与利息率完全无关的原因支配的。我对这一个反对意见的答复是:在过去

100 年内,旨在使货币供应量适应于现状的"管理"程度通常被人们低估了;在基本方程式里另外还有一个"黏性"的因素,那就是,货币效能报酬率。各国中央银行的实际表现说明它们对黄金供求关系的一切变动的适应性,比一般设想的大得多。它们都是天生的黄金贮积者,只要能办到而又无碍于企业界时,便始终热衷于增加黄金贮存量。所以过剩的黄金供应量往往能被吸收,而对物价所产生的影响却不像预期的那样大。从另一方面来讲,当黄金的供应量缺少的时候,各中央银行又不愿使用强大压力迫使企业界降低货币报酬率。小试此法情形就已经是非常不妙的了,所以各中央银行总是尽量设法避免大用此道,结果它们就会找到某些其他办法,诸如慢慢地改变准备办法或流通中所用的黄金量等,以便使较少的黄金"做出"较多的黄金在老习惯、老办法之下所做的工作。不仅如此,原先非金本位的国家部分或全部采用金本位的速度从没有不顾及可供其需要的自由黄金是否充分。最后,东方国家关于黄金与白银的相对估价一向发生着抑制极端动态的调节作用,在长时期内尤其如此。

换言之,各中央银行在某种程度上已经根据黄金的相对余缺程度来调节它们对黄金的搜求,并且倾向于接受新黄金供应量加上上述影响物价水平的因素使它们得到的黄金准备水平。

(六)我的结论是:即使是物价水平的长期动态,其所受基本方程式第二项的影响,也一直比一般预期的大得多。这一点要是正确的话,那么吉布森的异说就得到解释了。如果市场利息率的动态和自然利息率的方向相同,不过老是落在后面,那么物价水平运动的方向,甚至在较长的时期内也会倾向于和利息率的动态相同。

参照上面的统计表来看,货币的影响(有别于利润膨胀和紧缩的影响)局限于基数增减 10% 或 20% 的上下变动上。这一情形在该表第二栏中有粗略的说明。

一般说来,我个人倾向于把众所周知的物价下跌与贸易不振间的相关联系归因于利润紧缩的影响,而不归因于严格的货币影响。我的意思是说,市场利息率的下跌,不能和自然利息率同样快,这一事实,一直比黄金供应量短缺更为重要。我们的统计表指出,在拿破仑战争时期,在波尔战争,以及其后的对外投资大扩张时期(1901—1914 年),还有第一次大战时期,利息率的上升速度都不足以使储蓄量赶上投资量的水平。反之,在 1820 和 1900 年之间,利息率下跌的速度则不足以使投资量维持于储蓄量的水平,至于 19 世纪中叶的投资繁荣(1855—1875 年)则是例外。自从1920 年以来,情形一直还是这样。

不仅如此,流弊还是累积性的。因为储蓄量超过投资量的逾额部分被浪费掉了,而不能实现为世界财富的任何净增加。因此,利润紧缩不仅使市场利息率保持于自然利息率之上,而且由于它阻碍了财富的增长,于是便使自然利息率本身也保持在高于没有阻碍时的水平上。

这几段话使我们要对当前局势再提出一个意见。我再一次地指出:全世界各中央银行都不愿意任令市场利息率尽快下跌,这对于目前说来是最大的流弊,对于经济在最近将来的发展说来也是最大的危险。战争结束已经 10 年了。储蓄量已经达到了史无前例的规模。但是其中有一部分却由于各国中央银行不肯让市场利息率降低到使储蓄量能被投资需求全部吸收的水平,因而被浪费掉了,被洒在地上了。欧洲各国恢复金本位的时候,同时采取了一种政策,使利息率保持于人为的高度水平上,目的是为了便利紧缩的产生。1929 年联邦储备局和华尔街的斗争,一部分是前者搞错了方向,力图阻止利息率到达其自然形成的水平。

尤其是在大不列颠,一直有一个学派认为:使利息率为了战债转换的利益而长期降低的办法是:通过一个节约运动来促进储蓄,同时又通过一个"经济"运动来阻碍投资——他们忘记了,不作投资之用的储蓄无异覆水于地,对国民财富不能有丝毫增补。唯有投资(也就是以资本品的形式增加物质财富的生产),才能增加国民财富,也唯有投资才能在长期中使自然利息率下降。

但瞻望前途时,就全世界而论,我认为未来 20 年的前景将表现为一个强大的趋势,其中自然利息率将下降。但有一种危险是:目前中央银行阻止市场利息率尽速下降的政策将使这种趋势的成熟被推延下去,并且不必要地造成许多浪费和萧条的状况。我在第 37 章第 4 节中将回头来讨论这一问题。

第 七 篇

货币的管理

第三十一章　货币管理问题

一、通过投资率控制物价

银行体系对于单种商品的价格或生产因素的货币报酬率无法直接控制。它对于货币量实际上也不能作任何直接的控制。因为近代银行制度有一种特征是：中央银行随时愿意按照规定的贴现率不论数量以货币购入某种被认可的有价证券。

因此，在下面的讨论中我们虽然还要对中央银行的所谓"公开市场"业务提出一些保留之点，但大致说来，控制整个银行体系的因素乃是银行贴现率。因为唯有这种因素才是直接受制于中央银行当局的意志和裁可的因素，引起的变动都必然是从这一因素中产生出来的。

实质上，这就意味着当前世界的物价控制是通过投资率的控制而实现的。中央银行当局不论是通过银行利率发生作用还是通过公开市场的交易发生作用，除了影响投资率之外便别无他法。可是我们的"基本方程式"曾指出，如果投资率可以任意加以影响，它便可以用来作为一种平衡因素，在任何必要的程度中，首先影响整个产量的物价水平，最终作为物价对利润的效应的反响而影响生产因素的货币报酬率。

因此,"货币管理"的艺术,一部分在于拟定专门的方法,使中央当局能对投资率实行迅速有效的灵敏控制;另一部分则在于能掌握足够的知识和预测能力,以便将各种专门方法在适当的时机应用到适当的程度,因而在物价和报酬两方面都能对受管理的货币体系所厘定的任何终极目标产生有益的效果。

本编的内容主要是探讨有关专门性的控制方法。首先要谈的是中央银行与本身的会员银行之间的关系问题,以及对会员银行鼓励或阻抑本期投资率的全部行为问题,建立一种不得违抗的集中统制的问题,这是第 32 章所要讨论的主题。接着要讨论的问题,我们在本书前几部分已经事先谈过许多了,内容是:假定"中央机构"对于会员银行已经建立了有效的统制之后,它是否真正有力量把投资率控制得像我们所假定的那样完整,这是第 37 章所要讨论的主题。在以上两章之间,我们将在第 33 章中研究中央银行本身的自由裁决权所受或所应受的法律限制。在第 35 章中,我们将简短地叙述国际"金本位制";在第 34 和 36 两章中,我们将研究中央银行与国外类似机构的关系中可能遭遇到的困难及其错综复杂的情形。最后,在第 38 章中,我们将进而探讨对于全世界的货币事宜是否有进行超国家管理的可能,并且在结论中提出几点回顾。

不过在没有谈到上述各种问题之前,先稍微谈谈货币管理问题的一类错误看法也许是适宜的;在我看来,这类错误看法几乎是所有异端学派货币改革者所共有的特征。他们都十分真切地认识到现行货币制度中的缺点,可是当他们提出补救方案的时候,却忽视了某些基本原则。我认为,这类错误主要是由于他们没有认识到货币制度与利率的深远关系以及其与资本投资率的深远关系而产生的。

二、银行家的双重职能

银行家可资放贷或投资的资金相当于存户账内贷方存款总额的绝大部分（接近 90％）。假如所存入的是"储蓄存款"，那么他不过是一个移转借贷资本的居间人；假使所存入的是"活期存款"，那么他一方面是存款者的货币供给者，同时又是借款人的资金供给者。因此，一个现代银行家便负担了两套不容混淆的任务。由于他能发生票据交换作用，通过借方与贷方的账面记录来回移转各不同客户间的本期支付，于是他便提供了国家货币的代替品。但当他吸收群众的存款，然后再用来购进证券时，或是用来向工商界放款、主要应付他们在营运资本方面的需要时，他又在某种特殊的投资贷付方面形成了居间人。

这种职能的双重性是研究现代"货币和信用学说"中许多难题的线索，而且也是某些严重的混乱思想的根源。

当商品货币通行的时候，货币单位的供给和某种特殊投资贷付之间并没有如上述的紧密关系。但是表征货币一旦出现以后问题就发生了，不管怎样迫使表征货币模仿商品货币的行为都是一样。由于制造表征货币并不消耗真实的资源，所以当公众持有较多的表征货币单位时，这种"货币"的发行者便有一笔货币可以贷放出去，其价值等于公众因为得到了较多的现金的便利而自愿作为代价放弃不用的真实资源的价值。

当表征货币（以银行货币形式出现）的发行者把它们作为借贷

资本居间人所具有的职能和这种发行职能结合在一起，并且进一步把他们以居间人身份所获得的资源和作为表征货币备办人所获得的资源合在一起，然后再进而把这两种不同业务所产生的总和收入作为一整笔资金贷放出去的时候，货币的发展便进入了下一阶段。

储蓄存款和活期存款在过去也许比目前更易区分。因为开初的银行存款绝大部分是储蓄存款，而银行钞票则大部分当做现在的活期存款用。在某些国家中，这种区别仍然有相当大的真实性。但是在大不列颠，1844 年的银行法窒息了"银行钞票"的发行，而且使这两种存款的区别不复能辨认了。到了近代，银行终于控制了雄厚的资源，而且建立了无远不逮的组织，以致远驾乎其他方面之上而成了最大的职业短期放款者。因此，它们当然会感到有责任来满足社会上对于这种借款的变化不定的需求，而这种责任的重要性并不亚于它的提供货币的那种责任。

近代银行事业所遇到的两难局面就是怎样才能把这两种职能满意地结合起来。作为表征货币的备办者，银行体系有责任维持这种货币事先厘定的客观标准。作为根据某类条件和情况而放款的资金备办者，银行体系又有责任按照平衡利息率（亦即按照自然利息率）尽力使这种贷款的供应符合其需求。此外，如上所述，客观标准的维持，在一种特殊方式（其严格性质一般被忽视）下，和银行体系以放款人的身份为便利新资本的投资而规定的利息率结合在一起。由于这一理由，当银行体系充分完成这两种任务中的一种时，既然有时不免与另一种任务的充分完成发生矛盾，于是握有银行体系控制权的人便不得不决定哪一种目的应该优先。要是认为两者不必有所先后的话，就必须在两者之间求得一种正确的折中办法。

有些人断章取义地在上述真相中挑出一部分，而对另一部分则盲目不加辨认，这样便使大量非经典学派货币文献的著文者之间产生了许多特别的、互相冲突的观点。一方面是银行家，他们由于遵循从实践中所学到的一些粗略的"经验"法则，所以在行动上尚能保持一定的稳健状态。另一方面，是世界上那一批完全摆脱利害关系的异端学派和怪异思想家，他们的人数和热忱都非同小可。本书作者由于写了一部《货币改革论》并且反对恢复金本位制，曾被他们过奖为同情者。我难得有一个星期不从世界各处收到各种不同文字所写的书籍、小册子、文章或信件。这些东西都属于同一性质，而且所用的论据也基本上相同。[①] 对任何一个研究货币理论的人来说，究竟应当怎样对待这个洪流，对它应当表示多少尊重和礼遇，应当在这上面花费若干时间——尤其是当他感到异端学派的极端不满比银行家的怡然自得远为可取的时候，便成为一个难题了。不管怎样，完全置之不理总是不对的。因为像在目前所讨论的情形下，异端学派既然能够在两百年之内盛而不衰（实际上，自从有表征货币以来即已如此），我们就可以有把握地说，正统经济学派的论据不会是全部令人满意的。异端论者是老老实实的知识分子，敢于坚持自己的结论；即使是奇论惊人，也只要得出这些结论的思路不是自己所不能理解的，他们就坚持。当

---

① 关于当代货币理论主要异端派著作家的叙述，在德文方面可参看哈伯：《对于近代货币改革者的错误的研究》1962 年版。

他们的惊世之论的性质像目前所讨论的情形这样——只要是正确的,就能使受苦受难的人类解除了许多经济弊端——他们那种顽强精神就被一种道德的热情所鼓舞和加强了。他们像苏格拉底一样,绝不低头跟着自己的论点跑到底。他们值得尊敬:在这个题目上做文章的任何人都有责任澄清这一问题使异端学派和银行家在共同的理解下调和起来。因此,让我们看看我们的分析是否可能得出一个使双方言归于好的论点。

差不多所有的异端货币论者学说都含有一个共同的要素。他们的货币和信用学说都同样假定:银行总有某种方法能让任何人都不费真正的成本,使工商业界在真实资金方面所能提出的一切合理要求都得到满足。而且,如果它们对自己的债权提出限制条件的话,那也是按照借款人用款目的的标准而提出的。

因为他们的说法是这样:货币(指贷款)是工业的元气。如果可按宽松的条件取得足够的货币(指贷款),就不难充分运用生产因素的全部可用供应量。对于工商业者个人来说"银行信用"便意味着"营运资本";从银行得到的贷款,为它提供了支付工资、购买原料的手段。因此,如果可以无限制地取得充分和储备贮存品的银行信用,那么失业的现象就绝不会发生。于是他们就问道:银行如果可以"创造"信用,又为什么偏要拒绝人们的合理需求呢? 所费很少或者全无所费的东西又为什么要取费呢? 在它们看来,我们所有的麻烦似乎都是由于这样一个事实而产生的,即银行垄断了创造信用的权力,通过信用供应的人为限制以便收取代价从中取利。否则,它们既然掌握了这种魔术似的权力,又为什么竟会如此吝啬呢? 为什么工业家所持有的营运资本不敷所求或者被迫为之付出5厘的利息呢？答案只有一个：垄断这种魔术的银行家不肯多用他们的权力，以便抬高代价，假使面包商是一个能够使石头变成面包的闭关性公司，他们绝不会因此而按照四磅石头的成本减低面包的价格。有魔术发生作用的地方，除非把它国有化，否则群众便得不到全部好处。我们的异端学派确实承认通货膨胀必须防止；可是这种现象只有当被"创造"的信用不能适应任何生产过程时才可能发生。提供信用以满足营运资本的真实需要是绝不会造成膨胀的，因为这种信用是"自清自偿的"；而且当生产过程完成的时候，就会自动清偿。异端学派作出结论说，货币改革在于调节信用的"创造"以满足营运资本的一切真实需求。如果信用的"创造"被严格地限制在这种范围之内，通货膨胀现象便不可能发生。此外，这种信用除开为了应付坏账和管理开支所需的费用以外，并没有理由收取任何其他费用。没有一个星期以至一天或一个钟头，没有热心于人类福利的人霍然贯通，发现进入乌托邦的锁钥原来就在这里。

　　银行家对于上述论据历来所作出的答复是异常不能令人信服的。的确，他并不否认在某种意义上他能够"创造"信用。可是他进行这种创造时所需的唯一的一块泥就是适当比例的黄金（或其他形式的准备）。假使一家银行在英格兰银行的余额超过了通常的需要，它便能够向工商界增加一笔额外的放款，而这笔放款在它或其他银行的资产负债表上的另一方便创造了一笔额外的存款（记在借款人的贷方或它所选定的移转账户的贷方）。就银行整体来说，用这种信用方式"创造"信用，只有造成了黄金的流失，减少了银行的准备，因而说明信用量有"减缩"的必要时，才算是过多；

然而,如果黄金的供应丰裕,那么"创造"信用的行为便必然没有阻碍。我们通常在金融报刊上看到:"联邦储备银行体系黄金存量充足,说明银行为工商业界的一切合理需求提供资金将不会遇到困难。"因此,如果我们相信银行家的话,在工业方面的可用营运资本量似乎就在某种方式下取决于英格兰银行或联邦储备银行体系所储存的黄金量。

这类有关黄金的论调,异端学派当然加以反驳,其实这也的确是蒙骗性质的话。显然,使工业开动的绝不可能是英格兰银行的黄金,因为大部黄金都年复一年地放在那里从未触动过。即使是这些黄金一旦化为灰烬,只要没有人泄露出来,其他一切事物仍然可以照常进行。相信英国工业的可用营运资本量取决于英格兰银行金库中的黄金量,就无异于相信别人的鬼话。

虽然如此,银行家仍力图把话题拉回到他们的命根子——有关准备的问题上来。他们即使不把这些问题当做事情的原因的话,也把它们当做一种象征。"创造"信用的固然是他们,可是被"创造"的信用量却不是任意决定的,而且并不是没有限度的。这种量一方面固然定于交易的需求,但另一方面也要决定于他们自己的准备状况。如果他们不顾准备状况而"创造"信用,黄金便会流出国外,因而危及通货的可兑现性;或者,假使没有实行金本位制的话,外汇牌价便将低落,所有输入品的成本便将因而提高。对于凭常识观察的旁观者来说,这种论点似乎是正确而有说服力的。即使是异端论者也开始感到不安了。可是他却没有被说服。他的论点并没有受到辩驳。因为制造家所需要的信用怎么会可能以封存在"针线街"地下金库中的金属量为转移呢? 他马上就回复原来的信念：银行家是别有用心地编出一套谎话在欺哄他。信用是生产营运的道路；银行家如果明白他们责任之所在，就会刚好按社会充分运用其生产能力所需的程度，将运输工具提供给生产过程。

本书的一个主要目的就是要针对这些错综复杂的问题提出一个明确的答案。什么是非膨胀性（即不受利润膨胀的影响，至于收入膨胀则是另外一回事）信用"创造"的正确标准呢？我们已经看到答案在于维持储蓄率与新投资价值的平衡。换句话说，银行家唯有在"创造"的信用对新投资值的净效果不会使这种新投资价值提高到公众本期储蓄量之上时，才能"创造"信用而不致受到造成通货膨胀倾向的责难；同理，除非他们能创造足够的信用以防止新投资价值降落到本期储蓄量之下，否则他们就会招致紧缩通货的责难。至于必须"创造"多少信用才能保持这种平衡，则是一个极端复杂的问题。因为这要取决于信用的用法以及其他货币因素的状况。答案虽然不简单，可是却很明确：全部产品量的价格水平是否稳定始终是事实上是否维持了这种平衡状态的试金石。

因此异端学派所犯的错误在于他们没有考虑到利润膨胀的可能性。他们承认收入膨胀的性质和流弊；他们理解到为经理人员垫付的信用如果不是为了增加生产因素的报酬，而是为了使企业家增加雇用量，因而增加其产量时，就和"收入膨胀"不是一回事。因为像这样创造出来的新财富量，与新"信用"相适应，而收入膨胀则不是如此。可是他们却没有注意到基本方程式的最后一项，他们没有估计到投资含有超过储蓄的可能；也没有考虑到另一种可能，即当新支付能力交给生产因素作为报酬时，新创造的财富不一定具有消费的形式。他们没有认识到，纵然生产因素的单位产品报酬率没有发生变动,物价仍然可能上涨。

然而银行家的准备标准情形又怎样呢? 我们可能已经向异端学派提供了一个具有说服力的答案。可是在字面上看来,这似乎并不是他们的对手——银行家——曾经提供给他们的同一答案。答案本不是一样的。银行家的准备状况确实是一种象征。他们正确地把现金准备的丧失当做一种象征,表明购买能力供应已经超过了国内物质手段所能满足的程度。这是他们的准备所具有的唯一意义。然而这种标准有一个特点是:它不是利润膨胀存在的测验标准,而仅仅是膨胀或紧缩的程度是否和外界情况相适应的测验标准。一的外汇和黄金准备在金本位制下可能处于平衡状态的时候,并不是当它没有受到利润膨胀或紧缩的影响的时候,而是当总的膨胀或紧缩程度像在第 21 章所说的那样,导致了国际收支平衡,因而在两抵之后不会产生黄金流入或流出的趋势的时候。正是因为这一理由,当金本位制正常运行时,通常便看到信用循环是一种国际现象;可是在金本位制停止使用时,情形就不如此了。因为国际金本位制往往成为在国际间传播利润膨胀或紧缩现象的一种手段。

因此,物价稳定的理想不能按照异端学派的原理达成,也不能按银行家所持的原理达成。实现前者就会产生"利润膨胀",而实现后者则不但会产生利润膨胀,而且还会加上一个不利条件,也就是还可能在其他的时机上产生"利润紧缩"。两者都没有注意到物价稳定的真正标准是储蓄与投资之间的平衡。银行方面是按照准备额来决定放款的多少的(不过这种做法当然是现行通货制度迫使它们采用的);异端学派则要求按照可雇用的生产因素的量来决定。可是双方都没有提出要按照储蓄和投资之间的平衡来决定，虽然这是唯一能够维持物价稳定的标准。不过，当异端学派抱怨现行制度下的银行放款政策，基本上没有受到、而且也不可能受到维持最适就业水平这个目标的影响时，他们却是在提醒人们注意到现行银行制度中的一个真正的缺点。

因此，银行家甚至根本没有试图保持物价和就业的稳定性；所以，如果发生了不稳定现象的话，也不能责备他们失败了。在金本位之下，他们的目标只在于能够和全世界银行体系的一般行为取得一致步调。他们的观念不是要保持清醒，而是要遵循无可指责的行为标准，和所有的同伴刚好享受同一程度的昏醉或头痛欲吐。

从另一方面来说，异端学派则完全是为了经济整体的最高度活动和效率，而要求严格的清醒状态和正常体温。可是他们对于生理学的了解是不够的；他们没认识到使人身体合适的唯一方法只有让自己服用一帖刚好符合体温、血压以及其他附带条件的利息率。

请容许我继续用医学比喻来说明这一问题。当不稳定现象已经发展而且正在施救时，人们由于忽视了这一事实因而就产生了另一种误解，即：治疗方法的最后疗效，虽无可怀疑，但却非等待一段时期之后不能产生所需的反应。

举例来说，生产类型从投资品改换为消费品时（或反转来调换），由于生产程序需要，在没有经过一段相当时期之前，并不能在市场上发生效果。因此，如上所述，引起生产改换的物价刺激会持续一段时期，直到采取了必要的步骤之后为止。其结果往往是补救措施使用过分。正如一个家庭给儿童服蓖麻油，在第一剂没有发生疗效之前，就相继不断地每隔 10 分钟给他服一剂。打一个更切合的比喻来说——这好像是一个家庭中，各人在彼此不了解他人所用剂量的情形下，分别相继地给这儿童服蓖麻油。结果，儿童的病状变得十分沉重了。然后他们又用同样的方法给他服止泻剂。科学家们宣称：儿童们都害着"腹泻—便秘"循环症。此外，还补充说道，这种循环的现象是由于气候所致，要不然就会说是由于那个家庭的成员时而乐观、时而悲观的情绪所致。假使第一剂药方发生疗效的时间不变的话，他们便会发现这种循环是一种时期恒常不变的真正循环。他们也许会建议，治疗之道在于当儿童便秘的时候给他服些止泻剂；而在另一极端的时候则给他服蓖麻油。但更可能的是儿童的父母分成用止泻剂和蓖麻油两派；一派由于见到腹泻的可怕便反对用蓖麻油，另一派由于感到便秘的苦楚而发誓绝不用止泻剂。

这样一来，要保持一条使身体经常健康的中庸之道就不是一件容易的事了。

第三十二章　对会员银行的控制
——国家管理的方法之一

中央银行负有管理整个货币制度的责任,这第一个必不可缺的条件就是明确本身对于会员银行所创造的银行货币总额具有无可违抗的控制权。正如本书第 2 和第 25 两章中我们曾看到的那样,这一总额严格地取决于会员银行的准备金,或者是在某一确定的范围内取决于其准备金。因此,第一个问题就是中央银行怎样才能控制会员银行准备金的问题。

为了便于讨论起见,我们假定中央银行同时兼任钞票发行当局(凡情形不是如此的地方,为了进行以下讨论,必须假定中央银行和发行当局双方的资产负债表合并在一起)。在这个假定下,群众手中所持有的流通中的货币加上会员银行的准备金就相当于中央银行的总资产减去它本身的资本和储备,并减去政府的存款以及会员银行以外的其他任何存户的存款。因此,一般来说,如果中央银行能控制本身的资产总额的话,便也能控制流通中的现金量和银行的货币量。会员银行只有影响中央银行使之增加其资产总额后才能增加自己的准备资金(除非是流通中的现款量在减少),如果中央银行能控制本身的资产总额,它便也能间接地控制现金和银行货币的总额。因此,中央银行以符合于客观标准的方式管理表征货币的力量基本上取决于它通过特意拟定的政策决定其本身的资产总额的能力。在这种情形下,我们就必须首先研究决定这些资产额的究竟是哪些因素。

这些资产究竟是一些什么东西呢? 为方便计,我们不妨将中央银行各种可变资产(即将银行房产等除外)分为下列三类:(1)黄金,(2)投资,(3)垫款。我所说的"黄金"是指中央银行本身不能创造,但法律规定该行必须以之与其法偿货币互相兑换的任何东西。我所说的"投资"是指中央银行自动购进的任何资产(黄金除外),因之便可能包括从公开市场上购进的票据。我所说的"垫款"是指按特定条件提供时,中央银行由于法律或惯例有义务收购的任何资产(黄金除外)。我所说的"银行利率"是指中央银行提供这种垫款时所必需或惯于采用的条件。[①]

中央银行的投资既然是由该行自己作主买卖的,因而数量便可以完全受它自己控制。变动这些投资量的做法,现在通称为"公开市场政策"。一般认为,中央银行的垫款总额通过银行利率的变化(即通过提高或降低垫款条件)至少可以部分地(程度大小,将在下面讨论)受它自己控制。至于黄金量在可兑换国际体系中就远离了中央银行的控制一步。黄金量直接决定于本国人对外国银行体系的债权是超过还是不及外国人在本国银行的债权。然而,一般也认为,间接地说来,同样通过银行利率的办法,至少可以部分地控制它的量;因为银行利率根据众所周知的理由,可以影响国际债权的平衡。

---

① 银行可能为各种不同的"合格"资产厘定各种相差极微的不同利率。

我们在下面将看到,从理论上说,中央银行还可以采用许多其他行动方法。但从实践上说,以英格兰银行或美国联邦银行为代表的现代中央银行所采用的方法,除开心理压力的方法以外,却只限于"公开市场"政策和银行利率这两种办法。心理压力在英格兰银行是隐秘地实现的,在联邦储备银行则是公开通过劝说、告诫或威胁实现的。

一、不列颠体系

传统的英国体系和其他地方通行的体系,特别是和美国的联邦储备体系,有一个极其重要的区别。一般都没有认识到,在后一体系的创始人心目中,该体系和第一次世界大战前的英国体系的相似程度是夸大而不切实际的。产生区别的原因是,英国体系力图做到其他国家的体系都没有的事,也就是使英格兰银行的"垫款"(定义如上述)在正常状态下为零(保留情形见下);这种垫款只能暂时存在,而且只能用于短期应付季节性的或每半年终了时的结账日和金融市场的意外风险等其他紧急状况。此外就只能在应付极短暂的状况或银行利率预计即将提高时存在。以上情形主要应保留的例外有两种:第一,英格兰银行是政府的银行,并根据"岁入"对政府贷款;第二,除了股份银行以外,它还在提出申请时对一定数目的金融界和商业界顾客提供借款的业务经营者,情形正和其他银行一样,其规模相对说来较小。

这种局面是由于伦敦制度所特有,而其他地方不流行的两种特点造成的。英格兰银行的银行利率通常是根据公开市场上为期

3月的票据贴现率规定的,这就使这种票据的持有者在英格兰银行再贴现时无利可图。其次,还有一种相当奇怪的习惯或惯例已经在默认下建立起来了,根据这种惯例,股份银行完全不能直接把它们的票据卖给英格兰银行。假如一家英国股份银行有意补充它的准备资金的话,它只有三条路可走:(一)将资产卖给其他银行的顾客,因而掌握某家银行的一部分余额;这种做法显然不能解决整个银行的问题。(二)放出库券,迫使财政部根据"岁入"向英格兰银行借款。(三)收回原先贷给票据经纪人的通知贷款,或者停止买进票据,迫使他们通过贴现或其他方法向英格兰银行借款,以减少票据经纪人的资金。然而票据经纪人在英格兰银行的官定利率高于市场利率时,除开短期借用以度过某种特殊比期或赢得时间以便重新作出安排外,不会向英格兰银行申请借款。可是在另一方面却会以减低票据收进价格的办法来补充资金。同样地,财政部对库券通常也愿意接受较低的标价以避免对英格兰银行担负短期债务以外的债务。因此,只要英格兰银行在市场利率有接近或超过银行利率的威胁时,就提高其银行利率,以便经常和市场情形贯连起来,那么股份银行增加它们在英格兰银行的总准备的能力实际上便等于零。任何一家银行如果企图这样做的话,到头来都是牺牲了其他银行;如果所有的银行都企图这样做的话,其中并没有一家银行能改善其原有处境。

但是在欧战之前,英国体系的运行还有一个简化的地方。不仅会员银行事实上不能采用向英格兰银行贴现的办法来增加其准备能力,而且现代意义下的"公开市场政策",实际上也根本不存在。英格兰银行偶尔出售统一公债,取得"现金";同时又以记账的办法买回这种公债（在 1 月后的任何时期偿付），以便补充银行利率政策的不足，这就是一种间接办法，可以使金融市场减少一笔相当于证券交易所未到期账款的资金。每当市场利率太落后于银行利率以致可能对外汇发生不良影响并使黄金外流时，它便采用这种权宜措施。可是这种措施并不十分经常运用，而且也没有为英格兰银行控制市场的武器增添什么重要的东西。因此，除了人所熟知的季节变化，如每届半年终了时对金融市场作临时放款以及在财政年度中某些时期根据"岁入"对财政部垫款等事项外，英格兰银行的投资总额实际上是恒定的。在长久的时期内，这种投资额也随着银行业务的一般发展而慢慢地增加。举例来说，在波尔战争和第一次世界大战之间的大部分时期里，英格兰银行的投资额除开极短暂的变动外，都在 40 000 000—45 000 000 英镑之间。

垫款在正常状态下既然等于零而投资又实际上恒定不变，所以大不列颠各会员银行在准备资金方面的变动便主要取决于英格兰银行所保有的黄金量，并决定于流通过程的黄金的流进与流出，以至整个国家黄金的流进与流出。这就是旧"自动"体系令人喜爱的简便性。旧式人物不胜惋惜地追怀这种体系，而新式人物对它所具有的特性则几乎已经遗忘了。在欧战之前，关于"健全的"银行营业的问题从来就没有涉及怎样稳定物价水平，或者怎样避免"利润膨胀"和"利润紧缩"等方面，而只是一种十分明确的技术性问题；也就是在可能范围内预见一个近于机械性的制度的运行情形以及怎样适应季节性变化或其他类似变化的问题。

回顾起以往来可以看到一种非常突出的现象：过去从来没有

采用过"公开市场政策"来缓和那种照例发生的和众所周知的季节性黄金流动。英格兰银行每年在春季都能增加 10 000 000 英镑左右的黄金,到秋季则须减少差不多相应数额的黄金,而且在没有公开市场政策的情况下,它的存款的增减百分比也是很可观的,有时接近 20％。每年秋季的漏卮往往减少英格兰银行的准备达 25％—30％之多而不致引起过任何人的严重关心。不过这些波动的影响有一部分被下列事实的后果抵消了,也就是说,财政部的短期债务由于所得税的收入通常都在春季达到最低点,各种暂时和混杂的影响可能在个别年度里轻微地打乱这些过程,可是一般说来,上述情况就是实际过程的特性。

因此,当时英国的信用"创造"率便是由一个真实地反映黄金流动情况的简单机制所形成的。此外,由于票据的面值对批发物价水平的变化是敏感的,所以批发物价的下降便有一种直接而立时见效的趋势使货币贬值,这情形反过来说也是正确的。由于伦敦在国际贸易和金融方面占有主导地位,所以这个体系便极适于用较少的黄金准备维持金镑和黄金的平价,而且在一定范围内也适于促进批发物价的稳定。

战后的新"管理"因素就在于英格兰银行经常运用"公开市场"政策买进和卖出投资,以便将其会员银行的准备资金维持在它所希望的水平上。这种方法作为方法而言,在我看来是理想的。它和英国体系的上述特点结合起来便能使英格兰银行对会员银行的信用创造维持绝对的控制,其程度是其他金融体系所不能达到的。英格兰银行已经发展了一种完整的方法,能将全国银行体系中会员的完整控制权交给中央当局。如果说个别的会员银行实际上没有影响银行货币总量的能力，这并非过甚其词，除非是它们背弃准备比的惯例；即使如此，如果英格兰银行抛售相应数量的投资的话，旧有状况仍将被恢复。这一体系唯有的一些弱点就是我们在上面为之提供补救办法的问题：首先，会员银行的准备比未经法律明文规定，难免不发生变动；其次，银行体系中处于清算银行范围以外的会员银行准备办法太含糊而不明确。

欧战前的银行体系对于物价的稳定以及世界信用循环中断的防止并未曾作出多少贡献。它认为这些上帝的行为和自己根本无关。可是它有一个大优点：人人都完全清楚英格兰银行各种行动究竟是受哪一些原则支配的，在某种情况下他们必须预计的是什么。战后的体系则采用了一种最有效的"管理"办法来代替旧式的"自动性"体系——这一切都是好的；可是目前并没有人确切地知道"管理"所要达到的目标究竟是什么，它在进行过程中所遵循的原则又是什么。迄今为止，还很难说它已经公开正式地在专家的讨论和批评的帮助下，运用科学原理求得最适经济状态。它只是采用伦敦商业中心区所谓的"神秘力量"的方法通往无人得知的归宿。英格兰银行的方法和美国联邦储备银行体系那种全面公开光明正大的方法恰恰成了鲜明的对比。我们大略知道英格兰银行原来和其他股份银行一样也不过是一家股份银行，现在它并不止是和会员银行有营业往来，而且像其他任何银行一样和个人顾客有营业往来；它同外国银行有重要的交往，而且不时和外国政府打交道（一般是秘密进行的）；此外，一方面是大战以后的纯粹私人营业可能已经衰退，而另一方面它和外国银行的业务往来则更加巩固和扩展了。不过我们对于这些事实并没有获得数字资料。在 1928 年以前,我们甚至不知道英格兰银行公布的存款总额中究竟有多少代表会员银行的余额,有多少是属于其他各类顾客的。

不过,有一点却始终是事实:英格兰银行对于会员银行发行银行货币的控制确已掌握了迄今已发展出的方法中最好的一种;而且我们也有相当的理由可以希望,随着知识的进步,有一天这些方法会作有利的运用。

二、欧洲大陆体系

第一次世界大战以前,在大多数的欧洲货币体系中,例如在法国或德国的体系中,中央银行所起的作用和英格兰银行大不相同。在那里,银行钞票的重要性相对于支票而言要大得多:中央银行的资金相对于会员银行而言也要大得多(如果我们不忘记可以用来应付营运资本需求的变动的资金情形就尤其是这样);那里的中央银行要增加"垫款"并没有什么障碍;而且会员银行也不受法律或习惯的约束,要保持严格的准备比。

会员银行既然不受准备比的约束,而且当它们想扩充资金时,也可以自由地向中央银行再贴现,所以中央银行对它们的控制便是极不完全的了。它们在扩充信用额方面所受的主要限制是它们所提供的再贴现合格票据供应量。可是这一缺陷可以为下列事实所抵消,如果全体会员银行都趋向于增加它们的投资贷付额,它们以存款方式所能收回的贷款比例就会小得多,因为新贷款中将有大得多的一部分以银行钞票的形式被取走。这样一来,这些会员银行创造信用的权力既然比大不列颠小得多,它们所需要的控制也就要小得多。其结果是,企业界扩充借款很快地就会表现为中央银行有价证券保存额的扩张,而其钞票发行额也几乎会有相应的扩张。因此,管理当局便主要是注意这些征象。

我们显然要用一种与上述内容有所不同的分析来说明这类制度的行为。这样做并不困难,可是我们对于具体事实了解不够,而且又考虑到篇幅问题,所以就不敢冒昧从事了。不过我能够预见到,随着"支票存款"制度的发展以及欧洲银行体系增加英美体系特点的趋势,为了充分加强中央银行的地位,就会要进行重大的改革。特别是德国国家银行——据我所知,这是一种迅速而又非正式地发展的制度——对会员银行的控制完全不够,而且整个企业界有任何通货膨胀的强大压力时它都容易受影响。它必须依靠银行利率的地方不仅是在吸引国外资金方面,而且是在限制国内借款方面都未免过多;其结果是,利息率高到足以限制国内借款时,对于国外可贷出的资金又会产生过大的吸引力。

三、美国联邦储备体系

当美国在第一次世界大战爆发的前夕开始计划联邦储备体系的时候,并没有理解到保证中央银行对于会员银行"垫款"在正常状态下等于零的"伦敦方法"对于中央银行的控制具有何等关键性的重要意义。正因为如此,美国的联邦储备体系就变成了一种英国办法和欧洲大陆办法的混合物。就银行货币具有基本重要性以及会员银行必须维持一种严格的准备比这两点来说,它和不列颠体系中的相应特点是相似的。可是它又准许会员银行可以充分进行再贴现,在许多条例中也包含着会员银行在正常情形下可以利用这种便利条件的假定,同时还把3月为期的银行承兑票据的收进利率维持得等于或低于市场利率,这些特点都是依照大陆模式形成的,和大不列颠的情形根本不同。美国联邦储备银行承办会员银行票据贴现或买进银行承兑票据的官定利率一般都和市场利率有关,这就使卖给联邦储备银行的某些票据不论利率如何都照例有利可图。问题只在于这种情形在任一时期规模竟有多大。用伦敦行话来说,在美国那种体系下,市场通常总是或多或少地存在于银行"之内"的;而在伦敦的体系下,却只是临时存在于银行"之内",或是在遇到意外风险时作为最后的补救手段,才会存在于银行"之内"。这两种体系之间相去不啻霄壤。

在联邦储备体系初创时,这一点当然讨论到了,但却没有充分认识到它的基本重要性。问题是这样提出来的:各联邦储备银行究竟应当通过承办会员银行票据贴现或通过公开市场活动而经常营业呢,还是活动仅应限于应付紧急局面呢?……当时的结论是:联邦储备银行的宗旨并不只是在紧急时期执行业务。联邦储备银行法案设立了一个耗资巨万的常设机构,应经常不断地为公共福利服务,使本身适应于工业、商业和农业各方面的需要——这些方面的一切季节变动和其他偶然变化全都包括在内。① 单就公开市场的业务活动而言,这是没有问题的。然而我认为实际问题的意

---

① 见《联邦储备局第一次年度报告书》,第 17 页。参阅比克哈特:《联邦储备银行的贴现政策》,第 199 页。

义却没有被联邦储备体系的创始人所明确理解，即就会员银行主动进行再贴现的便利条件来说，联邦储备银行究竟应当像英格兰银行那样成为一种应付紧急状况的机构，还是应当成为一种正常和经常资金的供给源泉。结果联邦储备体系在实际发展过程中，最后便不得不沿着伦敦体系迥然不同的道路演进了。

　　无论怎样，当时所作出的决定赞成把再贴现作为可以由会员银行经常利用的一种便利条件。的确，其情形曾使法律明文规定，联邦储备银行体系钞票发行的信用发行部门（即非黄金准备部分）的准备，除票据外不应有其他东西。因此，假使联邦储备银行有意遵循英格兰银行的办法就将发现本身并不经常保有恰当的资产作为合法的钞票发行保证。此外，发展纽约的票据市场和鼓励票据经纪业的开展——两者被认为是纽约体系以伦敦方式营业的必要先决条件；为了达到这两种目的，当初曾使银行兑换票据经纪人将他们的票据送到联邦储备银行来贴现的条件特别宽松，而且有利可图。在开始时尤其如此。①

----

　　①　在联邦储备银行的调查报告资料中，这类票据被列为"买自公开市场的票据"。这就使这种票据的买进和投资的买进混淆不清；前者正像联邦储备银行的再贴现一样，不是由联邦储备银行指示收买的；后者却构成了正式的"公开市场"业务。斯特朗总裁在物价稳定委员会（美国国会，1927年）所提出的证词澄清了这方面的情况，兹摘录如下："公开市场收买票据的利率的变动比再贴现率的变动更频繁。可是我们对于交售的票据却规定了一种和贴现率几乎完全相同的利率。我们并不主动地到市场上去收买票据。事实上，这种购买并不是联邦储备银行自动买进政府债券的那种自动购买。那种'公开市场进票'正像商业票据一样，都是由会员银行提出向我们贴现的；不过我们对这类票据的贴现率比商业票据低。我想目前如果把那些为外国银行收买的票据除去的话，我们所持有的全部银行承兑票据可能有85％到90％是来自会员银行的。"（以上是我把原报告书第315、317、328、457、458等页上各不相连的话摘编而成的）

迟至 1924 年,联邦准备局本身在讨论"联邦储备银行的贴现利率应当比本期商业贷款的通行利率高,以便使它成为'有效'利率"这个论点的时候(原载该局于 1923 年发表的内容极其精粹的《第十次年度报告》)还显示出它仍然没有体会到真正的问题是什么。伦敦银行对客户的放款利率高于银行利率,而且"采用透支和垫款的方式,这并不能成为可移转票据,因而不能在英格兰银行转为余额"。但是这并非要点之所在。能够在英格兰银行转为余额的流动票据、库券就更不用提了。而且假定在正常状态下,这些票据在市场上贴现的利率不能低于银行利率的话,就无疑会转为余额。该报告也指出,1923 年联邦储备银行的贴现利率也像伦敦那样,高于第一流银行承兑票据和财政部的短期债券的市场利率。可是它没有指出联邦储备银行买进承兑票据的利率通常低于它们的贴现率,而且也没有指出 1923 年的市场事实上曾卖给联邦储备银行一大批承兑票据。联邦储备银行往往保有大量银行承兑票据这一事实本身就足以证明它们收买这种票据的利率一定往往比市场利率高。此外,会员银行合格票据进行再贴现时所能得到的利率总是比他们为客户对这种票据贴现的利率低。引证戈登威泽的话说(见《联邦储备制度的实施》第 46 页):"事实是这样,'银行贴现率应高于市场利率'这句英国格言在美国有关银行业的讨论中引用时一般虽然都表赞同,但实际上联邦储备银行的贴现政策却是与美国的具体情况相适应的,而英国的格言则不适用于这种具体情况。"

因此,联邦储备体系和伦敦体系的行为不同,其基本解释在于以下两点:第一,会员银行可以直接向联邦储备银行再贴现;第二,惯例通行于短期贷款、第一流票据和银行利率之间的相对水准不同。在伦敦,这种水准是递升式的,所以往往值得用短期放款来买第一流银行票据,而从来不值得将这种票据送到英格兰银行去。从另一方面说来,在纽约,这种水准却可能是递降式的。当我在定这些话的时候(1926年7月底),伦敦和纽约双方的利率是这样的:

	伦敦	纽约
短期放款	3¾	4
银行票据	4¼	3⅜
中央银行收买90日期票据的利率	5	3¼
中央银行再贴现利率	5	3½

无疑,纽约证券交易所竞求短期放款一事可以部分地说明这种情况;这一事实意味着除非联邦储备银行放宽对票据经纪人所提供的条件,否则票据经纪业即无利可图。可是不管是什么原因,结果却很明显,联邦储备银行对于会员银行的准备资金总额并不具有英格兰银行那种控制力。自从第一次大战结束以后,联邦储备银行体系的经历首先是会员银行极端滥用如此得来的增加联邦储备银行"垫款"的自由。接着联邦储备体系管理当局就作出一系列的努力,企图创造一些小办法和惯例使自己能具有更接近于英格兰银行的权力,而不必公开地修改法律。

当联邦储备体系中上述漏卮尚未被发觉之前,上述经历的第一阶段已经在1920年的大通货膨胀中被清楚地看出来了,负责管理联邦储备体系的人直到1920年还没有认识到,由于它没有模仿英格兰银行制度中一点至关重要的具体办法而产生的巨大通货膨胀潜势，而且似乎也没有一个人曾注意到英格兰银行所赖以防止通货膨胀的主要工具在联邦储备体系中不存在。联邦准备体系所持有的贴现票据在 1920 年 1 月底时已达到 2174357000 美元的惊人数字，而到 10 月底时竟又增加 30％，达到 2 801 297 000 美元（合 569000000 英镑）。试设想英国金融市场只要从英格兰银行借到这笔款子的 1/10，又会成为什么情况！后来随着大通货紧缩，到 1922 年 8 月时，上述数字才减低了 85％，降到 397 448 000 美元。

当时有不少评论家把这种结果归因于联邦储备银行没有能够仿效人人称善的伦敦模式提高贴现率。肯定地说，这一点没有做到曾使当时的情势更加恶化。但是我怀疑在美国制度下任何合理的或可以见诸实行的贴现率变动能否真正遏制那次的崩溃——因为市场利率会恰好超前那么一段距离，只要物价在上涨，便没有人会想到付还问题。我看不出人们怎样能希望贴现率单枪匹马地在美国体系下产生不列颠体系下的同一效果。

自从 1920 年以来，联邦储备局一直在发展一些控制方法，这些大都是本身的经验方法而不是借镜于伦敦的控制方法。第一，它对会员银行提出批评，追问一些麻烦的问题，并制造舆论使会员银行感到运用联邦储备银行的资金多于邻行并不光荣，而且对它本身的信用也没有好处；它通过这些方法来约束会员银行利用联邦储备银行再贴现的便利条件。同时银行承兑票据的供应量也使这种票据售给联邦储备银行所能造成的信用膨胀受到一个最高限度的限制。[①]

下面这段引文摘自《联邦储备局 1925 年度报告书》(第 15 页),很好地说明了联邦储备体系目前的办法,而且也说明了该局当时对其体系的作用方式一知半解的状态。

"在 1925 年整个下半年中,短期放款的利率远比纽约联邦准备银行的贴现率为高。晚近的经验告诉我们,在一般情况下,为了防止会员银行向联邦准备银行借款以增加其抵押借款,并无需使贴现率高于本期通知放款利率水准。会员银行大都认识到,只有为了应付客户超过本行可用资金的短期和季节性需求才是向联邦储备银行申请借款的正当理由;从联邦储备银行取得借款以扩张本行业务的做法,无论是会员银行还是联邦储备银行的工作人员,都会认为不是联邦储备银行信用的正当用法。一般说来,我们不可能决定会员银行究竟将把它从联邦储备银行所获得的信用做何种用途。会员银行大都借款以弥补全部营业净结果所造成的准备余额的亏空,我们很难追溯出会员银行借款以及使这种借款成为必要的具体交易之间的关系。在不大常见的情形下,也曾有证据说明会员银行在向联邦储备银行借款的同时,增加了抵押放款,联邦储备银行人员向它们指出,它们可以通过短期放款账的变动调节准备状况,而无需求助于联邦储备银行。"

报告书接着承认,银行贴现率在影响借款量方面并未十分见

---

① 1929 年有一段时期,当联邦储备银行企图紧缩信用状况的时候,收买银行承兑票据的利率低于官定再贴现利率的办法曾暂时被停止执行。

效,在乡村中尤其如此。"在那里,会员银行的大部分资金是用于贷给经常往来的客户的,其利率比对一般信用状况的利率变动慢"。同时也承认:"关于票据是否合格的种种规定,"因为始终有大量这种票据存在,所以"在某些情形下虽然可能对于个别会员银行的借款量发生影响,但这些规定却不是限制全体会员银行借款容量的重要因素。"因此,报告书又重复提到有必要采取对个人施加压力以及和平说服的方法。"因此,设立在金融中心以外地区的联邦储备银行在通过会员银行借款申请书时,便不但从信用的角度来考虑它们提交再贴现或者作为垫款附属担保品之用的商业票据的法定合格性和可靠性,并且还考虑申请借款的银行的一般状况、其未清偿的贷款与投资的数量和性质、在某种程度内还考虑它的经营方式的性质"。

总而言之,联邦储备银行利用了会员银行没有绝对借款权利这一事实(关于联邦储备银行对会员银行办理贴现和放款的一切规定,就前者来说都是"可行规章"而不是"强制性规章"),尽量防止任何个别银行滥用联邦储备制度的事情。

戈登威泽对于这一点有一个很好的说明(见《联邦储备制度的实现》第8—9页)。在该书中,他把提交联邦储备银行请求贴现的票据的"合格性"和它的"可接受性"区别开来。他说:"合格性是法律和规章方面的事。票据要做到合格,就必须符合于有关出票人和到期日的种种明确标准。它的'可接受性'则完全与这些标准无关,而只决定于下列各种条件:签署人的信誉现况、可动用的资金、当事会员银行是否已经用尽其法定信用额、以往的经历是否说明该行在利用联邦储备银行的借款从事不正当或不相宜的事情。此外,还有一些其他考虑条件,虽然没有明确的规定,但却完全属于各放款委员会和董事会在下列法定限度内权宜决定的范围:联邦储备银行应在'适当顾及其他会员银行的权利后'并在'供应商业与实业贷款的观点下,向每家会员银行放款。'"正像戈登威泽在同书后面的一页上(第 163 页)所说明的,联邦储备银行保存了一份记录,其中记载它们认为各会员银行有权要求的信用总额。这个理论的数额经常被突破,所以当会员银行想要越出这个限度提出要求时,就难免不受到严厉的批评。①

　　自从 1925 年以来,会员银行除了极短的时期②以外不应当申请再贴现的惯例日渐地占了优势,纽约的各大银行尤其是这样。③但联邦储备银行正在企图强行执行一种政策,而会员银行则感到不满,上述惯例是否能经得起其间明争暗斗的压力,则有待事实证明了。事实很清楚,会员银行申请再贴现不会是为了收买投资、在短期放款市场放款或放款给客户作证券交易所的投机买卖。可是好言抚慰和管理从宽的办法可能不足以对付一种归因于所谓"合法"的商业需求的广泛扩张运动——其造成膨胀的性质并不亚于

---

　　①　这种手法近来(1929 年)由于出现了另一种办法而没有那么大的作用。新的办法,凡借款未达限额的会员银行都可以单纯为着以下目的而增加它的贴现:——把贴现得来的准备资金转借给那些已经尽自己的胆量向联邦储备银行借足了款项的其他会员银行,其利率高于它原先向联邦储备银行贴现的利率,因而获得一笔利润。采用这种方式从一家会员银行拨归另一家会员银行的资金通常称为"联邦资金"。

　　②　再贴现的票据为期平均大概不到 8 天这一事实并不说明任何问题。关于这方面的情形,在里夫勒所著的《美国的利率》一书第 30—32 页上可以找到一个良好的新解释。

　　③　地方银行对于利用再贴现来供应季节需要的做法并不感到有什么不应当的地方。

所谓"非法"的金融需求,而且可能更厉害。

　　总的结果是:联邦储备制度的实施和开创时期相比,已经和英格兰银行的制度更接近了,而且"公开市场政策"也在决定银行货币数量方面具有基本的重要性。

四、会员银行会不会以高于市场行市的利率向中央银行借款?

　　我们在前面曾假定,如果中央银行能够使其官定银行利率就其对市场利率具有适当关系这一方面的意义来说发生效力,那么会员银行便不至于在或多或少的程度上不顾及它们在借款时非付不可的利率跟它们在放款给客户时所能索取的利率之间的关系,而继续不断地以贴现或其他方式向中央银行借款。然而有些怀疑银行利率可以用来作为控制会员银行"创造"银行货币的手段的人却倾向于否定这种提法。劳伦斯教授在《物价的稳定》一书中①曾把这批人的看法极其精辟地表达出来。他所持的理由是,由于会员银行能够把它从中央银行借到的资金加几倍贷放出去,中央银行就必须把它的利息提高到难以想象的数字才能赛过会员银行可能赚得的利润。这个论点的实质,如果从我自己所假设的例证着手②而不从劳伦斯教授所举出的一些美国例证着手,就能说明得很清楚。

---

　　① 特别请参看该书第 23 章。

　　② 我们这个例证在劳伦斯教授的著作出版之前就已提出,但仍然可以用来说明他的论点的大概情况。

让我们假设有这么一家中央银行，它不直接公开营业，而仅和会员银行有业务往来。再假设所有的会员银行由于经过合并的过程而只剩下了一家。让我们更进一步假设这家会员银行始终可以不受限制地按照中央银行随时订出的官价利率申请贴现，不过它必须在中央银行的账上经常保持一笔余额，其数量应达到（假定）它所收存款的10％。最后让我们假设，它的唯一目的就是要在服从上述规定并且不致让人说它向客户索费过高的条件下，尽可能地多赚得利润。在这个例证中，假定中央银行并没有实行"公开市场政策"而只单纯依靠银行利率的变动，试问它究竟应当怎样决定会员银行所申请的贴现总额，从而同时决定本行的"垫款"总额呢？

我们可以假定这一家银行会像其他银行一样，把它的资产在适当的不同利率之下应用于各种不同的典型用途，情况大概如下（假定银行利率为5％）：

> 资产总额的50％用于垫款，利率6％；
> 资产总额的35％用于投资和票据，利率4½％；
> 资产总额的5％用于短期放款，利率4％；
> 资产总额的10％用于现金和存在中央银行的金额，利率无；
> 平均收益率为4.775％。

相对于这种收益来说，银行的边际行政开支（利息以外的客户收入已减去）可以假定为全部资产增益的3/4％，[①]我们还假定银

---

① 根据公布的数字，银行的固定开支远比这个数字为高，例如巴克莱银行在1925年的情形，这项开支曾占1.6％。不过这是平均支出数字。银行的大部分开支既然都是固定的，不会因短期周转而发生变动，所以，额外营业支出方面打上0.75％也许就足够了。

行所收的存款有 50％平均付与的利率为 $3\frac{1}{2}$％；这就是说，银行的支出占它资产总额的 $2\frac{1}{2}$％。结果，它的边际净利润占资产总额的 2.275％。[①]

我们现在所要讨论的问题是：究竟要到哪一点才不值得这家银行前往中央银行申请增加贴现，并根据这样"创造"出来的储备额增放贷款，以扩大它的营业范围？假定它的放款能够作为存款扫数收回，该行的放款总额也只能达到新增储备金的整 9 倍。这种假定意味着没有其他会员银行分享整个银行体系另加的放款所造成的存款增额，而且存款人也不将任何一部分的新放款用现金提出。目前我们假定没有其他会员银行同时存在。但是，既然我们没有必要假定所有的交易都是用支票支付的，那么就让我们假定其中有 10％是用现金支付的；因此，新垫款中便有 10％要付现，而没有作为存款回笼。这就意味着这一家银行能够安全地贷出的款项约等于它在中央银行所增贴现的 $5\frac{1}{4}$ 倍，而终于获得相当于这种贴现的 $4\frac{3}{4}$ 倍的额外存款。很明显，只要它能够按照上面所假定的利率继续经营放款和投资，它是马上可以获利的。而且越多越妙。

---

① 银行一般地说并不能从它们整个营业的平均情况中赚得这样的利润，一部分原因是它们的平均固定开支可能比上面所假定的"边际"开支高出 1％，另一部分则因为上列数字并没有将许多可能耗用金钱的项目估计在内，例如在过多的房产上花费过量、做了坏账的生意以及买进的投资贬值等。五大银行 1928 年公布的存款利润数字，除去缴纳所得税、为坏账和可疑债权所准备的款项以及其他未公开的公积金以后，余数为.75％。这和上面所说的相当符合——博蒙特·皮斯曾估计劳埃德银行从 1926 到 1928 年 3 年间的平均数字为：1/3 的毛收益支付存款人的利息，1/3 的毛收益支付工作人员的薪金、养老金等，剩下的 1/3 则应付其他开支，包括租金、捐税特别摊款、坏账和纯利等。这些数字和上面的数字大体相符。

让我们把这种情况写成更普遍的方式，以便能更明确地说明利润在什么方式下成为银行利率的一个函数。银行贴现率为 x；放款利率为1.2x；投资和票据利率为0.9x；短期放款利率为0.8x；存款利率为0.7x；于是新增营业的利润在没有扣除开支前为0.6x，在付出开支后（比如）为 0.6x—0.75%。

现在很清楚，这家银行不但贴现越多越有利，而且当该行资产的收益对银行利率的比率保持不变时，银行利率提得越高，则向中央银行增加贴现并根据这样增加的储备增做放款等事对会员银行的引诱力也越大。换句话说，只要银行贴现率"有效"的意义是银行据以投资和贷出资产的利率能够随着银行贴现率的提高而提高，并且能够保持它们之间的经常关系，则银行贴现率的提高不但不能阻止会员银行向中央银行申请贴现，而且反能成为一种额外的诱力促使它如此做。

会员银行无法按照与银行贴现率相配合的利率找到垫款出路的情况，能不能使会员银行为本身利益着想而不那么无限度地扩张营业规模呢？答案是不能。市场利率的一点增加纵然和官定利率的增加远不成比例，但就能补偿会员银行按照远高于其在市场上收买票据的利率的贴现率在中央银行贴现时所遭受的损失。[①] 即使市场利率在下降，会员银行仍然值得把它的资产额继续增加到预定的一点。

总之，按照这个论点说来，会员银行10%的现金储备的获利

---

① 劳伦斯教授根据他的数字假定曾推算出联邦准备银行的贴现率从 4½% 增加到 9% 时，会员银行的利率从 5.66% 增加到 5.9% 即可抵消；如果前者提高到 90% 的话，后者只须提高到 10% 多一点就够了（见前书第 312 页）。

能力是如此之大，以致使它天然有一种动向，要把它的营业规模在不遭受遏制的情形下扩张到造成通货膨胀的程度。而银行利率本身，对于这种趋势通常不是一种足够有力的遏制工具，除非通货膨胀已达过晚的阶段以外，在其他时候都不足以遏制这种趋势。当这种趋势始终保持在足够和缓的范围内而不妨碍银行利率的效力时，则尤其如此。

我们在上面所描绘的情况当然是纯属想象的——有意把它写得和现实相差很远。可是它却足够把我们的思路引到这么一个重要问题上来：——能够遏制这种天然动向的究竟是什么？

我们可以从会员银行为数众多这一事实上找到答案。在上面所举的假设例证中，我们假定中央银行只有一家会员银行；正因为如此，这一家银行新增的放款的收益，除了增加钞票流动量票据那一部分以外，都可以在新增存款的方式下扫数收回。假定会员银行为数众多的话，这种论点便大大改观了。在会员银行数以千计的美国，情形尤其如此。

一家银行——根据其相对于总准备额的一定增加额计算的扩张系数，可以用它在整个银行体系存款业务中所占的份额测算出来。但一个地方的储备金增额如果首先落入该行手中，而那些和该行客户有往来的人又比一般人更有机会同样成为该行的客户的话，扩张系数就可以用稍大的数额来测定，至少在短期内是这样。因为，任何一家银行的营业并不是在全国范围内平均分布的。因此，如果有许多银行同时存在的话，银行的系数就小，虽然不像银行为数少的时候那样小。结果，按超过市场利率的费用从中央银行借款的那家银行，便负担了信用扩张的全部支出，可是它所收获的只不过是利润中的一部分，而且可能只是其中的一小部分。这种情形的效果是使那种促使个别银行向中央银行借款以扩张其业务规模的刺激减少，而且往往只不过是没有达到一定能消灭这种刺激的程度而已。虽然如此，在那些主要银行的数目已削减到五家的地方（例如目前的大不列颠），个别银行付出超过市场利率的费用采取单独的扩张行为仍可获得少许好处。即使在美国也有这么一种可能：——会员银行本身的放款所造成的本行存款能增加到一个程度，使它以略高于市场行市的利息率向它的联邦储备银行借款也合算。J. S. 劳伦斯教授在批判 S. A 菲利普斯教授所持的反对意见时，就讲过这样的话；至于其正确性如何，我没法肯定。[①]　再者，假如所有的会员银行对于同一刺激都采取步伐一致的反应行动的话，其净结果便和仅有一家银行时相等。

　　因此，这对于劳伦斯教授自相矛盾的论点而言，并没有给我们作出全面的答复；因为菲利普斯教授的答复，在大不列颠情况下说服力就大大降低了。但除此之外，还有一点理由，这一理由实际所产生的影响也许比精密数字计算出来的影响还要大。也就是说，只要市场利率低于官定利率，那家企图增加储备余额的银行便始终会感到自己到中央银行去借款，还不如暗中把其他会员银行的储备余额套取过来那样合算。我想差不多任何一位实际银行家都

---

　　① 菲利普斯教授主张（原文载《美国政治学会学报》，1922 年 1 月号，第 195—199 页）：在美国，一家银行单独行动的扩张系数（即银行本身的放款对借用的准备的系数）约为 1.25，从这一点便可以推论出：大致相当于市场利率的银行再贴现率（如果把银行的营业开支考虑在内的话），一般说来，其为数之高就足以阻止会员银行借款。另一方面，劳伦斯教授却主张这种系数约为 1.8（见前书，第 363 页）。关于菲利普斯教授的论点的全貌，见他所著的《银行信用》第 115 页及其他各处。

会问：——假定以收回短期贷款市场的资金、变卖承兑票据或变卖投资等办法增加储备资金所费更少的话，会员银行为什么一定要去再贴现呢？因此，个别银行往往宁肯变卖某种资产而不愿按照超过市场利率的贴现率向中央银行申请再贴现；这种资产是卖掉后不会对本行的存款发生反应的资产。也就是说，它的紧缩系数（新创一个与劳伦斯教授"扩张系数"相反的名词）达到了尽可能低的程度（即尽可能近于1），因而以它为基础增加储备余额时，该行就可以增加它扩张系数大的资产额（例如放款给本行客户和周围的人）。① 不过，如果每一家会员银行都这样做的话，拉平的结果当然就会使没有一家能占任何便宜了。

因此，我们的结论是，在那些会员银行为数众多的地方，人们从中央银行借款的利息大大高于完全类似的借款在市场上的利率的事，大概不会出现。除非是全体会员银行处心积虑地达成一项协议，要一致与中央银行作对。可是会员银行协同一致反抗中央银行审慎考虑的政策的事，完全是一种纸上谈兵的危险，实际上不会出现。

但是，即使这种一致行动果真发生了，或是上述各项遏制办法由于其他任何原因而失效时，中央银行依然掌握着一种武器，其形式就是公开市场政策，只要它具有合用的"弹药"就行。因为如果会员银行开始以高于市场行市的利率向中央银行借款的话，它就

---

① 上述论点中假定"紧缩系数"对于银行的某些资产说来小于其他资产，如果在这家银行本身的客户和其他银行的客户之间状况完全对称的话，这个假定便不能成立。因为在这种情形下，用一种资产代替另一种资产并不能使银行增加资产总额。不过原文中的假定往往能代表着事实。

能按照市场利率出卖它所有能在公开市场交易的资产,使会员银行遭受损失而它本身却赚得一笔让它们不痛快的利润,结果就迫使会员银行按照高于市场行市的利率从其中借回与该行变卖额相等的款项。

因此,官定利率只要和市场利率挂上钩就会"有效"的假定,并没有推翻的必要。

五、公开市场政策的进一步分析

有些著作家说:银行贴现率法和"公开市场政策"法,在理论上实在可以归为银行贴现率这一个方法;因为"公开市场政策"如果没有银行贴现率的变动相辅而行,它的实际应用范围便很狭窄。根据这个论点(一个不能完全成立的论点,理由将在下面申述),中央银行变动它的"投资量"时,就必然会在它的"垫款"量方面造成一种相反的和互相抵消的变动,除非它随之而适当地变动银行贴现率。人们承认,中央银行由客户主动要求而放出的垫款和它所主动收买的投资是不同类型的两笔债,所以变动一下后者的量便可以相对地或大量地影响垫款量。人们也承认,"公开市场政策"的效果,也就是变更其投资总额的效果,能够在银行贴现率那种比较突然的和非连续的变动的领域之内产生逐渐的和连续的运动。虽然如此,根据上述见解,中央银行只能利用公开市场政策来加强银行贴现率政策的作用,使它发生效力,而不能用它来代替银行贴现率。换句话说,除了在变态和非正常的情势下之外,中央银行的资产总额是它的银行贴现率的一个函数;因此,通过后者的适当变动便能够控制整个的局势。直到最近为止,这说法在英国一直是正统学说,只不过在国外并没有这样普遍被接受。

最后说来,银行贴现率政策和公开市场政策,除了一定范围以外,不可能沿着不同的路线进行,这一点是肯定的。不过这两种方法之间的区别的意义却不受这一事实的影响。因为,它们所产生的效果在种类上有极大差别。银行贴现率的变动,是可能影响中央银行"垫款"量的各种因素中的一种。可是这种变动还有许多其他的作用,而且对于中央银行垫款的影响乃是这种变动所造成的一大群广泛得多的复杂后果中的一种不肯定和附带产生的结果;从另一方面说来,公开市场业务,却能直接影响会员银行的准备额,从而普遍地直接影响存款数量和信用数量,后一种影响是它的直接后果所造成的,而不是间接作用所造成的。此外,银行贴现率基本上只影响短期利率,而公开市场业务则由于其与中央银行所持有的长期证券有关,所以便能影响长期利率。这两种方法之间的这一差别在某些场合中的重大意义是本书第 39 章的主要论题。我们在那里会看到,如果中央银行的目的是要维持国际平衡的话,银行贴现率可能是最好用的武器;如果它的目的在于影响投资率的话,在公开市场上买卖有价证券便可能更为有效。

公开市场的业务经营方式在英国和在美国有所不同,因此,我们将分开讨论。

就英国来说,我们必须把公开市场业务中买进和卖出两方面的效用区别开来。英格兰银行买进政府债券借以增加股份银行的准备总额,其效用几乎是绝对的。既然金融市场一般欠英格兰银行的钱不多或者根本不欠,那么市场由于资金更充裕而付还给英格兰银行的款项,影响便不会很大了。因此,英格兰银行增加投资时,首先产生的直接效果就在于促进股份银行增加准备,并基于这种增加而相应地增加其放款和垫款。这种情况可能对市场贴现率发生作用,使之略低于其他情形下的数额。可是股份银行往往可能(虽然不是永远可能)增加它们的放款额和垫款额,而不致使其所索取的利率大大疲软。所以,英格兰银行在卖出政府债券以减少会员银行准备额方面,只要市场利率低于银行贴现率,其效用似乎也同样是无条件的。但是,假使会员银行对于信用限制的反抗使市场利率接近于银行贴现率时,金融市场便会增加贴现额,从而形成抵消公开市场业务的趋势。这种趋势除非提高银行贴现率以外就无法遏制。的确,发动膨胀过程总比发动紧缩过程容易,因为前者适合会员银行的胃口,而且能够激发会员银行体系本身所蕴藏的膨胀偏性;后者则易招致会员银行的反抗,这一方面是为了它们本身的利益,同时也是为了避免把它们的客户搞得一团糟。但不论在哪种情况下,都有一段时滞存在,其间中央银行业务所累积的效果可以按照它所期望的方向,在企业界和金融界建立一种总趋势。

上述的最后一点——即任何动态都具有可以发动起来自行往前发展的趋势这一点——使我们看到了公开市场政策的另一重要方面;这一重要方面在美国甚至比在英国更能适用。因为中央银行有意变动"投资"量时会不会激起它"垫款"量的相反变动,因而显示出它在变更银行货币量这一点上不能发生效力的问题如果撇开不谈,那么有意变动投资量倒有一种效果,这就是促使会员银行采取一致步伐,朝着中央银行所指明和期望的方向发展。读者根据前面的讨论可以回想起：一家会员银行的行为是怎样部分地为其他会员银行的行为所影响，而且一项使许多会员银行同时向同一方向行动的偶然事件可能巩固为整个体系向那个方向发展的持久动态，而全体成员银行并未存心希望有这个动态发生，或认定这个动态对它们有利。我想，中央银行周密掌握的公开市场上业务的价值，很大一部分在于它能在暗中影响会员银行，使之朝着它所期望的方向一致发展。举例来说，某家银行在任何时候都可能发现它有少许的剩余准备。按照平常的做法，它一定会以这笔剩余准备为基础额外买进一些资产，而这种买进又会使别家银行的准备状况稍有改进，等等。如果这时中央银行在公开市场卖出一些资产，把这笔为数不多的剩余"掐掉"，这家会员银行便不会顽固地坚持照原计划购买额外资产而从金融市场上收回现金；它干脆就不会购买。同样地，其他某家银行如果发现它的准备额由于中央银行的活动而过分地减少时，它并不会完全采用从金融市场收回资金的办法来填补不敷的数额，从而驱使金融市场向英格兰银行借款，它将采取不补充日常营业中某些逐日消耗的资产的办法来重新建立平衡。像这样的做法，中央银行通过循序渐进的、小量紧缩性的公开市场卖出，就能够诱导会员银行逐渐缩小它们的业务规模。毫无疑问，中央银行如果经营循序渐进的、小量膨胀性的公开市场买进（不管是采用额外对政府贷款或其他方式）的话，便能有力地、而且几乎能毫无例外地诱导会员银行仿效而行。在这种方式下可以不变动银行贴现率而获得许多成就。一位普通居民由于信用限制而无法向其往来的银行通融贷款的话，一般说来，纵然他很愿意付出高于市场价格的利率，也没有条件在公开市场用抬高贷款代价的办法来筹得他所需要的资金，至少在英国是如此。总之，公开市场业务为中央银行提供了一种工具，使它可以利用银行体系中的天然不稳定性来达到它自己所要达到的目的。在会员银行数目众多的地方（例如在美国）情形尤其如此。

美国联邦储备银行经营大规模的公开市场业务，事实上是从1922年春季才开始的；至于把它作为一种系统化的政策，则发端于1923年4月。[①] 这种业务在美国开始时并不是为了要控制或者影响会员银行的行动，而是要防止联邦储备银行本身有收益的资产继续减少。1921年美国的黄金净输入曾达价值660 000 000美元左右的高峰。收益都付给联邦储备银行了；其中大部分用于偿还了会员银行的债务。结果，到1922年春季时，联邦储备银行发现本身的生息资产已经减少到不能应付开支和支付股息的水平。因此，1922年各联邦准备银行便各自为政地、没有通盘政策或远大计划地在公开市场上总共收买了为数极多的美国政府债券。在黄金输入量很大的时候，又加上这种做法，于是通货膨胀的可能性便很快地露出头来了。1923年4月时，联邦储备局就把这事接过来——也许正好及时地防止了1920年那次物价暴涨的重演。该局公开公布的原则是这样："联邦储备银行收买公开市场投资的时间、方式、性质和数量，首先要顾到的是商业和实业方面的资金以及这种买进或卖出对于一般信用状况的影响。"这种说法故

---

① 关于公开市场政策的产生，叙述最详备的是《1923年联邦储备局第10次年报》（1924年发行），本书后面曾加以引用。参阅斯特朗总裁《在物价稳定委员会前的证词》（美国国会出版，1927年）第207—332页。关于公开市场营业的统计资料，参看该文第426页。

意弄得很含糊,但至少也确实规定了有价证券的买进不应当仅仅是为了增加联邦储备银行的收益。然而比这种抽象的意图阐述更重要的是任命"联邦储备银行官员组成的一个委员会,在联邦储备局的全面监督下,负责处理公开市场的问题和业务"。我们可以认为联邦储备局从那一天起已经根据它的经验发现了伦敦方面单靠银行贴现政策来管理国家货币制度的方法本身并不足以控制用美国方式所建立起来的制度;而公开市场政策,由于直接接触到问题的根源,并直接影响到会员银行的准备量,便给它们的任务提供了一种更适当的工具。

只要是经营公开市场业务的目的既不在于改变现存的平衡,又不在于阻止会员银行背离这种平衡的趋势,而仅在于保障现存的平衡状态使它不致遭到扰乱,这种权宜办法便完全合用。虽然如此,如果问题在于诱导会员银行改变它们的业务规模的话,那么美国制度由于上述性质便不免比伦敦方面更容易受到"垫款"所产生的相反动态的阻力。美国的会员银行整个说来既然通常都对联邦储备银行负有债务,那么,如果它们一旦发现本身储存在联邦储备银行的余额已经增加到超过了需要时,便会很容易而且很自然地偿还这种债务一部分。从另一方面说来,联邦储备银行的再贴现率以及银行承兑票据的收购价格,对市场利率来说,却又并不具有那样大的寓禁性以至惩戒性,使会员银行发现本身在联邦储备银行的余额不足规定时不去补足。

由于上述各种理由,在公开市场政策开始实行时,有些经济学权威认为,它尽管在表面上看来有很多用处,但实际上是不是有很大作用,却不免抱有怀疑。1925 年 3 月,钱德勒博士在《纽约国民商业银行行刊》上曾发表意见说：

"由于联邦储备银行变卖了它们的投资，会员银行在联邦储备体系中的再贴现数量一直是倾向于相应增加。因此，只要会员银行可以不受限制地向联邦储备银行借款，联邦储备银行的公开市场业务对于会员银行所能支配的信用量便好像并没有多大作用。不错，通过联邦储备银行公开市场投资的卖出而收回市场上的资金，既然能迫使会员银行借款，那么，这样就可能使会员银行方面产生了一种不愿扩充信用的心理。……然而这完全不是说，公开市场业务经过一段长时期实施的净效果对于可用信用量会有任何永久性的影响。"

伯吉斯博士在《联邦储备银行和金融市场》一书第 12 章中也说："直接自愿地购买的政府债券的持有量方面每有增减时，在贴现票据和手中持有的银行承兑票据等方面一直都被动地随之发生几乎相应的变动。"但他的统计数字所说明的情形实际上不过是这样：当前者的变动量大时，就会由于后者的相反动态得到部分补偿。此外，前者的动态有时是特意为了补偿后者的动态而弄出来的。

银行总裁斯特朗对于美国公开市场政策的发展所起的作用比任何人都多，他对于这个问题曾提出以下的几点：

"我认为，公开市场业务是用来为利率的变动开辟途径的。不幸的是，我始终认为国内对于银行利率的变动在情感上都夸大了它的重要性。这种情况的危险就在于利率的提高将是全国对于信用的信任感和安全感的致命打击，公开市场业务或多或少地纠正了这种反响。……如果从各方面考虑起来,联邦储备银行要把信用的使用稍微抽紧一点的话,那么根据我们的实际经验看来,比较有效的方针是先从卖出我们的政府债券着手。其效果对全国来说,就不会那么显然,而且还不会使人感到惊恐。"①

据我看,这些权威人士都低估了公开市场政策的效用。不过以上所引证的斯特朗总裁的看法,却表明他已部分地认识到公开市场政策和银行利率政策之间在质的方面有所区别。晚近的经验显示出,公开市场业务在一种经营方式下可以对通货管理方面发生非常大的效力。联邦储备局在 1923—1928 年那一段时期中管理美元的成功是下述见解的胜利——"通货管理可以在实质上与黄金动态无关的情况下实行。"不过这种胜利后来由于 1929—1930 年的事态而有所减色。

虽然如此,要不是联邦储备局在那段时期内并未曾严重地受到黄金动态的困扰,那几年中的政策仍然可能实行不了。公开市场政策能否奏效,决定于中央银行手边是否经常持有适当的"弹药",即可变卖的公开市场有价证券。联邦储备银行只能用它们在抵抗物价暴跌时随手捡到的"弹药"来击毙开始萌芽的暴涨。但是要有大宗黄金源源不绝地流入的话,就会不断地暗中把它们的"弹药"偷运掉,而且由于在它们的准备中以不能买卖的黄金代替了可以买卖的有价证券,所以迟早总会发现自己的"弹药"储存已经降低到不足以应付下届暴涨的水平。在金本位制度下黄金不断流入

---

① 见《物价稳定委员会报告书》(美国国会出版,1927 年),第 307、332 页。

的量,如果比银行体系所需要的余额增长量大得多的话,便没有任何货币管理制度能无限地存在下去,这样流入迟早必然会造成通货膨胀。1921 年以及随后几年中美国的黄金流入规模非常之大,以致使人预料:联邦储备银行为了避免本来要发生的膨胀的后果,势将耗费大量"弹药",以致所余的"弹药"不足以应付 1923 年以及后来萌芽的信用交易骤涨的现象。的确,当时大多数的观察家都预料会发生这种情形。但是这种预料竟未成为事实,其原因被认为是美国公众在同一时期内所需要的银行货币数量有显著的增加。在现存物价水平下需要更多的银行货币时,新输入的黄金便可以被吸到准备中去而不致对于物价发生任何通货膨胀的作用,也无需使用联邦储备银行的"弹药"。如果黄金的流入与银行货币的需求量减少的现象同时发生,而不和它扩大的现象同时发生,那么联邦储备银行以可变卖的有价证券的形式保持的"弹药"是否足以应付美元管理的问题就会受到考验了。

如果认为美国在 1922—1928 年的货币状况发展过程是管理成功的范例,那么 1920 年的通货膨胀便是极其不中用的货币管理的殷鉴了。当时还没有尝试过经营公开市场业务,因为这个政策的原理在当时还没有被发现。同时,那一段时期的统计资料也提出了这么一个疑问:联邦储备银行在 1919 年和 1920 年所能够掌握的"弹药"究竟充足到什么程度。

六、变动会员银行准备比的办法

"弹药"可能不足的情况在特殊情形下会妨碍公开市场的业

务,因而使我们要提出另一种从来没有实行过的办法,即授权中央银行在事前适时通知后,自行斟酌情形小规模地变动各会员银行规定必须保持的法定准备比例。

美国联邦储备局于 1917 年曾提出过这方面的建议说,会员银行规定准备额的增加不得超过其原来存在联邦银行的准备额的 20％,而且有效期间不得超过 30 天。联邦储备银行顾问委员会认为这建议不适用于非会员银行,因而予以反对,结果使之从未付诸实施。无论如何,这种建议只能对规定准备额造成极小的差别。[①]钱德勒博士曾评论道:"这种权力无疑使联邦储备体系能消灭逾额黄金的作用,可是这个建议革命性太大了,所以根本无法采用。"[②]

目前看起来这办法虽然是革命性的,但我认为:这类的规定,如果能适当保证其不致被滥用的话,便应当补充到一个理想的中央银行职权中去。它直接接触到问题的根源;而不依靠我们的实验货币管理制度自行摸索出来的各种间接和迂回的因素。如果会员银行不适当地照顾到它们的客户在现存平衡状态下的需要而放款过多或过多地增加其现金余额时,或者从另一方面说来,如果它们放款过少时,那么变动它们的准备比便可以最直接地对它们施加压力,使之朝着所需的方向发展。因此,我曾建议(见本书下卷,第 66 页)把这一特殊办法引用到大不列颠体系中来。

---

① 见贝克哈特:《联邦储备银行体系的贴现政策》,第 190 页。载《联邦储备银行公报》,1917 年。

② 见钱德勒:《联邦储备政策的国际状况》,原载《美国经济评论》(附录),1926 年 3 月号。

第三十三章　中央准备的管理
——国家管理的方法之二

　　我们在上章中曾探讨了中央银行可以用来控制会员银行准备资金的各种不同方法。在那里,我们集中讨论了中央银行的"垫款"和"投资"量的管理问题,并且说明如果这两者能够有效地加以控制,则会员银行的准备资金总额(由中央银行所持有的"黄金"、"垫款"和"投资"的总和减去公众所持有的银行钞票总额而得)也能够加以控制。在本章中我们就必需讨论一个可能已经不存在、而且也许不应当存在的问题,即中央银行本身必须服从并应在其限制范围内履行职务的一些规章。

　　人们可能认为在任何计划周密的金融体系中,凡采取单独行动而不顾及公共利益的会员银行一定会受到中央银行的制裁;也可能认为,该体系中自由裁决的成因主要由中央银行执掌。同时看到中央银行所处理的问题那样错综复杂、而且在不同环境中又具有不同性质后,就没人会希望关于该行明智行为的法规可以由一项议会法令随便规定出来。可是由于历史方面的理由——这些理由从来就不充分,目前讲起来又已经过时了——我们竟发现大多数近代的金融体系,情形恰恰与此相反。一般关于会员银行的规章是不大确定的,而关于中央银行的规章则非常严格——在某一点上特别严格，也就是关于它负债一方的某一项（银行钞票的发行）和它资产一方的某一项（黄金）之间的关系却非常严格。

这些规章——其特性马上就要详加讨论——是由于两种影响因素形成的。第一是历史因素。在表征货币出现的初期，其主要形式不是银行存款而是银行钞票。凡有意控制表征货币量的人都有理由集中注意银行钞票的管理问题。在 100 年前的大不列颠和 25 年前的德国是这样，甚至在目前的某些国家中大概还是这样。此外，大多数国家迟至 1914 年还普遍把银行钞票和金币两者同时作为流通工具，所以银行货币以外的通货总额并不决定于银行钞票的总额，而是决定于这种总额加上流通中的黄金总额。作为稳定通货流通总额的一种条件而言，这种状况便要求：流通中的黄金量的变动应同流通中的银行钞票数量的相应变动抵消。因此，当时所计划的"管理方法"就在于获得这种效果。

第二个因素是政治性的。人们一向就认为限制中央银行的自由裁决是值得欢迎的，因为有一种危险是中央银行屈从于政府的无厌要求，以致对财政部垫出一种款项，其性质必然是牵涉到纸币。无疑，在某些国家中和某些情况下，这种看法是有说服力的。不幸的是，要削减政府的权力，议会的一纸法令是没有什么效果的；几乎在我们知道的每一件紧急事例中，当"货币条例"和当时政府的愿望发生矛盾的时候，让步的总是货币条例。

就历史性因素适用的范围而言，能说明这些因素的作用的条件差不多都已成过去了，在不列颠尤其如此。作为限制银行货币数量的方法来说，限制银行钞票的发行量是一种十分笨拙的、不灵活的和无济于事的做法。因为银行钞票的数量固然无论在什么时候都或多或少和银行货币的数量保持着一种确定的关系，但是，从量的方面说，这种关系由于有关货币的习惯的变动，在一段长时期中也一直是变动的；而在短时期中则有严重的时间滞后现象存在。一般说来，银行货币的数量发生变动在先，所以对于银行钞票数量的控制每嫌过迟——往往在银行货币量方面的变动（可能已在数月之前发生）已造成灾难之后才出现。

非但是控制中央银行钞票的发行量而不控制其存款量（或中央银行钞票加存款量）①的原则已经过时，一般通行的管理方法也由于欧战后一般不用实际黄金作为流通工具而失去了以往所有的一切意义。这些条例通常都规定中央银行必须经常保持一个最低额的黄金，其量决定于流通中的银行钞票总额。既然中央黄金准备不必再像过去那样部分地用来应付流入国内流通过程的量——这一方面所丧失的黄金往往有理由要减少钞票的发行额来平衡——于是上述规定所发生的效果便只会是将大量的（有时甚至超过半数以上）黄金封存于永无可用之地；结果，中央银行实际可用以应付偶然事故的有效准备就会降落到一个极低的数字，以致严重地束缚了中央银行合理地执行它的自由裁决权。为了说明这一切起见，我们将不同国家的法律中有关的现行规定作一简要叙述如下。

_____

①　我们在下面将看到有几个国家的中央银行现在必须对"发行"加上"存款"存储准备金，而不再只对"发行"存储准备金。可是在这些例证中，对于所采用的管理方法的反对理由依然存在。

一、钞票发行的现行管理办法

大致说来,已实际应用的方法有下列四种:

(一)直到 1928 年为止,法国没有规定银行钞票发行流通量和黄金(及白银)准备额之间的关系。它所采用的管理办法是规定一个最高发行额;不管准备额是多少,钞票流通额都不得超过这个最高额。这种最高额一般总是高过钞票在正常状态下预计应有的流通额,而且还不断修改提高。不过 1928 年的法国货币改革有一部内容是废除了这种方法,改用通行的百分准备比法(见下文〈三〉)。

固定最高额法有一大优点是:一方面以法律保障不发生任何严重的通货膨胀,同时又能使中央银行具有最大的自由裁决权,尤其是能在必要时使全部可用准备金都能应用(不过法兰西银行几乎从来没有运用过这种权力)。如果要用法律条文来规定银行钞票发行量的话,这也许是最优良的制度。

(二)1884 年的不列颠银行法规定了一种管理法;该法在议会中提出时是有些道理的,即所谓"定额信用发行法"。其中规定钞票发行额超过黄金准备的数量不得大于法律规定的定额(当然可以随时修改)。这方法的用意在于用黄金来应付钞票发行额的变动边际,以便经常有黄金可以用来收兑任何正常状态下可能要求兑现的一切银行钞票。它也保证了银行一旦钞票发行量超过了正常最小限额时,除非有黄金准备边际可以用来应付,否则就不可能再扩大发行。开始采用这方法的时代是黄金和银行钞票两者同时并用的时代,也是晚近老练地滥用职权的年代——这种职权的滥用是英格兰银行让额外增加的黄金和额外增加的银行钞票同时投入流通，以致使国内的通货有了不应有的增加而来的。

在近代的形势下，"定额信用发行"法可能实行得很好，只要信用发行额定得很高，足以使中央银行毫无束缚地控制其大部分黄金准备就行。果真能如此，其中的条例便不过是阻止中央银行极度扩张的措施而已。不然，这种方法便会使黄金过多地以一种方式被封存起来，这种方式在不通用金币的国家中是没有理由再存在的。

这种制度目前通行于英国（1928 年曾重订信用发行额，虽然其限额之低仍然无理由地束缚了英格兰银行的自由裁决权）、挪威和日本。瑞典的制度与此相似，不过其黄金准备不得低于某一最低额，而超过法定信用发行额的银行钞票则只须有 50％的准备而毋需 100％。所有这几个国家都有应变权存在，以使在非常情形下增加信用发行额。

（三）现在最流行的制度是"百分准备比"制。它规定黄金准备不得少于钞票发行量的一定百分比，数额一般都在 30％到 40％之间。它有时同样地适用于中央银行的发行额和存款额（虽然两者的百分比并不经常一致）。如果百分准备比法有任何道理的话，那么在近代条件下就更有道理了。下表总结了目前的情况：

下表中有一两国的法定准备可以包含一部分白银。

在我看来，"百分准备比"法无论在逻辑方面或是在常识方面都没有健全的基础。虽然在完全近代化的美国联邦储备制度中以及在欧洲大多数恢复金本位制的货币改革中都采用了它，我却从来没有见人们为其中的条例印发过什么有理由的辩护。它好像集中了各种钞票管理制度可能发生的一切缺点。它在封存黄金于无用之地这一方面是非常过分的,甚至连最低限不兑现钞票发行额都不放过,而"定额信用发行"制却是放过这一数额的。除非中央银行能够以非法律所要求的过分审慎的态度行事,否则它就会让

国　　　别	对钞票发行额的％	对存款额的％
澳大利亚	25	…
比利时	30	30
丹麦	30	…
法国	35	35
德意志	40①	…
荷兰和爪哇	40	40
波兰	30	30
南非	40	40
西班牙	37②	…
瑞士	40	…
美国	40③	35
乌拉圭	40	…

新流入的黄金产生过大的放松信用状况的作用;④其实,如果我们可以依靠中央银行这种审慎态度的话,这法律本身便是不必要的,

---

① 其中的1/4可以用外汇形式保持。

② 西班牙的制度是复杂的:当钞票发行额超过一定数额时,规定的百分比可以提高到47％。

③ 联邦准备银行钞票。美国货币制度由于历史的残余而存在的其他复杂情形已为人所熟知,故不必在此赘述。

④ 如果中央银行的百分准备比为33％,而会员银行的准备比为10％,新黄金的流入将允许银行货币增加到相当于新黄金总额的30倍。

而且可能还是一种障碍了。最后,在黄金准备逐渐减少的紧急困难时期,百分比准备制要求按黄金的损失程度成比例地减少发行量,其程度的猛烈是极端危险的。诚然,一个采用百分比准备法的国家并不能安全地避免严重的货币混乱局面,除非它能像第一次大战后的美国那样经常维持大大超过法定最低额的准备——从而使中央银行在执行业务时不必担心到它的法定准备问题。不过这样当然就会更加浪费地封存黄金了。事实上,这种法律是最危险的法律,除非一个国家的准备充裕得像法国和美国那样,使法律完全不能影响中央银行的政策。因此,在这恢复金本位制的时代,当大多数的通货条例都在"熔炉"中重造时,这种百分准备比制竟成为时尚所趋、世俗所崇的制度,真是一种极大的不幸。

　　(四)第四种方法根据在第 1 章(见本书上卷)中所下的定义说来,可以称为"汇兑管理法",但一般地说不能称为"汇兑本位法"。它是第三种方法的变种;按照其规定,钞票发行的全部或部分,百分比准备可以不用实际黄金的形式保持,而以存在某个外国银行的汇票或现金的形式保持。在国际联盟财政委员会的协助下恢复金本位制的国家,一般都采用这种方法;这是符合 1922 年热那亚会议的建议的,而且其中有许多国家就是在这些建议的影响下采用的。

　　就法律规定而言可以把国外存款金额和外国汇票作为全部准备的国家包括阿尔巴尼亚、奥地利、智利、捷克斯洛伐克、但泽、厄瓜多尔、埃及、爱沙尼亚、希腊、匈牙利、意大利、拉脱维亚、秘鲁和俄国;某些其他国家,如比利时、哥伦比亚、丹麦、德意志、波兰、西班牙和乌拉圭,如上所述,可以用一部分外汇代替黄金作为准备。

这种方法有一大优点,它能节省黄金,不过要受本书第 20 章(上卷)所讨论过各种条件的限制。但作为管理钞票或银行货币的发行量的手段而言,它在其他方面也有百分准备比法那样的可訾议之处。再者,黄金的节省乃是取舍由人的;对于风气和威信的考虑,可能促使上列名单中的某些国家并不运用这一取舍权而保持实际的黄金,因为现在采用这个方法的大国还只有一个,那就是意大利。举例来说,在 1929 年年终时,奥地利国家银行法定准备中约有 2/5 是黄金,意大利国家银行的法定准备中过半数是黄金,捷克斯洛伐克国家银行约有 2/5 黄金,波兰银行为 3/4,匈牙利国家银行差不多全部都是。

具有头等重要性的两个国家——法国和日本——目前的逾额准备有大部分是外汇和国外存款。就日本来说,这是一种行之已久的老办法,在第一次世界大战前即已开始实行。就法国来说,则大概是一种偶然情形,这是过渡到金本位制的残余办法,将来是否继续还没有一定。诚然黄金在最近的将来是否能有充裕的供应,大部分要看法国把它国外余额形式的准备转换为实际黄金形式的准备这一点将达到什么程度而定。

以上各种方法的效果就是在减少国内钞票流通量(采用百分准备比法时须大大减少)的条件下,腾出中央银行的一部分准备。可是在现代情况下,银行钞票既然主要是用在支付工资和零星现金方面,所以它的发行量便受工资水平和就业量的支配。由于降低工资水平显然不能立即办到,而且只是由于失业不可能出现,所以除非减少就业人数,否则银行钞票的发行量便不可能很快地降低。此外,正常发行量减少 10% 是一件非常猛烈的措施,而在采用"百分准备比"制度的情况下,即便是这样所能腾出的黄金准备也不过只等于银行钞票发行量的 3%。

因此,中央银行的黄金准备实际上可以分为两部分。一部分是法定最低准备;这种准备为了实际目的是被封存起来而不能派用的,而且一个小心谨慎的中央银行也不会把它计算在内。另一部分是逾额准备,只有这种准备才能用来应付紧急局面。

既然如此,长时期缺少黄金所招致的信用吃紧以及物价下落等危险,便不以中央银行所保有的为量极其充实的黄金总额为转移,而以为数少得令人感到不安的额外准备为转移。全世界的"货币黄金"由于被用做中央银行法定最低准备而不能生利的究竟占多大比例可以从下表中看出来:

单位:百万英镑

国 别	回报日期	法定准备	逾额准备	逾额准备占总准备的%
	1928 年			
英国	10 月 24 日	108	59	35
美国①	25	311	233	43
法国	19	222	26	10
德国	15	63	60	49
西班牙②	20	55	32	37
荷兰	22③	14	22	61
爪哇	20	6	9	60
瑞典	20	10	3	23
南非	9 月 28 日	6	2	25
		795	446	36

① 金券除外。

② 自从这一天以后,荷兰的法定准备增加了 1 倍,因而恢复到第一次世界大战前的比例。

③ 按 30 比塞大折合 1 英镑计算。

上表当然是不全面的,但却包括了保有全世界黄金准备约3/4的各个国家和地区。它显示出全世界约有2/3的"货币黄金"被封存而置于无用之地了,既不能用来应付中央银行的实际需要,又不能用来减轻它们的恐惧心理。法国新货币法所产生的后果尤为突出。

二、正确的管理原则

我相信今天在任何一个具有负责任的政府和强有力的中央银行的文明国家中,把有关中央银行准备的管理事宜交给该行不受束缚地便宜处理,比采用法律来规定它应该做什么,或者应当在什么范围内行动的办法好得多。这种法律(在没有法律的地方是具有约束力的惯例)所应当达到的目的是管理会员银行的准备,借以保证有关未清偿的银行货币总额的决定权都集中在一个机构手中:这个机构有责任在作出决定时从社会和经济的总体利益着想,而不从金钱、利益着想。此外,会员银行的法定准备额是可能有效的;所谓有效是指它们的实际准备将与之接近。因为在任何一个计划周密的银行体系中,会员银行都能从中央银行取得应付紧张局面的种种便利,而中央银行本身却没有这种便利可以依靠,因而必须维持一种超过法定准备的额外准备以便应付偶然发生的事故。会员银行的法定准备也是使它们出一分力量维持中央准备的一种手段。但中央银行的法定准备却不过把资金封存于无用之地而已;它的有效力量实际上完全在于它的额外准备。因此,我们就得出了这么一个奇怪的结论:法律规定的中央黄金准备越是紧,越是保守时，该行便越疲软，而且一有风波就越加会毫无遮拦地遭受灾难性的混乱。一个被迫用百分之百黄金作为银行资产的中央银行，它的处境并不比一个完全没有准备的中央银行好许多。

但是，即使是承认百分准备比或最高信用发行额的原则，也最好是把它应用于会员银行所持有的中央银行货币方面，而不应用在群众手中流通的银行钞票总额方面。因为，倘若有通货膨胀的趋势在发展时，在近代条件下，就时间观点来说，钞票的发行量乃是表现经济体系发生毛病的症状中最后出现的一种。要用调节钞票发行量的办法来维持货币的健康状态，正如同痼疾已成坏疽出现之后企图施行猛烈的手术或切断肢体以维持身体的健康一样。一般地说，在通货膨胀尚未达到足以提高生产因素的货币报酬率之前，除因就业量增加以外，钞票的发行量是不会增加的。这种货币报酬率一旦提高之后，再要压低，便很难不发生有害作用。

因此，我提出，法律只有在两个方面限制中央银行的自由裁决权才是有用处的。第一，在一个不安全的世界中，有意地将一定量的黄金搁置起来，在任何寻常状态下都不打算动用，而只把它作为应付最后紧急状况的准备，这种做法也许是明智的。因此，一个国家所保有的黄金准备应当分为两部分：一部分可以说是作战基金，另一部分则是应付寻常偶发事故或波动的准备。但是第一部分却没有理由必须和钞票发行数量或银行货币量具有硬性的关系。就这种情形而言，法律便有理由规定黄金准备额不得低于明文规定的最低数字，而这个数字在大多数国家中却肯定应当大大地低于现有的法定准备。

第二，如果法律能够仿照法国原先的货币法规定出钞票发行量不得超出的最高限度的话,就可能有助于心理方面的信任感,而且可以证明它在紧急时期至少是一种有延缓作用的安全保障。钞票发行量既然没有理由必须遭受突然的或剧烈的变动,那么法定的最高发行额只要和商业旺盛时期的季节性最高预期流通额之间留有一个宽裕而不过多的边际也就够了。

法律要是规定了一个最低黄金准备额的绝对数字,同时又规定了一个最高钞票流通量的绝对数字,这两个数字得随时作合理的修正,而且选择数字时的用意在于使中央银行决定其逐日和逐年的政策时具有广泛的自由裁决权;我就认为任何进一步的保障措施,不论其用意是怎样地为了保持审慎,都只能使国家的通货制度变得更不安定,而不是更安定,有时甚至会迫使中央银行采取它本身也认为不明智而且可能发生危险的步骤。

另外还有一件事正式说来也是属于法律方面的,不妨在这里提一下,即银行货币以外的流通现金的形式问题。关于哪一种形式最好问题,目前已经有了相当一致的意见。第一,由于"货币黄金"时有短绌之虞,金币或其等值的金券,绝不应当任其流通,而只应当专门作为结算国际债务之用。第二,应当只有一种形式的钞票,这种钞票应当由中央银行管理——库券和私人银行发行的钞票概予废除。

全世界正迅速接近这种状况。只有两个国家的货币还值得改革:——在美国,包括金券在内的各种证券,以至金币本身仍在照常流通。如果用联邦储备银行的钞票来代替其他一切形式的通货,就会为世界其他国家树立一个良好的榜样。在法国,法律已规定可以将金币投入实际流通。而且人们大有理由害怕某些方面有意在将来乘机利用这种规定。假使这种情形果然成为事实的话，无论对法国本身来说，或者对作为一个榜样来说，都是一种真正的不幸。

撇开法律不谈，中央银行究竟应当根据什么普遍的原则来决定它的"自由准备"的适当总额呢？黄金准备的目的究竟是什么呢？一部分目的是在于提供流动资金以备最后紧急时期之用——这一点可以由规定最低限度的准备来应付。另一部分目的则是由于心理方面的原因而来的，那便是提高信任感——然而这个目的很容易被夸大，因为公众舆论总是满足于惯有状况的；例如在第一次世界大战之前，英格兰银行极少的一点准备所促成的信任感并不小于法兰西银行大宗准备所促成的信任感。使群众养成一种希望经常而且继续不断地保持大宗"自由准备"的习惯，所以，实际上就是一种毛病的根源，但是黄金准备的主要目的在于应付国际负债差额方面的短期变动，用一句老话来说，便是在于应付"对外漏卮"。

因此，我们必须讨论的问题，便是应付对外漏卮所须保持的适当准备额应当根据什么标准确定的问题。当然，从长远来看，国际负债的逆差最后只能由中央银行按照本书第 21 章所讨论的方式，采取措施来影响对外投资贷付量和对外贸易差额来补救。不过这种措施，除非是猛烈得令人不敢领教之外，否则要奏效就是要时间的。此外，由于季节性或其他临时性的原因，往往出现一种临时的逆差，这种逆差经过一段适当的时期以后就能自行弥补，因而作安排时就不必打乱基本的经济因素。最后——假使货币状况的国际管理计划能够实现一二的话，那么解放黄金，并将准备额降低到以往的数字以下的做法许多时候都将对大家有利。

因此，中央银行在决定"自由准备"的常态水平时，第一必须考虑到国际负债差额方面的猝发变动的最高限度，发生这种变动可能没有时间采取其他保障办法。第二又必须考虑到临时变动的最大限度，应付这种变动时应当不必作任何基本的调整。这两者和一部分决定于国民收入而另一部分决定于国民习惯的国内货币量似乎都没有任何固定的关系。他们反而受该国所经营的国际性商业、投资和金融业务范围的大小和可变性等因素的支配。

20 年前，印度事务局财政秘书莱昂内耳·亚伯拉罕爵士曾提出备忘录，其中的主题就是从经典学派出发以探讨怎样依照上述各点来决定一个国家应付对外漏卮所应有的适当"自由准备"额。他当时面临着怎样使卢比汇兑率维持稳定的那一困难而带专门性的难题，并根据痛苦的经验而获得了正确的理论解答。他倡议建立了金本位准备，并将这种准备和通货票据准备分开保持，以便金融当局在应付外汇紧急状态时可以毫无束缚地自由动用。在决定这种准备的适当数额时，他曾设法对印度由于下述原因而造成的漏卮的大小作出合理的估计：其一是外国资金突然抽回所造成的漏卮，其二是印度出口货由于歉收或价贱而价值陡降所造成的漏卮，其中最重要的是黄麻，其次是小麦。[①]

像这样的计算，是每一家中央银行都应当进行的。一个国家（如巴西）的输出如果大部分取决于品种不多而价格和数量又可能发生极大变化的农作物时，其中央银行所需要的"自由准备"便应

---

①　见拙著《印度的通货和财政》，第 157 等页。

当大于贸易种类多而进出口总量又相当稳定的国家。从事大规模国际金融和银行事业的国家（如大不列颠），其中央银行所需的"自由准备"便应当大于和这种事业没有多大关系的国家（如西班牙）。

从表面上看，英格兰银行所需要的"自由准备"按国内货币数量的比例来说，应当比法兰西银行或美国联邦储备银行体系为多。事实上，英格兰银行准备却是惊人地少。在过去人们对这种情况的解释是这样一条理由：——伦敦商业中心在国际票据市场上的贷出量比借入的外国存款量大，因之便始终有力量立时改订贷款条件，以补救当时的局面。自从第一次世界大战结束以来，伦敦的外国存款额大大地增加了，所以伦敦的短期国际债务是不是往往大于其贷出量就大成问题。但是上述保持狭窄的准备边际的理由也许大致可以改写为：伦敦商业中心能够改订借款条件，以便立时挽救局势。

然而本章并不打算讨论具体国家的实际问题。我们的结论是：一个国家目前以黄金和外币作准备时，其目的如果只是用来作为"战时基金"并作为一种安全保障，使之对于其直接国际债款的意外或临时性变动不致过分敏感，那么，为后一种用途所保持的准备便应当由中央银行自由动用：其正常数额应当从宽估计必须应付的取款要求大概可能达到多少，然后予以决定。这一数量按可以立时从流通过程中抽回的钞票量的 35％ 计算大概还不够。

第三十四章 各国中央银行的相互关系——国际管理问题之一

在第 2 和第 25 章中,我们曾经讨论过一个金融体系中的会员银行"创造"银行货币的自由裁决权的限度。我们看到任何个别银行除非是打算让自己的准备比发生变动(上升或下降),否则就不得不和该体系内的其他银行(包括中央银行在内)"采取一致步调"。它们可以一同前进,或一同后退。一家银行在某一方面单独采取的临时活动可以加强、巩固或刺激其他银行产生向同一方向活动的倾向。可是除非其他银行也采取行动,否则,一家银行就不可能单独走得很远;因为不这样的话,它的准备资金就会有所增减,从而搞乱它的准备比。所以全部已"创造"的银行货币量是由那些决定整个会员银行准备资金总和的因素紧紧地支配着的。

由会员银行各自环绕其中央银行而组成的若干国家银行体系加上统一的通货本位所形成的国际银行体系,其行为在原则上和封闭性的国家体系基本相同。各中央银行在贷款政策方面的自由裁决权都受到这些政策对它们的准备的影响的限制——即这些政策究竟是促使它们从邻行取来准备资金还是使自己的准备资金为其所吸取;如果它们不打算让自己的准备比发生变动的话,便也受到同样的压力要采取"一致步调",因为根据我们关于国际体系的假定,这家中央银行的客户和其他中央银行的客户也同样发生买卖和借贷关系,前一银行所"创造"的信用将对它本身造成一定大小的债权,像这样造成的债权却会落到其他中央银行的客户手中。

正如我们在下文中即将见到的那样,各中央银行据以管理其准备金的法律和习惯,在实际办法上有几个重要的方面和我们讨论会员银行时所假定的有所不同。但在开始时让我们先假定各方面都完全相同,只不过中央银行没有"银行家的银行",因而必须将其准备以现金存储于其本身的金库中。然后再看看情形怎样。在这种情形下,每家中央银行都会有硬性的准备比,因此,假定采用金本位的话,全世界的中央银行货币总量就由各中央银行的黄金储备量硬性地决定了,如果黄金不用于流通过程,那么任何它的变动都将完全由每年新出产的黄金与工艺方面所使用的黄金量之间的差额决定。相反地,如果黄金用于流通的话,则在黄金流通量与黄金准备量之间将存在某种比例,长期说来这种比例或多或少是稳定的。它是全部有关各国所订的各种不同国内准备比(如银行总裁斯特朗为美国所订出的准备比)的加权平均数。

让我们假定,就准备总额中新增的黄金供应量来说,情况是稳定的,也就是每年新增的黄金约略相当于世界黄金产量和劳务的年增量。我们的"基本方程式"却证明即使如此也必然不能保证获得稳定的物价水平。整个的世界金融体系仍会受到全世界新投资值与全世界储蓄总额之间可能产生的每一不平衡现象的影响。因此,对黄金的新供应量进行适当的管理后,仍将使我们遭受到每次信用循环的全部风暴,除非是中央银行在明确的目标下采取一致的行动进一步予以缓和。要是一两家中央银行采取单独行动的话，则除非它们的规模特别占优势，否则就不可能改变气候或控制风暴，正如单独一家会员银行不能控制一个国家体系的行为一样。假使有一家中央银行在繁荣时期中单独地落在后面，它就会被过多的准备资金压垮；假使它在不景气时期跑到前面去，那么它的准备资金就会很快地丧失。即使假定它愿意放弃自己的正常准备比，它的力量的限度仍将决定于它的剩余准备额对所有中央银行的总剩余准备额的比例。

第一次世界大战前的国际金本位的作用，和那种在黄金量相对稀少或充裕的影响下通行的、比例可逐步变更（如本书第 30 章所示）、会员银行硬性准备比制的作用确实没有很大的差别。长期的物价水平，除去其他货币因素的长期变化外，就要看可用做准备的新黄金比金本位国家的贸易增加得快还是慢而定，这一类又取决于金矿发现的速度、流通中黄金的适当使用、金本位国家的数目以及人口的增加和按人口计算的贸易的增长等因素。至于短期物价水平，就要看"基本方程式"第二项中的变动究竟是朝向膨胀方面还是朝向紧缩的方面而定。

可是，战前制度的执行在许多重要情节上根据这个标准说来却走了很大的样，而战后制度的执行则走样更远。因此，我们必须分析中央银行在国际体系中作为会员银行采取行动时所具有的"特性"；这些特性当我们分析国家体系的会员银行的行为时，并不存在或者还不重要。应予注意的要点有以下三点：

一、中央银行的准备比并不像我们在会员银行方面所见到的那样硬性，因为诱导会员银行将其实际准备维持得近于法定或惯例最低点或使之能如此的那些条件，在中央银行方面都没有得到满足。首先，中央银行一般说来并没有一个迅速补充准备的办法，相当于会员银行直接或间接地向中央银行贴现的那种便利条件。至于中央银行在国外保有余额或黄金以外的其他生息资产（其性质可以迅速地售与其他中央银行）这一方面，两者之间的情况才比较更为类似，这一点我们在下文中将加以讨论，可是在大多数情形下，其作用并不足以大大影响我们的结论的正确性。

其次，中央银行并不像我们认为会员银行所具有的情形那样，企图获得最大利润。因此，它在公开政策和国家利益等方面的各种考虑都会发生影响，使它所维持的准备高于法定最低额，甚至高于合理的审慎态度所要求的最低额。

从这点可以推论出，中央银行的准备比可能发生极大的变动。其幅度究竟有多大，在下面将提出统计资料加以说明。

二、我们曾假定，会员银行中的个别银行"创造"了银行货币时，它不能指望这项新货币能作为存款的增量大部分回笼。甚至在主要银行的数目已经减少到 5 家时，如此回笼的部分仍然是微不足道的。至于中央银行，它的客户基本上是国内金融体系中的会员银行，而间接的又是国内的个别公民，这样回笼的部分最初可能较多。这项新货币有一部分肯定会直接或间接地用在外国或贷给外国，这样便形成了一种趋势，使中央银行的准备资金流失到其他中央银行中去。至于这些资金究竟有多少会转移到其他中央银行的客户手中，就要看下列情况而定：列入外贸范围的商品对当地消费者的相对重要性；关税对于国内外物价水平均等化的干涉程度；以及该国是不是一个敏感的国际金融中心。有些中央银行在短时期中可以有很大的独立行动的余地;而另一些银行(例如英格兰银行)则少得多。

三、在中央银行之间存在着一种竞争,讨论会员银行时可以略而不谈。当然,在会员银行之间也有各种各样的吸引存户和保留存户的强烈竞争。可是,一般说来,这种竞争的形式不会是各银行在放款或借款时提供的竞争性利率。至少大不列颠是如此。银行间对于某种存款所给予的利率以及对于某种放款所收取的利率一般地都有一种协议或谅解存在。毫无疑问,在吸引或保留特殊客户方面还有一个竞争性的出价或削价的余地存在,这些办法一般是严守秘密的,并不对本行其他客户公开。但在它们所公布的利率之间并没有公然的竞争存在。这种情形是大有道理的:既然将款项从一家银行转到另一家银行毋需丝毫费用,于是这种竞争方式就可能使全体银行的利润大受损失。如果不是大家按规矩不用这种竞争方式的话,个别银行发现丧失了准备资金时,就可能采取出高息套取其他银行的储蓄存款或提高贷款利率把它的借款客户赶到其他银行去(后一途径有时确被采用)这等方法来保持它的地位。

不管国内金融体系的会员银行间的情形怎样,各中央银行之间为了吸引存款户或是将借款户从国内银行体系赶到其他体系的银行中去,却经常使用公布竞争性或禁止性利率的办法,这就是银行利率政策的目标之一。在不同国家的体系中,相对银行利率的变动当然不能使各该体系中广大的普通存款户或借款户轻易地转移其业务,因为它们没有那种便利条件将他们的银行业务忽然从一个国家转移到另一个国家。可是在国际金融业务中却有很大一部分边际情形可以按其所能取得的利率顺利地从一处转移到另一处。因此，国际准备资金便有一批流动债权存在，任何一家中央银行丧失准备过多时，都可以抬价套取这笔资金。从另一方面说来，甚至是这批债权从一个国际中心转移到另一个中心，也还有某些障碍和费用存在，而在国内会员银行之间移转时则不存在；这种情况使国际间款项的流动不至对利率的差别过分敏感，并且可以防止款项流动过快或过多。这一点，正如我们在下面将要见到的（第36章第3节），对于国际体系的圆满运行是极为重要的。

我们现在可以约略地看到各中央银行彼此之间的相对状况和行为跟国内金融体系中的会员银行有什么不同。在短时期内，中央银行在"创造"银行货币量方面的自由裁决权比会员银行大：第一，因为它更愿变更它的准备比；第二，因为在某些情况下它的"创造物"回笼的更多而且继续回笼的时间也更长；第三，因为它可以提供竞争性的利息率来移转其本身和其他中央银行间的金融业务，把这当成正常和公开的手段来保障自己的准备资金。可是，由于中央银行在这些方面的活动余地都受着限制，假定它要保证永远能应付外国金融体系对它的到期债权，它就必须注意三点，就是：一、它的准备比，二、它的贷款政策对于收益账上的贸易余额的作用，三、它的贷款政策对于长期和短期国际借款动向的作用。

在一个封闭性的体系中，中央银行可以安然无恙地采取一种贷款政策，用以达到本身所确定的任何一种最近经济状况。可是在国际金融体系中，它就只能在狭窄的范围内短期采取这种政策。牵涉到较大的变动和较长的期限时，它的政策必然会受到所有其他中央银行的政策的支配。如果一家中央银行改变政策的结果是按同一方向影响其他中央银行因而使它们跟着走（或者像我在上面所说的——采取"一致步调"），这就没有问题。可是除开短期的小变动以外，每家中央银行都必然要受全部中央银行"一般"政策的支配。假使我们所说的中央银行是一家规模宏大的银行，那么它在这个"一般"政策中便占有较大的分量，因之便能比小银行更多地按照它自己的意图办事。假使我们所指的中央银行打算让它的准备资金有很大的变动，这就会大大增加它使其他中央银行采取"一致步调"的影响。因为这将延长它持续执行它的独立政策的时期，并且它本身增减准备比的办法也能更多地使其他中央银行增减其准备比。甚至是小银行在短时期中独立行动的程度也会由于它对国际短期资金流入或流出这个体系是否加以阻碍而大受影响，这种阻碍的性质将于第 36 章第 3 段中加以讨论。

　　显然，国际金本位（或者任何其他国际本位）的主要作用是使各个国家取得一致行动——每个国家都必须和每个其他国家的一般行为取得一致。这种办法的优点是足以防止个别国家发生愚蠢和异常的行为，它的特点是：妨碍了各中央银行处理其本国的问题；妨碍了人们另辟途径地提出明智超乎一般的政策改进办法；而且当一般行为受着黄金总量这类的盲目力量的支配时，或者作为一个整体的各中央银行方面没有协同一致执行精心拟定的政策而是乱来时，这种做法无论在长期中还是短期中对于取得最适状态来说都将不起作用。

　　前面已经指出，当金本位充分施行时，信用循环便普遍具有国际性。现在我们可以看到，这是必然的事情，个别中央银行既不能向膨胀方面走得太远，也不能向收缩方面前进得太多，除非是其他中央银行也或快或慢地向同一方向采取行动。国际金本位对于膨胀或收缩本身并未论及，它的任务是保证任何中央银行膨胀或收缩的步调都不致过分地不同于体系内其他中央银行。根据一般平均行为法则，这种办法可以避免大规模的波动，可是由于它所引起的复杂局面以及缺乏集中指导等情形，所以便滋生了中等规模的波动。

假使某些中央银行在短期内有足够的力量可以支配一般步调，而且能使其他银行随着它们所规定的步子走时，它们要是利用这种力量来搞出一些和整个国际形势不配合的国家政策的话，这种国际制度的运行状况就特别糟。因为这样就会使其他中央银行中造成一种极剧烈的不平衡局面。有人认为美国联邦储备银行体系 1929 年的行为以及法兰西银行 1930 年的行为从这种观点看来都应受到抨击。我深信，英格兰银行在 19 世纪某些关键性的时期的行为也都如此。可是，我认为在批评中央银行为了本国人民的利益而行使每家中央银行都乐于享有而且乐于不受限制地自行斟酌运用的那些权力时，我们应该略加审慎。假使英格兰银行自信在 1928—1929 年时有权采取宽松的信用政策来满足国内物议，它是否会为了不给美国的膨胀潜势火上添油而不这样做呢？也就是说，它是不是准备不让英国的就业人数达到最适量以便促进美国的稳定局面呢？还有，当英格兰银行在英国还未恢复金本位前数年采取通货紧缩政策时，它确信，尽早按战前平价恢复金本位是攸关大不列颠国家利益的事；我们能不能希望它因为这项政策可能使欧洲其他各国的问题转趋恶化而受到很大的影响呢？

我认为我们必须承认，利害关系可以真正有分歧；我们期望于各中央银行在国际关系方面的大公无私精神,不能远超出民族感情和本国其他政府机构的行为。

因此,在以下的几章中,我将寻求一种和各个国家的利益能适当相容的解决方案。

第三十五章 金本位——国际管理问题之二

一、黄金的贪婪

黄金被选为衡量价值的标准主要是根据传统观念而来的。在"表征货币"未发展前，由于前面多次提及的那些理由，人们很自然地要选择一种或几种金属作为最宜于保存价值或控制购买力的商品。

约在四五千年前，文明世界已经开始确定用黄金、白银和铜铸造金镑、先令和便士，但其中白银占首要地位，铜据次要地位。迈锡尼人却把黄金放在首位。其次，在克勒特或托利安人的影响下，在欧洲和地中海北岸一带，铁曾经短时期地取代铜的地位。波斯帝国阿基米尼王朝保持了黄金和白银在规定的比价下同时并用的复本位制（直到亚历山大推翻这个王朝时为止），这时世界上又确定使用金、银和铜，白银又一次占了首要地位。此后在一个长时期中，白银一直处于领导地位（除了在罗马的君士坦丁堡黄金的势力曾一度抬头），其间穿插着几次不十分成功的试行金银复本位制的做法，在18世纪和17世纪上半叶特别如此。只是在第一次世界大战前的50年中，黄金取得了最后胜利，才结束了白银的这种地位。

弗洛伊德博士说,在我们下意识的深处藏有特殊原因说明为什么黄金特别能满足强烈的本能并且可以作为一种表征。[①] 古时埃及教士曾将这种黄色金属灌注上一种魔力,至今从未完全消失。黄金作为价值的储藏物说来,虽一直拥有热衷的追求者,可是作为购买力的唯一标准说来则几乎还是一个暴发户。到1914年时,黄金在英国取得法律上的地位还不到100年(虽然事实上取得这样的地位已经超过200年了),在其他大多数国家中还不到60年。因为除了几个短时期外,黄金一直是为量太少,不足以用做世界主要通货媒介。黄金是,而且一向是,一种非常稀少的商品。一艘现代的邮船在一次航行中便能装运7000年所淘取或采掘的黄金横渡大西洋。隔上500年或1000年,也会发现一个新黄金来源——19世纪下半叶就是这样一个时期。接着金量便一时充裕起来。可是一般说来,黄金始终是不足的。

近年以来,黄金的贪婪设法披上了前所未见的尊贵外衣,甚至在两性关系或宗教领域内也是如此。至于起初披上这种外衣是否为了在鏖战而后获胜的反复本位制的斗争中作为必不可缺的甲胄,而现在仍然披着这种外衣则像拥护使用黄金的人所说的那样,因为黄金是预防不兑现纸币的灾害的唯一手段,抑或这终归是一

---

① 关于弗洛伊德对金钱爱好——特别是对黄金爱好心理的理论,可参阅他的《论文集》,第2卷,"临床论文第 IV 篇";以及费伦兹著《精神分析原论》,第1卷,《黄金爱好心理的发生史》,第109及以下各页;欧内斯特·琼斯著《精神分析学论文集》,第7章《关于象征主义的理论》,和第10章。1917年琼斯博士所作的下列预言也许可以认为是心理分析法的一种成功:"因此,占有和财富的观念顽梗地和'货币'以及黄金的观念连结在一起,这是有一定的心理原因的。在世界大战之后人们大概会不惜任何牺牲恢复黄金货币;那时,这种迷信度特别会使英国付出许多代价"(见上书第172页)。

件见不得人的弗洛伊德式的外衣,这类的问题我们无须多管闲事地去探究。可是,在我们对它的要求进行科学的以及可能公允的研究之前,最好是先提醒一下读者他所熟知的事实:——黄金已经成为保守主义的一部分工具,而且在处理时也不可能指望不带成见。

可是,我们这一代人造成了一个巨大的变化——到最后也许是一个致命的变化。在第一次世界大战期间,人们将他们小量的积储投入国家的熔炉中。以往战争往往是使黄金分散,比如亚历山大分散波斯庙宇的藏金①以及皮萨罗分散印加②的藏金就是例子。可是这次战争却是黄金集中到各中央银行的金库中去,而各中央银行并未放出黄金。因此,几乎全世界的黄金都从流通中被抽出来了。它不再转手流通了,人们贪婪的手掌也不能再接触到黄金了。钱袋、长袜和洋铁盒中那些小家神都已经被每个国家中隐藏在地下的一尊黄金偶像吞没了。黄金不见了——再一次回到了土中。可是当我们不再看到那些小家神全副黄色盔甲地在世上行走时,我们又开始为它们的存在辩解,过不了多久就不会有什么东西剩下来。

---

①　波斯帝国的金银储备据估计多达 43 000 000 英镑(这是迈耶所估计的数字,为安德烈亚德和其他权威所证实)。亚历山大晚期的战争正是用这些资金进行的(参阅安德烈亚德所著《亚历山大的战时财政》一文,原载《经济史期刊》,1929 年 7 月号);这笔巨款被解放到实际流通中来,对物价水平产生了天翻地覆的影响是无足为怪的。(当亚历山大在几年之前出发越过赫勒斯滂海峡的时候,他的金库库存还不到 20 000 英镑)

②　可是,晚近汉密尔顿所作的研究(见《1503—1660 年输入西班牙的美洲黄金和白银》一文,原载《经济季刊》,1929 年 5 月号,第 436 页)似乎证明传说大大地夸张了从南美洲输入西班牙的黄金量。

因此,漫长的"商品货币"时代终于在表征货币时代之前消逝了。黄金已不再成为铸币、贮积或财富的实体债权了;而在原先人们只要抓住这种实物,财产的价值便跑不了。此后,黄金变成了一种远为抽象的东西——仅仅成了一种衡量价值的标准,而这种名义上的地位,也只有当某一中央银行膨胀或紧缩表征货币的程度和邻行的行为不协调,因而使极小一宗黄金不时地在一群中央银行间转移时,才得以维持下来。甚至这种小宗的转移也由于不必要的运费而逐渐有些不合时宜了。有一种所谓"认权储存法"的最新办法就是转移(黄金的)所有权而不挪动地点的办法。① 这种情形无需跨进多大的一步就到了下一种安排的起始,各中央银行通过这种安排无需正式宣布黄金的作用,这种金属实际上深藏在它们的金库中,但用一种现代化的炼金术,就可以让它的数量代表多少就代表多少,也可以让它的价值代表什么就代表什么。所以,最初和它的伙伴白银像日月那样高居在天的黄金,已经首先放弃了它的神圣属性来到凡间成为一位专制君主,于是就可以进而俯就严肃的立宪君主之位,由各中央银行组成的内阁辅弼,它可能永不需要宣布成立共和国。然而,这还不能作为定论——事态的发展也许完全两样。黄金拥护者要避免发生革命的话,他们就必须极端明智和稳健才行。

---

① "认权储存法"最早的事例是罗塞尔岛的"石钱"。这种"石钱"很重,搬运困难;除此之外别无他法可作方便处理。其中最大而价值最高的一块由于运进的船只翻了船沉到海底去了。但这块"石钱"无疑是在那里的。这些文明的岛民对于把它列入他们所存有的通货之内(它的法定所有者在任何时期实际上都因此而被认为是岛上最富有的人)或对于用"认权储存法"转移其所有权都无异议。

二、拥护金本位的理由

在现代的条件下，按照晚近的经验看来，拥护金本位的理由如何呢？

（一）有人替黄金辩解说，它在相当长的时期里曾经很成功地维持了相当稳定的购买力。我在《货币改革论》中（第164及以下各页）曾经简短地讨论过而且也部分地承认了这种主张。可是这一点肯定地不是由于黄金的供应有一种固有的趋势和需求步调一致。正如我们在前面所指出的，在"表征货币"未发展之前，黄金供应量足够作为世界主要通货媒介之用的时期毕竟是很少见而且是时断时续的。如果有任何金属可以凭悠久的经历而要求这种地位时，那也必然是白银而不是黄金。黄金的近代管理规章是和"表征货币"同时发展的。金本位可以声称在第一次大战前50年中保持了物价水平的稳定——这并没有什么可以夸耀的地方，完全没有；肯定地说，这一点在很大程度内应当归功于黄金使用者的管理得宜。在这个期间的前半叶，世界各国都逐步采用了金本位，其速度受到黄金新供应量相对充裕程度的影响；而在后半叶时，"表征货币"迅速占上风，节约使用实际的黄金以及"表征货币"的黄金准备的办法的发展速度也同样受到黄金供应量的影响。

因此我觉得，如果认为黄金的供应具有任何特性可以使之机动地成为一种稳定的价值标准，那便是一种幻觉，除非是指它和一切耐久品所共有的特性——也就是不论任何一年的总供给量增额大概都是很少的。除此之外,黄金之所以能维持价值稳定,取决于有意识地调节需要的方面多,而取决于供应条件的方面少;以往的情形是如此,将来的情形也会继续如此。

然而,我们不妨在这里插进一些可以得到的最新资料,说明黄金供应量相对于现行办法下的世界需求量而言,现在和将来的情况如何。

基钦先生对于欧战以来黄金产量以及其在各种用途方面的分配等估计数字载于下表中。①

	单位:百万英镑(每两纯金值 85 先令)									
	1919	1920	1921	1922	1923	1924	1925	1926	1927	1928
I. 产量:										
德兰士瓦	35.4	34.7	34.5	29.8	38.9	40.7	40.8	42.3	43.0	44.0
美国	12.4	10.5	10.3	9.7	10.4	10.4	9.9	9.5	9.0	9.3
加拿大	3.3	3.3	3.9	5.4	5.2	6.5	7.4	7.5	7.8	7.9
澳大利亚	5.5	4.7	3.8	3.9	3.8	3.4	2.9	2.8	2.7	2.7
其他各国	18.4	15.8	15.5	16.7	17.2	20.0	20.0	19.9	20.0	20.1
世界总产量	75.0	69.0	68.0	65.5	75.5	81.0	81.0	82.0	82.5	84.0
II. 消费量:										
工艺②	23.0	22.0	15.0	17.0	17.0	16.0	15.0	16.0	15.0	15.0
印度③	27.9	3.5	0.7	26.6	20.1	52.4	28.0	16.1	15.1	18.0
中国、埃及	11.5	−3.0	−2.2	1.2	1.5	0.2	1.3	−0.4	0.4	0.5
工艺和远东消费量	62.4	22.5	13.5	44.8	38.6	68.6	44.3	31.7	30.5	33.5
可作铸币之用的余额	12.6	46.5	54.5	20.7	36.9	12.4	36.7	50.3	52.0	50.5
世界总供应量	75.0	69.0	68.0	65.5	75.5	81.0	81.0	82.0	82.5	84.0
III. 世界金币储量:④										
各国中央银行和政府的存量	...	...	...	1 716	1 769	1 837	1 832	1 888	1 960	2 055
其他(包括所有流通中的黄金)	...	...	...	327	311	256	297	292	272	227
总 计	1 922	1 968	2 023	2 043	2 080	2 093	2 129	2 180	2 232	2 282

　　① 这表取自约瑟夫·基钦最近关于黄金估计数字极有价值的统计材料(见《经济统计评论》,1929 年 5 月,第 64—67 页)。但关于 40 个国家的中央银行和政府所持有的黄金数字不包括在内,这一数字是根据《联邦准备银行公报》1929 年 6 月,第 396 页上的数字编制的。

　　② 美洲和欧洲。

　　③ 本年到下年 3 月 31 日。

　　④ 每年 12 月 31 日。

　　这些数字唯一可以訾议之处就是关于目前每年工艺用金的估计数字。基钦先生可能低估了欧战以来这方面的用金量,这项黄金的供应来自以往处于流通过程中而逐渐由持有者让出的金币。我们有理由说:以这种方式从欧洲各国,特别是从法国和俄国进入市场的潜在供应量足以使工艺方面的消耗量大于基钦先生的估计量,大概是 20 000 000 到 25 000 000 英镑,而不是 15 000 000 英镑。① 情形果然如此的话,那么在往后的若干年中,当上述工艺方面的供应来源不断枯竭时,可作金融用途的余额就会比基钦先生的估计数低 50 000 000 英镑。②

　　至于将来的产量,基钦先生估计未来的 5 年大概可以维持目前的数字;德兰士瓦新产地的增产量约可抵消旧的耗用量,因此该处的总产量将没有变化,而加拿大和俄国小量的增加又可抵消世界其他各处的降低。他预料在 1940 年以后将急剧下降。根据这个基础,我们就可以计算出过去和未来全世界货币黄金储量的变

---

　　① 伊迪教授在他的《资本、金融市场与黄金》(1929 年)一书中批判了基钦在这些方面的结论。伊迪教授自己的估计数字是:1913—1928 年这 15 年中平均每年为 35 000 000英镑。但这数字可能犯了相反的错误。所有关于 1913 年实际流通中的金币数量的估计一定不免有发生极大错误的余地。

　　② 原文如此,可能为 5 000 000 之误。——译者

更如下:(单位:百万英镑)

全世界货币黄金储量	中间时期的增加数
1867 年 519	
1893 年 774	26 年中增加 255＝每年增 1.5％
1918 年 1 909	25 年中增加 1 135＝每年增 3.7％
1928 年 2 282	10 年中增加 373＝每年增 1.8％
1934 年 2 572	6 年中增加 290＝每年增 2.0％

关于世界各国的一般经济发展的速度,最常见的推测是每年3％——我想正是卡斯尔教授自称作出了这个推测。如果这个推测大体上准确的话,[①]那么,假定货币办法不变,黄金的新供应量,就会不足以维持物价水平,而且在一个长时期内每年将有下降1％的趋势(积累性的下降)。可是,在我看来,这一点不能和以下的事实等量齐观:现在全世界的货币黄金有 90％为各国中央银行和政府所持有,这项总额在各国之间的分配比例极不平衡,对于各国的经济活动量也不存在稳定的比例关系,下表便说明了这种情形:[②]

从下列两表中可以看出世界货币黄金总量有一半在美国和法国。而且最近三年半以来仅法国一国所吸收的量就超过全部新可

---

① 统计中所载的原料生产量和贸易量看来大体上是准确的。可是如果我们把那些比这大多了的无纪录的活动包括在内的话,便会太高了。世界人口每年增加约1％。如果说人类的平均生活水准,包括亚洲和非洲在内,累进地增加为 2％,那肯定是站不住脚的说法。从另一方面说来,统计所载的活动乃是和货币需求最有关系的活动。

② 录自《经济学家》,1930 年 2 月 15 日号;其中的数字采自《联邦储备银行公报》和其他来源。

国　　别	1913年底银行、库存以及流通中的黄金量	各国中央银行和国库中的黄金量				
		1913年底	1919年底	1927年底	1928年底	1929年底
美国	392	266	520	818	770	800
法国	304	140	143	196	258	336
大不列颠	150	35	120	152	153	146
德国	184	57	54	92	134	112
日本	17	13	72	111	111	109
西班牙	19	19	97	103	102	102
阿根廷	59	53	69	109	125	91
意大利	55	55	41	49	55	56
荷兰	13	12	53	33	36	37
比利时	16	12	11	20	26	34
俄国（苏联）	211	162	?	20	19	31
瑞士	9	7	20	20	21	24
澳大利亚	15	4	24	22	22	18
波兰	…	…	…	12	14	16
爪哇	2	2	14	15	14	14
瑞典	6	6	15	13	13	13
奥地利和匈牙利	52	52	9	9	12	11
丹麦	4	4	13	10	9	10
南非洲	8	8	7	8	8	8
捷克斯洛伐克	…	…	…	6	7	8
挪威	2	2	8	8	8	7
其他国家	61	56	65	103	105	85
共　　计	1 579	965	1 355	1 929	2 022	2 078

每年年底各主要国家间黄金分配的百分比如下：

国　　别	1913[a]	1913[b]	1919	1927	1928	1929
联合王国	9.5%	3.6%	8.9%	7.9%	7.6%	7.0%
法　　国	19.5%	14.5%	10.5%	10.2%	12.7%	16.2%
德　　国	11.7%	5.9%	4.0%	4.8%	6.6%	5.4%
美　　国	24.8%	26.7%	38.4%	42.4%	38.0%	38.5%
阿　根　廷	3.7%	5.5%	5.1%	5.7%	6.2%	4.4%
日　　本	1.1%	1.3%	5.3%	5.8%	5.5%	5.2%
其他国家	29.7%	41.6%	27.8%	23.2%	23.4%	23.3%

1913：(a)银行库存以及流通中的黄金量。
　　　(b)中央银行和国库中的黄金量。

用货币黄金量很远。在另一方面，从 1923 年 12 月起的六年半中，美国和英国所持有的黄金量几乎没有增减。假使我们只考虑最近的将来，比方说最近的五年，各中央银行增减准备的政策显然会成为决定性的因素。新的黄金产量是否敷用，须视美国和法国的中央金融机关的决策而定。

可是，我却不会想方设法地要让这统计的概观具有决定性意义。近代最惨的物价波动都与利润（或商品）的膨胀和紧缩有联系。这些波动间接地说来虽然也可能和实际黄金的供应量的变动有关，但直接地说来却取决于全世界各中央银行全体对于与自然利息率相对的市场利息率所采取的政策的总合效果。甚至是在有表征货币存在的情况下，物价水平上涨或下跌的长期趋势也比短期变动更加受到长期黄金供应量的影响；但与短期和中期内显著存在的利润膨胀与紧缩相比时，这种长期趋势对经济福利来说还

是次要的因素。因此,国际金本位制能否站得住脚就必然要取决
于应付这些波动的能力——这一问题我们将在往下几章中详加
讨论。

(二)有人认为黄金能使各国杂乱无章的通货体系合乎标准。
它使任何系身于国际金本位体系的政府或中央银行在自由裁决权
方面受到了限制,使之在独立行动方面受到了拘束。这也许不是
一个理想的制度,可是人们说:它保持了某种标准的效能,避免了
剧烈变动和肆无忌惮地越轨的政策。

只要一个国家不断地依附金本位制,这种制度便有了力量。
可是,经验(涉及面广,几乎没有任何例外的经验)证明,当严重压
力来临时,金本位制通常就被束之高阁了。如果说在国内实施管
理本位都靠不住的政府当局,在实施国际金本位制时能靠得住,那
便是一种没有根据的看法。其实人们的看法——迄今并没有事实
证明还有未曾尝试过的办法——却与此相反。因为施行国家管理
制不致使国内经济受到继续依附于国际金本位制的做法那样受到
的强烈压力。因此,前一种情形所固有的困难和必须作出的牺牲
就会比后一种情形少。

此外,即使国际金本位制能使散乱无序的国家达到标准,但它
也会使先进的国家停留在其他情形下所能达到的货币管理标准之
下。因此,正如我们在上文所说的,金本位制是保守主义的一部分
工具。因为保守主义始终是更多地关怀使人类的制度不要从已经
达到的进步程度上倒退下来,而不那么关怀促使已经可以前进的
方面前进,甚至不惜"推翻"地位较弱的同胞的"思想观念"。并使

那些得来不易、尚未巩固、但至少能借以保持一点点良好作风的惯例办法发生问题。

（三）然而大体上说来，我认为，国际金本位制（或仍能具有此名的科学而明智的修正办法）的说法是否能成立，要看我们对于理想的价值标准（不管它在其他方面的情形如何）应否具有国际性质这一问题的答复如何而定。因为如果我们十分强调我们的价值标准要具有国际性的话，那么在未来的许多年中要使国际间遵守一种与黄金毫无联系的本位就是完全办不到的。此外，假使我们能排除科学管理的世界本位制所遭遇的重重障碍的话，那么要使它具有一种黄金的外貌也不会增加多少困难。如果世界货币制度是由一个超国家的机构以耳听八方之聪加以管理，而这项计划中又有一部分规定黄金在各地都不得投入实际流通，那么由于我们能随心所欲地厘定金本位的价值，于是便不论理想的价值标准是什么都能和金本位价值的形式相容了——这一点只要那个超国家当局把黄金加以管理使之符合于理想的本位。我们对于黄金的礼敬和尊称也许会使我们在购买金矿的当前产品时每年支出一笔费用；不过这方面最坏的情形也就不过如此而已。

可是理想的本位能否肯定是国际本位呢？人们通常认为答案显然是肯定的，根本用不着多说。据我所知，除了拙著《货币改革论》第4章中有所质疑而外，任何其他地方都没有见过提出问题。人们认为国际本位为对外贸易和对外投资提供的那种便利和方便已经足够确定这一问题了，并认为缺乏国际价值标准正像关税之类的制度一样愚蠢地妨碍了国际间的流动性，这类东西由于搞错了方向,原想使个别地区获利,而实际上却使整个世界都趋于贫困了。

至于反对方面可以提出的理由,一直被一般人所忽视,我们在下一章中必须公允地加以讨论。

第三十六章　国家自主权问题
——国际管理问题之三

一、国际管理制度的进退维谷局面

我们已经看到,国家或国际性的货币管理时常呈现出一种两重性。一方面,由于货币因素数量相对于总产量而言有持久性变动,于是便使平衡物价水平产生了长期性变动,也就是使效率收益水平产生了长期性变动。另一方面,由于投资因素有暂时性的不平衡——我们曾将这种现象概括地称做信用循环——于是就环绕着平衡物价水平的长期趋势产生了若干短期变动。

就第一方面来说,国际体系中的成员必须将国内货币的长期价值和国际本位的长期价值紧密地结合起来。这一点必须作为不可避免的事情接受。我们要是相信国际本位的好处的话,也会认为这是值得欢迎的。至于第二方面,每一国家当然要尽一切可能避免暂时性的波动。当国内开始出现投资不平衡现象时,国家将不管国外的情况如何,都竭力设法遏制;而当国外发生投资不平衡现象时,则将竭力避免卷入。这样看来,由于投资不平衡并非各处同时以同一程度发生,所以一个国家体系就可能受着情势的驱使而要采取措施保持本身的投资平衡,这种措施对同一国际体系中其他会员可能是不适合的。

各会员只在这种情形下自然而然地希望保持短期独立行动的心情引起了极大的困难。因为，正如我们已经见及的，参加一个国际体系的要素是国际平衡（就是 $G = O$，意指一国的对外投资贷付与它的对外贸易差额相等）要求每个会员国家银行政策应当以所有其他会员银行的一般行为作为主要标准，它本身自动独立地对于最后结果所起的作用则是轻微的。假使任何国家背离这个标准，就不可避免地会发生黄金流动。

用一种假定情况也许可以清楚地说明这种困难——即国际金融体系是完全流动性的，也就是各种国际汇兑率都是严格固定的，因此从一个国家汇款至另一个国家却毋需费用，每一国家的金融家又只追求最高利息率而完全不计较贷款地点。在这种情况下，事情很明显，世界各处的利息率必然会趋于一致。假使任何国家试图维持的利息率高于邻邦，黄金就会流入该国，最后要不是使它让步便是由于它吸收了世界上所有的黄金而使国际体系遭到了破坏。假使它试图维持一个较低的利息率，黄金就势将外流，直到它放弃了这种政策或由于丧失了它所有的黄金而退出国际体系时为止。因此，它的独立行动权的大小和本国的需求并没有关系。

然而，正如我们在前面所见到的，可能存在这样一种情况：当一个国家的利息率是由外界的形势为它决定时，它便不能在国内达到投资平衡。如果它的国外存款余额缺乏弹性而它又不能在世界利息率下把它的全部储蓄吸收到新的投资中去，这种情况便将发生；甚至在它的国外存款余额有弹性，如果它生产成本中的货币成本黏滞难动时,这种情况也有发生的可能。此外,还有各式各样其他理由说明为什么维持本国的日常投资平衡时可能要使当地的利息率和国际利息率发生一些距离。

这就是国际金融体系中的一种进退维谷的现象——一方面要根据国际本位保持国际体系中各会员国货币稳定性的优点,同时又要保持每个会员国对于国内利息率和对外投资贷付量方面的充分自主权。

我想,某些主张在大战后普遍恢复金本位的人并没有充分预见到各国是怎样迫切地要求自主权和独立行动。他们想道:一种货币的自动稳定将通过每个会员国家自觉自愿地或实际上出于被迫地同意根据整个体系中的一般行为来控制自己的行为,就可以达到一种自发的稳定性。从这种观点来看,在金本位的理想运行状况中永不会有黄金流动的必要(按照适当的比例分配新产的黄金不在此例)。因为,假使每一中央银行能放弃它的独立行动权到一种程度,以致同意始终用一种方式调整其信用政策,使其金库中的黄金不致大量流入或流出,这时就能得到最大限度的自发稳定。假使每一家中央银行能使(或让)黄金流入或流出尽量影响它的信用条件,也就是使它按照情况驱助银行利率上升或下降到转变黄金动向所必须的程度,则上述效果就可实际充分达到。

假如美国联邦储备银行总裁斯特朗于 1927 年在国会的物价稳定委员会中作证时曾说:

> "到了相当时期,当原有金本位国家恢复金本位的做法使世界各处的物价受到影响时,以及银行准备因此而重行调整

时，我认为势将采取一种极重要的步骤使物价趋于稳定。[1]……欧战后，国际间不存在黄金的自由流动。在这样的情况下，就不能指望达到那种由于调整国内和世界物价而或多或少地获得的自发稳定。当我们没有恢复黄金的自发流动，从而影响银行准备，并使准备的丧失自发产生的反响发生作用时，我认为我们就不能从联邦储备系统中得到那个时期来到以后所能获得的圆满结果[2]……当我们能像前些年那样处理这些事情的时候来临时，我深信许多须要运用目前形势下所必需的管理措施的事都将消失。情形将具有更多的自发性。我们将无须像现在这样倚靠我们的判断力，而能更多地倚靠自然的力量以及共对物价的作用；这种作用我已经粗略而不充分地叙述过了。"[3]

米勒博士在同一场合下作证时，背景也许就是同一种原理和同一类期望。

"金本位的意义不止是在合法的方式下用黄金收回国家发出的货币和信用。在我看来，金本位意味着一种方法，其作用是在彼此间存在着适当配合关系的金本位集团的各国之中发生调节和保持平衡的影响，以便维持物价水平、信用条件和货币状况。对我来说，金本位意味着一系列的办法或一整套程序。它从未用公式表达出来，从未被人们有意识地

---

① 见《物价稳定委员会报告书》，第 306 页。

② 同上，第 378 页。

③ 见《物价稳定委员会报告书》，第 379 页。

想出来,也不是任何人发明的。这是世界上各大商业国的经验的产物,而不仅只是用黄金赎回各种债务的办法。"①

人们正是基于以上关于国际金本位应有意义的假定才常指责美国或法国,说它们近来完全为了本国和本地而采取一种信用政策,吸引黄金大量流入其金库而不使之对其政策有大大更动的作用,这样便是破坏了"金本位游戏"的规则。然而,如果指望这些国家为了实行一种更加适合于某些其他国家的信用政策而自动牺牲它们认为属于自有的利益,那便未免希望过奢。因此,在下文中我将说明,解决这个困难的方法不是提出这些要求,而是安排出一种折衷办法,使国际金本位的严格遵行在正规与合法的方式下和适度的对外投资贷付额国家自主权结合起来。往下我们将集中达到这一目标,其中的细节应由各国自行拟定。

二、调节对外投资贷付率的方法

我在上节所提出的那种进退维谷的局面也许只有对大不列颠说来才是新奇的。在 19 世纪后半叶,伦敦对全世界信用状况的影响是极占优势的,以致英格兰银行几乎可以自命为国际管弦乐队的指挥。如果修改贷款条件,并打算变动它的黄金贮备量,而其他中央银行又不打算变更,那么它便能在很大的限度内决定其他地方所通行的信用条件。

这种发号施令的权力加上我们在第 21 章中所研究的这个时

---

① 见《物价稳定委员会报告书》,第 693 页。

期的某些其他特征，大不列颠便能以在对外投资贷付方面采取某种程度的自由放任主义，而其他各国则不能仿效而行。因此，对它来说，严重发生这种进退维谷的局面的情形是很少见的——少到足以使它能把这种局面当成一般政策问题而置之不问。的确，它的经济学家无论是就本国或其他国家说来都几乎没有觉出有这种现象存在。他们并不认为它的自由放任主义实际所获成就是由于它一时的特殊地位而来的，而认为是由于放任主义本身具有无以复加的价值。至于其他国家未能仿效而行的问题，被认为说明了它们的持政之道低劣，正像它们对保护关税的成见一样。

　　但不幸的是目前这种地位已经大大改观了。美国建立联邦储备制度已经成功，并利用其迅速增长的财富使之从一个债务国变为一个债权国，同时其所积累的黄金也占世界黄金贮存量的一大部分。大不列颠原先非常慷慨大度，并乐意作出牺牲以促进战后欧洲的平稳（这也是为了满足它以富骄人的心理），结果却使法国和美国成了战争所引起的金融交往的主要债权国，而它本身则完全被排挤掉了，虽然在欧战期间它的金融活动还是最巨大的。即使伦敦仍旧是世界上最有势力的金融中心，即使大不列颠所拥有的可作国际新投资之用的余额仍旧（我所指的是 1929 年）等于包括美国在内的任何其他国家的一倍半，可是它在影响全世界信用状况方面的相对地位却必然会不如往昔了。

　　因此，它现在也必须要来面对这种进退维谷的局面了。此外，它在恢复金本位时的状况是：当时按黄金计算的收入水平与其他国家按照各自恢复金本位时所规定的条件来计算的黄金收入水平失去了平衡，这种轻率的举动使它所遇到的这种两难局面一时极为严重，其程度比所有有关国家在若干年继续不断的维持同一国际本位时可能发生的情形要严重得多。

然而它在这类问题方面的传统自由放任主义信念以及它的金融机构的固有形式都使它极难于面临这种局势。伦敦商业中心的心情充满了旧式金融周刊上至今仍可看到的那种头脑简单的原理，大意是认为对外投资贷付几乎可以自发地在对外贸易余额上产生一笔相应的增益。

现在让我们讨论一下：当一个国家由于依附一种国际货币本位而过分地影响了国内的平衡，以致使其对外投资贷付（或借收）产生了变动，使利率发生波动时，究竟有哪些方法可以防止。可是，在这之前，让我重新说明一下这个问题的性质。

国际货币本位由于可以减少费用和风险至最低限度，所以便大大地便利了一个国家和另一个国家之间的款项借贷。在近代时期资本家以流动的形式存储着大量的准备，一个金融中心相对于另一个金融中心而言，利息率只要发生较小的变动，就可以使大宗贷款从一处转向另一处。也就是说，对外投资贷付量对于微小的变动是高度敏感的。在另一方面，对外贸易余额则绝不如此敏感。一个国家纵使是剧烈削减物价也不容易突然缩减其进口量和突然扩大它的市场，高额保护关税的盛行更加重了这种困难。所以，要想在对外贸易余额中引起一种变动大到足以平衡对外投资贷付中的变动，实际上是办不到的。后者甚至只要有一个极小的刺激就可以引起。对外投资贷付的这种高度短期流动性和对外贸易的低度短期流动性结合起来，便意味着：没有采取步骤应付前者时，国内利息率与国际利息率甚至只要暂时小有差额，就可能发生危险。

在这种情形下,奉行任何一种国际本位都会使中央银行应付国内局势,以便保持国内经济稳定和最适就业量的权力充分受到限制。

这个问题对债务国和债权国说来出现的方式不同。对前者比对后者更为严重、更棘手。因为在紧急状态下,减少贷款当然比增加借款更容易办到。的确,当一个债务国面临危机时,其结果十之八九是临时放弃国际本位。到目前为止,在这个为数不多的"十分之一"的情况中印度便是其中之一,它渡过了许多难关,这部分地是由于伦敦的印度事务局的官方地位所给予的方便,而部分地则由于它设立了一宗巨额的国外准备,公开宣布其目的在于应付国外借余额和国外借款之间的短期差额。可是,在下面我们基本上将从债权国的观点来研究这个问题。

可能的补救办法可以分成两类:一、官方用以抵消市场活动的办法;二、官方用以影响市场所活动的办法。

(一)第一类包括中央银行以其对外国流动资金的支配权来加强自己的地位的各种方法;如此加强地位以后,就可以大规模地变更这些资源的数量,从而抵消市场上短期与长期对外投资贷付率的不利变动。这些方法是:

1.保持大大超过法定最低额的黄金准备,而且愿意让这种超额准备出现大幅度的变动。正如我们已经见到的,大多数的中央银行由于法律的限制而封存的黄金贮存量的确太多了。因此,可以自由支配的部分便不足了;而且许多中央银行甚至还一点也不乐意使用这个自由支配的部分。到现在为止,唯一充分地利用了这项权宜手段(即放手利用这项大宗超额准备)的机构,是美国的联邦储备局——这对于它国内经济的稳定产生了极大的好处。由

于可以得到的黄金并不足以使所有的中央银行都将它们自由支配
的贮存量增加到大大超过目前法定额的程度，所以在这方面便没
法得到一个全面的补救办法，除非是普遍降低法定额。我们在第
33章中已经讨论过这个问题。也许有充分的理由要保持某一数
量的黄金作为一种最后的手段。可是实际封存量的决定大概并不
是细心地计算需要所得到的结果，而是考虑潮流和威信所得到的
结果。我们需要潮流的决定者（并非别人而恰是采取一致步调的
各中央银行本身以及它们的政府）发布一项命令将目前的法定黄
金准备额规定降低。

2. 在国外金融中心保持大宗流动余额，例如利用黄金外汇管
理就是一个办法；而且愿意让这些余额出现大幅度的变动。事实
上这种方法目前已大规模运用，其中某些方面在上面第30章第5
节中我们已经讨论过了。

3. 和其他中央银行商订透支通融办法。当大不列颠恢复金本
位时，曾采取了这种方法，和纽约摩根银公司以及纽约联邦储备银
行商订了为期两年的通融办法。其他国家在类似情况下也作过相
应的安排。这项资金往往是不公开的。可是除了在非常例外的情
况下，中央银行大概都迟疑而不愿利用这笔款项。

4. 各中央银行与"国际银行"商订借贷款项的协定。这在将来
也许有很大的希望。我将在下面第38章中再回到这个问题上来。

（二）第二类包括中央银行可以用以影响市场，使之按照其愿
望与政策调节对外投资贷付净率的方法：

1. 一个国家中经确认的证券市场组织显然必须适应其对外投
资贷付的正常能力。在稳定的局势下，经过一个演进过程便可以

达到这种状况。可是在发生变动时，就会插进一个失调的时期。目前的伦敦证券市场也许过分偏向于外国证券的发行——这是由于大规模发行公司过去的经验和关系以及保险公司和投资信托公司等资力雄厚的职业投资者的习惯所造成的结果；因此，相对于大不列颠目前的国外余额来说，对外投资贷付量便偏于过大。从另一方面说来，美国的情形却相反，法国尤其如此，这一部分是由于第一次世界大战前它在国外投资方面有不幸的经历，另一部分则是由于在法郎崩溃期间它有意地禁止在国外投资的结果。因为在决定贷付怎样支配时，习惯与组织是有很大作用的，甚至和内在本质一样大。

2. 在目前高额直接税的条件下，国内和国外有价证券的相对吸引力可能大大地受到差别税则的影响。这在法国起了重大的作用。大不列颠也许需要用它来作为一种平衡力，以便抵消目前在习惯和组织中所存在的对国外证券的偏向。

同时可能还需要用它来作为另一种倾向的平衡力。对于国外投资采取自由放任主义，意味着除开风险等问题之外，各地的净利率会趋向于同一水平。这样一来，在各国中同等效率的劳动量必须和等量额资本相结合。其结果是各地劳动的边际效用势将相同，从而使劳动所分得的产品份额也相同。由此可知，投资贷付额在国际间如果是流动的，而风险又相同，那么各地的效能工资水平便一定会趋于一致。否则效能工资较高的国家对外投资贷付额就将超出它的对外贸易余额，于是就需要用"紧缩利润"的办法来保持它的黄金储量，直到失业的压力使"所得紧缩"随之发生而终于将工资水平降低到和其他各处一样时为止。这便意味着在一个古老的国家中，除非是投资者对于对外投资贷付的出路，真真假假的风险，以及这方面的差别税则等等不熟习，因而拖住了对外投资贷付，否则该国的工人便无法以超过世界其他各地的工资直接获得该国大量累积资本的利益。无限制的对外投资贷付可能导致国家财富迅速增长，可是这一点却是由于推迟了国内工人以较高的工资享受这种日益扩大的资本积累的利益而得来的。19世纪的哲学常常认为未来总比现在好。可是近代社会则更倾向于要求有权自行决定究竟在什么程度内服从这一克己的原理。

（3）以上所讨论的两个因素是长期性的。可是对于解决本章所讨论的主要问题说来，更重要的方法却是逐日调整对外投资贷付率的办法。因此，我便对这方面提出两项建议：

（4）首先是控制长期对外投资贷付率（即投资者所持有的那类外国证券的购买率）。就外国新证券在国内市场中公开发行这方面来说，主要的贷付国已经有了正式或非正式的控制。在法国，由财政部和外交部施行的官方控制近年来是非常紧的，以致加上惩戒性的赋税以后便完全扼杀了新证券发行的市场；现在有人在提议放松这种控制。美国目前已有一种成例，任何外国新证券在市场出售之前，需要取得财政部的默许。至于伦敦方面，英格兰银行在欧战后曾有若干次（我不知道战前是否有过这种事情）不借助于立法，而只运用其对发行公司的权力，便有效地禁止了外国新债券的公开发行。这些禁令在当时几乎使对外投资贷付完全陷于停顿。除此之外还逐渐形成了一种成规，即新外国证券，不论多少都必须事前按例征询英格兰银行的意见，该行则利用这种机会来调节其提供率。

这种非正式的方法在它自己的运用范围内是十分有效的——也就是说,在调节伦敦市场上公开出售的外国证券的提供率方面是十分有效的。可是,这方法对于调节大不列颠的全部对外投资贷付额这一更广泛和更重要的目的来说,却不受人欢迎,而且也不能完全生效。原因是它不适用于公众或投资公司在外国证券交易所(特别是华尔街的交易所)购买从来没有在伦敦发行过的证券。近来实际的经验证明,纽约发行的大量外国债券或早或晚地都被伦敦方面购买过来了。事情很明显,这种禁令无论是全面的或局部的,都只有使证券的购买转入其他途径,对施行禁令的金融中心是不利的——因为金融商人丧失了宝贵的发行利润而本国的财政部也失去了发行和过户印花税的宝贵收入。

人们有充分理由对这些结果表示不满,这种情绪和放任主义的传统携起手来完全反对控制的机制。可是我认为,使这控制方法变得完整比放弃它更为明智。我认为这一点可以用下述方法达到:规定以后外国债券(指外国政府与公共当局以及未经注册为不列颠公司的那些公司或股份有限公司的定息证券),除事先经英格兰银行核准①外,不得在任何证券交易所买卖;英国人执有未经英格兰银行认可的证券时应在这项证券的收入中每英镑附加 2 先令的所得税。这项税收纵使完全不谈增强英格兰银行对于对外投资贷付率的控制力问题,光只说补救国外购买的债券逃避印花税的问题,也完全是有理由存在的。因为英国人在纽约购买的外国债券而竟能逃避在伦敦进行类似交易时所应交纳的税,的确是一种

---

① 对于所提供的证券的性质这种核准自然没有表示任何看法。

反常现象。

其次是控制短期对外投资贷付的办法。这当然始终是一项头等重要的事情。可是这方面现在却出现了一个比以往远为困难的问题。首先，目前已有两个地位相等的国际短期资金借贷中心——伦敦、纽约，不再是由伦敦独占鳌头了，因此在这两个中心之间就经常可能出现大量的流动。第二，人们推断国际短期借款市场的性质已经发生了变化。今天的国际（金融）中心，不管是伦敦或是纽约，对于世界其他各地来说至少既是债务人，更是债权人，是债权人的可能性更大。我想，甚至在 19 世纪时，伦敦在这方面的状况也比我们当时所听信的情形更为平衡。伦敦所使用的外国短期资金量对英国所持有的非纯粹英国贸易的英镑汇票量比起来，亏绌并不太多。今天，国际短期资金市场肯定是外商愿保持流动状态的资金的金库。它通过外商承兑票据也形成为外商短期借款资金的来源，但前一方面的规模远比后一方面大。因此，这个市场大大地受制于外国顾客的主动意向情形要看他们究竟是愿意交换长期资产、还是交换短期资产与黄金、抑或是在一个国际中心与另一个国际中心之间进行交换而定。这种银行业务要求经营的人既愿意而又有才能看到他们的黄金储量和其他流动准备不时发生巨大的变动。据我看来，那些经营这项银行业务的人也会看到适当的办法是，尽量把这项业务和国内工商业业务的经营分开。

第三，国际短期贷款资金的规模已大大扩充。关于这一点我们并没准确的统计。可是，我估计在 1929 年末，其量值不会少于 1 000 000 000 英镑；其中 600 000 000 英镑在纽约，300 000 000 英镑在伦敦，100 000 000 英镑散在他处。当然，其中有相当大的重复部分。也就是说,甲国在乙国之内存有余额,同时乙国又有余额存在甲国。只有美国已试行编制全国的短期贷款总额和净额情况的统计。美国商务部(雷·霍尔编《商情公报》,第 698 期)所发表的结果十分有启发性,值得重录如下:

"外国人"欠"美国人"的账目[①]

单位:1 000 美元

	1928 年 12 月 31 日	1929 年 12 月 31 日
美国存在外国人手中的存款	198 588	189 140
美国银行承兑外商开出的未到期汇票的负债	518 822	768 942
外国人的透支	255 373	202 348
其他短期贷款和垫款	318 762	285 460
美国在外国金融市场提供的短期资金	24 077	37 357
国外所欠短期资金总额	1 305 622	1 483 847

"美国人"欠"外国人"的账目

单位:1 000 美元

	1928 年 12 月 31 日	1929 年 12 月 31 日
外国在美国的存款	1 580 481	1 652 858
美国人所开由外国承兑和贴现的未到期汇票	93 356	72 238
外国投入美国市场的资金转入美国承兑汇票的款项	564 601	891 132
外国投入美国市场的资金转入经纪人借款的款项	332 888	270 627
外国投入美国市场的资金转入财政部库券的款项	166 319	61 827
外国投入美国市场的资金转入其他短期借款的款项	12 176	8 817
美国银行待收、未经贴现的外国开发的承兑汇票[②]	99 247	104 938

---

① 美国银行的国外支行算为"外国人";外国银行的美国支行则算为"美国人"。

② 一个改正记录,抵消了表中关于"外国人欠美国人的款项"的第二项数字。

其他	47 152	24 844
欠外国人的短期资金总额	2 896 220	3 087 281
银行账上欠"外国人"的短期债务的净额	1 590 598	1 603 434

显然,比方说纽约金融市场总债务如果有10％转入外国人手中时,对支付者和收入者双方来说都是一项惊人的大事。相对于国外余额中任何可能发生的短期变动说来都是一项庞大的绝对数字。可是如果短期资金的移动不能由有关国家的对外贸易余额中的相应变动抵消时,那么利率就必须定得使这些流动不过大,以致不能由其他长短期资金或黄金等的相对流动所抵消。然而很可能这些力量结合起来所决定的利率并不一定是保持国内工业平衡的最适宜的利率。

就大不列颠来说,似乎有必要施行两项改革:第一,必须按照上述美国表报的方式按月编制伦敦的国际银行业务情况的量值和流动方面的准确情报。目前,没有人能知道伦敦的国外短期负债的净额或总额,也不知道这两种数额究竟是在增长还是在降低。然而,缺乏这种情报,英格兰银行就不可能有效地掌握它的银行利率政策以及它的公开市场营业。严格地说来,这就完全像一个在全国有分支机构营业的总行对于其存款总额或增减状况不具有正规资料来源而去处理它的政策和维持它的准备一样。

第二项改革是制订一些方法,使伦敦的国际存款业务以及其控制方法在某种程度上能与不列颠工商业方面的国内业务分开;这样一来为调节前者而提出的每一种条件的变动便不一定会充分地对适用于后者的信贷要价条件发生作用。这方面存在着一个极难解决的技术问题。贷款就像流水一样——它可以作种种用途,但自身却没有作划分；可能从裂缝中漏出去，而无怨无尤地使整个园地里的水求得自己的水平面，除非是园地的各部分都弄得滴水不漏；而要弄得滴水不漏，在信贷方面却是办不到的。但我有一项建议，并自以为很重要，值得单用一段话来讨论。

三、现金输送点的意义

我们已经看到，如果汇率绝对固定，使一国的货币兑换为另一国的货币时无需任何费用，则两国类型相同而安全性又据信相等的放款就必然会通行完全相同的利率。如果这种情况普遍地存在于所有国家之间的话，那么只要任何地方的借贷条件一有变动，便都会在其他各处反映为银行利率和债券利率的变动。也就是说，每一阵风都会毫无阻挠地传播到全世界。风力分散在一个大区域时，当然没有集中在一个小区域时那样大。但从另一方面说来，假使多数国家都建立起效力或大或小的屏风，那么任何没有遮拦的国家，除非它相对于其他各地而言幅员很大，否则，就会经常不断地发生不稳定的情况。

因此，假定一个国家采取了国际本位，问题还在于它究竟愿意国际化到怎样的程度，也就是对每一个国际上的变动愿意敏感到什么程度。我们现在必须考虑的办法显然是在切实遵守国际本位不予背离的条件下怎样抑制这种敏感性。

用某一种货币所放的贷款和用另一种货币所放的贷款不会相同，甚至两者在大体上都符合于同一个国际本位时也是这样，除非这两种通货兑换时无需费用，而兑换率事先又确实知道。如果这两种货币的兑换情况中有费用或者有怀疑存在,那么用第一种货币放款的利率便可能发生变动,其范围决定于费用的多寡和怀疑的深浅,和用第二种货币放款的利率无关。一种货币兑换成另一种货币的条件同往后反过来兑换的条件之间可能存在的差距决定于国际汇兑术语中所谓的现金输送点之间的差距。现金输送点之间的差距愈大,则一国的对外投资贷付率对于外界短期变动的敏感性愈小。

因此,现金输送点相距的程度在管理一国的货币的问题中是一个关键性的因素,并且是应当深思熟虑而后决定的问题。然而这个问题至今还未曾作过这样的处理,只是受着某些历来沿袭的因素和某些完全偶然的因素所支配;然而毫无疑问,在漫长的时期中已经有了经验的"适者生存"的现象。

关于使短期对外投资贷付失去敏感的问题有一种最有效的方法是使两种货币间未来的汇兑条件存在着怀疑的因素。这是欧战前几十年中法兰西银行的一种传统方法。5法郎银币始终是一种法偿货币,可是法兰西银行并不保证其永远按照法定平价与黄金兑换。要使这方法发生效力,并无须经常运用这种变价的威胁甚至完全不用都可以。只要有这种威胁存在,便足以阻止套汇者进行活动,他们主要关怀的就是肯定性和狭窄的变化边际。在法国以外的许多其他欧洲国家中,由于这种或那种理由,①关于在各种情势下能否自由取得黄金以供出口的问题一向是存在着疑问的。而在美国则没有中央银行这一事实也使气氛中加上了一种不肯定

---

① 即中央银行用轻分量的金币偿付法定义务的可能。

的因素。甚至在欧战后恢复了金本位时，还有若干国家用种种方法来防止自己承担收回纸币的义务，因为黄金的性质太绝对了。

当然大不列颠却从未用过这种防止办法[①]（战时和战后黄金兑换暂时停止的时期除外）；美国在联邦储备制度建立之后也从未用过这种方法。这两个国家并不依靠"怀疑"的因素而完全依靠"费用"因素；然而必须补充说明的是：在所有其他国家中，费用因素也存在，以便增加防止作用。在下文中我将用大不列颠作为典型来说明，大多数其他国家在原则上是一样，只是数量上有差别而已。

费用因素是由众所周知的两个因素组成的。第一个因素是英格兰银行黄金买进和卖出的差价[②]——也就是英格兰银行的纸币—黄金兑换率和黄金—纸币兑换率之间的差额。从历史上来看，这种差额的基础是用纸币立即换得黄金，比拿着黄金送到造币厂去等待铸币更加方便和经济多少。在欧战前，实行的差额事实上是由这种"方便"的真正程度决定的，因为黄金持有者可以按照英格兰银行的牌价将黄金卖给该行也可以将黄金送到造币厂去等待铸币。可是 1928 年的通货法案取消了这种选择权，而英格兰银行的黄金买进和卖出价格的精确差额（也就是每两黄金卖价 3 英镑 17 先令 10½ 便士和买价 3 英镑 17 先令 9 便士两者之间的差数，等于 0.16%）就成了一种历史的遗迹。[③]

──────────

① 关于英格兰银行以纯金或以标准金支付的自由选择问题将在下文中讨论。

② 要求得变动的最大限度还须加上受汇国所取的费用。

③ 1929 年英格兰银行恢复了一项一直实行到 1912 年的措施，即在该行特别急于取得黄金时付与高于法定最低价的价格。

　　第二个因素是指黄金转运时的运费、保险费、利息损失等实际费用。这项费用的数目是变化的,原因不仅是运送地点有近有远,而且利率、保险费以及不同的运输工具所需的时间等都各有差别。可是总算起来,在现代条件下,第二个因素所包括的费用趋于减少。[1] 例如,在伦敦与纽约之间,美元对英镑的最高与最低汇率间的最大变动量约为 0.75％。另一方面,伦敦和巴黎间的这项变动就显然小多了。[2] 可是就印度来说,我在欧战前曾计算过,差距将近 1½％。[3] 总的说来,各国双边差距的最大限度自½％至 1½％不等。

　　这些都是最大的变动限度,然而"期货外汇"的组织却使借款人能在先期 3 月的货币划汇条件上得到更大的好处。[4] 可是,甚至在最有利的形势下,也会有一些费用或者要冒一些风险,一种货币的持有者用另一种货币放款时,要计算这项交易能不能产生利润,便都必须考虑这些因素。由于某一方向的交易的压力驱使汇

---

　　① 与此有关的某些有趣的计算数字已由 P. 艾因齐格博士在 1927 年 3 月份、1927 年 9 月份和 1928 年 12 月份的《经济学报》所载的论文中发表。艾因齐格博士指出,由于运用航空运输,现金输送点差距正在缩小。最新的计算数字见艾因齐格博士所著的《国际黄金流动》一书的附录一。例如,1913 年美金对英镑的现金输送点为4.89元和 4.8509 元,即 0.81％;1925 年扩大为 4.8949 元和 4.8491 元,即 0.96％;1928 年又缩小为 4.8884 元和 4.8515 元,即 0.76％。如果利率降为 3％(上文假设的是 5％),则现金输送点的差额会缩小为 0.7％。

　　② 伦敦和阿姆斯特丹之间的差距约为 0.8％,伦敦和柏林之间约为 0.7％,伦敦和巴黎之间约为 0.5％(利率均按 5 厘计算),参阅艾因齐格前书。

　　③ 关于这一点在印度的特殊情形中的详细探讨,可参阅拙著《印度的通货与财政》,第 5 章。

　　④ 拙著《货币改革论》一书,第 3 章第 4 节中,详细叙述了"期货外汇"市场的机制,并且分析了决定汇率牌价的因素。

率趋近于两个现金输送点中的一点，于是在同一方向下进一步进行交易中的未来费用就会增加。

为了说明这一点，让我们假定预期费用为 0.5%。就长期贷款而言，在扣除两种货币的汇兑费用后，并不致显著地影响到所能获得的净利率。例如，在一笔为期 10 年的贷款中，费用因素每年只不过减低所能获得的利率 0.05%。可是，就短期贷款来说，情况便大不相同了。例如，在一笔为期 3 月的贷款中，根据上述的假设，汇兑费用每年势将减低所能获得的利率 2%。

因此，如果当时的汇率不能维持一个长时期的话，这个因素便足以使两种货币间所分别获得的利率发生很大的差别。例如，假定美元对英镑的汇价达到了英镑的现金输出点，那么伦敦同类贷款的利率高于纽约时，便会将贷付款项从纽约吸引到伦敦来，因为从纽约汇往伦敦的贷款在任何未来的日期调回时都可以肯定不会受到汇兑损失。这就是说，美元对英镑的汇价可以始终保持在英镑的现金输出点之上，同时由于伦敦保持着高于纽约的利率，于是黄金从伦敦流向纽约的动态便被防止了。当然，相反方向的情形也是这样。从另一方面说来如果汇率处于两个现金输送点之间，则无须使两个金融中心的利率相等，然而这种不相等的情形仍然不能超出一定的限度。例如，假定两个现金输送点之间相距 0.75%，而汇价又处于英镑的现金输出点上时，那么纽约的 3 月贷款的利率便可以料想得到会比伦敦高出年息 3 厘；而当汇价处于美元的现金输出点上时，伦敦的 3 月利率也同样料想得到会比纽约高出年息 3 厘。然而数学期望值，或 3 个月后汇回款项大概需要的费用，很少或从来没有达到过最大值。市场上对这种可能情

形的估计表现在"期货外汇"的牌价上,因此在平衡状态下情形就是:

按伦敦利率计算的 3 个月利息加上(或减去)远期美元贴现(或溢价)的补偿金＝按照纽约利率计算的 3 个月利息。

因此,假定两个现金输送点之间的距离相当大的话,那么两个中心的短期利率间所能存在的差额边际便也较大,不过始终要假定金融市场不能指望这种差额边际长期维持。所以,正是这个距离,保护了一国的金融市场,使之不至于当其他国家金融市场一有风波时就被弄得一团糟。

从这一点就可以推论出,这一差距的大小对于一个国家内部经济的稳定说来是一个极其重要的问题。这样说来,人们也许会认为,经过细心考虑之后,这一差距量就可以定得安全可靠。可是迄今的情况并非如此。此外,差距量又可能被使用空运方法或银行愿意放弃运送时期的黄金利息等因素而被推翻。

我相信这方面还有余地可以作一个确属重要的改革。[①] 我建议,中央银行按规定应当遵守的黄金买卖价格之间的差额应比以前大(比方说大 2％),在两个现金输送点之间不论黄金运输的实际费用如何都至少将有这种差额(求得这种差额时,必须将这种费用的 2 倍加到上述的 2％之中)。但中央银行如果希望促进黄金流入或流出的话,在任何时候都可以在法定范围内自由挂出较接近的牌价。此外,中央银行遇必要时,还要能在两个现金输送点以

---

① 下面的建议和拙著《货币改革论》,第 189—191 页中所提出的建议原则上大致相同。

及国内外相对利率所形成限制范围内，控制期货外汇对现货外汇的贴水或溢价；这样一来国内的短期借款利率和国外的类似利率就可以暂时地在限制范围内处于中央银行认为适宜的关系上。

这项改革的目的是使中央银行能防止国内的信用组织受国外那种完全临时性的波动的冲击，而长期平衡的法则则依然不变。让我们举出一个可以运用这建议中的措施的例子来看看。1928年秋美国本国的情况使联邦储备局确信，为了取得企业的稳定，必须将短期放款的利率提高；可是不列颠本国的情况则恰恰与此相反，英格兰银行急于要把利率尽量降低。联邦储备局希望它的高额利率不会把大不列颠的黄金吸引过去；因为要是发生这种情况，就会使联邦储备局的努力归于失败。英格兰银行也不愿在本国推行高利率（可能被迫如此），以便防止黄金外流。这种情况便可以用上述办法来处理，联邦储备银行可将黄金收买价格降低到更接近于法定最低点的数字，而英格兰银行则可将黄金出售价格提高到更接近于法定最高点的水平。① 如果中央银行也有上面建议的那种办法，影响期货外汇率，那么这类汇率势将随之而相应地变动。这样就可以让两个中心暂时维持两种显著不同的短期贷款利率。这种差别当然不能容许长期存在，因为容许差额存在的是两个现金输送点间短期内发生变动的预期或可能性。因此，长期对纽约有利的利率差额将使美元对英镑的汇价达到相当于英格兰银行法定黄金最高售价的现金输送点，从而使黄金外流。

---

① 由于缺乏这种规定，英格兰银行于 1929 年年中便采用了一项不能令人满意的权宜措施，在道义上对银行和金融机构施加压力，使之放弃由输出黄金所能获得的微小利润。

因此我打算为各中央银行提供一柄三叉戟①来控制短期对外投资贷付率——即控制他们的银行利率、期货外汇率以及黄金买卖价格（在法定现金输送点的界限内）。在我的想法中，它们不但要按周制定它们的官定贴现率，也要规定它们准备在一两个首要的国外中心买卖期汇的条件以及在现金输送点范围内买卖黄金的条件。这将使各中央银行在短期方面的情形，和它们觉得自身能经受较大的黄金储量变动而不至发生问题时的情形相同。还有一点必须特别注意的是：由于中央银行根据市场流行的现汇率适当地厘定了期汇率之后，实际上便能对本国和外国短期资金规定出差别利率。

在当前的局势存在着反常状况，而中央银行又受着本质的驱使而力图扩大现金输送点的差距方面的情形，可以用 1929—1930 年间当本书正在付印时所发生的两个事件来说明。

读者大概已经看出现金输送点之间的距离在两个地理上邻近的国家间比在两个相距较远的国家间要小。从此可以推论出，巴黎和伦敦间的现金输送点的距离特别小。因此，除非英镑汇率远高于其在纽约的平价，那么当法国准备输入黄金时，伦敦方面达到输往巴黎的现金输出点的时间就会比纽约早。所以，仅仅是因为伦敦和巴黎离得近，就会使它所担负的法国短期黄金需求的负担比纽约重。在这种情况的压力下，英格兰银行和法兰西银行在现行法律条文的范围内得到了一种迂回的办法，使纽约往巴黎输送

---

①　据希腊神话传说，海神波赛顿有一柄三叉戟，具有三种用途，第一是作为海神的渔叉，第二是作为赶马神的棒，第三是作为赶牛神的棒。这里借喻文中所提办法的三种作用。——译者

黄金的费用和伦敦往巴黎输送的费用更接近。英格兰银行运用其法定权力,只出售本位黄金而法兰西银行则运用其法定权力只接受纯金。这样就增加了精炼费用以及由此而来的稽延,而实际上便扩大了输金点之间的距离,同时他们还想出办法减少纽约往巴黎输送黄金期间的利息损失。其结果是无须变更两个中心相对短期贷款利率就能使黄金输出从不愿输出的伦敦转移到愿意输出的纽约;不这样做的话,就会需要这种利率变动,因为这是英镑对美元汇的价朝着纽约往伦敦的现金输出点移动时必然会随之出现的现象。这对于我在主张经常运用的方法说来,就是一个极好的例证;可是,在上述事例中,运用这种方法的可能性竟要决定于有关两国现行法令上的一种偶有特点,这未免有些不合情理。①

另一个最近的事例出现在加拿大。加拿大和美国之间的现金输送点——正像上述的情形一样,由于地理上接近,差距特别小。其结果是:两国之间常常由于暂时的因素而发生黄金流动。1929年9月,由于加拿大的小麦出口迟缓,而华尔街短期贷款利率又高涨,这两个原因结合起来便导致了加拿大黄金外流的倾向,其规模大得不相宜。那种局势当时是这样应付的:加拿大财政部长和10家特许银行达成一项非正式的协议,相约不要为些微的套利而输出黄金;因此,便降低了现金输出点。加拿大的汇率不可避免地超出了它根据实行金本位制的条件所设定的下限输金点。可是当时

---

①　这一事件的技术细节已由艾因齐格博士在《经济学报》1930年9月号中加以叙述。由于某些中央银行(如德国国家银行)愿意接受标准黄金而付出纯金(获得通常买卖价格之间的赚头),法郎—英镑汇率变动的理论范围,便暂由通过第三国家的三边交易的费用决定。

的事情却证明这种权宜措施是正确的。因为纽约短期贷款的高额利率不过是暂时的现象,到 1930 年夏天,当这高额利率已经疲软下来时,加拿大的汇率不但恢复了平价,并且还超过了平价而走向现金输入点。这样看来,这种非正式地扩大现金输送点差距,也许是防止纽约不正常局面对加拿大国内信用状况发生过分反应的最上策。

本节所提的建议可能引起两点反对意见。人们也许会提出,像这样容许增加的活动余地可能将被滥用,促使中央银行对于长久性的不平衡状况的原因(非一时存在的阶段)不采取补救措施,并以此为辩解。当然,当我们扩大中央银行的自由裁决权,以便扩大它进行明智管理的权力时,这种扩增的权力每每都有被滥用的危险。不过,在这种情形下,危险是微小的。因为,在这种情形下,除了国际短期贷款的状况外,局势中任何一项因素所受的影响将是微不足道的,而对国际短期贷款的影响也将严格地受到限制,不至累积性地反复出现。

人们也可能说,这种权宜办法对于一个不成为部分国际短期贷款基金的储存所的国家是好的,但对于渴望成为这种基金的重要贮存所的金融中心则不利。必须承认,这种说法也有一些道理。这个问题是:我们为了保持国际银行业务究竟值得在国内金融不稳定的形式下付出多高的代价。从国际银行业务的观点来看,理想的情况是把两个现金输送点差距缩小到使它们合而为一。这事情是在不相容的两种利益之间寻求一个正确而有利的折衷方案的问题。可是这种反对意见也有理由不予重视。因为我在上述建议里附加了一点:就是中央银行也可以挂出期汇汇率牌价。这样,中央银行就可以按其认为对客户安全而有利的程度,每 3 月一次为他提供款项来回划汇的安全和经济的办法。这就是说,我们所要做的只是放松中央银行所受的严格法律束缚,不去阻止或阻碍它在实际上和一般情况下完全像目前这样掌握整个体系。

此外,伦敦作为一个外国资金汇流处所而言只要把它对任何第三个国家的现金输送点差距规定得不比纽约宽泛,就可以克服地理上接近所产生的困处,而不降低它对纽约的竞争地位。

然而最理想而又完全可以驳倒反对意见的制度将是所有首要国家采取一致行动的安排。现金输送差距是随机确定而又变幻多端的,在每两个国家之间彼此各不相同,而且有任何些小的不稳定现象就会受影响,如果能改变成每两个国家之间都有固定和一致的制度就更好了。在未来的理想国际货币体系中,我们有一种办法可以保证做到这一点,那就是:——每个国家的中央银行必须按预定条件用它存在"国际银行"中的余额来买卖本国货币,而不根据现行法律义务,按预定条件用黄金买卖本国货币。每个国家的买价都低于本国货币平价 1%,而卖价则高 1%,这样就可以保持适当的国家自主权。如果储存在这个"国际银行"的余额能兑换黄金的话,上述办法和保持金本位就不矛盾。这只意味着个别国家两国之间不会有黄金流动,唯有个别国家和"国际银行"之间才有黄金流动。在第 38 章中我们将再讨论这样一个"国际银行"对于解决世界货币问题有什么贡献。

总之,我们可以作出这样一个结论:现金输送点差距的精确幅度,值得比现在作进一步科学的研究。如果两现金输送点重合(在一个国家之内实际上是重合的),那么目前的国际金本位制度加上各国独立的中央银行和本国货币体系就没法运行了。如果同意这一点的话，我们就可以说，两点之间相距的程度就不应是一个运输费用的问题或历史遗迹的问题。

四、价值标准是否应具有国际性？

大家都同意，在人类有许多活动中的国际标准只不过是凭常识建立的。如果有不同说法的话，一般说来都不是属于经济性质的。我们也许不欢喜采用米制或世界语等类的主张；假使不喜欢这样的国际标准的话，我们的反对意见也不会是基于经济利益而来的。可是对于货币制度来说，在语言方面大可以说是具有压倒力量的因素，诸如多样性、特异性或传统性等等在货币制度方面却完全不能与经济利益相抗衡。在决定我们的货币制度时，我们要考虑的只是经济利益的影响（其中包括政治权宜与政治正义），而无需计及其他。

一般都根据这一点作出结论说：毫无疑问，理想的货币制度和理想的价值标准应当是国际性的。可是这种结论并不正确；根据前面已经提出的理由来看，答案并不像这样容易作出。首先，正如我们在第二篇中已经见到的，"购买力"在世界各个不同地区不会也不可能具有同样的意义。如果地心吸引力在世界各国很不一样的话，那么重量标准可能也是一样。但就购买力标准而论，这种困难是一定会发生的。货币购买力在美国的变动用统一的标准（不论这个标准是什么）衡量起来，肯定和它在印度的变动不同。此外，正如我们在下面将要看到的一样，还有其他的条件也必须考虑到。

那么关于国际价值标准和国家价值标准究竟应当选择哪一个的问题，我们最后的结论又是什么呢？

首先让我们确实弄清，采取国际本位的理由——也就是对外贸易和对外投资贷付方面所得到的方便和便利——不能说得过火。

就对外贸易来说，我认为把外汇最大变动量固定在狭窄的范围之内的好处往往被估计得过高。的确，这不过是一种方便的办法而已。任何经营对外贸易的人，在他们进行一笔交易时，必须同时确知他的补进汇率，这对他说来是十分重要的。不过这一点从一个可靠的自由期货外汇市场上也可以满意地探知。[1] 至于本年他的补进外汇率和去年的类似交易是否完全相同，这对他并不重要。此外，外汇汇率还可能有"温和"的变动，和商人发生兴趣的个别商品价格的正常变动比起来这种变动仍然很小。外汇的变动可以加重，也可以抵消个别物价的变动，甚至抵消的可能性也许更大。同样地也能——也许很能——加重损失。因此，我们的中央银行要为"期货外汇"的买卖提供足够的便利时，我认为固定的外汇价格对于外贸商人的利益来说并不是必要的。温和的变动如果在其他方面令人欢迎的话，在这方面也不会产生严重的不便。

可是讨论到对外投资贷付时，正如前面已经看到的，我们对于固定汇价的优点的估计就必须大大提高。在这方面，借贷双方间的合同所包含的时期将比任何实际可行的期货外汇交易可能设想

---

[1]　参阅拙著《货币改革论》，第133页。

的期限要长得多。未来外汇汇率的这种不肯定性无可避免地会在交易中加入怀疑的因素,这个因素对于国际借贷资本的流动一定会产生抑制作用。

然而在这方面我们必须严格地区分长期借款与短期借款;当汇率可能发生的变动幅度从外界加上了限制时,尤其如此。例如,假定汇率变动范围已被规定为平价上下的 5％时,那么根据贷方货币计算的 5 厘贷款按外汇平价汇出后,将来可能要付出 4.75％至 5.25％的利息;而在付还时,照借方货币计算可能需付出 95 至 105 之间的偿金。以长期贷款而论,这种可能性还不十分严重。可是,就短期贷款来说,到期归还贷款时的负担细算起来,就可能对于按年计算的全部贷款负担净额产生一种决定性的影响。这就说到了我们论点的中心问题:如果我们有意让长短期对外投资贷付都具有高度的流动性,那么这对于采用固定汇率和硬性的国际本位的主张显然就是一个强有力的理由了。

我们还有什么理由迟疑不决,不能一心一意地采取这种制度呢? 基本上是由于怀疑:采取的货币制度比我们的银行制度、关税制度以及工资制度范围远为广泛是否明智。一个经济体系中若干其他方面都弄得非常死的话,我们能不能容许单独一个因素具有大得不相称的变动性。如该体其他各方面的变动性,不论是对国际还是对国内都一样大,问题可能就是另一回事了。可是采用一个对外界影响高度敏感的变动因素作为该机制中的一个组成部分,而其他部分又要僵硬得多,那就可能招致破裂。

所以这不是一个轻易能解答的问题。大多数英国人自来就听信对外投资贷付要有最大的流动性,而对国外贷款则应采取十足的自由放任主义。我在前面已经一再指出：这种信念是由于在对外投资贷付与对外投资之间的因果关系上持有过分肤浅的见解而来的。由于除开黄金流动一项以外，对外投资贷付的净额和对外投资的净额一定永远是完全平衡的，于是人们便认为将不会有严重的问题出现。根据这种论点说来，既然贷付额和投资额必然是平衡的，那么贷付额的增加就必然会造成投资额的增加；贷付额的减少也必然会造成投资额的减少；总之，我国输出工业的繁荣和我们的对外投资贷付量是分不开的。的确，这种论点有时还会更进一步，所谈的不只限于对外投资贷付净额，甚至主张个别的对外贷款本身就能增加我国的输出——所有这些都忽视了加以利用，要强使对外投资贷付净额和对外投资净额取得平衡，就必须使这机制发生令人痛苦的（也许是猛烈的）作用。

我不知道为什么这一点没有被认为是明显的，如果一个英国投资家不满意国内的前景，害怕劳资争议或对政府的更替表示不安，因此着手买进更多的美国证券；人们为什么要认为这会很自然地由于英国输出的增加而得到平衡？当然，这是不会的。这将首先引起国内信用系统的极端的不稳定——其最后的发展很难以至无法预测。反过来说，假使美国投资家对于不列颠的普通股票发生兴趣，这是否将在任何直接的方式下减少不列颠的输出呢？

因此，如果我们采取一种国际本位，使对外投资贷付具有极大的流动性和敏感性，而让经济综合总体中的其他因素始终十分僵硬，这种办法是否适当，却是一个严重的问题。如果提高与降低工资和提高与降低银行利率同样容易，那就没有问题。可是实际情况却并非如此。国际金融情况的变动或者投机心理的风色的改变，如果不采取措施予以制止的话，就可能在几星期内使对外投资贷付量有几千万元的变动。然而我们却不可能迅速改变输入和输出的平衡来适应这种改动。

这种短期借贷方面的考虑并非我们在猛然采取一种国际本位之前应当再思而行的唯一理由。各国货币的发展各自处于许多不同的阶段；而公众在货币原理方面所得到的陶冶，方向又各有不同。比方说，就我个人看来，目前英格兰银行或德国国家银行对于黄金所抱的态度基本上大概和法兰西银行或西班牙国家银行的态度就有所不同；在以后的 5 年或 10 年中，某些改革对前者来说可能已经成熟，而对后者说来则将证明还过于新奇。

此外还有另一种障碍，那就是美国的态度。美国由于持有巨额的黄金，在很大的程度内可以同时获得本国和国际本位双方面的利益；此外，它又极不愿把本身的自主权交给一个国际机构。因此，要克服法国的保守主义和美国的独立性这两种阻挠达成国际协议的障碍，势将发生严重的以至令人难以容忍的延搁。

这些实际的困难即使要拖延一些时候，大概也是一时的；假定这些都被铲除了的话，国际本位也仍然有一个可反对的地方，因为这种办法使全世界各国依附于某一种特殊类型的价值标准来支配长期的准则。

关于长期价值标准，一般说来必须在三种普通类型之间加以选择。第一种是货币购买力本位（一称消费本位）之类的东西。第二种是报酬本位，它对消费本位的比率随着生产因素效能的增加而成比例地上升。第三种是国际本位的某种变形，也就是以国际贸易中几项主要商品的价格按其在世界商业中的重要性加权所得的数额为基础的本位,实际上这大概和原料产品批发价格本位并没有很大的区别。

前两者显然是地区性的本位,因为在不同的国家中它们的动向并非一样。因此,如果我们的本位要做到对各国都一样的话,就只能选择第三种。

我认为这种反对意见并不是最重要的。因为按稳定的国际本位计算起来,地区性的"消费本位"或"收入本位"的长期变动不至于大到对经济福利有多大影响。然而,我们应当估计到这种类型的"国际本位"对于任何个别国家说来,都不会是理想的本位。

权衡各种条件之后,看来在实际恢复金本位之前,如果一个国家能摆脱束缚于未加管理的国际体系而产生的那些不利而又往往危险的义务时,它便可望更好地按进步的路线管理本国货币;下一步接着要做的是发展出具有变动汇率的国家体系。最后一步就可能是将这些体系联合起来成为一个管理国际体系。

国际金本位自从在 5 年前恢复以来,运行无能,为害不小,证实了反对者最糟的顾虑和最暗淡的预言;它给全世界带来的那种经济损失仅次于一次大战。尽管如此,今天似乎有更大的理由把事情颠倒过来:——踏踏实实地接受成为既成事实的国际本位,并希望从这一点出发,进展到经济生活集中控制手段的科学管理法——因为这肯定就是我们的货币制度的情况。因为通过自主的国家体系来寻求极终幸福就不但意味着要和那些以财产方面的一切优势巩固了地位的保守力量发生正面冲突,而且也会使才智和热情的力量分散,使各国的利害关系对立。

因此,我就有这样一个结论:假使国际管理金本位所遭遇的困难能在相当的时期内加以克服的话(1922 年热那亚会议的决议首先指出了方向)，那么实际可行的最上目标也许是由于一个超国家的权力当局来管理黄金价格，其周围环绕着若干国家货币体系，各自具有自由裁决权，可以按照黄金价格在(比方说)2%的范围内变更本国货币的价值。

第三十七章　投资率的控制
——再论国家管理问题

一、银行体系能够控制物价水平吗?

现在终于达到了整个问题中最困难的一点了。我们已分析并分类缕列了决定物价水平的因素以及封闭体系中的中央银行(或全世界中央银行的总合行为)能用以影响并且支配整个货币与银行体系的行为的种种方法。可是归根结底地说来,在真正实行的时候,中央银行是否有权采取一种政策,随便规定货币价值的水平呢? 比方说:如果法律规定中央银行应负责在狭窄的变动范围内维持货币购买力的稳定,那么中央银行是否在任何情况下都能履行这项义务呢?

那些主张金融当局具有最大的力量来控制物价的人,当然并不认为货币供应条件是影响物价水平的唯一因素。人们如果认为只须注入足够的水便可以使蓄水池的供应维持在任何所需水平上,那么,这种意见和人们认为,蓄水池的水平,也决定于注水量以外的许多其他因素(如天然降水、蒸发、渗漏以及该体系的运用者的习惯等),这两种看法并不矛盾。这种说法只在下一种情形下不能成立,那就是蒸发量、渗漏量、其他的损失量或该体系的使用者的消耗量是注水量的直接函数,其性质是:注入的水量愈多,消耗量、降雨量的减少以及其他的损失量也因之而愈大,以致不论注入多少水都不能使蓄水池的供应超过某一水平。这两种情况,究竟哪一种真正像银行体系的增加货币供应对物价水平所发生的影响呢?

现在我对斯特朗总裁等证人于 1927 年在美国国会物价稳定委员会前所表示的某些怀疑和踌躇,比几年以前更加抱有同感。任命这个委员会是为了查明关于"联邦储备条例"修正案的建议是否明智,其大意是规定联邦储备局应负责以其一切权力"普遍促成稳定的商品价格水平"。以下的摘录清楚地说明了讲实际的人对于"联邦储备体系用上某种自己开动的方法、某种有魔力的数学公式①之后,有力量提高或压低物价水平"的看法所抱有的合情合理的怀疑:

斯特朗总裁②

"我相信现在有一种趋势认为,物价水平似乎是对着对面压杠子的信用桶而上下涨跌的,似乎当价格下降时,就可以把塞子打开,把信用多灌一点到压杠桶里去,使物价上涨;当价格上涨时就可以把信用倒一点出来,使物价下跌。我只怕物价问题比这要复杂得多。

"我想提出一个就在最近发生的情况,来说明物价的动态和我们所能考虑的许多其他因素之间的关系,这成了管理方

---

① 斯特朗总裁在物价稳定委员会前的证词,见报告书第 295 页。

② 我将斯特朗总裁在物价稳定委员会前的证词中下述几页上不相连的段落连成了一整段话。——见报告书,第 295、359、550、577 等页。

面实际遇到的真正难题。两个月前,国内有人关心到这次证券投机的范围以及用来支持这项投机的信用量的大小。同时,我们对价格结构所进行的研究清楚地说明,当时和以前不久批发物价水平都下跌了。当我们分析这种下跌的原因时,发现差不多完全是由于棉花和谷类价格下跌造成的。假定现在在场的人是联邦储备银行董事,要决定怎样处理贴现率的问题。我们有一种感觉,认为投机活动正在扩大;也可能觉得应当由联邦储备银行体系设法制止。在另一方面,我们又看到农产品显然在看跌。如果大家都十分担心农产品的价格,我们感到抛售信用或者降低利率可能稳住这些商品的价格。那么投机方面的结果又怎样呢? 这就陷入左右为难的境地中了。

"我相信联邦储备银行体系所施行的信用管理法能够影响国内的信用使用量及其成本,在信用量及其成本对于物价水平所发生的影响的范围内(并且唯有在这个范围内)联邦储备银行体系的措施才能影响物价。可是有时候甚至对信用量以及对信用成本略予限制的那种权力也不能完全或稍近完全地控制物价,因为还有许多其他因素,远非信用量和信用成本所能影响,比如人民的情绪,就是这样。因此,"联邦储备法"中如果有任何条条让人们认为联邦储备银行体系在稳定物价水平方面所能做到的程度不止于有限的控制信用所能达到的程度,那么,当物价的波动不能在如上所述严格限制的范围内加以控制时,我恐怕人们就会感到失望了。

"当联邦储备银行体系拥有适当数量的生息资产时,它就具有相当大的力量可以控制如脱缰之马的物价动态。可是，如果所遇到物价下跌是日浸月渐地发生倒闭现象的时期的下跌，而且又不是1921年那种剧烈的动态，而是一种很艰苦的缓慢价格动态，可能完全不是由于信用的作用造成的——那么，联邦储备银行体系又将为何应付呢？现在物价正在下跌中。去年的那种乐观情绪可能使得所有的商人都订购了他们希望能出售而当来到时却又无法销售的货物；换句话说，也就是存货过多，超出了本行本业或人民的消费量。如果在消费能力以外还有一批货物有待销售，那么，在余剩货物未脱售前，增加信用体系中的信用额并不能予以补救，而这种局面早在任何营业量报告和存货清单之类的文件中可以发觉出来之前，就以合同的方式存在了。铁路的货运量仍然会和从前一样；就业量也和从前并无不同。一切事情都在健康营业状况的外表下进行；可是当公众由于某种原因在购买或消费上放慢步伐，因而发动了从而形成物价下降的动态时，我就看不出我们能怎样加以补救。

"如果我们在棉花和所有受世界市场价格水平影响的商品的价值都剧烈下跌，以致使一般物价水平下降时，试图用购进有价证券和供应低利贷款等办法予以补救的话，就不可能（肯定不可能立即）使那些由世界市场和世界竞争决定的物价回升。这样倒会引起通货膨胀的后果，从而实际上使纯属国内市场的商品的价格水平受到影响。这种情形果然发生的话，就会使农户所消费的一切商品的价格都上涨，而其所生产的产品的销售价格则将下跌。

"就拿目前以及过去相当长的一段时期的情况来看：一般商品的物价水平都显然稳定，只是最近几个月谷类和棉花价格有所下跌，猪和牛羊的价格都相当稳定。农产品价格的下跌已足够使一般物价指数逐渐下降。现在让我们来看看当前的这个问题吧。联邦储备银行体系是否准备插足进来，试图控制这个看来已经开始的物价动态呢？如果要控制的话，又将怎样做法？这就是一个控制物价的人不时要面临的实际问题。"

威廉森先生

"诸位是不是认为联邦储备局通过扩大市场交易以及放宽或收紧信用便利条件等办法实际上就可以比过去更多地稳定物价水平呢？"

斯特朗总裁

"我个人认为联邦储备银行体系自从1921年的"反应"之后所采取的管理办法已尽人类常智之可能导向这一目标。

"此外还有一种可能，我始终觉得承认任何方面所据有的调整物价的权力时都自然会出现这种可能，它存在于全体人类的生产者和消费者之间的永久不息的竞争之中。……在我看来联邦储备银行体系如果被认为是一个物价管理者的话，这就有些像一个笨蛋在一个爱尔兰人和老婆吵架时去劝架一样。他们两个人会一齐把他拉进去揍他一顿。"

温戈先生

"你们恐怕国家不授予任何新的权力，或者不使你有可能具有更大的愿望或能力为公众利益效力，而认为单凭一纸法令就可以把消除信用变动所引起的一切经济弊害的能力都赋予这个聪明睿智的联邦储备局了。"

斯特朗总裁

"谢谢你,温戈先生。你说得比我好。"

下面是斯图尔特博士在同一场合下的证词,也有启发性:

沃尔特·斯图尔特博士①

"让我们假定营造业活动衰退了,随之生产汽车的工人发生了一些失业;再假定农作物收获量很大,足供大量出口;可是由于欧洲发生了某种扰动,而国外对于投资又缺乏信心,于是一般物价水平趋于下跌。联邦储备银行体系在这种情形下,比方说,假定物价变动了5%能做些什么呢?根据我所了解的,那些赞成在委员会从前提出的建议的人都相信变动一下银行贴现利率,或者通过公开市场业务,国际物价水平便可以稳定下来。我们所说的并非美国一国的物价水平,因为当我们谈到黄金物价水平时,所说的就是国际物价水平。我相信,在这种情形下,银行贴现率作小百分比的增减,对于物价状况不会有多大作用。

"如果物价下跌不是战争时通货膨胀的余波造成的,而是由于企业失调所造成的;这时增加信用究竟可以把隐藏在物价下跌后面的那些原因治愈到什么程度呢?我的看法是这样:在这种情况下,可能会刚好使那些造成物价下跌的因素更趋恶化。如果存货不断增加,而社会上一般情绪又在观望,那

---

① 自《物价稳定委员会报告书》第769—775页各段采缀而成。

么用信用来稳定物价的办法就更可能只有使那些造成物价变动的因素更加恶化。

"如果认为物价下跌终归不过是重行调整过去所铸成的错误而已，可以再行扩增信用，予以制止的话，那么这种看法就很可能只会增加局势的困难而不能使之好转。

"金融市场的松动将反映为某种投资证券的需求，也可能反映为投机证券价格的抬高。可是我国有过银根十分松动到1年以上的时期（如1908年），其时国内商业却仍旧委靡不振，这并非由于不能取得低利贷款，而是由于企业正在重行调适。当事情还要由人类来判断，而错误也仍在造成时，企业就会继续出现这种重行调整的过程；如果说可以使企业避免联邦储备银行所行的信用政策中必须假定的那些风险，那便是一种毫无根据的臆测。

"我认为甚至在物价水平下跌时，我们所遇到的时期是信用超出工业界生产需用量因而造成膨胀的时期。"

这些都是经验丰富的人所表示的合情合理的怀疑。单纯把"货币数量说公式"中那种自明的真理抬出来并不能祛除这些疑虑。在一种意义上说来，这些疑虑只有长期实际试用科学管理法获得的成功才能予以祛除。可是我却愿意来说明一下，这种试用是很有希望的，大大地值得试它一下。

我曾经说过本书将要证明产品的价格水平取决于以下几种因素：即相对于效能的货币收入水平、相对于储蓄的投资（按生产成本计算）量，以及相对于银行体系的可用储蓄存款的供应量的资本家"看跌"和"看涨"心理。我们还说过：银行体系可以控制储蓄存款的供应量,因此便可以控制第三个因素;同时它又可以通过信用条件造成对投资数量产生任何所需要程度的影响,因之便可以控制第二个因素;而这种影响对投资价值和数量的间接效果又决定了企业家提供给生产因素的货币报酬,因之便能控制第三个因素。但是我们却没有说过银行体系可以立时产生任何这种效果,也没有说过我们永远可望及时地预知非货币因素的作用,以便预先设法消除它们对物价的影响;同时我们也没有说过,银行体系可以免除各类不同商品的相对价格所发生的剧烈波动,或者成为世界体系会员银行的中央银行可以不管其他中央银行的行为而保持国内经济稳定。

斯特朗总裁和斯图尔特博士所表示的怀疑的原因,有些已经计算在这些条件里面了。特别是斯图尔特博士的证词强调了美国物价对世界物价的独立性。可是这些国际性的错综复杂问题可以暂时搁置一下,留待本章的下一节中讨论。现在先谈谈我们所认为的中央银行对于物价水平的影响,究竟比上述权威人士所相信的大多少呢?

我相信在一个基本问题上他们误解了问题的性质,因而低估了控制的可能性。因为他们并没有看到消费品的生产和投资品的生产两者之间的关键性区别,因之便也没有考虑到投资品生产的增加通过其对于消费品的需求的影响对消费品价格水平所发生的影响。

这部分地也许是银行体系对于本身职能的传统观念所造成的结果。实际上银行体系具有双重的职能;第一,通过它提供给对生产者在生产时期(不能超过)用于支付开支的贷款,可以支配营运资本资金的供应,并同时支配工业流通需用的流通现金;在另一方面,通过它直接购买的投资以及它对证券交易所和打算用借款购买证券的人的贷款,可以支配决定证券价格的资金的供应量,并同时支配金融流通过程需要用来满足金融方面看涨或看跌心理,以免影响新投资的价值和数量的储蓄存款量。在银行的金融活动中它在工业活动中所形成的统计数字是很大的。在现代世界中,这种比例很少会小于一半,往往可能彼此相等。然而,有声望的银行家(我说的是伦敦,纽约也许并非如此)却存在着这样一种见解:他们认为第一种职能是银行业务的正当职能,资金始终必须首先用来满足它的需要;第二种职能(特别是关于用来购买证券或其他固定资产的职能)多少是有些说不过去的,其地位应当尽量降低,银行家在有可能时都愿意完全避免。他们对这种看法所提出的理由是:第二类营业——金融业务——不是自偿性的业务,有"投机"的味道。

然而这些理由是不是真正像表面上看来那样有道理就值得怀疑了。任何一笔金融贷款的流动性也许比任何工业贷款都大,而金融贷款除了有良好的担保品以外,其发生坏账的可能性往往比工业贷款大;固然,整个的金融贷款和整个的工业贷款量,要迅速大量减少时都不可能不产生巨大的灾难。从这一观点来说,它们是同样非流动性的。但是如果一定要在两者之间加以选择的话,前者大概是比较容易削减的,因为在某种价格下资产可以由储蓄存款持有人要过去。至于说"投机",银行对于消息不灵通和轻率的借款人的警惕在金融贷款方面比在工业贷款方面的确可能更要提高一些。可是,除此以外,用以提供营运资本的信用供应增量应当正像用以购置固定资本的信用供应增量一样有时应予以鼓励，有时则应予以阻抑。可是对这两种供应增量说来，借款人的压力都可能在极不宜于充分满足的时候变得最大，而在最应当予以鼓励的时候则又变得最小。

无论如何，当我们讨论银行体系的调节权力和职能时，关于它对固定资本投资率的影响的研究，以及关于它对营运资本投资率的影响至少必须无分轩轾地予以研究。的确，在大多数情形下，除非是通过对前者的影响，否则就不能有效地影响后者。所以如果我们没有考虑到所有能影响整个投资率的各种方法的话，我们便不理解银行体系对于物价水平所能行使的充分控制有多大。

我们再引证一段斯图尔特博士在美国物价稳定委员会前[①]所提供的证词，也许可以帮助释明我的论点：

"这个提案中似乎提出：联邦储备政策的目的应当是稳定商品价格的一般水平。我对联邦储备银行体系的目的和任务的说法却多少有些不同。我认为外国的中央银行以及美国的联邦储备银行体系所负的任务主要是维持健全的信用状况。我也知道所谓'健全的信用状况'是一个含糊的说法。它的含义要看人们对健全的信用机能如何理解而定。应用于商业方面的信用的机能是保持适当的存货，以利商品的生产和销售，从而求得有条不紊的市场……我也能看到有一种情况存在，其中当物价正在下跌时，商品的盘存却在增加；而且如果给予更多的信用时则又只会用来增加存货，于是便只意味着鼓励

① 见《物价稳定委员会报告书》，第 763 页。

堆积更多的存货……所以，与其用物价指数来测验，我倒毋宁更愿知道盘存的情形怎样，产品是否迅速地进入了分配方面。"

根据前面第 29 章中已经充分申述的理由，我预计充分的低利信用本身并不会怎么促使市场囤存无用的存货。市场方面从来不会急于囤存无用的存货，其愿意的程度，主要取决于它对于未来物价趋势的预计。充其量这种存货的存在不过是使价格降到有关商品的正常生产成本以下，并且对于本期生产量发生一种有效的阻碍作用。

可是，无论如何，按照我的想法，"健全信用状况"的这一定义是太狭窄了。这里有一点没有考虑进去：如果本期产品不能按照本期生产成本销售的情形是普遍的而并不只限于少数的特殊商品，这就说明是需求方面失调，而不是供应方面失调；唯一影响需求的方法是相对于储蓄增加投资，而这一点就应当导致银行体系主管人的注意力从"信用的商业运用"方面转到金融运用方面。在萧条时为了避免存货增加而不采取降低利率的办法，只会加重信用循环的猛烈程度；不过，我承认，在意想得到的条件下以及和意想得到的其他出路比较起来，这样做也许能缩短持续时间。

根据我自己的定义，"健全信用状况"必然是这样一种情形：——市场利率等于自然利率，而新投资的价值和成本又都等于本期储蓄量。如果采用这个定义作标准的话，那么斯特朗总裁的许多纠缠不清的论点就不会有那样怕人了。我想，我们在每一种情形下都可以用一般的话告诉他，他应当怎样做就能保持一般物价水平的稳定。

但是，即使是银行体系只要能控制本期投资的价值和数量就可以控制物价水平，人们对于银行体系实际上是否永远有权控制投资率的怀疑却会令人思及某些我们还未加以消除的限制。现在我们要谈谈这个问题。可是为了方便起见，不妨先扼要地叙述一下我对银行体系控制物价水平的实际权力所受的限制（这是终究必须承认的）的最后结论。

（一）维持稳定比已经让严重的不平衡状态发生以后再迅速地恢复稳定要容易得多。因此，如果叫我们在已经不稳定局势中开始进行控制的话，我们会发现当时的局势已经发展到无法作有效控制了。

（二）即使金融体系的主管人具有一切适当的智慧和远见，不稳定状况的非货币因素往往可能突然出现，以致不可能及时制止。在这种情形下，就必须经过一段时期才能恢复稳定。

（三）如果有强大的社会和政治力量引起"货币效能工资率"的自发性变动时，银行体系对于物价水平的控制就可能鞭长莫及了。银行体系有效权力主要是防止倾向于引发变动的因素发生作用。它当然也能造成引发变动以抵消自发变动。可是在那种情形下，它也许不能控制进入新平衡状态的步调和路线。

（四）如果一个国家采用了一种国际本位，而这种本位本身就不稳定；那么它就必然不可能在这种本位下保持国内物价水平的稳定。但即使国际本位本身是稳定的，如果按利率计算的资本需求表的变动在国内方面和国外方面有所不同的话，它也仍然可能无法保持国内物价水平的稳定。

（五）银行体系甚至在强大到足以保持物价水平稳定的地方，

也不见得就能强大到足以一方面改变物价水平，而另一方面又无须长久耽搁和无阻挠地在新水平上建立平衡。

总之，我认为银行体系保持投资平衡的力量远大于下一种力量，也就是它强制现在通行的货币收入率脱离现有水平或自发性变动所造成的水平而走向国外情况或国内独断法令强迫更动而成的新水平的力量。

由此可以推论出：在现存的货币制度中，我们时常将改变国内物价水平和货币收入率的责任赋予我们的中央银行，作为维持国内货币对国际本位的可兑换性的必要条件；这种货币制度使中央银行负担的任务比起具有充分权力，并获得会员银行坚定信任而责任在于维持经济稳定的国际货币当局的任务来，就要繁重得多，而且从技术上说来也要困难得多。

二、短期利率和长期利率

银行体系所能发生的主要直接影响是在短期利率方面。但如果问题是怎样控制固定资本的投资率而不是怎样控制营运资本的投资率时，那么主要起作用的便是长期利率。而且一个货币当局的直接影响如果必然主要是用在短期利率方面，我们又怎样能确保长期利率随着它的意向活动呢？长期利率在未来若干年中按季度说来固然有理由和短期利率具有固定的关系，但是当前的 3 个月时期对于这种长期的作用在数量上是微不足道的，这一点人们都会这样看。因此如果说用于 3 个月时期的利率对 20 年或更长的长期贷款的条件会发生任何显著的影响，看起来就不合逻辑了。

可是实际上经验却告诉我们，一般说来短期利率对于长期利率的影响远比持上述说法人们所预计的大。此外，我们将看到，根据市场的技术特性说来，也有充分的理由说明这种情况为什么并非不正常。

美国方面所编制的统计资料形式远比大不列颠方面精确而方便；最新的资料近来在里夫勒的《美国的利率和金融市场》一书中可以取得。这书是根据联邦储备局调查统计部所编制的资料写出

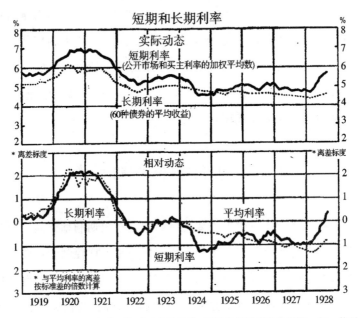

本图的下半部是两个数列相对动态的比较，而不是实际动态的比较。每一数列是按其图中所列时期内与本身的变动平均数的关系来表示的。为了取得数列中相对变动之间的可比性，平均数的每一离差都用这一时期的标准差来除。图中的零位线代表每一数列中各个项目的平均数。当实际数字跌至这个平均数以下时，便出现在零位线以下，反之则出现在以上。

的。可惜里夫勒先生只用统计图的方式载出了他的结果，并未附有图所根据的数字表。无论如何，上页转录的统计图的结论却是

十分清楚的。

长期利率是用 60 种高级债券的平均收益来衡量的,短期利率则用各种典型短期利率的加权平均数来衡量。里夫勒的结论是:"作为指数它们毫无疑问地可以用来说明各个市场利率的变动方向并可相当准确地说明变动。"他根据自己的结果作出了一些概括的结论。我宁愿提出他的结论而不愿提出我自己的,因为他只不过解释统计资料而没有要得出任何特殊的结论,其情形如下:

(一)"从 1919 至 1928 年短期利率的一切重要动态,除开 1921 和 1926 两年以外,都反映在债券的收益方面。短期利率的小变动也常常反映在债券的收益方面,甚至在 1921 年和 1926 年时也是如此。"此外,该书接着还说明:"当时短期利率虽然还在上升,然而债券收益的减少和一般信用状况却并非完全无关"。①

(二)"短期利率的实际变动幅度比长期利率大,虽然两个数列的一般水平是没有什么差别的。"可是正如上图下半部分所显示的那样,"每一数列中相对于其总变程的本期变动和另一数列的相应变动比较时在量方面差不多是相等的。"②

(三)"令人惊异的事实是:债券的收益相对于短期利率而言非但不稳定,而且它所反映的短期利率变动竟然那样显著并达到了那样大的程度。"③

至于大不列颠方面虽然资料当然可以取得,但并未编出与上

---

①　见里夫勒:《美国的利率和金融市场》,第 117 页。

②　同上书,第 9 页。

③　同上书,第 123 页。

述数字相当的统计数字。我不得不满足于用银行利率和统一公债收益的比较来证实观察近 10 年出现的数字所获得的一般印象。采取 1919 至 1929 年这段时期的数字有一个绝大优点是利率的一般趋势碰巧毋需作任何校正,因为这一时期末的银行利率和统一公债收益在和开初时差不多相同。这些数字已在下表中列出;为了阅读方便起见,还列出了一个第三栏,这是根据银行利率的短期变动比统一公债收益的短期变动大 4 倍(也就是前者 4% 的变动相当于后者 1% 的变动)的假定而来的:

年 度	每年的平均银行利率	统一公债的平均价格	指数　1924 年＝100		
			银行利率	同前栏,变动缩小 3/4	按每年平均价格计算的统一公债收益
1919	5.166	$54\frac{1}{12}$	129	107	105
1920	6.71	$47\frac{1}{60}$	168	117	121
1921	6.092	$47\frac{29}{30}$	152	113	119
1922	3.692	$56\frac{15}{32}$	92	98	100
1923	3.496	$57\frac{63}{64}$	87	97	98
1924	4.0	$56\frac{63}{64}$	100	100	100
1925	4.575	$56\frac{3}{8}$	114	103	101
1926	5.0	$54\frac{29}{30}$	125	106	104
1927	4.650	$54\frac{39}{48}$	116	104	104
1928	4.5	$55\frac{12}{15}$	112	103	102
1929	5.508	$54\frac{5}{16}$	138	109	105

上表最后两栏，虽然不是我们所寻求的最理想的指数，但其所显示的结果大体上和里夫勒所编的美国数字相似。[1]

如果用来衡量本期投资方面的新长期借款在造成短期利率方面起了多大作用的话，上列数字必然大大地低估了前者的敏感度。因为我们不得不采用老牌长期债券中敏感性最小的债券。如果统一公债收益的变动等于银行利率变动的 1/4，我们便会发现用于固定投资的新长期借款的收益的年度平均数字差不多达到了 1/2。这就意味着银行利率 2％的变动持续一年时，可能使长期借款的成本变动 10％至 20％（假定 5％左右的变动是基准率）。

这些事实的确没有人怀疑。"低利放款"对于债券价格所发生的影响是投资市场中人人尽知的事。但这应当怎样解释呢？我认

---

[1]　关于欧战前的不列颠统计数字，可参阅《银行杂志》1928 年 5 月号第 720 页上所载的皮克先生的一张统计图，其中所画的是 1882—1913 期间各年的游资相对于伦敦与西北铁路公司信用债券收益的利率状况。因为大概在 1894 年前一段时期统一公债极端缺乏敏感性，使之不能作为价格指数。据以厘定本期长期利率（在 1867—1924 年间统一公债的平均价格每 100 英镑的逐年变动没有一年是超过 1 先令 6 便士的）。我认为第一次大战前 20 年根据趋势校正的结果和上面引证的战后时期数字相差不远。下表是战前 8 年（1909 年＝100）按趋势校正的指数，以及按照上表办法缩小为 1/4 的银行利率变动数字：

年　　份	银　行　利　率	统一公债收益
1906	110	104
1907	113	105
1908	100	100
1909	100	100
1910	104	102
1911	102	103
1912	103	104
1913	109	104

为有几个理由使我们对于上述结果不必感到奇怪。

（一）如果债券的当前收益是大于短期贷款所取的利息，那么借短期贷款来购进长期证券便有利可图，只要后者在贷款期内实际价值不下跌就行。因此这类交易的压力便会促使市场开始出现上涨的趋势，这至少暂时可以稳定投资者对于债券市场的"多头"情绪。此外，厂商在营业中如果需要动用一部分以高级债券形式保存的流动准备时，那么当这种借款的成本低于债券的当前收益时，便将用这种债券作担保借款；而当情形与此相反时，便将直接出售债券。[①]

因此，当短期公开市场利率将债券的当前收益勾销时，这便事关重大了。如果短期利率的水平绝对说来比债券收益高（或低）时，这种情形甚至只要维持几个星期，债券收益就很少能不增加（或减少）。

（二）有一些金融机构——其中银行本身是最重要的一员，可是还包括保险公司、投资信托公司、金融商号等——不时变动它们资产中的长期与短期证券间的分配比例。当短期收益高时，短期证券的安全性和流动性便显得特别富于吸引力。可是当短期收益极低时，非但是这种吸引力将消失不见，而且还会出现另一种心情，即恐怕那个机构也许不能维持它以往的收入水平，而收入的任何重大削减都势将损及其信誉。于是，到了这种时候，他们就会一

---

① 参阅里夫勒（前书第 119 页）中的一段话："有价证券广泛地被用做货款的附属担保品并以银行信用大量购存，……由于短期信用一个时期连续可以购得，短期利率水平以及此项利率对证券收益的关系，自然就成了所有这班借款人决定这些证券究竟是以银行信用继续持有还是在长期市场中抛售时所考虑的一个因素。"

下子跑到长期证券方面去，这种动态本身便抬高了后者的价格；而且也证实了那些主张掉期的人是有见识的。所以如果不是大多数控制资金的人们，由于某种重大理由而对于现行价格水平下的长期证券肯定地怀有恐惧的话，这项价格便有略增的倾向；起初的低价，由于本身使得那些不能让自己在当前收益方面的收入遭受重大损失的人们普遍蠢蠢欲动，恐怕坐失良机，因而趋于提高。

　　银行本身的情形特别是如此。我相信在大不列颠和在美国都可以发现，银行为本身买进和卖出证券，对于决定债券价格水平的转折点是一个主要因素。因为它们拥有大量的这种证券——在美国方面大概达到美金 10 000 000 000 元左右，在大不列颠大概达到 250 000 000 英镑左右，所以它们长短期资产之间任何大量的掉期对于后者的价格都有极大的影响。

　　现在银行只要有财力可以保有，便最喜欢短期资产。可是当这种资产的收益跌落到某一点之下时，就不能再保有了。这种情形可以用 1929 年波士顿联邦储备区会员银行的结果来说明。它们所挣得的利息按它们的生息资产——也就是它们的贷款、贴现和投资——的百分比来计算时，是 6 厘左右，而付出的利息却是 2 厘半左右，其他开支费用略超过 2 厘；因此，它们的利润便是 1 厘半左右。所以事情很明显，它们的平均利息收益降低不了多少就会严重地影响它们的利润。大不列颠方面我们无法取得这种详细的数字，可是伦敦的银行所获得的纯利大概并没有超过存款额的 1％ 很远（所公布的利润比此低）。如果将它们的垫款进息率的变动和存款付息率对消的话，所剩下的便是其他短期资产（票据和短期贷款）和它们的长期证券；前者约占它们存款的 25％，后者则占

15％（当然这些都是有变动的数字）。因此，它们的票据和短期贷款等的收益如果减少 2％，它们的总利润所将减少的量便相当于存款的 0.5％，也就是减少一半左右。所以当短期资产的收益剧烈地下跌时，从短期资产转换到长期资产的动机便显然是强大的。这一结论得到了统计方面的证实。[①]

（三）以上认为市场上所具有的动机，严格说来究竟合理到什么程度，不妨让别人来判断。我想认为最好是把它们当成一个例子来说明，即使是消息最灵通的人，对于我们自以为略知一二的最近未来时期究竟敏感到了什么程度——过度敏感，如果可以这样说的话；其原因是其实我们对于较远的未来几乎是一无所知。而人们对这一趋势的过分夸大（下面就要谈到）起了一定的作用。

我们所寻求的解释有一部分可以从一种心理现象中得到；这种心理现象在当前市场对于普通股票的评价方面表现得甚至更显著。我们可以看到一个公司的股票，以至它的债券，对于已知或预期利润的短期变动敏感到一种程度。在一个明达的局外人看来，可能认为是十分荒唐的。一家铁路公司的股票对于其每周运输营业数字是高度敏感的。即使大家都知道：有关地区特别丰收或歉收所经地区发生罢工，以至开国际博览会等必然只是暂时存在的因素都会影响这种营业数字，情形也是这样。这种事件时常使股票的资本价值发生变动，其幅度远超过其利润由于有关事件而可能发生的变动。这也许是一些极端的事例；可是任何注意普通股

---

① 里夫勒所举出的美国方面极详细的数字非常明显地证明了这一点。他的结论是："通过它们本身的投资买卖，商业银行对于债券市场施加明显的压力，并且对于债券收益和短期利率间相对变动的互相符合起了很大作用。"（见前书第 119 页）

票价格动态的人都必然十分清楚，这些股票的市场估值大大地偏向于假定，现在和过去不久的时期不论成为其特性的状况和后果如何，都是持久和巩固的，而预计会成为不久未来的特性的状况和结果就更加如此。债券市场也不能免于这种毛病。

我们也毋需感到奇怪，即使是消息最灵通的投资者，对于较远的未来所不知道的东西远比他所知道的多；他不得不被自己对于过去不久和将来不久的时期所能肯定或接近肯定的那一点点知识支配，并被迫主要从这儿找出进一步往下走的线索。在一个真正知道未来的人看来，他受支配的程度真是大得不像话。如果消息最灵通的人士尚且如此的话，大多数从事证券买卖的人便差不多完全不知道他们所做的是什么了。对于正确判断说来，他们甚至连起码的必要知识都没有，因而在一哄而起和一哄而散的希望与恐惧中当了牺牲品。这就是我们所处的资本主义制度的奇怪特征之一；当我们和这个现实的世界打交道时，这些特征是不容忽视的。

此外还有一个理由来说明，最精明的人预测群众心理并预先模仿那些没道理的行动，而不预测事件的真正趋向为什么往往可以得到好处。因为有价证券的价值并不决定于预计能据以购买全部未偿息金的条件，而只决定于可以从事实际交易的边缘上那一小部分——正如本期新投资只不过是现存投资总数的边缘上一小丝而已。现在这个边缘大部分却由职业金融家——也可以称为投机家——来经营；他们并无意把这些证券保持到可以让长远未来的事件发生影响的程度，他们的目的只不过是在几星期或最多几个月后重新卖给群众。所以，他们受到借款成本的影响，而且更多地受到自己根据以往对群众心理趋势的经验所作的预期的影响，便是理所当然的事了。这样说来，只要群众靠得住会朝某一方向走，即使是领错了路也罢，那些消息比他们灵通的人，能早一点点朝同一方向走就可以获利。同时，除开估计的智愚不谈之外，大多数人对于自己的投资（其票面价值的变动极容易消灭大量诚实工作所获的结果）都是太胆小太贪婪，太急躁和太心神不定，因而对长时期中的未定之数不足以采取长远看法，甚至也不能寄予合情合理的信赖。至于短时期的表面肯定性，却不论怎样容易使我们上当，也更能吸引人。

依靠市场中这些心理特征也不像一般所想象的那样不稳。这的确是一种以毒攻毒的疗法。因为管理当局所要救治的正是这些在市场上造成许多混乱的似合理非合理的特性。如果投资者能够采取较长远的看法的话，自然利率的变动可能就不会像现在这样大。实际的前景不会像搞金融活动的心情那样变得快而又变得大。投资的意愿既受到眼前前景的刺激和抑制，所以依靠短期的影响来制止市场情绪方面的剧烈以至不合情理的变动，就并非没有道理的事了。

所以现在我们可以把下述结论带到下一节中去：短期利率对于长期利率的影响远比读者所能想象的大，而且这一众所共见的事实是不难找到充分解释的。

三、银行体系能不能控制投资率？

直到现在我们还没有怎么来正面解答这个问题。前面已经说明:长期市场利率在一定程度内可以由于受到短期利率变动的影响而朝着所需的方向发展。可是市面利率即使有一点小变动,自然利率就会发生迅速得多的变动。所以我们的结论要成立就要有一个假定:银行体系有能力使市场利率和任何普通情况下的自然利率那样大量而迅速地变动。

求助于统计数字并不能证明这一点。因为发生信用循环这一事实本身就说明了银行体系不能使市场利率跟上自然利率的变动。所以肯定地说:直到现在为止,银行体系都没有充分成功地控制投资率以避免严重的不稳定状况。

因此现在我们便只能把银行体系支配下的各种方法列举出来。只有到将来才能肯定地看出:有意识而又方向正确地、指挥若定而又恰如其分地及时运用这些方法是否可以解决这个问题。

(一) 短期利率变动的直接影响

除了暂时不谈的国际方面的复杂情况以外,我们就没有理由可以怀疑中央银行有力量使短期利率在市场上生效。这些变动本身必然会在所需方向发生一些效果。因为它们至少能决定营运资本和囤存流动存货的流转基金的利息成本。可是根据第 4 篇中所述的理由,我却认为营运资本或流动资本方面的投资量对于短期利率本身的变动并不具有敏感性,除非这种变动能造成于物价变动的预期。营运资本和流动资本投资量的变动对于促进繁荣和加重萧条当然有重大的作用;可是我却怀疑它们是否可以仅用改变银行利率的办法来引起或避免。一般说来它们只代表固定资本投资量的不平衡所引起的物价水平的变动的滞后反应。

我认为可以对营运资本和流动资本投资的意愿直接发生作用的那些影响，与其说是货币本身利息的低廉或昂贵所造成的，还不如说是由于我在下节中称为"未满足"借款人边际获得满足的程度造成的。

另一方面，低利借款，像本章第 2 节所述的那样，通过债券市场的变动对于新投资量所发生的直接影响可能更为重要，即使这项变动很小也是这样。对于制造业工厂投资多少的意愿，似乎对于债券利率的微小变动并不怎么敏感。可是工业方面所需的新固定资本量甚至在最盛时期也是比较微不足道的，因此在局势中便不是一个大因素。世界上的固定资本差不多整个都是建筑、交通运输以及公用事业的设备；这些方面的活动甚至对于长期利率的微小变动的敏感性，虽然时滞相当大，但肯定都是值得考虑的。

（二）未满足借款人边际

然而，银行体系放宽或紧缩信用并不单纯是通过贷款利率的变动而达到的，同时也通过信用量的变动来达到这一目的。如果信用的供应在一个绝对自由竞争的市场中分配的话，这数量与价格两项条件就将十分严密地相互关联，毋需分别考虑。可是实际上却有一种可能情形应予考虑，即银行贷款的自由竞争市场的条件并不能完全满足。因为事实上并不具备借款条件的人，只要所愿付的利率高过其他借款人，便可以从大不列颠的银行体系中尽自己的胃口借款——至少在大不列颠是如此，我相信美国的市场比较起来更有自由竞争性。也就是说大不列颠方面对于借款人所持的态度有一种限额分配的传统制度存在，对任何个人的放款数额并非只完全取决于借款人所提供的抵押品和利率,而是同时也参考借款人的意图以及他在银行心目中的地位是不是一个有价值或有势力的主顾。因此通常总有一批边际未满足的借款人,没有被看成应当首先得到银行的关照,可是在银行方面认为可以多贷的时候却完全愿意贷款给他们。

由于有这种未满足的边际存在,同时银行方面对于借款人的合格性除了利率以外的其他标准又有变化,这样便使银行体系在短期利率的变动以外还有一种辅助办法来影响投资率。按照这种方式刺激投资的过程到没有任何未满足边际存在时就不能再继续下去;相反的过程当未满足边际已经开始把能够通过创造头等品级的票据或直接向银行存款人借款的有势力的借款人包括在内时就不能再继续下去。可是在这个限度以内,银行对投资率的影响就可以超过与同时发生的短期利率变动(如果有的话)相配合的程度。

也就是说,英格兰银行并不会只规定银行利率,而让银行货币量去寻找自己的水平;同样也不会只规定银行货币量,而让银行利率去寻找自己的水平。它对两者都加以规定——在某种限度内独立地予以规定。定好之后才实际上邀请会员银行和金融市场合作,共同使如此规定的银行利率在同样规定的银行货币量的基础上发生效力。

取得这种合作的有效武器是威胁、协议和惯例。英格兰银行可以用威胁的方法来影响局势,因为最后说来,它始终有权变动银行货币量来使它的银行利率生效。所以当官定银行利率不生效的时候,假定其将暂时不变而进行交易,便是不稳当的。因此,必要时变动银行货币量的潜在威胁在适当条件下对利率便具有与实际变动相同的作用。

协议的成分其所以会参与进来,是因为清算银行同意付给它们在伦敦的定期存户一种与官定银行利率保持一定关系的利率——以前比官定利率低 1 厘 5,现在则低 2 厘。这种协议对于银行所愿采用的放款利率的作用与其说是理智的还不如说是心理的,对于它们所愿贷与金融市场的短期放款的利率说来尤其如此。后一种利率同样也随时受到清算银行行际协议最低额的影响。除了这些协定问题以外,还有许多习惯和惯例存在,根据它们银行放款所收取的利率对官定银行利率或多或少地保持着一种固定关系;例如对证券交易所的放款以及许许多多透支与垫款的固定协议,利率都是事前根据官定银行利率商定的,并且不轻易变动。因此,比方当官定利率提高时,许多银行放款的利率也自动地等量提高。如果有某些老借款客户由于利率提高而不愿再借的话,那么未满足边际中便有更多的人可以获得他们一直要求的贷款。当国际间复杂的情形需要一种可以干涉国内投资率平衡的银行利率水平时,英格兰银行这种在一定范围内独立规定银行利率和银行货币量的权力便特别重要。

上面的分析主要是关于伦敦方面的;在那儿没有这种分析便不能理解事态的过程。至于美国方面,对于会员银行所欠联邦储备银行的债款额的影响差不多也获得了同样的重要性,最近几年来尤其如此。自从 1920—1922 年的繁荣与萧条之后,联邦储备银行体系实际营业方面最显著的变动是会员银行逐渐形成一种惯例,不愿对联邦储备银行连续不断地负债。因此,对于会员银行为新投资计划实际提供的帮助说来,当时所存在的联邦储备银行信用量究竟是以会员银行的贴现为基础,还是以联邦储备银行本身的黄金和公开市场业务为基础,就大有分别了。在前一情形下,会员银行将竭力设法减少贷款并且把边际合格借款人推出去;在后一情形下它们便将迫切地替它们的资金寻求出路。在一定的时期中,上述两种情形究竟哪一种占优势,可由联邦储备银行予以决定。

（三）发行公司和证券承销商的地位

在现代世界中,用于新投资的长期借款量极其直接地取决于首要发行公司和证券承销商的态度,它们是最后借款人与贷款人之间的居间人。这个制度的现阶段状况还有些特别,这方面迄今还找不到一本全面的和正确的记载,关于证券承销制的演化史(不到 50 年的经历)也同样找不到。

大规模的发行公司现在还为数不多,并且在活动上也往往是彼此配合的。它们也受到中央银行的影响,要是没有后者的善意关照,它们的营业就会十分危险。它们很关心自己的信誉以及它们的发行在购买证券者心目中的"成就"。因此,如果债券的价格缓缓上升,而不久之前所发行的证券从发行价格看来说明有利可图而非亏本的话,发行公司就会方便继续借款的人;在另一方面,如果趋于下跌的话,则将予以限制:——因为在后一情形下,它们将限制新发行的数额来"保护"以前发行的证券的市场。这儿在现行市场利率下实际上又出现了可能借款的未满足边际借款人,市场也并非完全自由的。

因此,信用松动以及中央银行鼓励发行公司营业的气氛,可能使新投资的资金供应和它在中央银行不赞同新发行的相反情况下大大不同——这种差别和债券牌价的变动(可能很小),可能完全没法比。[①]

这又是一个例证,说明了长期的营业对于短期考虑所具有的敏感性,并且也说明了中央金融当局单纯创造气氛,而不在放款利率上造成任何耸人听闻的变动时能有多大的力量在短时内抑制或刺激投资率。

(四) 公开市场业务达到饱和点的问题

以上所讨论的是中央银行运用其职权放松(或抽紧)信用状况从而刺激(或抑制)新投资率的正常和正统方法。如果这些方法能恰如其分地及时运用的话,我就怀疑除此之外是否有必要常常运用下一节中所叙述的非常办法。也就是说,只有未能及时采取比

---

① 参阅里夫勒前书第121页上的一段话:"当债券市场受到压力,债券价格因而趋于下跌时,长期贷款的本期充分需求量便受到一定的限制。例如,在这类时期里,新债券的发行量通常都减低到很小的程度。这种情形部分地反映了借款人不愿支付现行利率,投资公司不愿增加市场上业已明显存在的压力这一点,也使它受到影响。甚至连那些愿意支付现行利率的借款人,也因此而往往发现难于获得他们所希望的贷款。有些人向投资公司商借新贷款时可能完全被拒绝,或者叫他们暂时等一等。其他的人可能暂时获得银行贷款或者银行愿意承购的短期票据……

"在另一方面,当债券价格上涨其收益由于投资资金数量增加而相应下跌时,这种资金供应增加的全部影响可能并非完全反应在……债券收益低减方面。在这个时候新证券的发行几乎永远会迅速增加,这项资金有一部分可能被这方面吸收……其他情况下不会被利用的其他方面的需求,也让它们进入了市场……。证券发行的增加有一部分代表着低廉利息对于需求的刺激,可是大部分的增加除此之外还代表部分地受到控制的需求的解放,这些需求主要只有当其他条件和利率都有利时才进入市场。"

较温和的补救方法而让剧烈的暴涨暴跌情形得到发展时，才会要搬出更极端的措施来，而且甚至连这些更极端的措施也有理由怀疑是否充分有效。

这些非常办法实际上只不过是强化的公开市场业务正常办法而已。据我所知，公开市场业务的方法还没有运用到极点的情形。中央银行至今对于那种使银行货币总量大大超过或不足其正常量的办法始终是过分犹豫不定。这也许有一部分是受了"货币数量说"中的粗浅说法的影响。可是我认为这种态度忽略了市场"看涨"或"看跌"在银行货币需求方面所起的作用。同时也忘记了金融流通和工业流通的关系，忽视了一个统计方面的实况——前者的规模可能完全和后者一样大，并且发生剧烈变动的可能远超过后者。

所以我认为更大胆的办法有时是可取的，当资本家方面对有价证券死盯住"看涨"或"看跌"时，就可完全没有严重的危险。遇到了这种机会时，中央银行应当把它的公开市场业务推行到充分满足公众存储储蓄存款的愿望的程度，而在相反的情形下则完全用净这种存款的供应量。

当要应付的是金融流通时，我认为上述措施对工业流通用得过快和过猛的危险在信用膨胀的时候比信用紧缩的时候小。可是在另一方面，制止"暴涨"，比制止"暴跌"更少需要运用极端办法。我只怕"暴涨"差不多总是由于银行体系行动迟缓或力量不够而造成的，它们本来可以不这样；有人认为，难于收拾而一切正常的控制方法都无效的是"暴跌"，这种看法倒更有理由。所以我们现在要集中讨论的便是制止暴跌的问题。

　　所以我对于暴跌顽固地持久存在的局面所提出的补救办法就是由中央银行收买有价证券，一直到长期市场利率下降到低于下限时为止。关于这一点我们还要用几段话来说明一下。中央银行（国际间的复杂关系暂时不谈）应当有力量使长期市场利率降低到本身打算用来购买长期证券的任何数额。因为资本家方面的看跌心理从来不会"十分"顽固的，当储蓄存款的利率低到差不多等于零时，饱和点很快就可以达到。如果中央银行供给会员银行的资金超过了会员银行可以用短期贷款的方式贷出的量时，短期利率首先就会向零位下跌；其次会员银行纵使只是为了维持本身的利益也不久就会开始自行购进证券，以响应中央银行的行动。这就意味着债券的价格将上涨，除非另有许多人看到长期债券价格上涨时，情愿抛售，并以极低利率保持收益的流动性。比方说，如果长期利率比短期利率高出周息三厘，这就意味着债券价格在这些人心目中的数学期望便是降低周息三厘；当债券价格实际上涨而中央银行又促使贷款利率降低时，那么除非长期看来普遍认为债券价格已经达到极其过分的水平，否则似乎就不可能有大量这种抛售。这是一种可能情形和限制因素，稍后就要再加讨论。如果这种办法的效果是使"证券"（即普通股票）价格上涨得比债券更多，那么在暴跌时候便不致因此而发生有害的结果；因为投资方面通过普通股票的出售和高昂的债券价格极易筹得资金，从而受到了刺激。此外，在市面萧条和企业亏蚀的时候，"证券"似乎不大可能有十分过高的价格。

　　因此，我认为中央银行，只要足够地坚持公开市场政策，就可以大大提高为长期投资筹集新资金的成本，这一点是没有多少理由可以怀疑的。可是实际究竟有哪些因素限制了中央银行推行这种政策的程度呢?

第一是"弹药"充分不充分问题,也就是持续足量买卖适当证券的实力问题。缺乏适当的"弹药"使中央银行受到阻碍的情形,出现在它企图紧缩银行货币量时的可能性比它设法扩增银行货币量时大,因为在它的紧缩政策开始时,有价证券的贮存必然是有限的。可是缺乏弹药的问题在某种意义下却是和扩增政策相违抗的;因为中央银行所购进的债券种类一般说来是有限的,因此如果它继续像这样收进到超过某一点以后,就很可能使这些证券相对于其他证券而言创造成一个完全人为的局面——曾经提起过,为了预防呈现的弹药不足,因而不能把公开市场业务贯彻到底的情形,我在本书曾提出:中央银行应当有权在一定限度内改变会员银行的规定准备额。

第二,有一种情况可能出现:——自然利率一时下跌到使得长期市场上借款人和贷款人的看法的距离罕见地大。当物价下跌,而利润低微,未来的情形不肯定,而金融界又情绪消沉和惊魂不定时,自然利率可能暂时下跌到差不多化为乌有的地步。然而正是在这种时候,贷款人情况也最为危急,除开最无懈可乘的证券以外,也最不愿将其资金投入长期方面。因此债券利率远不会非朝着零位那个方向下跌,反而在抛去中央银行的活动之后,自然可能有希望高出正常水平。我们大有理由可以问:在这种情形下,要不是责成中央银行购买债券,直至价格远超出该行所持的长期标准,又怎么能使长期市场利率和长期自然利率相等呢?然而如果它对于长期标准的天然认识是正确的,这就意味着像这样买进到一定的程度当其日后必须转而卖出时，就可能造成重大的金钱损失。读者应当注意的是：这种情形只有在资本家方面预测错误，而中央银行和长期借款人对于未来的利润率看法又有分歧时才会出现。

当私人机构认为将来的前景风险特别大时，中央银行——我们也许可以希望中央银行作为公众利益的代表者——应当准备承担这种风险。但是可想而知：抉择的问题在于究竟是承担未来的损失，听任暴跌继续发展，还是采取社会主义式的行动而由某种官方机构来接替冷冰冰的企业家所不宜处在的地位。

可是我要重复一遍，这种极端情况可能不至于发生，除非这是由于过去某种错误造成的，也就是：——人们没有及早地挽救萧条的趋势，以致使信心完全丧失，使企业的精神和实力元气大亏。

第三个限制因素是存在着国际间的复杂关系时产生的，我们在前面一直没有讨论，可是现在却必须予以补述。

（五）国际方面的复杂关系

我们终于讨论到今天世界上老练的货币管理机构避免萧条与繁荣所不能逾越的限制。我们如果忽视或把这种限制或者尽量说得小些，那便是愚蠢的做法。成为国际金融体系的一员的任何国家的中央银行，甚至连美国的联邦储备银行体系在内，如果单独行动而没有其他中央银行的相应行动协助的话，就都没法希望保持它国内物价水平的稳定。此外，各中央银行的利益大体上虽然是一致的，我们却不能指望在细节上始终都如此。根据我们在前面讨论价值标准是否应当成为国际性问题时所提出的理由看来，不同的国家它们的目前利益可能各不相同，打算用来维持其中某一国的就业稳定的行为并不一定能在另一国家中造成同样的结果。

对于目前阻碍我们在科学地管理价值标准以及保持整个世界投资平衡等方面取得任何成就的国际方面的复杂关系说来,唯一适当的补救办法,可以在下一章中概略介绍的国际管理制度中求得。

目前,要减轻那种牢固地卡在我们头上的"偶然性统治"所造成的流弊,看来唯有下述的办法才能办到。

第一,人们不必过分强调国际间相互依赖的重要性。一个国家可以应用健全的国内的管理来维持就业和企业生活的平衡是大有可为的。如果国际贸易和国际投资贷付在它的经济生活中只占一个较小的比例的话,那么,它被迫承受的国际波动也会相应地受到限制。[①] 此外,任何国家至少都可以设法使本身不成为波动的中心,以及其他地方不平衡状态的祸首,而且可以根据本身的所值对一般局势的稳定提供应有的一份。

第二,人们不必过分夸大不同国家之间利益的分歧程度。当遇到的问题是一个重大的波动时,每一个国家便都处在同一境地了。例如,1929 年时表面上似乎可以说美国的利益和世界上其他国家的利益是分歧的;可是美国各当局根据这种假定采取行动后,实际上却使 1930 年的风暴准定发生了,而它们自己所受到的影响至少和其他国家同样严重,其时那一风暴已经由于主要应由大不列颠负责的原因而露出头来了。所以,大致说来,正确地理解的合

---

① 由于这一理由,维持国内稳定的问题在美国比在大不列颠方面要简单得多。比方说,美国的对外投资吸收了大概 5％的国内储蓄;可是大不列颠在平衡状态下却吸收了几达 40％的储蓄。

作对每一个国家都有利。

　　世界各处的市场利率和投资量都主要由贷付国的行动决定。因此,如果主要贷付国合作起来的话,它们便可以做出很多事情来避免重大的投资不平衡状况:——这里所说的主要贷付国也就是指大不列颠、美国和法国而言。而且如果法国愿意置身事外的话,那么只要大不列颠和美国采取共同行动,通常便也可以控制整个局势。

　　最后,当一个国家的对外不平衡使它陷入严重失业状况时,我们的武库中还剩下一种武器可以使它部分地把自己挽救出来。在这种情形下,中央银行企图降低市场利率和刺激投资的公开市场业务可能由于失误反而刺激了对外投资贷付,因而引起力不胜任的大规模黄金外流。这时中央当局随时准备贷款的办法就不够了,因为资金可能流到不对头的人手中去;它还必须随时准备借款。换句话说,政府本身必须提出一个国内投资计划。要抉择的问题是:究竟雇用劳工创造一种收益低于市场利率的资本财富呢,还是完全不雇用。如果遇到这种局势时,不论是国家的眼前利益还是长远利益,采用前一办法都可以得到增进。但如果国外借款人跃跃欲试的话,那便不可能在一个公开竞争的市场上使利率降低到适合于国内投资的水平。这样一来,就只有采取一种办法,实际上由政府津贴那些公认优良的国内投资,或由政府亲自支配国内资本发展计划,才能获得所希望的结果。

　　关于把这个方法应用于大不列颠在 1929—1930 年的局势中去的问题,我在其他地方已经写过很多了,此处不赘。假定至少是暂时不可能像国内成本相对于国外成本而言降低到足以大量增加对外贸易金额时,那么提出国内资本发展补贴3％的计划来补贴国内的投资,倒的确能扩大目前的就业和将来的国富。在这种情形下,唯一的另一个立即可用的补救办法便是,排斥外货进口来补贴对外投资;这样一来,增加出口以便将对外贸易余额提高到平衡水平的办法失灵时所没有达到的事情就可以由进口量减少来补救。

四、1930 年的暴跌

我这部分结论是在 1930 年全世界的暴跌中写出的。1 年之中批发物价指数下跌了 20％。1 年以前世界市场上许多最重要的大宗产品,如小麦、燕麦、大麦、糖、咖啡;棉花、羊毛、黄麻、生丝;铜、锡、锌;橡胶等价格都比今天高出 50％。美国的生产指数下降了 20％以上。大不列颠、德国和美国至少有 10 000 000 工人失业。我们不得不深深地感到,这些不幸现象亟需用科学的办法正确地诊断其原因。这种大灾祸是否可以避免?是否可以补救?

因此,我就不禁要不揣冒昧地对那些因为"身在此山中"而不能清楚辨认的当前事态发表意见了。这意见就是我对已出现的事情的根本原因的看法,兹叙述如下。

战后世界和战前世界比起来,投资因素最显著的变动是市场利率水平高。大略说来现在的长期利率差不多比 20 年前高出 50％。然而工业国家人口的增加却不像从前那样快,每一个人在房屋、交通工具以及机器等方面的配备也远比 20 年前为优越。在另一方面,对于世界落后地区的投资贷付量也不特别大——其实正好相反,原因是俄国、中国和印度等境内人口占世界人口总数绝大部分的国家,由于这种或那种原因,差不多可以无息地向国际市场借款;而美国又从一个债务国家变成了一个债权国家。那么,利率又为什么那样高呢?

我认为答案是这样:在战后的几年中,插进了许多下面即将列举的原因把自然利率维持在一个很高的水平上;最近这些原因却不发生作用了,而另一些原因却又维持住了市场利率;结果,现在借款人与贷款人的看法相当突然地产生了罕见的距离,也就是自然利率和市场利率外间的距离。

可以说明,欧战后的几年中,自然利率有显明的理由暂时高于其长期标准。其中特别是由于需要大量的投资来恢复和平时期生产的营运资本的流转基金。接着还有战争所造成的破坏要恢复,房屋缺乏问题应予解决等。这一阶段也许到 1924—1925 年就结束了。那时某些新工业却正在导致大规模的投资,特别是在美国——例如使用电力(也有使用沼气的)的公用事业,汽车工业和行驶汽车的公路,①电影和无线电工业。这些活动都发挥了作用,把自然利率维持在某种程度上。可是回顾以往时,我倒认为最近一次崩溃的种子,早在 1925 年时就已经播下了。那时美国以外国家的自然利率也许正在下降。可是在这个时期前后——有些国家较早,有些国家较后——接着发生了两件并非完全没有关联的事情,即金本位制度的普遍恢复和赔款与战债的清算;它们都多少有

---

① 1904 年美国用于公路和桥梁的支出是 59 500 000 美元,1914 年增至 240 000 000 美元。至 1928 年此项数字增至 1 660 000 000 美元(参阅《公共工程的计划和管理》第 127 页)。

些不顾自然利率的现实基础而维持了市场利率。

因为这两桩事情虽然和新投资的真实收益并无任何关系，但对于市场利率却有强大的影响，那些肩负着新责任要维持金平价的中央银行都自然而然地惶惶不安和不想担负风险，其中有一些是由于它们刚刚挣脱通货的灾难以及伴随而来的信用完全丧失的困境，另一些（特别是大不列颠）则是由于以一种岌岌可危的高平价恢复了金本位，这种金平价和它们国内现存的平衡状况大概并不配合。惶惶不安的结果不可避免地把全欧洲引向信用限制，其他许多地区则发生了交感反应，然而这种信用限制却完全不是实际的基本经济现实所要求的。大不列颠带头抓紧信用并敦促加快步伐全面地回到黄金上去。自由黄金（也就是愿售者所掌握的黄金）供应量不足使局势大大地严重化。实在说，在这个时期，只有美国完全没有进行任何程度的信用限制。

当这种限制的趋势正在扣紧投资贷付的条件并使证券购买者转硬的时候，这些事情在另一方面却造成了一批借款人，他们打算付出的价款条件，完全不是打算实际新投资的可能收益而来的。这种借款人有两种典型。首先第一类是"困难"的借款人——这样称呼最恰当——主要是各国的政府；它们借款并非为了生产企业的投资，而是为了偿还它们迫在眉睫的债款，满足它们的债权人和履行它们条约中所应承担的义务。这种借款人所付出的贷款条件取决于借款人方面，对本期投资的未来收益似乎并没有什么关系。第二类是"银行业务"借款人——有时候是政府，有时候则是银行——它们借款也不是用于生产企业的投资，而是为了建立一个黄金和对外贸易余额构成的流动准备，来保护它们新恢复的通货。

美国在 1927—1928 年出现了一种特殊情况,其长期高利贷款(大部分贷与欧洲国家)超出它的外贸顺差好几倍;美国之所以能如此做,是因为这些借款者把刚借到的大部分长期贷款马上以短期形式转存在美国,所付利息比转存于美国的短期存款可以取得的利息差不多要高 1 倍。在两三年中像这样按长期条件借收并按短期条件转存的款项大约有 500 000 000 英镑。这种情形自然就打乱了短期和长期利率之间的正常关系,如果它们主要取决于借款作实际投资的人的看法的话,就会出现这种正常关系,而且从长期说来也必然会如此决定。

最后到 1928—1929 年时,在这些"虚浮"的长期借款人(不受本期实际投资收益影响的借款人的称号)之外,又加上了一批第三类"虚浮"借款人,这回却是短期方面的"投机性"借款人,他们借款仍然不是用于新生产企业的投资,而是投入"证券"(大部分具有半独占性,不易于仿效)方面的"多头",这种动态曾经轰动一时地盛行于美国,然而也不同程度地出现于世界上大部分的证券交易所中。此外,银行界的保守意见渴望使这种投机狂告一段落,这使中央银行新添了一种动机要限制信用。

据我的判断,到 1929 年年中时,"真正"借款人(如果对于那些把款项用于其本身根据所提供的价款条件认为有利可图从事实际新投资的人可以如此称呼的话)的活动在美国以外的许多国家中已经降到水平以下,并且逐渐被排挤掉了。当战后重建工作和新式工业等方面较迫切的要求已经满足之后,他们干脆就不值得再以相当于储蓄量的规模按高昂的市场利率借款——这种高昂的市场利率一部分是由"虚浮"借款人维持的,一部分则是由中央银行信用政策维持的。

因此,市场利率和自然利率之间像这样产生的差额便成为物价水平低落的基本原因。可是一旦上述情形开始在企业家中引起"萧条"心理之后,当然就会像往常一样,其他在数量上也许更大的影响便来推波助澜了。

因为我认为就整个的世界而言,本期投资相对于储蓄量而言的缺少,最初虽引起了萧条,但物价水平暴跌至远超过 5% 的情形,却不是它本身所造成的。可是当由此造成的损失大到足以使企业家减产时,就马上由于营运资本减少,以求与降低后的生产水平相配合,而使投资净额发生了程度大得多的减少。因此,生产每一次由于新投资的进一步减少而削减时,就促使物价进一步下跌;这就增加了那些继续营业的企业家的损失,而这损失又转而使生产再进一步削减。我们在第 30 章(第 7 节)中已经估计过这一因素对于美国营运资本所发生的影响。

在暴跌的最初阶段,营运资本的这种减少也许有一部分被存货堆积所造成的流动资本增加所抵消了。在下一阶段,存货一般都开始减少,这种情形延长了净投资总减少量超过固定投资减少量的时期。可是最后会达到一个营运资本和流动资本都不再下降的阶段,这是因为:(一)工厂即使赔本也不能继续缩减生产,否则就不能维持机构和对外关系;(二)企业界的预期业已发生改变;(三)存货达到了最低量;(四)社会普遍穷困因而使储蓄减少(如果在此以前没有其他原因的话);这个阶段一旦到临,暴跌便已经到底了。

因为促使固定资本投资减少状况更趋恶化的营运资本负投资

只有在生产继续暴跌时才会发展。当生产下降到一个低水平并且保持在这里的时候,营运资本的减少便告中止;因为后者不是低产量水平的函数而是低落中的产量水平的函数。所以生产指数一旦不再下降时,净投资的减少量便立即降低,这种情形本身就会促使物价提高并促使损失减低;因为物价只有在生产量下降时才会达到极低水平,当产量不再下降时就必然会回升。不仅如此——当生产指数回升时,营运资本的投资增量就必然会抵消过去的反投资量。当这种情况继续发展时,营运资本中的再投资将部分或全部地抵消固定资本中的投资缺少量,而自然利率也将暂时地赶上市场利率。可是当生产指数停止上升时,如果长期市场利率超过长期自然利率的现象没有用减低前者或提高后者的办法补救的话,物价可能又会开始回跌。在这种情形下,由于有了这些自发性次级摆动,尽管基本情况不利于持久的复苏,也会出现一种规模庞大的过渡性恢复。

所以,只要等一个时期而毋需有意识地应用任何补救办法,部分的恢复就预料可以出现。可是如果我的诊断正确的话,除非整个世界的长期市场利率都降到战前水平上下不远的地方,否则就不能希望有全面而持久的恢复。如果办不到这一点的话,便将有一种持续的压力推向利润紧缩和物价水平下跌。然而利率的下降除非是有意拟定政策使之加速,否则便多半是一种长期和沉闷的过程。因为暴跌本身便造成了一批新的"困难"借款人,他们必须在可能索取的最高条件下筹集款项弥补损失。国际收支平衡由于出口商品价格下跌而被推翻的那些国家的政府尤其如此,澳大利亚和巴西便是两个显著的例证。情形绝不会由于借款缺乏,迫使利率下降，因而不药而治；因为它为弥补损失而从储蓄中吸收的资金正和它为投资资金而从其中吸收的量相等。第二，贷款人那时久已习惯于高昂利率。战争、战后的复兴工作，"虚浮"借款的时期等等促使利率在 15 年来始终维持着极高的水平；在前一辈人看来，这种水平简直是想象不到的。因此，当短期利率不超过 2 厘的时候，收益达 4.5 厘至 5.0 厘的第一流的债券在近代金融家看来并不像他的父亲那一辈人那样认为是一种了不起的好生意。因为很少有人关于正常和持久性的标准不是主要取决于近 15 年来的实际经验的。

然而顽固地坚持方向错误的货币政策，继续损伤资本主义社会基础的元气，谁又有理由怀疑最后将出现的结果呢？除非是在金融方面的首要国家中，当储蓄用于投资而不在金融损失之中浪费的话，那么它们的现存储蓄量便足以使资本的增加比人口快 5 倍。除非我们把储蓄浪费掉，否则，我们又怎样能年复一年地替它们在收益略近于现行长期利率的企业中找到出路呢？所以我就大胆地预言未来的经济历史学家，将认为 1930 年的暴跌是战时利率和战前利率重现二者之间的一场殊死斗争。

现在，这种局面好不容易终于肯定地会自动出现了。无需以现金形式保持而存为短期存款的投资资金，在大不列颠约有 1 000 000 000 英镑，在美国约有 4 000 000 000 英镑。直到最近这些资金才获得了优厚的利率。在那些困难和危险的日子里，持有人都迟迟不愿动用它们，可是迟早总会愿意的。这笔资金在可以获得 6 厘或 5 厘或 4 厘的时候，如果只获得了 2 厘、1 厘甚至一无所获，便会使持有人感到厌烦。到时候群众会动起来，那时我们将忽然发现在目前的利率下，债券的供应量实在太有限了。

如果原因就是这些，那么暴跌是否可以避免呢？是否可予以补救呢？我们分析出来的原因既然都是政策的后果，因此在某种意义下是可以避免的。然而如果当轴诸公的思想和观念不大大地改变，政策便显然不可能彻底翻新。这就是说，所发生的事情严格地说来不是属一种偶然状况，而是根深蒂固地包括在我们一般的行事方法中。

可是即使过去的已成过去，我们对于将来难道就要抱命定论的看法吗？如果事情任其自流的话，结果就可能是灾难性的。物价持续低于生产成本的时期可能长到足以使企业家觉得除了向生产因素的货币收益开刀以外别无他法可想。这在一个资本主义的民主社会中是一种危险的事情。在这技术改进大踏步地前进的时候，我们只要愿意就可以把自己的生活水平逐年提高一定的百分比；我们如果在这样的时期里还陷入了困境，那就未免太愚蠢了。11年来我一直成了预报凶兆的人，首先是在"和平"的经济后果上，其次是在"恢复金本位"的经济后果上，我希望这回再也不要这样了。

物价最后确定在那个水平上要取决于利率是否首先降低或者削减生产因素收益的做法是否事先获得成功。因为如果事先发生了后一方面的现象因而形成了收入紧缩的话，那么在利润紧缩中止后出现的平衡物价水平也将相应地略低。正如第30章（第8节）中所提出的那样，我们面临的危险恐怕将要实际体验"吉布森异说"的内容，也就是说市场利率在下降，可是速度总是绝赶不上自然利率。于是就会反复出现利润紧缩，从而一再发生收入紧缩和物价水平下降的现象。如果这种情况出现的话，目前的资本主义——个人主义制度就肯定会被影响深远的社会主义所代替。

因此我认为，补救的办法在于让大家普遍认识到：只要我们打算用我们的银行体系来适当调整市场利率的话，投资率就不一定不能控制。也许这只要大家普遍相信极低利率的短期能长久维持下去就够了。这种改变一旦开始便可以自生自繁。

关于特殊补救办法本章中提出有两个是适合于这种时机的。英格兰银行和联邦储备局都可以对会员银行施加压力，使之进行在共同行动下有利于其本身的事情，也就是共同将存款利率降到极低的数字，例如降到半厘。同时这两个中央机构应当彻底执行银行利率政策和公开市场业务，事先还应取得同意，采取步骤防止因国际黄金流动而造成困难，干扰这种政策和这种业务的执行。也就是说，它们应当联合起来共同维持一个极低的短期利率水平，并且以扩充中央银行货币或者抛售短期证券使直到短期市场饱和为止的办法来购进长期证券。如果我的看法正确的话，目前刚好就是限制公开市场业务彻底进行的某一种条件不存在的时候；因为现在并没有下述情形存在（至少目前还没有）：——债券价格相对于其长期标准而言超出了合理的预期额，以致人们可以继续购进而无需担心赔本。

根据本书的论点看来，我们只有在沿着上述路线采取审慎而有力的行动遭到失败之后，才有必要承认在这个时机上银行体系不能控制投资率，从而控制物价水平。

第三十八章　国际管理问题

在第 36 章中我们已经得出一种试探性的结论：不久将来的理想通货，大概应当采取一种国际本位，而适度的国内自主权所需的某种保障和折衷办法，却是可以有的。

承认这一点之后，那么用黄金作为我们的国际本位便显然大有好处，不过要事先说明我们可以把这种金属当成一位立宪君主，完全听命于掌握主权的"中央银行内阁"。因为采用这种办法以后，我们虽然也有一些花费，其数额就是开采货币黄金所需的常年成本，但却可以使得胆怯的人具有信心，并且也可以提前几十年使这个科学方法被采用。

因此，我们所面临的终极问题就是通过某种国际机构发展出一套管理黄金本身价值的方法。

在 1929 年 6 月写出的本章初稿中，我曾经写道：如果批发物价指数的下跌趋势继续发展很远，这种流弊就会达到造成巨大灾害的地步。我又写道：如果看一看：自从 1922 年热那亚会议的决议表达了欧洲最为审慎的人士合情合理的戒惧与针砭之论以后，这许多年来世界各中央银行处理一般业务时表现得混乱而又糟糕，意见也彼此分歧；公平地说，这种情形造成了极大的损失和停滞，思之令人不寒而栗。当然，除非中央银行能够发展和具备一定程度的热心公益的精神,否则国际本位就不能维持多久;英格兰银行在某些事情方面不论怎样错误,但在蒙塔古·诺曼先生领导下时却在公益精神方面树立了光辉的范例。

以上的话写好以后,当时我所害怕会出现的物价水平进一步下跌果然发生了。也许是由于这一理由,世界上的舆论比1925年时更愿好生看待关于彻底改革的建议了。

一、国际管理的双重问题

管理国际黄金价值的长期趋势和消除出现在这趋势上下两面的短期变动,是两个截然不同的问题,至少就下一意义讲来是不同的:——获得长期稳定性所应用的方法不一定就可以避免信用循环的摆动。然而两者有时也互相联系,因为长期趋势需要物价水平的引发性变动,才能产生乃是引起短期变动的可能原因之一,因为它只有围绕着本身造成一系列摆动才能体现出来。

所以,我们必须把国际管理的这两个不同目标明确地区分开来。如果我们的原意是使我们的现存经济机构尽可能有效地为创造财富而工作,那么避免投资不平衡便是两个目标中比较更重要的一个。由于这个缘故,长期趋势择定最少需要引发的变动、因而也最少可能干扰储蓄量与投资量之间的平衡的那种动态便比较有利。可是由于有些金融契约必然产生期限较长或更能抵抗诱发性的变动,所以长期趋势问题本身也产生一些影响收益分配的便利和平均的问题。这样说来,对于这国际管理当局说来,我们责成它完成的日常工作是尽可能维持全世界储蓄量与投资量之间最大的平衡,除此之外,我们还能为它提供什么标准作为长期方面的指南呢?
这个问题最好是将本书各处散存的讨论结果收集起来予以答复。

　　物价水平的长期动态应当是缓慢而稳定的,这一点比许多有
资格的选侯中究竟要让哪一个登上宝座的问题更重要得多。就我
个人而言,如果遇到这种场合,我就准备服从多数,接受那个能够
获得最大多数人支持的当选者。可是当我们一旦确定了我们的本
位应当是国际性的,我认为,有资格的选侯便一定会大大减少。

　　因为这一点既然确定了,我认为我们就应当放弃所有旨在保持
单位劳作量的货币价值稳定的价值标准,也就是放弃旨在稳定计时
报酬而非效能报酬或单位产品报酬的价值标准。因此国际本位就
有理由要和某些国际物品整体的货币价值发生关系。可是由于世
界各处的人类劳作效能相差很远,并且不同的地区在头 10 年和下
一个 10 年中的变动程度也各不相同,所以并没有一个这种类型的
本位可以适于国际方面。因此,竭力赞成稳定"报酬本位"(原书卷
一,第 63 页)的人便必然主张国家或地方本位,而不主张国际本位。

　　这一理由也可以使我们毋需详尽或精确地说明怎样用消费本
位或货币购买力本位作为我们的国际本位。因为这种本位也是因
地而异的,并且我们也必须承认,这种类型的本位没有一种可以适
用于国际方面的。

　　所以我们便不得不再回到某种更粗糙而现成的国际物品整体
上来。我认为最好的办法是:大致上选定 60 种具有世界意义的标
准食物和原料,把它们综合成一个加权指数,每一物品所占的总分
量取决于由生产国计算的世界产量的货币价值,而价格则取决于这
些国家的交货价格的加权平均数,用连锁法或环比法逐年作比较。

　　这就是说,我主张黄金价值的长期趋势应当加以管理,使之和略带粗糙的国际物价指数本位制(也有称为法定指数本位制)相符合。国际联盟经济与财政部所编的生产指数列入了 62 种商品。[①]这 62 种商品也许再加上海运费便可以约略地说明我所想到的那种"物价指数本位"的大致性质。所列的商品如下表所示:

小麦	黑麦	大麦
燕麦	玉蜀黍	稻米
马铃薯	甜菜糖	蔗糖
牛肉与小牛肉	猪肉	羊肉和羊羔肉
咖啡	可可	茶叶
啤酒花	烟叶	棉籽
亚麻籽	菜籽	大麻籽
芝麻	大豆	花生
椰子干核	棕榈和棕榈油(生油)	橄榄油(生油)
棉花	亚麻	大麻
马尼拉麻	黄麻	羊毛
生丝	人造丝	生橡胶
机制纸浆	化学纸浆	水泥
煤	褐煤	石油
生铁和铁合金	钢(钢锭和铸件)	铜
铅	锌	锡
铝	镍	银
天然磷酸盐	钾碱	硫磺
天然鸟粪	智利硝酸钠	硝酸钙(挪威产品和含氨品)
氰氨化钙	硫酸铵	过磷酸钙
碱性熔渣	硫酸铜	

---

① 见《生产与贸易备忘录,1923 至 1928—1929 年》。

不妨顺便指出：国际联盟备忘录中所载的数字说明这种物价指数本位的价值用黄金计算在 1926 至 1928 年间下跌了 7％左右。

物价指数本位制既不能准确地衡量消费本位，也不能衡量收入本位：——即既不能准确地衡量货币的购买力，也不能衡量货币的劳动支配力。可是它除了简单并具有国际特性以外，我认为还有三种特性使它受人欢迎。

就如我们在本书第 2 篇中所看见的那样，随着技术发明的进展，商品价格相对于劳务价格而言将下跌；批发本位相对于零售本位而言也将下降，因为后者所包括的不大受技术革新影响的劳务的比例较大。因此，物价指数本位的稳定就意味着消费本位趋于上升，而报酬本位则上升得比消费本位更高：也就是说货币收入将增加，生活费用也将上涨，可是没有上涨得货币收入那样多。我认为这是物价指数本位的一种好处，因为这种动态整个看来可能和收入的"自发"性趋势相配合；果真如此的话，对于避免用引发性的变动来抵消与这种变动相关联的"自发"性趋势和短期不平衡的问题便是有帮助的。因为人类的本性是这样：要求提高货币收入的驱动力如果任其自然的话，就会超出平衡位域。

赞成货币购买力和货币劳动支配力降低而不赞成其上升的第二条理由我认为是很有道理的，但对于过去的既得利益估价比我高的人就不会像我这样认为有道理了。我认为最好是：由昔日借贷的债权（其中国债是最重要的部分）对于人类劳作以及其成果的支配权应当与时俱减。"进步"应当能使死人的掌握放松，死人也不应当任其掌握"进步"在往昔的指导者久已去也之后所获得的成果。因此物价指数本位与其他本位之间的差别长期看来将是有利的，而在短期内又不会太大，即使放款人和取得利率的已经充分预见并预计了这种动态，也不致造成任何害处——这只不过意味着长期证券的本期收益将包括一小部分偿还资本总额的偿债基金。[①]

物价指数本位制的第三个优点我认为是长期稳定这种本位的目的和避免投资在短时期内失去平衡的目的相互配合的情形。因为和国际物价指数本位极相类似的批发物价指数，对投资不平衡是最敏感的，并且反应也最快；因此管理当局如果把物价揩数本位当做长期标准的话，将就不会那么忽视与之并行的短期职责。

因为消灭信用循环的问题必然会是这种国际管理当局首要任务，而就目前整个世界的知识水平和舆论状况说来，这又是它最困难（很可能是过于困难）的问题。在这种任务中，该当局必须和所属中央银行合作，并帮助各行的行动。没有各家中央银行，它就会所成无几以至一无所成。有了之后究竟能成就多少，就要看它们的集体智慧和公益精神如何了。关于可用的机制，我将在下节中略抒己见。

二、国际管理的方法

未来的国际货币管理体系究竟会五脏俱全地诞生呢，还是会逐渐发展而成呢？大概是后一种情形居多。然而，当一个人坐在

---

① 我认为所有期限超过（比方说）10 年期的定利贷款都应当由法律强制规定其具有有限期年金的特点、为期（比方说）不得超过 50 年，使之在期限终了之后就无需再付任何款项。这种办法可能是一种正确的财政原则。

桌子旁边草拟一个理想体系时，所想到的自然是一个完整的东西。所以我首先要叙述的便是我认为有作用的管理最低要达到什么程度，然后再进而讨论更完整的制度。由于目前黄金价格无疑有下降的趋势，所以在往下的讨论中，我们将基本上假定，眼前的目标是节约黄金。虽然如此，将来却可能很容易出现相反的情形，这种情形出于黄金冶炼术的革命性发明的成分居多，出于新金矿丰富的成分少。

（一）最低限度的管理——可以根据许久以前热那亚会议的建议召开各国中央银行会议，要求它就采取共同行动的广泛原则取得一致意见：

1. 所有的国家必须同意不让黄金（或金券）进入实际流通，而只作中央银行的准备货币之用。

我们已经看到世界各处大部分的黄金已经从实际流通过程中抽出，90％以上的货币黄金现在都掌握在各国政府和中央银行手中。[①] 在美国，仍旧允许金币进入实际流通，而金券实际上也是这样。[②] 在法国新的货币法中，却有一项危险的条款准许黄金在法令许可下进入实际流通过程，可是这一条款始终并未实行。其他国家在这方面没有什么要变动的地方。

2. 所有中央银行必须同意接受某种的黄金代替品作为自己的准备货币的一部分，以便减少（或者至少也要根据具体情形变

---

① "完全掌握在各国政府"手中的总额里包括美国金券。如果我们把实际流通中的金券算做金币的等价物（实际上是如此）上述的"90％"就成了"80％"。

② 最近美国在联邦储备银行准备金以外流通的金币共达 375 000 000 美元，金券 950 000 000 美元，折合 265 000 000 英镑，比英格兰银行黄金准备多 50％以上。

更)自己认为有必要保存在金库中支持其所创造的中央银行货币的那部分黄金量。正如同流通货币在 19 世纪时逐渐成为表征货币那样，"准备货币"也一定会在 20 世纪逐渐变成表征货币。

用黄金以外的某种东西作为中央银行的一部分准备货币的办法，由于汇兑本位制和汇兑管理制的实施而不知不觉地出现了。我们已经在第 33 章中讨论过国外余额在中央银行的法定准备金中可以起什么作用，可是在各中央银行准备总额中的实际地位却不可能准确道出，因为这种余额并不是每一回单独列出的。例如英格兰银行，如果（实际上也如此）持有外汇或国外余额时，并不将其全数列出，而德意志国家银行的每周报告中的"外汇准备"数字也不能代表全貌。下述数字总可以说明"外汇与国外余额"所占的地位，而战前却没有与之相当的数字。

1929 年 6 月[①]欧洲各国中央银行所发表的"外汇与国外余额"储存量达 400 000 000 英镑左右，其中主要的余额如下：

欧洲各国的中央银行	"国外汇票与差额"，单位：1 000 000 英镑
法兰西银行	208
意大利国家银行	53
德意志国家银行	18
奥地利国家银行	16
希腊银行	15
比利时银行	13
波兰银行	12
瑞士国家银行	11
捷克斯洛伐克银行	11

① 1 年以后的数额没有大变动。

所以,看来在人们所希望的方向似乎已经有了一个明确的发展趋势。虽然如此,我只怕这种表面现象有一点儿靠不住。黄金汇兑管理制一部分由于第 21 章中所提出的理由,已经日渐衰颓了。这一现象还有一部分原因是人们感到采用这种方法就表现了软弱或者说这是不打算自己成为金融中心的国家的特点。所以,为了建立一种标准和风气,可取的做法是:明确地让所有的中央银行都有权自由决定,将其法定准备额至少一半以其他国家中央银行的余额的方式保持,最好是以国际清算银行的余额的方式保持。

3. 所有中央银行的法定准备额在中央银行委员会的建议下应该可予变动,其量不得超过正常增减量的 20%。

这类的条款由于使中央银行的总体在必要时有办法增减黄金的有效供应量,所以便极为重要。

4. 在所有的国家中,中央银行的最低黄金买价和最高黄金卖价之间的差距应扩大到 2%。这一条款的用处在上面第 36 章中已经说过了。

这些条款,除了与现行办法相差不远的第一条以外,没有一条强迫任何中央银行改变它们的行为。然而它们并未被迫把一部分准备用国外余额保持;对其实际保持的余额准备也没有什么限制,它们也不会不能宣布准备暂时以较小的差价买卖黄金。这些措施的目的反而是使中央银行可以不必被迫遵守那些硬性的法规,遵守这些法规时对它们本身没有好处,对大家也没有好处。如果由各行联合提出一套符合于安全、威信和公益精神等方面的要求的通行法规,就可以解除胆怯和不安的情绪,而一家银行单独采用时则即使心中认为方向正确，也难免于发生胆怯和不安。

这种法则并不能阻止个别银行吸收并贮积超过其在世界黄金供应量中应有的亏额，从而使邻行遭到困难；我还看不出有什么办法做到这一点。可是它们却可以设立某些标准，采用之后至少可以使黄金购买力出现大波动的可能以及信用出现不稳定状况的可能减少。因为头三条法规使人们可以大量节约黄金，因而消除了未来若干年中缺乏黄金的危险。第四条法规则容许中央银行具有目前还未能获得的行动自由，在国内的短期信用状况和全世界性质不一致的时候可以加以应付。

(二)最高限度的管理——一个令人满意的黄金价值国际管理制度却需要比这更大大地往前跨进一步。如果我们要为信用循环找出任何有效的补救办法时，情形就更加如此。理想的办法肯定是成立一个"国际银行"，它和世界上各中央银行的关系正像各中央银行对会员银行的关系一样。要是在这样一个国际银行还未进入政治舞台以前很久就去草拟一份纸上谈兵的详细组织法，那便是浪费时间。可是一份组织法大纲却又最能说我们所希望的是什么东西。

1. 我认为国际银行毋需任何创办资本，但其负债应由所属各中央银行担保。

2. 除了对各中央银行外，它不应经营业务。它的资产应当包括黄金、有价证券和对各中央银行的垫款。以及中央银行的存款所造成的负债。这种存款我们将称为"国际银行货币"(简写成为S. B. M.)。

3. S. B. M. 应可按差价为2%的固定价格购进和兑付黄金。

4. 国际银行的黄金准备额应由其自行决定,并且不应强使超过它对负债的任何既定最低百分比。

5. 国际银行所属的一切中央银行所发行的国家货币都应强制规定可以用 S. B. M. 按上述黄金的条件(即按 2% 的购销差价)收购或兑付。此外,还有一点是很希望能达到的,就是各国国币最好是只能用 S. B. M. 兑现;因此 S. B. M. 就会成为首先国际本位,而以 S. B. M. 本身可以兑换成的黄金则成为最后本位。

6. S. B. M. 可以和黄金同样作为所属各中央银行的法定准备。

7. 所属各中央银行在一开始时应存入一大笔黄金在国际银行开立账户,此后其 S. B. M. 的持有量可以用增储黄金,从其他中央银行转来 S. B. M. 和向国际银行借款等方法予以补充。

8. 国际银行将规定出所属各中央银行 3 个月以下的借款银行利率。至于其中任何一个行所能得到的这项贴现周转账款量可根据该行过去 3 年(比方说)在国际银行的平均存款量决定,开初时则可根据其黄金存量决定。也就是说,各中央银行开初时有权以初始黄金存量为限进行贴现,3 年以后则以以前 3 年的平均存款额为限。可是最高容许额应当正像银行利率一样,根据 S. B. M. 总量的增减随时重定,以维持 S. B. M. 的价值稳定。这样一来,国际银行就可以从两方面来控制它对中央银行的信用条件——第一是银行利率,第二是贴现限额。最好是所属各中央银行在平时就向国际银行借款,而不要只在紧急情况下借款。

9. 国际银行经所属兑付国中央银行同意后,应有自由裁决权进行公开市场业务,买卖长短期证券,上述同意在收进时必需取得,在抛售时则不必需取得。然而以 S. B. M. 发行国际贷款却没有什么不能进行的地方,而且也会日趋普遍。到那时,国际银行就可以完全根据自己的意思自由地买卖。

10. 国际银行的组织章程是细则方面的问题,毋需在此赘述。

可是大概在管理方面应当是独立的,而对于日常的行政管理工作则应拥有高度的权力和权宜行事的自由,最后只受所属中央银行代表组成的监督委员会管辖。

11. 银行的利润可以分为两部分,一部分应归入准备金,另一部分则按照所属各中央银行的平均存款比率进行分配。

12. 直到这儿为止,我还没有提到银行管理当局的目标。我认为这毋宁是一个一般方针的问题而不是明细责任的问题。主要的方针有二。它的第一个职责便是如前所述,根据国际贸易主要商品的物价指数本位尽可能地维持黄金(或 S. B. M.)价值的稳定。它的第二个职责是尽可能避免国际性的普遍利润膨胀与紧缩。达到这些目的的方法一部分是运用它的银行利率、贴现限额和公开市场政策,可是主要地还是由它和所属中央银行或由后者相互之间进行协商和采取共同行动;各中央银行应当在监督委员会的月会上讨论它们的信用政策,并且尽可能按照共同议定的方针采取行动。

显然单凭纸上谈兵的组织章程并不能保证任何东西。令人向往的目标只有通过世界各地的金融当局日复一日地运用其见识行事才能达到。但如果能按上述路线搞出一个名堂来,我认为全世界的中央银行便可以掌握一种工具,只要自己愿意而且知道怎样运用时,就可以用来达到主要的目标。

三、国际清算银行

1929 年初,巴黎一批专家在欧文·杨先生主持下开会提出了一个《德国赔款问题报告》,其中有一项附录概略地说明了计议中的"国际清算银行"的职权范围和组织。后来便按照其所建议的方针成立了一个银行。当本书这部分付印时,正是该行新张数月,营业伊始的时候。

创立这家银行的基本目的是为了便利第一次世界大战所造成的国际债务的支付和转移,如德国的赔款、协约国之间的债务以及欧洲各国政府所欠美国政府的债务等等。可是清算银行打算行使的职权显然比这更广泛,也许打算起的作用是我在上面所说的关于货币的国际管理方面的那种作用,该行创办人之一的乔赛亚·斯坦普爵士就曾公开这样说过。所以从这个观察点来研究它的组织结构是极为中肯的。

概述该银行及其组织章程的附录是冗长而又复杂的。[①] 但其要点可以简要地综述如下:

(一)"清算银行的目的是推动各国中央银行进行合作,为国际金融活动提供更多的便利,而这项清算工作是与有关各方协议在国际金融清算中充任受托人或代理人。"

(二)"清算银行的工作应当和有关国家中央银行的金融政策取得一致。"

---

① 艾因齐格的《国际清算银行》一书中眉目清晰地列出了这方面的细节。

（三）"该行的全部行政管理权属于董事会，"该会经 2/3 多数同意后有权修改该行的某些规章，其余规章则在"按该行组织章程补充法批准"后才可予修改。①

（四）董事应由大不列颠、法国、比利时、意大利、日本、德国和美国等中央银行总裁担任，或者由上述总裁指定人选；每一国家得派两人参加，德国和法国得增派代表一人；1/3 的董事应从某些其他国家的中央银行所提出的名单中选定。

（五）该行得以往来账户或存款账户的名义接受各中央银行的存款，可向各中央银行垫款，并得自由购买或出售黄金、外汇、票据和证券。但如果有关的中央银行不赞同，即不得进行任何金融业务，投入时并未经反对的资金予以撤回不在此例。

（六）与一国国民进行交易而其中央银行不加反对时，该行可不限于与各中央银行进行交易。

（七）该行不得 1. 发行钞票，2. 承兑票据，3. 对政府垫款（但可购进其库券与有价证券）或以政府名义开立往来账户，4. 在任何企业中取得优势权益，或保有非本身业务所需的财产（暂时保有不在此例）。

（八）"该行工作应特别注意维持本身的流动性"，但毋需保有任何规定比例的黄金或票据。

（九）该行有已认股本，利润则按既定比例分配于准备金、股票持有人、存储长期定期存款的中央银行以及德国赔款账户等方面。

显然这些条款拟定得很广泛，并且符合于该行按以上所建议

---

① 　未说明这方面的法律制定者。

的路线发展成一个国际金融管理机构。可是这一问题在它的组织方面却有某些困难存在。接受赔款的强国具有优势代表权和一个真正的国际机构是极不相容的；然而银行的组织却是木已成舟，以后可能不容易更改了。

该行有权不限于中央银行客户经营一般金融业务也可能遭到訾议。我认为就存款和贴现方面来说，该行最好严格地限于对中央银行间经营业务，而不应和任何其他方面发生直接关系。这正像中央银行除了公开市场业务以外大概最好是只限于和本身的会员银行或其他中央银行发生业务关系一样。如果国际银行插足于一般金融业务，就会无谓地引起许多竞争排挤。

然而该行可望成为一个核心，最后发展出一个管理金融问题的国际银行。至少它提供了一个集会的地方，在这里世界各国中央银行的总裁可以养成开诚布公地讨论的习惯，并熟悉和了解彼此的方法和观念等，从这里面就可以逐渐发展出协作和共同行动来。然而国际清算银行将来的作用就像若干其他未成熟的国际机构一样，大部分要取决于美国方面的支持。只要美国政府当局觉得仍有必要向国内舆论界表白自己连一点舍己为人的行为的影子都没有，该行的进展便一定是迟缓的。不过美国人却有希望抛掉这种态度，这不是由于自私自利而来的——完全相反，这是由于对古文明中心的猜妒而来的。

四、结论

近年来，大部分人对于世界管理其金融事务的方法都渐渐感到不满了。然而他们又不相信所提出的补救办法。我们搞得很糟，但又不知道怎样能搞得较好。我认为主要责任不应当由从事实际工作的银行家来负。白芝浩有一段著名的论文抱怨了英格兰银行的董事不了解正确的原则。然后就继续写道："我们不能希望他们自己发现这种原则。世界上的抽象思维从来就没法从那班身居要津的人身上得到。管理最紧要的现行交易以后就顾不得别的了，而负责这类事情的人一般都不怎么想理论问题，甚至想这种问题和这类事情有密切关系时也都如此。"我们不妨回头看看那些经济学家的工作，他们的本职就是从事"世界上的抽象思维"，可是值得注意的是，直至最近几年发生风波以前，任何地方都很少看到严肃认真的货币理论论文。最近几年的事态的确唤起了许多有关这些方面的思想，到相当的时机便可以获得成果。可是经济学的特点是有价值的和有意义的工作进行了多年，而且其间也获得了稳步的进展，如果其结果不严格和不完美到某种程度，用到实际上就几乎一无用处。半生不熟的理论也许朝最终完整的形式方面走了一半路程，但实际上并没有多大价值。因此如果说，本来有正确的指南可供运用，但从事实际工作的人却忽视了这方面的结论，那便是不正确的说法。

货币理论现在是不是准备好了跨这关键性的一步，踏踏实实地和现实碰头呢？我相信现在大不列颠、美国、斯堪的那维亚、德国和奥地利等国活跃的经济学家的工作气氛是有利于这种结果的。这种情形还不限于货币理论方面。马歇尔的《经济学原理》是40 年前出版的，其中大部分的思想是 50 多年以前形成的。自从该书出版以后，30 年来经济理论的进展微不足道。到 1920 年时，

他的经济平衡论才被人们接受,但并没有多大的提高。不幸的是:
他一心渴望着把他的经济理论发展到与现实世界恢复联系的程
度,于是便往往倾向于用许多机智而透辟的话牵涉到动态问题来
粉饰他那平衡理论的静态本质。分清长期和短期之间的差别是走
向动态体系理论的第一步。可是我认为现在我们终于到了更上一
层楼的前夕;这一步如果能顺利跨进,可以使理论结合实际的可能
性大大地增加。这种跨进,就是走向理解非静态平衡经济体系的
行为详情。这本书与大多数旧货币理论著作不同的地方就是打算
对这经济科学新方面有所贡献。

　　可是我们要使自己的理论完整或者稳妥地应用到实际问题上
去,就还应增加另一种认识:——也就是当代经济事务的精确数量
资料。在这一方面——从事实际工作的银行家容易受到更大的责
难,至少在大不列颠是如此。而在美国方面所有开疆辟土的工作
都完成了,近 5 年来许多这类工作质量都极高;主持其事的有时是
联邦储备局(由斯图尔特博士、戈登威泽博士等人领导),有时是半
官方机关如全国经济研究局、哈佛商情研究所、哈佛经济学会等。
用联邦储备局米勒尔博士的话来说:收集和整理全面的统计资料
对于“消灭印象主义”①有极大的意义。另一方面,大不列颠的银
行——英格兰银行和五大银行——直到最近还把经济调查员看成

————————————

　　①　在物价稳定委员会(美国国会报告,1927 年,第 700 页)前作证时他继续说道:
“印象主义不可避免地在人类事务中发生了很大的作用,不过据我看来,它们在美国的
行政管理过程中所起的作用太大了。”所以每一个和行政事务有关而又可以拿出一套
科学工具来的人最好都能这样做,以便减少“猜测”。我要补充一句,印象主义在所有
其他国家所起的作用比美国更大。

是哑剧中的警察在给被关的人丢眼色，暗示"他所说的话都会被记下来、然后改头换面地用来作证词对付他"。这些人也可以比做一批医生，他们拒绝收集或提供有关出生、死亡以及健康与疾病状况的统计资料；所提出的理由一部分是：透露这种资料就破坏了他们对病人的信守，还有一部分则是怕这种资料被他们的同行竞争者抓住把柄或是影响他们的医疗威信。他们不只是对这个不完整和程度不高的科学中不扎实的结论合理地采取保留态度，而且直到最近都很少或干脆没有帮助这门科学提高。至于其他地方，日内瓦的"国际联盟经济与财政部"以及"国际劳工局"等都曾勇往直前地作了努力；可是却由于它们所依据的数字是碰上其他当局搜集了什么就用什么，而不是本机构收集的，所以它们便受到了限制；而白厦（英国政府机关所在地）的贸易部和劳工局的统计部门则由于人员和资力不足也受到了阻碍。

就货币学而言，特别有一个原因使统计资料对于提出理论、测验理论并且使人们信服说来，具有头等的重要性。货币理论归根结蒂，不过是大规模地精心体现"洗一洗，全都在这里"这句古话而已。可是要说明这种情形并且使我们信服，那就需要一张完整的清单。商店里柜上收的钱总算起来应当等于顾客花的钱；公众的开支总数应当等于他们的收入减去搁起来的钱；这类简单的道理的意义和关系显然都最难理解。

图书在版编目(CIP)数据

凯恩斯文集.第6—7卷,货币论:上下卷/(英)约翰·梅纳德·凯恩斯著;何瑞英等译.—北京:商务印书馆,2021
ISBN 978 - 7 - 100 - 19908 - 7

Ⅰ.①凯…　Ⅱ.①约…　②何…　Ⅲ.①凯恩斯(Keynes,J.M. 1883 - 1946)—文集　Ⅳ.①F091.348 - 53

中国版本图书馆 CIP 数据核字(2021)第 084267 号

凯恩斯文集

第 6—7 卷

货 币 论

（上下卷）

〔英〕约翰·梅纳德·凯恩斯　著

何瑞英　蔡　谦　范定九　王祖廉　译

商 务 印 书 馆 出 版
(北京王府井大街 36 号　邮政编码 100710)
商 务 印 书 馆 发 行
北京通州皇家印刷厂印刷
ISBN 978 - 7 - 100 - 19908 - 7

2021 年 7 月第 1 版　　　开本 710×1000　1/16
2021 年 7 月北京第 1 次印刷　　印张 46¼
定价:188.00 元